교황 요한 바오로 2세의 몸의 신학 교리에 대한 심층 분석

몸의 신학 해설서

Theology of the Body Explained:
A Commentary on John Paul II's Man and Woman He Created Them

크리스토퍼 웨스트(Christopher West) 지음
김소영·우재명 옮김

서강대학교출판부

몸의 신학 해설서

Theology of the Body Explained:
A Commentary on John Paul II's Man and Woman He Created Them

초판 1쇄 발행 | 2017년 2월 28일

지 은 이 | 크리스토퍼 웨스트(Christopher West)
옮 긴 이 | 김소영, 우재명
발 행 인 | 박종구
편 집 인 | 우찬제
발 행 처 | 서강대학교출판부
등록 번호 | 제2002-000170호

주 소 | 서울특별시 마포구 백범로 35(신수동)
전 화 | (02) 705-8212
팩 스 | (02) 705-8612

ISBN 978-89-7273-327-0 03230

값 33,000원

몸의 신학 해설서

Theology of the Body Explained:

A Commentary on John Paul II's Man and Woman He Created Them

추천사

요한 바오로 2세 교황님께서 성인으로 많이 알려져 있지만 그가 학자로서 하신 일은 덜 알려져 있다.

요한 바오로 2세의 『Man and Woman He Created Them: A Theology of the Body』(이하 '몸의 신학')은 폴란드 크라코우(Krakow) 출신의 젊은 추기경인 보이티야가 교황으로 선출되기 이전부터 준비하여 교황으로 선출된 지 한 해가 지난 1979년 9월 5일부터 1984년 11월 28일까지 총 129회에 걸친 '수요 일반 알현'을 통해 소개된 교리 교육 내용이다. 몸의 신학은 몸에 대한 숭배, 열광의 경향에 맞서 그리스도께서 가르치신 진정한 인간의 몸, 성, 혼인, 가정의 의미를 재확인하고 이를 토대로 한 '사랑의 삶'을 전하고자 한 방대한 양의 교리서이며 성경을 토대로 인간학, 형이상학, 윤리학, 철학 등을 활용한 복합적이고도 통합적인 가르침이다. 요한 바오로 2세 대학이 몸의 신학 연구에 30년간 매달려 왔다는 사실에서 우리는 몸의 신학을 통해 전하고자 하는 교황의 원의를 온전히 이해하는 것이 결코 쉬운 일이 아님을 알 수 있다.

이러한 측면에서, 신학자들이 아닌 일반 신자들이 몸의 신학을 보다 용이하게 접근하도록 한 『몸의 신학 해설서』(The Theology of the Body Explained)의 출간은 무엇보다도 반가운 소식이 아니라 할 수 없다. 해설서의 경우 원문의 순서를 그대로 따라가고 있으나 교황 요한 바오로 2세가 전달하고자 하는 주제를 보다 명확히 파악할 수 있도록 구조화하고 있다. 다시 말해, 원문은 수요교리라는 성격으로 인하여 매 서두에 이전의 교리 내용을 요약하고 중요한 주제는 여러 차례 반복적으로 등장하게 된다. 그러나 『몸의 신학 해설서』(The Theology of the Body Explained)는 이와 같이 중복되는 부분을 종합하고 주제별로 재구성하여 교황의 메시지를 명확하게 제시하고자 노력한다. 뿐만 아니라, 각 교리에 대한 해제와 별도로 해당 주제에 맞는 저자 본인(Christopher West)의 성찰, 경험을 첨부하여 우리 현실의 삶에 녹여 낼 수 있는 디딤돌의 역할을 제공하고 있다.

또한, 기존에 출간된 몸의 신학 관련 도서들은 몸의 신학을 읽기 위한 사상적 배경, 역사적 배경 등 실제 몸의 신학을 읽기 위한 준비 작업에 치중하였다면, 본 해설서는 요한 바오로 2세의 몸의 신학 교리 129회 자체에 대한 자세한 해제에 집중한다. 특히 영어판에 실려 있는 '아가서 및 토빗기'에 대한 해제는 요한 바오로 2세의 분석을 더욱 풍요롭게 빛내고 있다. 이러한 측면에서, 본 도서는 교황 요한 바오로 2세의 몸의 신학 교리에 대한 심층 분석 및 총괄적 이해를 돕기 위하여 최적화된 도서로 기존의 도서들과 대별되는 장점을 가지고 있다.

교황이 이미 말씀하신 바와 같이 남녀 간의 관계는 "실존에 있어서 순수하고도 단순한 기본구조"를 구성한다. 인간 생명의 존엄성과 균형은 "서로가 상대방에게 어떠한 사람이 되어줄 것인가에 달려 있으며 이는 역사적으로 모든 지역에 공통적인 사실이다." (TOB 43:7) 본 해설서의 저자인 웨스트(West)는 몸의 신학에서 선포한 대로 하느님께서 생명과 사랑에 대하여 마련하신 계획의 위대한 신비를 사람들에게 준다면, 이는 빈곤한 자들에게 복음을 가져다 주는 것이 되고, 노예에게 해방을, 맹인에 시력을 찾아 주는 것이라고 단언한다. 그의 말처럼, 우리는 하느님 계획의 '위대한 신비'에 참여하도록 인류에게 선포하고 초대하는 새로운 복음화에 대한 해답을 몸의 신학에서 찾을 수 있다. 왜냐하면 어떤 의미에서 새로운 복음화는 몸의 복음에 대한 선포이며, 또한 몸의 복음에 대한 선포이어야만 하기 때문이다.

본 『몸의 신학 해설서』(The Theology of the Body Explained) 번역본은 서강대학교에서 그리스도교윤리를 강의하는 김소영 교수와 신학대학원에서 윤리신학을 강의하는 우재명 교수(신부)가 함께 대학원 학생들을 대상으로 한 강의와 수차례에 걸친 그룹연구모임을 통해 얻은 경험과 지식을 바탕으로 작성되었다. 모쪼록 본 『몸의 신학 해설서』 번역본을 통하여 요한 바오로 2세의 놀라운 성찰과 지식을 보다 쉽게 이해할 수 있고 더욱 더 풍부하게 성찰할 수 있는 기회가 제공되고, 이를 통해 새로운 복음화의 실현에 한 층 더 가까이 다가설 수 있기를 마음 깊이 기대해 본다.

학교법인 서강대학교 이사장

박문수 신부

일러두기

1. 성경은 한국 천주교 주교회의가 승인한 성경(http://www.cbck.or.kr/page/bible.asp)을 사용하였다.
2. 인용된 교회 문헌은 한국 천주교 중앙협의회에서 번역본을 발행한 경우 발행된 번역본(http://www.cbck.or.kr/book/book.asp)을 사용하였다. 단, '~습니다.'의 경어체로 번역된 경우 문맥의 흐름에 맞게 '~한다'체로 바꾸어 사용하였다.
3. 교황에 대한 존칭은 평어로 사용하였다. 교황이 되기 전 요한 바오로 2세의 본명인 카롤 보이티야는 그대로 사용하였다.
4. 주석 번호의 경우, 원문이 각 장 별로 주석 번호를 새로 시작하였기에 번역본에서도 주석 번호의 동일성을 유지하기 위해 각 장 별로 주석 번호를 다시 매겼다.
5. 라틴어가 본문에 나온 경우 번역을 하고 괄호 안에 라틴어 원어를 그대로 삽입하였다.
6. 외국 성명, 대학, 기관 등의 고유명사는 발음대로 한국어로 기술한 뒤 괄호 안에 원어를 병기하여 전달의 정확성을 손상시키기 않도록 노력하였다.
7. 외국 서적 인용에 있어 번역본이 출간된 경우에 한하여 번역본의 제목을 사용하고 괄호 안에 원 제목을 병기하였다. 번역본이 없는 경우 원 제목을 그대로 사용하였다.
8. 본문에서 사용되는 용어들이 한국어 번역본마다 달라서 역자 임의로 선택하였다. 예는 다음과 같다.
   (1) 'original experience'은 '최초 체험', '시원적 체험', '원 체험', '원초적 체험' 등 다양한 번역이 있으나 '원초적 경험'으로 통일하였다.
   (2) 'original innocence'는 '원초적 무죄함', '원순수' 등 다양하게 번역되나 '원초적 순수'로 번역하였다.

(3) 'original nakedness'는 '원초적 알몸'의 번역이 있으나 '원초적 벌거벗음'으로 번역하였다.

(4) 'original shame'은 '원수치' '시원적 부끄러움' 등 다양하게 번역되나 '원초적 부끄러움'으로 번역하였다.

(5) 'adequate anthropology'는 '인간학의 적합성 전체'라는 번역 대신 '정합적 인간학'으로 번역하였다.

(6) 'primordial sacrament'은 '시원적 성사', '태초의 성사' 등 다양한 번역이 있으나 '원 성사'로 번역하였다.

(7) 'spousal union', 'marital unity', 'conjugal union'의 경우 '혼인적 일치', '혼인적 결합', '부부 결합' 등 다양한 번역이 있다. 이 용어의 경우 하나로 통일하는 대신 그리스도, 교회의 관계에서는 '혼인적 일치'로 혼인 관계에서는 '부부 결합'으로 번역하였다.

(8) 'desire'의 경우 'concupiscence(정욕)', 'longing(갈망)', 'passion(격정)'과의 구별을 위해 '욕망'으로 번역하였다.

(9) 'self-mastery'와 'self-control'은 '자신에 대한 주인됨(자기 소유)'와 '자기 통치'라는 번역 대신 '자기지배'와 '자기통제'로 번역하였다.

(10) 'interpenetrate'은 '상호연결' 또는 '서로 깊이 스며듦'의 번역 대신 '상호침투'로 번역하였다.

(11) 'appropriation'은 '소유', '활용' 등의 번역 대신 철학적 개념인 '전유(全有)'로 번역하였다.

(12) 'great divorce'은 몸의 신학(TOB) 원문에 직접 등장하지 않으며 West의 해설서에만 나오는 개념으로 'great mystery'에 대비되어 사용되고 있다. 의미 전달을 위하여 '위대한 이혼'의 직역 대신 '거대한 분리'로 번역하였다.

9. 직역을 원칙으로 하였으며 의미 전달이 어려운 경우에 한하여 예외적으로 의역을 하였다.

차례

들어가는 말

1978년 10월 16일이 생생하게 기억난다. 당시 나는 펜실베니아, 랭카스터에 있는 성심학교(Sacred Heart School) 3학년에 재학 중이었다. 주교님께서 모든 학생들에게 "웃고 계신 교황(요한 바오로 1세)"의 상본을 나눠준 지 2주만에 요한 바오로 1세의 갑작스럽게 서거하셨고 우리는 후임 교황 선출을 기다리고 있었다.

슬라브족 출신의 조용하고 연세 지긋한 보조 교사였던 유진(Eugene) 수녀님께서 강당 TV 앞에서 긴장하며 경청하고 계셨다. 뒤이어 우리 교실로 굉음에 가까운 비명소리가 들렸다. "폴란드인이야. 폴란드인! 폴란드인이 교황으로 선출되셨다고!" 유진(Eugene) 수녀님의 외침이었다.

당시, 폴란드 출신 교황께서 선출된 것이 내 인생에 얼마나 많은 영향을 끼칠지를 누가 상상이라도 했겠는가. 그 이후 15년이 흘렀고 교황 요한 바오로 2세께서 취임 첫 해에 시작하신 일반인들을 대상으로 한 수요교리는 내 전부를 영원히 변화시켰다.

요한 바오로 2세께서 몸과 성에 대한 하느님의 영광스러운 계획에 대한 교리를 가르치시던 당시 나는 당시 문화에 고취되어 왜곡된 성(性)을 당연하게 받아들이며 살고 있었다. 이후 신앙을 되찾게 되면서 하느님께서 남자와 여자를 위하여 마련하신 계획에 대한 의문이 생겼다. 내

의문을 해결하기 위하여 기도와 함께 혼인과 성에 대한 성경 말씀을 공부하는 모임을 시작하게 되었다. 약 2년에 걸친 공부를 통해 점차 위대한 "혼인적 전망(nuptial vision)"이 내게 가까이 다가옴을 느끼게 되었다. 성경에 드러난 배우자의 이미지는 나의 신앙에 생명을 불어넣었고 남자와 여자의 창조, 원죄, 그리스도 안에서의 구원이 갖는 신비를 밝혀주었다. 뿐만 아니라 "혼인적 전망(nuptial vision)"은 내가 성장하면서 받아온 거짓으로부터 나를 자유롭게 하였다. 나는 더 이상 가만히 있을 수 없었다. 열렬한 환호를 기대하며 나의 생각을 다른 사람들과 나누기 시작하였다. 그러나 나보다 더 많이 배웠다는 많은 그리스도인들은 나의 생각을 멍하니 듣거나 그보다 더한 반응을 보였다.

1993년 초가을, 여동생이 다니는 학교의 신실한 가톨릭 신자인 여교사를 저녁식사에 초대한 적이 있다. 당시, 그분에게 "혼인적 전망"에 대하여 말을 하며 내 느낌을 나누고자 하였다. 놀랍게도 그분은 "교황님의 몸의 신학(A Theology of the Body: 이하 TOB)을 읽으셨나 보군요"라며 반기셨다. "그게 뭐죠?"라고 내가 묻자, "아, 읽으신 거 아닌가요? 방금 말씀하신 것이 교황님 말씀 같아서요"라고 답하셨다. "몸의 신학(TOB)이 뭐죠? 어디서 배울 수 있나요?"라고 다그치듯 그분께 물었고 그녀는 성 바오딸에서 출판되는 소책자 4권[1]을 내게 소개해주었다.

몇 주 만에 그 교리서를 모두 허겁지겁 읽어 내려가면서 나는 내가 공부한 것을 다시 확인할 수 있었다. 나아가 교황님의 성찰이 내게 새로

1 *Original Unity of Man and Woman* (1981); *Blessed Are the Pure of Heart* (1983); *The Theology of Marriage and Celibacy* (1986); *Reflection on Humanae Vitae* (1984). 이 소책자들은 바티칸 신문, L'Osservatore Romano의 번역본이며 현재 절판되었다. 후일 바오로딸 출판사(Pauline Books & Media)가 *The Theology of the Body: Human Love in the Divine Plan*(1997) 한 권으로 출판한다. 이후 2006년 영어 번역의 많은 수정을 거쳐 새로 출판하게 되다. 이에 대하여 다음에서 더 자세히 설명하겠다.

운 지평을 열어주었음을 느낄 수 있었다. 나는 네 권의 교리서가 교회로서는 아직 캐지 않은 보물이며 세상에는 혁명이 될 것이라는 사실을 깨닫게 되었다. 실로 이 책들이야말로 이 시대의 위기에 대한 답을 가지고 있었기 때문이다. 이때, 나는 이미 내가 평생을 바쳐 교황의 가르침을 공부하게 되리라는 사실과 이를 다른 사람들과 나누게 될 것이라는 사실을 짐작할 수 있었다. "혼인적 전망"에 대한 연구를 목적으로 설립된 신학원이 있다는 것을 알게 되자마자 곧 그 곳으로의 진학을 결정했다.

오늘날 점차 많은 사람들이 요한 바오로 2세의 몸의 신학(TOB)을 알게 되었지만, 그럼에도 불구하고 여전히 대다수의 그리스도인들은 교황의 몸의 신학 교리가 담고 있는 실질적 내용을 잘 알지 못한다. 요한 바오로 2세 교황의 자서전 작가인 죠지 웨이겔(George Weigel)에 따르면, 그 이유는 "우선, 양이 방대하다는 점 때문이다. 몸의 신학(TOB)을 이해하기 쉬운 용어로 설명한 2차 문헌이 절실하게 필요하다."[2] 본 해설서가 시도하고자 하는 것이 바로 이 점이다. 그러나 책의 두께에서 이미 알 수 있듯이 본 해설서는 리더스 다이제스트 수준이 아니다. 물론 소책자들[3]도 필요하겠지만, 처음부터 끝까지 전 교리를 풀어내고자 하는 것이 나의 목표이다.

2 *Witness to Hope* (New York: Harper Collins, 1999), p. 343.

3 Mary Helay, *Men and Women Are from Eden: A Study Guide to John Paul II's Theology of the Body* (Cincinnati, OH: Servant, 2005); Anthony Percy, *Theology of the Body Made Simple* (Boston, MA: Pauline Books & Media, 2006); Christopher West, *Theology of the Body for Beginners* (West Chester, PA: Ascension Press, 2004).

수정판의 필요성

2003년 출판한 해설서 초판은 앞에서 말한 네 권으로 구성된 몸의 신학(TOB)의 영문 번역을 기초로 하였다. 이번 수정판은 국제신학대학원(International Theology Institute)에 계시는 마이클 발트슈타인(Michael Waldstein)이 번역하고 바오로딸 출판사(Pauline Books & Media)가 출판한 『*Man and Woman He Created Them: A Theology of the Body*』[4](2006)을 토대로 하였다. 새 번역본의 획기적 성과는 다음과 같다.

> 요한 바오로 2세의 폴란드어 원본이 갖고 있는 구조와 체계를 끌어냈다. 첫 번역본에서 생략되었던 교황의 고유한 특징이라고 할 수 있는 이탤릭체의 사용을 되살렸다. 여러 번역가의 작업으로 이루어지다 보니 생겨난 번역상의 불일치를 교정하였다. 문장을 잘 다듬었다. 요한 바오로 2세께서 직접 매긴 번호 순서를 따랐다. 추기경 시절의 원본에는 있으나 교리로 발표되지 않았던 부분을 처음으로 실었다. 따라서, 교황께서 마지막 수요교리를 끝낸 지 22년 만에 처음으로 이제 영어권 독자들은 교황의 교리 전체의 완성본을 접하며 교황의 프로젝트가 갖는 광채의 진가를 알 수 있게 되었다.[5]

새 번역본에서 가장 반가웠던 사실은 미발표 원고를 수록한 것이

4 *Man and Woman He Created Them* 은 교황 취임 전 추기경 시절에 완성하였으나 출판되지 않은 원고의 원 제목이다. 교황은 이 원고를 토대로 수요교리를 시작하였으며 일반적으로 "Theology of the Body(TOB: 몸의 신학)"이라고 불리게 된다. 따라서, 영문 제목으로 책 자체는 *Man and Woman He Created Them*이라 불리는 것이 타당하며, 책이 담고 있는 신학적 내용으로 보면, "몸의 신학"으로 부르는 것이 타당할 것이다.

5 Preface, John Paul II, *Man and Woman He Created Them: A Theology of the Body* (Boston, MA: Pauline Books & Media, 2006), p. xxix. 발트슈타인(Waldstein)의 번역에 대한 더 자세한 사항은 TOB 들어가는 말, pp. 11–14 참조.

었다. 그보다 더 기뻤던 것은 교황의 수기 원고와 동일한 제목을 그대로 사용한 것이다. 1993년 몸의 신학(TOB)의 주해를 위해 본문을 면밀히 검토하면서, 나는 광활한 본문에서 벗어나지 않고 상당히 만족스러운 해설을 했다고 생각했다. 그러나 이제는 당시의 해설이 마치 약속된 땅을 지도 없이 방황하는 것이나 다름없었다는 사실을 깨닫게 되었다. 이정표도, 지도도 없이 약속된 땅에 흐르는 젖과 꿀을 제대로 찾으려니 더 많은 노고가 필요했던 것이다. 새 번역본은 원제목을 번역하여 그대로 제시하고 있다. 이로써 독자는 교황의 가르침에 더 집중할 수 있게 될 뿐만 아니라 논의의 쟁점을 체계적으로 제시하여 교황의 가르침이 의미하는 엄격한 원칙을 명확히 이해할 수 있게 되었다. 아름다운 풍경이 있는 곳의 전망대와 같이 제목에 주의를 기울이는 것은 매우 중요하다. 전망대로서의 제목은, 이전에는 보지 못했던 아름다운 풍경을 새롭게 우리의 눈앞에 열리게 할 것이다. 또 이미 익숙한 풍경들의 그 영롱한 빛을 더욱 더 환하게 드러내게 할 것이다. 이전의 번역본을 통해 느낀 교황의 몸의 신학 전망이 다소 단조롭고 2차원적이었다면, 제목을 심층 고찰할 수 있도록 한 새 번역본은 교황의 몸의 신학 전망을 입체적인 3D로 느낄 수 있도록 도울 것이다.

이런 이유로 내가 쓴 이전 해설서에도 수정이 필요하다. 수정 해설서는 새 번역본에 따라 몸의 신학(TOB)의 인용문을 변경하였으며 본문 전체의 틀을 다시 구성하였다. 요한 바오로 2세의 수기 원고에서 우리가 알게 된 모든 것을 반영하고자 하였다. 프롤로그 역시 모두 바꾸었으며 업데이트를 하였다. 교황의 접근 방식, 사고의 발전, 신학적인 어휘와 함께 교황께서 원래 의도한 아이디어, 개념 등을 설명하는 데 있어 교황의 원전에 더 가까이 접근하고자 하였다. 원 교리 자체에 대한 고찰과 구별하기 위하여 기타 관련 사항 및 실천을 적은 본문은 회색박스 안에 따로 두었다. 또한 가톨릭 교회 교리서(Catechism of the Catholic Church: 이하 *CCC*)를 광범위하게 인용하여 몸의 신학(TOB)과 가톨릭 신앙의 유기적 관계성을 보여주고자 하였다. 발트슈타인(Waldstein)은 "몸의 신학은 요한 바오로 2세라는 렌즈를 착용하고 교리를 읽는 것과 같다"[6]고 말한다. 본 해설서는 단독으로 읽도록 저술하였으나 교황의 몸의 신학(TOB)과 같이 읽으면서 원전과 비교하는 것도 추천한다.

본 해설서는 어느 뛰어난 한 신학자의 저술이 아니라, 교사이자 신학 훈련을 받은 교리 교사인 한 개인의 열렬한 열정이 낳은 저술이다. 교황의 교리를 학문적 연구로 활용한 것일 뿐 아니라 학문을 넘어 '자유롭게 함'이라는 메시지를 널리 알리고자 하는 열정의 발로이다. 나의 노력이 학문적 연구와 대중적 응용을 잇는 사실상 거의 불가능한 것을 시도하는 것이라고 말할지도 모르겠다. 그러나 요한 바오로 2세의 교리는 일부 이해하기 어려운 부분이 있어 본서와 같은 해설은 학자와 일반인 모두에 유익할 수 있다고 생각한다. 가장 적합한 언어, 이미지, 예시 등을 찾아 전문가들과 일반대중을 모두 아우르는 해설을 제시하는 것은 여전히 시행착오의 연속이다. 따라서, 향후 몸의 신학(TOB)을 더 잘 이해하여 더 나은 방식으로 설명할 수 있게 된다면 본 수정판 이후 계속해서 제2, 제3의 수정판이 나오리라 생각된다.

독자들이 주의해야 할 사항은 요한 바오로 2세의 몸의 신학(TOB)이 전통에 깊은 뿌리를 두고 있지만 사고에서는 대담한 전개를 보여준다는 사실이다. 이 대담하고 도전적인 전개 방식은 이를 이해하고 적용하려는 교회 안의 학자들, 교리교사들, 평신도들에게 항상 창의적인 긴장을 제공할 것이다. 해석 상의 차이와 논쟁들이야말로 중요하고 유익한 과

6 발트슈타인(Waldstein), 들어가는 말, TOB, p. 16, n.23.

정이다. 교황의 생각을 해석하는 다른 학자들과 마찬가지로, 나 역시 나의 개인적 관점, 은총, 부족함을 모두 내어 놓는다. 바오로 사도의 말씀처럼, "모든 것을 분별하고 좋은 것을 간직하십시오." (1테살 5:21)

궁극적으로 인간 몸에 의해 그리고 남자와 여자가 '한 몸'을 이루는 친교에 의해 드러나는 하느님의 신비를 제대로 설명할 인간의 언어는 없다. 바오로 사도는 이를 교회와 그리스도를 두고 말하는 "큰 신비(위대한 신비)"라고 한다. (에페 5:31-32 참조) 본 해설서에 본 해설서에 담긴 인간의 언어를 통하여 말씀하신 하느님의 "위대한 신비"를 어렴풋이나마 알 수 있게 된다면, 본 해설서는 그 목적을 다 한 것이다. 어렴풋이 아는 것 그것이 이 세상을 사는 우리의 최선이나, "어린양의 혼인"을 향한 우리 안의 희망의 불꽃을 지피는 데에는 그것만으로도 충분하다. 주여! 당신 말씀에 따라 그대로 이루어지소서. 아멘.

프롤로그

몸, 가톨릭 정신, 그리고 교황 요한 바오로 2세

> 사실 몸, 그리고 성(性)만이 보이지 않는 것을 보이는 것으로 드러낸다. 그렇기에 몸은 영적인 것이며 신적인 것이다. 몸은 하느님 안에서 영원으로부터 감춰진 신비를 세상의 가시적 실재 속으로 드러내기 위해 창조되었으므로, 몸은 하느님 신비의 표징이 된다. (TOB 19:4)[1]

위 구절은 요한 바오로 2세의 몸의 신학(The Theology of the Body: 이하 TOB)의 중심 주제를 잘 보여준다. 요한 바오로 2세는 이 중심 주제를 기반으로 몸의 신학 전체 교리를 이끌어 간다. 본 해설서의 모든 단어 하나 하나는 이 주제를 기본으로 시작하며 이 주제로 귀결된다. 몸, 정확히 성(性)의 다름에서 드러나는 신비와 일치에로의 부르심은 하느님 안에 영원으로부터 감춰진 "큰 신비(위대한 신비)"의 표징이다. 우리는 몸을 통하여 하느님 안에 영원으로부터 감춰진 신비를 확인하는 동시에 하느님의 신비 안에 참여하고, 경험할 수 있다. 그렇기에 몸은 신학적인 관념을 풀어내는 해독제와 같다. 성경에서 드러난 하느님의 계시는 단순한 신학적 관념, 개념이 아니다. 하느님의 계시는 거룩한 세 위격들의 영원한 일치이며, 세 위격 중 한 분이신 성자는 우리의 몸을 삼위일체의 은총으로 인도하기 위하여 당신 스스로 육(肉)을 입고 우리 가운데 거(居)하셨다. 신학에서 몸을 고찰하는 것, 즉 몸을 "하느님에 대한 연구"의 일환으로 접근하는 것이 다소 낯설게 보일 수 있다. 그러나 우리가

---

1 TOB 인용은 각주가 아닌 본문에서 제공될 것이다. TOB 19:4는 요한 바오로 2세의 *Man and Woman He Created Them: A Theology of the Body*(Pauline Books & Media, 2006)에서 19번째 교리의 네 번째 단락을 의미한다.

육화(肉化)를 믿는 한 이는 결코 낯선 일이 아니다. “말씀이 사람(육신)이 되셨다는 사실로 인해 몸은 신학 안으로… 정식으로 들어올 수 있었다.” (TOB 23:4)

교황 요한 바오로 2세는 회칙 『신앙과 이성(*Fides et Ratio*)』에서 “신학의 주요 목표는 계시에 대한 이해와 신앙의 내용을 제공하는 것입니다. 그렇다면 신학 연구의 중심은 삼위일체이신 하느님의 신비에 대한 명상이 될 것입니다. 이 신비에 대한 접근은 성자(聖子)의 육화(肉化)의 신비에 대한 성찰, 곧 그분께서 사람이 되어 오심, 수난과 죽음으로 시작됩니다.”[2]라고 한다. 바로 이것이 교황 요한 바오로 2세의 몸의 신학(TOB)이다. 이스라엘의 언어가 히브리어이고 이슬람의 언어가 아랍어라면, 그리스도교의 언어는 ‘몸’이라고 하셨던 것을 들은 적이 있다. 이 표현이야말로 그리스도교적 관점에서의 “신학을 행함(Doing Theology)”을 제대로 드러낸다. ‘하느님께서 인간의 몸으로 오셨음’에서 비롯되는 ‘육화로부터 시작됨’이 바로 “신학을 행함(Doing Theology)”의 시작이다.

인간 몸의 의미를 묻는 것이 이 기쁜 여정의 시작이다. 우리가 그 여정에 제대로 동행한다면 우리는 남성과 여성의 일치로부터 그리스도와 교회의 일치로, 더 나아가 삼위일체이신 하느님 신비의 핵심으로 나아가게 된다. 그러나 그 여정에 동행을 하는 그리스도인들의 숫자는 상대적으로 매우 적다. 여성과 남성의 몸이라는 수수께끼를 직면하는 순간 사람들은 장애, 편견, 금기, 두려움에 휩싸여 여정에서 이탈하려 한다. 그리스도와 그리스도교를 항상 거룩하게 보고자 하는 유혹 때문이다. 그들은 그리스도께서 인간의 몸으로 오셨다는 사실을 끊임없이 부정하려 한다. (1요한 4:2–3 참조) 그러므로 인간의 몸과 성(性)에 대한 신학적 고

2 *Fides et Ratio*, 93.

찰에 파란만장한 고난의 시절이 있었다는 사실은 결코 놀라운 일은 아니다. 역사 속의 그리스도 사상가들은 인간의 몸이 갖는 선함에 대한 포괄적인 연구를 하면서 성(性) 및 인간 몸을 악(惡)하게 사용하는 이단을 상대로 용감하게 싸워왔다. 그러나 다른 한편으로는 인간의 몸과 성에 대해 호의적이지 않은 태도를 보이거나 심지어 경멸하는 태도를 드러낸 교회의 역사도 있다. 요한 바오로 2세의 "몸의 신학"은 인간 몸과 성에 대한 긍정적인 시각에 입각해 세워진 것이며, 교회의 많은 구성원들을 괴롭혔던 "몸을 바라보는 의심스러운 시각"을 바로잡고 있다.

몸에 대한 신학적 연구는 매우 어려운 과제이다. 몸의 신학이 나오기까지 2000년이라는 기나긴 세월이 걸렸다는 데서도 이 점이 잘 드러난다. 이제 비로소 몸의 신학이라는 혁명적인 신학이 뿌리를 내리고 만개할 좋은 토양이 제시되었다. 20세기는 변혁의 시기이다. 바로 이 점이 교회와 인간의 새로운 "과월절"의 시작을 마련하고 있다. 여기서 과월절이란 새 생명을 의미한다. 반면 죽음을 의미하기도 한다. 무한 진보의 희망으로 시작된 20세기는 과거 어느 때보다 피를 많이 본 세기로 기록되었다. 20세기 초반 세상은 두 번의 세계 대전과 극도의 전체주의 정권을 겪었다. 20세기 후반에는 핵전쟁 위협이 일파만파 확산되는 실정에 이른다. 게다가 인간사회의 견고한 기초로 여겨온 혼인과 가족 풍습을 저버리는 서양사회의 도전에 직면하게 되었다. 성(性) 혁명에 따른 "죽음의 문화"는 대량학살, 죽음의 집단수용소보다 더 악(惡)한 결과를 가져왔다.

"시대의 징표"에 따르면, 우리는 인간 역사에 있어 가장 중요한 시기에 서 있다. 세상의 많은 부정적 징표들로 인하여 비관주의가 양산되었다. 하지만 요한 바오로 2세는 힘주어 말씀하신다. "이와 같은 비관주의를 정당화시켜서는 안 됩니다: 아버지이며 주님이신 하느님과 그분의 선하심과 자비에 대한 믿음을 지닌 우리에게 이러한 느낌은 옳지 않습니다. … 하느님은 그리스도교의 위대한 봄을 준비 중이십니다. 우리는 이미 그 첫 표징을 볼 수 있습니다."[3] 몸의 신학에 대한 세계적인 관심이 바로 위대한 봄을 준비하는 징표들 중 하나이다. 인류는 "희망의 문턱"을 넘어야 한다. 죽음의 문화를 넘어 생명의 문화로 건너와야 한다. 오직 이러한 맥락에서 우리는 요한 바오로 2세의 몸의 신학이 제시하는 완전한 의미를 깨달을 수 있다.

1. 몸의 신학(TOB)이란 무엇인가?

수요 일반 알현(일반 수요교리)

수요 일반 알현은 1870년대 비오 9세 교황에서부터 시작된 관습이다. 교황은 이 자리에서 전 세계에서 찾아온 순례자들을 향해 연설을 한다. 교황 요한 바오로 2세는 수요 일반 알현에서 수년에 걸쳐 체계적인 교리교육을 한 최초의 교황이다. 교황은 1979년 9월 5일 몸에 대한 수요교리를 그 첫 시작으로, 1981년 저격사건, 대희년(1983.5–1984.9), 기타 다른 주제에 대한 교리 교육 등을 이유로 한 부분적 중단을 제외하고 총 5년이 조금 더 지난 1984년 11월 29일에 그 대단원의 장을 마감한다. 몸에 대한 교리는 오랜 기간 진행되었다는 사실에서만이 아니라 교황의 신학적, 철학적 성찰의 근본을 담고 있다는 점에서 매우 특별하다. 요한 바오로 2세의 전기 작가인 죠지 웨이겔(George Weigel)은 "교황의 이 방대한 교리는 일종의 신학적 시한 폭탄과 같아서 21세기 어느 시

3 *Redemptoris Missio*, 86.

점에 터지게 되면 그 결과는 어마어마할 것이다."라고 적고 있다.[4]

카롤 보이티야(Karol Wojtyla) 추기경은 재임 당시 이미 몸의 신학(TOB)에 대한 수기 원고를 완성하여 『*Man and Woman He Created Them*』라는 제목으로 출판 준비 중이었다고 알려져 있다.[5] 1978년 10월 교황직 선출로 인하여 출판이 연기되지만, 이 출판 연기는 오히려 몸의 신학(TOB)이 전 세계적 독자를 갖게 되는 계기가 된다. 폴란드의 한 신학자의 저서가 아니라 교황 요한 바오로 2세 교도권의 공식 저술이 된 것이다. 교황으로 선출된 요한 바오로 2세는 완성된 수기 원고에 수정을 거쳐 수요 일반 알현을 진행하였다. 원래 총 135회[6]를 계획하였으나 실질적으로 교리로 진행된 것은 총 129회이다.[7]

몸의 신학(TOB)은 교리(Catechesis)라는 문학 장르이다. 그래서 우선 "교리"에 대한 정확한 이해가 필요하다. "교리"는 그리스어 *katekhein* 즉, '울림(echo)'에서 유래한 단어이다. 신약에 따르면, 교리는 '그리스도의 신비 안에서 주님의 방식으로 사람들을 가르치는 것'을 의미한다. 발트슈타인(Waldstein)이 지적한 바와 같이, '교리'는 아직 성숙하지 못한 이들을 위한 가르침이기에 지적인 측면에서 그 완성도나 세련미가 다소 부족

---

4 *Witness to Hope*, p. 343.

5 일반적으로 몸의 신학(TOB)에 대한 저술이 요한 바오로 2세가 교황직에 올라 시작한 것으로 알려져 있으나 저술은 이미 교황이 폴란드 추기경 시절(카롤 보이티야)에 시작되었다. 발트슈타인(Waldstein)은 "요한 바오로 2세 재단의 문서고에 교황으로 선출되기 전 카롤 보이티야 추기경이 폴란드어로 쓴 책 *Man and Woman He Created Them*의 타자 원고가 보관되어 있다"라고 몸의 신학(TOB)의 들어가는 말(Introduction)에 적고 있다. pp. 4-11.

6 가장 널리 인용되는 이탈리어판은 135회 중 133회만 담고 있다. 교차 인용의 편의를 위하여 2006년 영어 번역판의 제목번호를 사용하고자 한다. 영어판의 경우, 95b와 117b가 누락되어 있으며 이에 대한 자세한 설명은 TOB Introduction에 나와 있다. p. 5.

7 TOB Introduction에 이미 언급된 바와 같이 발표되지 못한 강의 자료는 2006년 발트슈타인(Waldstein) 영어 증보판에 번역되어 있다. 6회의 미공개 자료는 아가서, 토빗서, 에페소서를 인용한다. (TOB 108-17 참조)

한 것으로 보일 수 있다.[8] 그러나 그렇지 않다! 교리는 인간과 그리스도의 신비, 그리스도와의 친밀함을 목적으로 한다. 따라서 교리는 인간의 삶 안에서 끊임없이 심화되어야 하며 모든 가능한 지성의 형성을 통해 친밀함을 추구함을 목적으로 한다. 발트슈타인(Waldstein)에 따르면 '비록 신학자들은 교리의 필요성을 덜 인식할 수도 있지만 교리는 모두를 대상으로 한 가르침'이라 말한다.[9]

2차 바티칸 공의회 문헌에 따르면, "주교들은 그리스도교 교리를 가르치는 데 특별히 관심을 기울어야 한다.. 그리고 설교와 교리교육은 … 언제나 첫 자리를 차지해야 한다."[10] 따라서, "수요교리는 보편교회의 사도인 로마주교 즉, 교황의 교도권에서 우위를 차지한다."는 결론을 낼 수 있다.[11] 요한 바오로 2세의 몸에 대한 수요교리는 단순히 교황의 교도권에 첨부된 각주가 아니다. "요한 바오로 2세의 많은 교리 중, 몸의 신학(TOB)은 많은 구릉 가운데 홀로 우뚝 서 있는 에베레스트산과 같다. 몸의 신학은 요한 바오로 2세의 걸작품이며, 그의 위대한 전망의 핵심이다. 교황의 교리는 탁월하다."[12] 이 교리에는 실로 놀라운 교황의 신학적, 인간학적 전망이 고스란히 담겨 있다. 뿐만 아니라 교황의 신학적 인간학적 전망은 그의 후속 가르침에서도 명확히 드러난다. 그렇기에 몸의 신학(TOB)에 대한 온전한 이해가 없다면 요한 바오로 2세의 전망을 완전히 이해하는 것은 불가능하다고 단언할 수 있다.

그러나 몸의 신학(TOB)을 온전히 이해하는 것이 쉬운 일이 아니다.

---

8 발트슈타인(Waldstein), Introduction, TOB, pp. 14, 18.

9 Ibid., p. 18.

10 *Christus Dominus*, 13, 14.

11 발트슈타인(Waldstein), Introduction, TOB, p. 14.

12 Ibid., pp. 4, 11, 15, 128.

몸의 신학은 미 발표 원고를 포함하여 총 135회차에 걸친 교리 교육을 담은 하나의 방대하면서도 학문적인 책이다. 그렇지만 이 말이 지적으로 뛰어난 엘리트만이 요한 바오로 2세의 가르침을 이해할 수 있다는 의미는 아니다. 다만 교황의 몸의 신학에 대한 가르침을 이해하고자 한다면, 또 몸의 신학에 대한 가르침을 모두에게 일용할 양식으로 나누고자 한다면, 부단히 노력해야 한다는 의미다.

"몸의 위기"

요한 바오로 2세는 교황직을 시작하며 폭넓은 사목 경험, 교회 경험을 토대로 가장 시급한 교리가 무엇인지를 판별하였다. 그것은 바로 남자, 여자로서의 인간을 자신의 육체성의 본성과 다시 연결시키는 일이다. 많은 사람들은 교황의 식별에 대하여 매우 의아하게 생각하였다. 처음 요한 바오로 2세의 수요교리에 참석한 순례자들의 첫 반응은 의아함, 당혹감이었다.[13] 사람들은 '영적' 측면을 강조하는 종교적 가르침을 기대하였다. 그런데 '몸'에 대한 이야기라니?

그러나 요한 바오로 2세의 교리 교육의 목적이 이와 같은 비-그리스도교적 "영성"에 대한 시각을 바로잡는 것이었다. 데카르트의 몸-영혼의 이분법적 사고에 뿌리를 둔 영성 즉, 육화가 없는 영성은 '삶에 막강한 위협'이 되고 있기 때문이다. "개인의 삶뿐 아니라 문명 사회에도 위협이 되고 있다."[14] 『가정교서(*Letter to Families*, 1994)』에서 요한 바오로 2세는 데카르트적 "몸의 위기"에 대하여 다음과 같이 요약하고 있다.

불행하게도, 서구 많은 사람들은 하느님과 그리스도에 의하여

13 *Witness to Hope*, p. 333 참조.

14 *Familiaris Consortio*, 21.

완성된 인간에 대한 교회의 가르침 으로부터 멀어지게 된 원인을 근대 이성주의로 봅니다. 르네 데카르트의 "나는 생각한다. 고로 존재한다"는 인간을 이분법적으로 구분한 근대적 개념을 형성하였습니다. 이성주의의 전형적인 시각은 인간 몸과 영혼의 대립을 보여줍니다… 인간 몸과 영혼의 분리는 점차 인간 몸을 하느님과 닮음의 범주로 보지 않고 자연세계에 존재하는 다른 육체들과의 닮음으로 보아 소비재를 생산할 때의 원자재와 마찬가지로 취급하게 만들었습니다. 그러나 사람들은 이런 기준을 인간에게 적용하는 것에는 놀라운 위험이 숨어 있음을 즉각 알아차립니다. 인간 몸이 원자재처럼 사용된다는 의미는 곧 윤리의 치명적인 패배를 가져오게 될 것이기 때문입니다. (제19항)

"몸을 숭배"하는 현대 사회의 문제는 몸을 과대 평가하는 것에 있는 것이 아니라 몸에 대한 가치를 충분히 평가하지 못하는 것에 있다. 고대 그리스도교의 '마니교주의'[15]가 마치 양의 탈을 쓴 늑대처럼 다시 그 추한 고개를 들고 있다는 사실이 문제이다.

인간학적 관점에서, 가정 공동체는 새로운 '마니교주의'라는 도전에 직면해 있습니다. 그 안에서는 몸과 영혼은 대립관계를 가지며 몸은 영혼으로부터 생명을 수용하지 못하고 영혼 역시 몸으로부터 그 생명을 받아들이지 못하게 됩니다. 그 의도가 무엇이든 인간은 이제 단순한 '객체'가 된 것입니다. 네오-마니교주의 문화는 인간의 성을 태초의 창조 원천으로부터 나오는 경이로움의 대상이 아니라 조작과 남용의 영역에 가둡니다. 그러나 아담은 창조된 하와를 처음 맞이하며 다음과 같이 경탄합니다: "이

15 마니교의 창시자 마니(Mani, Manichaeus)는 물질세계에서 육체 및 성적인 모든 것을 악의 근원으로 보고 단죄하였다. 요한 바오로 2세의 TOB 제1부 제2장은 마니교에 대한 직접적 반박을 담고 있다. (TOB 44-45 참조)

야말로 내 뼈에서 나온 뼈요, 내 살에서 나온 살이로구나!"(창 2:23) 똑같은 경이로움의 감탄은 솔로몬의 아가서에서도 드러납니다: "나의 누이, 나의 신부여, 그대는 내 마음을 사로잡았소. 한 번의 눈짓으로"(아가 4:9) 하느님의 계시에서 발견되는 여성성, 남성성에 대한 심오한 이해로부터 얼마나 멀어지게 되었는가! 하느님은 계시를 통해 우리로 하여금 인간의 성은 그 인간에 허락된 고유한 보물로 혼인과 가정 안에서, 또는 하느님 나라를 위하여 동정과 독신을 선택함을 통하여 참된 실현을 볼 수 있다고 알려줍니다.[16]

『가정교서(*Letter to Families*)』 제19항은 현대 사회의 문제에 대해 정확한 진단을 내리며, 이를 치유하기 위한 해결책을 명확하게 제시한다. 데카르트적 이분법에 따라 몸과 영혼을 분리하는 것은 인간 정체성에 대한 감각을 상실하게 만든다. 우리의 몸에서 하느님의 형상에 대한 표징을 발견하지 않고 동물과의 닮음만을 본다면, 몸에 대한 평가절하로 이어져 고대의 마니교가 다시금 그 새로운 얼굴을 드러내게 될 것이다. 그렇게 되면, 인간 몸은 하나의 객체일 뿐이며 이용의 대상으로 전락하게 될 뿐이다. 더구나 인간 몸 안에 인격의 주체인 "그" 그리고 "그녀"가 있다는 사실을 깨닫지 못하게 된다. 인간의 육체성은 사실 '성(性)' 자체를 통해 드러나기 때문에(TOB 44:5 참조), 성 관계야말로 가장 치명적인 훼손을 입게 될 것이다. 이는 혼인과 가정의 분열로 발전되어 결국 문화 전체가 붕괴되는 결과를 낳게 될 것이다.

요약하자면, 현대 사회가 병들어 있는 이유는 "남자와 여자는 인격이라는 완전한 진리로부터 우리 사회가 점차 멀어지게 되었기 때문"이다. 따라서, 현대 사회는 혼인, 책임 있는 사랑, 부성과 모성, 출산의 참

16 *Letter to Families*, 19.

된 위대함 안에 드러나는 인격의 은총이 갖는 참된 의미를 이해하기에 부족할 수 있다."[17]

이 모든 것을 거꾸로 되돌려야만, 우리는 병든 현대 사회를 치유할 유일한 치유책을 발견할 수 있다. 우선, 인간 몸의 아름다움 안에 들어 있는 하느님의 손길에 대한 한 처음의 경외심을 회복해야 한다. 또한, 인간 인격의 존엄성은 결코 도구나 조작의 대상이 되어서는 안 됨을 인식해야 한다. 성(性)은 하느님께서 인간 안에 심어 놓으신 당신 모상의 표징이며 초대이다. 즉, 성(性)은 혼인 또는 하느님 나라를 위한 동정의 은총을 통해 하느님의 모습을 살라는 하느님의 초대인 것이다. "하느님 계시를 통해 드러난 남성성과 여성성의 심오한 이해"를 통해서만 이 모든 것이 가능하다. 그것이 바로 요한 바오로 2세의 몸의 신학(TOB)이다.

몸의 복음(The Gospel of the Body)

요한 바오로 2세의 몸의 신학(TOB)은 혼인과 성적 사랑(sexual love)에 대한 광범위한 교리서로 알려져 있다. 확실히 맞는 말이다. 그러나 몸의 신학에는 그 이상의 의미가 포함되어 있음을 알아야 한다. 육화된 인간의 신비를 통해, 배우자의 사랑에 대한 성경의 비유를 통해, 교황은 그 기원에서 종말에 이르기까지 하느님의 계획 안에 있는 인간에 대한 당신 사랑을 빛나는 초자연적 빛으로 비추고 계신다. 앞에서 살펴본 바와 같이, 몸의 신학(TOB)은 근대 사회의 성 혁명에 대한 답변일 뿐 아니라 계몽 시대에 대한 답변이다. 또한, 근대 이성주의, 데카르트적 이분법주의, 그 외 모든 육체와 영혼을 분리하는 인간학적 사고에 대한 답변이다. 즉, 몸의 신학(TOB)은 현대 사회가 "육화의 신비와 그 실체를

17 Ibid., 20.

보다 잘 인식”(TOB 23:4)할 수 있도록 돕기 위한 가톨릭 교회의 가장 중요한 노력 중 하나이다. 이와 같은 노력을 통해 인간은 인간 생명의 본 목적과 의미를 인식할 수 있게 된다.[18]

하느님께서는 ‘말씀의 육화’인 몸의 신학을 통하여 당신 자신의 신비를 드러내신다. 이 문장은 요한 바오로 2세가 하신 수요교리 제목일 뿐 아니라 그리스도교의 “논리”를 대변한다. 교황은 수요교리에서 몸에 대해 가르침으로써 우리를 “복음의 전망, 모든 가르침의 전망, 그리고 그리스도교 사명의 전망”(TOB 49:3)으로 초대하신다. 몸의 신학(TOB)은 육화된 말씀의 복음 즉, “몸의 복음”으로 예수 그리스도의 복음을 확장한 선포이자 그리스도의 복음에 대한 주석이다. 그렇기에 몸의 신학의 가장 풍요로운 원천은 ‘말씀이 사람이 되시다!’이다.[19] 따라서, 요한 바오로 2세는 ‘처음부터 끝까지’ 계속해서 우리에게 살아 있는 육화하신 그리스도와의 만남을 호소하시며 우리로 하여금 몸의 의미가 어떻게 계시되고 있는지를 성찰하도록 이끄신다.

제2차 바티칸 공의회 문헌은 다음과 같이 적고 있다. “실제로, 인간의 신비는 사람이 되신 말씀의 신비 안에서만 참으로 밝혀진다. 첫 인간 아담은 장차 오실 분, 곧 주님이신 그리스도의 원형이었다. 새 아담 그리스도께서는 하느님 아버지의 신비와 그 사랑의 신비를 알려주는 바로 그 계시 안에서 인간을 바로 인간에게 완전히 드러내 보여주시고 인간에게 그 지고의 소명을 밝혀 주신다.”[20] 요한 바오로 2세는 제2차 바티칸 공의회의 이 말씀을 “근대 이성주의에 대한 교회의 답변이며 오랫

18 Christopher West, Preface, TOB, p. xxvii. 참조.

19 *Letter to Families*, 19.

20 *Gaudium et Spes*, 22.

동안 기다려왔던 대답"이라고 이해한다.[21] 에필로그에서 "현대 이성주의에 대한 답변"을 주제로 이 문제를 다시 다룰 예정이다. 프롤로그에서는 몸의 신학(TOB)의 전체에 대한 대략적이고, 기본적인 설명에 중점을 두겠다. 그리스도는 성부의 사랑과 신비를 통해 인간에게 육화하신 몸으로 온전히 자신을 드러내신다.

그리스도의 몸은 다른 어떠한 것보다 "몸의 복음"을 가장 잘 설명한다. 그리스도의 몸은 동정녀에서 잉태되신 후 베들레헴의 마구간에서 태어났고 팔일 째 되는 날 할례를 받았으며 마리아와 요셉에 의하여 양육되었고 요르단 강에서 세례를 받았으며 거룩하게 변모하셨고 "우리를 대신하여" 십자가에 달리시고 돌아가셨으며 부활하신 후 성부께로 올라가 성삼위의 영원한 삶에 동참하였다. 예수 그리스도의 몸과 성령의 신비에 대한 이 이야기야말로 바로 복음이다.[22] 세상에 태어난 모든 사람들은 그리스도와 "한 몸"을 이룸으로써 복음에 참여하여야 할 운명을 지닌다. 성(性)이 우리에게 드러낸 것이야말로 바로 인간창조가 갖는 가장 깊은 의미이다. 우리는 인간의 몸을 취하여 세상에 오신 하느님과 일치를 이뤄야 하는 운명이다. 왜냐하면, 창세기 첫 장에서 나타난 바와 같이 인간이 몸을 갖게 되고 남자와 여자가 "한 몸"을 이루도록 부르심을 받았다는 것이야말로 그리스도의 신비를 상징하며 그리스도와 교회의 일치를 예비하는 것이기 때문이다. (에페 5:31-32) 이것이 바로 복음 즉 "몸의 복음"이다.

---

21 *Letter to Families*, 19.

22 가톨릭 교회 교리서(*CCC*), no. 515 참조.

2. 인간의 몸을 "신학적"으로 만드는 요소

몸의 성사성

"신학"이라는 단어와 인간의 몸을 연결하기는 쉽지 않다. 하여 사람들은 "몸"과 하느님에 대한 연구를 함께 연결하지 않는다. 그래서 "몸의 신학"이라는 문구는 전혀 이질적인 두 영역의 인위적 연결로 느껴질 수 있다. 이는 우리가 데카르트적 세계관에 얼마나 깊게 뿌리 박혀 있는지를 보여주며 우리가 그리스도의 육화와 성사적 전망으로부터 얼마나 멀어져 왔는지를 증거한다. 그리스도의 육화 신비에 대한 고찰은 신학적 세계와 육의 세계가 함께 속해 있을 뿐 아니라, 서로 "운명 지워져 있음"을 잘 보여줄 것이다. 바오로 사도에 따르면, 몸은 주님을 위해 있으며, 주님은 몸을 위해 있는 분이시다. (1코린 6:13)

따라서, 그리스도인으로서 몸을 신학적으로 인식하는 것은 매우 논리적인 인식이다. 인간의 몸은 하느님의 "논리", 하느님 로고스(말씀)를 드러내기 때문이다. 하느님의 로고스(존재하는 모든 것의 이면에 있는 영원한 "이성")가 육(肉)이 되어 우리 가운데 계셨다. (요한 1:14 참조) 우리는 하느님을 볼 수 없다. 순수한 영이신 하느님께서는 우리의 전망을 온전히 초월하여 계시기 때문이다. 그러나 그리스도교는 놀랍게도 바로 하느님께서 "육신으로 나타나시어 사람들 가운데 계신다."고 한다.[23] 가톨릭 교회 교리서(*CCC*)에 따르면, '예수님의 육체를 통하여 "당신 본성으로는 보이지 않는 하느님께서, 보이는 인간으로 나타나셨고" 당신 사랑을 받게 하셨다.'[24] 요한 성인은 그렇기에 로고스를 "우리가 본 것"이

23 *CCC*, no. 1159.

24 *CCC*, no. 477.

라고 선포하며 "우리 손으로 만진 것"이라고 말씀하신다. 살아 있는 로고스를 이제 우리가 볼 수 있게 된 것이다. (1요한 1–3 참조)

요한 바오로 2세에 따르면, 몸의 성사, "성사성"은 볼 수 없는 것을 가시화하는 것이다. 이때 "성사"는 전례적인 7성사를 말할 때의 성사로서의 의미를 넘어서는 보다 포괄적인 의미를 갖는다. 상세한 구별에 대하여 추후 자세히 살펴보고자 한다. 보이지 않는 인격의 신비를 보여준다는 측면에서 인간의 몸은 인간 인격의 "성사"이다. 나자렛 예수의 몸은 거룩한 하느님 인격의 "성사"인 것이다.[25] 그리스도의 몸은 삼위일체 하느님의 거룩한 방식을 인간적으로 나타낸다.[26] 몸의 성사성에 대한 이와 같은 이해는 생물학적 관점을 극복하고 신학적 이해의 문을 여는 데 있어 매우 중요한 열쇠이다. 발트슈타인(Waldstein)은 다음과 같이 적고 있다. "현대 사회에 있어 많은 사람들 특히 지성인들이 가톨릭의 성(性)에 대한 시각을 이해하지 못하는 이유는 주로 생물학 때문이다." 몸이 갖고 있는 신학적 측면 즉, 성사성의 측면을 보지 못하고 단순하게 생물학적으로 몸을 이해한다면, "완전한 의미에서 성(性)을 이해하고 사는 것은 불가능하다. 데카르트적 시선에 고착되어 성(性)의 본성을 볼 수 없기 때문이다."[27]

교황의 교리로 돌아가 보자. 제1부 첫 부분에서 교황은 "몸, 오직 몸만이 보이지 않는 것을 보이는 것으로 드러낼 수 있다. 그러므로 몸은 영적이며 신적인 것이다." (TOB 19:4)라고 적고 있다. 널리 알려진 이교적인 신앙과 달리, 인간 인격은 몸에 갇힌 영이 아니다. 몸은 단순하게 영혼의 "껍질"이나 "집"이 아니다. 인간 존재는 영혼과 육체의 심오한 일

25 *CCC*, no. 515. 참조.

26 *CCC*, no. 470; no. 477. 참조.

27 발트슈타인(Waldstein), Introduction, TOB, p. 97.

치로 이루어진 존재이며 이 일치가 바로 인간 본성을 이룬다. 따라서, "인간 안의 정신과 물질은 결합된 두 개의 본성이 아니다. 그 둘의 결합으로 하나의 단일한 본성이 형성된 것이다."[28] 다시 말해, 인간은 "영적 본성"과 "육적 본성"을 분리된 것이 아니다. "영적 본성과 육적 본성 모두를 함께 가지는 바로 그것이 인간 본성"이다. 인간 본성 중 영적인 면을 분리하여 볼 수 있는가? 어떤 면에서 분리하여 볼 수도 있다. 다만, 몸을 통해서만이 가능하다. 몸만이 "보이지 않는 것을 보일 수 있도록" 하기 때문이다. 따라서, 인간 인격이 몸을 "가지고 있음"이 아니라 인간 인격이 곧 몸인 것이다.[29]

우리는 인간의 몸을 볼 때, 몸, 그 이상이 있음을 보아야 한다. 요한 바오로 2세의 몸의 신학 교리는 인간의 몸–인격을 바라보는 것은 인간의 영혼을 가시화하는 것이며 신성함의 가시화를 보는 것이라고 가르친다. "몸의 신학"이란 하느님과 닮은 모습으로 창조된 인간에 대한 또 다른 표현 방식이다. 몸의 신학 교리서 제2부에서 이에 대한 자세한 분석을 다룬다. 인간의 몸은 "영원으로부터 하느님 안에 감춰진 보이지 않는 신비를 세상에 효과적으로 전달하는 표징"이다. (TOB 19:4)

하느님 안에 감춰진 보이지 않는 표징

몸은 왜 "영원으로부터 하느님 안에 감추어진 신비"(에페 3:9 참조)의 표징인가? 어떠한 방식으로 그 신비의 "표징"이 되는가? 요한 바오로 2세가 섬세히 그렇지만 대범하게 제시하시는 그 점을 우리는 지나치게 빨리, 또는 지나치게 가볍게 지나쳐서는 안 된다. 교황의 전체 교리

28 *CCC*, no. 365.

29 TOB 색인 참조, p. 681: 요한 바오로 2세는 25가지의 사례를 열거하며 인간 인격이 몸이라고 설명한다.

는 바로 위에서 언급한 두 질문에 대한 고찰로, 교황의 인내와 기도 및 연구를 통해 제시된 것이다. 교황은 언제나 하느님 신비가 갖는 초월적인 "타자성"에 대한 경외심을 토대로 접근한다. 후반부에서 우리는 "이 신비들을 가능한 '밑바닥까지' 이해"하고자 하는 교황에 대하여 자세히 다룰 것이다. (TOB 87:6) 하느님의 신비를 '형이상학적 불가능성'으로 소진하는 우를 범하지 않도록 노력해야 한다. 다만, 본문을 준비하는 이 프롤로그에서는 몸의 신학에 대한 예비적인 숙고 정도에 머무는 것이 타당하다고 생각한다.

그리스도교적 측면에서 "신비"는 우리가 풀어야 하는 하느님에 대한 수수께끼가 아니다. 신비는 하느님의 계획이자 감춰진 실재이며 "가장 내적으로 비밀스러운 것"이다. 인간은 언제나 신비를 풀고자 하지만, 결코 홀로 할 수 있는 일이 아니다. 하느님의 신비는 보이지 않으며 만질 수 없고 전달하거나 형언할 수 있는 대상이 아니다. 하느님의 신비는 광활하며 인간을 "넘어선다." 인간이 신비와 조우할 수 있는 유일한 길은 신비이신 하느님께서 우리 인간에게 내려와 그 신비를 드러내실 때이다. 신비이신 하느님에 대한 교회의 놀라운 가르침은 다음과 같다. "하느님께서는 당신의 외아들과 사랑의 성령을 보내주심으로써 당신의 가장 깊은 비밀을 알려 주신다: 그분은 영원한 사랑의 친교를 이루시는 성부, 성자, 성령이시며, 우리를 그 사랑에 참여하도록 하셨다."[30]

하느님은 독단적이지 않으시며 노예를 부리는 주인이 아니다. 왕좌에 앉아 우리가 실패할 때마다 우리를 내려치는 하얀 수염의 노인도 아니다. 우주의 태초부터 존재하던 비인격적인 "힘"도 아니다. 하느님은 예수 그리스도 안에서 당신 자신을 드러내며, 성령을 통하여 영원한 사

30 *CCC*, no. 221.

랑의 교환으로서 드러내신다. 하느님께서 인간을 창조하신 유일한 이유는 당신의 영원한 은총과 지복 직관을 우리와 함께 하기 위함이다. 가톨릭 교회 교리서(*CCC*)는 다음과 같이 적고 있다. "하느님께서는 당신의 사랑과 선하심 이외에 창조를 위한 다른 이유가 없다."[31] 인간의 "고통", 배고픔, 목마름은 하느님의 이와 같은 은총에 대한 갈급이다. 즉, 하느님 사랑의 영원한 교환에 동참하고자 하는 갈급이며 우리는 바로 그러한 은총을 위해 창조되었다. 기도 안에서 우리의 몸이 들려주는 "소리"를 주의 깊게 들을 수 있다면, 우리는 영원으로부터 지금에 이르기까지 계속해서 들려주시는 하느님 안에 감추어진 가장 깊은 비밀에 대한 귓속말을 들을 수 있을 것이다. 하느님은 영원한 사랑의 친교이며 우리는 그 사랑의 은총에 참여하도록 운명 지워져 있다! 바로 이것이 인간 몸이 상징하는 신학적 실재이다.

무엇이 몸의 계시를 이해할 수 있도록 하는가? 요한 바오로 2세는 성적 구별이 갖는 아름다움과 남자와 여자가 "한 몸"(창 2:24)이 되도록 하는 부르심을 통해서 알 수 있다고 답한다. "성사는 가시적 표징으로, '가시적' 남성성과 여성성의 힘을 빌려 '몸'으로 존재하는 인간을 구성한다." (TOB 19:4) "우리는 이 폭넓은 배경 위에서 비로소 창세기 2장 24절의 '그러므로 남자는 아버지와 어머니를 떠나 아내와 결합하여 둘이 한 몸이 된다.'에 소개된 혼인 성사를 구성하는 말씀을 온전히 이해할 수 있게 된다." (TOB 19:5)

다시 말해, 하느님 계획 안에서 배우자의 부부 결합은 삼위일체 하느님의 내적 삶이 세상에 드러나는 "위대한 신비"의 원초적인 표징이다. 놀라운 일이 아닐 수 없다. 이 문제에 대하여 생각하면 할수록 그 의미

---

31 *CCC*, no. 293.

는 점점 더 깊게 확장된다. 몸, 보다 구체적으로는 "한 몸"을 이루는 남자와 여자의 일치는 말씀의 육화와 본질적으로 연결될 수밖에 없다. 오직 그리스도만이 하느님의 거룩한 삶을 세상에 전달할 수 있기 때문이다. 바오로 사도 말씀에 따르면, 남자와 여자, 둘이 한 몸이 됨은 "위대한 신비"이며, 그리스도와 교회의 일치를 가리키는 예형이다. (에페 5:31–32 참조) 실로, 처음부터 그래 왔던 것이다!

안젤로 스콜라 추기경(Angelo Cardinal Scola)의 말씀은 우리가 몸의 신학 연구를 통하여 무엇을 배울지를 잘 요약하고 있다. 우리는 이 연구를 통해 "예수 그리스도께서 장막의 끝자락에서 들어 올려지신 바로 그 측량할 수 없는 신비에서 비롯된 울림이 창조된 인간 안에 울려 퍼지고 있음"을 배울 것이다. 이는 곧, "한 신성 안에 세 위격으로 계시는 삼위일체 하느님 안에 존재하는 온전한 일치 안에서 드러나는 각 위격의 차이"이다. 그리스도교 사상에 근거하여 이러한 불가해한 신비를 설명하는 가장 적합한 단어는 "친교(Communion)"이다.[32] 삼위의 하느님께서는 영원한 친교를 이루신다. 삼위의 영원한 친교는 바로 남성성과 여성성으로 이루어진 인간 몸 안에 새겨진 "신학"이다. 남자의 몸, 그 자체는 홀로 의미를 가지지 않으며 여자의 몸 역시 마찬가지이다. 서로의 시선으로 바라봄 안에서 친교로의 초대를 발견한다. 그리고 "둘"의 친교는 자연히 "제3자(a third, 자녀)"로 이어진다. (TOB 21:4 참조)

바로 여기에서 우리는 삼위일체이신 하느님 신비의 인간적 전망인 지상의 표징을 발견한다. "어떻게 보면, 가장 일반적인 의미에서조차도 몸은 '보이지 않는 어떤 실체에 대한 보이는 표징', 곧 영적이며 초월적이고 신적인 것에 대한 가시적 표징이다. 결국, 몸은 성사의 정의에 합당한 것

32 Angelo Scola, *The Nuptial Mystery*, Grand Rapids, MI: Eerdmans, 2005, p.131.

이다. 이 표징을 통해, 그리고 이 표징에 의해 하느님은 당신의 초월적 진리 안에서, 그리고 당신의 사랑 안에서 당신 자신을 인간에게 선물로 내어 주신다." (TOB 87:5) 물론, 영적이며 신적인 신비를 단순한 실체적 표징으로 환원시켜서는 안 된다. 왜냐하면 신비이신 하느님께서는 실체적 표징을 무한히 초월하는 분이시기 때문이다. 몸은 인간 존재가 하느님의 영적 신비와 그 신비를 마주하기 위하여 필요하다. 바로 이것이 육화하신 성자, 하느님의 논리이다. 가톨릭 교회 교리서(*CCC*)는 다음과 같이 적고 있다. "인간의 삶에서 표징과 상징은 매우 중요한 자리를 차지 한다. 육체적이며 동시에 영적인 존재인 인간은 물질적 표징과 상징을 통해 영적인 실재를 표현하고 인식한다. 사회적 존재인 인간이 다른 사람들과 의사소통을 하기 위해서는 … 표징과 상징이 필요하다."[33]

원죄로 인하여 우리 모두의 시야가 어두워지면서 몸의 신학적 언어를 읽어내지 못하게 되었다. 우리는 몸이 무엇인가를 말한다는 것을 인식한다. 우리는 몸이 알고 이해하고 경험하고자 하는 깊은 목마름을 이야기하고 있음을 안다. 그러나 그 "무엇인가"가 바로 그리스도와 교회의 "위대한 신비"임을 깨닫기 위해서는 현현이 필요하다. 다음은 현현에 대하여 깊이 생각하게 만들었던 경험이다. 나는 덴버 관구에 있는 매우 아름답고 오래된 성당에 항상 매료되었다. 어느 날, 우연히 관광 안내원이 성당 건축물의 상징을 풀이하는 것을 듣게 되었다. 십자가 모양의 성당 건물 안 예수님 머리 위의 정교한 샹들리에는 그리스도가 "세상의 빛임"을 상징하는 것이고, 12개의 성당 기둥은 12제자를 상징하며, 기둥을 잇는 7개의 아치는 7성사를 상징한다는 설명이었다. 성당의 모든 것에는 각각의 의미가 스며 있었다. 건축가는 벽돌 하나, 선 하나에 그리스도와 교회의 "위대한 신비"를 선포하기 위하여 심혈을 기울여 설계한 것이다. 내가 성당에 매료되었던 것과 별개로, 나에게는 그 의미를 설명해 줄 누군가가 필요했다. 관광 안내원이 바로 나에게는 그 '누군가'였고 그의 설명은 마치 내게 새 안경을 씌워 준

33 *CCC*, no. 1146.

것 같았다—바로 이것이 현현이 아니면 무엇이겠는가!

성당 건축물과 그 설명에 대한 나의 기억은 어떤 의미에서 몸의 신학에 대한 적절한 비유라고 생각한다. 즉, 인간의 몸은 다양한 것을 포괄하는 하나의 성전 즉, "성령을 모신 성전"이다. 거룩한 건축가이신 하느님은 살과 뼈라는 많은 직선, 곡선으로 남자와 여자의 몸을 설계하였으며 이를 통해 그리스도의 신비, 교회와 그리스도의 생명을 주는 일치를 선포한다. 우리가 이 사실을 인식하든 그렇지 않든 간에, 바로 그 설계의 의미 때문에 우리는 인간 몸에 매료되는 것이다. 바로 이 점 때문에 인간 몸이 갖는 남성적, 여성적 아름다움의 신비에 우리는 매료되며, 친밀함과 일치를 열망한다. 원죄는 우리의 시야를 차단한다. 때문에 우리는 몸이 전하는 이 언어를 읽어 내기 어려울 뿐만 아니라 때로는 아예 읽어내지 못하기도 한다. 심지어, 가려진 시야 때문에 우리의 몸을 훼손하는 경향을 보이기도 한다. 어떠한 의미에서, 우리는 복음서에 나오는 "예수여, 다윗의 자손이시여, 저희에게 자비를 베풀어 주십시오. 저희는 보고 싶습니다."라고 외치던 그 눈먼 사람이다. 요한 바오로 2세의 몸의 신학은 몸이 선포하는 복음에 우리 시야의 초점을 맞춘 안경과 같다. 이 안경을 통해 우리는 자신의 몸이 무엇인지를 알 수 있으며 그리스도와 교회의 "위대한 신비"의 선포를 알 수 있게 된다.

신학과 인간학의 결합(혼인)

교황의 몸에 대한 신학적 시각은 지나치게 방대해 보인다. 어떻게 그리 "세속적"인 것이 그토록 거룩한 천상의 어떠한 것을 계시한다는 것일까? "몸의 신학"이 시사하는 바와 같이, 교황은 하느님에 대한 학문인 신학과 인간에 대한 학문인 인간학을 잇는 연결고리를 이해하여야 한다고 말한다. 교황은 고금의 학문적 흐름을 살펴, 신학과 인간학의 분리된 연구 과정이 때로는 양자의 적대적인 관계를 이끈 경우도 있었음에 주목한다. 그러나 교회는 "그리스도의 가르침에 따라 깊숙이 그리고 유기적으로 이 두 가지를 인간 역사 안에 결합시키고자 한다.

이 작업은 제2차 바티칸 공의회의 근본 원칙 가운데 하나이자, 가장 중요한 원칙이다. 그러므로 우리는 믿음과 열린 마음으로 몸과 마음을 다하여 이 원칙에 따라 행동해야 한다."[34]

요한 바오로 2세는 몸의 신학(TOB)으로 이를 실천한다. 인간 몸은 신학과 인간학을 연결한다. 그리스도의 몸은 "영광이 머무는 성소이며 … 성스러움과 인간적임은 결코 분리되는 것이 아니라 통합되는 것이다."[35] 여기에서 우리는 명확히 구별되던 두 가지 즉, 거룩함과 인간됨의 완벽한 결합을 말하고 있다. 그리스도께서는 신성과 인성 모두를 가진 분이시다. 그리스도는 불분명한 혼합으로서가 아니라 거룩한 하느님 신비 안에서 완전한 일치를 이루는 참 하느님이시며 참 사람이시다.[36] 예수 그리스도는 하느님-인간이시다. 요한 바오로 2세의 표현에 의하면 "하느님의 인간적 모습이시며, 인간의 하느님 모습"[37]이다. 또한 교황은 다음과 같이 적고 있다. "인간학의 바탕은 강생의 신비에 있다. 인간학은 그 자체의 한계와 모순을 뛰어넘어 하느님을 지향하고 더 나아가 '신성화'라는 목적을 지향한다."[38]

그리스도교는 종종 몸을 '악한 것으로 여긴다.'는 비난을 받는다. 그렇지 않다! 악마가 몸을 악한 것으로 만들고 그 오명을 교회에 뒤집어 씌웠을 뿐이다. 그리스도교는 몸을 신성화한다! 아타나시우스 성인은 가톨릭 교회 교리서(*CCC*)를 통해 우리에게 다음과 같이 가르치신다. '말씀'은 우리를 "하느님의 본성에 참여하게" 하시려고 사람이 되셨다.

34 *Dives in Misericordia*, 1.

35 *Orientale Lumen*, 15.

36 *CCC*, no, 464, 참조.

37 *Ecclesia in America*, 67.

38 *Novo Millennio Inuente*, 23.

바로 이 때문에 '말씀'은 인간이 되시고, 하느님의 아들은 사람의 아들이 되셨다."[39] 육화는 몸을 신성화한다. "온전히 충만한 신성이 육신의 형태로 그리스도 안에 머무르고 있기 때문이다." (콜로 2:9)

몸에 대한 논란

사람들은 항상 '하느님이 인간의 몸으로 오셨다.'는 사실의 모순성 및 그 함의 때문에 혼란스러워 한다. 사실, 교부의 표현대로 "완벽히 인간인 남성의 몸"을 가진 하느님을 받아들이는 것보다 영으로서의 신을 받아들이는 것이 더 쉬울 수 있다. 그리스도인들은 육화하신 하느님의 함의와 논란에 대하여 "나는 믿습니다(Credo)"라고 선포한다. 가톨릭 교회는 육화하신 하느님에 대하여 "당신을 낳아 젖을 먹인 여인은 얼마나 행복합니까!"(루카 11:27)라며 경이로움을 표현한다.

물질적 세상에 대한 의심의 눈초리, 모든 성적인 것을 불편하게 느끼는 신경증적인 증세들은 결코 그리스도교 정신에서 비롯된 것이 아니다. 모든 인간의 경험에는 이와 같은 신경증적인 마음이 어두운 그림자처럼 드리워져 있다.[40] 비-그리스도교인들과 마찬가지로 그리스도교인들 역시 이와 같은 신경증적인 경향에 영향을 받고 여전히 그러한 경향을 지니며 살고 있다. 교회는 수세기 동안 수많은 이단에 대항하여 물질적 세상이 갖는 선성(善性)과 인간 몸의 신성함을 옹호하여 왔다. 많은 사람들이 몸과 영을 분리하는 사고를 정통 그리스도 신앙이라고 생각한다. 하지만 교회는 오히려 "영은 선한 것이나 몸은 악한 것이다."라는 이단적 이분법적 사고방식을 반대하며 그 부당함을 지적하여 왔

39 *CCC,* no. 460.

40 Christopher Derrick, *Flight from Sex* (San Francisco: Ignatius Press, 1982)에 자세히 다루고 있다.

다.[41] 그리스도교 정신은 몸을 거부하지 않는다! 오히려 정반대이다. 교회는 하느님께서 인간 몸을 천상의 가장 높은 곳으로 일으키심을 받아들이며 그리스도인들은 이것이 모든 인간을 위한 하느님의 계획임을 믿는다. "'육신은 구원의 축'[42]이다. 우리는 육신의 창조주이신 하느님을 믿으며, 육신을 속량하기 위하여 육신을 취하신 말씀을 믿고, 육신의 창조와 구원의 완성인 육신의 부활을 믿는다."[43]

몸, 성, 물질적 세상에 대한 회의, 의심의 눈초리는 가톨릭의 보편적인 믿음과 거리가 먼 것일 뿐 아니라 정반대되는 것이다. (TOB 46:6 참조) 가톨릭 신자들은 초-영성적 실재를 통해서가 아니라 그들의 몸, 물질적 세계의 요소들을 통해 하느님을 만난다. 즉, 몸을 물로 씻어 정화하고, 기름부음 받으며, 그리스도의 몸과 피를 먹고 마시고, 자신의 혀로 신앙을 고백하고, 손을 얹은 뒤, 네! 라고 대답함으로써 그리고 남자와 여자가 서로 "한 몸"을 이룸으로써 하느님을 만나는 것이다.[44] 혼인은 7성사 중 하나인 동시에 "한 처음부터" 그리스도와 교회의 무한하고 더 위대하며 초월적인 신비를 우리에게 알려주는 경험이다. (TOB 95b:7) 혼인 성사는 "모든 다른 성사의 기초이며 어떠한 의미에서 다른 모든 성사의 원형이다." (TOB 98:2) 각 성사는 우리가 신랑이신 그리스도와 충실하고 불가해소성을 갖는 사랑의 합일을 이루는 과정이기 때문이다. 가톨릭의 상상력 속에는 이러한 세속적이고 혼인적인 신비주의가 깊숙이 자리잡고 있으며 이는 또한 몸의 신학 전체를 관통하고 있다.

---

41 *CCC*, no. 299. 참조.

42 테르툴리아누스, *De res.* 8, 2: PL 2, 852.

43 *CCC*, no. 1015. 강조

44 *CCC*, nos. 1084, 1113. 참조.

3. 혼인 유비

우리와 "혼인"하기를 원하시는 하느님

성경은 하느님과 인간의 관계가 갖는 신비를 다양한 이미지로 묘사한다. 아버지와 아들, 왕과 신하, 신랑과 신부, 양치기와 양떼, 포도나무와 가지, 머리와 몸에 대한 비유 등이 그 예이다. 그리스도는 자신을 병아리를 돌보는 어미 닭에 비유한다. 그러나 이 많은 비유의 이미지 중 유일하게 신비의 상징으로써 성사를 효과적으로 잘 드러내는 것이 바로 신랑과 신부의 혼인 관계이다.[45] 성경에는 다른 어떠한 비유보다 혼인에 대한 비유가 많다. 위대한 신비주의자들도 혼인 비유를 선호한다. 가르멜의 신비주의에 고양된 교황 역시 혼인 비유를 선호한다. 가르멜 전통에 따라 교황은 하느님의 구원계획을 바라보는 렌즈로 "위대한 혼인 유비"를 이용한다.[46]

성경은 처음부터 끝까지 혼인에 대한 이야기를 하고 있다.[47] 성경은 남자와 여자의 창조, "한 몸"에로의 부르심으로 시작한다. 예언자들이 구약을 통해 말하고자 한 것은 하느님이 백성을 사랑하심이 마치 신랑이 신부를 사랑함과 유사하다는 점이다. 에로스적 사랑의 정점을 보여주는 구약의 아가서에는 하느님과의 합일에 대한 수많은 성인들의 경험이 묘사되어 있다. 신약에서 그리스도는 글자 그대로 영원한 신랑의 사

45 *CCC*, nos. 757, 772, 796, 808, 823, 867, 1089 참조.

46 혼인 유비는 신앙의 참된 진리를 바라보는 근본적인 관점이나 그렇다고 해서 유일한 관점은 아니다. 요한 바오로 2세가 혼인 유비를 선호한다고 하더라도 이는 결코 다른 신학전통의 기반을 약화시키는 것이 아니다. 왜냐하면 다른 신학 전통들 모두 교회의 보편성에 중요하기 때문이다. 다른 신학 전통과 TOB를 비교 분석하는 것은 매우 유익할 것이다. 그러나 본 저서에서는 다루지 않기로 한다.

47 *CCC*, no. 1602 참조.

랑을 몸으로 드러내며, 육화를 통하여 전 인류와 "한 몸"을 이룬다. 성경의 마지막에 등장하는 요한 묵시록에서는 천국을 어린양의 혼인 잔치로 묘사한다.

성경에서 인간 외침의 첫 구절은 벌거벗은 신부를 보고 기쁨에 찬 신랑의 외침이다. "이야말로 …너로구나!" (창 2:23 참조) 성경에서 인간이 외친 마지막 구절 역시 신랑의 선물을 기다리는 신부의 목마름이다. "오십시오… 오십시오…주 예수님!" (묵시 22:17, 20) 성경은 첫 아담과 하와의 혼인으로 시작하여 마지막 아담과 하와의 혼인으로 끝난다. 이렇듯, 혼인 신학은 성경의 시작과 끝을 지탱하는 두 혼인으로 이루어져 있다. 이와 같은 관점은 하느님의 신비롭고 영원한 계획이 우리를 배우자로 삼아 영원히 우리와 "혼인"하고자 하는 것임을 (호세 2:19 참조) 보여준다. 우리의 자유 의지를 존중하시는 하늘의 신랑이신 하느님께서는 우리에게 혼인 계획을 제안하시며 '예! 그대로 제게 이루어지소서(fiat)'라는 우리의 응답을 기다리신다. 신랑은 우리의 자유의지를 존중하여 구혼을 하고 신부의 응답을 기다린다.

더욱이, 몸의 신학(TOB)의 중요한 의미 중 하나는 하느님의 영원한 "혼인 계획"이 "밖의 어딘가"에 있는 것이 아니라는 점이다. 이보다 더 가까이 있을 수 없을 정도로 매우 가까이 있다. 바로 "지금 여기에" 있으며 남자와 여자라는 인간의 존재 내에 신비롭게 다시금 새겨져 있다. 복음의 신비는 우리의 몸에 새겨져 있을 뿐 아니라 평생 동안 서로 생명을 주는 일치를 통해 "한 몸"을 이루라는 소명 안에 새겨져 있다. " '그러므로 남자는 아버지와 어머니를 떠나 아내와 결합하여 둘이 한 몸이 됩니다.' 이는 위대한 신비입니다. 그러나 나는 그리스도와 교회를 두고 이 말을 합니다." (에페 5:31–32) 그리스도는 하늘에 계신 성부인 아버지를 떠났으며, 이 세상에서는 어머니의 집을 떠나셨다. 당신의 신부를 위하여 자기 자신의 몸을 포기하려고 떠나신 것이다. 그로써 우리는 그와 "한 몸"을 이룰 수 있다.[48] 그렇다면 그리스도와의 혼인의 정점은 어디인가? 천국이 바로 궁극적 답이 될 것이다. 그러나 이 세상의 삶에서는 성체 성사를 통하여 정점에 이를 수 있다. 성체 성사는 "신랑과 신부의 성사이다." 사실 "그리스도께서는 이 성사를 제정하는 과정에서 남자와 여자, 여성적인 것과 남성적인 것 사이의 관계를 표현하고자 하였다. 그것은 바로 창조의 신비와 구원의 신비 안에서 하느님께서 마련하신 관계이다. 무엇보다 신랑이신 그리스도께서 교회를 위해 행하신 구원 행위를 표현하는 성체성사 그 자체이다."[49]

인간 성(性)의 가장 심오한 진리가 성체를 통하여 드러난다는 요한 바오로 2세의 말씀을 잠시 되새겨 보자. 그리스도께서 신랑으로서 당신 자신의 몸을 성체로써 우리에게 주심은 자기 자신을 선물로 내어 주는 것이다. 이 선물을 통해 그리스도께서는 우리의 몸이 남자와 여자로서 갖는 가장 심오한 의미를 드러내기를 원하셨다. 그리스도께서 인간에게 자신을 온전히 드러내 보이시고 자신의 소명을 명확히 드러내신 곳이 바로 성체성사이다! 뒤집어 생각해 보면, 모든 혼돈, 왜곡이 해소될 때, 우리는 인간이 갖는 성(性)의 가장 심오한 의미가 바로 성체성사라는 사실을 발견하게 될 것이다. 그러므로, 남자와 여자가 "한 몸" 안에서 거룩한 성찬식을 한다는 것은 성체 안에서 정점을 이루는 그리스도와 교회의 성찬식을 상징하는 위대한 신비이다.

---

48 *CCC*, nos. 790, 791, 1396, 1621 참조.

49 *Mulieris Dignitatem*, 26.

나는 장인어른을 한 번도 뵌 적이 없다. 나의 처가 어렸을 적에 돌아가신 탓이다. 하지만 나는 한번도 뵌 적 없는 나의 장인 어른을 매우 존경한다. 다음의 이야기 때문이다. 장모님과의 혼인식 다음날 미사에 참석한 장인 어른은 성체를 받아 모시면서 눈물을 흘렸다고 한다. 장모님께서 그 이유를 묻자 장인어른은 "내 삶에 있어 처음으로 '이는 너에게 주는 나의 몸이다'라는 말의 의미를 이해했기 때문이라오."라고 답하셨다고 한다.

혼인 유비는 단순한 우연의 일치가 아니다. 혼인 유비는 하느님께서 세상을 향해 드러내신 생명과 사랑의 계약의 가장 근본적인 형태이다. 남자와 여자로 창조하심을 통해 우리는 이 계약의 이미지를 상상하고 이에 참여할 수 있다. 아담(창 1:28), 노아(창 9:1), 아브라함(창 17:5-6), 야곱(창 35:10-12), 모세(레위 26:9)에서 알 수 있듯이, 하느님과 인간 사이의 서약은 신랑과 신부의 부부 결합을 상징하는 부르심을 보여준다. 구약에서 아브라함과 맺은 약속은 바로 혼인 안에서의 자손 번성이었다. "나를 보아라. 너와 맺는 계약은 이것이다. 너는 많은 민족들의 아버지가 될 것이다… 나는 네가 매우 많은 자손을 낳아 여러 민족이 되게 하겠다." (창 17:4, 6) 하느님께서 아브라함에게 명하신다: '너희는 모두 포피를 베어 할례를 받아야 한다. 이것이 나와 너희 사이에 세운 계약의 표징이다. … 그러면 내 계약이 너희 몸에 영원한 계약으로 새겨질 것이다." (창 17:11, 13)

할례는 구약 계시의 중심 요소이다. 그렇다면 우리는 이와 같은 질문을 해야 한다. 성부께서는 왜 백성에게 남성의 가장 중요 부위인 성기의 자연스러운 덮개인 포피를 영원히 없애기를 바라는 것일까? 왜 우주의 신인 하느님은 할례를 만들어 자신이 선택한 백성을 따로 선별하고 그들을 자신을 따르는 자들로 만든 것일까? 육체에 새겨진 이 상징이 하느님의 영적, 계약적 사랑을 이 세상에서 어떻게 효과적으로 보여줄 수 있는가? 물론 성경학자, 유대교 역사학자들은 고대 근동에서 실제 행하던 관행 때문이라는 등과 같은 충실한 답을 할 수 있을 것이다. 그러나 나는 여기에서 다음과 같이 답하고자 한다.

이 표징을 가장 자주 볼 사람은 누구인가? 그리고 그들은 언제 이 표징을 보는가? 아브라함의 자손 중 남자는 혼인을 할 때마다, 자신의 부인과 함께 혼인적 사랑을 통해 자손을 번성케 하겠다는 하느님과의 약속에 대하여 상기하게 될 것이다. 할례는 어떤 의미에서는 부성(父性)의 신비를 "말한다." 뿐만 아니라, 할례는 성부 하느님의 모상을 닮고자 할 때 치르어야 하는 대가이다. 할례라는 상처를 냄으로써 하느님께서 마치 '여자가 이미 안 것에 대하여 남자는 배워야 한다.'고 말씀하시는 것처럼 보인다. 즉, 하느님의 자비로운 사랑에 참여하기 위해 자신의 살을 희생하고 피를 흘려야 한다는 것이다. 바로 이것이야말로 신랑이신 그리스도가 우리에게 가르치고자 한 것이 아닌가? 할례는 그리스도의 살과 피로 이루어진 궁극적 희생을 예고한다.[50] 하느님이 아브라함에게 한 약속–혼인적 사랑을 통한 자손 번성–은 그리스도께서 자신의 몸을 "우리를 위하여 내어 주신" 바로 그때 정점에 다다른다. 십자가는 "하느님의 영원한 부성(父性)의 새로운 표현"[51]이다.

우리는 여기에서 십자가에 담긴 하느님의 의지를 다시 한번 고찰할 수 있다. 그리스도는 수난시기에 "옷 벗김"을 당하도록 허락하셨다.[52] 곁에 서서 구경하던 자들은 십자가에 매달린 예수의 벌거벗은 몸에서 무엇을 보았을까? 그는 아브라함의 자손이며 유대인으로 "선택 받은 자"이다. 더구나 다른 일반적인 유대인이 아니라 "유대인들의 왕"이다. 하느님께서 친히 선택하심을 받은 자인 것이다. 십자가 발 아래에 모여 있던 유대인, 이방인들 모두는 그리스도의 할례 받은 살에서 드러난 성부의 사랑의 신비를 가장 가까이에서 분명하게 목격한 증인들이다. 예루살렘의 키릴루스 성인은 교리서에서 다음과 같이 선언한다. "그리스도는 옷 벗김 당한 채 십자가에 못박히셨다. 그의 벌거벗음은 모든 권력과 권세를 물리치고 그들을 그리스도의 승리에 찬 장례행진으로 끌고 간다."[53] "벌거벗은 그리스도" 그리고

---

50 *CCC*, no. 1150.

51 *Redemptor Hominis*, 9.

52 *Sign of Contradiction* (New York: Seabury Press, 1979), p. 192 참조.

53 *Mystagogical Catechesis*, 2:2.

"우리를 위해 자신을 내어 주신 그리스도" 안에서, 옛 계약의 표징(할례)이 어떻게 새 계약의 표징(성체) 안에 실현되는지 볼 수 없다는 말인가? 성체의 희생은 우주만물의 결실을 맺는 "혼인적" 일치를 가장 잘 드러낸다: "여인이시여, 이 사람이 어머니의 아들입니다!" (요한 19:26) 이를 십자가의 그리스도의 말로 옮기자면, "여인이시어, 당신의 영적 수고와 고통 안에서 당신은 별보다 더 수많은 자손들에게 생명을 주셨나이다."

구약이 아브라함의 자손에 대한 하느님의 약속을 토대로 한 것이라면, 신약은 마리아의 자손에 대한 약속을 토대로 한 것이다. "그대로 제게 이루어지소서"라는 마리아의 신잉고백은 배우자 사랑과 자손 번성에 대한 동정(童貞)의 새로운 표현이다. 하느님께서 혼인을 청하실 때 마리아는 "네"라고 답하면서 "인류의 예형(archetype of humanity)"[54]을 세운다. 이와 같이 성경의 이 "여인"(마리아)은 하느님과 인간의 친교를 보증한다. 마리아는 신앙고백(*fiat*)으로 하느님의 신부가 되었을 뿐 아니라 하느님의 영원한 아들을 잉태하였다. 전자를 통하여 마리아는 신부로서의 교회를 드러내는 완벽한 상징이 되었으며, 후자를 통하여 마리아는 어머니로서의 교회를 드러내는 완전한 상징이 되었다. 마리아는 비가시적이고 불멸인 이와 같은 영원한 힘을 가진 분이시며 가장 높으신 분의 "씨(종자)"를 가진 분이시다. 또한 마리아는 하느님의 모든 약속과 인간의 영원한 운명을 실현하시는 분을 잉태하게 된다. 가톨릭 교회 교리서(*CCC*)에 따르면, "하느님과의 관계에 있어서 인간이 가지는 혼인적 소명은 마리아의 동정 모성 안에서 완벽하게 이루어졌다."[55]

54 *Mulieris Dignitatem*, 4.

55 *CCC*, no. 505.

혼인 유비에 대한 올바른 이해

안젤로 스콜라 추기경은 저서 *The Nuptial Mystery*에서 혼인 유비를 이해할 때의 두 가지 불균형에 대해 경고한다. 하나는 '부족함'이고 다른 하나는 '과함'이다.

스콜라 추기경에 따르면 "과함 또는 과도한" 해석은 "궁극적으로 신인 동형론적으로 왜곡된 하느님 이해"로 치닫는 경향이 있으며 심지어 하느님을 성(性)적인 존재로 소개하기에 이른다. 비록 의도적인 것은 아닐지 모르나, 과한 해석의 논리는 혼인 범주만이 그리스도의 도그마를 비추기에 적합한 유일한 범주라고 주장한다. 이와 같은 해석은 잘못된 신학으로 인도한다."[56] 이단으로 빠지는 오류를 범하지 않으려면 혼인 유비의 가치의 한계를 분명히 하는 것이 중요하다. 요한 바오로 2세가 말씀하시듯, '유비"는 한편으로는 서로 닮음과 또 다른 한편으로는 본질적 다름을 포함한다. (TOB 33:3 참조) "인간의 혼인적 사랑에 대한 유비는 절대적으로 초월적이며 신적인 신비인 하느님의 실체를 완벽하고 적합하게 이해시킬 수 없다. … 그 신비는 다른 여타 유비와 마찬가지로 여전히 초월적인 채로 남아 있다. 다만, 유비를 통해 인간의 언어로 신비를 표현하고자 할 뿐이다." (TOB 95b:1)

그 반대인 "최소주의자"의 해석 역시 위험하다. 스콜라 추기경은 "최소주의적인 해석은 혼인 신비에 신학적 가치를 부여하지 않으려 모든 노력을" 기울이기 때문이다. 최소주의자들에게 "혼인 관련 어휘는 기껏해야 우화에 불과하므로, 상징적 가치조차 없다. 예를 들어, 혼인에 대한 이미지는 목자와 양의 유비와 같이 성경에 등장하는 다른 이미지들과

56 *The Nuptial Mystery*, p. 394.

같은 것이다."[57] 다른 유비와 마찬가지로 혼인 유비는 신적 신비를 대변하기에 충분하지 못하다. 다만, 성경에 나타난 많은 증거 그리고 중요한 신학 전통이라는 측면에서, 혼인 유비는 다른 유비에 비하여 그 미흡함이 적다고 할 수 있다. 요한 바오로 2세는 "하느님, 일치, 친교의 이미지에 이보다 더 완벽하고, 이보다 더 완전한 이미지는 없다. 인간적 언어로 하느님의 신비를 말하는 데 혼인 유비는 다른 어떠한 인간적 실재보다 가장 완전한 이미지인 것이다."[58]

혼인 유비가 갖는 특별한 가치

혼인적 사랑(spousal love)은 완전한 자기 증여를 말한다. 혼인 유비가 갖는 특별한 의미를 잘 드러내는 말이다. 요한 바오로 2세는 하느님께서 인간에게 자신을 선물로 "완전히" 내어 주심(TOB 95b:4)을 강조한다. "성경 안에 사용된 그 어떤 유비도 완전한 내어줌에 대해 직접 강조하지 않았다." (TOB 95b:3) 몸을 통해 신학을 인식한다는 것은 몸을 하느님의 사랑의 표징으로 인식함을 말한다. 요한 바오로 2세의 몸의 신학에서 우리는 몸 자체가 "혼인적 의미"를 갖고 있음을 배우게 될 것이다.[59] 몸은 하느님의 부르심을 가시화하기 때문이다. 요한 바오로 2세는 이 사실을 다음과 같이 명확히 밝히고 있다. "근본적 선물인 창조를 증거함으로써 샘 솟는 물과 같은 사랑이신 하느님을 증거하는 것이 바로 몸이다. 이와 같은 사랑은 자기를 선물로 기꺼이 내어 줌에서 비롯된다. 남성성-

57 Ibid., p. 395.

58 "성 가정의 날을 맞은 강론 말씀"(Homily on the Feast of the Holy Family), 12, 30, 1988.

59 TOB를 영어로 공부하는 학생들에게 "몸의 결혼적 의미(nuptial meaning)"가 더 익숙할 것이다. 이는 이탈리아어 "*significato sponsale del corpo*"를 번역한 것이다. 발트슈타인(Waldstein)의 새 번역은 더 정확한 번역인 "몸의 혼인적 의미(spousal meaning)"로 표현하고 있다.

여성성은 남자와 여자인 사람이 가지는 창조적 증여의 원초적 표징이다. … 이것이 '몸의 신학' 안에서 성(性)이 지니는 의미이다." (TOB 14:4)

심층적인 고찰을 통하여 우리는 혼인 유비가 인간 경험의 전 숨결을 관통하는 가치를 가지고 있음을 알 수 있다. 사랑에 대한 모든 참된 표현은 삼중의 혼인적 각인을 갖는다. 혼인적 사랑은 다음의 세 가지 즉, "타자"의 상호 보완성,[60] 자기 증여의 사랑을 통하여 친교를 이루라는 부르심, 그리고 부르심이 이끄는 출산[61]이 상호 연결된 역동성[62]이다. 우리는 "둘이 한 몸이 된다."(창세기 2:24)에서 이와 같은 사랑의 표현을 발견할 수 있다. 물론 혼인만이 '친교를 이루는 사랑에 대한 부르심'을 표현하는 유일한 방식은 아니다. 사랑은 혼인적이라는 특징을 갖는다. 왜냐하면, 모든 사랑은 어떠한 방식으로든 상호보완성("타자성") 즉, 상호 자기 증여와 결실을 수반하기 때문이다. "모든 형태의 사랑은 언제나 남성성과 여성성을 갖게 될 것이다."[63]

하느님 사랑도 마찬가지이다. 위대한 혼인적 신비는 바오로 사도가 에페소인들을 대상으로 창세기의 "한 몸"과 그리스도와 교회의 일치를 설명할 때 다시 확인된다. "'그러므로 남자는 아버지와 어머니를 떠나 아내와 결합하여, 둘이 한 몸이 됩니다.' 이는 위대한 신비입니다. 그러

60 몸은 인격, 성적 보완성의 내적 신비를 계시하므로 결코 생물학적 차이에 따른 보완성으로 축소될 수 없다. 몸은 육화된 인격으로서 남자와 여자의 전 신비를 가리킨다.

61 요한 바오로 2세는 몸의 "혼인적 의미"와 "생산적"의미 즉 "출산적" 의미를 구별한다. (TOB 21:2; 23:5 참조) 그러나 몸이 갖는 출산적 의미는 혼인적 의미에 뿌리를 두고 있으며 유기적인 관계라 말한다. (TOB 39:5 참조)

62 스콜라 추기경은 "교회 한가운데 있는 혼인적 신비(The Nuptial Meaning at the Heart of the Church)"라는 그의 논문에서 "혼인성(nuptiality)"을 친교(communion)로 소개한다(Winter 1998): 631−32. 이후 *The Nuptial Mystery*(Eerdmans, 2005)에서 그 의미를 자세히 고찰한다.

63 가정평의회(Pontifical Council for the Family), "The Truth and Meaning of Human Sexuality", 10.

나 나는 그리스도와 교회를 두고 이 말을 합니다." (에페 5:31-32) 요한 바오로 2세는 다음과 같이 말한다.

> 우리가 "위대한 신비"를 인식하지 못할 경우 즉, 남자와 여자의 창조 소명이 혼인적 사랑과 부성/모성으로의 부르심이라는 사실을 인식하지 못하게 된다면, 교회는 하느님과 인간 사이의 계약의 표징이 그리스도의 신비체임을 이해하지 못할 것이다. "위대한 신비"는 교회이며 그리스도 안의 인류이다. 이는 혼인, 가족의 실재 즉, "한 몸"으로 표현된 "위대한 신비"와 분리 불가한 것이다.[64]

여기에서 우리는 요한 바오로 2세의 가르침의 근간인 가르멜 영성을 발견할 수 있다.

십자가의 성 요한

요한 바오로 2세의 몸의 신학(TOB)은 가톨릭의 성사적 상상력을 최대치로 끌어올리고 있기는 하지만 그 밑바탕에는 여전히 십자가 성 요한의 혼인 신학 및 신비 신학이 굳건한 버팀목이 되고 있다.[65] 요한 바오로 2세는 스페인의 영성을 공부하던 젊은 시절에 '교회의 박사'인 십자가의 성 요한(요한 바오로 2세 6세 때, 비오 11세는 십자가의 성 요한에게 '교회의 박사'라는 칭호를 수여함)을 접하게 된다. 십자가의 성 요한은 혼인 유비로부터 그리스도 신비의 전체를 밝히는 무엇인가를 보았다. 십자가의 성 요한은 그리스도교를 하느님과의 "신비적 혼인"으로 이끄는

64 *Letter to Families*, 19.

65 발트슈타인(Waldstein)의 연구를 이용하여 심도 깊게 설명하고자 한다. 발트슈타인(Waldstein)은 요한 바오로 2세와 십자가의 성 요한의 유기적 관계성을 보여준다. 이로써 TOB 전체의 "근거"를 제시하는 데 지대한 공헌을 하였다. Walstein의 연구는 요한 바오로 2세가 가톨릭의 신학 전통으로부터 벗어난 것이 아니라 신학 전통을 유기적으로 발전시켰음을 보여준다.

초대라고 믿었다.

십자가의 성 요한의 작품에 따르면, 그리스도교의 신비는 "예수 그리스도 안에서의 전적인 변환이다. 전적인 변환 안에서 하느님과 인간의 영혼은 서로가 자신의 전 소유를 내어주는 일치의 사랑을 이룬다. 이때 인간의 영혼은 하느님과의 친교로 거룩하게 된다. 그러므로 이를 위해 이 세상의 삶에서 가능한 모든 노력을 기울여야 한다. 성경 말씀과 같이(창 2:24) 육적인 혼인의 정점에서 둘이 한 몸을 이루듯이, 하느님과 인간 영혼의 영적 혼인은 두 개의 다른 본성이 한 영혼과 한 사랑 안에서 정점을 이룬다."[66] 십자가의 성 요한은 다른 작품에서도 "상호적 사랑은 실제로 하느님과 인간 영혼 간에 형성된다. 부부 결합과 증여에서 드러난 바와 같이, 하느님과 인간은 서로 소유한 모든 것을 함께 소유한다. 하느님의 아들인 성자께서 성부에게 말씀하신 것과 같이 말하게 된다. … 즉, '저의 것은 다 아버지의 것이고 아버지의 것은 제 것이 된다.' (요한 17:10)"[67] 가톨릭 교회 교리서(*CCC*)는 십자가의 성 요한이 제시한 가르침을 다시 한번 확인한다. "성부에 대한 성자의 위격적 관계는 인간이 생각할 수 없고, 천상의 천사들도 엿볼 수 없는 그러한 관계이다. 그렇지만 성자의 성령께서는, 예수님께서는 그리스도이시며 우리는 하느님에게서 태어났다는 것을 믿는 우리를 성자와 성부의 관계에 참여시켜 주신다."[68] 여기에서 우리는 혼인의 이미지와 아버지-아들의 이미지 사이에 존재하는 연결점을 발견할 수 있다.

십자가의 성 요한과 요한 바오로 2세는 모두 혼인의 언어를 직

66 십자가의 성 요한, "영적 불꽃" 22:3에 대한 주석." (TOB, Introduction, p. 31 인용)

67 십자가의 성 요한, "사랑의 살아있는 불꽃"에 대한 주석" st. B3, pars. 78-80(TOB, Introduction, pp. 27-28 인용)

68 *CCC*, no. 2780.

> 접적으로 사용하며 삼위일체를 말하지 않는다. 예수의 가르침과 일치하는 삼위일체의 규범적 이미지는 신랑–신부의 관계가 아니라 아버지–아들의 관계이다. 그러나, 십자가의 성 요한과 요한 바오로 2세는 삼위일체가 혼인적 사랑의 원천이며 예형(archetype)임을 드러내고 있다. "저의 것은 다 아버지의 것이고 아버지의 것은 제 것입니다."[69]

십자가의 성 요한을 주제로 연구한 바 있는 요한 바오로 2세에게 삼위일체의 친밀한 소통 안에 인간이 참여한다는 결론은 단순한 신학적 사고의 결과만은 아니다. 이는 신앙과 관상 기도 안에서 경험하게 되는 역동적 만남을 의미한다. 십자가의 성 요한에 대한 교황 서한에서 요한 바오로 2세는 "신앙과 그리스도적 관상을 통해서 하느님과 내적인 관계를 인식하고 구원을 알 수 있다. 이는 신학적, 철학적 성찰을 넘어서는 것이다. 단순하며 이타적인 영혼만이 성령에 의해 하느님으로부터 이러한 은총을 받을 수 있다."[70]고 표현한다.

이 점은 매우 중요하다. 신학을 학문으로만 접근하는 자들에게 가장 흔한 유혹은 "머리에만 갇히게 되는 것"이다.[71] "단순한 사람들" 즉, 요한 바오로 2세의 신학적 연구를 완전히 이해하지는 못하나 교황의 몸의 신학(TOB)에 따른 신비한 경험을 한 사람들에게는 "머리부터 마음까지" 내려오는 것이 고통스럽고 힘겨운 여정이 아니다. 우리의 마음은 "이성으로 파악할 수 없는, 우리의 숨겨진 중심이다 … 하느님과의 만

69 빌드슈타인(Waldstein), Introduction, p. 33.

70 *Master in the Faith*, 10.

71 개인적 경험으로부터 나온 표현이다. TOB에 대한 연구, 가르침, 강의, 저술을 하는 것과 TOB를 살아내는 것은 다르다는 사실을 고통스러운 경험을 통해 배워왔다. 나뿐만 아니라 누구나 해당되는 말이라 생각된다.

남의 장소이다."[72] 마음과 철저한 학문적 연구 사이의 균형을 조정하는 것은 선(善)한 일이다. 그러나 충분치 않다. 결국 신학에 대한 학문적 연구는 그것을 공부한 사람들의 삶을 이끌고 마음 깊숙한 곳에서 "신비이신 하느님"과의 변혁적인 만남을 이루지 못한다면 아무 의미가 없는 것이다.

요한 바오로 2세의 몸의 신학(TOB)에 대한 우리의 연구가 추상적인 학문에 머물지 않기 위해 우리는 "무릎을 꿇고 겸허하게" 탐구하는 자세를 가져야 한다. 하느님과의 "혼인 신비"를 이론만이 아니라 실제로 살아가기 위해, 우리는 하느님 사랑의 힘에 우리의 이성을 내어 놓는 일을 두려워하지 말아야 한다. 학문적인 신학 연구가 우리를 교육시킬 뿐 아니라 변화시키기 위해서, 우리는 기도를 통해 우리의 깊숙한 마음을 성찰하고 통합을 이루어야 한다. 요한 바오로 2세는 다음과 같이 적고 있다.

> 동방 교회와 서방 교회의 위대한 신비주의 전통은 이에 대하여 할 말이 많습니다. 신비주의 전통은 참된 사랑의 대화인 기도가 어디까지 발전할 수 있는지를 보여 줍니다. 곧, 우리는 기도를 통하여, 하느님의 사랑을 받으시는 성자께 온전히 속하게 되고, 성령의 이끄심에 따라 움직이며, 성부의 품 안에서 자녀로 쉴 수 있습니다. … 이와 같은 기도의 체험은 전적인 은총으로 지탱되는 여정이지만, 동시에 열성을 다하는 영적 노력을 요구하며, 고통스러운 정화("어둔 밤")와 무관하지 않습니다. 그러나 기도는 갖가지 가능한 방법들을 통하여 말할 수 없는 기쁨으로 이끌어 줍니다. 이 기쁨은 신비가들이 "부부 결합(nuptial union)"으로 체험하는 것입니다.

72 *CCC*, no. 2563.

그리고 나서, 교황은 "훌륭한 본보기들이 많지만 그 가운데에서도 우리는 십자가의 성 요한과 아빌라의 성녀 데레사의 가르침을 잊을 수 없습니다."라고 한다.[73]

기도의 일치를 통하여 하느님의 "구원"을 밀접하게 경험하는 것은 소수의 엘리트들에 국한된 것이 아니다. 발트슈타인(Waldstein)에 따르면, "십자가의 성 요한을 특별하고 초월적이며 일반적이지 않은 신비 경험에 사로잡힌 성인으로 여기는 사람들과 달리, 요한 바오로 2세는 그를 평범한 삶에서 신앙과 사랑의 초자연적 삶을 발전시키는 데 관심을 둔 성인으로 이해한다."[74] 십가가의 성 요한과 요한 바오로 2세의 가르침은 "그리스도의 약속에 대한 생생한 체험"[75]이다. "나를 사랑하는 사람은 내 아버지께 사랑을 받을 것이나. 나도 또한 그를 사랑하고 그에게 나를 나타내 보이겠다." (요한 14,21)

인격주의와 진실한 자기 증여(자기 선물)

발트슈타인(Waldstein)에 따르면, 카롤 보이티야 추기경(후에 요한 바오로 2세 교황이 되심)은 스페인의 신비가인 십자가의 성 요한으로부터 "깊게 내재된 하나의 투명한 표식인 사랑에 관해 다음과 같은 삼중적 확신"을 얻는다.[76]

(1) 사랑은 자기 선물을 포함한다.

(2) 배우자 관계는 인간 경험에 있어 자기 증여적 사랑의 패러다임이다.

73 *Novo Millennio Inuente*, 33.

74 발트슈타인(Waldstein), TOB, Introduction, p. 87.

75 *Novo Millennio Inuente*, 33.

76 발트슈타인(Waldstein), TOB, Introduction, p. 23.

(3) 성부, 성자, 성령의 관계는 모든 자기 증여적 사랑의 원천이자 전형이다.[77]

이와 같은 삼중적 확신의 논지는 요한 바오로 2세의 철학적, 신학적 "인격주의"의 핵심을 대변한다. 인격주의는 행위주체인 인간의 내적 가치 및 존엄성에 대한 각별한 의식을 기초로 윤리적 삶에 대한 접근 방식을 제시한다. 인격주의에서 인격의 윤리적 완성은 자기 증여적 사랑의 길을 통해서 가능하다. 카롤 보이티야 추기경의 인격주의적 접근 방식은 막스 쉘러의 현상학 연구로 더욱 풍부해진다. "인격주의" 그 자체는 근대철학 운동이다. 그러나 카롤 보이티야 추기경은 십자가의 성 요한에 대한 연구에서 인격의 내적 세계가 가지는 중요성을 처음 접하게 된다. 다음의 제2차 바티칸 공의회 문헌은 인격주의로부터 받은 영향을 드러낸다.

> 더욱이, 주 예수님께서, "아버지와 제가 하나인 것처럼 … 그들이 모두 하나가 되게 해 주십시오."(요한 17:21–22)라고 하시며 성부께 기도하실 때 인간 이성이 미치지 못하는 시야를 열어 주셨으며, 진리와 사랑 안에 있는 하느님 자녀들의 결합과 신적 위격의 결합이 지닌 어떤 유사성을 가리켜 주셨다. 이 유사성은 지상에서 그 자체를 위하여 하느님께서 바라신 유일한 피조물인 인간이 자기 자신을 아낌없이 내어 주지 않으면 자신을 완전히 발견할 수 없다는 것을 드러내 준다.[78]

앞으로의 고찰에서 사랑의 삼중 구조와 관련하여 제2차 바티칸 공의회 가르침의 핵심을 자세히 설명하고자 한다. 다만, 십자가의 성 요한으로부터 얻은 가르침에 따르면 인간 인격이 "신실한 선물"이 되도록 부르신다는 사실은 인간 몸을 통하여 드러나며 몸의 혼인적 의미를 통해

---

77 Ibid., pp. 23–24, 29–34, 78.

78 *Gaudium et Spes*, 24.

계시됨을 알 수 있다. (TOB 15:1 참조) 혼인 관계는 위의 두 번째 논지에서 언급한 바와 같이 모든 자기 증여적 사랑의 패러다임이다. '몸의 혼인적 의미'를 따라 산다는 것은 배우자의 일치로 이끌 뿐 아니라, 진리와 사랑 안에서 하느님의 아들들과의 일치를 이룰 수 있음을 의미한다." (TOB 100:1; 107:7) 마지막으로, 이와 같은 일치 즉, 모든 하느님 백성(교회)과 배우자의 일치는 이 세상에서 성부, 성자, 성령의 일치를 "표상(icon)"으로 드러낸다. 이로써 세 번째 논지에서처럼, "우리가 하나인 것처럼 모두 하나가 될 수 있다."

요한 바오로 2세에게 가장 중요한 것은 성부께 기도하는 예수님"처럼"이다. 그리스도의 가르침에 인간의 일치와 친교의 원형인 삼위일체가 흐르고 있음을 잘 보여준다. 예수님"처럼"을 다음의 다른 예에 접목시킬 수도 있다. "아버지께서 나를 사랑하신 것처럼 나도 너희를 사랑하였다." (요한 15:9) "이것은 나의 계명이다. 내가 너희를 사랑한 것처럼, 너희도 서로 사랑하여라." (요한 15:12) "남편 여러분, 그리스도께서 교회를 사랑하신 것처럼, 아내를 사랑하십시오." (에페 5:25) 이와 같이 "~처럼"은 요한 바오로 2세의 신학적, 인간학적 전망을 관통하는 관점이다. 성부로부터 시작된 사랑이 교회를 향한 그리스도의 혼인적 사랑을 관통하여, 남자와 여자의 구체적인 몸과 삶으로 이어지는 것이다.[79]

79 발트슈타인(Waldstein)은 TOB의 Introduction 결론 부분에서 다음과 같이 말한다: "Man and Woman He Created Them 안에서, 교황은 우리에게 당신의 위대한 전망을 남겼다. 그 전망은 십자가의 성 요한에 뿌리를 둔 것으로, 그리스도와 교회의 혼인 관계(배우자 관계)를 통한 삼위일체로부터 시작하여 남자와 여자라는 구체적인 몸에 이르는 사랑의 신비에 중심을 둔 것이다." (p. 128) 프롤로그의 도입부에서 이미 언급한 바와 같이, 이는 다른 방향으로도 해석할 수 있다. 즉, 인간 몸에서 시작하여 남성과 여성의 일치로, 또는 남성과 여성의 일치로부터 그리스도와 교회의 일치, 또는 그리스도와 교회의 일치로부터 삼위일체의 세 위격의 일치로도 해석할 수 있다. 또는 그 반대 방향으로도 해석할 수 있다. 이러한 해석은 명백히 "연속"이 아니다. 왜냐하면, 무한의 심연이신 창조주와 피조물을 분리하기 때문이다. 우리가 이 심연을 건너 이 세상으로부터 천국에 갈 수 있는 이유는 오직 그리스도께서 하늘로부터 이 땅에 먼저 오셨기 때문이다. 여기에서 다시 한번, TOB의 모든 가르침은 육화에 달

오, 사랑의 광채가 갖는 이 "위대한 신비" 안에 우리가 살수 있다니! 교황은 신랑이신 그리스도를 궁극적인 담보로 하는 이 위대한 신비가 근대주의를 통과하며 사라져 버렸다는 사실에 개탄한다. 우리 안에서 그리고 우리를 둘러싼 모든 것에서 "위대한 신비"는 위협을 받고 있다.[80] 이 위협은 어디로부터 온 것인가? 바오로 사도가 에페소서 5장에서 혼인 일치의 "위대한 신비"에 대한 가르침을 적고 뒤이어 에페소서 6장에서 영적 싸움이 필요하다고 적은 것은 결코 우연이 아니다.

4. 영적인 싸움

인간의 삶은 선과 악의 치열한 싸움의 과정이다. 제2차 바티칸 공의회는 "암흑의 세력에 대한 힘든 투쟁은 인류의 역사 전체를 관통하고 있으며, 주님의 말씀대로 태초부터 시작되어 마지막 날까지 계속될 것이다." 라고 말한다.[81] 참과 거짓의 싸움이며 복음과 반(反)-말씀(반(反)-진리)의 싸움이다.

시원적(始原的) 성사의 표절

하느님께서는 한 처음에 말씀으로 모든 것을 창조하셨다. 말씀은 사랑이며 "은총"이다. 모든 피조물이 무의식적으로 하느님의 이 말씀을 울린다는 것은 하느님께서 남자와 여자에게 이 말씀을 각자의 목소리로 울릴 수 있는 자유를 주신 것이다. 제2차 바티칸 공의회에 따르면,

---

려 있음을 알 수 있다.

80 *Letter to Families*, 19.

81 *Gaudium et Spes*, 37.

"이 자유는 인간 안에 있는 거룩한 하느님의 이미지에 대한 예외적 표징이다. 하느님은 인간 스스로 결정할 수 있기를 바라기 때문이다." (집회 15:14 참조)[82] 그렇다고 인간이 자신만을 위해 살아야 한다는 의미는 아니다. 인간은 "자신을 진실한 선물로 내어 줌으로써만"[83]자기 자신을 찾을 수 있다. 하느님의 거룩한 말씀은 몸의 혼인적 의미 안에 새겨져 있다. 한 처음에 서로의 벌거벗은 모습을 보자마자 남자와 여자는 이 복음 말씀의 진리를 사랑의 노래에 담아 부른다. 이 복음 말씀은 창세기에서의 "한 몸"의 원초적 조화 안에서 흘러나오는 애가(愛歌)이다. 남자와 여자의 마음에서 차오르는 사랑의 노래이며 한 처음의 "한 몸"에로의 부르심 안에서 나타난다. 남자와 여자가 서로 벌거벗음에도 부끄럽지 않은 이유는 바로 이 때문이다. (창 2:25) 적어도 한 처음의 남자와 여자는 "선물"의 진리를 따라 살았다.

원초적 벌거벗음에 대한 경험을 하였던 남자와 여자는 거짓말의 원조인 사탄을 만나게 되면서 월계수 잎으로 몸을 가리게 된다. 사탄의 목적은 하느님의 선물을 부정하게 만들며 거룩한 말씀을 거부하게 만드는 것이다. 따라서 교황은 사탄을 "반(反)-말씀(반(反)-진리)"[84]라고 묘사한다. 요한 바오로 2세의 몸의 신학(TOB)은 반(反)-말씀의 계획을 강조하려는 것이 아니다. 오히려 말씀의 영광과 선함을 강조하고자 한다. 우리 시대에도 여전히 많은 그리스도인들이 사탄을 단지 악의 상징으로 보는 경향이 있다. 이런 시선은 원죄로 인하여 천국에서 떨어진 천사를 찾던 시대에나 어울리는 것이다. 우리는 여기에서 다음과 같은 질문을 해야 한다. 천국으로부터 우리들 떨어지게 만들려고 하는 적이 있는 상

82 Ibid., 17.

83 Ibid., 24.

84 *Sign of Contradiction*, pp. 29–34; *Dominum et Vivificantem*, 37, 참조.

황에서, 우리가 하느님의 계획에 따라 남자와 여자의 일치를 이루려고 한다고 생각해 보자. 적은 무엇을 가장 먼저 공략할까? 적의 화살은 어디를 겨냥하게 될까?

초기 그리스도 작가인 테르툴리아누스는 사탄이 하느님의 계획을 훼방 놓으려고 성사를 표절하고 있음을 발견한다.[85] 하느님은 성사를 통하여 사람에 대한 당신의 계획을 실현하며, 우리는 성사를 통해 삶의 진정한 행복의 의미를 찾는다. 사탄은 자신의 목적대로 성사를 조작하고 이를 통해 인간이 행복해질 수 있다고 부추긴다. 한 처음, 인간에게는 하나의 성사만이 있었다. (TOB 98:3 참조) 교황은 이를 '시원적(始原的) 성사' 즉, 아담과 하와의 혼인에 의한 일치라고 부른다. 사탄은 바로 이 시원적 성사를 공격한다. 이와 관련된 교황의 결론은 다음과 같다. 시원적 성사에 대한 사탄의 공격 때문에 "한 처음 남자와 여자가 창조되어 '한 몸'(창 2:24)을 이루는 일치, 바로 그 일치의 심장부에 원죄와 죽음이 들어오게 된다." (TOB 20:1)

하느님은 첫 남자와 여자에게 '사랑의 하느님', '계약의 하느님'으로서의 자기 자신을 드러낸다. 그 계시는 말씀이며 이는 첫 남자와 여자의 몸에, 그리고 "한 몸"을 이루라는 소명의 성사성에 새겨진 말씀이다. 그러나 곧 '반(反)-말씀(anti-Word)'이 등장하여 자신만의 조작된 실재를 보여준다. 1976년 전임 교황 바오로 6세와 주교단을 대상으로 한 피정 지도에서, 요한 바오로 2세는 만약 사탄의 목적이 '하느님 존재에 대한 직접적인 부정'이었다면, 사실상 사탄의 시도는 "한 처음부터" 불가능하였을 것이라고 말한다. 하느님의 존재는 첫 남자와 여자에게 너무나 명확했기 때문이다. 그러므로 사탄의 계획의 첫 "단계"는 우선 "계약의 하

85 *Prescription Against Heretics*, bk. 40, 가브리엘 아모스, *An Exorcist Tells His Story* (San Francisco: Ignatius Press, 1999), p. 182 인용.

느님을 겨냥하는 것"이었다.[86] 이를 위해, 사탄은 하느님을 믿을 만한 분이 아니라고 말한다. 하느님은 사랑이 아니라 독단적인 분이므로 인간은 하느님으로부터 스스로를 보호할 필요가 있다고 유혹한 것이다. 교황은 자신의 베스트셀러인 『희망의 문턱을 넘어서(Crossing the Threshold of Hope)』에서 "이것이야말로 실재를 해석하는 진정한 열쇠이다. 원죄는 아버지의 부성(父性) 파괴를 목적으로 한다."[87]라고 말한다.

몸의 신학을 전개하면서 사탄의 조작된 실재에 대한 진실 및 그 의미는 점차 더 명확히 드러난다. 교리에서 교황이 뿌리뽑고자 했던 것의 실체가 무엇인지를 알기 위해, 지금 당장 이해해야 할 것은 사탄이 어떻게 세계관을 조작했는지이다. 사탄은 무에서 유를 창조할 수 없다. 사탄은 하느님이 부성(父性)의 신비를 계시하기 위해 창조한 것을 비틀고 왜곡하는 것, 보다 정확히는 우리로 하여금 스스로 비틀고 왜곡하도록 사주하는 것밖에 다른 것을 할 수 없다. 이 세상에서 가장 신성한 것을 찾고자 한다면 사탄이 가장 혐오하는 것을 찾으면 된다. 지금 이 순간 그것이 무엇인지를 모르는 사람은 없지 않을까? 그것은 바로 격렬하고 무자비한 공격을 받고 있는 몸과 성(性)이라는 하느님의 선물이다.

상징적인 것과 악마적인 것

우리는 몸과 성에 대한 하느님의 계획을 가장 잔인하게 공격하는 문화 속에서 "상징적(symbolic)"인 것과 "악마적(diabolic)"인 것이 충돌을 목도한다. 그리스어로 'Symballein'은 '함께', '모이다', '일치를 이루다'를 뜻한다. 반면, 'Diaballein'은 '흩어지다', '부서지다', '분열하다'를 뜻한다. 하

86 *Sign of Contradiction*, p. 30.
87 *Crossing the Threshold of Hope* (New York: Alfred A. Knopf, 1994), p. 228.

느님의 계획은 '일치, 함께함, 혼인, 그리고 인간에게 생명을 가져옴'이다. 이 하느님의 계획은 인간의 몸을 통하여 상징으로 드러난다. 하느님에 반(反)하는 계획은 '분리, 분열, 이혼, 인간에게 죽음을 가져옴'으로 인간의 몸을 악마화한다. 즉, 사탄은 하느님의 상징을 악마적인 것으로 만들고자 한다. 하느님은 당신의 말씀을 전하기 위해 성사의 언어로 인간의 몸과 성의 신비를 창조하셨다. 그러나 사탄은 몸과 성의 신비를 끊임없이 조작하여 인간의 몸이 표현하는 언어를 파괴하고 인간으로 하여금 하느님의 말씀에 반대하도록 사주한다.

인간의 몸, 성의 진정한 의미가 심각하게 왜곡되는 문화 속의 그리스도인들은 하느님이 주신 신성한 선물인 인간의 몸과 성을 금기시하는 유혹에 빠지기 쉽다. 사실, 오늘날 교회가 직면한 많은 위협 중 하나가 바로 육체로부터 거룩함을 분리시키는 "초월주의 영성"이다. 만약 우리가 이러한 방식으로 반응하게 될 경우, 우리는 앞서 말했던 사탄의 유혹과 거짓을 극복할 수 없으며 오히려 무심코 이런 거짓에 빠지게 될 것이다. 몸은 하느님의 말씀을 선포한다. "육화의 실재"(요한1 4:2–3)인 몸을 부정하는 영성은 반(反)–말씀, 반(反)–진리일 수밖에 없다.

그렇다면 어떻게 이러한 거짓을 극복하고 육화된 영성으로 온전히 통합된 삶을 살 수 있을까? 우선 사탄이 무엇을 표절하였는지를 다시 살펴야 한다. 교황의 몸의 신학을 관철하는 주제가 바로 이것이다. '몸의 신학'이라는 제목에서 알 수 있듯이 교황은 영과 육(물질)의 통합을 이루어야 한다고 강조한다. 영과 육의 온전한 통합이 없다면 우리는 계속 "분열된 인격성"으로 인하여 고통 받을 수밖에 없다.

“천사주의(Angelism)”와 “애니멀리즘(Animalism)”

영적인 것은 존재론적으로 육(肉)적인 것의 우위에 있다. 하지만 하느님은 그 둘의 구별을 그대로 유지하면서도 영과 물질을 통합하였다. 흙으로부터 인간을 창조하여 자신의 생명의 입김을 불어넣어 그 창조를 완성하였다. (창 2:7) 이로 인해 인간은 천사나 동물의 모습과 유사하지만 동시에 매우 다르다. 천사는 영적인 인간으로서 몸을 갖지 않는다. 따라서 성적인 구별이 없다. 동물은 몸을 갖추고 성적 구별이 있는 존재이지만 인간이 아니다. 인간은 바로 이 모든 것을 합한 것이다. 말하자면 인간은 동물이다. 인간은 영적이고 육(肉)적인 피조물이며 성적인 구별을 갖는 몸-인격이다.[88] 다시 말해, 인간은 물질적인 세계에만 존재하지도 물질적 존재로부터 분리될 수도 없다. “비가시적”인 것이 “가시적”인 것보다 인간의 모습을 더 많이 결정한다고 하더라도 비가시적인 것은 여전히 가시적인 것을 통해서 표현된다. (TOB 7:4 참조)

몸과 영혼, 성(性)과 영성의 원초적인 조화는 하느님과 인간의 조화에 의해 유지되며 남자와 여자의 원초적 조화에 의하여 가장 정확히 드러난다. 태초의 성사 즉, 두 사람이 한 몸을 이루어 절대 떨어질 수 없는 합일이야말로 영과 육의 원초적 통합이다. 그러나 인간이 반(反)-말씀, 반(反)-진리를 받아들이게 되면서, 인간의 원죄는 이러한 원초적 조화를 분열시켰을 뿐만 아니라 우주의 질서로부터 “거대한 분리(Great Divorce)”를 하게 된다. 타락한 세상은 서로가 떨어진 배우자들의 세상이다. 이런 세상은 신성과 인성의 괴리, 천국과 현세의 괴리, 영혼과 몸의 괴리, 영성과 성의 괴리, 신성과 삼성의 괴리, 남성성과 여성성의 괴

88 *CCC*, nos. 327, 362–368 참조.

리가 만연하는 세상이다.[89] 결국 이는 죽음으로 이르게 한다. 이러한 괴리들이 사회에 뿌리내리면 그 사회는 "죽음의 문화"가 될 수밖에 없다.

죽음의 문화를 사는 사람들은 영적이며 동시에 물질적 세계에서 "거대한 분리(Great Divorce)"의 삶을 살 수밖에 없으며 이를 자연스럽고 당연한 삶으로 생각한다. 그리스도 안에서 우리는 다시 영과 육의 통합을 이루어야 할 소명이 있다. 그러나 소명에 따른 삶을 살지 못함으로 인하여 영(천사주의)과 육(애니멀리즘) 중 어느 한 면에만 치중하는 삶에 빠지게 된다. "천사주의"는 세상적인 것으로부터 영적 가치를 멀어지게 하며(혹은 영적 가치에 눈 멀어 세상적인 것으로부터 멀어지게 하며), "애니멀리즘"은 영적 가치에 눈 감고 세속적인 것만을 강조한다.[90] 양자 모두 인간과 문화의 분열에 일조하는 것이다.

천사주의는 "영적 삶"을 강조하여 인간을 몸으로부터 멀어지게 한다. 몸이 갖는 인간의 존엄성을 무시하기 때문에 고상함만을 강조하여 철저한 금욕주의로 이끈다. 천사주의는 몸과 모든 성적인 것을 타락한 "반(反)-영성적"인 것으로 간주하기 때문에 성적인 감정이나 욕망을 억압하도록 가르친다. 따라서 천사주의는 엄숙주의에 따라 성의 가장 자연스러운 표현조차도 불순한 것으로 비난한다. 수 많은 그리스도인들이 이같이 왜곡된 가치관에 희생되어왔던 역사를 우리는 이미 알고 있

89 이와 같은 괴리는 창조적 긴장, 구별 안에서의 창조적 일치에 속하는 다양한 실재에도 등장한다; 신학과 인간학, 하느님과 과학, 이성과 신앙, 머리와 가슴, 진리와 자유, 학문과 기도, 객관성과 주관성, 신학과 철학, 은총과 본성, 동방과 서방, 우익과 좌익, 보수와 진보, 행동과 관상, 동성과 혼인, 기쁨과 고통 사이의 괴리가 그것이다. 이러한 괴리는 죄의 결과이다. "그러나 처음부터 그렇게 된 것은 아니다"(마태 19:8)

90 Rocco Buttiglione, *Karol Wojtyla: The Thought of the Man Who Became Pope John Paul II* (Grand Rapids, MI: Eerdman's Publishing 1997), p. 25.

다. 심지어 오늘날에도 몸, 성적인 것을 금기시하는 것을 "성스러움"으로 아는 오류를 범한다.

이와 반대로 애니멀리즘은 물질적 세계관에서 비롯된 것으로 영을 거부하고 성욕이라 불리는 "육의 욕망"만을 강조한다. 애니멀리즘에서는 몸과 성에 대한 문제와 인간의 영적인 존엄성이 별개의 것이다. 그래서 애니멀리즘에 빠진 사람들은 외설적인 것에 탐닉하며 수치심을 모르게 된다. 애니멀리즘은 남자와 여자가 아무런 자제심 없이 성적 충동에 빠지는 것을 부추기며 몸의 쾌락을 인간의 궁극적 완성이라고 말한다. 자유방임주의에 따라 애니멀리즘은 절제를 자유에 대한 걸림돌로 보며 이를 비난한다. TV에서든 편의점의 계산대에서든 우리는 일상에서 흔히 이러한 모습을 본다.

몸과 영의 통합

앞서 언급한 양 극단이 문화의 흐름으로 계속되고 있다. 20세기의 경우를 예로 들어 보자. 20세기 초반의 서구 대부분의 문화에서는 여성의 발목을 보는 것만으로도 비난을 살 만큼 성적 엄격주의가 팽배하였었다. 그러나 20세기 말에 이르러서는 가장 천박하고 변태적인 성 행위까지도 "일반적이고 정상적"인 것으로 간주되는 몰염치한 문화가 확산된다. 이와 같은 현상에서 우리는 천사주의와 애니멀리즘이 서로에게 잉태의 씨앗이 되는 것을 볼 수 있다. "순수한" 천사주의가 없는 것과 마찬가지로 "순수한" 애니멀리즘도 없다. 양자 모두 성대의 고유 속성을 없애고자 계속 노력하지만 종국에는 오히려 극단의 반대적인 문화로 발전한다. 문화의 흐름이 양 극단을 오가는 추와 같은 이유는 바로 이 때문이다. 그러나 교황은 극단으로 치닫는 길이 아닌, 영과 육을 다시 통합하는 새로운 길을 제시하고자 한다.

인간에게 있어 참된 자아(통합된 자아)를 발견하는 것은 매우 시급한 일일 뿐만 아니라 매우 중요한 일이다. 교황은 이와 같은 이분법적 인간학이 유태인 대량학살, 낙태 클리닉, 더 나아가 죽음의 문화로 발전될 것이라고 한다. 교황에 따르면, "시대의 징표" 중 하나인 이분법적 인간학은 "혼인적 신비"와 "거대한 분리(Great Divorce)", "표징"과 "사탄"의 충돌을 가져온다. 1976년 로마 교황청 피정에서, 당시 추기경이었던 요한 바오로 2세는 지금 이 시점이 어쩌면 복음과 반(反)-말씀 간에 발생하는 긴장과 갈등의 최고조를 경험하는 순간일 수 있다고 말한다. 그리고 그는 "선악과에서 시작된 하느님에 대한 거부로 인하여 치닫는 마지막 단계일 수 있다."[91]고 말한다.

하느님의 부성(父性) 즉, 하느님은 사랑이라는 진리에 대한 사탄의 공격은 전 역사에 걸쳐 나타나고 있다. 이는 거부의 긴 여정 중 첫 단계일 뿐이다. 사탄은 인내심을 발휘하여 가장 좋은 때를 기다린 뒤, 인간을 유혹해 궁극적으로 하느님의 존재 자체를 거부하도록 만들려고 한다. 이와 같은 유혹은 인간 역사의 첫 단계에서 성공하지 못했으며 온전히 형성되지 못했다. 그러나 이제 사탄이 기다린 그때 즉, 사탄이 적기라고 생각하는 시기가 도래했다. 교황은 우리에게 다음과 같이 경고한다. "사탄은 유혹의 적기를 발견한 것이다."[92] 인간은 이제 하느님의 존재 그 자체를 부정할 준비가 되어 있다. 이는 단순히 회의주의자들 즉, 역사 전반에 걸쳐 산재하는 자포자기한 자들의 무신론이 아니다. 이는 체계적이고 계획적인 시도이다. 즉, 하느님을 믿는 것 특히 그리스도의 하느님을 믿는 것은 본질적으로 비인간화의 과정이라고 간주하게 만드는 계획적 시도이다. 프랑스의 예수회 신학자인 앙리 드 뤼박(Henri de

91 *Sign of Contradiction*, pp.34–35.

92 Ibid., pp.31, 34.

Lubac) 신부는 교황의 견해에 동의한다. 앙리 드 뤼박 신부는 이를 "무신론적 인본주의(atheistic humanism)"[93]라고 표현한다. 교황의 입장에 동의하는 앙리 드 뤼박 역시 하느님에 대한 근본적인 부정(거부)이야말로 20세기 인간이 만든 지옥의 핵심이라고 생각할 것이다.

5. 윤리와 문화의 심연

요한 바오로 2세는 인간을 이분법적으로 바라보지 않는다. 그 역시 20세기의 가장 고통스러운 비극과 승리의 산 증인이기 때문이다. 삶에서의 풍요로운 그리고 고통스러운 경험은 카롤 보이티야 추기경으로 하여금 생의 가장 어려운 질문을 자신의 고유한 방식으로 다가갈 수 있도록 만들었다. 제264대 교황으로 즉위하여 세 번째로 긴 교황 임기를 마친 요한 바오로 2세는 소년 시절에 어머니와 형제의 죽음을, 20세에 아버지의 죽음 맞는다. 석공, 공장 노동자, 운동선수, 배우, 시인, 극작가 등 다양한 직업군에 종사한 교황은 야외 스포츠 활동을 즐기고 모국을 사랑하는 애국자였다. 사제서품을 받은 후 교구사제, 고백사제, 영적 지도자, 철학자, 신학자, 작가, 대학교수, 주교, 제2차 바티칸 공의회의 교부, 및 추기경으로서 다양한 사목적 경험을 하였다.

죽음, 타락, 전체주의로 점철된 격변의 시기에 성장하였기에 교황은 인간의 생명, 존엄성, 특히 자유를 옹호한다. 교황은 19세의 나이에 조국 폴란드가 나치의 침공을 받으면서 죽음과 타락에 둘러싸이게 된다. 아우슈비츠 나치 수용소에서 대량학살로 소각되는 시체들의 냄새가 진

93 Henri de Lubac, *The Drama of Atheistic Humanism*), (Francisco: Ignatius Press, 1995), *CCC* no. 2124 참조.

동하던 시대였다. 지하 저항운동에 참가하였을 뿐 아니라 신학대학에서 비밀리에 신학 양성을 받았었기에 나치에 발각되었더라면 교황도 수용소로 끌려갔거나 총살당할 수도 있었다. 그만큼 혼돈의 시대였다. 수차례의 죽음의 고비를 넘긴, 설명할 수 없는 기적과 같은 그의 생존은 하느님께서 그를 위하여 특별한 계획을 마련하심을 보여주는 것이다.[94] 6년 후 나치가 퇴각하면서 또 다른 전체주의 정부의 치하에 놓인 폴란드에서 젊은 시절의 요한 바오로 2세(카롤 보이티야 추기경)는 공산주의에 대항하여 문화적 저항운동을 펼친다. 그의 저항 운동은 생애 전반에 걸쳐 계속되었고 철의 장막이 무너지는 데 중요한 역할을 하였다.

교황과 동시대를 살았던 많은 사람들은 삶을 불합리한 것으로 결론내렸던 그 시기에, 보이티야 추기경은 삶에 관한 가장 어려운 질문의 답을 찾으려 하느님과 끝없는 대화를 하며 계속하여 노력하였다. 어떻게? 왜? 무엇이? 하느님과 같은 존엄성을 받은 인간을 이끌어 악의 구렁텅이로 빠지게 만들었는가? 보이티야 추기경의 관심사는 이런 문제들에 대한 표면적 해결이 아니었다. 그는 문제의 근원을 파악하고자 했고 "무신론적 인본주의"라는 악순환의 첫 시초, 그 뿌리가 무엇인지를 알고자 하였다.

악의 근원

죄와 악의 원천이 신비의 장막에 싸여 있다 하여도 몇 가지 사실은 확실히 알 수 있다. 그것은 바로 '하느님에 대한 믿음을 사장(死藏)시키고 자신의 자유를 남용함으로써 하느님의 계명에 불순종함'[95]이다. 요약하자면, 남자와 여자인 우리의 몸에 새겨진 하느님의 사랑(여성과 남성으

94 *Witness to Hope*, pp. 69–72.

95 *CCC*, no.397 참조.

로서 우리의 몸을 창조하시고 "한 몸"을 이루라는 부르심을)을 거부한 데에서 죄의 뿌리를 찾을 수 있다. "이것이 몸이다. 몸은 사랑을 증거한다." (TOB 14:4) 악은 인간이 "몸의 증거"를 읽지 못하고 이를 수용하는데 실패한 데에서 비롯된다.

교황은 남자와 여자의 몸에 새겨져 있는 혼인적 사랑과 친교로의 부르심이야말로 "이 세상을 사는 인간 존재의 근본적인 요소"(TOB 15:5), "인간 삶의 근본"[96]이며, "인간윤리와 문화의 심연"(TOB 45:3)이라고 말한다. 교황은 인간 존재라는 수수께끼에 대한 답을 알고자 하였으며 그의 노력은 굳은 확신으로 이어지게 된다. 즉, 인간 삶의 존엄성과 균형은 남녀 사이에 존재하는 균형적인 사랑에 의하여 좌우된다는 것이다. 남성을 위한 여성은 누구인가? 반대로 여성을 위한 남성은 누구인가? 인간 고찰을 위한 연구인 몸의 신학의 성패는 위 두 질문의 답에 좌우된다. (TOB 43:7) 몸의 혼인적 의미에 따른 삶을 살 때야 비로소 우리는 인간 존재의 진정한 의미를 실현할 수 있기 때문이다.(TOB 15:1 참조) 만약 우리가 몸의 혼인적 의미를 거부한다면, 하느님 사랑의 초월적이며 영적인 진리를 상실할 것이며, 하느님으로부터 멀어지게 되어 결국 인간 문명은 붕괴될 것이다.

비단 혼인 및 가족 생활에만 국한된 문제가 아니다. 모든 남자와 여자의 생애 전반에 관련된 문제이다. 인간 삶에 대한 가장 기본적인 질문과 답은 남자와 여자의 성(性)과 관련된다. "남자가 된다는 것은 무슨 의미인가?"라는 질문은 남자가 스스로에게 할 수 있는 가장 중요한 질문이다. "여자가 된다는 것은 어떠한 의미인가?"라는 질문 역시 여자가 스스로에게 할 수 있는 가장 중요한 질문이다. 이 질문들은 근본적으로

96 *Ecclesia in America*, 46.

는 성(性)과 관련된 질문이다. 왜냐하면 인간은 남자와 여자로 창조된, 근본적으로 성적인 존재이기 때문이다. 교황은 "성(性)은 … 생물학적 의미뿐만 아니라 성적인 존재로서 인간이 갖는 가장 내밀한 특성과 관련되어 있다."[97]라고 말한다. 따라서 남자와 여자가 위의 질문에 어떻게 답하는지에 따라, 문화 전반 및 사회 전체가 확고한 기초 위에 설 수 있는지 아니면 사상누각을 만드는지가 결정된다.

문화의 원천

윤리, 문화를 형성하는 데 있어 성적 관계는 중요하다.[98] 가정은 사회의 가장 기본적인 단위라는 측면에서 그러하다. 그러나 좀 더 면밀히 살펴볼 필요가 있다. 가족의 기원은 무엇인가? 배우자의 "한 몸"을 이루는 일치에 의해서 이루어진 것이 아닌가? 보이티야 추기경은 남자와 여자의 부부 결합을 "자연적 기초"이자 "가족의 존재론적 핵심"[99]으로 묘사한다. 바로 이러한 시각에서 부부 결합은 문명의 근원이며 문화의 근원이다. 하느님의 영감에 마음을 열고, 사랑과 생명을 향하여 있는 부부 결합으로 가족을 구성하고 사랑과 생명의 문화를 건설한다. 거룩한 하느님의 영감을 외면한 채 사랑과 생명에 반하는 의도로써 행하는 성행위는 혼인과 가족의 의미를 혼란스럽게 만들고 분열시키며 결국 물질과 죽음의 문화로 향하게 한다. 다시 말하면, 남녀 두 성(性) 사이의 관계는 하느님과 인간의 접점이 되고 진정한 인간 문화의 기원이 될 수도 있지만 동시에 하느님께로 향하는 인간의 통로를 가로막아 분열의 문명

97 *Familiaris Consortio*, 11; *CCC*, no.2332 참조.

98 *CCC*, no.2207 참조.

99 *Person and Community: Selected Essays*서 발췌한 논문 "인격들의 공동체로서 부성(父性)", Teresa Sandok 번역(New York: Peter Lang, 1993), p. 339.

으로 향하는 첫 단계가 될 수도 있다.

바로 이러한 이유로 자손을 번창하게 하는 결실을 맺는 부부 결합이 구원의 역사에서 가장 강조되는 것이며, 창조주 하느님께서 남자와 여자에게 "자식을 많이 낳고 번성하여라"(창 1:28)고 말씀하시는 것이다. 이는 단순히 자손 번성에 대한 명령이 아니라 인간의 번영에 대한 열쇠이다. 왜냐하면, 부부 결합은 하느님의 모상에 따라 만든 인간으로 하여금 그 모상에 따라 살도록 요청하신 것이기 때문이다. 즉, 남자와 여자는 하느님의 사랑을 받아 생명을 주는 일치 안에서 하느님이 그들을 사랑하는 것처럼 이 사랑을 상대와 나누기를 바란다. 이는 복음으로 요약되며 인간의 행복의 열쇠이기도 하다. 따라서 그리스도께서 우리를 사랑한 것처럼 우리도 서로 사랑하라(요한 15:12)고 말씀하신 "새" 계명은 창세기의 원초적 인간에게 내린 소명의 울림을 다시 공식화한 것이다. 우리가 몸의 신학에서 배운 바와 같이 이 소명은 우리의 몸에 새겨져 있다. 남자와 여자의 일치에 기반을 둔 가족 관계야말로 '자신을 내어주는 하느님의 사랑'이라는 삶의 법칙을 배우는 가장 기초적인 곳이다. 몸의 혼인적 의미는 성윤리에 대한 교회의 가르침을 통해 다음과 같은 가장 기본적인 진리를 선포한다-인간은 자신을 신실한 선물로 내어줄 때에 비로소 자신을 찾을 수 있다.

카롤 보이티야 추기경은 그의 저서 『사랑과 책임(Love and Responsibility)』(1960)에서 다음과 같이 적고 있다: "성윤리에 대한 혼돈은 우리가 일반적으로 알고 있는 것보다 더 큰 위험을 내포한다. 가장 기본적이고 근본적인 인간의 경험에 대한 혼돈, 인간 존재의 중심에 대한 혼돈의 위험이 바로 그것이다. 이와 같은 혼돈은 명백히 인간의 전 영성에 영향을 끼친다."[100] 성행위를 통해 인간 생명이 전해지기 때문에 남자와 여자의 선택 및 행동은 "둘 사이의 성행위를 통한 일치 안에서 인간 존재에 대한 모든 책임을 지는 것이다." (TOB 115:3)

이러한 이유로 교황 취임 후 첫 사목계획으로 몸의 신학을 결정한 것이다. 교황의 목적은 세상에 생명의 문화를 건설하기 위한 방법을 보여주려는 것이다. 교황은 그 방법의 올바른 출발점으로 하느님께서 인간의 몸과 성을 위하여 마련해 놓으신 원초적 계획으로 돌아가야 한다고 생각한다. "성, 사랑, 그리고 삶 전체를 그 참된 의미와 밀접한 상호연관성 안에서 받아들이고 체험하지 않는다면, … 인간 생명에 대한 참된 문화를 건설할 수 있으리라는 생각은 환상에 불과하다."[101] 남자와 여자의 몸, 그리고 한 몸을 이루라는 소명에서 신학적 전망을 다시 찾지 않는다면, 우리는 몸과 영혼의 이분법적 분리에서 헤어나올 수 없으며 "거대한 분리(Great Divorce)"가 "혼인적 신비" 위에 군림하는 결과를 초래하게 될 것이다.

그리스도를 통한 균열의 회복

교황 취임 후의 첫 회칙, 첫 문장은 교황으로서 임기 전반에 걸쳐 중요한 길잡이로서의 역할을 수행한다. "인간의 구원자(*Redemptor Hominis*)이신 예수 그리스도께서는 우주와 역사의 중심이시다."[102] "그리스도 중심론"은 현대의 무신론적 이데올로기을 정면으로 반박하는 것으로 교황의 가장 깊은 신념을 잘 보여준다. 인간의 몸은 말씀의 신비 안에서만

100 *Love and Responsibility*, p. 66.

101 *Evangelium Vitae*, 97.

102 *Redemptor Hominis*, 1.

우주, 역사, 인간사회의 수수께끼를 풀 수 있다. "그리스도는 자신을 온전히 인간에게 드러내시며 원죄로 인한 균열을 치유하기 위한 하느님의 사랑을 보임으로써" 자신이 맡은 소명이 무엇인지를 분명히 하셨다.

그리스도의 육화는 균열의 치유에 직접적인 영향을 끼친다. '말씀이 사람이 되시어'는 하느님과 인간, 천상과 지상, 영혼과 육체, 신성함과 관능, 영성과 성생활, 남자와 여자를 분열시키는 "거대한 분리(Great Divorce)"의 화해이다. 모든 것이 하나로 통합되고 집약되었으며, 분열된 모든 것이 그리스도 안에서 다시 한데 모이는 것이다. (에페 1:10 참조) 그리스도의 죽음과 부활로 인한 "몸의 구속"과 "성령 안에서의 삶"을 통해 인간은 육과 영의 일치 안에서 다시 창조된다. (로마 8장 참조) 물론 그리스도 안에서의 재통합을 이야기하는 것과 직접 경험하는 것은 별개의 문제이다. 원죄로 인하여 타락한 세상으로부터 받는 유혹은 영육의 분리를 유지시키려 애쓰는 쇠 지렛대와 같은 역할을 한다. 그렇다면 인간은 어떻게 치유 받을 수 있겠는가? 다른 어떠한 것보다 가장 중요한 것은 바로 신앙이다.

십자가의 성 요한으로부터 영향을 받은 요한 바오로 2세의 말씀에 따르면, 신앙은 하느님과의 "혼인 신비"를 위한 수단이다. 원죄가 성부의 자애로운 사랑을 의심하게 만들고 생명의 은총에 대하여 우리의 마음을 닫게 만들었다면, 신앙은 "그 가장 깊은 본질에서, 인간의 마음을 선물 앞에 열어놓는 일, 성령 안에서 이루어지는 하느님의 자기전달 앞에 인간의 마음을 활짝 열어놓는 일"[103]을 뜻한다. 그리스도는 신부를 위해 십자가에 매달리시고 자신을 선물로 내어 주신다. 이 선물을 통해 우리 안에 생명이 들어온다. 그리스도께서는 자기 자신을 내어 주심으

103 *Dominum et Vivificantem*, 51.

로써(즉 선물을 통하여) 우리에게 다음과 같이 말씀하고 계신다. "성부의 사랑을 믿지 않느냐? 내가 너를 위해 이를 실현시키겠다. 너를 위해, 네가 직접 느끼고 볼 수 있도록 육화하겠다. 하느님께서 너에게 생명을 주고자 하심을 믿지 않느냐? 내 희생의 피를 통해 너에게 생명을 주겠다. 하느님이 폭군이며 사람들을 노예로 부리는 자로 생각했느냐? 기회가 되면 네 등에 채찍질을 가할 것으로 생각했느냐? 내가 너를 위하여 노예가 될 것이다. 네가 내 등에 채찍질하게 하고 나를 나무에 못박게 할 것이다. 네가 내 위에 군림하게 하여 성부는 네 위에 군림하기를 원하지 않으심을 너에게 보일 것이다. 나는 너를 비난하러 온 것이 아니라 너를 구하러 왔다. 나는 너를 노예로 삼으려고 온 것이 아니라 너를 자유롭게 하려고 왔다. 너의 불신으로부터 마음을 돌려라. 내가 너에게 주는 영원한 생명의 은총을 믿고 받아들여라."

이는 그리스도의 "청혼"이다. 자신을 선물로 내어주어 우리를 자유롭게 하려는 것이다. 신앙은 인간의 마음을 열어 하느님의 사랑의 선물을 받도록 하는 것이다. 천상의 청혼에 인간이 자유의지로 "네"라고 답하는 것이 바로 신앙이다.[104] 이처럼, 신앙은 "거대한 분리(Great Divorce)"로부터 화합을 이끌어내는 유일한 길이며 인간의 내적 분열을 점차 치유할 수 있는 거룩함으로 이끄는 유일한 길이다. 교황은 "이 거룩함은 신부가 신랑의 선물에 사랑으로 응답하게 되는 '위대한 신비'의 척도이다."[105]고 말한다. 거룩함은 곧 사랑 받는 그리고 사랑 자체이신 하느님을 말한다. 인간이 하느님의 사랑을 받아 이에 응답할 때마다 하느님과 인간, 몸과 영혼, 그리고 남자와 여자의 화해가 그 뿌리를 내린다. 육화와 구속의 의미와 목적은 바로 이와 같은 화해를 가져오는 것이다. 교

104 *CCC*, nos. 14, 142, 166 참조.

105 *Mulieris Dignitatem*, 27; *CCC*, no. 773 참조.

황에 따르면, 그리스도의 선물에 자신을 여는 사람은,

> … 자신의 인간성에 깃들어 있는 위대함과 존엄성과 가치를 다시 발견한다. 구속의 신비 안에서 인간은 새롭게 "표현되며" 어느 면에서 새롭게 창조된다. 인간이 새롭게 창조된다! … 무릇 인간으로서 자신을, 자기존재의 즉각적이고 부분적이며 때로는 피상적이고 심지어 가공적(架空的)이기까지 한 척도와 기준에 의해서가 아니라, 어디까지나 있는 그대로 철저하게 이해하고자 하는 사람은, 자신의 불안정과 불확실, 자신의 약함과 죄 많음, 자신의 삶과 죽음을 그대로 안고 그리스도께 다가가지 않으면 안 된다. 말하자면 자신의 존재 전체로 그리스도께 몰입하여야 한다. 자기를 발견하려면 강생과 구속의 실재 전부를 "자기 것으로 삼고" 거기에 동화하여야 한다. 만일 인간 내면에 이 깊은 진전이 이루어진다면 그 결실로 인간은 하느님을 흠숭할 수 있을 뿐만 아니라 자기 자신에 관해서도 깊은 놀라움을 금치 못할 것이다.[106]

무신론적 인본주의를 인간의 위대함을 알리는 "종교"와 같다고 주장하는 사람들을 향해 교황은 다음과 같이 말한다. "사실 인간의 가치와 존엄성에 대한 그 깊은 경탄을 일컬어 복음, 곧 기쁜 소식이라고 한다. 이는 다른 말로 그리스도교라고도 일컫는다."[107] 그리스도교는 인간의 존엄을 인정하며 자신의 위대함을 수용할 것을 요구한다. 그러나 여기에 "문제"가 있다. 그리스도교에서는 자신의 위대함을 수용하기 위해 자기 자신의 죽음도 수용해야 한다고 가르친다. 혼인 신비는 십자가 나무 위에서 그 정점을 이룬다. 영육의 일치 안에 재 창조(부활)되기 위해서 인간은 그리스도의 십자가 여정을 따라야 한다.

106 *Redemptor Hominis*, 10.

107 Ibid.

천사주의 또는 애니멀리즘에 빠져 균열의 고통을 해소하는 것이 십자가에 못박히는 것보다 나은 선택으로 보일 수 있다. "십자가를 지고 따르는" 사람들에게조차도 몸과 영의 통합에 이르는 길은 여전히 매우 어려운 일이다. 사탄은 항상 하느님 말씀을 표절하여 우리 몸과 성의 의미에 대하여 거짓을 말한다. 그러나 "악마가 한 일을 없애 버리시려고 하느님의 아드님께서 나타나신 것이다." (1요한 3:8) 그리스도는 몸의 원초적 표징을 회복하기 위해 육화하셨다. 몸의 "언어"를 다시 읽을 수 있고 우리 안에서 하느님과 거룩한 일치를 이룰 수 있도록 하기 위해 육화한 것이다. 그리스도의 육화에서 드러나듯이 몸이 갖는 신학적 언어는 하느님이 "선물"이며 사랑이며 자비로운 아버지라는 사실을 선포한다. 바로 이것이 교황이 우리에게 말하는 "사랑의 증거로서의 몸"이다. (TOB 14:4) 바로 이러한 하느님의 거룩한 사랑은 우리의 몸이 남자와 여자로서 "한 몸"을 이루도록 요청한다.

패러다임 전환의 필요성

그리스도의 십자가 신비를 이해하려면 우주를 보는 기본적 시각을 획기적으로 전환해야만 한다. "벌거벗은 그리스도"와 "우리를 위해 내어주신" 그리스도의 몸을 생각할 때, 하느님을 보는 시각(신학)과 우리 자신을 보는 시각(인간학), 특히 우리 몸(성)에 대한 시각에 있어 패러다임의 급진적 전환이 필요함을 인식하게 된다. 십자가의 그리스도는 사탄의 거짓말에 대한 거룩한 반박이다. 인간의 살에 새겨진 진정한 하느님의 말씀(자기-증여)은 자기 만족이라는 반(反)-말씀(반(反)-진리)으로부터 승리를 거둔다.

한 처음에, 사탄은 하느님이 사랑이라는 진리에 의심을 불러 일으켜 사람과 하느님의 관계가 주인-노예의 관계로 느끼도록 하였다. 이 때문에 사람은 "하느님에 대항하여 싸우도록 자극을 받고 있음을 느끼게 된다."[108] 심지어 하느님의 육화하신 아들을 살해하게 만든다. 그러나 하느님의 아들이 자신을 십자가에 못박게 허락한 이 순간, 우리는 "주인-노예의 패러다임"[109]이 복음과 맞지 않음을 깨닫게 된다. 주인-노예의 패러다임은 하느님을 사랑의 아버지로 본 것이 아니라 부재(不在)중인 아버지로 보는 시각에서 나온다. 즉, 사탄에 의해 날조된 거짓으로부터 나온 패러다임인 것이다.

이와 같은 계시는 모든 것을 변화시킨다. 우리는 하느님의 나라에 살 수 있으며, 방어태세를 내려놓고 아무 두려움 없이 천국에 문을 여는 삶을 살 수 있다. 우리가 이러한 삶을 살 때, 우리의 어깨를 짓눌렀던 거짓이 사라져 똑바로 설 수 있게 된다. "우리가 회개하고 복음을 믿을 때"(마르 1:15), 우리는 아마도 처음으로 삶이 "참 좋은"(창 1:31) 것임을 깨닫게 될 것이다. 이때, 삶은 선물의 하느님께 바치는 감사의 기도(eucharistia)가 된다. 동시에 우리는 삶이 우리에게 그랬던 것과 같이 다른 이들에게도 똑같은 선물이 되기를 열망한다. 초월적이며 영적인 진리(하느님은 사랑이시며 삶은 참 좋은 것이고 우리는 삶과 사랑의 '선물'을 경험하고 나누어야 한다)가 우리의 몸에 새겨져 있음을 깨달을 때 진정한 하느님의 현현이 가능하게 된다. "자손을 낳고 번성하여라." "이에 남자는 아버지와 어머니를 떠나 그의 아내와 결합하여 둘이 한 몸이 된다." 이 창세기 말씀은 하느님과 그 모상에 따라 만들어진 우리가 누구인지에 대한 근본적인 진리를 이미 담고 있다. 창세기 말씀은 '거룩한 사랑, 영원한 성부의 자애로운 사랑, 생명을 주는 삼위일체의 사랑'이 우리의 영과 살에 새겨진 말씀임을 계시한다. 이 말씀을 읽고 실천하기 위해 우리

108 *Crossing the Threshold of Hope*, p. 228.

109 Ibid., p. 226.

는 인간 존재 및 실재의 의미를 찾아야 한다.

사랑 없이 살 수 없는 인간

생명을 주는 사랑으로 인간을 만들었다는 사실에서 우리는 몸과 성이 왜 서로를 매료시키는지를 이해할 수 있다. 또 우리의 친밀함, 감촉, 일치에 대한 열망을 이해할 수 있다. 그렇다. 원죄로 인하여 타락한 세상에서 이와 같은 열망이 왜곡되고 그 왜곡된 열망이 생명을 파괴한다. 그러나 그리스도의 도움으로 왜곡되고 뒤틀린 혼돈과 열망을 푼다면, 우리는 인간의 성이 갖는 신비 안에서 사랑이신 하느님에 대한 인간의 기본적인 갈구를 발견할 수 있게 될 것이다. "인간은 사랑 없이 살 수 없다. 인간에게 사랑이 계시되지 않을 때, 인간이 사랑을 만나지 못할 때, 사랑을 체험하고 자기 것으로 삼지 못할 때, 사랑에 깊이 참여하지 못할 때, 인간은 자기도 이해할 수 없는 존재로 남게 되며 그의 생은 무의미하다. … 구원자 그리스도께서 '인간을 인간에게 완전히 드러내 보여 주시는 분'이 되시는 까닭이 여기에 있다." 왜냐하면, 그리스도는 당신의 몸을 "우리를 위해 내어 주심"을 통해 육화하신 사랑에 대한 진리를 계시하기 때문이다."[110]

우리는 우리를 공격한 거짓말을 따를 필요가 없다. 그리스도처럼 우리 몸을 하느님께 살아 있는 희생 제물로 봉헌할 경우 우리는 마음을 쇄신할 수 있으며 자신을 변화시킬 수 있다. 사도 바오로가 말한 바와 같이 우리의 몸을 하느님 마음에 드는 거룩한 산 제물로 바치는 것은 우리가 드려야 할 합당한 예배가 된다. (로마 12:1–2 참조) 우리가 그리스도와 함께 죽는다면 우리는 새로운 삶, 육화된 삶, 육화된 영성을 살 수

110 *Redemptor Hominis*, 10.

있게 된다. 오직 그러한 때에만 편안함을 느끼며 친밀함, 일치에 대한 우리의 깊은 욕망을 이해할 수 있고, 우리가 누구이며 왜 존재하고 어떻게 살아야 하며 우리의 궁극적 운명이 무엇인지, 그리고 이에 도달하기 위해 무엇을 해야 하는지에 대하여 알 수 있게 된다. 그리스도는 인류를 버리지 않으신다. 그는 원초적 영광을 회복시킨다. 그리스도는 우리의 열망과 욕망을 무효화시키는 것이 아니라 보다 풍부하게 완성시킨다.

이것이 바로 세상에 대한 교회의 제언이다. 불행히도, 그리스도교 국가들 조차도 아직 그리스도의 완전한 영광에 동참하라는 교회의 제언을 따르지 않는다. 사람들은 그리스도교를 억압적인 행동금지령, 특히 성적인 금지를 강조하는 종교로 생각하는 경향이 있다. 이 얼마나 비극적인 "위대한 신비"의 황폐화인가! 따라서, 교황은 계속해서 "새 복음화"의 필요성에 대하여 강조한다. 책 뒷부분의 에필로그에서 교황은 몸의 신학이 어떻게 새 복음화를 뒷받침할 수 있는지를 여실히 보여준다. 교황의 수요교리를 구체적으로 설명하기에 앞서 우선 새 복음화가 교황의 철학 및 신학 연구와 어떻게 관련이 있는지, 그리고 이 연구를 통해 현대 사회와 예수 그리스도의 진리를 연계하기 위하여 어떤 노력을 했는지를 이해할 필요가 있다.

6. 카롤 보이티야 추기경의 철학 및 신학 연구

근대 철학의 "주체"에 대한 강조

근대 사회는 왜 교회의 제언을 무시하는 것처럼 보이는 것일까? 경제, 정치, 과학, 기술의 혁신적 발전과 "근대화"로 인한 서구문명의 복잡한 변화는 그리스도와 교회의 "위대한 신비"를 포기하게 만드는 중요한 전환점을 가져온다. 요한 바오로 2세는 다음과 같이 적고 있다.

> 근대 이성주의는 더 이상 신비를 용납하지 않는다. 남성과 여성으로서 인간이 갖는 신비를 수용하지 않으며 예수 그리스도를 통해 계시된 인간에 대한 참된 진리를 인정하려 하지 않는다. 특히, 에페소서에서 선포된 "위대한 신비"의 수용을 거부한다. 위대한 신비를 반대하는 … 이성주의는 인간 실존의 의미와 창조에 대하여 전혀 다른 시각을 제시한다.[111]

이와 같은 근대의 현상을 이해하기 위해 근대 철학의 아버지로 알려진 데카르트의 "나는 생각한다. 고로 존재한다"를 이해할 필요가 있다. 요한 바오로 2세는 이를 "근대 이성주의의 모토"[112]라고 칭한다. 데카르트는 형이상학에 등을 돌리고 "인간학에로의 방향 전환"을 시도하였다. 근대 철학은 인간과 더불어 시작한다. 다시 말해, "존재" 그리고 "실존"이란 객관적 영역으로부터 시작되는 것이 아니라, 존재와 실존에 대한 인간의 주관적, 인식적 경험으로부터 시작된다. "나는 생각한다. 고로 존재한다." 요한 바오로 2세는 다음과 같이 말한다. "존재가 사고를 결정하는 것이 아니라 사고가 존재를 결정한다고 말한 토마스 아퀴나스와 얼마나 다른지 알 수 있지 않은가!"[113]

존재의 철학은 바로 '나를 초월하는 객관적 실재 곧, 존재 자체이며 창조되지 않은 존재가 생각하는 존재인 나를 창조하였기 때문에 나는 생각한다'는 것을 인정하는 철학이다. 그러므로 나의 주관적 사고는 객관적 실재에 대하여 답할 수 있게 된다. 반대로, 순수한 인식철학은 실

111 *Letter to Families*, 19.

112 *Crossing the Threshold of Hope*, p. 51.

113 Ibid., p.38.

재를 인간이 의식할 수 있는 범주의 것으로 축소한다.[114] 이와 같은 인식철학에 있어서 객관적 진리는 인간 인식에 존재하는 것 그 이상도 그 이하도 아니다. 근대 철학의 이 같은 주체에 대한 조망과 강조는 객관적 실재, 진리 개념을 거부하는 주관주의, 상대주의로 이끌었다.

사람들은 "진리는 없다."라고 한다. 그러나 동시에 "과연 그러한가?"라고 되묻는다. 많은 이들이 "만약 진리가 존재한다면, 당신은 그 진리를 알 수 없다."라고 반박할 것이다. "어떻게 그것이 진리인 줄 알 수 있는가?" "확신할 수 없지 않는가?" "확신할 수 있는가?" "진리는 단지 피할 수 없는 것이며 거부할 수 없는 것이다. 진리를 거부하고자 하는 시도는 언제나 자가당착에 빠진다. 진리는 그 자체로 주장되는 행위 안에서 파괴되고 만다."[115] 진리가 없다는 것이 진리라면, 진리가 없다는 것은 참이 아니다. 즉, 진리는 있다.

왜 사람들은 진리에 대한 생각, 특히 몸이 진리의 답이 될 수 있다는 생각을 수용하지 못하는 것일까? 근대적 사고 방식은 그것이 무엇이든 진리에 대해 주장하는 것은 인간 자유를 위협하는 것이라고 생각한다. 그러나 진리가 진정 자유의 적인가? 그리스도의 가르침에 따르면, 우리를 자유롭게 해주는 것이 진리(요한 8:32 참조) 아닌가? 그리스도적 관점에서, 진리와 자유는 결코 분리할 수 없다. 요한 바오로 2세는 "실상 진리와 자유는 긴밀하게 연결되어 있어 흥망을 함께한다."[116]라고 말한다. 즉, 오늘날 교회가 직면한 가장 큰 도전 중 하나가 바로 그리스도의 가르침인 자유와 진리의 본실적 관계를 다시 회복하는 것이라 하겠다.

---

114 Ibid., p.51.

115 Walter J. Schu, p.51. *The Splendor of Love: John Paul II's Vision for Marriage and Family* (New Hope, KY: New Hope Publications, 2003), p. 201.

116 *Fides et Ratio*, 90.

자유 없는 진리는 폭정으로 이어진다. 무력으로 개종시키는 것은 무의미하며 바람직하지 않다는 것은 분명한 사실이다. 다만 여기에서 우리가 더 살펴야 할 것은 진리 없는 자유 역시 폭정으로 이어진다는 사실이다. 진리가 없다면 객관적으로 신뢰할 기준이 없게 된다. 남는 것이라고는 반대편과의 권력 투쟁뿐이다. 객관적 실재가 분쟁을 해결하지 못하고 힘이 분쟁을 해결하게 되는 것이다. 권력이 권리를 만들게 된다. 돈, 미디어, 군부의 권력을 가진 자들은 자신들의 이익에 부합하는 세계관을 약자에 부과할 것이다. 이에 대해 요한 바오로 2세는 다음과 같이 경고한다. "이러한 과정을 거쳐서, 민주주의는 자신의 원칙들을 거부하면서, 실제로는 일종의 전체주의를 향해 나아가게 된다."[117]

진리와 자유, 객체와 주체성이 분리된 채로 있다면 인간은 결코 자기 자신이 될 수 없으며 인간 사회는 번성할 수 없다. 여기에서 카롤 보이티야 추기경의 평생의 연구가 시작된다. 근대 철학은 객관성을 간과한 채로 주체성에 집중함으로써 자유와 진리의 분열을 일으키는 거대한 오류를 범하였다. 이로 인하여 주관주의적 도덕적 상대주의가 생겨나게 되었다. 근대적 감수성을 가진 사람들은 카롤 보이티야 추기경을 비롯한 많은 사람들을 향해 비판한다. 교회의 객관성에 치중하는 전통적인 신앙 양성과정 역시 자유와 진리의 분열에 일조하였다는 비판이다. 그들은 그리스도교 역사에 있어 종교의 자유를 인정하지 않았던 사례를 대표적인 근거로 제시한다. 보이티야 추기경은 근대철학의 경험, 의식, 자유의 주체성이 신앙의 성숙을 실현시킬 수 있다고 믿는다. 단, 존재론과 객관적 진리에 기초를 하는 경우에 한하여!라는 전제조건이 붙는다. 그는 객관적 실재가 신중하면서도 명백히 주관적인 인간 경험을 통해 확증되고 재확인될 수 있다고 믿는다. 여기에는 근대적 사고 방식에 민

117 *Evangelium Vitae*, 20.

감하면서도 동시에 토마스 성인의 철학에 뿌리를 둔 "인격주의"가 필요하다.

밖에 비가 오고 있다는 객관적 사실이 있다면, 인간은 이를 경험하고 확인할 수 있다. 밖에 나가서 볼 수 있을 뿐 아니라 직접 느낄 수도 있다. 이와 같은 이미지를 적용하여 설명하자면, 교회의 신앙 교리, 윤리는 참된 것이다. 우리는 이를 경험하고 확인할 수 있다. 요한 바오로 2세의 목표는 비 속으로 들어가 말을 하고 경험하고 흠뻑 젖어 어린이가 빗속에서 뛰어 놀듯이 그렇게 즐겁게 삶을 누리도록 하는 것이다. 이 이미지를 더 발전시키자면, 우리는 어린이와 같을 필요가 있다. 특히 객관적 진리를 자유로운 선으로 경험하기 위해서는 "너희가 어린이처럼 되지 않으면"(마태 18:3) 안 된다. 비가 온다가 객관적 사실임에도 내적으로는 갈등할 수 있다. 어린이처럼 되지 않는다면, 평생을 비가 싫나고 불평하며 지내거나 자신이 만든 "원치 않는" 기후인 비에 의하여 아무런 "방해를 받지 않는" 허상의 세상 속에 갇혀 '비'라는 존재를 거부하는 삶을 살 수도 있다. 바로 여기에 악마의 속임수가 있다. 하느님의 실재는 원치 않는 방해물이 아니다. 하느님의 실재에 순종하는 것은 모든 열망의 궁극적 자유이자 완전한 실현이다. 그러나 오직 "어린이"만이 이를 볼 수 있다. 오직 "어린이"만이 비 속에서 즐겁게 뛰어 놀 수 있기 때문이다.

토마스 아퀴나스적 인격주의

토마스 아퀴나스의 전통을 따르는 예비 신학교와 박사 과정의 양성을 받은 요한 바오로 2세는 자신을 언제나 토마스 학파라고 본다. 그러나 이 말이 스콜라주의의 용어 및 방식에 제약을 받는다는 의미는 아니다. 굳이 엄격하게 분류해 본다면, 토마스 학파로서의 교황은 의식에 대한 주체성의 철학을 주장한다기보다는 전통적인 입장인 객관적 존재 철학의 편을 들고 있다고 할 수 있다. 그러나 교황은 이를 양자 택일의 문제로 보지 않는다. 교황의 철학 연구는 양자 수용의 노력이며 이는 사실주의 철학 안에 주체성의 "여지를 마련"하고자 하는 노력이며 토마스 아퀴나스의 철학을 희생하지 않으면서 근대철학과 창의적으로 연계하려는, 많은 노력이 요구되는 작업이다. 교황은 인간을 객관적 인격으로 보는 토마스 아퀴나스의 사고를 토대로 사고 체계를 수립하고 이를 "토마스주의적 인격주의"라 칭한다. 1961년 교황은 인격을 제목으로 한 에세이에서 다음과 같이 적고 있다.

> 토마스 성인은 인격 개념을 매우 잘 알았으며 명확히 정의 내렸다. 그렇다고 인격주의가 갖고 있는 문제도 잘 알고 있었다는 의미는 아니다. 다만, 토마스 성인이 인격의 문제점을 명확히 제시하였다는 점에서 인격주의의 출발점을 보여준다고 말할 수 있겠다. 인격의 문제점은 당대가 아니라 먼 훗날인 현대 사회의 삶과 사고에서 드러난다. 토마스 아퀴나스의 철학과 신학은 그가 인격주의에 대하여 말하고 있음을 보여준다.
>
> 토마스 성인에게 인격은 주체이다. 인격은 인간이 의식(자기 의식 포함)을 할 수 있도록 한다. 그러나 근대 철학과 심리학의 주 관심사인 의식 및 자기 의식에 대한 분석에는 토마스 아퀴나스의 실재에 대한 객관적 관점이 들어설 여지가 없다. … '인격을 살고 경험함'이라는 관점에서 토마스 성인이 제시하는 객관적 실존, 인격의 행위에 대한 훌륭한 시각을 얘기하기는 매우 어렵다.[118]

앞에서 살펴본 바와 같이, 카롤 보이티야 추기경은 십자가 성 요한의 저서에서 인간이 인격으로서 사는 경험이 무엇인가에 대하여 처음 접하게 된다. 젊은 사제였던 카롤 보이티야는 토마스 학파인 가리구 라그랑쥬(Garrigou–Lagrange)를 지도교수로 모시고 로마의 성 토마스 아퀴

118 *Person and Community*, pp. 165, 170, 171.

나스 교황청 대학(Angelicum)에서 십자가의 성 요한에 대한 박사학위 논문을 저술한다.[119] 그는 박사학위 논문에서 신앙이 단순히 객관적 진리에 대한 지적 동의에 한정되지 않음을 보여준다. 즉, 하느님은 개념이나 객체가 아니므로 결코 지성만으로는 하느님을 이해할 수 없다. "영혼의 어둔 밤"에 감정이 정화되면, 지성은 하느님의 놀랍고 달콤한 사랑에 스스로 자신을 열게 된다. 믿음이 있는 사람은 하느님의 사랑으로 인격적인 자기 증여의 상호 교환 안에서 하느님을 경험한다. 이때, 신앙은 하느님의 혼인 신비에 참여하기 위한 수단이다. 카롤 보이티야 추기경은 이와 같이 토마스 아퀴나스의 신학 전통 안에서 십자가 성 요한의 신앙을 이해하고 있다. 십자가의 성 요한 작품은 단순한 사변적인 시(詩)가 아니다. 작품에서 보여지는 바와 같이 성 요한은 하느님 신비와 일치의 삶을 증거하며 삼위일체 하느님에 대한 인격적 참여를 증거하고 있다.[120]

이와 같은 관점에서 개인의 경험은 신앙의 객관적 내용을 뒤엎는 것이 아니라 그 내용을 내면화하고 자신의 것으로 만듦으로써 다시 한 번 그 내용을 확인한다. 신앙을 경험적 실재로 보는 이와 같은 관점은 막스 쉘러[121]를 주제로 한 카롤 보이티야 추기경의 교수 자격 논문의 중요한 토대가 되었다.[122] 교황은 쉘러의 관점이 가르멜적 감수성을 확장하는 데 도움을 주기도 하지만 동시에 화합할 수 없는 차이가 있음을 확인한다.

쉘러는 "현상학"의 창시자인 에드문트 후썰(1859–1938)의 제자이다.

---

119 *Faith According to St. John of the Cross* (San Francisco: Ignatius Press, 1981) 참조.

120 Ibid., pp. 21–22.

121 *Evaluation of the Possibility of Constructing a Christian Ethics on the Assumptions of Max Scheler's System of Philosophy*: 불행히도 영문 번역 본은 없으며 스페인 본 "*Max Scheler y la etica cristiana*"(Madrid: Bibiloteca de Autores Cristianos, 1982)만 있다.

122 박사학위 취득 후 저술하는 교수자격 논문은 유럽 내 대학에서 교수직을 역임할 권리를 준다. 미국에서 조교수가 부교수직을 받기 위하여 저술하는 "제1저서(First Book)"와 같다.

셸러는 임마누엘 칸트의 순수 의무 윤리[123]를 비판하기 위해 가치의 감정적 경험을 토대로 한 풍부한 윤리 체계를 발전시킨다. 그러나 칸트가 의무를 지나치게 강조한 나머지 감정을 망각하였다면 셸러는 그 반대의 오류를 범한다. 의무를 망각하고 감정이 인식하는 가치에만 집중한 것이다. 따라서, 셸러의 윤리체계는 인간 경험에 대한 설명을 제공하는 데는 성공하나, 객관적 실재에 기초하지 못한다는 비판을 받는다. 카롤 보이티야 추기경은 셸러의 접근 방식이 그리스도 윤리의 기초가 되기에 충분치 못하다고 보았다. 그럼에도 불구하고 교황은 셸러의 혁신적인 현상학적 접근방법이 신앙과 통합되면 규범학문인 윤리학에 가장 절실하게 필요한 주관적 경험을 가져오는 데 도움을 줄 수 있다고 보았다.

현상학이란 무엇인가?

카롤 보이티야 추기경 즉, 요한 바오로 2세의 삶과 가르침에 있어 현상학이 미친 영향에 대하여 많은 학자들이 관심을 보이고 있다.[124] "현상학"을 정의하기는 매우 어렵다. 철학적 방법론으로서 현상학은 많은 변형된 모습을 가지며 그 중 일부는 가톨릭 신앙에 적용 가능한 경우도 있다. 교황은 현상학적 방법론을 통해 일상에서 일어나는 경험을 끄집어 낸 뒤 우리가 경험한 방식대로 이 현상들을 고찰한다. 경험이 우리에게 주는 것들을 겸허히 받아들이는 사고 방식이다. "데이터가 말하게 하

123 칸트의 순수 의무 윤리에 따르면, 인간은 주관적, 감정적 가치로부터 자신을 독립시켜야 한다. 윤리적 행위는 순수 법의 의지이다. 여기에서 발생되는 "감정"은 오직 의무를 목적으로 하는 데에서 발생할 뿐이다.

124 Richard Hogan, *The Theology of the Body in John Paul II: What it means and Why it matters* (Ijamsville, MD: Word Among Us Press, 2006) 프롤로그에서 호건(Hogan)은 '요한 바오로 2세의 현상학 연구와 사용은 토마스 아퀴나스와 플라톤의 신앙 통합 및 토마스 아퀴나스와 아리스토텔레스 철학의 통합과 같이 신학 발전에 있어 큰 획을 그었다고 적고 있다. 교황의 현상학적 방법론 사용에 대하여 많은 견해가 있다. 그들의 견해에 대한 비교 분석은 안타깝게도 본 해제의 목적이 아니며 나의 역량을 벗어난 일이다.

라!" 그리고 그 말을 주의 깊게 들어라. 현상학적 방법론은 이성이 실재를 지배하지 못하게 한다. 오히려 사랑하는 마음으로 실재를 받아들이도록 한다. 사실 "요한 바오로 2세는 현상학에 생기를 불어넣는 원칙이 사랑임을 강조한다."[125] 인간의 일상 생활에서 일어나는 경험을 고찰함으로써 인간의 내적 세계의 주관성 안에서 인간의 외적 세계의 객관성과의 일치를 발견한다. 교황은 주관성과 객관성의 일치를 분석함으로써 객관적 진리를 확인하고 "객관화되는" 추상적 사실을 피하는 것이다. 교황은 인간에 대한 교회의 시각이 "외부로부터" 주어진 것이 아니라 "내부에서" 일어나는 인간-인격으로서의 자기경험에 의한 것임을 증명한다.

교회의 메시지가 "인간 마음의 가장 깊은 열망과 일치한다는 것"[126]을 분명히 알고 있기 때문에 카롤 보이티야 추기경은 자신의 제언(주장)에 대하여 동조를 구할 필요가 없으며 그러한 시도도 하지 않는다. 오히려 남자와 여자를 초대하여 그의 주장이 맞는지 한번 자기 경험을 비추어 고찰해볼 것을 청한다. 이러한 과정에서 카롤 보이티야 추기경은 인간 자유에 대한 존중 및 신뢰를 보여주며 인간 각자의 양심(진리가 드러날 때 이를 알아차리고 바라는 양심)에 대한 믿음을 보인다. 따라서 신앙에 대한 그의 발언은 결코 강요가 아니며 항상 제언이었다. 인간 개개인의 자유에 호소하는 제언인 것이다.[127] 카롤 보이티야 추기경의 인간관, 윤리관은 인간 자유에 대한 그의 열정 및 존중과 따로 분리하여 생각할 수 없다. 인간은 "오롯이 자기 자신을 위하여" 창조된 인격적 주체이다. 이와 같은 인격적 삶에서 진리는 인격인 인간 위에 군림하는 것이 아니다. 진리는 인간이 그 진리를 자유롭게 받아들일 때에만 비로소 의미를

125 발트슈타인(Waldstein), Introduction, TOB, p. 65.

126 CCC, no. 2126.

127 "아울러 거룩한 공의회는 인간 정신에 부드럽고 힘차게 파고드는 진리는 오로지 진리 그 자체의 힘으로 드러날 뿐이라고 천명한다." (*Dignitatis Humane*, 1)

갖는다. 요한 바오로 2세는 말한다. 자유란 정의로운 한계 내에서 거부할 수 없는 것이므로 진리에 수반하는 도덕적 의무는 바로 진리를 추구할 의무와 깨달은 진리를 따라야 할 의무이다.[128]

"진리의 광채"

몇몇 비판과는 달리, 신앙에 대한 교황의 근대철학 수용은 결코 상대주의에 대한 굴복이 아니다. 로코 부티리오네(Rocco Buttiglione)는 우리에게 다음과 같이 말한다. "요한 바오로 2세의 말씀은 전임자인 비오 10세의 말씀을 반복한 것이다. 비오 10세는 근대의 잘못을 받아들이기를 거부한 교황이다. 그렇다고 해서 건전한 교리를 제시할 때 존재하는 일방적인 편견을 교정하지 말라는 의미는 아니다. 이와 같은 편견은 또 다른 오류를 낳기 때문이다."[129] 교회 교리와 "실제 생활"의 경험이 분리된 것이라는 생각 때문에 얼마나 자주 교회의 교리를 거부하는가? 부모, 사제 또는 신앙 교육 담당자들이 인간의 자유를 존중하지 않거나 인간 자유에 대한 교육을 간과한 채 신앙을 가르치는 경우가 많기 때문에 많은 사람들은 커가면서 신앙에 대한 교육을 점차 거부하게 되는 것이다. 자유는 진리의 도전을 받아야 한다. 만약 강제성을 띤다면 인간 존엄성에 폭력이 가해질 것이다. 진리는 스스로 빛을 발하므로 강제성이 필요하지 않다. 진리 자체가 자연스럽게 인간을 끌어당기기 때문이다. 그리스도인들이 "진리의 광채"을 기쁘게 증거할 때, 다른 사람들도 진리의 빛을 찾고 이를 자유롭게 수용한다.

진리를 받아들인다는 것은 이성적 수용뿐만이 아니라 진리를 내면

---

128 *CCC*, no. 2467.

129 *Karol Wojtyla: The Thought of the Man Who Became Pope John Paul II*, p. 372.

화하고 내 자신의 것으로 만들어야 함을 의미한다. 실재를 아는 것 그리고 알게 된 진리를 충돌 없이 내면화하는 것 사이에는 차이가 있기 때문이다. 실재와 내면의 계속되는 충돌은 고통을 낳고 종국에는 실재를 부인하며 더 나아가 고통으로부터 "구제"를 약속하는 '거짓'으로 넘어가게 된다. 허상에서 사는 사람은 거짓 평화 속에 있다. 자기 자신 그리고 세상과 평화를 이루는 사람은 진리를 아는 것에 그치지 않고 이를 내면화하고, 느끼고, 경험하고 자기 자신의 것으로 자유로이 수용한다. 이를 위해, 온 마음을 다하여 진리를 믿어야 하며 객관적 선에 대한 열정적 사랑을 가져야 하고, 자기 자신을 버리는 데 두려움이 없어야 한다. 진리가 완전한 사랑이며 진리 자체가 완전한 사람인 경우에만 가능하다. 진리는 있다. 그 이름은 바로 예수 그리스도이다.

교황의 철학은 그 자체로 신학으로 연결되고 거룩한 하느님의 사랑으로 연결된다. 토마스 학파적이며 가르멜적인 인격주의는 거룩한 하느님의 사랑을 경험함으로써 객관적 진리를 인식하도록 요청한다. 여기서 거룩한 사랑의 경험은 실재를 그 자체로 선하고 축복받은 자비로운 선물로서 경험한다는 의미이다. 교황은 『희망의 문턱을 넘어서(Crossing the Threshold of Hope)』에서 고전철학에 대하여 다음과 같이 말한다. "어떠한 것도 감각을 통하지 않고 인지되는 것은 없다." 그러면서 다음을 강조한다. "이와 같은 '감각'의 한계는 전적으로 지각에서 오는 것이 아니나. 인간은 초월적인 것을 "지각"할 수 있다. 인간은 "종교적 감각"을 가지고 있기 때문이다.[130] 따라서 인간은 "인간 경험, 윤리 경험, 종교 경험에 대하여 굳건한 기초를 토대로 말할 수 있다. 경험에 대하여 말할 수 있다는 것은 곧 인간 경험의 범주 내에서 선과 악, 진리와 미, 하느님을 발견

130 Luigi Giussani, *The Religious Sense*(Montreal: McGill-Queen's University Press, 1997) 참조.

한다는 의미이다."[131]

하느님에 대한 내적 경험은 지적 식별과 실질적인 인지뿐만 아니라 인간의 가장 깊숙한 내면에 있는 충동을 필요로 한다. 이 충동은 우리가 하느님을 만날 수 있도록 자유를 주심에 따라 하느님과의 만남을 통하여 이루어진다. 전통적인 실존 철학이 하느님의 존재에 대한 이성적 증거를 제공함으로써 "하느님 문제"를 해결한 것이라면, 카롤 보이티야 추기경의 철학 연구는 각각의 모든 사람들이 "혀로 맛을 느끼고 눈으로 보도록" 즉, 인간이 스스로 자유를 토대로 자기 증여를 하고 자신에 대한 하느님의 사랑을 경험하도록 요청함으로써 하느님 문제를 해결한다. 이와 같은 방식 안에서 하느님 존재는 이성과 신앙을 통해 마음의 산 경험으로 증거된다. 노년의 요한 바오로 2세는 자신의 철학 및 신학적 접근방식에 대한 고찰의 결과를 다음과 같이 적고 있다.

> 나는 신앙, 이성, 마음의 조화를 위해 항상 노력해왔다. 이 셋은 서로 밀접하게 연결되어 있으며 상호 생명을 주는 관계이다. 신앙, 이성, 마음의 조화를 이루는 노력은 인간-인격에 대한 경외심에 의하여 가장 많은 영향을 받는다. 이는 곧 삼위일체 하느님의 모상성, 사랑과 진리의 심오한 관계성, 상호 자기 증여와 이를 통하여 출산된 생명의 신비 등의 기적에 대한 경외심을 말한다.[132]

위에서 발췌한 교황의 고백은 자신의 철학과 신학에 대한 고찰일 뿐 아니라, 그의 인생의 역작 특히 몸의 신학(TOB)을 관통하는 고찰이다. 부부 결합과 그로부터 탄생한 생명에 드러나는 삼위일체적 유사성을 알

131 *Crossing the Threshold of Hope*, pp. 33–34.

132 Rise, *Let Us Be on Our Way* (New York: Warner Books, 2004), p. 97.

게 되는 것이 바로 인간 인격을 경외감으로 바라본다는 의미이다. 이 경외감을 통하여 우리는 "사랑과 진리의 심오한 연계성을 내면화"할 수 있으며, 신앙, 이성, 마음의 아름다운 조화를 직접 경험할 수 있게 된다. 신앙은 이때 혼인 신비를 포함한 하느님과의 일치를 이루는 수단이 되며 신앙으로써 인간은 이성과 조화를 이루고, 마음의 경험으로 살게 되는 것이다. 여기에서 우리는 이미 토마스 아퀴나스 성인에 매우 근접한 우리 자신을 발견하게 된다. 그러나 이러한 자기 발견의 과정은 존재와 실존의 고찰을 통해 이룬 것이라기보다는 사람들을 통해서 그리고 그들과의 만남을 통해서 다시 말하자면, '나'와 '너'를 통해서 이룩하는 것이다. "매일의 일상 안에서, 그리고 절대성과 명확성의 범주에서도 인간의 전 인생은 "'나'와 '너'의 공존'의 일부이다."[133] 교황은 다음과 같이 결론 맺는다. "신앙은 매우 인간학적이며, 하느님의 백성이 이루는 공동체, 영원한 '당신' 과의 일치와 공존 안에 그 뿌리를 둔다."[134]

주관주의(Subjectivism)에서 구해낸 "주체에로의 전환"

교황 요한 바오로 2세는 신학과 인간학, 객관적 세계관과 주관적 세계관을 결합함으로써 관념주의와 주관주의의 함정을 극복하는 인간인격에 대한 전망을 제공한다. 여기에서 우리는 다시 부부 결합이 갖는 "위대한 신비"를 마주하게 된다. 객관성과 주관성의 결합 안에 하느님과 인간의 일치가 있다. 그리스도 안에서 인간은 아무 주저함 없이 궁극적 실재를 받아들인다. 교황에 따르면 "주체에로의 전환"에서 비롯된 윤리적 상대주의는 신앙이 없는 상태에 정체된 인간학의 모습일 뿐이다. 인간이 자신을 인식하고 거기에만 "몰입"되어 자기 자신 이외의 모습을 볼

133 *Crossing the Threshold of Hope*, p. 36.

134 Ibid.

수 없게 만드는 사조다. 윤리적 상대주의는 인간학이 신학을 가리키고 있음을 인지하지 못하게 한다. 교황은 근대 철학이 인간에 집중하도록 하였다는 점에서 그 공로를 인정하지만 "인간 이성이 배타적으로 인간의 주체성 탐구에만 관심을 기울임으로써 남녀 인간들이 언제나 자신들을 초월하는 진리를 향하여 발걸음을 옮기도록 부름 받고 있다는 사실을 망각한 것처럼 보이게 만들었다."는 사실도 지적한다.[135]

윤리적 상대주의를 혼인 이미지에 적용하여 보면 다음과 같다. 윤리적 상대주의에 빠진 신부는 자신의 몸이 신랑이신 그리스도와의 일치를 위해 열려 있어야 함(몸의 혼인적 의미)을 깨닫지 못한다. "타자"에 대한 열린 마음인 신앙이 없기 때문에 신부는 메마른 자기도취에 빠져 자기 중심주의를 택하게 된다. 교황이 신앙을 "하느님의 선물에 대한 개방성"이라고 정의한 것을 환기해 보자. 이런 "주체에로의 전환"은 주관주의로 빠지게 만든다. 신부가 혼인적 의미를 깨닫고 그리스도에 대하여 열린 마음을 가져야만 인간의 주체성은 점차 정화되어 궁극에는 완전히 객관적으로 될 수 있다. (TOB 19:1) 신부가 신랑이신 그리스도에게 자신을 열어 보이면 보일수록 인간의 주체성은 진리이신 하느님에 의해 밝혀지게 된다. "우리는 현상에서 출발하여 근원을 향하여(a phenomeno ad fundamentum)" 나아가야 한다는 중대한 도전에 직면하고 있다. 이것은 필수적이며 시급한 과제이다. 경험 속에만 갇혀 있을 수는 없다. 경험은 인간 존재자의 내면성과 영성을 밝혀 주나, 사변적 사고는 영성의 핵심과 영성의 토대를 관통해 들어간다."[136]

---

135 *Fides et Ratio*, 5.

136 *Fides et Ratio*, 83.

앞으로 창세기 연구에서 원죄 이전 아담과 하와의 주체적 경험이 "뿌리까지 객관적"(TOB 19:1)이었는지를 살펴볼 것이다. "마음의 순수성"을 상실함으로 인하여 주관적 경험과 객관적 실재 사이의 조화가 미약해졌다. 그러나 그리스도 안에서의 구속은 우리 기원의 순수성을 점차 회복할 수 있는 가능성을 준다. 주관적 실새와 객관적인 실제 사이의 조화는 구속의 효력에 대한 우리의 경험을 더욱 공고히 한다. 구속의 진정한 힘 안에서 "마음의 순수성"을 회복할 수 있게 되는 것이다. "불순함(impurity)"에로 이끌리는 강한 경향으로 인하여, 사람들은 종종 주관적인 마음의 경험을 의심하고 객관적 실재와 조화되지 못하리라는 두려움에 사로잡힌다. 충분히 이해할 만하다. 인간은 죄(정욕)에 이끌리는 속성을 가졌다. 그러나 교황의 말씀대로, 인간에게는 또 다른 특성이 있다. "육욕에 기초한 지속적이고 철저한 의심 안에 인간의 마음을 맡겨 둘 수 없다. 구원은 진리이고, 실재이며, 이 구원의 이름으로 인간은 부름을 받았으며, '실제적으로 부름을 받았음(chiamata con efficacia)'을 알아야 한다." (TOB 46:4)

요한 바오로 2세의 그리스도 중심의 신학적 윤리학은 "인간과 함께 시작된" 근대 사회의 열망이 주관주의로 빠지는 것을 막는다. 인간이 하느님과의 영원한 일치를 위하여 하느님의 모상에 따라 창조되었다는 신앙의 가르침이 맞는 것이라면 인간과 함께 시작하는 것은 궁극적으로 하느님께로 이끌리게 된다. "믿음과 열린 마음으로 몸과 마음을 다하여" 인간학과 신학의 밀접한 관련성을 강조하는 교황의 말씀을 따를 때, 주관적 관점에서의 시작은 객관적 실재로 이끌리게 될 것이다.[137]

근대 이성주의는 인간을 모든 것의 척도로 만든다. 반면, 신학적 인간학에서는 하느님-인간의 관계가 모든 것의 척도임을 발견하게 될 것이다. 예수 그리스도는 "우주와 역사의 중심이다." 말씀을 통해 인간을 창조하신 하느님은 "자신을 인간에게 드러낸다." 이는 자신이 갖는 거

137 *Dives et Misericordia*, 1.

룩한 특권으로 강압적인 것이 아니다. 만약 강압적이라면, 인간 스스로를 위하여 창조되었다는 피조물의 존엄성에 반하는 것이다. 오직 사람에게 자신을 신실한 선물로 내어 줌으로써 가능한 것이다. 자유의지로 이 선물을 받고 하느님과 다른 사람에게 자신을 "신실한 선물"로 내어 줄 때 인간은 우주 안에서 자신의 자리를 발견하게 된다.

세상은 인간 실존의 참된 목적과 논리를 "수용"하려 하며 이를 준비하는 것처럼 보인다. 라칭거 추기경의 말씀처럼, 주관주의가 극단으로 치닫게 되면 종국에는 "주체를 분해"시켜 버리기 때문이다. 인간은 상처를 입고 고통에 울부짖으며 답을 구한다. 아마 이러한 불행한 상황 때문에 (아이러니하게도) "끊임없이 팽창하는 주체성의 확장을 극복하고 로고스와의 관계가 … 주체 곧, 인격에 구원을 가져다 준다는 사실을 재인식할 수 있도록 우리를 도울 것이다. 더불어 삼위일체적 사랑에 기초한 참된 친교의 관계로 우리를 데려 갈 수도 있다."[138] 앞으로 우리는 몸의 신학(TOB) 연구를 통하여, 인간의 여성성, 남성성이 갖는 "위대한 신비" 안에 참 진리가 각인되어 있으며 "한 몸"이 되라고 부르신 하느님의 부르심에도 그 진리가 새겨져 있음을 보게 될 것이다.

근대 합리주의는 바로 이러한 점을 간과한다. 남자와 여자로서의 인간의 신비를 수용하지 않는다. 그리스도께서 자신을 인간에게 드러내셨음을 인정하려 하지 않는다.[139] 바로 그 때문에 인간은 고통 속에 있다. 몸의 신학(TOB)은 『기쁨과 희망(*Gaudium et Spes*)』 22항의 표현인 '새 인간 그리스도'에 대한 자세한 주해이다. 또한 근대 사회에 제시한 가장 중요하면서 동시에 매우 도전적인 주석이다. 몸의 신학(TOB)에서 교황

138 Joseph Ratzinger, *The Spirit of Liturgy* (San Francisco: Ignatius Press, 2000).

139 *Letter to Families*, 19.

이 제시한 객관적 실재와 주관적 인간 경험, 진리와 자유, 신학과 인간학, 하느님과 인간의 관계성에 대한 고찰은 놀랍다. 몸의 신학(TOB)은 교황의 인간학적 고찰에 관한 전 역사를 보여주는 울림이다.

지금까지 십자가 성 요한에 대한 학위 논문, 막스 쉘러에 대한 논문 등 요한 바오로 2세의 사상적 토대를 살펴보았다. 나아가 몸의 신학(TOB)과 관련된 기타 다른 사상적 토대에 대하여 살펴볼 필요가 있다. 다만, 본 해제의 목적에서 벗어나지 않도록 간단한 개요 소개로 그치고자 한다.[140]

카롤 보이티야 추기경의 기타 사상적 기초

카롤 보이티야 추기경은 시[141]와 연극[142]을 통하여 자신의 생각, 질문, 갈망을 표현하였다. 초기 작품들을 살펴보면 그가 몸의 신학(TOB)에서 제기하는 주요 질문들을 이미 고찰하고 있음을 알 수 있다. 박사 논문과 교수자격 논문 후, 카롤 보이티야 추기경은 루블린 가톨릭 대학

---

140 카롤 보이티야 추기경의 인간학적 관점을 다루는 다수의 책들이 있다. 관련하여 다음의 책들을 추천한다. Kenneth Schmitz의 *At the Center of the Human Drama: The Philosophical Anthropology of Karol Wojtyla/Pope John Paul II* (Washington, DC: Catholic University of America Press, 1993), Mary Shivanandan의 *Crossing the Threshold of Love: A New Vision of Marriage in the Light of John Paul II's Anthropology* (Washington, DC: Catholic University of America Press, 1999), Rocco Buttiglione, *Karol Wojtyla: The Thought of the Man Who Became Pope John Paul II* (Grand Rapids, MI: William B. Eerdmans Publishing Co., 1997), Jaroslaw Kupczak, *Destined for Liberty* (Washington, DC: Catholic University of America Press, 2000) 발트슈타인(Waldstein), Introduction, TOB, pp. 23–94 참조.

141 Karol Wojtyla, *The Place Within: The Poetry of Pope John Paul II* (New York: Random House, 1982) 참조.

142 Karol Wojtyla, *The Collected Plays and Writings on Theater* (Berkeley: University of California Press, 1987) 참조.

교 교수로 재직하면서 강연, 에세이[143]를 통해 경험과 윤리, 인격과 본성, 자유와 법, 가치와 의무, 주체성과 객체성에 대한 연구를 더 발전시킨다.

교수 재직 기간 동안 카롤 보이티야 추기경은 루블린 철학파의 다른 위대한 학자들과의 작업을 통하여 자신의 사고를 더욱 발전시킨다. 형이상학, 인간학, 그리고 윤리학이라는 세 분야를 연결하려는 대담한 시도를 시작하면서, 루블린 학파는 이와 같은 작업이 현대 철학의 전 경로를 재설정할 수 있다고 믿었다. 후일 카롤 보이티야 추기경의 동료학자 중 한 명인 Stefan Swiezawski는 다음과 같이 적고 있다. "루블린 학파에서의 작업과 토론 과정을 통해 우리는 우리의 노력이 우리 대학뿐 아니라, 폴란드, 유럽, 나아가 전 세계에 중요한 영향을 미칠 것이라 확신하였다." 그들이 필요로 한 알려질 기회가 생긴 것은 바로 그들 학파의 일원 중 한 명이 교황을 선출된 때였다. Swiezawski는 자신들의 노력이 "갑작스럽게 세상 각지에 알려지게 되었으며, 전 지구의 모든 미래 세대의 영적 발전에 지대한 영향을 미치게 될 유례없는 기회를 갖게 되었다."고 말하였다.[144]

1950년대 말 카롤 보이티야 추기경은 첫 저서인 『사랑과 책임(Love and Responsibility)』[145]을 출판한다. 젊은이들, 약혼 및 혼인한 부부들과의 사목활동 경험을 바탕으로 한 저술이다. 철학적 논문이라 부를 수 있는 『사랑과 책임(Love and Responsibility)』은 인격주의를 토대로 남자와 여자가 성적 욕망, 감정, 감성, 부끄러움 등을 경험하는 방식을 면밀히 고찰하고 "사랑 안에서의 교육"과 통합시킬 수 있는 방법이 무엇인지에 대하여 소개한다. 카롤 보이티야 추기경은 "사랑할 의무"를 저버리는 것은

---

143 Karol Wojtyla, *Person and Community: Selected Essays*, Teresa Sandok역 (New York: Peter Lang, 1993) 교황의 후속 에세이는 현재 출판 준비 중이다.

144 Ibid., pp. xiii, xvi.

145 1981년 영어번역판 초판 출판(New York: Farrar, Straus & Giroux), 1993년 재 출판(San Francisco: Ignatius Press) 본서는 Ignatius Press 번역본을 참조한다.

사람을 사용수단인 대상으로 만드는 것이라고 말한다. 더 나아가 가톨릭의 성(性)과 혼인에 대한 윤리는 인격의 존엄성, 사랑받고자 하는 마음, 열망과 완벽하게 일치하는 것이라는 점을 보여준다.

카롤 보이티야 추기경의 사고체계를 형성하는 두 번째로 중요한 요소는 제2차 바티칸 공의회였다. 크라코우(Krakow) 출신의 젊은 추기경인 카롤 보이티야는 급변하는 근대사회와 예수 그리스도라는 항구적 진리의 통합을 추구하는 제2차 바티칸 공의회의 주역 중 한 명이었다. 죠지 웨이겔(George Weigel)의 요한 바오로 2세 자서전에서 보면 공의회 사전 준비 위원회를 위해 카롤 보이티야 추기경은 매우 선견지명이 있는 에세이를 준비하였다고 언급하고 있다. 에세이에서 카롤 보이티야 추기경은 오늘날의 남자와 여자의 열망에 대한 인간학적 질문이 공의회의 중심의 제가 되어야 한다고 말한다. 그는 20세기 동안 계속 같은 답변을 제공하였던 교회가 이제는 근대사회가 수긍할 만한 방식으로 답변을 할 필요가 있음을 지적한다. 전세계 각지로부터 온 2000명의 주교가 함께 모여 가장 좋은 방식이 무엇인가에 대하여 논의하고 제언하는 자리인 제2차 바티칸 공의회야말로 카롤 보이티야 추기경의 철학과 신학에 또 다른 영향을 미치는 제2의 박사 과정이었던 것이다.[146] 그는 교황 문서로서 교회 역사에 영원한 획을 긋게 될 2권의 책을 더 출판한다. 공의회 준비작업에서 얻은 공의회의 주요 가르침은 카롤 보이티야 추기경이 초기 사제 시절 십자가의 성 요한으로부터 얻은 확신을 더욱 심화시키는 중요한 토대가 되었다. 교회 가르침의 객관적 내용은 그리스도와 역동적 친교의 삶을 살아가는 인격의 주체적 경험이 되어야 한다. 이와 같은 만남 안에서 그리스도는 "인간을 바로 인간에게 완전히 드러내 보여주시고", 인간은 "자신을 아낌없이 내어주지 않으면 자기 자신을 완전히

146 *Witness to Hope*, pp. 158–160 참조.

발견할 수 없다."[147]는 것을 인지한다.

제2차 바티칸 공의회 이후 출판한 저서인 *The Acting Person*[148]에서 카롤 보이티야 추기경은 공의회 문서의 철학적 근간이 무엇인지를 고찰한다. 철학적 인간학을 주제로 하는 『The Acting Person』은 근대의 주관적 방향과 전통적인 사실주의 철학의 접목을 위하여 가장 공들인 저서이다. 이 저서는 토마스 아퀴나스와 막스 쉘러의 "인격"에 대한 두 시각의 접목이라 할 수 있다. 교황의 논문 제목에서 알 수 있듯이 인간의 근본 핵심은 인간의 행위를 통해 나타난다. 수동적으로 발생하는 일이 있는 경우도 있지만 이와 더불어 우리는 우리 자신의 행위를 결정할 자유가 있음을 경험한다. 우리는 수동적인 객체일 뿐 아니라 능동적인 행위 주체이다. 우리는 자신의 행위를 통해 경험한다. 이 경험은 "우리 자신"의 행위이지 "다른 이의 행위가 아니다." 여기에서 "행위"는 주체성을 형성한다. 자유와 주체성의 경험 안에서 인격인 인간은 초월을 경험하기 시작한다. 카롤 보이티야 추기경은 인간을 객관적으로 정의하는 자기-증여의 법칙이 있다고 믿는다. 자유와 행위능력에 대한 경험을 통하여, 인간은 인격성에 대한 이와 같은 진리를 주체적으로 경험한다.

제2차 바티칸 공의회의 주된 목적 중 하나는 신앙이라는 객관적 진

147 *Gaudium et Spes*, 22 ("그리스도께서는 인간을 바로 인간에게 완전히 드러내 보여주시고")와 24("하느님의 유일한 피조물인 인간은 자기 자신을 아낌 없이 내어주지 않으면 자신을 완전히 발견할 수 없다.")는 인간이 누구이며 왜 살아야 하는가라는 질문에 대하여 제2차 바티칸 공의회가 제시하는 신학적, 철학적 제언을 요약한 것이다. 이 두 조항은 요한 바오로 2세의 작업에서 가장 중심이 되는 것으로 교황의 연구에서 이 조항을 인용하지 않은 것을 거의 찾기 어려울 정도이다.

148 *Acting Person*은 1969년 폴란드에서 처음 출판된 후 1979년 영문 번역본이 나온다(Analecta Husserliana, 10; Dordrecht, Holland: Reidel) 영문 번역을 둘러싼 논의에 대한 참고자료로 *Witness to Hope*, pp. 174–175를 참조하기 바란다. *Acting Person*을 훌륭하게 요약한 것으로 Gerard Beigel의 *Faith and Social Justice in the Teaching of Pope John Paul II* (New York: Peter Lang, 1997), 제2장을 참조하기 바란다.

리를 삶의 경험으로 만드는 것, 즉 주관적 전유(專有)로 만드는 것이었다. 그의 저서 *The Acting Person*이 제2차 바티칸 공의회의 철학적 근간을 제공하였다면, 그의 또 다른 저서인 *Sources of Renewal*은 사목적 실천을 위한 것이라고 할 수 있다. *Sources of Renewal*에서는 "어떻게"가 아니라 "무엇을" 시행하여야 하는지에 중점을 둔다.[149] 교회 쇄신의 원천을 공의회의 가르침에서 말한 성령의 작용에서 찾는다. 그러나 쇄신 그 자체는 성령에 의해 개인이 예수 그리스도의 수난에 대하여 경험한 신앙을 통해 육화될 때에만 가능하다. "공의회 실현의 증거"는 공의회가 말한 "신앙과 도덕 원칙"이 "그리스도인들의 의식" 안에서 다시 울려 퍼질 때에 드러나게 될 것이다. 따라서 공의회로 인하여 객관적 관점에서 신앙의 고취가 가능하게 되며, 교회는 이를 통하여 거룩한 신리의 완성을 향해 나아가는 새로운 단계에 접어들게 될 것이다. 그러나 카롤 보이티야 추기경이 *Sources of Renewal*의 목적이자 공의회의 결실로 가장 절실히 원했던 것은 바로 "주체적이고 인간적이며 존재론적인 관점에서의 신앙의 고취"[150]이다. 그리스도인들의 의식 안에 울림을 주는 교의를 제시하였다는 점에서 요한 바오로 2세의 몸의 신학(TOB)은 공의회를 통하여 거두어 들인 풍성한 신학적 결실의 증거라고 할 수 있다.

카롤 보이티야 추기경의 사상적 발전에 있어서 두 번째로 중요한 단계는 1976년 피정에서 바오로 6세와 로마 교황청을 대상으로 한 연설이다. 총 22회에 걸친 연설문의 내용은 *Sign of Contradiction*[151]이라는 제목 하에 출간되었다. 시메온이 마리아에게 한 말(루카 2:34)을 토대로 카롤 보이티야 추기경은 당시 화두가 되었던 '인간은 누구이며 그리스도

---

149 *Sources of Renewal* (San Francisco: Harper & Row, 1979), p. 420

150 Ibid., pp.17–18.

151 1979년 Seabury Press에서 영문번역판 출판.

는 인간에게 어떻게 자신을 계시하였는가?'의 질문에 대하여 대범하고도 광범위한 주장을 펼친다. "시대의 표징"에 대한 통찰을 토대로 카롤 보이티야 추기경은 현 시대를 "교회와 인류를 위한 새로운 예수의 강림 시기 … 혹독한 시련이자 위대한 희망의 시기"로 정의하며 다음과 같이 결론을 맺는다. "이 같은 시기에 우리는 그리스도라는 표징, '반대를 받는 표징'(루카 2:34)을 받았다. 태양을 입은 여인 '하늘의 큰 표징'(묵시 12:1)이 나타났다."[152] 여기에서 우리는 몸의 성사성을 다시 한 번 알 수 있다. 카롤 보이티야 추기경이 말하는 표징은 남자와 여자의 표징이며 이는 새 아담과 새 하와의 표징을 말한다.

교회가 "반대를 받는 표징"임이 가장 잘 드러나는 곳이 바로 남녀관계에 대한 교회의 가르침이다. 특히 교회의 가르침과 그리스도인들의 인식 간의 단절을 가장 잘 보여주는 대표적인 예가 바로 교회의 성윤리이다. 카롤 보이티야 추기경은 제2차 바티칸 공의회가 추구하는 교회 쇄신이 뿌리를 내리기 위하여서 필요한 것이 무엇인지를 깨닫는다. 그것은 바로 그리스도인들이 하느님께서 인간을 위해 마련하신 성(性)을 자신의 것으로 만들고 열정적으로 살 수 있도록 하는 연결고리이다. 1974년 혼인과 가족에 대한 에세이에서, 카롤 보이티야 추기경은 "몸에 대한 특별한 신학" 즉, "특별한 신학적 합성(결합)"이 필요하다는 것을 강조한다.[153] 이때 처음으로 카롤 보이티야 추기경은 자신의 저술에서 "몸의 신학"이라는 단어를 사용한 것으로 보인다. 당시 이런 표현법은 매우 획기적인 것이었다.

1974년에서 1978년의 기간에 걸쳐 카롤 보이티야 추기경은 초안을 마무리하고 책의 제목을 *Man and Woman He Created Them*으로 정한

152 *Sign of Contradiction*, p. 206.

153 *Person and Community*, p. 326.

다. 이 기간 동안 카롤 보이티야 추기경은 (인간 몸과 성(性)에 대한 성경적 고찰을 토대로) 연구와 사목 경험에서 축적되고 발전되어온 신비적-혼인적 인격주의를 불어넣는 작업을 하였다. 당시만 해도 이 작업이 후일 "몸의 신학"으로 완성되어 교황 취임 후 첫 교황문헌으로서 세상에 알려질 것이라고는 전혀 상상하지 못했다. 요한 바오로 1세[154]를 교황으로 선출을 하였던 1978년 8월만 하더라도 요한 바오로 2세는 몸 신학의 초고를 다듬던 중이었다. 하느님께서는 카롤 보이티야 추기경의 "몸에 대한 특별한 신학"에 대하여 상상도 못할 원대한 계획을 가지고 계셨던 것 같다. 몸의 신학(TOB)을 완성한 직후, 성령은 7주 만에 다시 교황 선출회의를 통하여 카롤 보이티야 추기경을 교황으로 택하셨으니 말이다. 이는 몸의 신학(TOB) 연구에 대한 하느님의 거룩한 승인이라고도 하겠다. 성령은 필요한 때, 필요한 것을 교회에 허락하신다. 하느님께서는 교회에 성 혁명의 거센 바람에 맞설 설득력 있는 사목적 응답이 필요함을 아셨다. "죽음의 문화"가 궁극적으로는 문명사회 전체를 죽음으로 이끌어 간다는 점에서 문명의 생존이 위기에 봉착한 시대였기 때문이다.

7. 『인간 생명(*Humanae Vitae*)』의 위기에 대한 응답

"인간에 대한 통합적 전망"의 필요성

그리스도인들뿐만 아니라 현명한 남자와 여자라면 성적 일치(sexual union)의 생산적 기능에 대한 존중이 바로 성 윤리의 핵심임을 깨닫게 된다.[155] 그러므로 현대 사회에 있어서 성 해방운동이 확산된다는 것은

154 *Witness to Hope*, p. 336.

155 지그문트 프로이드조차 *Introductory Lectures in Psychoanalysis* (New York: Norton, 1966)에서

바로 성 윤리의 핵심을 상실하게 되는 것을 의미한다. 교회와 근대 사회 사이의 논쟁의 핵심이 바로 여기에서 시작된다. 교회는 하느님께서 성과 출산을 불가분의 관계로 정하셨다고 주장하기 때문이다.

인간 몸과 성의 개념에 대한 상반된 인간학적 시각이 이 논쟁을 촉발한다.[156] 합리주의는 몸을 단순히 생물학적 표지로 본다. 반면 교회에서 몸은 인간을 이루는 중요한 부분이다. 만약 인간이 '몸'만을 가졌다면 물질을 지배하듯 자기 몸을 자신의 의지대로 지배하고 조작할 자유가 있다고 말할 수 있을 것이다. 데카르트적 사고 방식에 따르면, 머리 염색을 결정하는 일이나 출산을 결정하는 일에는 큰 차이가 없다. 그러나, 교회가 주장하는 바와 같이 인간이 몸이라면[157] 우리가 몸에 행하는 행위(특히 출산과 같이 존재론적으로 중요한 일의 경우)는 인간 인격과 인격 간의 친교에 직접적 영향을 미치게 될 것이다.

1968년 바오로 6세 교황이 피임의 비윤리성에 대한 기존의 교회 입장을 재확인한 회칙 『인간 생명(*Humanae Vitae*)』을 발표하였을 때, 몸에 대한 상반된 두 시각은 정면 충돌하게 된다. 교회 밖의 사람들이 이 회칙을 시대착오적인 것으로 치부하는 것은 어느 정도 이해할 만하다. 그러나 문제는 교회 내의 반발이었다. 이는 가톨릭 신자들 마음에 스며든 이분법적인 시각이 얼마나 강한지를 보여주는 것이었다. 근대 합리주의는 인간에 대하여 "부분적인 사실"만을 제시한다. 따라서 인간으로 하여금 혼인적 사랑으로 인한 몸의 "위대한 신비"로부터 멀어지게 만

"출산 기능의 포기는 모든 도착증의 공통된 특징이다. 만약, 출산을 포기하고 쾌락 추구만을 목적으로 한다면 그와 같은 성적 행위를 도착(왜곡된 성행위)라고 표현한다."라고 말하고 있다. (p. 392)

156 *Familiaris Consortio*, 32.

157 TOB, index, p. 681.

든다. 바오로 6세는 분열에 대하여 다음과 같이 말한다. "출산 규제 등의 자녀 출산에 관한 문제는 다른 인생 문제와 마찬가지로, 어떤 특수한 이유를 초월해서 인간 전체와 인간이 맡은 임무 전체를 감안해서 관찰해야 한다. 인간의 임무는 자연적, 현세적인 것에만 국한되는 것이 아니라, 초자연적이며 영원한 것에도 관계되는 것이다."[158] 바로 여기에서 요한 바오로 2세의 몸의 신학(TOB)이 시작된다. (TOB 23, 133 참조) 바오로 6세는 "인간 전체와 인간이 맡은 임무 전체를 감안하는 통합적 전망"을 제시하지는 않았다. 요한 바오로 2세가 몸의 신학을 통해 제시하고자 한 것이 바로 통합적 전망이다.

발트슈타인(Waldstein)에 따르면, "몸의 신학의 목적은 본성에 대한 이분법적 시각에 의하여 분열된 인격과 몸의 의미를 회복하여 몸이 갖는 혼인적 의미를 옹호하고자 하는 것이다. 회칙 『인간 생명(*Humanae Vitae*)』의 주제들이야말로 우리 시대의 가장 근본적인 문제 (몸의 의미, 사랑, 본성, 기술, 진보에 대한 문제)를 잘 응집하여 보여주고 있다."[159] 요한 바오로 2세는 몸에 대한 자신의 교리를 "회칙 『인간 생명(*Humanae Vitae*)』에 대한 방대한 주석"이라고 말한다. (TOB 133:2) 몸의 신학(TOB)에서 제기하는 대부분의 문제들은 회칙 『인간 생명(*Humanae Vitae*)』으로부터 온 것이다. (TOB 133:4) 문제 이해를 위해 "인간에 대한 통합적 전망" 즉, 요한 바오로 2세의 "정합적 인간학"에 대한 이해가 필요하다.

"정합적 인간학"이란 단지 인간을 이해하기에 "충분한" 인간학이 아니라 인간 이해에 대한 완전하고 통합적이며 선적인 이해를 담은 인간학을 의미한다. 정합적 인간학의 기초는 체화(體化)(embodiment)이다. 인

158 *Humanae* Vitae, 7 참조.

159 발트슈타인(Waldstein), Introduction, TOB, p. 107.

간은 하느님의 모상성을 가진 남자와 여자의 몸으로 창조되었기 때문이다. 여기에서 우리는 "몸의 신학"이라는 용어가 신학적 인간학 중 몸과 관련된 "부분"만을 지칭하기 때문에 "영혼 신학"이 추가되어야 하는 것이 아님을 인식해야 한다. 몸의 신학의 목적은 바로 이러한 이분법적인 몸–영혼에 대한 개념을 극복하는 것이다. 몸은 그 자체로 영혼을 드러낸다. 따라서 인간 몸의 의미를 다시 발견하는 것이야말로 인간 인격 전체의 의미를 재발견하는 것이다. 요한 바오로 2세는 이를 "삶의 실존 전체가 지닌 의미의 재 발견"(TOB 46:6)이라고 표현한다. 또한, 성경의 핵심 본문의 의미를 분석함으로써, 우리는 "틀림없이 '몸의 신학'이라고 명명할 수 있는 인간학을 발견하게 된다. 그리고 바로 이 '몸의 신학'이 인간 교육(뿐만 아니라 자기교육)에 가장 적합한 방법론적 기초라는 것을 알게 된다." (TOB 59:3)

다시 말해 인간의 의미에 대한 적합한 교육인지의 여부에 따라 『인간 생명(*Humanae Vitae*)』 회칙의 성패가 결정된다. 회칙의 제목에서 알 수 있듯이, 다른 교황과 마찬가지로 바오로 6세에게는 인간 생명의 내적 진리를 수호할 책임이 있었다. 『인간 생명(*Humanae Vitae*)』 회칙 반포 10주년을 기념하며, 카롤 보이티야 추기경은 '피임' 문제를 "인간의 가치와 의미에 대한 투쟁 그 자체"[160]로 정의 내렸다. 요한 바오로 2세는 교황 즉위 직후 약 2개월 반 만에 『인간 생명(*Humanae Vitae*)』 회칙의 정당성을 입증해야만 했다. 피임도구의 광범위한 확산은 "인간 윤리와 문화의 가장 깊은 기층인 '인격들 간의 친교'"(TOB 45:3)를 왜곡하여 문화로부터 점차 실용성과 죽음의 문화로 나아가게 만들었기 때문이다.[161]

---

160 *Crossing the Threshold of Love*, p. 113.

161 Patrick Fagan, "A Culture of Inverted Sexuality", Catholic World Report (November 1998): p. 57. Christopher West, *Good News about Sex and Marriage: Answers to Your Honest Questions About Catholic Teaching,* rev. ed. (Cincinnati, OH: Servant Books 2004), pp. 121–28 참조.

많은 사람들은 이제 '성(性)'에 대한 교회의 가르침에 귀를 닫고 있다. 과거 일부 교부들이 행한 성(性) 비하에 더하여 법률적 형식주의에 치중한 윤리 신학의 미흡함이 맞물린 결과이다. 그러나 요한 바오로 2세는 성윤리에 대한 교회 가르침에 확신을 가졌다. 교황 요한 바오로 2세는 『인간 생명(*Humanae Vitae*)』 회칙에 대한 믿음을 가졌다. 즉, 이 회칙은 인간에 반(反)하는 가르침이 아니라 인간을 위한 가르침이며, 혼인적 사랑과 성적 즐거움에 반대하는 것이 아니라 남녀를 영적으로 가장 친밀한 경험에로 초대한다는 사실에 대한 믿음이었다. 그러나 이 믿음을 증거하기 위해서는 성 윤리를 둘러싼 문제들을 다시 체계화할 필요가 있었다. 따라서, "법을 어기지 않고 얼마나 갈 수 있을까?"라는 질문 대신 "인간이란 무엇을 의미하는가?", "무엇이 인격인가?", "사랑한다는 것은 무슨 의미인가?", "하느님은 왜 인간을 남자와 여자로 창조하셨는가?", "하느님은 왜 처음부터 성(性)을 창조하셨는가?"의 질문을 할 필요가 있는 것이다.

인격주의적 윤리의 필요성

20세기 이전까지만 하더라도 성(性) 문제에 대한 교회의 선언은 주로 배우자의 "의무"와 성 행위의 객관적 "목적" 즉, 출산의 의무, 상호 조력의 의무, 그리고 정절의 의무에 중점을 두었다. 그 중에서도 출산을 "제1차적 목적"으로 하며 혼인적 사랑의 의미나 경험에 대하여는 거의 다루지 않았다.[162] 객관적으로 볼 때, 혼인 목적에 대한 전통적 관점이 틀린 것은 아니다. 그러나 오늘날 대부분의 사람들은 이러한 전통적 입장이 지나치게 객관적 실재에만 초점을 맞춤에 따라 직접적인 관계 당사

162 일부 학자들의 경우 혼인의 전통적 목적 가운데 "배우자 조력의무"에서 부부결합의 의미를 찾고자 노력한 바 있다. "그러나 사랑은 결코 혼인의 "목적"이 아니다. 목적이 준수해야 하는 혼인의 지배구조라 할 수 있다. 제2부에서 자세히 다루겠다." (pp. 558-62 참조)

자들 즉, 배우자들의 내적 경험과의 “단절”을 가져왔다고 본다. 요한 바오로 2세는 “몸을 인격적 주체성의 외부에 존재하는 객관적 실재로 보아서는 안 된다. … 나아가 성 윤리는 당사자의 주체적 경험의 질과 내용에 밀접한 관련이 있다.”(TOB 60:1)라고 말씀하신다.

요한 바오로 2세의 “인격주의”는 앞에서 이미 살펴본 바와 같이 복음과 십자가의 성 요한 가르침에 깊이 뿌리 박혀 있으며 막스 쉘러의 현상학으로 더욱 풍요롭게 발전되었다. 교황의 인격주의는 “내부자”의 시각으로부터 윤리 문제를 다룬다. 『사랑과 책임(Love and Responsibility)』에서 카롤 보이티야 추기경은 “성윤리 논쟁에 있어 가장 적합한 접근 방식은 윤리주의”[163]라고 주장한다. 따라서 신학을 공부하는 학생들은 교회의 분석에서 새로운 점을 인식하게 될 것이다. 예를 들어, 요한 바오로 2세는 출산으로서의 성적 일치라는 객관적 목적보다는 인격의 친교를 위한 자기 증여라는 내면적 의미에 대하여 더 많은 말씀을 하신다. 그러나 그는 “이와 같이 새로이 조명된 방향성 안에서 혼인 목적에 대한 전통적 가르침이 없어지는 것이 아니다. 오히려 배우자의 내적 삶이라는 관점에서 전통적 가르침은 더욱 견고하게 심화된다.”고 말한다. (TOB 127:3) 그러므로 그의 인격주의는 일부 비판처럼 우리를 객관적 진리로부터 멀어지게 하는 것이 아니라, 오히려 개인의 경험을 촉구함에 따라, 객관적 규범에 “주관적 울림”을 제공하는 것이다.

인격인 인간은 행위를 인식한다. 교황은 인간이 스스로의 행위를 인식하고 있음을 지적한다. 즉, 인간은 자신을 완성시키는 객관적 선(善), 자신을 해하는 악(惡)을 경험할 수 있다. 이와 같은 경험에서 인간은 더 이상 객관적 규범을 외부에서 부과하는 것이 아닌 내부에서 생겨나

163 *Love and Responsibility*, p. 18.

는 규범으로 느끼게 된다. 이에 사람들은 진리를 따라야 한다는 강제성이 아니라 자발적으로 진리를 따르고 싶은 마음이 생긴다. 인간의 마음 깊숙한 곳에는 원죄에도 불구하고 하느님께서 마련하신 원초적 계획의 "울림"이 여전히 남아있기 때문이다. 몸의 신학에서 교황은 이와 같은 "울림"이 소리를 낼 수 있도록 마음의 진정한 열망을 덮고 있는 파편들을 제거해야 한다고 말한다. 열망을 덮는 이 파편들을 제거하면 할수록 우리는 객관적 실재와 주관적 경험의 조화를 맛보게 된다. 울림이 소리를 내면 낼수록, 우리는 "몸의 언어" 와 "진실한" 마음의 욕망을 읽을 수 있게 된다. 따라서, 몸의 신학을 이해하게 될 때, 우리는 우리 마음의 파편이 없어지는 내적 운동을 느낄 수밖에 없다. 울림은 진실이며 사람들은 이렇게 답한다. "이 울림을 알아챌 수 있다. 나는 이와 같은 방식으로 삶을 경험한다. 나는 이를 열망한다."

인격주의 규범

"인격주의 규범"은 "내부인의 시각(insider's view)"으로 윤리적인 삶을 살 때 더욱 빛을 발한다. 다시 말해, "인간은 결코 목적을 위한 수단으로 사용되어서는 안 된다."는 말이다. 목적을 위하여 인간을 사용할 경우 인간의 존엄성을 침해한다는 것을 우리는 이미 경험을 통해 알고 있다. 반면, 긍정적으로는 표현하자면, "인간에 대하여 할 수 있는 유일한 반응은 사랑 뿐이다"[164]라고 말할 수 있다. 마음의 가장 깊은 열망은 오직 사랑하고 사랑 받는 것뿐임을 우리는 경험을 통해 안다. 사랑하는 것의 반대는 증오하는 것이 아니라 이용하는 것이다. 때로는 인간을 이용하는 것이 사랑으로 포장되곤 한다. 성 혁명 이후 적어도 지난 두 세대는 성적 일치의 시대가 아니라 성적 실용성(sexual utility)의 시대였다고

164 Ibid., p. 41.

말할 수 있다.

그러나 오랜 기간의 성(性) 실용주의 사회에서 인간은 마음의 위안을 얻지 못하였다. 진정한 성 해방이 아닌 거짓의 성 해방으로 인하여 자기 스스로에 상처를 내는 경험을 한 사람이 증가함에 따라 세상은 점차 교황의 메시지를 받아들일 준비를 하게 된다. 몸의 신학은 인간 마음에서 나오는 열망과 진리를 다시 결합시킴으로써 진정한 성 해방을 가져온다. 진정한 해방이란 그리스도께서 우리를 자유롭게 하신 자유이며 하느님께서 남자와 여자를 당신의 모상에 따라 창조하시어 서로 사랑을 할 수 있도록 하신 자유이다. 사실 몸의 신학은 점차 발전을 하고 있는 성혁명에 대항하는 반-혁명의 불꽃을 지핀 것이다. 몸의 신학은 철의 장막을 무너뜨린 혁명과 같다. 교황이 선포한 인간에 대한 진리는 천천히 그리고 조용히 인간 마음 안에서 불을 지피기 시작하였다. 그리고 마음에서 마음으로 확산되어 이를 접하는 사람이 급속도로 증가하며, 정치적, 성적 이데올로기 등의 비인격적인 이데올로기의 족쇄를 풀 때까지 결코 멈추지 않을 것이다.

죠지 웨이겔(George Weigel)은 카롤 보이티야 추기경은 근대 철학의 '주체'에로의 전환에 대하여 진지하게 접근하였다고 적고 있다. "교황의 몸의 신학은 21세기에 터지는 신학적 시한 폭탄과 같았다 … 몸의 신학이 근대 철학의 "주체로의 전환"을 수용하였다는 점에서 이 시한 폭탄이 터지는 순간, 몸의 신학은 가톨릭 신학뿐만 아니라 근대 철학의 역사에서 매우 중요한 순간으로 기억될 것이다."[165] 주체만을 보는 것은 자기 탐닉에로 우리를 이끌 뿐만 아니라 몸에 대한 우상숭배, 자기 탐닉적인 이단으로 발전하여 종국에는 신학의 "관념"을 무너뜨릴 수 있다. 그

165 *Witness to Hope*, p. 343.

러나 몸의 신학은 주체중심의 근대 철학을 객관적이고 궁극적인 실재와 결합시킴으로써 근대 사회를 그리스도와 다시 연결시키는 데 중요한 교량의 역할을 하게 된다.

그리스도는 바로 인간(인격)과 궁극적 실재의 연결고리이다. 그리스도는 스스로 궁극적 실재인 분이시다. "우리를 위하여 자신을 내어 주신" 그리스도 안에서 우리는 우리의 몸이 계시하는 궁극적 의미를 볼 수 있게 된다. 이 같은 방식으로 "그리스도께서는 인간을 바로 인간에게 드러내 보여 주신다." 교황의 몸 신학은 몸-인간과 육화하신 그리스도와의 만남에 대한 가르침이다. 또한, 남자와 여자로 만들어져 끝없이 사랑하여야 한다는 진리의 부드러운 속삭임을 통한 확인이다. 우리의 "몸이 드러내는 것"은 바로 성부, 성사, 그리고 성령이신 하느님의 사랑이다.

몸의 신학(TOB)의 구조

발트슈타인(Waldstein)은 영어 증보판의 들어가는 말(Introduction, pp. 105-20)에 몸의 신학(TOB) 교리의 구조를 자세히 설명한다. 다음에서 교리의 기본개요를 간략히 살펴보겠다. 요한 바오로 2세의 가르침을 따라가는 여정의 기본 구조를 이해하는 것은 매우 유익한 작업이기 때문이다.

발트슈타인(Waldstein)이 빌견힌 요한 바오로 2세의 추기경 시절의 수기 원고와 그 제목을 통해 몸의 신학의 고유한 개념들을 이해할 수 있다. 본 해서서의 "들어가는 말"에서 이미 언급한 바와 같이, 제목을 분석하는 것은 본문 이해에 매우 유익하다. 교황은 놀라운 방식의 제목 활용법으로 본문 내용을 전개하기 때문이다. 2006년 증보판이 나오기 전까지는 폴란드어 판 몸의 신학(1986)이 수기 원고의 원제목을 고수한 유일한 저서였다. 본 해설서를 개정하면서 수기 원고의 원래 구조에 더 충실하려 애썼다. 우선, 해설서에 등장하는 부(Part), 장(Chapter) 및 번호와 제목은 수기 원고의 구조를 따랐다. 또한, 일부 부제목이 수정되고 본문의 설명을 돕기 위해 일부 추가 부분을 삽입하였다.[166] 그러나 바뀐 제목 바로 밑 괄호에 이전 해설서의 제목도 제시하였다. 개정 해설서의 제목은 1985년 이탈리아판을 기초로 작성된 총 6장의 구조를 따른 것이다. 발트슈타인(Waldstein)의 말에 따르면, "본문을 이와 같은 방식으로 읽어 내려가는 것을… 거부해서는 안 된다. 이는 교육학적으로 효과적인 방식이기 때문이다."[167]

몸의 신학(TOB)은 인간에 대해 가장 기본적인 질문 두 가지를 한다. 인간이라는 것이 무엇을 의미하는가? 그리고 진정한 행복을 가져오는 삶을 살기 위해서는 어떻게 해야 하는가? 첫 번째 질문을 풀기 위해 교황은 인간 드라마를 다음의 세 단계로 보고 있다. (1) 원죄 이전의 우리 인간의 원천, (2) 원죄에 의하여 영향을 받았으나 그리스도에 의하여 구원된 우리의 역사, 그리고 (3) 모든 것이 그리스도 안에서 정점에 이르는 때인 우리의 종말론적 운명. 다음으로 두 번째 질문은 일생의 소명과 혼인 윤리라는 구체적 질문임을 알 수 있다. 이와 같이 기본 구조는 총 2부(Part)와 6장(사이클)의 구조이다. 이전 해설서의 구조는 다음과 같았다.

제1부 "정합적 인간학" 정립

사이클 1. 원초적 인간

---

166 해설서의 목차와 요한 바오로 2세의 *Man and Woman He Created Them: A Theology of the Body*의 목차를 비교하는 것도 매우 유익할 것이다.

167 발트슈타인(Waldstein), Introduction, TOB, p. 113.

사이클 2. 역사적 인간

사이클 3. 종말론적 인간

제2부 "정합적 인간학" 적용

사이클 4: 하늘나라를 위한 독신

사이클 5: 혼인의 성사성

사이클 6: 사랑과 결실–『인간 생명 (*Humanae Vitae*)』 회칙에 대한 고찰

요한 바오로 2세는 몸의 신학(TOB)의 첫 세 사이클을 "세 폭짜리 그림(Triptych)"라고 부른다. 판넬에 그린 세 개의 그림을 경첩으로 이어 만든 세 폭짜리 그림은 종교적 예술 작품의 방식이다. 이 그림은 전통적으로 교회의 제단 위에 놓여 있다. 세 폭짜리 그림같이 요한 바오로 2세의 몸의 신학(TOB)의 세 사이클은 명백히 구분된다. 원죄는 원초적 인간을 역사적 인간과 구분하며, 그리스도의 재림은 역사적 인간과 종말론적 인간을 구분한다. 단, 이 세 사이클은 세 폭짜리 그림과 같이 "그리스도"라는 경첩으로 이어져 있다. 그리스도 안에서 우리는 원죄, 역사, 종말론적 숙명을 잇는 계속성을 본다. 우주와 역사의 중심 안에서 영원히 한 분이신 그리스도께서는 하나의 영원한 순간인 것처럼 이 세 단계에 모두 "현존"하고 계신다. 우리는 이 영원한 순간을 각기 다른 시간의 세 단계로 분리해야 한다. 그러나 이 세 단계는 모두 그리스도를 지향하며 그리스도 안에서 하나이다.

요한 바오로 2세는 그리스도의 핵심 말씀을 가지고 이 세 폭짜리 그림을 그린다.

사이클 1: "모세는 너희의 마음이 완고하기 때문에 너희가 아내를 버리는 것을 허락하였다. 그러나 처음부터 그렇게 된 것은 아니다." (마태 19,8)

사이클2: "'간음해서는 안 된다.'고 이르신 말씀을 너희는 들었다. 그러나 나는 너희에게 말한다. 음욕을 품고 여자를 바라보는 자는 누구나 이미 마음으로 그 여자와 간음한 것이다." (마태 5:27–28)

사이클3: "부활 때에는 장가드는 일도 시집가는 일도 없이 하늘에 있는 천사들과 같아진다." (마태 22:30)

요한 바오로 2세는 위의 세 복음 말씀을 "핵심(Key) 말씀"이라고 한다. 왜냐하면 이 말씀들이야말로 신학적 인간학의 다양한 차원을 여는 '열쇠(key)'라고 보았기 때문이다. (TOB 106:5) 교황에 따르면, "정합적 인간학"의 세 사이클을 통해 "그리스도께서는 인간에게 자신을 온전히 드러내신다." 교황 요한 바오로 2세가 인간 몸에 대한 묵상을 하기에 가장 풍부한 지식의 원천은 "말씀이 사람이 되셨다고 할 때의 바로 그 몸이다."[168] 교황의 정합적 인간학은 바로 여기에서 출발한다.

사이클 4의 근간이 되는 그리스도의 말씀은 "사실 태어나면서부터 고자인 이들도 있고, 사람들 손에 고자가 된 이들도 있으며, 하늘나라 때문에 스스로 고자가 된 이들도 있다. 받아들일 수 있는 사람은 받아들여라." (마태 19:12)이다. 사이클 5는 에페소서 5장의 "위대한 신비"를 토대로 하며 사이클 6은 회칙 『인간생명(*Humanae Vitae*)』의 핵심 가르침을 고찰한다. 교황의 성경적 전망은 성경 말씀 총 46권, 233장, 1000절 이상을 원천으로 한다.[169] 교황의 몸의 신학 교리서에서 수석 스승은 그리스도라 할 수 있으며 제2의 스승은 바오로 사도라고 할 수 있다. 그리고 사이클 6에서는 바오로 6세의 가르침을 고찰한다.

---

168 *Letter to Families*, 19.

169 발트슈타인(Waldstein)의 성경구절 색인(TOB, pp. 725-30)을 토대로 한 계산이다. 구약 26권, 140장, 554절과 신약 20권, 93장, 493절이다.

총 6개의 사이클로 이루어진 구조가 신학적으로 타당하고 교육학적으로 이해하기에 용이한 구조이기는 하나, 요한 바오로 2세의 수기 원고의 구조는 다음과 같다.

제1부 그리스도의 말씀

제1장 그리스도께서 '한 처음'에 호소하시다

제2장 그리스도께서 인간 마음에 호소하시다

제3장 그리스도께서 부활을 호소하시다: 하늘나라를 위한 금욕

제2부 성사

제4장 계약과 은총의 차원

제5장 표징의 차원

제6장 생명의 법칙을 유산으로 주신 하느님

구조는 비슷하나 매우 중요한 차이가 있다. 첫째, 제1부와 1~3장의 제목은 몸의 신학(TOB)의 교사가 그리스도임을 강조한다. 그리스도만이 "인간이란 무엇을 의미하는가?"에 대한 충분한 답이기 때문이다. 둘째, 교황은 하늘나라를 위한 독신을 부활에 관한 고찰의 일부로(종말론적 인간) 다룬다. 다시 말해, 그리스도교에서 독신 서원은 마지막 실재(모든 인간의 운명)에 대한 기대이다. 왜냐하면, 혼인적 사랑과 일치를 열망하는 모든 인간은 하느님의 어린양과의 혼인 안에서 완성될 것이기 때문이다. 셋째, 제2부의 제목 "성사"는 성사로서의 혼인을 말한다. "성사"는 넓은 의미에서 "거룩한 하느님의 신비가 위대한 표징 안으로 들어와 드러나게 되는 것"을 의미한다. (TOB 95b: 6) 한 처음에, 하느님의 거룩한 신비는 부부 결합에 대한 태고의 표징이었다. 마침내 때가 되었을 때, 하느님 신비는 그리스도와 교회의 일치 안에서 가시화 되었다. 두 "위대한 표징"은 한 분이신 하느님의 신비를 나타내며 이로써 난 하나의

"위대한 표징", 곧 위대한 성사를 이룬다. (TOB 95b:7)[170]

모든 성사가 그러하듯이 혼인은 서약과 은총의 통교를 이루는 하느님 차원과 물질적 표징으로 거룩한 실재의 통교를 이루는 인간의 차원을 모두 갖는다. 수정 전 해설서의 사이클 5에 해당하는 부분은 수정판에서 두 개의 장(Chapter)으로 나누어 설명한다. 그 중 제2장은 수정 전 해설서에서 생략되었던 부분이다. 이는 아가서, 토빗서, 에페소서를 토대로 한 교리로 TOB 108–117을 차지한다. 증보판이 나오기 이전의 몸의 신학(TOB)에서 생략됨으로써 발생한 간극을 채우며 풍요로운 자료를 제공한다. 이번 수정 해설서를 준비하면서 새로운 자료에 몰두할 수 있었던 점이 내게는 특별한 기쁨으로 다가왔다. 제2부 제3장 "생명의 법을 유산으로 주신 하느님"(수정전 해설서의 사이클 6)은『인간생명(*Humanae Vitae*)』회칙의 가르침 중 특히 긍정적 측면에 대하여 말한다. 교황은 회칙의 가르침을 "특정한 윤리적 금지 조항이 아니라 창조주로부터 내려온 고귀한 유산이며 전체적인 삶의 형성과 밀접한 관련이 있다."고 보았다.[171]

이제, 우리는 몸의 신학 교리 공부의 긴 여정을 위한 준비를 모두 마쳤다. 많은 도전이 그러하듯, 이 여정에서도 우리는 다양한 도전에 직면하며 수많은 장애물을 만날 것이다. 그렇다고 해서 두려워하지 마라! 몸의 신학(TOB)은 교리 공부라는 도전을 받아들인 사람들의 노력에 풍부하게 보답할 것이기 때문이다. 겸허히 "무릎을 꿇고" 몸의 신학(TOB)을 공부하여 지적 고찰에서 더 나아가 자신에 대한 변혁을 이루게 된다면 그 보상은 영원할 것이다. 그 보상은 바로 하느님의 은총이다. 성부, 성

170 요한 바오로 2세가 교리 전반에 걸쳐 특히 제2부 제1장에서 고심하며 전개한 TOB에 대한 놀라운 성찰의 심오함이 잘 드러난다.

171 발트슈타인(Waldstein), Introduction, TOB, p. 109.

자, 성령의 영원한 사랑의 교환에 참여하는 은총이다. 마리아, 하느님의 어머니시여, 저희를 위하여 기도해주소서. 당신처럼 저희도 저희의 마음을 열어 영원으로부터 위대한 은총을 받아들이고 머물게 하소서.

프롤로그 - 요약

1. 그리스도교 신학은 '하느님이 인간 몸으로 오심'을 의미하는 육화로부터 시작된다. 말씀이 사람이 되심을 통하여 몸은 신학에 정식으로 들어오게 된다. 인간 몸의 의미에 대한 질문은 매우 짜릿한 여정의 시작이다. 성적 결합으로부터 그리스도와 교회의 일치로, 뿐만 아니라 교회와의 일치로부터 삼위일체의 신비 한가운데로 우리를 이끌 것이다.

2. 몸의 신학(TOB)의 방대함과 요한 바오로 2세 교황의 첫 사목계획이라는 점에서 이미 몸의 신학 교리가 가지는 중요성이 잘 드러난다. 몸의 신학(TOB)은 요한 바오로 2세의 걸작이며 그의 위대한 전망을 드러내는 작품이다. 따라서, 몸의 신학에 대한 올바른 이해가 없다면 요한 바오로 2세의 전망을 결코 이해할 수 없다.

3. 근대 이성주의, 네오마니교주의, 영-육의 이분법적 접근방법에 대한 유일한 치유책은 하느님께서 영감을 불어넣으신 인간 몸의 아름다움에 대한 태초의 경외심을 회복하는 것이다. 하느님께서 남자와 여자에 새겨 주신 인간의 성(性)이 하느님의 모상성의 놀라운 표징임을 다시 깨닫아야 한다. 이는 오직 하느님의 계시를 통해 드러난 남성성과 여성성에 대한 심오한 이해를 통해 가능하다.

4. "몸의 신학"은 그리스도교의 논리를 대변한다. 몸의 신학(TOB)은 혼인과 성적 사랑(sexual love)에 대한 단순한 교리서가 아니라 육화하신 예수 그리스도의 복음에 대한 방대한 해제다. 따라서 "몸의 복음"이라고도 부른다. 몸의 신학(TOB)은 그리스도께서 당신 자신의 몸을 통하여 성부 하느님의 신비와 사랑을 드러냄으로써 당신 자신을 인간에게 보이셨음을 보여준다.

5. 우리는 하느님을 볼 수 없다. 그러나 하느님께서는 육화를 통해 자신을 볼 수 있게 하셨다. 비가시적인 것을 가시화하는 것이야 말로 요한 바오로 2세가 말하는 "몸의 성사성"이다. 몸만이 보이지 않는 것, 영적이며 거룩한 것을 볼 수 있

게 한다. 하느님께서 인간 몸을 창조하셨다. 하느님의 영원한 신비를 가시적 실재로 전환하기 위해서 인간 몸을 창조하신 것이다. 하느님과 인간 사이의 영원한 사랑의 신비는 상호 교환적이다. 우리는 그 상호성에 동참해야 하는 운명을 지니고 태어난 것이다.

6. 둘이 "한 몸"을 이룸으로써 '제3자'가 탄생한다. 여기에서 우리는 삼위일체적 삶과 사랑, 창조 질서의 울림과 조우하게 된다. 삼위일체의 내적 삶이 세상에 "위대한 신비"로 전해질 때, 하느님께서 계획하신 부부 결합은 비로소 유효한 표징이 된다. 유한한 인간은 무한의 초월적 신비를 세상적인 표징으로 환원하지 못한다. 그러나 인간에게는 하느님의 신비와 조우하기 위한 표징이 필요하다.

7. 요한 바오로 2세는 "몸의 신학"이라는 용어를 통해, 신학과 인간학 사이에는 심오한 접점이 있으며 이를 수용해야 한다고 말한다. 인간 몸은 하느님에 대한 연구(신학)이며 인간에 대한 연구(인간학)를 잇는 접점이다. 그리스도교는 몸을 악마적인 것으로 보지 않는다. 오히려 거룩한 것으로 본다. 그리스도 안에서 "온전히 충만한 신성은 육신의 형태로 머물기"(콜로 2:9) 때문이다.

8. 물리적, 감각적, 신체적 실재로서의 교회 성사는 하느님의 영적 신비와의 밀접한 조우를 가능하게 한다. 혼인은 7성사 중 하나일 뿐 아니라 모든 성사에 있어 기초를 이룬다. 모든 성사는 어떤 형태로든 태고의 성사인 혼인 안에서 그 원형을 찾는다.

9. 교황은 가르멜의 전통에 따라, "위대한 혼인 유비"를 통해 하느님의 구원 계획을 바라본다. 성경에 나오는 계시는 첫째 아담과 하와의 혼인 그리고 마지막 아담과 하와 즉, 그리스도와 교회의 혼인 사이에서 전개된 것이다. 이러한 관점에서 우리는 하느님의 혼인 계획이 영원한 계획이며 이 계획이 남자와 여자로 존재함 안에서 신비롭게 재정립됨을 알 수 있다.

10. 혼인 유비를 이해함에 있어 지나치게 과함이나 지나치게 부족함이 없어야 한다. "과도한" 해석은 창조주와 피조물 사이의 실제적 차이(substantial

dissimilarity)를 인식하지 못하여 하느님을 왜곡하여 해석한다. 반면에 "최소주의 해석"은 혼인의 이미지를 신학적으로 사용하고자 하는 모든 노력에 반대한다.

11. 요한 바오로 2세의 몸의 신학(TOB)은 가톨릭의 성사적 상상력을 고취시킴과 동시에 십자가의 성 요한의 혼인 신학에 굳건한 토대를 둔다. 십자가의 성 요한 말씀에 따르면, 모든 그리스도인들은 부부 결합과 내어 줌(surrender) 등 상호적인 사랑을 통하여 하느님과 "혼인적 신비"를 이루도록 초대받는다. 이것은 단순히 성찰을 통한 신학적 사고가 아니라 그리스도를 따르는 모든 사람들 안에서 경험되어야만 하는 신비적 실재이다.

12. 요한 바오로 2세는 십자가의 성 요한의 윤리적 삶으로부터 풍부한 통찰을 얻는다. 그리고 이 견해들은 상호 밀접한 관계를 맺고 있다. (1) 사랑은 자기 선물을 포함한다. (2) 배우자 관계는 자기 증여의 사랑을 경험하는 장소이다. (3) 성부, 성자, 성령의 관계는 모든 자기 증여적 사랑의 원천이자 모범이다.

13. 인간의 삶은 선과 악의 계속적인 싸움이다. 참과 거짓, 말씀(the Word)과 반(反)-말씀(the anti-Word) 사이의 싸움이다. 태초에 남자와 여자는 혼인적 친교를 통해 하느님의 삶과 사랑에 참여하도록 부르심을 받았다. 사탄은 하느님의 삶과 사랑으로부터 사람들을 멀어지게 하려고 혼인적 친교와 정 반대되는 계획을 수립하였다. 요한 바오로 2세의 몸의 신학(TOB)은 그리스도인들에게 울리는 경종이다. 즉, 사탄의 반대 계략으로 인하여 마비된 것을 회복하여야 한다는 요청이다.

14. 태초에 사탄의 유혹은 하느님의 자비로운 사랑을 공격하였다. 원죄는 성부의 '부성(父性)'을 무너뜨리고자 시도한다. 남자와 여자의 마음 안에 한 처음부터 있었던 하느님 사랑에 대한 약속의 시원적 표징이 이제 반(反)-표징이 되어버린 것이다. 즉, 악마의 거짓을 수용함으로써 "상징적(symbolic)"이던 사랑의 표징은 "악마적(diabolic)"인 것이 된다.

15. 남자와 여자는 몸과 영혼의 원초적 조화를 깨는 "거대한 분리(Great Divorce)"에 대항하여야 한다. 만약 그리스도안에서 재결합하지 않는다면, 인간은 "천사주의"에 빠져 몸과 단절된 "영성적"인 삶만을 추구하게 되거나, 애니멀리즘에 휘말려 영성을 배제한 "육(肉)적인" 삶을 살게 된다. 몸-영의 분리는 "죽음의 문화"에 그 뿌리를 두고 있다.

16. 성적(性的) 몸에 의해 계시되는 혼인적 사랑과 부부 결합에 대한 하느님의 부르심은 세상을 사는 인간존재의 기본적 요소이자, 인간 생명의 원천으로 인간 윤리와 문화의 가장 심오한 기초이다. 사실, 인간(몸)에 대한 신학적 연구의 성패는 서로 사랑하라는 명령에 의해 좌우된다. 따라서 성, 사랑, 삶의 진정한 의미, 상호 관계성을 수용하거나 경험하지 않고 인간 생명에 대한 진정한 문화를 세울 수 있다고 생각하는 것은 착각이다.

17. 그리스도는 "거대한 분리(Great Divorce)"를 치유하고 육화를 통해 우리를 혼인적 신비로 이끄신다. 인간이 자신을 찾고자 한다면, 육화되시고 구원자이신 하느님의 전 실재를 '찾아내어' '동화하여야' 한다. 또한 육과 영의 일치 안에 부활하기 위하여 그리스도와 함께 죽을 준비가 되어 있어야 한다. 인간은 그리스도 없이 살 수 없다. 왜냐하면, 사랑 없이 살 수 없기 때문이다. 그리스도의 몸 그리고 모든 인간의 몸은 사랑에 대한 증거이다.

18. 근대 철학이 교회로부터 등을 돌린 것처럼 보이는 이유를 알기 위하여, 먼저 근대 철학의 "주체성으로의 방향 전환"을 이해할 필요가 있다. '나는 생각한다, 고로 나는 존재한다'를 주장하던 데카르트를 선두로 시작된 주체철학으로 인하여 실존에 있어 하느님이 아니라 인간이 기준이 된다. 여기에서 주관주의, 윤리 상대주의 뿌리를 발견할 수 있다.

19. 근대 사회에서 객관적 '진리'를 결정하는 것은 인간의 주관적 자유이다. 우리가 인간의 정체성을 회복하고 사회적 번영을 이루고자 한다면 진리와 자유, 객관성과 주관성을 분리하여서 생각해서는 안 된다. 여기에 카롤 보이티야 추

기경의 평생에 걸친 철학이 담겨 있다. 그는 객관적 실재와 주관적 경험 사이의 연계를 증명하고자 평생을 바쳤다. 여기에 토마스 아퀴나스 철학에 뿌리를 둔 인격적 접근 방식이 필요하다.

20. 카롤 보이티야 추기경의 인격주의는 막스 쉘러의 현상학으로 더욱 풍부해진다. 현상학방법론에 따라, 매일의 삶 속에서 일상의 경험을 끌어내어 경험한 현상을 고찰하며 이 방식대로 물질의 실재 그 자체에로 접근한다. 이와 같은 방식을 통하여, 인간은 실재를 지배하는 것이 아니라 실재를 기꺼이 받아들인다. 요한 바오로 2세는 사랑이야말로 현상학적 방법론의 동력이라고 말한다.

21. 교황은 인간 인격의 존엄성과 자유의지에 대한 존중을 강조한다. 또한, 진리를 그 자체로 인식하는 각 인격의 능력을 믿는다. 강압적 진리는 인격적 주체의 삶에 들어설 수 없다. 자유는 진리에 복종하도록 도전받아야 한다. 그러나 어느 누구도 진리를 수용하도록 강요 받아서는 안 된다. 진리가 광채를 드러낼 때, 그 진리는 강요될 필요가 없기 때문이다.

22. 객관주의적 또는 사실주의적 철학에서 주체성을 고려함으로써 교황은 객관주의의 극단인 엄격주의와 주관주의의 극단인 상대주의로 빠지지 않고 균형을 유지한다. 주체성과 객관성의 결합 안에 우리는 다시 한 번 그리스도 안에서의 하느님과 인간의 일치라는 "혼인적 신비"를 마주하게 된다. 신학적 인간학은 "주체에로의 전환"이 인간에만 고착되는 것을 방지한다. 신학적 인간학은 인간(신부)이 그리스도(신랑)를 맞이할 수 있도록 마음을 열어준다.

23. 카롤 보이티야 추기경의 사상적 발전의 중요한 시점으로는 루블린 학파에서의 활동시절(저서: *Love and Responsibility*), 제2차 바티칸 공의회 시절(저서: *The Acting Person, Sources of Renewal*), 그리고 1976년 로마교황청 시절(저서: *Sign of Contradiction*)을 들 수 있다.

24. 교황은 전임 교황인 바오로 6세의 회칙『인간생명(Humanae Vitae)』으로부터 힌트를 얻어 몸의 신학(TOB)을 저술하게 된다. 회칙에 따르면, 출산 조

절에 대한 교회의 가르침을 이해하기 위하여 먼저 "인간과 인간의 소명에 대한 통합적 전망"을 가져야 한다. 이것이 바로 몸의 신학(TOB)이 제시하는 원칙이다. 몸의 신학(TOB)은 "정합적 인간학"을 토대로 『인간생명(Humanae Vitae)』 회칙과 관련된 모든 윤리적 문제를 이해하고자 한다.

25. 몸의 신학(TOB)은 인간에 대해 가장 기본적인 두 가지 질문을 한다. 첫째, 인간이 된다는 것은 무슨 의미인가? 둘째, 참된 행복을 누리는 삶을 살기 위해서 나는 어떻게 살아야 하는가? 이 질문에 대하여 몸의 신학은 다음의 원초적 인간, 역사적 인간, 종말론적 인간, 하늘나라를 위한 독신, 혼인의 성사성, 사랑과 결실이라는 총 여섯 개의 사이클로 답한다.

26. 요한 바오로 2세의 수기 원고는 제1부 "그리스도의 말씀"과 제2부 "성사"로 나뉘어 있다. 제1부는 제1장 그리스도께서 '한 처음'에 호소하시다, 제2장 그리스도께서 인간 마음에 호소하시다, 제3장 그리스도께서 부활을 호소하시다로 구성되어 있으며, 제2부는 제1장 계약과 은총의 차원, 제2장 표징의 차원, 제3장 생명의 법칙을 유산으로 주신 그리스도로 나뉜다.

제1부

그리스도의 말씀

제1장
그리스도께서 '한 처음'에 호소하시다

[사이클 1–원초적 인간]

1979년 9월 5일부터 1980년 4월 2일까지(TOB 1–23) 일반 대중을 대상으로 진행된 총 23회의 수요교리를 묶어 첫 번째 사이클로 엮었다. 교황은 그리스도와 바리사이인들 사이의 혼인 관련 토론에서 모든 남자와 여자를 위한 위대한 희망의 원천을 발견한다. 그리스도는 충돌, 긴장, 질투, 분열로 인하여 왜곡된 남녀 관계에 대해 "처음부터 그랬던 것은 아니다."(마태19:8)로 화두를 꺼내신다. 이 말씀 안에서 그리스도는 원죄를 지고 살아가는 남자와 여자들이 패러다임의 전환을 통해 원죄 이전의 아담과 하와와의 일치인 "한 몸(one flesh)"의 원초적 일치를 재건하라고 이끄신다.

가톨릭 교회 교리서(*CCC*)의 가르침에 따라, "신앙에 따르면, (남성과 여성의 관계에서) 우리가 고통스럽게 확인하는 이 혼란은 남녀의 본성에서 오는 것도, 그들 관계의 본성에서 오는 것도 아니고, 죄에서 오는 것이다."[1] 그러나 하느님과 인간의 화해를 위해 그리스도가 오셨다는 '복

1 *CCC*, no. 1607.

음'은 그리스도와 인간의 화해를 의미하기도 한다. "그러나 예수님께서 부부들에게 모세의 율법보다 더 무겁고 감당하기에 벅찬 짐을 지우신 것은 아니었다. 죄로 어지러워진 원래의 창조 질서를 회복시키려고 오신 그리스도께서는 '하느님 나라'라고 하는 새로운 차원에서 혼인 생활을 하도록 친히 힘과 은총을 주신다. 그리스도를 따르고, 자신을 끊어 버리며, 자신의 십자가를 짐으로써 부부들은 그리스도의 도움으로 혼인의 본래 의미를 '파악하고', 이를 생활화할 수 있을 것이다."[2] 원죄의 유산이 남성과 여성의 불협화음의 전 역사를 통하여 전해내려 오지만, 혼인적 일치의 본래 의미는 원죄의 역사 보다 훨씬 깊다. 그리스도께서는 우리로 하여금 원죄보다 더 뿌리 깊은 이 유산으로 다가갈 수 있도록 히신다.

혼인과 성(sexuality)에 대한 교회의 가르침을 충분히 이해하기 위한 필수적인 전제가 있다. 하느님의 '원초적 계획', '원초적 의미의 타락', '그리스도 안에서의 우리의 구원'에 대하여 충분히 이해하는 것이다. 현대 사회에서는 혼인과 성에 대한 교회 가르침을 시대착오적으로 보는 시선이 많다. 이미 타락한 인간관과 세계관을 가지고 교회 가르침을 바라보기에 생긴 일이다. 편협한 시각은 잘못된 사고나 왜곡된 관계성을 "정상적인 것"으로 인식하게 한다. 고통과 충돌은 사람들이 그 이상의 어떤 것을 열망하도록 만든다. 우리 인간이 고통을 겪고 있다는 것이야말로 우리가 그 이상의 어떤 것을 위하여 창조되었음을 보여주는 것이다. 그러나 하느님의 원 계획과 그리스도 안에서의 회복에 대한 희망이 없다면, 남자와 여자의 관계에서 발생하는 불협화음을 "있는 그대로의 정당한 것"으로 수용할 수밖에 없다.

논의의 효과를 높이기 위하여 다음의 이미지를 상상해보자. 다락

2 *CCC*, no. 1615.

한 상황을 정상적인 것으로 본다는 의미는 마치 바람 빠진 타이어로 정상 주행을 하려고 하는 것과 같다. 무엇인가가 부족하다는 것을 직감하지만 주변의 모든 다른 사람들도 그런 상태로 지내니 그저 자연스러운 일로 받아들이는 것이다. 그저 그런 것으로 생각하는 것이다. 바리사이와의 토론에서 그리스도께서는 남자와 여자에게 "공기가 완전히 가득 찬 상태"로 되돌아가라고 말씀하신다. 바오로 사도는 창세기를 인용하며 "공기가 완전히 가득 찬 상태"가 어떤 상황인지를 묘사한다. 타이어는 원래 바람이 차 있어야 하듯이, 우리 역시 남자와 여자가 가졌던 원초적 일치에 대한 열망을 느낀다. 복음에 따르면, 그리스도는 바람 빠진 타이어의 상태를 가진 사람들을 벌하러 세상에 오신 것이 아니다. 그리스도는 우리의 타이어에 공기를 가득 채워 주기 위하여 오셨다. 비록 이 세상에서는 새 타이어가 될 정도로 공기가 완전하게 재 주입이 되지 않지만, 공기의 재 주입이 많아질수록 사람들은 혼인과 성에 대한 교회의 가르침을 더 이상 엄격한 윤리로 인식하지 않게 된다. 교회의 가르침은 이제 자유로이 해방된 에토스가 되어 사람들은 이 가르침을 내부에서부터 저절로 우러난 것으로 경험하게 될 것이다.

1. "태초(한 처음)"의 의미

동서고금을 막론하고 남자와 여자는 항상 혼인의 본질과 의미에 대하여 알고자 했다. "독신자, 기혼자, 약혼자, 젊은이뿐 아니라, 작가, 언론인, 정치인 경제인, 인구통계학자, 한마디로 우리 시대의 문화와 문명에 속한 모든 사람들이 그러한 의문을 갖는다." (TOB 23:2) 현대 사회에서 남자와 여자의 문제는 당시 예수에게 이혼의 합법성을 질문한 바리사이들이 생각지도 못했던 수많은 문제로 가득하다. 그럼에도 불구하고 예수의 답변은 그러한 시대의 간극을 넘어서는 것이다. 교황 요한 바오로 2세는 그리스도의 이 답변 안에 남자와 여자는 누구인지, 어떠한 인간이 되도록 부름 받았는지, 그리고 "한 몸"의 결합을 통해 어떠한 삶을 살도록 부름 받았는지 대한 충분한 전망을 세울 수 있는 기초가 있음을 발견한다.

마태오 복음에 따르면 그리스도와 바리사이의 토론은 다음과 같다:

> "바리사이들이 다가와 예수님을 시험하려고 "무엇이든지 이유만 있으면 남편이 아내를 버려도 됩니까?" 하고 물었다. 그러자 예수님께서 이렇게 대답하셨다. "너희는 읽어 보지 않았느냐? 창조주께서 처음부터 '그들을 남자와 여자로 만드시고' 나서 '그러므로 남자는 아버지와 어머니를 떠나 아내와 결합하여, 둘이 한 몸이 될 것이다' 하고 이르셨다. 따라서 그들은 이제 둘이 아니라 한 몸이다. 그러므로 하느님께서 맺어 주신 것을 사람이 갈라놓아서는 안 된다." 그들이 다시 예수님께, "그렇다면 어찌하여 모세는 '이혼장을 써 주고 아내를 버려라' 하고 명령하였습니까?" 하자, 예수님께서 그들에게 말씀하셨다. "모세는 너희의 마음이 완고하기 때문에 너희가 아내를 버리는 것을 허락하였다. 그러나 처음부터 그렇게 된 것은 아니다." (마태 19:4–8; 마르 10:2–9)

혼인의 일치와 불가해소성

사람들의 마음이 너무나 완고하여 모세는 죄를 용인하며 이혼을 허용하였다. 그러나 그리스도께서는 혼인의 본래적 단일성과 불가해소성을 다시 세우신다. 왜냐하면 그분은 "이 세상에 죄를 없애시는 하느님의 어린 양"(요한 1:29)이시기 때문이다. 모세의 이혼 허용 논리는 더 이상 지배적인 것이 아니다. 교황은 "하느님께서 맺어 주신 것을 사람이 갈라놓아서는 안 된다."는 규정이야말로 결정적이라고 말한다. 그리스도의 이 말씀에 비추어 보자면, 더 오래된 계시인 "둘이 한 몸이 되었다." (창세기 2:24)는 하느님 말씀의 핵심인 혼인의 단일성과 불가해소성에 관한 원칙을 명시한다." (TOB 1:3)[3] 그리스도는 단순히 권위를 통해 객관적 규범을 다시 세우려고 하지 않는다. 질문을 던진 바리사이들을 마음으로부터 깨우쳐 주기 위하여 하느님의 원초적 계획의 아름다움에 대하여 묵상하도록 초대한다. 그들 안에 하느님의 원 계획이 새겨져 있으나, "마음의 완고함"[4]이 이를 가릴 뿐이기 때문이다. 사람들의 마음에는 여전히 하느님의 원계획이 존재한다. 그리스도는 그들이 "태초의 한 처음"으로 돌아가 마음에서 울려오는 '울림(echo)'을 들으면 혼인의 불가해소성이라는 객관적 규범을 그들 내면에서 차오르는 주관적 논리로 이해하게 되리라는 사실을 알고 계신다. 이와 같이 마음의 깊은 유산을 실천하며 살아갈 수 있다면 우리는 다른 어떠한 것도 열망하지 않게 될 것이다.

이는 오늘날 남녀 관계의 의미에 대한 질문에도 똑같이 적용된다. 이 시대의 문제들에 충분한 답을 주기 위해 우리는 "한 처음"에 마련하신 하느님의 원계획에 대해 묵상하라는 그리스도의 초대에 응해야 한다. 창세기의 첫 몇 장은 "오늘날의 세상의 원천, 그리고 세상의 극단적 부정과 긍정의 태도를 이해하기 위한 핵심 열쇠"[5]를 담고 있다.

두 가지 창조 설화

교황이 제시한 성경적 해석과 동시대 방법론과의 조화에 대하여 많

3 *CCC*, no. 1644.

4 히브리어로, "마음의 완고함"은 "마음의 할례를 받지 않음"을 뜻한다. 할례는 구약에서 계약의 표징이다. 요한 바오로 2세는 할례를 받지 않음이란 "하느님과의 계약으로부터 멀어짐"과 "하느님을 반대함에 있어 굴복하지 않는 완고함"을 뜻한다고 말한다. (TOB 34:2, n.47)

5 Karol Wojtyla, *Sign of Contradiction*, p. 24.

은 사람들이 놀라움을 금치 못한다. 교황은 창세기에 나오는 두 가지 창조 설화에 대한 근대 학자들의 시각 즉, 다른 작가가 다른 시대에 쓴 것이라는 점을 당연히 받아들이는 것으로 보인다. (TOB 2:2 참조)[6] 첫 번째 설화인 창세기 1장의 저자 "엘로히스트"는 하느님을 "엘로힘"으로 부른 데에서 붙여진 이름이다. 두 번째 설화인 창세기 2장과 3장의 저자 "야휘스트"는 하느님을 "야훼"로 부른 데에서 붙여진 이름이다.

인간 창조의 첫 번째 설화(엘로히스트)는 "존재와 실존"의 차원에서 인간을 규정하는 심오한 형이상학적 내용을 포함하고 있다.(TOB 2:5) 사실 인간만이 존재 자체와 연결되어 규정할 수 있는 유일한 피조물이며 하느님과 닮은 유일한 피조물인 것이다. "창세기의 창조 주기 7일 동안 … 창조자는 사람을 실존으로 불러내시기 전에 '우리의 모습을 닮은 사람을 만들자'(창 1:27)는 결정을 내리기 위하여 스스로 숙고에 들어가신 것처럼…." (TOB 2:3) 성경의 첫 구절들이 말하듯 인간은 결코 세상을 구성하는 물질적 요소로 환원될 수 없다. 인간은 육체적으로 피조물이 분명하지만 그 이상의 존재이다. 인간은 영적인 존재라는 의미이다. 바로 몸과 영을 일체로 하는 창조적 긴장이 인간을 정의한다. 야휘스트는 몸의 신학에 결정적인 역할을 한다. "하느님께서 '남자와 여자'로 창조한 인간은 '처음부터' 자신의 몸에 하느님의 모상성을 담고 있다." (TOB 13:2) 이 구절은 '우리가 누구인지를 알려주는 인간학이자 어떻게 살아야 하는지'를 보여주는 윤리학에 대한 '반박할 수 없는 근거'를 마련한다.

이 인간학적 윤리 안에 남자와 여자가 "자식을 낳고 번성하라"는 싶은 의미가 담겨 있다. 원초적 은총은 바로 우리가 하느님의 모상에 따라 창조되었다는 사실이다. 프롤로그에서 언급한 바와 같이, "출산하다(pro-create)"는 생물학적 본성에 의한 응답이 아니라 인간의 자유의지로

6 *CCC*, no. 289 참조.

선택하는 것이다. 인간은 출산 능력을 통해 창조의 하느님, 사랑의 하느님에 동참한다. 이러한 측면에서, 선(善)의 실재 또는 가치의 측면을 이해하는 것이 필요하다. 하느님께서는 창조하신 것이 보시기에 "매우 좋았다." (창 1:31)고 말씀하신다. 이처럼 우리는 "존재와 선이 서로 환치될 수 있다." (TOB 2:5)는 결론을 내릴 수 있다. 즉, 존재하는 모든 것이 그 자체로 선하다는 의미이다. 어떠한 존재도 그 자체로 악한 것은 없다. 악은 언제나 선으로부터의 괴리를 의미한다. 그러므로 존재한다는 것 즉 실존한다는 것은 매우 좋은 것이다. 보다 구체적으로 설명하자면, 남자와 여자로 존재하고 "자식을 낳고 번성하라"는 말씀에 따라 더 많은 남자와 여자를 존재하게 하는 것은 매우 좋은 것이다. 이에 반(反)하는 것은 반(反)-성경적인 것이다. 가치에 대한 이와 같은 철학이 창조, 특히 인간 실존에 대한 그리스도인의 토론의 기초이다.

교황에 따르면, "엘로히스트" 전승은 인간의 창조와 자식을 낳고 번성하라는 인간의 소명을 언급하는 데 있어 객관적인 사실과 객관적인 실체만을 정의하고 있다. 이에 비해 "야휘스트" 전승은 인간의 심리학을 통찰하는 내용, 특히 인간의 주관적인 요소와 관련된 창조 시각을 제시하고 있다. "창세기 2장은 인간의 자기 이해에 대한 가장 오랜 기록을 담고 있으며, 3장은 인간 양심[7]에 대한 첫 증언을 담고 있다." (TOB 3:1) 인간의 내면에 관심을 가지는 교황은 야휘스트 전승이야 말로 동시대의 철학적 인간학의 섬세한 인간 분석에 관련된 모든 요소의 "핵심"을 제공한다고 말한다. 여기에서 교황이 주목하는 것은 "주체에로의 방향 전환"에 대한 근대사회의 움직임이다.

그리스도가 바리사이들에게 "처음으로" 돌아가라고 가르치실 때, 이

7 발트슈타인(Waldstein)의 TOB 번역판 초판에서는 '양심'이 아니라 '의식'으로 번역하였다. 이탈리아어 원고는 '양심'과 '의식'을 구분하지 않으나, 폴란드 원고를 검토하고 연구한 후 수정판에서는 '양심'으로 번역하였다.

는 두 창조설화 모두를 가리킨다는 점이 중요하다. 남자와 여자의 관계에 대한 그리스도의 말씀을 올바르게 이해하기 위해서는 "한 몸"의 불가분의 일치에 대한 주관적, 객관적인 요소 모두를 고려해야 한다. 교황은 객관적 진리를 확인하기 위해 야휘스트 전승의 아담과 하와의 주관적 경험을 토대로 인간의 내면성을 관통하는 성경해석을 하며 이를 토대로 엘로히스트의 인간 창조에 대한 이해로 발전시킨다.

"몸의 속량"에 있어서의 연속성

선악과는 "완전한 본성인 원초적 순수(original innocence)"와 "죄에 빠진 본성인 역사적 죄성(historical sinfulness)" 사이의 경계이다. 원초적 순수에 대한 직접적 경험이 없는 "역사적(historical)" 남자와 여자는 경계 너머의 삶이 무엇인지 상상하기 어렵다. 우리가 실제로 이 경계를 넘을 수 없지만, 그리스도는 우리에게 "어떤 의미에서 창세기 안의 그 경계를 초월할 것을"(TOB 4:1) 요청하신다.

교황은 원초적 순수와 역사적 죄성(罪性)이라는 인간의 두 가지 다른 단계 사이에 본질적 연속성과 연결고리가 있다고 말씀하신다. 역사적 연원을 살피면 모두가 예외 없이 '역사 이전'의 상태, 즉 원초적 순수의 상태를 발견한다. 죄에 빠진 인간의 경험 안에는 "원초적 순수 자체가 주는 어떠한 '울림'이 새겨져 있다. 마치 현상 이전의 필름 원본처럼 말이나. '울림'이라는 필름 원본을 현상하게 되면 '원초적 순수'라는 사진이 되는 것이다." (TOB 55:4) 필름은 단지 사진의 이미지를 보여줄 뿐이다. 진정한 색을 나타내기 위해서는 그 필름을 현상해야 한다. 우리가 비록 원초적 순수를 경험한 바 없다고 하더라도 그 순수에 대한 경험을 미치 필름을 현상하듯 '뒤집으면' 우리가 잃었던 원초적 순수를 다시 세울 수 있다. 마음 깊은 곳에서 울려오는 원초적 경험에 대한 울림을 외면하지 않는다면 우리는 여전히 몸에 대한 순수한 소리를 들을 수 있을 것이다. 또 몸의 순수성을 어떻게 회복할 수 있는지에 대한 답을 들을 수 있을 것이다. 요한 바오로 2세는 이 울림을 "공통의-유산(co-inheritance)"으로 표현한다. '죄'를 글자 그래도 "표식을 잃어버림"으로 해석한다면, 원초적 순수는 우리가 잃어버린 바로 그 표식을 가리킨다고 말할 수 있다.

내면으로부터 울려오는 순수의 울림은 죄로 인해 은총을 잃은 우리 자신을 깊이 경험하게 한다. 그렇다 하여 절망할 필요는 없다. 이 깨달음은 우리에게 속량과 회복의 은총을 받을 가능성을 열어 주기 때문이다. 하느님의 원계획이 갖는 아름다움을 깨달았음에도 불구하고 죄를 극복할 방법이 없다는 것을 알게 된다면 이 얼마나 비극적이겠는가? 그 길은 그리스도이다. 만약 우리가 그리스도의 초대로 "한 처음"에 대하여 깊이 숙고한다면 우리는 잃어버렸던 것을 그리스도 안에서 되찾고 힘을 얻을 수 있게 될 것이다. 인간은 살면서 항상 죄와 싸운다. 순수의 상태를 떠나버렸기 때문이다. 하지만 그리스도 안에서의 "몸의 속량"(로마 8:23)을 통해 우리는 한 처음에로 초대받은 것과 같은 삶을 살 수 있다. 교황은 계속해서 바오로의 말씀을 인용하며 "몸의 속량"은 단순히 구원의 많은 은총 중 어느 하나를 의미하는 것이 아니라고 말한다. 교황은 "몸의 속량"이야말로 그리스도의 육화와 파스카 신비의 총체적 실제가 축약된 것임을 강조한다. 교황에게 "몸의 속량"은 구원 그 자체이다. 인간은 항상 몸으로 존재하기 마련이다. 따라서 신학적 인간학이 몸의 신학인 것과 마찬가지로 인간의 속량은 몸의 속량이어야 한다.

"몸이 속량될 것이라는 이러한 시각은 인간의 죄가 처한 세습적 상태와 원초적 순수 사이의 연속성과 일치를 보장한다." (TOB 4:3) 만약 우리가 잃은 것을 다시 회복할 수 없게 된다면 절망스럽게도 역사적 인간은 원초적 소명과 운명으로부터 단절될 것이다. 마음속 가장 깊은 곳에서의 열망은 오로지 절망만 이끌어 낼 뿐이다. 그러나 교황은 다음을 희망적으로 강조한다. "역사적 인간은 역사 안에서 유일한 인격으로서 인간 죄의 역사에도 참여하지만 동시에 구원의 역사 안에도 참여한다. 인간은 구원의 주체인 동시에 창조의 협력자이기 때문이다." (TOB 4:3) 여기에서 우리는 하느님께서 인간에게 주신 은총인 자유 의지의 신비를 발견한다. 잃어버린 은총에 대하여 하느님은 구원이라는 선물을 주신다. 이 선물을 받을지 말지는 오로지 우리 인간에게 달려 있다. 자유 의지를 가진 대리인으로서 우리는 스스로의 구원을 위하여 하느님께 협력하여야 한다. "믿음을 통하여, 은총을 향한 열린 마음으로" 우리는 주체로서, 또 "창조의 협력자"로서 구원의 역사에 참여할 수 있는 것이다.[8] 이러한 관점에서 역사적 인간은 "한 처음"의 원초적 인간(original man)이야말로 완전한 자신의 참된 모습임을 알게 된다. 구원의 은총은 세상의 마지막 순간의 인간 즉, 종말론적 인간(eschatological man)에게 본래의 고향인 한 처음으로 귀향할 수 있다는 희망을 준다.

계시와 경험

교황은 하느님의 계시와 인간의 경험이 완전히 반대라고 생각하는 사람이 많다고 말한다. 물론 인간의 경험이 계시를 이해하기에 충분치 않다는 것은 인정하지만 교황은 신학적 해석방법과 필수적인 참고 수단들을 통해 하느님 계시의 의미를 파악할 수 있다고 말한다. "계시의 해석, 특히 몸에 대한 계시를 해석할 때 우리는 경험을 존중해야 한다. 왜냐하면 인간은 육체로 존재하며 경험을 통해 인지하기 때문이다." (TOB 4:4) 교황은 우리에게 경험과 계시의 관계에 대하여 말할 권리가 있다는

8 *CCC*, nos. 306, 2008 참조.

점을 각주를 통해 강조한다. "권리가 없다면 우리는 살아있는 주체로 고민하는 것이 아니라 추상적 고찰만 하게 될 것이기 때문이다."[9]

교황은 성, 혼인과 관련한 교회 가르침의 "깊은 연원"를 탐색하고자 하였다. 그리고 인간의 주체성에서 그 뿌리를 찾았다. 교황은 성경 주석을 통해 인간의 인격적 주체성이 몸의 신학의 체계에서 얼마나 중요한 요소인지를 체계적으로 설명한다. "몸의 객관적 실재만이 아니라 몸에 대한 주체적 '경험'이라는 주관적 의식도 성경을 구성하는 모든 곳에 포함된다. 때문에 주체적 의식과 경험에 대한 신학적 고찰이 필요한 것이다." (TOB 60:1) 현상학적 방법의 사용과 관련하여 교황은 우리가 객관적 진리에 사고의 뿌리를 두고 있다면 인식론적 철학의 사용을 굳이 의심의 눈초리로 볼 필요가 없다고 말한다. 사실, 원죄 이전의 원초적 주체로서의 남자와 여자의 경험은 온전히 객관적 진리와 일치한다. 그러므로 의식을 꿰뚫어 보는 과정에서 인식 안에 있는 실재를 발견할 수 있다. 그 실재는 주관적 울림이 있는 경험 가능한 실재이다. 교황의 가르침에 따라, 우리는 "경험이 주는 모든 울림"에 우리 스스로를 개방하는 것을 두려워해서는 안 된다. 교황의 방법론은 "우리의 경험이 그 자체로서 완전하게 모든 깊이와 모든 범위 안에서 들릴 수 있도록 하라"는 끊임없는 호소이다.[10]

교황의 "원초적 인간 경험"이란 시간적인 의미라기보다는 경험의 중요성 자체에 더 의미를 둔 것이다. 원초적 경험은 우리가 일반적으로 이해하는 바의 역사적 경험이 아니다. 교황이 말하는 "역사"는 "선과 악을 아는" 시점부터 시작한다. 반면 교황이 의미하는 원초적 경험은 신비로운 "역사 이전"을 의미한다. 교황은 인간의 경험을 재구성하고자 한다.

9 *Love and Responsibility*, p. 15 참조.

10 Ibid., p.10.

"그 때"의 남자와 여자가 누구인지를 정확히 결정하려는 것이 아니라 "지금의 우리가 누구인지, 더 정확히는 지금의 우리가 어떠해야 하는지"를 잘 알기 위함이다. 교황의 분석에 따르면, "역사 이전"의 사건과 경험은 결코 "역사적" 확실성을 통해 알 수 없다. 단지 한 남자와 여자로부터 인류가 시작되어 오늘날에 이르렀으며 인간 역사의 "시초에 일어났던 원초적 사건을 통하여"[11] 하느님을 거역하면서 죄에 빠지게 되었다는 것만 알 수 있을 뿐이다. 그러나 우리는 "성경의 상징적 표현을 권위 있게 해석함으로써"[12] 우리의 첫 조상인 아담과 하와의 최초의 사건과 경험에 접근할 수 있다.

교황은 동 시대의 종교 철학, 언어 철학과 달리 성경의 언어를 신화적이라고 말한다. 여기에서 교황이 의미하는 "신화"는 "가공의 놀라운 사실을 가리키는 것이 아니라 심도 깊은 내용을 표현하기 위한 고어(古語)적인 표현" (TOB 8:2)이다. 교황은 성경의 창조 이야기를 인간이 조작한 것으로만 보는데 동의하지 않는다. 하느님으로부터 영감을 받은 "신화적"인 것으로 말한다. 교황은 "역사 이전의 신학적 시대"는 신비로 가득하다고 말한다. 우리가 "한 처음"의 신비에 들어가고자 할 때 우리가 가용할 수 있는 수단은 신화, 상징, 은유뿐이다.

역사 이전의 시대가 신비롭듯이, 모든 인간 경험의 원천에는 원초적 경험이 녹아 있다. "원초적 경험은 평범함 속에 섞여 있어 그 비범함을 쉽게 파악하지 못한다." (TOB 11:1) 교황은 원초적 고독(original solitude), 원초적 일치(original unity), 원초적 벌거벗음(original nakedness)이라는 세 가지 경험에 주목한다. 그의 분석은 우리를 평범함 속에 있는 비범함으로 이끈다. 가장 친숙한 성경 이야기 중 하나에서 추출된 교황의 심오

11 *CCC*, no. 390.

12 *CCC*, no. 375.

한 통찰력에서 우리는 그 비범함을 알 수 있다. 교황은 성경에 생명을 불어넣고 우리 각자의 일상에 생명을 불어넣는다. 교황은 추상을 훌쩍 넘어 아담과 하와의 이야기를 우리에게 보여 주며, 인간의 원초적 경험을 꿰뚫어 볼 수 있도록 한다. 교황의 통찰이 우리 마음 안에서 울린다. 교황은 "주체에로의 방향전환"을 한 근대철학과의 접목을 통하여 우리 안에 울림을 선사한다.

2. 원초적 고독(Original Solitude)

"아담이 혼자 있는 것이 좋지 않으니, 그의 일을 거들 짝을 만들어 주리라." (창2:18) 야휘스트 전승의 창세기 구절은 원초적 고독에 대한 고찰의 기초가 된다. 다음에서 요한 바오로 2세의 관점을 잘 보여주는 '원초적 고독'의 두 가지 의미를 살펴본다.

이중적 의미

"고독"의 두 가지 의미를 살펴보자. 가장 분명한 의미는 남성과 여성의 관계성에서 출발하는 것이다. 남자는 여자 없이 "홀로" 있다. 그러나 요한 바오로 2세는 고독의 의미가 단순히 부재로 인한 홀로 있음의 의미 그 이상을 말한다고 본다. 고독을 인간 본성으로부터 나오는 근본적인 의미 즉, '가시적 세계에서 인격으로서 "홀로 존재함"'을 의미한다고 보았다.

중요한 것은 최초의 사람(히브리어로 'āḏām)이 여자('iššāʰ)가 창조된 이후에야 비로소 남자('îš)로 정의 내려진다는 사실이다. 아담의 고독은 남자로서만의 고독이 아니라 모든 인간의 본성이라는 의미이다. 이 고독은 "인간학의 근본 문제로 남자와 여자가 생긴 후 나타나는 고독이 아니다." (TOB 5:3) 자신의 인격성을 발견한 이후에 느끼는 "본성적"인 고독이다. 몸을 가진 존재가 된다는 것, 누군가가 된다는 것은 남자 또는 여자라는 신체를 구성한다는 사실 보다 더욱 심오한 의미를 갖는다. 이는 인격적 주체에 속함을 의미하기 때문이다.(TOB 8:1)

다시 말해, "첫" 인간의 경험은 단순히 "몸이 됨"을 의미하는 것이지 "남자나 여자의 몸이 되는 것"을 의미하지 않는다. 성(性)을 경험하는 것 즉, 남자와 여자로 존재함을 경험하는 것은 이와 같은 근원적 경험이 있은 후에 생긴 것으로, 어떠한 의미에서는 "부차적"인 경험이다. 성의 구별은 인간의 의미를 전제로 한 것이다. 다시 말해, 각 개인이 다른 성을 가진 "타인"과 일치를 이루도록 살라는 소명을 받기 전, 인격적 주체로서의 인간이라는 의미를 전제로 하여 세워지는 것이다. "타인"과의 육체적 일치를 이루기 전에 인간은 먼저 이러한 행위를 할 수 있는 능력을 가진 피조물이어야 한다. 이 말은 먼저 인간이 먼저 "몸-인격"이어야 한다는 의미이다. 원초적 고독의 본질이자 전제가 바로 여기에 있다.

고유한 정체성을 찾는 인간

아담을 위하여 조력자가 필요함을 깨달은 하느님께서는 동물을 창조하여 인간에게 이름을 붙이라 하신다. 동물들에게 이름을 붙여주는 행위는 여자 창조를 위한 준비작업으로 볼 수 있다. 그러나 요한 바오로 2세는 동물에 이름을 붙이는 것이 갖는 자체로서의 심오한 의미에 대하여 말한다. 동물들에게 이름을 붙이면서 아담은 자신이 동물과는 근본적으로 다름을 인식한다. "그를 도와줄 조력자"를 찾지만, 동물은 조력자가 되지 못한다. 오히려 조력자를 찾는 경험은 아담 자신의 고독을 확인하게 할 뿐이다. 아담이 동물들에게 이름을 붙여줄 수 있는 능력이 있다는 사실은 그가 동물들과 근본적으로 다른 존재라는 것을 말해 준다. 마찬가지로 “땅을 경작”하는 능력 또한 아담과 다른 동물들과의 차이를 거듭 확인하게 한다. 경작은 다른 동물은 결코 할 수 없기에 인간의 영역에 속하는 행위이다.

아담은 몸과 영의 특별한 관계를 통하여 “이름 짓고” “땅을 다스리는” 자신만의 특별한 능력을 깨닫는다. 교황은 바로 이와 같은 정신-육체의 관계에서 “인간학의 중심 문제”(TOB 7:1)를 다룬다. 몸의 경험을 통해 우리는 인격적 존재로서의 자기 인식, 자기 경험, “자기 발견”을 하게 된다. 아담은 자기 자신을 스스로 인식하지만 동물들은 그러하지 못한다. 아담은 자신의 행동을 의식을 가지고 결정하지만 동물들은 그렇지 못하다. 아담은 의식을 가지고 경작하고 이름을 붙일 수 있다. “사람이 생물 하나하나를 부르는 그대로 그 이름이 되었다.” (창 2:19)

결국 아담은 다른 동물에 이름을 붙이는 행위를 하는 가운데 자신의 “이름”, 정체성, 자유를 발견하게 된다. “피조물인 인간은 존재의 첫 순간부터 하느님 앞에서 자신을 찾는다. 마치 자신의 ‘정체성’을 찾는 과정에서와 같이 ….” (TOB 5:5) 인간의 자기이해는 동물에 이름을 붙이는 과정에서 자신과 다른 피조물에 대한 이해와 함께 진행된다.” (TOB 5:6) 다시 말해, 아담은 자기 자신이 동물과 같지 않음을 깨닫게 되면서, 인격으로서의 자신을 인식하게 된다. 따라서 고독은 인간의 주체성을 의미한다.

교황은 동물에게 이름을 붙이는 것을 하나의 “시험”으로 파악한다. 아담이 자기 자신을 인식하는 시험인 것이다. “창세기 본문 분석을 통하여 우리는 하느님 야훼 앞에서 인간의 첫 번째 의식적 행위가 자신과 동물의 구별임을 알 수 있다.” 이로써 아담은 “자신의 존재 범위를 넘어선다.” “스스로에게 자신을 드러내며 동시에 가시적인 세계에 존재하는 ‘인격’임을 확인한다.” (TOB 5:6) 여기에서 우리는 새 아담, 예수 그리스도의 전조를 발견할 수 있다. 제 2차 바티칸 공의회에 따르면, '육화하신 그리스도는 인간을 바로 인간에게 드러내 보이신다.' 교리 후반에서 교황은 첫 아담이 두 번째 아담인 예수 그리스도가 되기 위한 모든 것을 받아들일 능력과 준비가 되어 있었다고 말씀하신다. (TOB 71:3 참조) 한 처음에 사람은 그리스도의 신부로 창조되었다. 아담은 이미 자신의 고독 안에서 자신이 하느님과의 친교를 위하여 창조되었음을 발견하고 있다.

따라서 모든 피조물에 대한 인간의 "지배(dominion)"는 고독한 인간뿐 아니라 일치를 이루어야 하는 남자와 여자로서의 인간에게도 매우 중요하다. 야휘스트 전승에서, 남자는 동산을 "경작하고 가꾸는" 소명을 함께 할 "조력자"가 필요하다는 말씀이 나온다. 엘로히스트 전승에서는 남자와 여자의 결실을 맺는 일치에 대한 소명과 "땅을 다스리고" 바다의 물고기와 하늘의 집짐승과 온갖 들짐승, 땅을 기어 다니는 온갖 것을 다스리게 하라"는 소명이 함께 나온다. (창 1:28) 성(性) 구별과 일치에 대한 경험은 사람이 다른 피조물을 지배하는 방식을 결정한다. 남자와 여자가 서로 사랑의 일치를 이루면 피조물에 대한 "사랑이 담긴" 관리가 더욱 가속화될 것이다. 그러나 남녀 관계에서 사랑이 거부된다면 피조물에 대한 지배는 가시적 세상의 유린으로 이어질 것이다.[13]

객관-주관의 조화

창세기 2장의 창조 설화 몇 문장만 보더라도 인간의 주체성에 대한 깊이 있는 이해가 가능하다. 야휘스트 전승은 인격으로서의 인간 창조가 "태고의 형이상학적 분석에서 나타나는 것이 아니라, 인간의 구체적인 주체성을 충분히 고려할 때 드러난다." (TOB 7:2)는 사실을 명확히 하고 있다. 즉, 야휘스트 전승과 엘로히스트 전승이 같이 나오는 창세기

13 CCC, no. 373 참조; *Evangelium Vitae*, 42 참조.

의 두 창조 설화는 객관–주관의 상호보완성을 나타낸다. 야휘스트 전승에서 고독을 경험하는 아담은 하느님의 모상으로 창조된 주관적 실재이다. 엘로히스트 전승에서 객관적으로 묘사되는 아담과 대비된다. 엘로히스트 전승은 하느님 모상으로 창조된 인간을 외부적으로 관찰하는 데 비해 야휘스트 전승은 인간의 내면성 즉 인간의 인식, 심리, 경험을 통찰한다.

아담의 고독에 대한 주관적 경험을 이해하지 않고서는 인간이 하느님 모상으로 만든 피조물임을 결코 이해할 수 없다고 교황은 말한다. 앞서 본 두 가지 창조이야기에 대한 논증에서 드러나는 객관과 주관의 상호 보완성은 교황의 전 프로젝트를 이해하는 데 있어 매우 중요하다. 이와 같은 상호보완성을 통하여 야휘스트 전승의 인간학적 정의가 엘로히스트 전승의 신학적 인간의 정의와 통합되는 것이다. 여기에서 우리는 이미 신학과 인간학의 연결에 가까이 다가가 있음을 알 수 있다. 야휘스트 전승에 따르면 고독은 일치의 경계라고 한다. 이 일치를 통해 엘로히스트 전승이 말하는 인간 안에 있는 하느님의 모습을 밝히게 될 것이다.

절대자 하느님의 동반자로서의 인간

한 처음에 인간은 "절대자인 하느님의 동반자"로서 창조되었다. 인격적 주체인 인간은 하느님과 영원한 일치의 관계를 맺는 계약을 체결하라는 부르심을 받는다. "계약의 주체"로서의 인간의 고독은 "인간이 자신의 인간다움을 통해 즉, 자신이 인격적 주체임을 알게 됨으로써 하느님과의 특별하고, 유일하며 반복할 수 없는 관계를 유지하고 있음"(TOB 6:2)을 의미한다. 인간 이해에 있어 창조주와 사랑의 계약을 체결하라는 부르심과 인간 이해는 따로 떼어 생각할 수 있는 것이 아니다.

계약의 체결은 의무가 아니다. 순수한 은총의 선물이며,[14] 이 선물은 인간의 위대함을 드러낸다.

"인간의 존엄성이 고귀한 이유는 인간의 소명 즉, 하느님과 친교를 이루라는 부르심에 있다."[15] 하느님과의 친교에로의 부르심과 소명은 인간이 무엇인지, 인간이 "그 이상의 무엇"을 열망하는 이유가 무엇인지를 설명해 준다. 아우구스티누스 성인은 다음과 같이 말한다. "오 하느님! 당신께서는 자신을 위하여 우리를 만드셨습니다. 우리의 마음이 당신 안에 쉴 때까지 우리는 영원히 안식할 수 없습니다."[16]

"절대자인 하느님의 동반자"가 되라는 부르심은 인간의 자유의지와 자신의 행동을 결정할 능력에 달려있다. 교황에게 있어서 "자기 결정(self-determination)"이란 전 생애에 걸친 그의 철학적 고찰을 함축하는 말이다. 자기 결정을 통하여 우리는 인간과 다른 피조물을 구별하는 인간학의 핵심에 접근할 수 있다. 하느님은 동물에게는 선악과를 따먹지 말라는 명령을 내리지 않았다. 오직 아담에게만 명령했을 뿐이다. 왜일까? 하느님의 명령이 갖는 의미는 선택권의 부여이다. 오직 인간만이 선택에 필요한 자유의지를 가지기 때문이다. 인간만이 가시적인 세상 안에서 하느님을 거역할 수 있는 창조물이다. 다람쥐는 하느님과의 영원한 사랑의 계약을 체결할 선택을 스스로 할 수 없다. 사랑은 자유를 전제로 한다. 하느님께서 우리에게 영원한 사랑의 계약을 체결할 선택권을 주셨다는 의미는 곧 거부할 권리도 주셨다는 의미이다. 만약 아담이 금기의 과일을 먹기로 결정했다면 그는 죽게 된다. 여기에서의 "죽음"은 동물의 죽을 가능성과는 다르다. 왜냐하면 인간의 죽음은 인간이 인격

14 *CCC*, no. 367 참조.

15 *Gaudium et Spes*, 19; *CCC*, no. 27.

16 *CCC*, nos. 27, 30, 1024, 1718 참조.

성을 드러내기 때문이다.

자유에 대한 인간의 경험을 바탕으로 교황은 금지된 나무의 뿌리가 에덴 동산에만 있는 것이 아니라 인간성 안에도 있다는 것을 알아야 했다고 말한다. "뿐만 아니라 이 신비의 나무 내부에 알려지지 않은 고독이 감춰져 있음도 알아야 한다." (TOB 7:3) 여기에서 고독은 인간의 인격을 확인하는 원초적 고독이 아니다. 하느님으로부터 소외된 인간의 죽음을 가져오는 고독을 의미한다.[17]

죽음과 불멸 사이의 양자택일

교황은 매우 흥미로운 질문을 던진다. 삶만 경험하고 죽음을 경험하지 못한 아담이 '너는 죽게 될 것이다.'는 말의 의미를 과연 이해할 수 있었을까? 요한 바오로 2세는 이러한 흥미로운 질문에 이어 다음과 같이 말한다. "하느님의 말씀을 들은 인간은 자신이 지닌 고독의 내적 구조로부터 진리를 찾아내야만 했다." (TOB 7:3) 하느님 앞의 고독 안에서 아담은 자기 실존이 하느님께 달려있음을 온전히 인식하였다. 그리고 아담은 자기 자신만이 비-실존에 대한 책임을 지는 유한의 존재라는 사실을 알았을 것이다. 이로써 아담은 "죽음"을 창조주의 선물인 생명에 대한 원초적 경험의 반대로 이해했을 수도 있다. 역사적 인간이 자신의 경험과 비교하여 원초적 인간의 경험을 상상할 수 있듯이 원초적 인간도 생명에 대한 자신의 경험을 토대로 "죽음"의 경험을 그려볼 수 있었을 것이다.

이와 같이 "죽음과 불멸 사이의 양자택일로부터 인간의 정의가 시작되며 그 양자택일은 '한 처음부터' 하느님 앞에서 인간이 지닌 고독의

17 Mary Shivanandan은 하느님으로부터의 멀어짐이 고독의 세 번째 의미라고 설명한다. *Crossing the Threshold of Love*, p. 101 참조.

의미에 속해 있었다.” (TOB 7:4) 자유의지를 가진 피조물인 인간의 고독이 생명 나무와 선악과, 죽음과 불멸 사이에 인간을 매달아 놓은 것이라고 말하는 사람들이 있을 수도 있을 것이다. 어느 누구도 인간을 대신해 선택을 할 수 없다. 인간 스스로 선택해야 한다. 이때 인간이 갖는 자유는 영원성에 대한 인간의 능력이다. 이는 하느님과의 일치 안에서 영원한 삶을 살 수 있는 능력이며 하느님으로부터 떨어져 나와 영원한 죽음에 이를 수 있는 능력이다.

이와 같이 원초적 고독의 의미를 통해 우리는 인간 존재 자체의 구성이 하느님께 의존하는 관계이자 동반자적 관계임을 알 수 있다. 왜냐하면 인간은 피조물이므로 의존의 관계이고 사랑의 계약을 통해 하느님과 동반자적 관계를 가진 존재이기 때문이다. 금지된 나무의 열매를 먹으라는 사탄의 유혹은 하느님과의 동반자적 관계와 피조물로서의 의존성에 대한 공격이다. 하느님이 동반자적 관계를 원하는 사랑의 하느님이 아니라면 하느님에 대한 의존은 인간의 주체성에 대한 위협으로 보이게 된다. 주체로서의 인간은 노예화되는 것을 거부한다. 하느님을 독재자로 본다면 인간은 하느님에 대한 의존을 꺼려할 것이다. 프롤로그에서 언급한 바와 같이 사탄은 자비로운 하느님의 부성(父性)을 공격한다.

교황의 말씀에 따르면 고독의 원래적 의미는 죽음과 불멸 사이의 양자택일에 의해 스며든다. 이와 같은 원초적 고독은 몸의 신학 전반에 걸쳐 매우 근본적이며 중요한 의미를 담고 있다. 원초적 고독 안에 이미 인간의 기본적 소명인 하느님에 대한 사랑과 이웃에 대한 사랑이 집약되어 있다. (루카 10:27 참조) 앞으로 우리는 원초적 고독이 하느님과의 영원한 일치를 이루어야 하는 인간의 종말론적 운명을 어떻게 나타내고 있는지에 대하여 더 명확히 살필 것이다. 원초적 고독은 인간이 영원한 운명을 선택하고자 할 때 나타나는 엄청난 투쟁을 집약한 것이다. 이 투쟁은 언제나 인간의 몸으로 겪어내야 한다.

인격을 드러내는 몸

인간의 자기 이해, 하느님과 인간의 관계에 대한 이해가 반드시 그리고 온전히 영성적이어야 한다고 생각하기 쉽다. 이는 인간이 영과 육으로 구성되어 있음을 간과한 것이다. 야휘스트 전승에 따르면, "야훼 하느님께서 진흙으로 사람을 빚어 만드시고 코에 입김(숨)을 불어넣으시어, 사람이 되어 숨을 쉬었다." (창 2:7) 어원(語原)을 살펴보면, "숨"은 "영"과 같은 말이다. 몸("진흙")을 통해 인간은 "영 안에서" 살게 되었다. 자신의 몸에 대한 경험을 통해 인간은 자신이 누구인지 그리고 하느님이 누구인지를 알게 된다.

인간의 몸과 동물의 몸은 비슷하다. 특히 포유류의 경우 더욱 그러하다. 교황은 아담 역시 동물과 비슷한 자신의 몸을 경험함으로써 동물과 자신이 비슷하다는 결론을 내렸을 것으로 본다. 그러나 하느님은 땅을 위해 동물을 창조하였으며, 야휘스트의 본문에서 드러난 바와 같이 동물들에게 당신 자신의 숨을 불어넣지 않는다. 아담은 동물들에게 이름을 붙이면서 자신의 몸이 "몸들 중의 몸"임을 알아차렸을 뿐 아니라, 그가 홀로 있음도 깨닫게 된다.

여기에서 중요한 것은 인간의 고독에 대한 모든 논의 즉, 동물과의 차이, 인간의 주체성, 하느님과의 영원한 일치에로의 초대 등이 모두 몸을 통하여 드러나고 경험된다는 점이다. 비가시적인 것이 가시적인 것을 넘어서 사람을 결정한다고 말할 수 있다면, 가시적인 것이 비가시적인 것을 표현한다고도 말할 수 있을 것이다. 교황은 다음과 같이 말한다. "몸은 인격을 드러낸다. 그러므로, … 몸은 인간이 누구인지 그리고 어떠해야 하는지를 잘 드러내며, 몸을 통하여 그 통찰이 가능하다." (TOB 7:2)

인격을 물질적이 아닌 영적인 실재로만 생각하던 우리에게 위의 발언은 매우 놀라운 것이다. 인간의 인격은 항상 물질화된 영적 실재이다. 사람의 원초적 고독(첫 사람의 인간 특질에 대한 자각)은 몸을 통해서 드러났다. 몸은 "사람이 혼자 있으면 좋지 않다."는 것을 보여주었다. 또 몸은 "그에게 알맞은 협조자"와 일치를 이루라는 소명을 계시한다. 이는 원초적 고독의 의미와 유사하다. 아담이 많은 동물의 몸에 이름을 붙여 주었지만, 그 어떤 것도 아담 자신의 몸처럼 인격을 드러내는 것은 없었다. 여기에서 우리는 아담이 자신과 일치를 이루라는 소명을 받았음을 드러내는 다른 몸을 깊이 열망하고 있음을 느낄 수 있다.

이와 같이 원초적 고독[18]에 대한 경험은 인간이 "다른" 피조물을 열망하며 원초적 일치의 경험을 기대하도록 만든다. 요한 바오로 2세에 따르면 이 모든 것 안에 하느님의 모상을 지닌 인간을 창조하는 것이 의미하는 바가 함축적으로 담겨 있음을 알 수 있다.

3. 원초적 일치(Original Unity)

요한 바오로 2세는 성경 본문을 인용하며 인간의 고독을 해석한다. "사람이 혼자 있는 것이 좋지 않으니..." (창 2:18) 이 말씀은 여자 창조에 대한 일종의 서곡이다. 여자를 창조하는 행위에서 드러나듯이, "원초적 고독은 원초적 일치의 의미보다 더 먼저이다." (TOB 8:1) 즉, 원초적 고독을 통해 드러나는 인간 인격에 대한 모든 진리가 원초적 일치의 경험으로 "옮겨지게" 된다. 그래서 원초적 일치는 인간 인격의 의미를 발견하는 데 결정적으로 중요하다.

18 *CCC*, no. 357 은 원초적 고독에 대한 간결한 요약을 담고 있다.

둘의 일치

원초적 일치(Original Unity)는 남자와 여자가 모두 공통적으로 인간임을 깨닫고 "한 몸"이 됨을 의미한다. "남편과 아내"가 되기 이전의 남자와 여자는 같은 인간으로서의 "형제자매"이다. 교황은 다음과 같이 이를 이해시킨다. "원초적 고독의 핵심은 '둘이 한 몸이 될 것이다.'라는 창세기 2장 25절의 말씀으로 여겨진다. … 그리스도께서는 '한 처음'의 이 말씀을 인용하신다. 이는 원초적 일치의 원천이 남자와 여자의 인간 창조로부터 이루어지고 있음을 명확히 해야 함을 의미한다." (TOB 8:1)

"이중의 일치(double unity)"가 성취될 때까지 남자와 여자의 인간 창조는 완전하지 않다. (TOB 8:3 참조) 이중의 일치는 "하나됨 안에서의 둘" 즉, "구별 안에서의 일치"를 말한다. 하나됨은 둘의 차이를 불명확하게 만드는 것이 아니라 오히려 그 둘의 차이를 명확하게 함으로써 하나됨을 가능하게 해준다. 이로써 인간은 완전하게 된다. 모든 인간은 "불완전"을 경험한다. 그렇기에 다른 이들과의 친교를 추구한다. 다른 이들과 함께 있기를 원할 뿐 아니라, 그들을 알기 원하며, 그들에게 자신의 인격을 알리기를 원한다. 우리는 성경의 "혼자 있는 것이 좋지 않으니"와 밀접한 관련이 있다. 인간이 온전한 자신이 되려 한다면 "조력자"가 필요하다.

여자의 창조에 대한 성경 본문 구절을 짧다. 하지만 교황은 그 구절 안의 각 단어가 중요한 의미를 담고 있다고 해석한다. 창세기 창조 설화의 "신비한" 언어로 여자 창조의 심오하고 신비스러운 이야기를 한다. 교황은 여자 창조에 대하여 열정적으로 말한다. "여자 창조에 내포된 진실의 질과 밀도는 참으로 놀랍다." (TOB 8:2)

아담의 "잠"의 의미

창세기 2장을 다시 살펴보자. "그래서 주 하느님께서는 사람 위로 깊은 잠이 쏟아지게 하시어 그를 잠들게 하신 다음, 그의 갈빗대 하나를 빼내시고 그 자리를 살로 메우셨다. 주 하느님께서 빼내신 갈빗대로 여자를 지으시고 그를 사람에게 데려 오셨다." 교황은 현대사회 대부분의 남녀가 "깊은 잠"을 프로이드의 꿈과 잠재의식 분석으로 해석하고 있다고 말한다. 그러나 깊은 잠(히브리어로 "tardēmāh")은 의식에서 잠재 의식으로 가는 것을 의미하는 것이 아니라 의식에서 무의식으로 가는 것이다. 아담에게 있어 깊은 잠은 바로 "비실존으로의 구체적인 회귀"를 의미한다. 잠이 남자의 의식적 실존을 없애기 때문이다. 교리 후반의 주석에서 교황은 "이는 하느님의 여자 창조 행위가 갖는 배타성을 의미한다. 하와(여자)의 창조에 아담의 의식이 참여한 것이 아니다. 여자 창조 행위는 하느님의 주도적인 행위이다." (TOB 8:3)고 말한다.

깊은 잠(tardemah), "기면 상태"에 대하여 교황은 다음과 같이 적고 있다. "잠(tardemah)은 잠이 든 동안 또는 잠에 빠진 직후 어떠한 특별한 사건이 일어나려 할 때 성경에서 주로 사용되는 표현이다." (TOB 8:3) 히브리어 구약의 그리스 번역이 tardemah를 ekstasis(영어로 ecstasy: 무아경, 황홀)로 번역하였다는 점은 흥미롭다. 교리에서 교황은 이에 대하여 잠깐밖에 언급하지 않았지만 아담의 잠을 "무아경, 황홀"로 번역하였다는 점을 분석하는 것은 중요하다. 이는 아담이 여자를 발견한 때 "무아경(황홀경)"에 빠졌을 뿐 아니라 실제로 글자 그대로 "자신의 상태에서 빠져 나온" 것을 의미하기 때문이다. 자신의 상태에서 빠져 나온다는 것의 의미는 무엇인가? 사람의 "밖"에는 무엇이 있는가? 여기에서 "자신의 밖"으로 빠져나간다는 것은 "자신을 신실한 선물"로 내어 줌을 암시하는 것처럼 보인다.

잠의 유비를 사용하는 것과 같은 방식으로 꿈의 유비를 얘기할 때,

교황은 아담이 꾼 꿈의 내용은 "또 다른 나"를 발견하는 것이라고 말한다. 다시 말해, 인격으로서 고독을 경험하고 일치를 열망하는 다른 어떤 인간을 발견하는 꿈이다. 물론 아담이 잠에 빠져 완전한 연인에 대한 꿈을 꾸었다고 말할 수 있다. 단, 죄에 빠진 인간이 쾌락을 추구하며 우상화되고 비인격화된 몸에 대하여 꿈을 꿀 수 있다는 의미와는 구별해야 한다. 아담의 꿈은 그러한 것이 아니다. 아담은 원초적 순수의 순결 안에서 꿈을 꾸었다. 그는 "다른" 몸, "다른" 인간, 하느님이 사랑하신 것처럼 사랑할 수 있는 그런 인간에 대하여 꿈을 꾸었다. 아담이 꿈에서 깼을 때, 그의 꿈은 현실이 되어 있었다.

교황의 해석은 계속된다. "자신과 비슷한 존재를 찾으려는 열망을 지닌 채 '잠'에 빠진 것에는 의심의 여지가 없다. … 이러한 방식으로 인간-인격의 고독은 부서진다. 그 첫 '인간'이 '남자와 여자'로서 자신의 잠으로부터 깨어나기 때문이다." (TOB 8:3) 이처럼 "잠" 안에서 인간은 이중의 일치를 이루기 위하여 다른 성별로 재창조되었다. 지금은 비록 원죄로 인하여 고통과 혼란에 빠져 있지만 모든 인간은 어떤 의미에서 성적 "깨어남(자각)"의 단계에 와있는 것은 아닐까?

아담의 "갈빗대"의 의미

요한 바오로 2세에 따르면, 아담의 갈빗대는 여자의 창조를 표현하는 "고대의 은유적이고 비유적인 방식"(TOB 8:4)으로 여자를 비하하는 것으로 해석될 수도 있다. 하지만 이는 성의 절대적인 동등성의 확립할 목적으로 언급된 것이라고 교황은 말한다. 아담의 갈빗대로부터 하와를 창조한 것은 "두 존재의 동질성"(TOB 8:4)을 가리킨다. 남자와 여자는 같은 재료로 창조되었다는 말이다. 그들은 같은 인간의 특질을 공유하였다. (교리 후반부에서 교황은 아담의 "갈빗대"를 마음으로 해석할 가능성을 언급하기도 하지만) 교황은 남자와 여자가 같은 특질과 존엄성을 나누고 있음을 다시 한번 확인한다. (TOB 108:4 참조)

여성성과 남성성은 하느님과 세상 앞에서 똑같이 고독한 두 개의 '육화'이다. 몸-인격은 인간이 하느님의 이미지로 창조되었다는 말이다. 남성성과 여성성은 두 가지 측면에서 "서로에게 완벽하다". "남성성과 여성성은 자기 이해와 자기 결정을 상호 보완한다는 측면에서 그리고 몸의 의미를 인식함에 있어 상호 보완적이라는 측면에서"(TOB 10:1) 서로에게 완벽하다.

아담은 동물에게 이름을 붙이면서 "홀로"임을 깨닫는다. 그러나 여자-몸을 보는 순간 그는 황홀경에 빠져 이렇게 외친다. "이야말로 내 뼈에서 나온 뼈요, 내 살에서 나온 살이로구나!" 교황은 기쁨에 넘치는 아담의 표현에 대하여 "보라, '인격'을 표현하는 몸을!"이라고 말하는 것처럼 보인다." (TOB 14:4)고 말한다. 유대인들에게, 뼈는 "인간존재"[19]를 의미한다. 교황은 각주에서 뼈, 존재에 대하여 상술한다. "'내 뼈 중의 뼈'는 관계적인 의미에서 '내 존재에서 나온 존재'라는 의미로 해석되고, '내 살 중의 살'은 육체적 특징이 다르기는 하지만 여자 역시 남자와 동일한 인격성을 갖는 것으로 해석된다." (TOB 8:4)

교황은 아담의 감탄을 아가서에서 드러나는 성경의 전형적 표현으로 이해한다. 창세기 2:23은 원초적인 사랑의 노래이다. 창세기 2:23은 "기쁨과 흥분의 최초 순간"(TOB 8:4)을 표현한다. 창세기 2:23에서의 아담의 말은 "경이로움, 존경, 더 나아가 황홀함을 표현하고 있다."고 교황은 교리 후반부에 말한다. (TOB 108:5) "아담의 말에서 흥분, 감성을 읽어 낼 때, 우리는 여자 앞에서 인간-남성이 겪은 처음이자 '원초적인(original)' 감정의 심오함과 유일하며 반복불가한 힘을 볼 수 있다." (TOB

19 시편 139:15 참조.

9:1) 여자라는 선물이 남자의 마음을 매혹한 것이다. 동물에 이름을 붙인 후에도 여전히 "홀로임"을 자각하던 아담이 자신과 같지만 중요한 점에 있어서 자신과 다른 인간을 발견한 것이다. 그 다른 인간은 인격을 지녔으며 결국 그 다른 인격을 통하여 친교의 삶을 살 수 있음을 발견한 것이다.

인격의 친교

"성(性)"이라는 단어는 남자와 여자를 구별하는 것이지 "한 몸"이 되는 과정에서의 행위를 말하는 것이 아니다. 따라서, 야훼스트 전승에서 남자와 여자가 성적으로 "깨어나기 이전"의 인간은 어떤 의미에서는 성이 없었다고 말할 수 있다. 왜냐하면 "타인"이 없는 여성성과 남성성은 무의미하기 때문이다. 하느님 말씀을 인용하자면 이는 "보시니 좋지 않은 것이다." 따라서 성별의 차이는 가치론적으로 의미가 있다. 즉, 여성성과 남성성은 하느님 앞에서, 그리고 서로의 앞에서 구체적인 가치를 갖는다. "홀로 있는 것이 좋지 않다면", 남자와 여자가 다른 성(性)으로 존재하고 서로를 위해서 하나가 되며 "한 몸"의 원초적 일치를 이루는 것은 보시니 좋은 것, 매우 좋은 것이다.

친교를 통한 고독의 확인 및 극복

성별의 구분이 갖는 아름다움과 신비는 남자와 여자가 일치를 이루라는 소명에서 더 구체화된다. 객관적 소명이 육화된 주체적 실재에 이전되는 것이다. "이와 같이, 원초적 일치는 원초적 고독을 극복한다. 그러나 이와 동시에 원초적 고독은 모든 인간의 구성요소임을 확인한다." (TOB 9:2)

이 말씀의 의미는 무엇인가? 원초적 고독의 두 가지 의미를 다시 한

번 상기해 보자. 원초적 일치는 여자가 없는 남자가 갖는 고독을 극복한다. 남자가 없는 여자의 고독도 역시 마찬가지이다. 그러나 원초적 일치에 대한 경험은 그들의 고독이 동물과 다름을 확인하는 것이기도 하다. 일치 자체가 다른 동물들과는 근본적으로 다르기 때문이다. 남자와 여자 모두 세상을 사는 주체이며 자신의 몸이 갖는 의미를 인식한다. 이 인식이 바로 인간이 가시적인 세상에서 인격자로서 갖는 고독에 대한 경험의 핵심이다. 이 고독은 남자와 여자에게 공통으로 일어난다. 교황은 이처럼 "이중의 일치(double unity)"뿐 아니라 "이중의 고독(double solitude)"에 대하여 말하고 있다. 오직 두 인격만이 성경에서 말하는 '조력자'가 될 수 있다. 오직 두 인격만이 사랑을 나눌 능력을 갖는다. "이중의 고독"은 원초적 일치를 위한 필수불가결한 토대이다. 또한, 남자와 여자의 진정한 동등성을 위한 확고한 토대이기도 하다.

제 2차 바티칸 공의회에 따라 교황은 이와 같은 일치를 "인격적 친교(*communio personarum*)"[20]로 정의한다. "일반적이고 다의적 의미를 갖지 않았다면 '공동체(community)'라는 용어로 정의될 수도 있었을 것이다. 그러나, '친교(communion)'가 더 적확한 의미를 지닌다. 친교는 '옆에' 실존하는 인격인 '조력자'로부터 온 단어이기 때문이다." (TOB 9:2) "이와 같이 인격 간의 친교 안에서 원초적 고독의 전 깊이는 완벽하게 보장된다. … 동시에 원초적 고독은 '타인'이라는 선물을 통하여 경이롭게 스며들고 확장된다." (TOB 18:5) 즉, 인격으로서의 유일성은 다른 이와 "하나"가 된다고 해서 걸고 손상되지 않는다. 오히려, 나는 이 안에서 자신을 재발견하고, 인간 인격의 모든 것을 확인하며 "인간을 이루는 고독의 모든 의미"를 확인한다. 교황은 인간을 정의하는 데 있어 타인에게 자신을 여는 원초적 일치가 동물과 다름을 깨닫는 원초적 고독보다 더 결정

20 *Gaudium et Spes*, 12 참조.

적일 수 있다고 말한다.[21]

가톨릭 사상의 극적인 발전

여기에서 우리는 오랫동안 염원해오던 하느님의 모습에 대해 극적인 발전이 이루어지는 문턱에 서 있음을 발견하게 된다. "상(象)의 기능은 모형을 반영하고 자신의 원형을 복제하는 것이다." (TOB 9:3) 하느님의 원형은 삼위일체이다. 따라서 전통적 삼위일체론에 따르면, 하느님의 상은 다양한 방식을 통해 셋으로 나뉜다. 예를 들어, 기억, 이해, 의지로 나누는 방법 등이 이에 속한다. 그러나 거룩한 원형은 셋 안에 나뉘어 있는 한 위격이 아니다. 하느님 상(象)의 원형은 "위격들께서 맺으시는 측량할 수 없는 거룩한 친교"(TOB 9:3)이다.

"우리 모습을 닮은 사람을 만들자!" (창 1:26) 하느님 자신을 복수로 표현하는 창세기의 구절에 주목하자. 여기에서 우리는 "인간적 속성으로뿐만 아니라 한 처음부터 남자와 여자에 의하여 형성된 인격들의 친교로부터 하느님의 '모상성'을 연역해낼 수 있다." (TOB 9:3) 하느님의 모상성을 지닌 인간은 이성적인 개별적 존재로서(원초적 고독의 경험), 한 처음부터 여자와 남자에 의한 인격적 친교(원초적 일치) 안에 만들어졌다.

교황의 입장에서 이는 신학적으로 대단히 대범한 움직임이다. 남녀의 친교 안에 거룩한 하느님의 모상을 투영하는 시각이 다양한 문헌에서 발견되기는 하지만 그러한 시각은 명백히 전통적 입장이 아니었다. 제 2차 바티칸 공의회의 삼위일체적 인간학은 요한 복음을 기초로 한다. "그들이 모두 하나가 되게 해 주십시오…우리가 하나인 것처럼." (요한 17:21–22) 요한 바오로 2세는 "인간은 원초적 고독 속에서뿐만 아니라 원초적 일치 안에서도 하느님의 모상에 따라 인간이 되었다."는 시각

21 *CCC*, nos. 371–72: 원초적 고독과 원초적 일치에 대한 간략한 요약을 담고 있다.

을 확인한다. “하느님의 상(象)에 관한 삼위일체적 개념은 … 아마도 인간에 대해 말할 수 있는 모든 것 중 가장 신학적이다. … 바로 이 일치에 이미 인간적 출산과 연결된 태초의 풍요로운 축복이 내려져 있었다.” (TOB 9:3) 이는 그리스도적 인간학에 있어 매우 중요한 발전이 된다. 수요교리와 이후의 더 권위가 있는 문서[22] 등을 통해, 교황은 한때 사장되었던 ‘인간은 남자와 여자의 일치 안에서, 일치를 통하여 하느님의 모상을 닮는다.’는 개념[23]을 공식적인 교리로 전하고 있다.

성(性)의 신학

하느님 모습, 상(象)에 대한 이해를 토대로, “우리는 바로 내 뼈에서 나온 뼈인 동반자 안에서 우리 자신을 찾는다.” 인간은 남자와 여자의 몸을 가지고 있음에도 불구하고 여전히 “하느님을 닮은 존재”이다. 따라서, 인간의 몸 역시 하느님의 신비 중 어떠한 것을 드러낸다. 몸의 의미를 이해하는 것의 본질은 인간학뿐만 아니라 신학과 관련된 주제라고 교황은 설명한다. 교황이 몸의 신학에 대하여 말하는 이유는 바로 이 때문이다. 몸은 남자와 여자가 친교를 이루라는 소명을 드러낼 뿐 아니라 그 소명을 수행할 수 있도록 한다. 몸은 하느님 안에서의 친교 방식을 보여주기 때문이다.

22 *Mulieris Dignitatem*, 6–7 참조. *CCC*, nos. 357, 1702, 2205 참조.

23 표현상의 차이는 있으나, 아우구스티누스와 아퀴나스는 남녀의 일치와 번성이 삼위일체의 상(象)에서 온다는 개념을 거부한다. *On the Trinity*, bk. 12, chap. 5; St. Thomas Aquinas, *Summa Teologica*, q.93, a.6. 그러나 Michael Waldstein의 주장에 따르면, 토마스 아퀴나스와 요한 바오로 2세의 입장이 양립불가한 것은 아니라고 말한다. “아우구스티누스와 토마스 아퀴나스에 따르면, 세 위격(삼위)의 사랑의 일치에 대하여 말할 때 인간 존재간의 상호 사랑이라는 측면에서 말할 수 있다. 결론적으로, 아우구스티누스와 토마스 아퀴나스 안에 요한 바오로 2세의 하느님 상(象)에 대한 가르침이 함축적으로(명시적은 아니지만) 담겨 있다고 할 수 있다.” “Pope John Paul II’s Personalist Teaching and St. Thomas Aquinas: Disagreement or Development of Doctrine?” 2001년 1월 12일 Thomas Aquinas College 강연.

교황이 강조한 바와 같이, 이는 "육화된 친교"이다. "한 몸"을 이루라는(창 2:24) 것에서 시작된 것이다. "하느님을 닮은 인간의 창조에서부터 시작되는 몸의 신학은 어떠한 의미에서는 성(性)의 신학 즉, 남성성과 여성성의 신학이다." (TOB 9:5) 그리고 "인간의 몸과 성(sexuality)에 대한 깊은 인식을 통해 우리는 신학적 측면에서 인간을 이해할 수 있는 절대적 규범을 세울 수 있다." (TOB 9:5) 다시 말해, 성별의 차이, 성적 일치에 대한 의미를 이해하지 못한 채 인간을 신학적으로 이해할 수는 없다. 성은 인간학적 실재의 핵심이기 때문이다. 이미 언급한 바와 같이, 이 핵심은 신학적이기도 하다. 이런 측면에서 성적 결합(sexual union)은 삼위일체의 내적 삶이 갖는 의미에 대한 형상이라고 할 수 있다. 그렇다고 하여 하느님이 성(性)적인 존재라는 의미는 아니다. 유비를 사용할 때 우리는 하느님과 피조물 사이에 존재하는 영원한 차이를 항상 명심해야 한다. 그러나 이 유비가 완전히 동떨어진 매우 이질적인 것이라는 의미는 아니다. 성별의 차이, 성적 결합을 이루라는 부르심은 삼위일체 안에서의 완전한 차이, 온전한 일치, 그리고 결실을 드러내기 때문이다.[24]

'둘이 한 몸을 이룬다'는 창세기 2:24의 구절은 "하느님의 계시 안에서 풍부하고 원대한 전망을 가지는 것이다." (TOB 9:5) 사실 우리는 원초적 일치가 내포하는 의미를 깨달을 수 있다. 원초적 일치는 하느님께서 인간에게 계시하시는 모든 것에 대한 핵심 즉, 하느님은 누구인지(위격 간의 영원한 친교), 우리는 누구인지(하느님 모상을 닮은 남자와 여자), 그리고 어떻게 살아야 하는지(위격의 친교와 유사한 인격 간의 친교)를 담고 있기 때문이다. 심지어 궁극적인 인간 운명의 본질인 삼위일체의 친교 안에서의 성인들의 친교에 대한 단면을 제시한다. 우리는 육화의 친교가 이미 한 처음부터 그리스도 안에서 하느님의 명확한 계시를 통하

24 *CCC*, nos. 42, 239, 370 참조.

여 드러났으며 그리스도와 교회의 육화된 친교를 통해 예언되었다는 사실을 알게 될 것이다. 바로 이 때문에 하느님은 우리를 남자와 여자로 (성적인 존재로) 창조하신 것이다. 즉, 그리스도를 위한 영원한 신부로서 우리를 준비하신 것이다.

교황은 "한 몸"이 갖고 있는 두 가지 측면에 주목한다. 윤리적 측면과 성사적 측면은 상호 연관되어 있다. 남녀의 성적 결합이 그리스도와 교회의 일치의 성사적 표징이라는 사실을 이해하지 못한다면 우리는 그리스도의 성윤리를 이해할 수 없다. (에페 5:31-32 참조)

> 혼인 생활은 성적 결합에 대한 성사이다. 이는 남녀가 평생 하나로 연결됨을 의미한다. 그리나 교황의 말씀과 같이, "한 몸"의 일치는 "남자와 여자가 부부이기에 그들 간에 이룩된 인격들의 친교에 대한 일반적인 표징이다." (TOB 37:4) 남편과 아내가 서로 자신의 전 실재를 내어 주고 받는 것을 하나로 집약하는 표징의 역할을 수행한다. 교황은 다음과 같이 말한다. "모든 혼인 생활은 은총이다. 그 은총이 가장 잘 드러나는 때는 바로 배우자가 사랑 안에서 서로를 내어 주며 '한 몸'을 이룰 때이다."[25] "'한 몸'의 일치를 통하여 몸은 성사적 표징의 가치를 갖게 된다." (TOB 45:2) 제2부 제2장에서 혼인의 성사적 표징이 갖는 다양한 실재에 대하여 자세히 고찰하겠다.

관계적 주체로서의 인간

교황의 말씀대로 우리는 "신학적 인간학에 기반을 둔 창조의 신비의 풍요로움을 바탕으로 인간 존재 자체가 지닌 전체적 자질"(TOB 10:1)을 이해하기 위해 노력하고 있다. 이러한 탐구 속에서, 교황은 인간이 어떠한 존재인지를 알아내는 법칙과 인간의 존재 법칙이 서로 상응하는 것

25 *Letter to Families*, 12.

이라고 주장한다. (TOB 4:2) 남자와 여자로서의 인간 존재가 갖는 본래적 진리를 이해하면 할수록 인간으로서의 우리의 의미, 더 나아가 인간이 된다는 의미를 더 잘 알 수 있다. 인간 존재의 심오한 본질을 알기 위하여 우리는 원초적 고독에서 시작하여 원초적 친교(일치)로 넘어가야 한다.

인간은 "혼자"일 때는 스스로 완전히 자신일 수 없다. 관계를 맺음으로써만 자기 자신을 발견하기 때문이다. 요한 바오로 2세는 관계성이 인간에 대한 정의와 관련된다고 말한다. 또한, "'인간이 된다는 것'은 '주체가 됨'과 동시에 '관계 안에서의 존재가 됨'을 의미한다." (TOB 109:4) 가톨릭 교회 교리서(*CCC*)에서도 "하느님의 모습을 닮은 우리는 관계 안에서 살아가기 때문에"[26]라고 정확히 적고 있다. 이는 오늘날 서구의 일반적 사조인 급진적 개인주의와는 상반된 입장이다.

철학적 인간학은 "관계 안에서" 살아야 하는 인간 존재 및 그 소명에 대한 신학적인 설명을 하지 못하고 있다. 요한 바오로 2세는 제 2차 바티칸 공의회 문헌을 기초로 자신의 견해를 발전시킨다.

> "그들이 모두 하나가 되게 해 주십시오. 우리가 하나인 것처럼 (요한 17: 21-22)" 하시며 성부께 기도 바치실 때 인간 이성이 미치지 못하는 시야를 열어 주시며 하느님의 삼위일체와, 사랑과 진리 안에서 결합된 하느님의 자녀들의 일치 사이의 어떤 유사성을 시사하신 것이다. 이 유사성은 하느님께서 당신 자신을 위하여 원하신 지상의 유일한 피조물인 인간이 자기 자신을 아낌없이 내어 줌으로써만 자신을 완전히 발견할 수 있음을 밝혀준다.[27] (사목헌장 24항)

공의회 문헌을 토대로 교황은 우리를 인간 인격의 신비의 중심으로

---

26 *CCC*, no. 2563.

27 *Gaudium et Spes*, 24.

이끈다. 하느님은 당신 자신을 위해 우리를 창조한 것이 아니다. 하느님은 당신 자신을 위해서는 인간이 필요하지 않다. 하느님은 삼위일체적 친교 안에서 전적으로 완벽한 분이다. 그럼에도 불구하고, 하느님의 사랑은 사랑 그 자체를 확산시킨다. 사랑은 언제나 참여와 친교의 범주를 확장하며 사랑 자체가 지닌 선량함을 베풀기를 원한다. 따라서 하느님은 이 사랑을 바탕으로 인간을 위하여 인간을 창조하신 것이다. 하느님은 당신과의 친교를 통해 영원한 선에 참여하는 기회를 갖도록 인간을 창조하셨다. 세상이 하느님의 영광을 위하여 만들어졌다는 것 역시 사실이다. 하지만 보나벤투라 성인의 말씀을 인용한 가톨릭 교회 교리서에서 설명한 바와 같이, "하느님께서 세상의 모든 것을 창조한 이유는 자신의 영광을 더하기 위해서가 아니라, 창조에는 그분의 사랑과 선하심 외에는 어떤 이유도 없다는 것을 보여주기 위함이다."[28]

하느님이 우리에게 주신 선물은 그분 자신의 사랑과 선함이다. 그러나 하느님은 우리에게 그것을 강요하지 않으신다. 강요는 선물의 본질에 위배되는 것이기 때문이다. 또한, 강요는 우리 존재가 우리 스스로를 위해 창조되었다는 사실에도 위배된다. 인간인 우리 자신을 존중하기 위해서 하느님은 우리에게 자유와 의사결정 능력을 주셨다. 우리는 열린 태도로 이를 우리에게 주신 선물(믿음)로 받아들이고 우리 자신을 신실한 선물로 되돌려 드림으로써 하느님과의 친교의 선물에 참여할 수 있다. 열린 태도 그리고 하느님 은총에 응답하고자 하는 우리의 자유로운 의사 결정 그 자체가 거룩한 선물[29]이다. 자유 의지로 하느님의 "선물"에

28 *CCC*, no. 293.

29 하느님의 법을 따르는 데 있어 내적 은총을 거부한 펠라기우스의 입장뿐 아니라 세미-펠라기우스적 입장을 반박할 필요가 있다. 세미-펠라기우스 주의는 하느님 법을 따르는 데 있어 은총이 필요하지만 그 은총을 받는 결정은 인간 고유의 권한이라고 주장한다. 교회의 입

참여할 때 우리의 삶 자체는 그야말로 엄청난 은총이 주어지는 성체성사가 된다.

이로써 제 2차 바티칸 공의회의 가르침에 대한 논리는 분명해진다. "자신을 위해" 창조된 인간은 자아라는 "신실한 선물"을 통해서만 자신을 완성할 수 있다. 인간은 다른 인간과의 진정한 관계 속에서만 그 자신이 인간이 된 목적을 실행할 수 있다. 몸의 신학은 이 관계성이 근본적으로 성별의 차이를 통해 드러남을 보여준다. 영적인 고독을 가지며 고유하고 결코 반복되지 않는 모든 인간 존재는 "그" 아니면 "그녀", 이 둘 중 하나다. 성, 그리고 친교로 초대하심은 "인간 속성"일 뿐 아니라 "인간을 구성하는 요소"이다. (TOB 10:1 참조)

남성과 여성이 자기 자신을 발견하기 위해서 "그" 혹은 "그녀"는 원초적 고독으로부터 상호 자기 증여를 통한 친교로 나아가야 한다. 서로 다른 두 성(性)간의 풍성한 결실과 원초적 일치는 "구원의 역사를 포함하는 인간 역사의 총체적 전망"(TOB 10:1)을 보여준다. 그렇다고 모든 이가 혼인 소명을 받았다는 의미는 아니다. 다만 우리는 하느님에게서 받은 신실한 선물을 통해서 다른 이들과 친교를 맺으면서 살라는 부르심을 받고 있다는 사실을 강조하는 것이다. 하느님의 원계획에 의하면 혼인은 친교에로의 부르심을 가장 근본적으로 표현하는 것이라 할 수 있으며 어떤 의미에서는 모든 인간의 친교와 자기 증여의 패러다임이라고 할 수 있다. 그런데 그리스도와 바리사이의 혼인 관련 논쟁은 자기 증여의 육화에 대한 부르심에 대하여 충만하게 응답하며 살아갈 수 있는 또 다른 방법을 드러내고 있음을 알 수 있다. (마태 19:12 참조)

교황 요한 바오로 2세의 몸의 신학은 수도자의 동정 소명에 대하여

장에 따르면, 모든 것은 은총이며 선물이다. 하느님의 은총에 열린 태도를 갖는 자유로운 결정 역시 은총인 것이다.

서도 고찰한다. 하느님 앞에서의 인간의 고독과 "절대자의 동반자"로서의 소명에서 이미 그 바탕을 살핀 바 있다. 교황은 "타인"과 친교를 이루려는 인간적 욕구는 절대 타자인 하느님과의 친교 속에서만 충족될 수 있다고 분석한다. 성적인 사랑과 일치는 영원한 사랑과 일치(친교)를 이루려는 인간의 염원에 대한 이 세상 안에서의 응답일 뿐이다. 추기경 재임시절의 저서 『사랑과 책임(*Love and Responsibility*)』은 이에 대한 교황의 시각을 잘 드러낸다:

> 성 때문에 남녀가 서로에게 자신을 내어주고자 하는 욕구가 생기는 것이 아니다. 오히려 그 반대이다. 즉, 모든 인간 안에는 자신을 내어주고자 하는 욕구가 잠재되어 있으며 이 욕구는 육체적, 성적인 일치(결합), 출산을 통해 나온다. 그러나 자신을 타인에게 내어주어 일치를 이루고자 하는 욕구는 인간이 영적 존재라는 사실과 더 깊은 연관이 있다. 타인과 일치(결합)를 이룬다고 해서 완전히 만족되는 것이 아니다. 인격의 영원한 실존이라는 관점에서 혼인은 사랑을 통한 일치의 문제에 대한 잠정적인 해결책일 뿐이다.[30]

원초적 부부 행위(Original Conjugal Act)

친교를 향한 인간 욕망의 "잠정적인 해결책"은 창세기 2:24의 '둘이 한 몸이 되는 것'이다. 교황은 이러한 일치는 "부부행위로 표현되고 실현되는 일치를 말하는 것임에 의심의 여지가 없다."(TOB 10:2)라고 한다. 그러나 사람들이 생각하듯 성경 저자가 성(性)이라는 표현의 불편함을 완곡하게 표현하기 위해 이렇게 적은 것이 아니다. 이 표현에는 "한 몸"의 의미가 내포되어 있다. 이는 우리를 성(性)에 대한 표면적 이해로 이

30 *Love and Responsibility*, pp. 253–54.

끄는 것이 아니라 심오한 통찰을 통하여 상호 인격적 친교의 형태인 "심오한 신비"(에페 5:32 참조)의 깊숙한 곳으로 이끈다.

몇몇 그리스의 교부들은(예: 니싸의 그레고리, 요한 크리소스토무스, 테오도르, 다마스쿠스의 요한[31]) 낙원에서의 아담과 하와가 "한 몸"을 이루지 않았을 것이라는 의견을 보였다. 남녀의 육(肉)적인 결합을 죄로 말미암은 결과로 보았기 때문이다. 이들 그리스 사제들의 의도가 무엇이든 간에 (그렇다고 해서 이들이 성(性)에 반대하는 편견을 가졌다고 쉽게 단정지어서는 안 된다), 요한 바오로 2세는 창세기 2장 24절에서 언급하는 "한 몸"의 결합이 창조주에 의해서 처음부터 있었던 것임을 반복적으로 강조한다. "창세기 2장 24절의 말씀은 일치(결합)의 본래적 의미를 증거한다. 즉, 몸을 통하여 실현되며 … 한 처음부터 인격 간의 "육화된" 친교(*commuio personarum*)를 나타내는 것일 뿐 아니라 한 처음부터 이와 같은 친교로 우리를 부르셨음을 의미한다." (TOB 9:5)

물론 '한 처음'은 원죄 이전의 역사를 가리키는 것이기에 여전히 신비에 휩싸여 있다. 그래서 요한 바오로 2세는 조심스럽게 그들의 원초적 결합의 명확한 방식이나 형태에 우리가 접근하는 것이 불가능할 수 있다는 뉘앙스를 내비친다. 몸의 일치(결합)에 대한 역사적 경험이 "한 처음"의 경험이라고 단정해서도 안 된다. 하지만, "남자와 여자는 원초적 순수의 상태로 창조되었으며 이 상태에서 혼인적 일치(결합)에로의 부르심을 받았다."(TOB 97:5)고 교황은 말한다.

---

31 (Lawler, Boyle, May, *Catholic Sexual Ethics*, 2nd ed. (Huntington, IN: Our Sunday Visitor, 1998), p. 266 인용 참조). Gregory of Nyssa, De Opificio Hominis, 17(PG 44.187); John Chrysostom, De Virginitate, 17(PG 48.546); Homilia in Genesis, 18 (PG 80.136); Damascene, De Fide Orthodoxa, 2.30(PG 94.976).

요한 바오로 2세의 양성(兩性) 간의 원초적 결합에 대한 언급은 해석의 여지가 있다. 일부 학자들은 교황이 부부간의 육체적 결합을 하느님 원계획의 일부로 인정하나 원죄 이전의 아담과 하와가 실제로 남성과 여성 간의 결합을 하였음을 긍정하는 것은 아니라고 주장한다. 사실, 요한 바오로 2세는 창세기 4장 1절(사람이 자기 아내 하와와 잠자리를 같이 하니)의 부부 결합 행위에서 처음으로 남자는 여자를 알게 되었다는 관점을 가지고 설명을 해 나간다. (TOB 21:1 참조) 물론 이것은 우리도 알고 있듯 "역사 속에서" 그들이 처음으로 함께 한 부분이다. 요한 바오로 2세는 항상 조심스럽게 인간의 역사를 신학적인 의미에서의 역사 이전과 구분한다. 다시 말해, 원초적 순수에 있어서의 결합의 방식은 우리의 이해를 넘어서는 것이 될 수도 있다. 교황은 결합의 "방식"이 무엇이든, 원초적 일치의 경험은 육화된 몸의 경험이며 단순히 영적 경험이 아님을 주장한다. 물론 영적인 것과 육(肉)적인 것에 대한 타당한 구별을 하고 영적인 일치가 우선성을 지닌다는 점에 동의해야 한다. 영적인 결합이 우선 되지 않은 육(肉)적 결합은 "동물적인" 것에 불과하다. 그렇지만, 인간에게 성신석인 사랑은 결코 몸과 분리될 수 없다. "혼인 생활에서 배우자간의 육(肉)적인 친밀함은 정신적인 친교의 약속과 표지가 되어 준다."[32] 요한 바오로 2세는 "사랑, 증여, 신의와 같은 가장 심오한 의미를 담고 있는 정신적인 단어들을 나타내기에 충분한 '몸의 언어'를 요구한다. 이러한 정신적 단어들은 몸의 언어 없이는 결코 충만하게 표현될 수 없다."고 말한다. 또한 인간은 "어떤 면에서 몸이 없다면 인간의 인격적인 존재성은 언어로 표현될 수 없으며 자신의 소명 역시 다 할 수 없게 된다." (TOB 104:7)

역사 이전과 역사 이후 그리고 영적인 결합과 육(肉)적인 결합 사이의 균형을 맞춤으로써, 우리는 성의 육화된 일치가 갖는 본래적 의미에 다가설 수 있게 된다. 요한 바오로 2세는 창세기 2장 24절(둘이 한 몸이 된다)이 이를 증거한다고 말한다. 교황은 역사 이전에 몸의 친교가 있었다는 사실을 확인하는 것이 중요하다고 본다. 역사적 인간이 타락하기 전의 상태를 살펴봄으로써 그리스도께서 부르시는 원초적 일치의 모습을 파악할 수 있기 때문이다. 교황의 몸의 신학은 지금의 우리를 위하여 "그때" 일어났을 수 있었던 일을 재구성하는 노력임을 기억해야 한다.

32 *CCC*, no 2360.

"원초적 동정의 가치"(Original Virginal Value)

교황은 하느님께서 한 처음부터 "한 몸"이 되는 둘의 결합을 만드셨다는 사실을 계속 강조한다. 여기에서 우리는 원죄 이전의 아담과 하와가 동정(童貞)의 상태였다고 주장하는 학자들을 살펴볼 필요가 있다. 동정에 대한 가장 기본적 해석은 생식기적 결합이 없음이다. 그러나 요한 바오로 2세에게 동정은 육(肉)적인 결합의 유무가 아닌 다른 의미인 것으로 보인다. 교황은 "일치를 이루는 부부행위는 인간의 동정이 갖는 원초적 가치를 되살아나게 한다." (TOB 10:2)고 말씀하기 때문이다. 이것은 어떠한 의미일까? 사실 이 부분에 대한 교황의 설명은 구체적이지 않다. 그래서 저자는 다음과 같은 해석을 제시한다.[33]

동정을 단순히 성교라고 정의한다면, 요한 바오로 2세가 조심스럽게 제시한 "원초적 동정의 가치(Original Virginal Value)"는 육체적 결합의 부재를 의미하는 것이 아니라 몸과 영의 원초적 결합을 의미하는 것으로 볼 수 있다. 원초적 순수의 상태에 있는 원초적인 인간으로서의 남자와 여자는 심신(몸-영혼)이 완전히 일치된 상태였다. 원죄로 인한 몸과 영혼의 분열이 없기 때문이다." 즉, 원초적 일치(결합)는 남자와 여자의 "원초적 동정의 가치"에 아무런 영향을 주지 못했다. 남자와 여자의 결합이 어떠한 모습이든 간에 그들의 "동정"은 유지되었다. 더 구체적으로 말하면, 최초의 남자와 여자는 자신들의 "동정의 가치"를 그대로 보유하였다. 원죄로 인한 분열이 없었기 때문이다. 원초적 일치는 동정의 가치를

33 다음에서 제시하는 나의 해석은 Monsignor Lorenzo Albacete와 Dr. Michael Waldstein와의 서신 교환을 통하여 얻은 성찰을 토대로 제시한 것이다. Albacete는 동정의 '옛' 이해를 버리지 않고, 교황의 "동정적 가치"로부터 새로운 성찰을 이끌어낸다. Waldstein의 경우, 교황의 새로운 개념을 거부하지 않으면서, 전통적이고 보다 명확한 의미의 '동정성'을 지지한다. 이와 같이 해석상 다른 중점을 두는 것은 창조적 긴장 안에서 유지될 수 있으며 유지되어야 한다고 생각한다.

그대로 보유하는 인격적인 통합을 의미하는 것일 뿐 아니라 인격적 통합을 가장 깊게 인정하는 것이다. 그러나 원죄로 인하여 심신에 분열이 생기자 인간은 몸-영의 통합 상태인 동정의 가치를 상실하게 된다. 이후 성적인 결합만을 추구하는 욕정이 증가하면서 몸-영혼의 균열은 더 악화된다. 욕정만으로 가득 찬 성적인 결합은 언제나 통합에 반(反)하는 경험이고, 인간의 동정적 가치를 위협한다.

이러한 의미에서 동정("동정의 가치")은 새로운 하와의 "은총 받으심"에 대한 이해를 새롭게 한다. 생식기 결합의 여부로 "동정"을 해석할 경우 "은총이 가득하신 동정녀"라는 칭호는 전 생애에 걸쳐 성교를 억제하는 마리아의 선택(루카 1:34 참조)[34]을 떠오르게 한다. 하지만 마리아에게 주어진 특별한 은총은 몸과 영혼의 균열을 전혀 경험하지 않았다는 데에 있다. "동정적 가치"가 몸과 영의 원초적 통합을 의미하는 것이기 때문에 "은총이 가득하신 동정녀"라는 칭호는 마리아의 원죄 없이 잉태하심을 떠오르게 하는 것이다. 원죄와 개인적인 죄로 훼손되지 않은 마리아는 몸과 영이 완전하게 통합되어 있는 분이시다.

음욕으로 가득 찬 결합이 "동정의 가치"를 공격한다고 할 때, 그렇다면 지금 남자와 여자는 음욕에 묶여 있는 관계인가? 아무리 거룩한 남성과 여성이라 할지라도 여전히 그들은 원죄로 인하여 열정을 다스리지 못하는 장애 즉, 강한 정욕으로 가득 차 있다. 세례가 강한 정욕을 제거하지 못하기에 그리스도께서는 "그 본래의 순수성으로 회복시켜 주시려고 오셨다."[35] 구원의 선물을 통해, 남편과 아내는 점차 음욕을 극복해 나가고 그리스도께서 사랑하신 것처럼 서로를 사랑하게 된다. 안젤

34 John Paul II, *Theotokos: A Catechesis on Mary, Mother of God* (Boston, MA: Pauline Books & Media, 2000), pp. 112-32 참조.

35 CCC, no. 2336.

로 스콜라 추기경(Angelo Scola)은 이렇게 표현한다. "동정은 교회 내에서만 인정되는 특정한 소명으로 이해되거나 어떤 것의 포기로 이해되어서는 안 된다." 동정은 "예수 그리스도의 사랑이 갖는 특질이며 모든 그리스도인들은 부부관계에서조차 이와 같은 사랑의 방식으로 살도록 부름 받았다."[36] "남편 여러분, 그리스도께서 교회를 사랑하신 것처럼, 아내를 사랑하십시오." (에페 5:25)

이는 그리스도교의 혼인 목적을 이해하는 방식 중의 하나이다. 배우자들은 혼인을 통해 자신의 "동정의 가치"를 회복하고자 한다. 동정의 가치를 회복함이란 성적 결합의 억제로부터 오는 것이 아니라 성적 결합을 통하여 그리스도의 구원적 희생 안에서 승화되고 "재 창조"됨으로써 가능한 일이다. 요한 바오로 2세의 말을 인용하면: "남자와 여자가 부부 결합 행위를 통해 매우 밀접하게 '한 몸'이 되는 매 순간마다 부부는 특별한 방식으로 창조의 신비를 재발견하게 된다. 남자와 여자는 한 처음에 그러하였듯이, 서로를 알아차리고 서로의 이름을 부르는 인간 안의 일치('내 뼈 중의 뼈요 내 살 중의 살')로 되돌아 간다. … 어느 의미에서 이것은 하느님 앞에서 그리고 세상의 한가운데에서 인간이 지닌 고독의 신비로부터 나타나는 동정의 원초적 가치를 다시 사는 것을 의미한다." (TOB 10:2)

자신의 성(性)을 끊임없이 그리스도께 넘김으로써 음욕에 대한 "진정 깊은 승리"[37]를 경험하는 부부에게 성적 결합은 무엇인가를 "상실함"이 아니라 오히려 엄청난 이득이다. 서로에게 신실한 선물이 되어 자기 자신을 내어 줌으로써 그들은 오히려 자신의 충만함을 발견하게 된다.

---

36 *The Nuptial Mystery* (Grand Right, MI: Eerdmans, 2005) p. 270.

37 제1부, 제2장에서 그리스도께서 인간에게 음욕에 대한 "진정 깊은 승리"를 할 능력을 주심에 대하여 자세히 논의한다. TOB 45:4에서 발췌한 구절이다.

친교를 통하여 부부는 서로가 갖는 유일한 동정성 안에서 서로를 확인한다. 따라서, "한 몸"을 이루는 것은 어떠한 의미에서는 인간적인 "한 존재"로 돌아가는 것이다. 여기에서 인간적인 "한 존재"는 하느님과 (그 분께서 창조하신) 모든 피조물 앞에서 드러나는 인간적 고독의 신비이다. 고독은 하느님과 배우자 관계인 신부로서의 인간이 하느님께, 오직 하느님 한 분께 속함을 느끼는 인간 실현을 강조한다. 한 처음부터 남자와 여자의 혼인 관계는 하느님과의 혼인 관계로부터 인간을 멀어지게 하는 것이 아니라 혼인 관계를 가능하게 만드는 것이었다. 그러나 원죄로 인하여 남자와 여자는 이제 성적 결합 안에서 궁극적 인간의 완성을 추구하고 있다. 성적 결합이 이와 같이 우상화됨에 따라 하느님과의 일치는 불가능해져 가고 있다. 사실, 성적 결합의 우상화는 하느님과 인간의 일치 그리고 일치를 통해 인간이 갖는 '원초적 동성의 가치"를 불투명하게 한다.

그러나 역사적 남자와 여자에게 기쁜 소식이 있다. 그리스도께서 우리를 위하여 마련하신 속량 안에서 혼인의 성사적 효력이 다시 회복된다는 사실이다. 성사의 은총으로 혼인적 일치를 이룬 남성과 여성은 그 일치보다 더 위대하고 근본적 일치인 하느님과의 일치가 가능하다. 부부는 하느님과의 일치를 통해 원초적 고독의 신비로부터 드러나는 "동정의 원초적 가치"를 재발견할 수 있다. 교황은 "성(性)"을 통해 남자와 여자는 그들 자신의 고독을 "뛰어넘을" 뿐만 아니라, 배우자의 고독(인격성)을 자신의 고독으로 받아들일 수 있다고 말한다. 여기서 성은 '성별의 차이'와 '성적 결합' 둘 다를 의미하는 것처럼 보인다. 몸이 인격을 드러낸다면, 남성과 여성이 "한 몸"을 이루는 것은 원초적 고독의 상태에서 하느님 앞에 "한 인간의 인격"에 도달하게 되는 것이다. 어떤 의미에서 원초적 일치의 경험은 우리를 원초적 고독의 경험으로 되돌려 놓는 것이며, 우리를 하느님과의 전적인 일치로 되돌리는 것이다. 이때의 성

행위는 "동정의 원초적 가치"의 표현이며 더 나아가 그 가치를 다시 구현하는 것이라고도 말할 수 있다.

물론 남성과 여성이 "한 인간"이 된다는 것은 남성과 여성이 개별적으로 구분되지 않는 상태를 의미하는 것은 아니다. 오히려 구별이 가능함 속에서 발생하는 일치를 의미한다. 더욱 충만한 '그'나 '그녀' 자신이 됨을 의미한다. 요한 바오로 2세는 "'한 몸'이 됨은 하느님이 주재하신 강력한 결합이며, 그 원초적 일치와 신비스러운 상호 간의 이끌림이라는 이중성 속에서 그들은 자기 자신의 인간성을 발견할 수 있다." (TOB 10:2)고 말한다. 핵심은 '둘이 됨 안에서의 하나됨', '하나됨 안에서의 둘이 됨', '하나 됨 안에 존재하는 둘'이라는 점이다. 여기서 진정한 일치와 진정한 구별은 남녀 간의 상호 이끌림이 한 인간으로서 그들 자신의 주체성과 통합될 때, 그리고 한 인간으로서 상대방의 주체성에 대한 확고한 존중이 기반이 될 때 비로소 적절한 균형이 유지된다는 사실이다.

성적인 이끌림은 "한 처음부터" 서로 신실한 선물이 되도록 남자와 여자를 부른다. 이는 상대방을 이용하려는 이기적인 탐욕으로부터 온 것이 아니다. 성적인 이끌림과 욕망은 선택, 그리고 인간의 주체성과 밀접한 관계를 가진 것이다. 선택을 하는 인간의 능력은 동물과는 구별되는 것이다. 그러므로 인간의 성적인 활동은 동물의 교미와는 근본적으로 다르다. 만약 "한 몸"이 되는 과정에 참여하는 것이 본능에 대한 응답일 뿐 자기 결정의 결과가 아니라면, 그들의 결합은 고독에 대한 긍정보다는 동물이 하는 교미와 거의 흡사하게 될 것이다. 역사적 인간이 성적인 욕구를 단지 "본능"으로 경험한다면, 이것은 원죄로 말미암은 결과이다. 역사적 인간인 남성과 여성이 서로에게 신실한 선물이 되기 위해서는 자기통제의 완전성을 다시 회복해야 한다. 첫 남자와 여자가 자유로운 선택으로 서로의 인격성을 확인하는 친교는 "한 처음의 일치를 구성할 뿐 아니라 모든 시대에 걸쳐 남자와 여자의 친교에 대한 모범" (TOB 10:3)이 되어야 한다. 바로 이것이 그리스도께서 바리사이들에게 하신 말씀의 본질이다. 이에 이르지 못하는 친교는 우리가 갈망하는 사랑과 친밀함을 베낀 위작이 될 뿐이다.

친교의 생명력

몸의 신학의 목표 중 하나는 성경적 인간학의 맥락에서 회칙 『인간 생명(*Humanae Vitae*)』을 살펴보는 것이다. 남자와 여자의 친교는 그 자체만으로는 완성되지 않는다. 남자와 여자는 "한 몸"을 이룰 때에야 비로소 출산이라는 원초적 은총 앞에 자신을 내어 놓을 수 있기 때문이다.

앞서 언급한 것처럼 사랑은 그 자체로 확산된다. 사랑은 그 자체가 가진 친교의 범주를 점차 확대해 나가려고 노력한다. 사랑이신 하느님은 위격들 간에 상호 생명을 주는 친교이시다. 우리는 이러한 하느님의 이미지를 닮은 남자와 여자로 만들어진 존재이다. "열매를 맺고 번성하여라"는 원초적 부르심은 거룩한 하느님 이미지 안에서 살라는 부르심이다. "출산(Procreation)은 창조에 그 뿌리를 두며, 출산이 이루어질 때마다 매번 창조의 신비를 재현한다." (TOB 10:4) 창조의 신비는 하느님의 넘치는 삼위일체적 사랑이다. 그 사랑이 우리와 전 우주를 존재하게 한다. "남자와 여자가 '한 몸'을 이루었을 때, 본래의 심오한 생명력으로 창조의 신비를 새롭게 한다." (TOB 10:4) 적어도 남자와 여자는 그렇게 하도록 되어 있다. 그렇다면 피임이라는 성적 결합의 고의적 단절은 어떠한 의미일까? 후반부에 이에 대한 교황이 논리적인 답이 전개된다.

4. 원초적 벌거벗음(Original Nakedness)

야휘스트 전승에서 남자와 여자의 인간 경험은 기본적으로 중요한 의미를 갖는다. 하지만 교황은 우리가 당연하게 받아들였던 일상의 삶과 이 인간 경험들이 서로 뒤엉켜 있음을 포착한다. 하느님의 "몸의 계시"에 대한 통찰을 통하여 우리는 일상의 삶이 갖고 있는 비일상적인 측면을 발견할 수 있다. 또한 인간 존재를 이해하는 해석의 열쇠가 이러한 경험으로부터 나온다는 사실을 발견하게 된다.

성경에 나타난 인간학의 핵심

원초적 고독과 원초적 일치의 경험에 대한 고찰을 토대로 이제 세 번째 "근본적인 인간 경험"인 원초적 벌거벗음(Original Nakedness)에 대해 살피고자 한다. 창세기 2:25에서 "사람과 그 아내는 둘 다 벌거벗었으면서도 부끄러워하지 않았다." 지금까지의 성경학자들의 해석처럼 이 구절은 잘못 적혔거나 단순하게 보태어진 것으로 보일 수 있다. 물론 교황은 이 구절에 대하여서도 일차적인 분석에 그치지 않는다. 교황은 이 구절이 지엽적으로 추가된 문장이 아닐 뿐 아니라 성경에 드러난 인간학을 "완전하고 충분하게 이해하기" 위한 가장 "적합하면서도 핵심적인 열쇠"라고 말한다. (TOB 11:2) '첫 남자와 여자가 벌거벗었음에도 부끄러워하지 않았다.'는 이 구절에 대한 진정한 의미를 이해하지 못한다면, 우리는 성경에서 드러난 인간의 원초적 의미를 제대로 이해할 수 없다.

하느님 모상에 따라 인간을 창조하였다는 구절이 성경의 인간학을 이해하기 위하여 더 적절한 해석의 열쇠라고 말할 수도 있다. 교황 역시 하느님의 모상성(*imago Dei*)을 인간에 대한 성경적 진리의 "뿌리"(TOB 13:2 참조)라고 말한다. 원초적 벌거벗음은 객관적 진리에 대한 주관적 성찰 및 의식의 반영이다. 부끄러움 없는 벌거벗음은 "의식 상태를, 더 나아가 몸에 대한 상호 경험을 … 가장 정확하게 묘사한 것"(TOB 11:3)이라고 교황은 말한다. '벌거벗음'을 묘사한 창세기 2:25은 "몸의 신학에 구체적인 공헌을 한 구절이며 절대 간과될 수 없는 중요한 구절이다." (TOB 11:3)

교황은 '원초적 벌거벗음'이란 부끄러움을 모르거나 수치심이 덜 발달된 것이 아니라 부끄러움이 없는 현존을 의미한다고 말한다. 원초적 벌거벗음은 '아직 수치심을 모르는 어린 아이가 겪는 경험'이나 '몰염치'와는 결코 비교될 수 없다. 오히려 정반대이다. 몰염치한 벌거벗음은 무례함이다. 이러한 몰염치한 벌거벗음은 수치심이 있어야 하는 곳에 수치심이 없거나 부족한 경우를 말한다. (예레 3:2-3 참조) 벌거벗음에 대한 부끄러움은 인격의 존엄성에 위협이 가해질 때 생긴다. 그렇다면 벌거벗음의 원초적 경험에는 부끄러움이 있을 수 없다. 첫 부부인 아담과 하와의 '벌거벗음'은 인격의 존엄성에 대한 위협이 아니기 때문이다. 첫 남자와 여자는 몸이 인격의 존엄성을 계시한다고 보았다. "여자는 오로지 남자를 위한 '객체'이고, 반대로 남자는 오로지 여자를 위한 객체로 만드는 벌거벗음만이 부끄러움의 근원이다. '그들이 부끄러워하지 않았다'는 사실은 여자가 남자를 위해서도 또는 남자가 여자를 위해서 '객체'가 아니었음을 뜻한다." (TOB 19:1)

무화과 잎으로 가릴 필요가 없는 원초적 벌거벗음의 경험을 상상하기는 매우 어렵다. 원죄가 벌거벗음에 대한 우리의 인식을 변화시켰기 때문이다. 죄로 인해 인간에게 부끄러움이 들어왔으며 부끄러움은 원초적 인간과 역사적 인간 사이의 "경계"를 가른다. 그렇다면 어떻게 이 경계를 넘어 원초적 벌거벗음의 경험을 회복할 수 있을까?

카롤 보이티야 추기경은 자신의 저서 『사랑과 책임(*Love and Responsibility*)』에서 풍부한 사례를 바탕으로 '벌거벗음, 부끄러움, 수치심 없음, 겸허 등'에 대하여 자세하면서도 지극히 균형 잡힌 설명을 한다. 특히 그가 주목한 것은 "부끄러움을 흡수하는 사랑의 법칙"이다. "사랑은 부끄러움을 없애며 사랑 안에 부끄러움을 녹여 버린다. 남자와 여자는 성적 가치에 대한 경험을 공유함으로써 서로 더 이상 부끄러워하지 않게 된다. 이 과정은 성 윤리에서 매우 중요하다."[38] 카롤 보이티야 추기경이 몰염치나 무례함의 부끄러움이 아닌 원초적 벌거벗음에서의 부끄러움은 제거 대상이 아님을 분명히 한다. 부끄러움은 사랑에 있어서도 중요하면서도 긍정적인 역할을 한다. 부끄러움이 인격의 존엄성을 보호하기 때문이다. "사랑에 의해 부끄러움이 소멸됨"은 당연히 내적 신비를 갖는 타인에 대한 존중이나 보호마저 제거하라는 의미가 아니다. 진정한 사랑이 있는 곳에서는 몸을 도구로 보는 태도 때문에 생긴 부정적 의미의 부끄러움은 그 존재 이유를 상실한다. 부끄러움은 사랑 받은 상대방-인격이 사랑 안에서 똑같이 자신을 헌신할 준비가 되어 있을 때만 소멸한다."[39] 다시 말해, 인격 상호간에 서로 받은 선물을 인식하고 상호 동등한 인격적 방법으로 응답하는 관계에서 벌거벗음은 부끄러움을 발생시키지 않는다. 오히려 "벌거벗은 인간 몸은 인격 상호 간에 있어 특별한 '소통'의 원천이 된다." (TOB 62:3)

인간 경험에 대한 통찰

일부 학자들이 말하는 것처럼 원초적 벌거벗음을 내면적으로 경험하는 것에 대한 우리의 지식은 제한적일 수 있다. 이들 학자들은, 우리가 여기에서 접근하는 객관적 방법은 전통적인 형이상학을 통한 피상적인 이해일 뿐이라고 말한다. 세상에 대한 피상적인(외부적) 이해 역시 매우 중요하다. 교황도 이 피상적 이해의 중요성을 인정하고 있다. 그러나

38 *Love and Responsibility*, p. 181.

39 Ibid., p. 183.

교황은 "'부끄러워하지 않았다'는 성경 표현이 주관적 차원으로서의 '경험'을 직접적으로 가리키고 있음"(TOB 15:4)을 강조한다. 우리가 "원초적 벌거벗음의 완전한 의미를 알려면 인간 심연의 깊숙한 곳까지 가보아야 한다. 창세기 2:25은 우리를 인간 심연으로까지 깊숙이 인도하여 앎의 원초적 순수를 찾도록 한다." (TOB 12:4)

여기에서 요한 바오로 2세는 존재에 대한 전통적 철학과 의식에 대한 현대 철학 사이의 관계성에 주목한다. 원초적 벌거벗음에 대해 충분한 의미 탐구를 하려면 형이상학적 방법을 사용해야 한다. 원초적 벌거벗음은 "존재 혹은 실재의 진리"의 관점에서 살펴 보아야 한다. 이와 같은 관점은 반드시 살펴보아야 하는 필수적인 관점으로 주관적 분석보다 선행되어야 한다. 그러나 이것만으로는 추상적 관념에 빠질 위험이 있다. 요한 바오로 2세의 분석은 근대 철학뿐 아니라 가톨릭의 신비전통에서도 발견할 수 있는 주체에 대한 관심을 기반으로 한다. 이 분석을 통해 우리는 원초적 벌거벗음의 의식적이고 경험적인 실재를 통찰한다. 이런 통찰은 객관적 관점에 반(反)하는 것이 아니라 오히려 객관적 관점과 연계된 분석이다. 이런 분석 방식에 회의적인 사람들을 향해 교황은 "창세기 2:25 구절은 몸의 신학 고찰에 인간의 인격적 주체성이라는 차원을 연계할 필요가 있음을 명백히 드러낸다."(TOB 11:3)고 말한다.

우리는 세습된 원죄의 상태에 있음에도 불구하고 여전히 에덴동산의 순수를 원천으로 누고 있다. 교황은 "그리스도께서는 우리로 하여금 역사적 죄악의 문턱에서 원초적 순수로 되돌아가도록 우리를 구원하심으로써 원초적 순수와 역사적 죄라는 두 상태가 연계되고 지속됨을 간접적으로 밝히셨다." (TOB 11:4) 따라서 벌거벗음에 관련된 부끄러움의 경험은 원초적 순수의 "이번"이라고 볼 수 있다. 원초적 거룩함의 상태에서 가능하였던 몸의 의미에 대한 온전한 인식은 오늘날의 우리에게 더 이상 가능하지 않게 되었다. 그러나 우리는 부끄러움이라는 감정과 그 이면의 가치를 탐구함으로써 다시 몸의 의미의 충만함을 인식할 수 있다. 이런 방식으로 우리는 일부분일 망정 적어도 원초적 벌거벗음의 경험이 가지는 내면적 내용을 재현할 수 있다.

현상으로서의 부끄러움

1979년 12월 19일 수요교리 강연의 서두에서 (TOB 12) 요한 바오로 2세는 다음과 같이 질문한다. "부끄러움은 무엇인가? 창조 신비라는 심층적 차원에서 원초적 순수 상태의 남성과 여성에게 원초적 부끄러움이 없다는 것을 어떻게 설명할 것인가?" 이에 대해 답하려면 먼저 부끄러움이 대인 관계 속에서 실재하는 것임을 인정해야만 한다. 그 이후에 부끄러움은 각각의 인간 내부에 있어 의미를 가지고 있음을 보여주어야 한다. 교황이 "내재적 부끄러움"이라 부르는 것이 바로 이것이다. 부끄러움은 일반적으로 타인에 대하여 혹은, 타인과의 관계에서 경험된다. 홀로 있을 때에는 벌거벗음의 부끄러움을 느낄 만한 어떤 것도 하지 않는 한 부끄러움을 느낄 이유가 없다. 당신이 샤워를 마치고 나올 때 낯선 이가 당신에게 걸어왔다고 가정해 보자. 대부분 본능적으로 자신의 나체를 가리려 할 것이다. 현상학자들은 다음 질문에 답해야 한다. 왜 그럴까?

요한 바오로 2세의 해석에 따르면, 이 "본능"은 벌거벗음으로 인해 드러난 '나'의 인격이 갖는 충만한 진실성을 "타인"이 긍정하고 인정하지 않을 것이라는 두려움의 표현이다. 몸이 그 사람의 인격을 나타내 보인다고 했음을 기억하라. 즉, 몸을 가리지 않으면 우리 자신의 인간적 존엄성이 지켜지지 않을 거라는 두려움 때문에 보호 본능으로 몸을 가리는 것이다. 누구나 이러한 현상을 증명할 수 있다. 상대방으로부터 인정

받지 못할 거라는 두려움을 "뒤집어 보자". 두려움의 이면에서 우리는 원초적 벌거벗음이라는 경험의 문턱에 다다른 자신을 발견하게 될 것이다. 더 정확히 표현하자면 거의 알 수 있고 거의 "맛볼 수" 있을 것이다.

원초적 벌거벗음은 몸이 갖는 의미와 존엄성을 온전히 인식하는 경험이다. 이러한 맥락에서 원초적 벌거벗음이란 남녀가 서로에게 벌거벗은 몸을 보여도 두려움이 없음을 의미한다. 상대로부터 인간 존엄성에 상응하는 긍정과 수용을 얻게 될 것이기 때문이다. 교황은 이 경험을 "'앎'의 원초적 순수(Original Innocence)"(TOB 12:3)라 일컫는다. 그러한 앎은 친밀하고 상호 인격적인 "소통"의 심오한 경험을 전제로 한다. 요한 바오로 2세는 우리가 '앎'이라는 단어가 갖는 심오한 의미를 상실해 버렸음을 지적한다. 진정한 소통이란 '상호 일치'의 경험을 의미한다. 따라서 '소통한다'는 것은 서로에게 상호적이고 신실한 선물이 됨으로써 '친교'를 세움을 말하는 것이다.

기혼자를 대상으로 하는 조사와 기타 많은 임상 연구 보고서들은 부부 결별의 중대 원인으로 '소통의 부재'를 거듭 지적하고 있다. 대부분의 혼인 준비 프로그램들은 부부 간 "소통의 기술"을 가르치는 데에 중점을 둔다. 따라서 부부간의 대화를 더욱 효율적으로 이끌어낼 수 있는 다양한 말하기와 듣기 등의 기법으로 프로그램을 구성하는 것이 전형적이다. 물론 이 기법들은 매우 유용하다. 그러나 내가 조사한 수많은 혼인 준비 프로그램 또는 심화 프로그램은 더 깊고 중요한 의미의 소통에 필요한 기술을 가르치는 일의 중요성을 간과한다. 혼인의 본질은 자신을 자유롭고 신실한 선물로 상대방에게 내어 줌을 통해 "상호 일치"를 이루는 것이다. 음욕은 진정한 부부 간의 자기 증여를 통한 소통을 방해하는 수범이다. 때문에 혼인 생활의 진정한 소통을 위해서는 음욕을 극복하는 법을 배우는 것이 가장 중요하다. 음욕으로부터의 해방 없이는 결코 몸의 증여를 통한 선물의 자유로움을 표현해 낼 수 없다. 음욕으로부터 자유로워지는 것이야말로 부부가 "진실로 함께 살아가는 삶을 위한 소건"이다. (TOB 43:6)

원초적 벌거벗음의 경험은 상호 자기 증여의 순수성에 대한 진정한 "소통"이다. 그러한 순수는 서로의 벌거벗음을 통해 서로를 알아보게 한다. 벌거벗음 자체가 상대를 가장 친밀한 앎으로 이끌어주어 "소통"에 이르게 하기 때문이다. 그리고 이 앎은 하느님의 이미지 속에서 창조된 남자와 여자로서 갖는 서로에 대한 위대한 존엄과 선함을 아는 것이다. 요한 바오로 2세는 "'벌거벗음'이 신적 전망의 본래적인 선을 의미한다. '벌거벗음'은 남자와 여자로서 갖는 인간성의 순수한 가치를 보여주는 신적 전망의 단순함과 충만함을 의미한다."고 말한다.(TOB 13:1) "앎의 원초적 순수"라는 벌거벗음의 본래적 전망의 의미를 숙고할수록 우리는 죄와 욕망의 실재를 깨닫게 되어 가슴을 치며 울고 싶게 될 것이다. "니싸(Nyssa)의 그레고리(Gregory)가 무화과를 빗대어 말한 고통이라는 우리의 의복'"은 하느님께서 인간의 영적 신비를 드러내고 어떤 의미에서는 하느님의 거룩한 신비를 드러내기 위해 우리 몸을 창조했다는 사실을 우리가 지속적으로 망각하고 있음을 상기시킨다.

그 망각을 깨달을 때, 우리는 하느님에게 자비를 구하기 위해 무릎 꿇게 된다. 그리고 하느님의 자비는 그리스도의 몸을 통해서 드러난다. 십자가 위에서 그리스도의 벗겨진 몸은 부끄러움의 유산 속에서 살아왔던 모든 남자와 여자에게 구원을 선포한다. 죄에 빠진 세상에서는 언제나 "무화과 잎"이 필요하다. 그러나 요한 바오로 2세는 우리가 지금이라도 신적 전망[40]에 따른 원초적 선을 회복할 수 있다고 가르친다. "그리스도께서 우리를 부르신다. 그분의 권능으로 우리를 부르신다. 그분께서는 "바라봄"의 원초적 에토스를 다시 회복하도록 우리를 초대하신다."

---

40 *CCC*, nos. 1264, 1426, 2519, 2715 참조.

평화로운 내면의 바라봄(Interior Gaze)

아우구스티누스 성인은 인간의 가장 깊은 열망은 타인을 바라보는 것과 그 타인으로부터 사랑스러운 눈길을 받는 것이라고 말한다.[41] 이 열망은 곧 원초적 벌거벗음의 경험으로 요약된다. 물론 직접 벌거벗은 몸을 감각적으로 보는 경험 그 이상을 의미한다. 여기서 원초적 벌거벗음이란 타인을 인격으로 알고 확인하는 시각을 통하여 증명되는 내적인 "바라봄(Gaze)"이다. 교황에 따르면, 원초적 벌거벗음의 경험 속에서 "남자와 여자는 감각기관을 통하여 보는 것보다 훨씬 더 충만하고 선명하게 서로를 본다. … 평화로운 내면의 시선을 통하여 서로를 알고 바라보는 것이다. 이 앎과 바라봄을 통해 인격들의 친밀함이 완성된다." (TOB 13:1) 원초적 벌거벗음은 타인 앞에서 전적으로 무방비 상태, 장막이 전혀 없는 상태를 의미한다. 완전한 신뢰를 바탕으로 한 자기 증여의 신실함만이 있는 상태이기 때문이다.

내적 시선을 주고 받음으로써 얻게 되는 남녀의 친밀함 속에 완전한 평화가 넘쳐 흐를 수 있었던 이유는 원죄 이전에는 영적인 것과 감각적인 것 사이의 괴리가 없었기 때문이었다. 성적 차이와 성적 결합은 영적인 것과 감각적인 것의 차이와 일치가 얼마나 중요한지를 잘 나타낸다. 영적–감각적 차이와 일치가 가장 민감하게 "느껴지고" 경험되는 곳이 바로 성별의 차이와 일치가 공존하는 곳이기 때문이다. 이 경험에서, 몸은 마치 투명한 것처럼 그대로 인격을 드러낸다. 외적 벌거벗음이 내면적 벌거벗음을 드러내는 것이다. 교황에 따르면 "물리적인 벌거벗음으로 표현되는 '외적'인 지각의 충만함은 하느님 안에서 인간이 가질 수 있는 시각('하느님 모상'의 방식에 따르는 시각, 창 1:27 참조)인 내적 충만함과 일치한다." (TOB 12:5) 세상에 대한 인간의 지각과 하느님의 지각이 서

41 St. Augustine, *Sermon* 69, c.2, 3 참조.

로 조화를 이룰 때에야 비로소 완벽한 상태가 된다. 서로의 벌거벗음을 바라볼 때 그들은 단지 상대에게서 하나의 몸을 바라보았던 것이 아니다. 각자의 남성성과 여성성을 통해서 하느님의 영광을 발하는 한 인격을 바라보았던 것이다. 따라서 그들은 부끄러운 감정을 경험한 것이 아니라 단지 깊은 평화와 자신의 선함에 대한 심오한 자각만을 경험한 것이다. 요한 바오로 2세는 이 같은 경험으로부터 인간의 몸은 외적인 것을 넘어 완전히 새로운 의미를 얻는다고 말한다. 몸은 인격을 표현한다. 즉, "개별적 개체" 그 이상의 어떤 것이다. 내면으로부터 외적인 실재를 지각함으로써 몸은 인격적인 인간 "자신"을 표현한다.

몸을 "하나의 개별적인 개체"로 바라보는 것은 단순히 몸에 대한 외적인 실재만을 지각하는 것이다. 원초적 벌거벗음을 보는 것은 감각적 지각과는 전혀 다른 것이다. 원초적 벌거벗음은 "세상에 대한 '외적' 자각을 통한 참여 그 이상을 말한다. 이는 창조주의 전망에 참여하는 내적인 차원을 갖는다. … 여기서 창조주의 전망이란 … '하느님께서 만든 모든 피조물을 바라보니 그것이 매우 좋았다'(창 1:31)를 뜻한다." (TOB 13:1) 따라서, 몸의 경험은 마음의 경험을 수반하고 마음의 경험을 구현한다.

단어 "친밀함(intimacy)"이 "내 안을 바라봄(into-me-see)"로 정의된다는 말을 들은 적이 있다. 이 정의는 원초적 벌거벗음의 경험을 제대로 설명해 준다. 내면을 드러내는 것에 대한 두려움이 없기에 외면을 보이는 것에 대한 두려움 역시 존재하지 않음을 의미한다. 아담과 하와의 벌거벗음이 어떻게 하느님의 전망이 갖는 본래의 선함을 드러낼 수 있는가에 대해서 토론할 때, 나는 자주 이렇게 묻는다. "당신들 중 몇 명이나 거울 앞에서 벌거벗고 스스로 바라보니 매우 좋았다고 말할 수 있는가?" 웃으며 당황스러워 하는 청중의 반응에서 우리는 인간의 몸에 대한 경험과 본래적인 시각으로부터 분리된 우리의 모습을 확인할 수 있다. 어떤 의미에서, 이 반응은 우리가 "바람 빠진 타이어"인 상태를 정상으로 여겨왔다는 것을 여실히 보여주는 것이기도 하다. 물론 우리의 몸은 아담과 하와의 것과 전적으로 같다고 할 수는 없다. 흰머리, 여드름, 주름 이러한 모든 것들은 우리의 몸이 노화되고 있음을 상기시켜 준다. 원죄 이전의 아담과 하와의 몸은 우리와 달랐다. 그들의 몸은 하느님의 영광으로 투명하게 빛났다. 그럼에도 현재 우리의 몸은 여전히 죄의 타락에 빠지지 않았다. 우리의 몸은 여전히 "매우 좋았다"의 상태이다. 그러나 우리 자신의 선성에 대한 근본적 진리를 방해하는 장애물을 극복하지 못한다면, 우리는 결코 참된 인간적 삶을 살아갈 수 없을 것이다.

5. 선물 차원에서의 인간(Dimension of Gift)

A. 몸의 혼인적 의미

선물에 대한 해석학

"하느님께서 보시니 손수 만드신 모든 것이 참 좋았다."는 창세기 말씀은 우리에게 남녀의 내적인 바라봄에 관련된 특징만이 아니라, 피조물 특히 남자와 여자에 담긴 하느님의 창조 동기 자체가 '사랑'이라는 점을 알게 한다. 교황은 "사랑 안에서만 선함이 시작되고 선함 속에서만 기쁨을 찾을 수 있는 것처럼(1코린 13장 참조) 창조는 하느님의 행위인 무로부터 존재함을 의미할 뿐만 아니라 창조 동기 안에 담긴 사랑이라는 근본적이고도 혁신적인 증여를 의미함"(TOB 13:3)을 강조한다.

교황은 자기 증여와 사랑을 같은 의미로 본다. "증여란 '주는 것'이어서 '아무 것도 없음'에서는 생겨나지 않는다. 주는 이와 선물을 받는 이, 그리고 그 둘 사이에 정립된 관계가 전제되어야 한다." (TOB 13:4) 하느님은 창조라는 선물을 인간에게 주셨고 인간은 그 선물을 받았다. 인간과 하느님 사이의 혼인적 관계는 이로써 정립되었다. 사실, '혼인'의 의미는 "창세기가 보이는 증여의 모든 실재라 할 수 있다." (TOB 15:5) 모든 창조는 본래적이고 근본적인 선물을 구성하므로 혼인적(spousal)이다. 그러나 가시적 세상에서, 이 선물은 인간에 의해서만 실현되고 수용된다. 인간만이 하느님의 모습을 따라 창조되었기 때문이다. 인간만이 자유로운 선택 의지를 가지고 하느님의 선물을 받을 수 있으며 이 선물을 되돌려드릴 수 있다. 인간이 하느님께 다시 올리는 선물은 하느님을 사랑하는 것이다. 이것이 바로 창조 안에서 하느님이 인간과 맺은 본래적 계약이다.

그렇다면 인간은 어떻게 이 선물을 깨달을 수 있는가? 인간은 어떻게 하느님과의 혼인 계약(관계)을 경험하고 그 계약에 참여할 수 있는가? 하느님은 인간을 남자와 여자로 창조하시고 서로에게 혼인의 선물이 되라는 소명을 주심으로써 인간의 몸 속에 사랑이라는 선물을 새겨주었다. 인간의 몸은 여성성과 남성성의 모든 원초적 진리 안에서 하느님 창조의 선물을 표현하는 것이라고 교황은 말한다. "이것이 바로 몸이다. 즉, 몸은 근본적 선물로서 주어진 창조를 증거한다. 그래서 사랑이신 하느님이 이와 같은 샘물이 샘솟게 하는 원천이심을 증거한다. 성(性), 남성성-여성성은 하느님께서 창조하여 우리에게 부여하심을 나타내는 본래적 표징이다." (TOB 14:4)

이러한 선물이 실재함을 이해하지 못한다면, 인간 존재를 이해할 수 없다. 창조된 모든 것은 선물이다. 하느님께서 먼저 그 선물을 우리에게 주셨으며 하느님의 신성한 생명과 사랑인 이 선물을 받도록 인간을 창조하신다. 지금까지 논의한 선물에 대한 이해는 교황의 인간학 해석에 있어 핵심 열쇠가 된다. "선물에 대한 해석"(TOB 13:2)을 통해 우리는 "인격의 본질"(TOB 14:2)에 접근한다. 인간은 하느님의 무조건적 사랑이라는 선물을 받기 위해 창조되었다. 또 인간은 타인의 선물이 됨으로써 하느님의 사랑을 되풀이하기 위해서 창조되었다. 사실 선물이 되라는 이 소명은 "세상에서 인간 존재가 갖는 근본적인 요소"(TOB 15:5)이다. 하느님께서 이를 성(性)의 신비 속에 새겨 두셨다. 남성과 여성으로서 몸 그 자체가 갖는 상호 보완성은 인간 존재의 가장 내밀한 본질적 실존이자 인간의 주체성과 자유를 드러낸다. 하느님께서는 성을 통해 남자와 여자가 서로 거룩한 선물을 자유롭게 주고 받도록 부르신 것이다.

이제 창세기 2장 24절의 말씀이 담고 있는 의미를 살펴보자. 하느님께서 주시는 거룩한 선물을 되풀이하기 위하여, '남자는 아버지와 어머니를 떠나 아내와 결합하여, 둘이 한 몸이 된다.' 요한 바오로 2세는 이 구절이야말로 "몸의 신학 속으로 성(性)이 들어오는 것"(TOB 14:5)이라고 말한다.

선물로 살아가는 원초적인 방식

우리는 지금 남자와 여자가 성별 차이의 신비를 통하여 "선물"의 실재를 인식한다는 것을 배우고 있다. 성(性)은 "남자-여자인 인간이 원초적 방식으로 살았던 바로 그 선물에 관한 원초적 표징"(TOB 14:4)이다. 교황이 말하는 하느님께서 주신 사랑의 선물로 사는 "원초적 방식"이란, 지금까지 우리가 논의한 원초적 고독, 일치, 벌거벗음의 경험을 말한다. 사실, "선물은 원초적 고독, 일치, 순수가 갖는 의미의 깊이와 본질적인 진실을 결정한다." (TOB 13:2)

세상 속에서 '홀로 인격으로 존재하였던 남자'에게 원초적 고독은 하느님의 생명과 사랑의 선물로써 피조물을 받아들이는 상태를 나타낸다. 더불어 상호 선물의 관계를 맺고 살아갈 협조자에 대한 필요를 드러낸다. 원초적 일치는 상호 선물의 관계가 정립되었음을 말한다. 원초적 벌거벗음은 받은 선물의 진정성을 드러낸다. 즉, 선물로써 몸이 가진 의미를 충분히 인식하면서 살아가고 있음을 뜻한다. 요한 바오로 2세는 "홀로", "협조자"라는 두 단어가 선물의 본질을 이해하는 핵심 열쇠라고 말한다. 선물은 우선 한 인간으로 창조된 원초적 고독의 상태인 "홀로였던 인간"이다. 나아가, 생명을 선물로 받은 인간은 다른 이에게도 똑같이 선물(원초적 일치; "협조자")이 되기를 염원한다. 즉, 이 두 단어는 거룩한 모상에 따라 창조된 피조물인 인간 존재의 중요한 본질을 드러낸다. 왜냐하면 인간은 '홀로'라는 개별자로서도 하느님의 모습을 담고 있을 뿐 아니라 남성과 여성이 친교하는 '협조자'로서도 하느님의 모습을 담고 있기 때문이다.

그러므로 "홀로"와 "협조자"라는 두 단어는 인간이 선물 관계를 통해 원초적 고독을 충족시킴을 보여준다. 이는 "인격으로서의 인간 실존의 규범"을 요약하여 드러낸다. 뿐만 아니라 요한 바오로 2세는 상호 선물의 관계가 인간 존재와 실존의 가장 심오한 의미를 구현한다고 말한다. 이 모든 것이 몸과 성의 의미를 인식함으로써 즉, 몸의 "혼인적" 의미를 통하여 드러나게 된다.

몸의 "혼인적" 의미 발견(Spousal Meaning of the Body)

창세기 2장 23절에서 25절은 인간학적 의미로 넘쳐 흐른다. 인간이 남자와 여자로 되는 기쁨을 표현하고 있으며(23절), 부부간의 일치를 정립하고(24절), 마침내 부끄러움 없는 순수(25절)를 증거한다. 남자와 여자가 벌거벗은 몸으로 서로를 대면하게 되는 것을 통해 우리는 "창조 신비 안에서 몸이 갖는 '혼인적' 의미를 발견함과 더불어 계시에 대하여 말할 수 있게 된다." (TOB 14:5)

몸의 혼인적 의미는 교황의 교리를 관통하는 가장 중요한 핵심 개념

중 하나이다. 여기에서부터 교황은 그의 교리를 본격적으로 펼쳐 나간다. 이 교리는 단순히 "관념" 또는 "학문적 개념"이 아니다. 몸의 혼인적 의미는 남자와 여자가 몸을 하느님 사랑의 상징과 선물로 인식하는 경험에 대한 것으로, 몸의 남성성과 여성성을 통해서 서로 하느님의 사랑을 나누는 것을 말한다.

육화된 사랑(Incarnate Love)

'육화된 사랑'이라는 개념은 인간 인격이 갖는 내적 차원과 외적 차원의 본래적 통합과 조화를 가리킨다. 인간은 내면으로부터 사랑하라는 부르심을 경험한다. 그러나 엄밀히 말하면 몸이 지니는 혼인적 의미는 이 부르심을 외부적인 의미로 본다. 인간은 몸과 영혼이 통합된 합일체이기 때문이다. 몸-영혼의 통합이라는 인간학적 관점에서 인간 인격을 말하는 것은 인간의 몸과 성을 말하는 것과 같다. "이런 동일성은 필연적이다. 인격을 배제한 채 성을 다루거나 반대로 성을 배제하고 인격을 다룬다면, 우리가 창세기에서 발견한 인간학의 정합성이 파괴될 것이기 때문이다." (TOB 14:3)

요한 바오로 2세는 몸과 성의 전체적 진실성은 "인격들 사이에서 이룩한 친교의 순수하고도 명료한 진실성"(TOB 14:4)에 있다고 말한다. 이러한 친교는 통합적이고 육화된 사랑을 통해서 정립된다. 이에 요한 바오로 2세는 몸의 혼인적 의미를 "사랑을 표현하는 몸의 능력 즉, 사랑 안에서 인간 인격이 선물이 되고 선물을 통해 인간 존재와 실존의 의미가 실현되는 능력"(TOB 15:1)[42]으로 정의한다. 여기에서 요한 바오로 2세는 제 2차 바티칸 공의회의 핵심 문헌을 따른다. "하느님께서 당신 자신을 위하여 원하신 지상의 유일한 피조물인 인간은 자기 자신을 아낌없

42 *CCC*, no, 2331.

이 내어 줌으로써만 자신을 완전히 발견할 수 있음을 밝혀준다."[43] 교황은 이 공의회의 가르침이 인간 본성의 영적 측면에 한정되는 것이 아니라 몸적 측면(남성과 여성의 상호 보완적인 차이점과 "한 몸"이 되라는 그들의 소명)에도 기초하고 있음을 보여준다.

물론, 모든 사람이 혼인으로 '한 몸'을 이루라는 소명을 받았음을 의미하지는 않는다. 또 인생을 선물로 이해하는 삶 속에 반드시 성적 결합이 필요하다는 의미도 아니다. 그러나 이는 분명 "혼인적 사랑"에 대한 한 표현이며 인간이 자기 증여의 육화로 부르심을 받았음을 의미한다. 이에 대하여 제1부 제3장에서 살펴볼 예정이다. 지상의 소명이 무엇이든 간에 모든 이는 그리스도와의 결합이라는 '어린양의 혼인' 안에서 비로소 몸의 혼인적 의미가 궁극적으로 충족된다. 또한 우리 모두는 지상 소명이 무엇이든 천상의 실재를 향한 여정에 서 있다.

자연주의적이고 우주론적인 관점은 인간 몸에 외적으로 나타나는 선물의 내적 법칙을 간과한다. 그러한 관점들은 인격적 차원의 통찰을 배제하기 때문에 인간이 성적 결합을 하는 주된 목적을 출산으로 한정할 수밖에 없다. 그러나 요한 바오로 2세는 사랑과 출산이라는 두 가지 의미를 모두 몸에 포함시켜 설명한다. "인간 몸은 전체적인 자연 질서 속에서 출산의 원천일 뿐 아니라 태초부터 사랑을 표현하는 능력을 포함하고 있다." (TOB 15:1) 그러나 사랑은 혼인을 하는 "목적"이 아니라 혼인 목적 전체에 생기를 불어넣는 내적 원칙이다. 그리고 출산은 참된 혼인적 사랑으로부터 나오는 일차적 목적이다. 전통적 이론이 혼인을 해석하는 데 사랑의 의미를 경시한 채 출산만을 강조하는 실수를 범했다면, 많은 현대의 이론들은 출산의 의미를 무시하고 혼인이 갖는 사랑의 의미만을 강조하는 오류를 범하고 있다. 인간에 대해서 통합된 관

43 *Gaudium et Spes*, 24.

점을 가지려면, 혼인의 의미에서 사랑과 출산이라는 두 개념을 결코 분리하여서는 안 된다. 인간은 몸을 통해서 사랑하며, 그 사랑은 하느님께서 주신 은총의 선물인 출산과 연관을 맺고 있기 때문이다.

삶의 의미의 계시와 발견

위에 언급된 부분 중 더 자세히 살펴볼 부분은 다음과 같다. 교황은 우리가 우리 몸의 진정한 의미에 순응하여 사는 것이 우리 실존의 의미를 실현하는 것이라고 말한다. 어떻게 그럴 수 있는가? 하느님은 인간의 원천이자 목적이다. 그리고 하느님은 사랑이다. 그러므로 삶의 의미는 바로 궁극적 목적에 도달하기 위하여 하느님이 사랑하신 것처럼 사랑하는 것이다. 그리고 이와 같이 사랑으로의 부르심은 우리의 성(性) 안에 새겨져 있다. 누군가 삶의 의미를 찾는다면 결코 다른 곳을 볼 필요가 없다. 삶의 의미는 모든 이의 몸인 남성성과 여성성 안에서 드러나기 때문이다. "인간이 된다는 것은 무슨 의미인가?"라는 보편적 질문의 답이 바로 여기에 있다. 그리고 그 답에서 우리는 인간에 새겨진 선물의 법칙을 발견한다. 이 법칙으로 우리는 성(性)에 대한 오해와 남용이 어떻게 인간과 사회에 처참한 결과를 가져오는지를 설명할 수 있다. "죽음의 문화"가 확장됨에 따라 세상 사람들은 몸이 갖는 진정한 의미에서 멀어지게 되었다. 원죄는 우리 스스로 몸의 혼인적 의미를 잃어버리고 퇴색시켰다는 사실을 정확히 보여준다.

이러한 괴리는 결국 사람들에게 몸과 성은 삶의 의미를 드러내는 가치로운 것이라기보다 오히려 무의미할 뿐이라는 괴로운 감정만을 불러일으킨다. "영성적"인 면에서 삶의 의미를 발견했다고 주장하는 그리스도인들조차도 삶의 의미가 남자와 여자로서의 몸인 성(性) 안에 새겨져 있음을 깨닫지 못하고 있다. 그들에게 몸은 그리스도인으로서의 삶을 방해하는 내재적 장애물로 간주될 수도 있다. 그러나 몸은 결코 방해물이 아니다! 몸과 분리되어서는 결코 진정한 그리스도인의 삶을 살 수 없다! 이것이 바로 하느님의 계시를 통한 가르침이다. 그리스도의 죽음과 부활을 통해서 부어지는 그 은총에 우리의 몸을 내맡긴다면 우리 자신의 경험 안에서도 몸의 혼인적 의미를 재발견 할 수 있다.

창세기 2장의 주석에서 요한 바오로 2세는 몸의 혼인적 의미의 계시와 발견에 대해 거듭 언급한다. 야휘스트 전승의 신학적 관점 역시 인간학적임을 강조하려는 것이다. 원죄 이전에는 하느님의 계시와 인간 경험은 완벽한 조화 상태였다. 하느님께서 몸의 혼인적 의미를 계시하셨고 남자와 여자는 그 의미를 발견하여 의식하며 살았다. 창세기 2장 25절은 이 점을 강조한다. "사람과 아내는 둘 다 벌거벗었으면서도 부끄러워하지 않았다." 이는 거룩한 계시인 동시에 남자와 여자가 몸의 혼인적 의미를 충만하고도 의식적으로 경험하고 있음을 직접적이고도 구체적으로 언급한 것이다. 원죄로 인하여 몸의 원초적 의미에 대한 의식적 경험을 잃었지만 우리는 그리스도의 몸을 통해 몸의 원초적 의미를 회복할 수 있다. 그리스도는 자신의 몸을 내어 주심으로써 우리의 몸을 구원하셨고 이를 통해 몸이 갖는 혼인적 의미를 재발견하도록 하셨다. 그리스도의 구원에 대한 우리의 의식적 경험은 그리스도의 육화된 몸이 갖는 혼인적 의미의 계시를 통해 우리 스스로 삶의 의미를 재발견하도록 이끈다.

선물의 자유

1980년 1월 16일 수요교리(TOB 15)에서 교황은 또 다른 중요한 개념인 '선물의 자유'를 소개한다. 이 자유는 몸의 혼인적 의미와 분리불가의 관계이다.

남자와 여자는 자기 자신을 위해서 창조되었기에, 서로를 소유할 수 없다. 서로가 상대를 소유하거나 지배할 수 없다. 그러므로 그들은 "소통할 수 없다." 여기서 문제가 발생한다. 소통할 수 없는 존재인 남자와 여자가 어떻게 상대의 존엄성을 침해하지 않으면서 소통할 수 있는가? 그 답은 선물의 자유에 있다. 아담은 여자의 벌거벗은 아름다운 몸을 보면서 단순히 "본능"을 만족시키려는 충동의 지배에 놓이지 않았다. 여기서 본능이란 동물의 교미를 자극하는 본능과 비슷한 것으로 내적 억제를 암시하는 개념이다. 하느님으로부터 선물의 자유를 받은 아담은 오히려 본능으로부터 자유로울 수 있었다. 아담은 벌거벗은 하와에게 그 자신이 신실한 선물이 되어 주고 싶은 바람 외에는 그 어떤 것도 가지지 않았다. 아담은 그 여자 그대로를 자유로이 선택할 수 있었다. 이것은 벌거벗은 상대에게 본능적으로 끌리는 것에 굴복하는 것과는 거리가 멀다. 상대방의 진정한 가치(인격의 반복불가성, 고유성)를 인정함에서 나오는 다른 인격에 대한 진정한 열망이자 사랑인 것이다.

게다가 아담은 하와가 그녀 자신을 위해서 창조되었다는 것을 인정함으로써, 그녀를 "취하거나" "잡을 수" 없다는 것을 알았다. 아담은 자신이 제시한 선물(아담 자신)에 대하여 하와가 자유로이 자신을 열고자 한다는 것을 믿어야 했다. 또한, 하와 자신도 아담을 위해 스스로 선물이 되어 줌으로써 선물에 자유로이 응답할 것을 믿어야 했다. 실제로도 하와는 그렇게 하였다. 그렇게 하와는 아담을 선택하였다. 이런 방식이 바로 소통이 불가한 인격들이 서로 소통하는 방식이다. 자기 자신을 신실한 선물로 자유로이 내어주고 받음으로써 소통한다. 교황은 이런 방식을 통해 인간의 몸과 성은 "'하느님 모상'의 수준으로 그리고 '인격과 인격들 간의 친교의 수준'으로 고양된다." (TOB 14:6)고 말한다.

자유는 원초적 벌거벗음의 경험과 몸이 갖는 혼인적 의미를 기초로 한다. 교황에 따르면, 남자와 여자가 부끄러움 없이 벌거벗을 수 있는 경우는 오직 "그들이 선물의 자유를 가진 자유로운 상태"일 때이다. 부끄러운 감정이 생긴 것은 선물의 자유를 상실했음을 뜻한다. 여기에서 요한 바오로 2세는 자유를 "자기 지배(self-mastery) 또는 자기 통제(self-control)"로 규정한다. 이와 같은 자유는 "인간이 선물자체가 되기 위해서, … (제 2차 바티칸 공의회의 표현을 빌자면) '자기 자신을 성실하게 선사함'으로써 '자신을 완전하게 발견'할 수 있기 위해서 필수적인 것이다." (TOB 15:2) 인간이 먼저 자신을 소유하지 못하여, 자기 자신 또는 자신의 열망을 통제할 수 없다면. 결코 상대를 위하여 자신을 내어 줄 수 없기 때문이다.

그러나 원초적 인간에게 자기 통제라는 개념은 거센 열망을 통제한다는 의미가 아니었다. 그러한 개념은 타락한 인간의 모습이다. 한 처음에 아담과 하와가 경험한 성적 욕망은 하느님이 창조한대로의 욕망이며 하느님이 사랑하는 것과 같이 서로 사랑하고자 하는 열망이자 힘이었다. 그들에게는 통제해야 할 제멋대로인 욕망은 없었다. 선물의 자유를 가진 자유로운 존재로서, 남자와 여자는 창조의 신비 속에서 하느님께서 그들에게 드러내신 전 존재의 진리에 순응하여 서로에게 선함과 아름다움을 드러내 보였다. 서로에게 이러한 선함을 드러내 보일 수 있었기에 그들은 아무런 부끄러움 없이 벌거벗을 수 있었다. "이 경험은 몸이 지닌 '혼인적' 의미를 가능하게 함과 동시에 그것을 충족시키는 자유의 계시 및 발견으로 이해될 수 있고 또 그렇게 이해되어야 한다." (TOB 15:2) 따라서 역사적 인간의 사명은 인간을 자유롭게 하는 몸의 진리를 재발견하는 것이다. 이는 그리스도께서 우리를 자유롭게 하신 바로 그 자유이다. (갈라 5:1 참조)

"그 자신을 위하여"와 "자기 증여"(Self Gift)

우리가 지금까지 논의한 제 2차 바티칸 공의회의 인간학적인 진술의 두 가지 핵심은 다음과 같다. (『기쁨과 희망(*Gaudium et Spes*)』, n. 24.에서 발췌) 첫째, 인간은 "그 자신을 위해서" 창조된 유일한 피조물이다. 둘째, 인간은 "신실한 자기 증여를 통해서만" 자신을 발견할 수 있다.

하느님은 우리를 위해 다른 피조물을 창조하셨다. 우리는 그 피조물들을 우리를 위해서 자유롭게 사용(남용이 아니라)할 수 있다. 반면 인간은 "자신을 위해서" 존재하기에 결코 사용되지 않으며 다른 목적을 위한 수단이 되지 않는다. 인간은 존재 자체가 목적이다. 타인과의 관계에서 우리는 모든 인격이 각자 고유한 목적을 가지고 있음을 존중해야 한다.[44] 인간이 자신을 위해서 창조되었다고 할때 이는 인간이 자신만을 위해서 살아야 함을 의미하는 것이 아니다. 오히려 다른 이들을 위해서 살아야 함을 의미한다. 인간의 마음은 결코 자기탐닉적인 고립 속에서 행복을 찾을 수 없다. 이에 제 2차 바티칸 공의회는 다음을 강조한다. 인간이 자신을 발견하려면 스스로 다른 이에게 신실한 선물이 되어야만 한다. 그리스도께서 말씀하셨듯이 자기 목숨을 잃는 인간은 목숨을 얻게 될 것이다. (마르 8:35참조)

세속적인 휴머니즘을 인간이 자신을 위해서 창조되었다는 관념으로 이해할 수도 있다. 그러나 세속적 휴머니즘이 인간을 자신만을 위해서 살아야 하는 존재라 결론 내릴 때 비극이 발생한다. 이러한 결론은 급진적 개인주의로 발전하여 처음의 전제를 부정하기에 이른다. 개인주의는 필연적으로 상대를 고유의 권리를 가진 인간으로 대하지 않고 자신의 욕구 충족을 위한 수단으로 삼는다. 세속적인 휴머니즘은 선물(은총)이신 하느님을 부정하기 때문에 선물의 실재를 믿지 않는다. 그러나 다른 이에게 선물이 되어

44 *Love and Responsibility*, p.28.

주라는 이타적인 소명은 사람들 간의 진정한 친교와 유대로 이르는 유일한 길이다. 이는 모든 사람들에게 있어 가장 기본적인 친교인 혼인으로부터 시작된다. 우리가 배운 바와 같이 선물을 부정하는 것이야말로 원죄의 본질이다. 죠지 웨이겔(George Weigel)은 조심스럽게 원초적 유혹을 통하여 뱀은 "거짓 휴머니즘을 가장 처음으로 그리고 가장 치명적으로 전달하였다."[45] 고 말하고 있다.

제 2차 바티칸 공의회 문헌의 강조점인 "그 자신을 위하여"와 "자기 증여"는 인간의 "한 처음"을 밝히는 모든 개념(인격 간의 친교; 원초적 고독, 일치, 벌거벗음; 선물; 몸의 혼인적 의미; 선물로서의 자유)을 포함한다. 고독의 첫 번째 의미인 '인간은 동물과 다르다'와 관련해서 아담은 자신만이 "그 자신을 위해서" 창조된 존재라는 것을 발견한다. 고독의 두 번째 의미인 '인간에게 성별의 차이가 없다면 인간은 홀로이다'에서 아담은 "그 자신이나 상대방을 위해서" 창조된 또 다른 존재를 위하여 자신을 내어 줌으로써만 자신을 완성할 수 있음을 발견한다. 원초적 일치는 인격의 친교를 형성하는 남자와 여자 사이에 일어나는 "신실한 증여"이다. 선물이 되라는 이 소명은 원초적 벌거벗음의 경험을 통해 드러난다. 남자와 여자로서 우리의 몸은 서로에게 선물의 자유가 됨으로써 완성되며 이로써 몸은 그 혼인적 의미를 드러낸다.

몸의 혼인적 의미(Spousal Meaning of the Body)와 인격의 긍정(Affirmation of the Person)

은총 가득한 첫 만남에서 남자와 여자는 상대라는 선물 속에서 자기 자신을 발견한다. 사랑의 순수 즉, 성적 욕망의 순수 속에서 남자는 여자가 여성성의 신비 안에서 그녀 자신을 위해서 창조되었음을 인식하고 그녀를 받아들인다. 마찬가지로 여자 역시 사랑의 순수 속에서 남자

45 *Witness to Hope*, p. 338.

가 남성성의 신비 안에서 그 자신을 위해서 창조되었음을 인식하고 그를 받아들인다. 이러한 순수성은 내적, 외적 차원에서 인격 간의 완벽한 통합을 가능하게 해준다. 마음의 순결은 인간 몸의 외적인 아름다움이 인격의 신실한 선물에서 기인한 것임을 알게 해준다. 남자와 여자는 "단순히 물리적 차원을 넘어서는 성(Sexuality)의 가치와 아름다움"(TOB 15:4)을 본다. 몸은 초월적 실재인 영의 문턱이 되며 어떤 의미에서는 거룩한 하느님의 궁극적 신비로 이끄는 문턱이 된다.

교황은 이런 방식으로 몸의 혼인적 의미와 관련된 의식이 어느 정도 완성된다고 한다. 남자와 여자는 서로를 위한 신실한 선물이며, 자기 증여를 통하여 그 선물은 완성된다. 몸의 혼인적 의미는 선물이 되라는 소명을 계시할 뿐 아니라 "서로의 '인격을 긍정'하기 위한 "능력과 자세"를 계시한다. 인격의 긍정은 자기 증여로 내어주는 상대방의 몸의 선물을 기꺼이 받아들이는 것이다." (TOB 15:4) 선물을 주고 받음 안에서 비로소 인격 간의 친교가 생긴다. 이 친교는 안으로부터 즉, 인간의 "내면성"으로부터 나온다. 그러나 요한 바오로 2세는 내면성에 대하여 다음과 같이 말한다. "이 내면성은 또한 인간의 모든 '외면성'에 해당하는 몸의 순수함과 벌거벗음 안에서의 남성성과 여성성을 구성한다." (TOB 15:4)

또한 요한 바오로 2세는 "인격의 긍정"은 "타자(여자에게는 남자, 남자에게는 여자) 역시 창조주의 의지에 따라 자기 자신을 위하여 몸으로 창조된 사람이라는 사실을 인식하고 살아가는 능력과 관련되어 있다." (TOB 15:4)고 설명한다. 상대방은 "영원한 사랑이신 창조주 하느님에 의해 선택된 사람으로서 "유일하고 비반복적"(TOB 15:4)이다. 이러한 인격의 긍정을 존재의 심연으로부터 갈망하지 않는 남자와 여자가 있을까? 이는 하느님의 계획 안에서 "몸을 통하여" 계시되며 삶으로 살게 된다. 그렇다고 해서 인격의 긍정을 위해 모두가 성적 결합(spousal union)을 경험해야 한다는 의미는 아니다. 다만, 성적 결합은 상호 긍정이어야 한다는 것을 의미한다. 즉, 상호 자기 증여를 통하여 인격으로서의 인간 선을 마음속 깊이 긍정해야 한다.

다음은 성적 결합에 대한 표현이다. "나는 아무런 거리낌 없이 나의 모든 것을 전적으로 당신에게 바친다. 신실하게. 자유롭게. 영원히. 그리고 나는 당신이 나에게 준 당신 자신이라는 선물을 받는다. 나는 당신을 축복한다. 나는 당신을 긍정한다. 아무런 망설임 없이 당신의 모든 것을. 영원히." 이는 영원한 사랑이신 창조주 하느님에 의해 선택된 존재의 경험이다. 만약 성적 결합이 이러한 존재의 경험이라고 말할 수 없다면 이는 몸이 갖는 혼인적 의미에 상응하지 못하는 결합(일치)이다. 또한 인간의 존엄성에도 상응하지 못하며 결코 마음의 갈망을 만족시킬 수 없다. 성적 결합이 이러한 경험이 아니라면, 그것은 사랑의 표현이 아니라 단지 사랑을 본 딴 값싼 모조품에 불과한 것이다.

사랑을 기초로 하는 몸의 혼인적 의미

요한 바오로 2세는 인간의 고유한 존재성이라는 주제를 결코 피할 수 없다고 말한다. 인간은 '혼인적 사랑(spousal love)'을 위해 창조되었다. 그것은 인간 존재 내에 내적으로 그리고 외적으로 새겨져 있다. 이에 요한 바오로 2세는 몸이 갖는 혼인적 의미가 "이 세상에서의 인간 실존을 이루는 근본적인 요소"(TOB 15:5)임을 확언한다. 우리가 사랑을 발견할 때에만, 그리고 몸이 갖는 혼인적 의미를 (재)발견할 때에만 우리 자신이 추구하는 행복을 발견할 수 있음을 의미한다. 인간은 행복을 추구하기 때문에 자신의 몸에 혼인적 의미를 부여할 수밖에 없다. 비록 많은 것들이 인간의 성적 경험을 왜곡하더라도, 혼인적 일치에 대한 열망이 언제나 인격의 가장 깊숙한 곳에 남아 있기 때문이다. 교황은 이를 거듭

강조한다. "몸의 '혼인적 의미'는 오직 인격적 측면을 통해 이해될 수 있다." (TOB 15:5)

교미를 통해 번식하는 동물의 몸에는 혼인적 의미가 없다. 동물은 인격이 아니므로 사랑할 수 없기 때문이다. 이는 동물이 부끄러움을 경험할 수 없음으로 이어진다. 인간만이 세상에서 옷을 입는 유일한 "몸"이다. 왜 그럴까? 부끄러움을 느낄 수 있는 능력의 "이면"이 바로 사랑을 할 수 있는 능력이기 때문이다. 동물은 이 두 능력 모두를 가지고 있지 않다. 따라서 동물의 교미와 사람의 성교가 유사한 것으로 보일 수는 있으나, 인격의 내적 측면에서 보면 둘은 확연히 구분된다. 바로 이러한 이유로 몸의 혼인적 의미는 "모든 단순함, 순수함 안에서 계시되고 '하느님 모상의 표징'으로서 모든 진리 안에 드러난다." (TOB 15:5)

최초 조상이 겪은 원초적 순수 상태로서의 몸의 경험이 원죄로 인하여 우리에게서 사라져 버렸다고 느낄 수도 있다. 그러나 우리는 몸의 원초적 경험의 계시를 통하여 우리가 어떠한 상태로부터 멀어졌는지, 어떠한 상태로 회복되어야 하는지를 이해할 수 있다. 때가 되어 그리스도께서는 육을 취하시어 여인에게 태어나셨다. 이는 우리로 하여금 우리 몸의 구원을 경험하게 하기 위해서이다. 우리는 그리스도 안에서 몸의 충만한 진리를 따라 사는 행복을 발견하라는 부르심을 받았다. "원초적 행복, 하느님께서 남자와 여자로 창조하신 인간의 복된 '한 처음', 원초적 벌거벗음에서 비롯된 몸의 혼인적 의미 등 이 모든 것은 사랑이신 하느님 안에 그 뿌리를 두고 있다." (TOB 16:1)

요한 바오로 2세의 "선물에 대한 해석학"은 인간 인격의 원천, 소명, 운명이시며 사랑이신 하느님으로 우리를 이끈다. "선물"은 "사랑의 광채" 즉, 성령의 광채가 창조 신비의 중요한 부분을 차지하고 있음을 확인하고 있다. "창세기의 첫 장들은 세상의 창조에 대해서만이 아니라 세상

속에서의 인간, 은총인 하느님의 자기-전달 즉, 성령의 광채에 대하여 말한다. 이를 통하여 하느님께서는 최초의 인간 안에 특별한 '영화(靈化, spiritualization)' 상태를 만들어 주신다." (TOB 16:1) 물론, 이 "영화" 상태는 몸으로부터 멀어짐을 의미하는 것이 아니다. 몸 안에 성령의 선물로 "숨을 불어넣는 것"을 의미한다. 남자와 여자가 원초적 순수의 상태에서 향유하였던 상태 즉, 영혼과 몸, 영성과 성(Sexuality)의 완전한 통합과 일치를 의미한다.

B. 원초적 순수(Original Innocence)의 신비

인간 마음에 주는 선물로서의 은총

우리는 지금까지 첫 남자와 첫 여자의 부끄러움 없는 원초적 순수의 상태에서의 몸의 경험에 대하여 "재구성" 하여 왔다. "역사적 인간"인 우리의 부끄러움에 대한 경험과 대조함으로써 재구성하고자 하였다. 교황은 원초적 순수(original innocence)를 회복하기 위해 "그 뿌리 자체에서 즉, 남자-여자 관계에서 몸에 대한 부끄러움을 제거해야 한다고 말한다. 인간 안에서, 인간의 마음 즉, 양심 안에서 부끄러워할 필요성을 제거해야 한다."(TOB 16:4)는 것이다. 이는 다음과 같은 질문을 낳는다. 무엇 때문에 원초적 인간은 부끄러워하지 않는가? 교황은 한마디로 "은총"이라고 답한다.

교황은 창조가 인간에 대한 선물이라면, 은총은 인간의 완전성, 피조물로서의 가장 깊은 차원을 결정하는 것이라고 말한다. 은총은 하느님께서 인간에게 주신 선물이다. 하느님의 정신이 먼지인 인간에게 불어넣어진 것이 은총이다. 원초적 순수란 하느님께서 주시고 인간이 받은 모든 은총의 선물을 말한다. 이 은총을 통해 인간 인격은 세상을 하느님의 첫 선물로 경험한다. 또한 인간 인격은 여성성과 남성성 간의 상호 증여를 통하여 이 은총의 선물을 다시 재현한다. 원초적 친교는 은총에 참여하는 것이다. 은총이란 "하느님 자신의 내적 삶, 그의 거룩함에 동참하는 것이다. 또한, 인간의 가장 깊은 내면인 마음에 내려진 은총의 신비를 통하여 남자와 여자는 '한 처음부터' 아무런 사심 없이 자기를 선물로 내어주는 상호 관계 안에 존재할 수 있다." (TOB 16:3)

"사심 없이"를 남녀 간에 서로 관심이 부족함으로 오해해서는 안 된다. 첫 남자와 여자는 서로에게 깊이 관심을 가졌지만 결코 이기적이지 않았다. "하느님 사랑의 광채"인 은총의 경험은 하느님께서 사랑하시듯이 진심으로 서로를 사랑하게 만들었다. 여기에서 우리는 한 처음의 축복받은 경험이 몸의 혼인적 의미를 인식하는 것과 연결되어 있음을 알 수 있다. 몸의 혼인적 의미를 인식하는 축복받은 경험은 하느님과의 관계, 그리고 자기 자신 안에서 성령(하느님 사랑)의 광채가 자신의 몸을 통해 발현됨을 인식하는 경험이다. "행복"은 사랑이신 하느님에 그 뿌리를 두고 있다. 원초적 행복은 우리에게 인간의 '한 처음'에 대하여 말해준다. 즉, 하느님의 사랑에서 출현하였으며 그 사랑을 시작한 인간의 '한 처음'을 말해준다. 사랑을 통해 부끄러움으로부터 면역을 갖게 된 상태가 바로 '한 처음'의 상태이다." (TOB 16:2)

만약 우리 마음이 "축복받은 경험"을 받아들인다면, 우리는 이제까지 항상 갈망하던 사랑 그리고 그 사랑이 가져오는 내적 평화를 음미할 수 있게 될 것이다. 갈망하는 것을 갖지 못하리라는 두려움으로 원초적 행복의 경험을 상상하는 것을 주저하기도 한다. 왜 헛된 희망에 괴로워하는 것일까? 그나마 원죄의 세습을 "아쉬운 대로 해결"하는 것이 더 현실적인 것이 아닐까?

비록 우리 안의 원초적 순수는 회복할 수 없을 정도로 훼손되었지만, 창조의 신비와 원초적 신비 안에서 인간에게 주신 하느님의 사랑은 결코 철회할 수 있는 것이 아니다. 때가 차면 그리스도는 하느님의 이 철회할 수 없는 사랑을 증거할 것이다. 창조 신비의 은총은 영원히 사라진 것이 아니다. 은총에 마음을 여는 사람들이면 누구에게나 구원 신비의 은총이 됨을 선포하는 것이 그리스도의 사명이 될 것이다. (TOB 46:5 참조) “죄가 많아진 그곳에 은총이 충만히 내렸습니다.” (로마 5:20) 우리가 열망하는 행복을 예수 그리스도 안에서 찾을 수 있다는 의미이다. 비록 고통과 눈물의 세상을 살고 있지만, 최후의 날 하느님께서 그 눈물을 닦아 주시리라는 희망으로 우리는 살아 있게 된다. (묵시 7:17 참조) 바로 이러한 이유로 우리는 복음을 기쁜 소식이라 부른다!

순수(Innocence)와 선물의 교환

1980년 1월 30일 교리(TOB 16)에서 교황은 원초적 순수란 “마음의 순결(purity of heart)”로 이해할 수 있다고 말한다. 마음의 순결은 “양심의 고요한 증거”이다. “마음이 순결할수록 몸의 혼인적 의미에 따르는 선물의 내면적인 충실함을 보존할 수 있기 때문이다.” (TOB 16:5) “선물에 대한 충실함”을 유지하는 것이 바로 남자와 여자의 행복(지복)에 대한 열쇠이다.

다음에서 교황은 원초적 인간이 어떻게 선물에 충실하였는지를 설명한다. 역사적 인간의 부끄러움에 대한 경험과 대조하며 교황은 이렇게 말한다. 부끄러움은 남녀 관계의 인격적 친밀함을 위협하는 것이므로 순결의 내적 붕괴로 이어진다. “선물에 대한 위협”은 성적 욕망의 내면을 극단적으로 변질시키는 것에서부터 시작된다. 하느님의 사랑이 결핍될 때의 성적 욕망은 상대를 향한 선물이 되기보다는 자신을 위해 상대를 전유물로 취하는 형태로 드러난다. 교황은 이와 같은 전유물이 됨을 "선물에 반(反)하는 행위", "선물의 강탈"(TOB 17:3)이라고 묘사한다. 이같은 생생한 이미지는 음욕의 내면적인 "내용"을 정확히 지적한다. "강탈"은 글자 그대로 "비틀거나" "비워냄(없앰)"을 의미한다. 죄에 의해 "비틀어진" 성적 욕망은 선물의 자유를 믿지 못하게 만들어 선물이 되는 위험을 감수하지 못하게 한다. 대신 힘, 조작으로 선물을 강탈하게 한다. 선물의 본래 의미를 완전히 없애는 것이다. 다시 말해 선물과 몸의 혼인적 의미에 반(反)하는 행위가 되고 만다.

그러나 이 경험에서 "꼬인 것을 풀거나" "뒤집어 이면을 볼 때," 우리는 성적 열망의 원초적 경험이 무엇인지를 재발견할 수 있다. 부끄러움이 선물과 몸의 혼인적 의미에 대한 믿음의 부족에서 나온 것이라면, 부끄러움 없는 벌거벗음은 선물과 몸의 혼인적 의미에 대한 전적인 믿음으로 이해할 수 있을 것이다. 두려움이 "선물의 강탈"을 의미한다면, 부끄러움 없는 벌거벗음은 자기 증여 안에서 완전한 자유를 가리키게 될 것이다. 우리는 이미 이를 "선물의 자유"라 고 설명한 바 있다.

교황에 따르면, 선물에 충실함(fidelity to gift)이란 하느님의 뜻에 따른 영속적인 행위에 윤리적으로 동참함을 의미한다. 모든 인간은 자신을 위하여 사랑 받고 수용되어야 한다. "나를 위한 대상"으로 전락해서는 안 된다. 창조주가 원했던 대로 남녀가 상호 관계 속에서 행복을 찾으려면 남성성과 여성성 안에서 자유로이 서로를 주고 받아야 한다. 동시에 여성성과 남성성의 진리 안에서 즉, 몸과 영 안에서 (창조주가 원했던 대로) 상대를 전적으로 받아들이고 "환대"하여야 한다. 신실한 자기 증여에는 어떤 조건이나 단서를 붙일 수 없다. 신실한 자기 증여는 하느님의 사랑에 대한 동참이므로 혼인적 사랑의 주고 받음은 전적인 것이고 취소 불가한 것이다.

주고 받음의 상호침투(Interpenetration of Giving & Receiving)

교황은 다음을 덧붙인다. "상호 교환의 이와 같은 두 기능은 '자기 증여'의 전과정과 밀접한 관련이 있다. '선물을 주고 받음'은 상호 침투적이어서 주는 행위 자체가 받는 것이 되고 받는 행위 자체가 주는 것으로 변화된다." (TOB 17:4) 이 같은 교황의 고찰은 역동적인 성(性)의 보완성을 이해하는 중요한 기회가 된다.[46] 이전의 교황의 말씀을 살펴보면 "선물"의 실재는 주는 사람, 받는 사람, 그리고 이들 간에 상호 관계가 있어야 함을 암시한다. 하느님과 인간의 원초적 계약을 성립시키는 '주고 받음'은 남자–여자의 계약 관계에 있어 상징적인 의미를 드러낸다. 즉, 혼인 안에서 몸이 갖는 특정한 역동성 때문에, 남자는 먼저 선물을 주는 경향이 있으며 여자는 이를 받는 경향이 있다. 물론 "주는 행위"와 "받는 행위"가 전적으로 남성에게만 또는 전적으로 여성에게만 일어나는 것은 아니다. 이 둘은 상호 침투적이어서 남성이든 여성이든 주는 행위 안에서 받게 되고 받음으로써 주게 된다.

사실, 창조질서 안에서 남자는 여자에게 자신을 내어주기 전에 먼저 그녀를 하느님의 손에서 넘겨 받았다. 따라서, 피조물인 인간의 가장 첫 자세는 하느님 은총을 수용하는 태도라고 할 수 있다. 실로 피조물인 인간은 먼저 받지 않는다면 내어 줄 수 없다. 남자는 하느님으로부터 여자를 선물로 받음으로써 여자에게 자신을 선물로 내어 줄 수 있게 된 것이다. 교황은 다음과 같이 말한다. "한 처음부터 하느님에 의해 여자는 남자의 눈, 의식, 감수성, 마음에 맡겨진다. 반대로, 남자는 선물의

46 성의 보완성에 대한 Sister Prudence Allen, RSM의 저술은 매우 중요하다. *"Integral Sex Complementarity and the Theology of Communion"*, Communio(Winter, 1990): 523–44. 철학적 측면에서 성의 보완성에 대한 참고 문헌으로는 *The Concept of Woman: The Aristotelian Revolution*(750 B.C.-A.D. 1250)(Grand Rapids, MI: Eerdmans, 1997), *The Concept of Woman: The Humanist Reformation*(1250-1500)(Grand Rapids, MI: Eerdmans, 2002)가 있다.

주고 받음이 상호 침투적인 과정이 되도록 보장해야 한다. 상호 호혜성을 통해서 비로소 인격 간의 참된 친교가 이루어지기 때문이다." (TOB 17:6)

남자와 여자는 상대를 신실한 선물로 받음으로써 그들 자신의 진정한 모습을 발견한다. 주고 받음 안에서 존엄성이 온전히 보장될 때, 남자-여자는 남성성과 여성성의 "구체적인 본질"을 경험하게 된다. 동시에 자기-소유(self-possession)라는 깊은 안식에 들어가게 된다. 진정한 자기 소유는 남녀가 선물의 본질에 상응하는 방식으로 서로를 주고 받도록 한다. 게다가 이 주고 받음은 점차 심화되어 더욱 강렬해진다. 자기를 내어 주는 과정을 통한 자아 발견은 더 새롭고 심오한 헌신으로 발전한다. 남자-여자의 상호 증여 방식은 삼위일체 위격 간의 상호증여의 모습을 피조물의 형태로 재생한 것이다. 물론 창조주와 피조물 간에는 무한한 차이가 있음을 명심해야 한다.

남자와 여자는 삼위일체의 모습에 따라 삶으로써 자신의 존재와 실존의 의미를 완성하고, 지복에 이르게 된다. 지복에 이르게 되는 "축복받은 친교"는 한 처음부터 이미 천국에서 축복받은 친교를 가리키고 있다. 이때, 삼위일체적 삶을 위해 만들어진 표징은 거룩한 전형으로 바뀌고 인간은 삼위일체적 삶 자체에 참여하게 될 것이다. 또한, 우리는 원초적 인간과 종말론적 인간의 경험 간에 연속성이 있음을 본다. 부활 안에서 육화된 친교의 경험은 완전히 새로운 경험이지만, "그 경험은 인간이 '한 처음부터' 참여했던 그 모든 경험과 분리된 것이 아니다." (TOB 69:5) 우리의 원천은 우리의 운명을 이렇게 예고하고 있다. 역사적 인간이 원조적 인간의 전망을 잃어 버린다 할지라도, 기름부음 받은 사가 와서 "눈먼 이들을 다시 보게 할 것이다." (루카 4:18)

인간 몸의 에토스(Ethos)

교황은 1980년 2월 13일 수요교리(TOB 18)에서 지금까지 연구해 온 주요주제를 간략하게 정리한다. 몸의 신학이 새로운 연구라는 점을 지적하며 다음과 같이 말한다. "신학은 전통적으로 형이상학 또는 형이상학적 인간학에 적합한 객관화를 통하여 인간의 원초적 순수 및 원죄 이전의 정의에 대한 총체적인 모습을 구축해왔다. 그러나 우리는 오늘 인간의 주체성이라는 측면을 면밀히 살펴보고자 한다." (TOB 18:1)

교황은 교회에서 제시하는 대부분의 윤리적 가르침, 특히 성윤리에 대한 가르침이 현대사회에 적용하기에 "추상적"이라는 점을 인정한다. 오늘날 사람들은 객관적이고 형이상학적인 범주로 세상을 바라보지 않는다. 주로 자신의 경험을 통하여 이해할 뿐이다. 교황은 첫 남자–여자의 경험에 대한 고찰을 통하여 교회의 객관적 규범(윤리)이 인간 마음의 가장 주관적 열망인 에토스에 부합하고 있음을 보이고자 한다. 나아가 교회의 가르침이 실생활의 경험과 완전히 동떨어진 것이 아님을 증명한다. 교회 가르침을 정확히 이해한다면, 성 윤리를 포함한 교회의 윤리적 가르침이 "외부로부터" 생겨나 사람들에게 부과된 것 아니라 인간의 "내면 안에서" 샘솟는 것임을 알 수 있을 것이다. 이와 같은 접근 방법이 본래의 의도를 더 정확히 유지하는 것이라고 교황은 믿는다.

남자와 여자는 몸의 혼인적 의미, 그리고 하느님께서 사랑하시듯이 서로 사랑함으로써 하느님의 신비에 동참하라는 인간의 윤리적 소명에 대한 완전한 이해를 가지고 이 세상에 왔다. 그들에게는 서로 사랑하라는 명령을 내릴 객관적 규범이 필요 없었다. 창조의 은총으로 가득 차 있었기 때문에 어떠한 다른 것도 열망하지 않았다. 이것이 바로 자유롭게 살았던 그들의 에토스(선의 내적 경험)였다. 따라서, 교황은 원초적 순수가 선물로서의 사랑의 완전한 에토스를 드러낼뿐만 아니라 은총으로서의 완전한 사랑의 에토스를 이룬다고 말한다.

창조의 원초적 은총을 잃어 버린 역사적 인간은 선의 원초적 경험도 잃어 버린다. 거짓에 속은 남자는 자신을 진정 행복하게 해 줄 수 있는 것과 자신의 마음을 "단절"된 상태로 만든다. 이 때문에 교황은 '몸의 신학'의 구조를 "한 처음"부터 시작하며, 그리스도의 말씀을 따라야 한다고 말한다. 인간의 행복을 위해 마련하신 하느님의 원초적 계획에 인간을 다시 연결시키기 위하여 (인간의 몸과 마음에 새겨진 선물의 에토스와 다시 연결되기 위하여) 우리는 인간 마음의 행로를 '한 처음'으로 돌려 그 마음의 궤적을 따라가야 한다. 우리가 이미 여러 차례 강조한 바와 같이, 몸과 성에 대한 진리를 재발견하는 것은 결코 하찮은 일이 아니다. 교황은 남자와 여자가 인간 실존 그리고 가족의 실존을 위해 서로 선물로 주어져 있었음을 지적하고 있다. "역사 전반에 걸쳐 인간 실존에 있어 가장 근본적인 사실은 바로 하느님께서 인간을 남자와 여자로 창조하셨다는 점이다. 이와 같은 방식으로 위대한 창조적 시각, 즉 '출산'을 통해 계속적으로 새롭게 되는 인간 실존에 대한 시각이 열리게 된다." (TOB 18:4–5) 인간의 실존과 미래는 명백히 남자와 여자가 서로 "한 몸"을 이루라는 소명에 달려 있다.

이 소명은 인간 의식에 깊은 뿌리를 두고 있다. 교황은 창세기 2장 24절의 "남자와 여자는 혼인을 위해 창조되었다."를 토대로 다음과 같이 말한다. "남자와 여자는 남편과 아내가 되기 이전에 먼저 동일한 인간성을 가진 형제 자매로 창조의 신비 앞에 먼저 나서게 된다." (TOB 18:5)[47] 따라서 "인간이 누구이며 어떠해야 하는지 즉, 자신의 행동을 어떻게

47 아가서에 대한 교리(TOB 108-13)에서, 교황은 남자와 여자가 동일한 인간성을 가진 형제 자매로 먼저 등장하였다는 점에 대하여 심도 깊은 고찰을 한다.(TOB 109-10 참조) 교황은 하늘나라를 위한 동정생활에 관한 교리에서 우리가 혼인을 "위하여" 창조되었다는 것은 혼인만이 몸의 혼인적 의미를 실현하는 유일한 방법이라는 의미가 아님을 명확히 한다.(TOB 80 참조)

조절해야 하는지에 대하여 알기 위해 몸의 혼인적 의미에 대한 이해, 그리고 인간의 근본조건에 대한 이해는 매우 중요하며 필수적이다. 이것이 에토스의 중요한 본질이기 때문이다."(TOB 18:4) 우리가 몸의 혼인적 의미를 이해하지 못한다면 우리가 누구인지, 그리고 어떻게 살아야 하는지 알 수 없다. 윤리는 인간학에 뿌리를 두고 있다. 우리가 어떻게 살아가야 할지는 하느님께서 창조하셨던 본래의 우리 모습에 뿌리를 두고 있는 것이다. 우리의 진정한 모습을 우리 안에서 내면화 할 때, 우리는 선물의 에토스를 (재)경험한다. 다시 말해, 우리는 객관적으로 선한 것만을 점차 더 주체적으로 열망하게 될 것이다.

이 사실을 깨닫지 못한다면 윤리적인 삶이란 결국에는 독단적이고 강요된 것처럼 보이는 규범을 준수하고자 하는 노력일 뿐이다. "의무"의 이면에 있는 "왜"에 대한 심오한 지식과 이해가 없다면 우리는 결국 의무를 불신하고 점차 포기하게 될 것이다. 인간의 주체성과 존엄성을 인식하는데 실패한 윤리는 결국 위기에 봉착하게 될 것이다.

에토스와 인간의 주체성(Subjectivity)

선물의 에토스를 통해 우리는 인간의 "주체성"을 개괄할 수 있다. "주체성"이란 인격성에 대한 자기 경험이다. 인간은 자신이 어떠한 '것'이 아니라 어떠한 '사람'임을 안다. 주체로서의 인간은 자신이 결코 객체로 전락할 수 없음을 안다. 인간은 주체이다. 거룩한 주체인 하느님의 모상으로 창조되었기 때문이다.

전통적인 신학의 정식에서 종종 하느님을 "거룩한 객체"로 말하곤 한다. 결코 틀린 말은 아니다. 그러나 교황은 이 구절과 "거룩한 주체" 사이의 균형을 유지한다. 죠지 웨이겔(George Weigel)의 *Witness to Hope*에 따르면, 젊은 시절 교황은 십자가의 성 요한을 주제로 한 박사학위 논문에서 이 표현의 사용을 거부하였다. 논문 지도교수였던 가리구 라그랑쥬(Garrigou-Lagrange)는 전통적인 표현인 "거룩한 대상(객체)"이라는 표현을 사용하지 않은 카롤 보이티야 추기경을 비판하였다. 그러나 교황은 위격들은 객체이자 동시에 주체라는 점에서 그 사용에 있어 균형을 이룰 필요가 있다고 주장하였다.[48] "우리는 객체(나무, 야구공, 자동차)를 알게 되는 것처럼 하느님을 알 수 없다. 하느님을 아는 것은 오히려 우리가 상호 자기 증여를 통해 다른 이에 대하여 알게 되는 것과 더 유사하다."[49]

주체는 행동한다. 그리고 이것과 저것 중 하나를 선택할(사랑할) 자유를 갖는 풍요로운 내적 삶을 영위한다. 주체로서의 자유가 거부되고 주어진 방식대로 행동하도록 강요 받는다면 인간은 자신의 존엄성이 박탈되었다고 느낄 것이다. 따라서 객관적으로 선한 방식의 행동이라 하더라도 주체로서 스스로 자유로이 선을 택한 것이 아니라 강요된 것이라면, 인간은 이를 선으로 경험하지 못한다. 여기서 우리는 신적 주체성과 인간적 주체성 사이의 상호작용을 만날 수 있다. 하느님께서는 결코 당신의 의지를 강요하지 않으신다. 인간은 우주 계획에 속해 있는 꼭두각시가 아니다. 하느님은 당신이 창조한 피조물인 우리의 주체성을 전적으로 존중하신다. 다만, 우리 스스로가 원해서 당신의 계획에 참여하기를 바라신다. 따라서, 하느님은 선물(사랑의 계획)을 제안하고 우리 스스로 참여하도록 초대하신다. 주체로서 우리는 선택을 해야 한다. 하느님께서 당신 자신이 창조한 피조물인 인간에게 보여준 거룩한 "존중"으로 인하여 인간은 "절대자의 협력자"로 정의된다.

최초의 남자-여자는 하느님의 의지를 자신의 의지로 만들었다. 객관적 선을 자신들 안에 내면화하였기 때문에, 그들은 객관적 선에서 해방의 에토스를 경험할 수 있었다. 이것이 바로 선물의 원초적 에토스를

48 *Love and Responsibility*, p. 21 참조.

49 *Witness to Hope*, p. 86.

이해하는 방식이다. 주체로서 존엄성을 가지고 자유롭게 선택했기 때문에 객관적 선을 정확히 선으로 경험할 수 있었던 것이다. 그 이상 다른 어떠한 것도 열망하지 않았다. 교황은 다음과 같이 말한다. "첫 남자와 여자의 사랑이 갖는 주체적인 측면은 … 철저히 객관적이었다." (TOB 19:1) 왜냐하면 주체로서의 인간 욕망은 몸의 혼인적 의미가 갖는 객관적 진리에 의해 더욱 풍요로워졌기 때문이다. 이와 같이 선을 지향하는 내면적인 지향성은 엄밀하게 말하자면, 마음의 순결이다.

주체성과 순결함

이 시점에서 우리는 이전에 언급한 것을 환기할 수 있다. 마음이 순결할 때, 주체성은 전적으로 객관적이 된다. 마음의 순결은 인간의 주관적 열망인 에토스와 사랑의 객관적 질서인 윤리를 연결시킨다. 첫 남자와 여자의 마음에는 이미 에토스와 윤리의 연결이 정립되어 있었다. 원초적 벌거벗음의 경험이 증거하듯 그들의 마음은 순결했다. "그들이 '부끄러워하지 않았다'는 것은 서로가 선물임을 인식하고 결합하였음을 의미한다. 그들은 몸의 혼인적 의미를 인식하였다. 즉, 그들은 몸을 통하여 선물의 자유가 표현되며 주체로서 인격이 갖는 내적 풍요로움이 드러남을 알고 있었다." (TOB 19:1)

첫 남자-여자가 서로를 대상물인 객체로 전락시키지 않았던 이유는 바로 '마음의 순결' 때문이라고 교황은 설명한다. 부끄러움은 남자-여자가 마음의 순결을 상실하는 순간 발생한다. 마음의 순결을 상실하게 되면, 주체로서 인간이 갖는 내적 풍부함을 존중하지 않을 뿐 아니라 상대를 단순히 사용할 수 있는 객체로 경시하게 된다. 마음의 순결을 상실하게 되면, 사랑에 대한 요구는 더 이상 인간 "안에서" 즉각적으로 샘솟지 않는다. 사랑에 대한 요구는 이제 "밖으로부터" 강제된 부담으로 나타난다. 타이어 비유를 사용하여 말하자면, 인간이 사탄의 "위대한 거짓말"에 속을 때, 인간은 실제로 바람 빠진 타이어 상태를 더 선호하게 되며 바람을 주입해야 한다는 요청을 오히려 부담스러운 과제로 느끼게 된다.

역사적 인간에게 있어서 몸의 혼인적 의미를 발견한다는 것은 더 이상 계시와 은총의 실재가 아니다. 하지만 "몸의 혼인적 의미는 선물의 에토스로서 여전히 인간에게 남아 있다. 첫 남자와 여자에게 그러하였듯이 인간 마음의 깊은 곳에 원초적 순수가 먼 울림으로 새겨져 있기 때문이다." (TOB 19:2) 비록 이제 모든 것을 "부끄러움의 장막"을 통해 보아야 한다. 하지만 역사적 인간은 주체가 난순한 대상인 객체로 전락하는 것을 막기 위해 "주체의 신비를 수호하는 수호자"로서의 자신의 모습을 계속 재발견해야 한다.

이는 은총으로 가득 찬 결과인 "마음의 순결"로부터 흘러 나온다. 우리가 소명 받은 대로 살고 사랑하며 인간 존재와 실존의 의미를 충족시킨다면, 우리의 마음은 다시 은총으로 가득 채워질 것이다. 또 그 은총은 계속해서 샘솟는다. 우리가 마음을 열면 선물의 에토스를 (재)경험하게 된다. 에토스를 경험할수록 몸의 혼인적 의미를 따라 살고 싶은 우리의 열망과 갈망은 깊어진다. 이 갈망은 "외부로부터" 주어진 강압적인 것이 아니라, 우리 "안에서" 샘솟는 것이다. 우리의 타이어에 공기가 채워지도록 만들어졌다는 것을 자각하게 될 때, 우리는 바람 빠진 채로 내버려 두려던 우리의 생각을 후회하게 되고, 그리스도께서 우리에게 오셔서 바람을 채워 주시도록 우리 자신을 허락하게 된다.

시원적(始原的) 성사 그리고 "표징"으로서의 몸

"'선과 악에 대한 지식'을 알기 전 남자와 여자는 창조의 신비에 잠겨 있다. 그리고 그들 마음에 감춰진 이 신비의 심층은 순수, 은총, 사랑, 의로움이다." (TOB 19:3) 첫 남자와 여자는 그들의 몸에 대한 의미를 깨닫고 남성성과 여성성 그리고 "한 몸"이 되라는 소명을 인식함으로써 순수, 은총, 사랑과 의로움을 경험한다. 하느님의 시각으로 자신을 보기 때문에, 자신의 모습이 매우 좋음을 안다. (창 1:31 참조) 교황에 따르면, 남자와 여자는 몸의 의미를 생생하게 인식하며 살기 때문에, 사랑과 진리의 주체로서 세상에 존재한다. 이렇게 원죄 이전의 첫 남자와 여자는 오직 진리와 사랑 속에서만 자신의 몸을 자유롭게 행동하는 선택을 하였다.

인류의 첫 축제

원초적 벌거벗음과 원초적 일치의 경험 안에 자유와 순수한 기쁨이 있음을 상상하기는 쉽지 않다. 교황은 몸의 혼인적 의미의 경험이 완전하다는 것을 표현하기 위해 이를 "인류의 첫 축제"(TOB 19:6)로 묘사한다. 이 축제는 "존재와 선이 상호 호환적"이라는 사실에서 기쁨의 축제이다. 삶(생명)은 곧 선하다. 남자와 여자로 창조된다는 것은 선하다. "한 몸"이 되는 것 역시 매우 좋다. 역사적 인간은 첫 축제가 이미 원죄와 죽음으로 물들었다는 사실을 발견하게 될 것이다. 그러나 "그럼에도 불구하고 우리는 이미 창조의 신비로부터 첫 희망을 끌어낸다. '한 처음에' 계시된 진리와 사랑의 거룩한 경륜의 결실은 죽음이 아니라 삶이라는 희망, 또 하느님의 모상을 창조된 인간 몸의 파괴가 아니라 '영광으로 부르심 받음'(로마 8:30)이라는 희망이다." (TOB 19:6) 교황은 "영광은 선함의 발현이며 모든 완벽함의 반영이다. 어떤 의미에서 이는 거룩함, 신성의 내적인 곳이라 할 수 있다. 하느님은 특별한 방식으로 이 영광을 인간에게 전한다."[50]고 말한다.

"영광에로의 부르심"은 남자와 여자의 몸을 가진 인간 인격에 새겨져 있다. 죄와 죽음은 이를 이길 수 없다. 하느님은 생명과 사랑이라는 거룩한 선물을 인간에게 영원히 주신다. 우리는 이 선물을 거부할 수 있다. 그러나 그렇다 해도 하느님은 결코 선물을 거두어 가지 않을 것이다. 우리가 선물을 거부하더라도 우리는 여전히 "회개하고 복음을 믿을 수 있다." (마르 1:15) 우리는 항상 거룩한 하느님의 선물을 재발견할 수 있다. 원죄에도 불구하고 하느님 선물의 "불씨"가 우리 인간에 항상 살아 있기 때문이다. 교황은 다음과 같이 말한다: "인간은 가시적 세상에 나타난 가장 고귀한 하느님의 선물이다. 인간은 하느님의 선물이 갖는 내적 차원을 내포하고 있기 때문이다." (TOB 19:3) 이와 같은 교황의 말씀은 "몸의 신학"의 핵심에 접근할 수 있도록 해준다. 인간은 "선물"이 되라는 소명을 자신 안에 가지고 있다. 즉, 하느님이 사랑하는 것처럼 서로 사랑하라는 소명이 인간 안에 있다. 이 소명은 남자와 여자의 몸을 통하여, 그리고 생명을 주는 혼인 친교로의 부르심을 통하여 가시화된다.

요한 바오로 2세 말씀의 주제

"이러한 측면에서 시원적(始原的) 성사는 태초의 하느님 안에 숨겨진 비가시적 신비를 가시적 세상에 효과적으로 전달하는 표징으로 이해할 수 있다." (TOB 19:4) 오해의 소지가 있으므로 조심스럽게 접근할 필요는 있다. 교황은 혼인을 원조적 순수 상태에서의 "성사"라 말한다. 이 성사는 신학적 의미에서 은총의 매개이다. 과연 그러한 것이 있는가? 성

50 *Sign of Contradiction*, p. 181.

사란 그리스도와 교회와 함께 시작된 것이 아닌가? "시원적 성사" 즉 그리스도의 육화와 7성사를 제정하기 이전, 한 처음부터 있는 은총의 성사적 중개란 대체 무슨 의미인가?

잠시 교황의 영적 고찰의 결론이 어떤 것인지를 미리 살펴보자. 교황은 바오로 사도의 말씀을 빌린 에페소서 분석에서(제2부 제1장) 우리는 그리스도 안에서 "세상 창조 이전에"(에페1:4) 이미 선택 받은 존재라고 말한다. "그리스도께서 인간을 선택하심으로써 이미 영원부터 인간 창조의 실재가 스며들어 있음을 추론해야 한다. 시원적 성사(primordial sacrament)는 그리스도 안에서, 오직 그리스도 안에서만 정확히 이해될 수 있다. 원초적 인간이 참여했던 은총은 시간적으로는 그리스도께서 육으로 오시는 것보다 앞서 있지만, … 사랑 받는 유일한 그분과 관련하여 성취된 것이다." (TOB 96:5)

따라서, 시원적 성사는 "'하느님 안에 감추어져 있던 그 신비의 계획'(에페 3:9)에 대한 예고로, 그리스도 안에서 결실을 맺고 모습을 드러낸다."고 말하는 사람도 있다. 바오로 사도는 창세기에서의 "한 몸"의 일치를 그리스도와 교회의 혼인에 연결함으로써 명료하게 설명한다. 이는 "큰 신비"(다른 번역본에 따르면 "위대한 성사"로 되어 있음)이며(에페 5:31-32 참조) 그리스도와 교회를 가리킨다. 교황은 에페소서 5장을 통해 보다 광범위하고 아마도 가장 오래된, 그리고 가장 기본적인 의미에서의 "성사"를 이야기할 수 있다고 말한다.[51] 즉, "성사는 하느님께서 영원으로부터 감추어 온, 그러나 계시와 발현으로 드러나게 되는 신비를 상징한다." (TOB 98:8)

"하느님 안에 감추어져 있던 "위대한 신비"란 무엇인가? 가톨릭 교회 교리서에 따르면 하느님의 가장 내적인 비밀은 "하느님 자신이 성부,

51 TOB 93, n. 88, 성사에 대한 자세한 설명 참조.

성자, 성령의 삼위일체 안에서의 사랑의 영원한 약속이며 우리는 그 약속에 동참할 운명"이라는 사실이다.[52] 이 영원한 계획은 시원적 성사를 통하여 이미 준비되어 있었다. 교황의 이해에 따르면, 시원적 성사란 하느님의 가장 내적인 비밀을 가시적 세상에 효과적으로 전달하는 표징이다. 그렇다면 인간 삶에서 거룩한 하느님 신비를 어떻게 가시적으로 그리고 효과적으로 드러나게 할 수 있는가? "가시적 표징으로서의 성사는 가시적인 남성성과 여성성을 통해 몸으로 제정된다." (TOB 19:4) 몸을 통해 즉, "한 몸"이 되라는 부르심을 통해 남자와 여자는 삼위일체적 삶과 사랑의 거룩한 교환에 참여한다.

'참여'란 교황의 저서 *The Acting Person*에서 매우 중요한 주제였다. 이후 "*Person and Community*"에 실린 다양한 에세이에서 교황은 '참여'의 개념을 발전시킨다. 교황은 "참여(participation)"를 "다른 사람과 같이 행동하는 것"[53]이라고 본다. 그러나 이는 단순한 의미에서 다른 사람과 공동으로 어떠한 행위를 하는 것이 아니다. 카롤 보이티야 추기경 재임시절 교황은 인격의 본질을 진정한 자유에 따른 행동으로 보았다. 따라서 우리가 진정으로 다른 사람과 같이 행동한다는 것의 의미는 "다른 사람의 인격성 그 자체"[54]에 동참하는 것을 의미한다. 주체가 함께 행동함으로써 "상호-주체성"을 경험할 때 '참여'가 일어난다. 즉 다른 사람과의 친교를 나누는 삶, 광의의 의미에서 공동체를 구성하는 것을 의미한다. 교황이 "하느님의 거룩한 삶의 신비에 동참한다"고 할 때, 이는 바로 하느님의 거룩함 그 자체에 참여함을 의미한다. 즉, 거룩한 본성에 참여하는 것(2베드 1:4)이며, 영원한 인격의 친교(*Communio Personarum*)[55]에 참여하는 것이다. 교황은 성인들의 통공을 "완성된 상호 주체성"(TOB 68:4)의 경험으로 묘사한다. 여기에서 우리는 왜 그가 다음과 같이 놀라운 결론을 맺는지를

52 *CCC*, no. 221.

53 *The Acting Person*, p. 261.

54 Ibid., p. 294.

55 *CCC*, no. 2780.

이해할 수 있다. "우리 시대를 사는 인간 삶에 있어 가장 중요한 문제는, 어쩌면 모든 시대에 있어서 가장 중요한 문제라고 생각된다. 그 문제는 바로 동참이냐 소외이냐? 이다"[56]

우리는 여기서 교황 말씀의 핵심 주제를 발견한다. "사실 몸은 혼자서는 비가시적 존재인 영적이고 거룩한 것을 가시화할 수 없다. 몸은 한처음부터 하느님 안에 감추어진 신비를 세상의 가시적 실재로 전달하기 위하여 창조되었으며 그 신비의 표징으로서 창조되었다." (TOB 19:4) 이것이 바로 교황이 말하는 몸의 신학이다. "표징"을 정확히 이해하기 위해 앞서 논의한 말들을 되새겨 보자. 몸은 성별 차이, 친교로의 부르심이 갖는 완전한 아름다움과 신비 안에서 하느님 자신의 신비를 드러내는 표징(시원적 표징)이다. 가톨릭 교회 교리서에 따르면, "그의 육신에 당신의 모습을 그려 넣으셔서, … 눈에 보이는 것까지도 하느님의 형상을 지니게 하셨다."[57] 이 육화의 신비가 인간은 무엇인가라는 인간의 가장 깊은 본질을 결정한다. 이 육화의 신비에 의해 모든 인간은 비교 불가한 존엄성을 갖는다. 교회와 세상에 대하여 교황이 던진 질문 즉, 인간은 누구이며 어떠한 소명을 가졌는가에 대한 답은 육화의 신비에 의하여 결정된다.

창조의 모든 것은 성사적이다. 창조주의 신비를 드러내기 때문이다. 그러나 세상의 성사성은 하느님을 모상으로 창조된 인간 안에서 완성된다고 교황은 말한다.[58] 인간은 신실한 자기 증여를 통해 자신을 완성한다. 신실한 자기 증여는 창세기 2:24에 따른 원초적인 방식에서의 한 몸

56 *Person and Community*, p. 206.

57 *CCC*, no. 704.

58 *CCC*, nos. 41, 288, 315 참조.

을 이루는 일치를 통하여 실현된다. 인간 몸이 성사라는 시각을 통해 우리는 창세기 2장 24절의 말씀인 "그러므로 남자는 자기 아버지와 어머니를 떠나 자기 아내와 결합하여 둘이 한 몸이 되었다."를 완전히 이해할 수 있다. "이 말씀은 혼인성사의 구성요소가 된다." (TOB 19:5) 교황은 이후 몸의 성사성에 대하여 더 명확히 말한다. "영원으로부터 하느님 안에 감추어진 신비는 혼인의 전망 속에서 나타나는 첫 남자와 여자의 혼인적 일치를 통하여 가시적 실재가 되었다." (TOB 97:4) 남자와 여자의 일치는 창세기 2:24 말씀에 따라 완성된다. 따라서, 이 일치는 어떤 의미에서는 "창조의 성사성"을 집약하고 완성한 것이라 말할 수 있다.

교황은 원초적 벌거벗음의 풍요로운 의미를 이해하기 위해 보다 폭넓은 설명을 제시한다. 창세기 2:25의 "둘 다 벌거벗었으면서도 부끄러워하지 않음"은 "인간과 더불어 인간을 위해 창조된 가시적인 세상에도 거룩함이 들어왔다는 사실"(TOB 19:5)을 표현한 것이다. 이 거룩함을 통해 남자와 여자는 서로의 벌거벗은 몸 안에서 또 그 벌거벗은 몸을 통하여 하느님의 신비가 드러남을 볼 수 있었다. 몸의 혼인적 의미에 대한 원초적 경험을 통해, 남자와 여자는 "몸의 성사성"을 인식하였다. 첫 남자와 여자가 부끄럽지 않았던 이유는 그들이 은총으로 가득 차 있었기 때문이다. 즉, 그들이 거룩했기 때문이다. 교황은 다음과 같이 말한다. "인간은 자신을 거룩함의 주체로 인식한다. 이 거룩함을 통하여 인간은 몸을 통해 즉, 신실한 자기 증여를 통해 자신을 표현할 수 있다." (TOB 19:5) 다시 말해, 거룩함은 하느님께서 우리를 사랑하시듯이 우리가 서로의 몸을 사랑하도록 만든다. 거룩함으로 인하여 우리는 몸에 하느님의 사랑의 신비가 새겨져 있음을 깨닫게 된다. 거룩함은 우리가 몸을 통해 하느님 사랑과 친교의 계획을 보고, 살고, 경험할 수 있도록 해준다.

6. "앎" 그리고 출산(Knowledge and Procreation) (창 4:1)

원초적 인간에 대한 마지막 언급에서, 요한 바오로 2세 교황은 창세기 4:1의 "사람이 자기 아내 하와와 잠자리를 같이하니, 그 여자가 임신하여 카인을 낳고 이렇게 말하였다. '내가 주님의 도우심으로 남자아이를 얻었다.'"는 부분을 분석한다. 남녀의 일치가 무엇을 의미하는가에 중점을 두었던 요한 바오로 2세는 일치의 의미를 출산의 의미와 함께 검토한다. 야휘스트 전승에 따르면, 출산은 원죄 다음에 나온다. 그럼에도 불구하고 요한 바오로 2세 교황은 이것을 원초적 인간에 대한 숙고에 포함시킨다. 왜냐하면 "'알았다(잠자리를 같이 했다)'라는 용어는 지금까지 분석된 성경본문을 종합"하기 때문이다. (TOB 21:1) 게다가, 그는 원초적 인간과 역사적 인간 사이의 연속성과 관계성을 강조하고자 한다. 원초적 인간에 대한 고찰의 마지막 부분에서 교황은 성적 결합, 출산, 그리고 윤리적 선택이 하느님 모상으로서의 인간 창조에 긴밀히 연결되어 있음을 강조한다.

"앎(knowledge)"의 의미

요한 바오로 2세에 따르면, 우리 시대의 언어는 더 정확한 표현을 가능하게는 하지만 때로 더 깊은 숙고의 기회를 박탈하기도 한다고 말한다. 그러나 성경 본문에서 말하는 "알았다"는 이와는 반대로 단순한 성적 행위 그 이상의 의미를 내포하며 상호 인격적 일치의 풍부한 경험을 통찰하게 한다. "성경에서 '앎'은 함께 하는 혼인 생활의 가장 깊은 본질을 나타낸다."(TOB 20:4)고 교황은 말한다.

'앎'은 인격체인 남자–여자의 성적결합이다. 이는 동물들의 교미와는 명확하게 구분된다. 동물들은 서로를 "알지" 못한다. 동물들은 서로를 "알 수가" 없다. 동물들의 교미와 번식은 생물학적 본능에 의해, 천

성적으로 결정된다. "인간에게 성(性)은 수동적인 생물학적 결단이 아니라, 자기 의식적이고 자기 결정적인 행위로, 인격에 적합한 특정한 수준에 도달함을 말한다." (TOB 21:4) '앎'은 인간의 성(sexuality)이 인격의 정체성을 결정함을 표현하는 용어이다. 성경 본문에서 말하는 이 '앎'을 통하여 "남자와 여자는 성(性)을 원천으로 하는 자신의 정체성과 구체성의 가장 깊은 뿌리에 도달한다. 그러한 구체성은 인격의 고유성 및 반복불가능성을 의미한다." (TOB 20:5)

인격의 '반복불가능성(unrepeatability)'의 의미는 다음과 같다. 서로를 매우 잘 아는 남편과 아내는 인격의 가장 핵심에 도달하게 되며 서로의 인격을 사랑하게 된다. 단순히 육체적 영적인 특성뿐 아니라 그 사람을 인격 자체로서 사랑한다. 이 단계에서 그들은 상대방의 반복불가능성을 계속해서 인식하고 긍정한다. 즉 그(그녀)는 완전히 유일무이하며 다른 어느 누구로도 대체되거나 반복될 수 없다. 이 단계에서 '한 몸'을 이루는 결합을 통해 사랑을 표현할 때(그리고 항상 그렇게 해야 한다), 남편과 아내는 이제 다른 누군가가 배우자를 대신할 수 있다고 생각하거나 행동하는 것이 불가능해진다. 대신할 수 있다는 것은 간통 행위 또는 마음으로부터의 간음이다. '한 몸'이 된다는 것 자체가 오직 상대방의 특성 또는 특질을 기쁘게 하기 위한 사랑의 표현 방식이라고 한다면 대체불가능성은 의미가 없다. 그러한 특성이나 특질은 다른 사람에게서도 쉽게 발견할 수 있으며 쉽게 대체 가능하기 때문이다. 그리고 이런 생각은 종종 "더 강한 기쁨"을 원하게 만든다. 이렇게 상대의 특성, 특질에 쾌락의 가치를 둔 관계는 그 관계에 대한 의심을 영원히 거둘 수 없게 한다. 사랑이 인격의 반복불가능성에 도달할 때에야 비로소 그 사랑은 안정적인 기초 위에 서게 된다. 그리고 그 기초는 영원히 지속된다. 왜냐하면, 인격의 가치는 무한하기 때문이다. 혼인은 해소불가하며 간통은 이에 대한 중대한 위반이 된다. 왜냐하면, 혼인은 인격의 비반복성에 도달하는 사랑을 기초로 한 관계이기 때문이다.

비록 창세기 4:1은 단지 '남자가 여자를 앎'만을 언급하지만, 이것은 한 몸이 됨으로써 남자와 여자가 상호 선물을 통해 서로 앎을 나눈다는 의미이다. 남자, 여자가 서로 알게 되기 위해서는 서로에게 자신을 내주어야 한다. "남자와 여자는 자신 즉 '나'의 구체적이고 깊은 모습을 서로에게 드러낸다. 남성성, 여성성을 통하여 '나' 자체를 드러내는 것이다." (TOB 20:4)

이 상호간의 "앎"(자유롭게 주고 받을 수 있으며 결코 움켜쥘 수 없는 관계)은 "한 처음의 경험과 행위에 있어서 그러했던 것처럼 매우 친밀해서 남자와 여자는 거의 한 주체가 된다. 물론 이와 같은 결합 안에서도 남자와 여자는 다른 두 주체로서의 주관성을 각각 유지한다." (TOB 20:4) 성경에서의 앎은 구별 안에서의 일치, 하나 안에서의 둘, 요한 바오로 2세의 인격주의적 표현에 의하면, "상호주체성"이다. 이와 같은 결합 안에서 상대로 인하여 인격이 상실되거나 상대에게 흡수되는 것이 아니다. 일치를 통해 자신을 신실한 선물로 내어 줌(서로 알게 되고 알려지게 되는 경험)으로써 참된 자기 자신을 발견하게 된다.

참사랑이 무엇인지는 다음을 통하여 정확히 평가할 수 있다. 네 자신을 다른 사람에게 주면 더욱 더 네 자신이 되는가 아니면 점차 네 자신답지 않게 되는가? 너의 참된 자아를 발견했는가, 아니면 상대에 흡수되어 그 사람 안에서 네 자신을 잃어버리게 되었다고 느끼는가? 참된 사랑은 항상 자기 발견으로 이끈다. 결코 자기비하로 이끌지 않는다. 우리는 모든 사랑의 궁극적 모델인 삼위일체 안에 이와 같이 뛰어나게 완벽한 결합과 완벽한 구별의 실체를 본다. 삼위의 각 위격은 서로가 대신할 수 없고, 반복될 수 없으며 서로가 구별된다. 다른 위격과의 관계에 있어 즉, 삼위일체적 삶의 중심인 자기 증여와 친교의 영원한 신비에 있어서, 각 위격은 여전히 그 자신 "이다."[59]

59 *CCC*, nos. 254–55, 689 참조.

"앎"의 관점에서 볼 때 부부 결합은 몸의 의미에 대한 새로우면서도 어떤 의미에서는 명백한 발견을 담고 있다고 교황은 말한다. 인간은 동물에 이름을 붙임으로써 자기 자신에 대하여 알게 된다. 즉, 자신이 동물과 다르며, 사랑으로 부르심 받은 인격이고, 자기 인식과 자기 결정력을 가졌다는 사실을 알게 된다. 이러한 앎은 여자를 알게 될 때 완성된다. "인간의 원초적 고독에 바탕을 둔 '앎'은 이제 남자와 여자의 일치의 토대가 된다." (TOB 21:1) 모든 이가 신실한 자기 증여를 통해 고독으로부터 일치의 단계로 넘어가야만 한다. 요한 바오로 2세 교황은 다음과 같이 말한다. "모든 이는 각자의 방식대로 성경적 '앎' 안에서 자신을 찾는다." (TOB 21:3) "각자의 방식"이라 덧붙인 이유는 비록 한 몸을 이루는 혼인의 결합이 우선적인 방법이기는 하나 이것이 성경적 앎으로 들어가는 유일한 방법은 아니기 때문이다. 그리스도는 "하늘나라를 위하여"(마태 19:12) 몇몇 남자와 여자를 부르시어 동정의 소명을 줄 것이다. (마태 19:12)

'제3자(자녀출산)'로 이끄는 앎: 부성(父性)과 모성(母性)

창세기 4:1에 따르면, 남자와 여자는 둘 사이에서 낳은 "제3자" 안에서도 서로를 알게 된다. 하와는 주님의 도움으로 아들을 품고 낳았다. 요한 바오로 2세 교황은 부성(父性)과 모성(母性)이 인간 성(性)의 신비를 나타내고 완전하게 계시한다고 말한다. "한 몸" 안에서 만난다는 것은 몸이 갖는 의미에 대한 특별한 의식을 포함한 것이다. 생식과 출산이 그것이다. 인간이 생식과 출산을 통해 새 생명을 출산하는 능력은 삼위일체의 영원한 생성의 신비와 불가분의 관계를 맺는다. 출산의 신비를 통한 남녀의 상호 수용은 하느님과 인간의 상호 수용관계를 가장 명확하게 보여준다. 요한 바오로 2세에 따르면, 남자와 여자는 성경적 "앎"을 통해 영원한 생명의 생성을 드러내는 위대한 신비에 동참한다. 따라서 배우자들은 성경적 앎을 통하여 하느님의 창조적인 능력에 동참하는 것이다!"[60]

부성(父性)과 모성(母性)은 하느님의 모상을 닮은 인격으로서의 남자-여자의 신비에 대한 교황 말씀의 완성이라고 할 수 있다. 친교 안에서 그리고 친교를 통해 남자와 여자가 어떻게 하느님을 닮는지에 대하여 교황이 하신 다음과 같은 말씀을 상기하자. "이 모든 것 중에서 한 처음부터 인간에게 내려온 것은 바로 인간의 출산과 관련된 자손 번성에 대한 축복이다." (TOB 9:3) 이제 교황은 말한다. 남자와 여자가 "한 몸"이 되어 인격의 친교에 동참함으로써 "자손 번성의 축복"에 자신을 개방할 때마다 인간은 하느님의 모상으로서의 실존을 확인하고 새롭게 된다." (TOB 21:7)

교황은 남자와 여자의 친교에 따른 결실이 어떻게 삼위일체를 나타내는지에 대하여 즉, 삼위가 각각 출산에서 누구를 대변하는 지에 대한 정확한 언급은 하지 않는다. 여기에는 명확한 이유가 있다. 사변적인 신학이라면 그러한 질문이 정당하겠지만 삼위일체의 구체적 위격에 배우자와 자손이 각각 어떻게 해당되는지를 정하는 것은 매우 조심스러운 일이다. 성(性)의 구별이 있는 피조물을 성(性)의 구별이 없는 창조주 하느님에 대비시키는 일이기 때문이다. 게다가 삼위일체의 하느님은 남편, 아내, 아이로서가 아니라 아버지와 아들 그리고 성령으로서 자신을 계시해 왔다. 이것은 명백히 커다란 중요성을 갖는다.[61]

비록 원죄가 인간으로부터 하느님의 모상성(likeness)을 손상시킨다고 할지라도 인간은 여전히 하느님의 이미지(image) 속에 남아 있다.[62] 따라서 남자와 여자가 "주님의 도우심"으로 아이를 갖게 될 때마다, 그들은 다시 하느님의 이미지를 재생산하는 것이다. 이와 같이 하느님의 이미지

60 *Mulieris Dignitatem*, 18(8 참조).

61 *CCC*, nos. 42, 239, 370, 2779 참조.

62 *CCC*, nos. 705, 2566 참조.

는 원초적 인간과 역사적 인간 사이에 "연속성과 일치"를 이루는 기초이다. 게다가 남자와 여자는 다시 하느님의 이미지를 재생산할 뿐만 아니라그들 자신의 살아있는 모습도 재생산한다. 남자와 여자는 "제3자"의 출생에서 자신의 고유한 인간성을 다시 한번 깨닫는다. 깊은 고찰을 통해 교황은 다음의 결론을 내린다. "땅 위에서의 첫 사람에 대한 탄생을 증언하고 있는 창세기의 말씀은 인간 생성의 존엄성에 대하여 말할 뿐만 아니라 인간 생성의 존엄성에 대하여 말해야만 하는 것을 모두 담고 있다." (TOB 21:7) 교황의 말씀에서 알 수 있듯이, 창조주는 이 신비 안에서 여자에게 특별한 존엄성을 주셨다.

여성성에 대한 찬가

요한 바오로 2세는 한 처음과 가장 가까운 순수를 가지고 여자를 사랑했던 남자였다고 말할 수 있다. 앞에서의 분석을 토대로 할 때, 교황은 여자를 아는 남자(물론 동정생활을 하는 이로서)였다고 말할 수 있겠다. 그는 여자의 고유한 아름다움과 존엄성을 알았다. 그는 하느님의 창조적 사랑(creative love)의 신비가 여자에게 드러난다는 사실에 경탄했다.

"여자는 남자와 구조가 다르다."(TOB 21:3)고 한 교황의 말씀은 남녀 사이에 명확히 드러난 차이만을 언급하려는 것이 아님이 분명하다. '하느님께서 여자의 몸을 수태의 장소로, 새 생명의 성전으로 선택하셨다'는 사실은 매우 중요한 의미를 담고 있다. 특히 여성에 대한 특별한 명예라고 교황은 말한다. "여자는 지속적인 매혹의 힘을 가지고서 남자로 하여금 여자와의 일치를 열망하게 하는 몸의 구소를 가진다. 이와 같은 몸의 외적 구조, 특히 그 모습은 모성(母性)과 밀접하게 연결되어 있다." (TOB 21:5) 몸은 인격을 계시한다. 따라서, 여성의 몸은 여성 생물학에 대한 것뿐 아니라 인격체로서 여성의 품위와 본성에 관한 것 등 많은 것에 대해서 말한다고 교황은 생각한다. 바로 이러한 이유로 교황은 성경(전례)이 수 세기에 걸쳐 "너를 낳은 자궁과 너에게 젖 먹인 가슴"(루카 11:27)을 찬미하고 영광을 돌리고 있음에 특별한 관심을 기울인다. "성경의 이 말씀은 창조적인 사랑에 대한 전형적인 표현으로, 모성, 여성성, 여성적 몸에 대한 찬미이다." (TOB 21:5)

"나는 주님의 도우심으로 남자를 알았습니다."라는 여자의 기쁨에 찬 선언은 자식을 잉태하고 낳는 기능이 의미하는 깊은 신학적 의의를 표현하고 있다. 게다가 첫 여자는 출산에 있어 창조 신비('한 처음'에 대한 앞의 논의 참조)를 온전히 인식하고 있다. 그렇다! 교황에 따르면, 창세기의 "한 처음에" 드러난 인간의 모든 신비, 존엄성, 선함, 소명, 운명은 어떤 의미에서 아이가 엄마에 수태되는 매 순간 재생되는 것이다.

창조적 사랑과 속량에 대한 공격

이제, 우리는 왜 한 처음 사탄의 적대감이 "여자"와 그 "자손"을 겨냥했는지를 이해할 수 있다. 여자가 새 생명을 잉태할 수 있다는 은총 때문이다. "주 하느님께서 뱀에게 말씀하셨다. '…나는 너와 그 여자 사이에, 네 후손과 그 여자의 후손 사이에 적개심을 일으키리니 여자의 후손은 너의 머리에 상처를 입히고 너는 그의 발꿈치에 상처를 입히리라.'" (창 3:14-15) 요한 바오로 2세는 수요교리 초기에 복음의 첫 선포인 원(原)복음에 대하여 다음과 같이 말한다. "우리는 첫 남자와 첫 여자가 창조주와 원 계약을 파기한 후 속량의 신학적 전망 안에서 살기 시작하는 것을 목격하였다 … '한 처음'으로 돌아가라는 그리스도의 말씀을 따라가는 과정에서 우리는 이와 같은 관점을 결코 잊을 수 없다." (TOB 4:3)

사탄이 갖는 "적개심"의 실재와 속량의 실재가 모두 인간의 자손 번성, 더 정확히는 여자가 자손을 잉태할 수 있는 능력을 겨냥하고 있다는 점은 매우 중요한 의미를 갖는다. 즉, 인간의 죄와 인간의 속량의 본질은 '어머니 됨의 상태, 모성'이라고도 말할 수 있다. 요한 바오로 2세는 "어떤 의미에서 죄와 죽음은 '한 몸'(창 2:24)을 이루도록 창조되고 부르심 받은 남자와 여자가 '한 처음부터' 이루었던 일치의 정중앙을 뚫고 역사에 등장한다." (TOB 20:1) 표징(symbolic)을 사탄의 상징(diabolic)으로 만들려는 뱀의 계획을 논하는 본문에서 이미 언급한 바 있다. 사탄의 목적은 생명을 주는 삼위일체의 친교로부터 인간을 소외시키는 것이었다. 우리가 이미 살펴본 바와 같이 남자와 여자의 원초적 일치는 삼위일체의 내적 생명을 "효과적으로" 전하는 표징이어야 했다. 그렇기 때문에 사탄은 "'한 몸'이 되라는 부르심을 받은 남자와 여자가 이룬 일치의 정중앙을 겨냥하여 공격한다."

사탄이 "시원적 성사"인 어머니 됨의 상태를 왜곡하도록 인간을 설득하면서 시원적 성사는 하느님의 생명과 사랑을 더 이상 효과적으로 전달할 수 없게 된다. 남자-여자의 일치는 뒤틀리고 왜곡되어 심지어는 하느님의 생명과 사랑에 대한 반대표징이 될 수도 있다. 이때의 표징은 사탄의 징표가 된다. 다시 말해, 하느님과 인간을, 그리고 남자와 여자를 일치시키도록 되어 있던 것이 이제는 분열을 일으키는 도구가 된다. 이미 살펴본 것처럼, 창세기 첫 장들은 회칙 『인간생명(*Humanae Vitae*)』을 제대로 이해하는 데에 있어 매우 중요하다. 왜냐하면 피임은 "자녀" 출산 가능성에 대한 성경적 앎을 기만하려는 구체적인 시도이기 때문이다. 예를 들어, 피임은 창조적인 사랑을 조사하며, 어머니 됨이 갖는 참된 의미를 공격한다.

원죄 이후 부부 결합의 "앎"이 "자손 번성"으로 이어진다는 사실은 약속된 속량이 이미 펼쳐지고 있음을 증거한다. 뱀의 머리를 부술 여자의 "자손"이 죄와 죽음을 넘어 승리를 가져오기 때문이다.

앎-생성의 주기: 굴복하지 않는 생명

앎은 항상 자손 번성보다 먼저 일어나고 언제나 서로 밀접한 관계를 유지한다. "앎"의 중요성은 부부의 결합에서 태어난 "제3자인 자손" 역시 부모와 같은 인간성을 갖는 한 인격으로 "알려짐"에서 잘 드러난다. "내가 주님의 도움으로 남자 아이를 얻었다."에서 보듯이 아이에게 "인간"이라는 이름을 부여하는 것은 짐승들에게 이름을 붙이는 경험과는 매우 다른 것이다. 부모는 "인간"이라는 이름이 표현하는 바를 안다. "제3자인 자손"은 "그들의 뼈에서 나온 뼈요 그들의 살에서 나온 살"(TOB 22:3 참조)이기 때문이다. 그 자손은 인격을 표현하는 몸이다. 이런 방식으로 "앎-생성(자손 번성)"의 주기가 완성이 된다고 교황은 말한다.

자신과 비슷한 존재를 낳는 앎의 경험에서, "남자와 여자는 새롭게 표현하기를 바랬던 바로 그 인간성을 통하여 … 함께 얻어진다." (TOB 22:3) 남자와 여자는 "제3자인 자손" 안에서 그들의 인간성이 다시 표현되기를 원한다. 생명으로서의 삶의 선함을 긍정하고, 죄로 인하여 삶의 일부로 들어 온 죽음이라는 불가피한 전망을 극복하기 위해서이다. 몸의 혼인적 의미와 자손 번성의 의미는 죽음에 대한 인식과 더불어 한 처음부터 하느님과의 계약에 들어온다. "아담이 자기 아내를 알았고, 그녀가 임신하고 아이를 낳았다." (창 4:1)는 "이 세상 인간 역사의 바로 첫 순간에 몸의 원초적 계시로 각인된 인장"(TOB 22:5)과 같다. 이 인장은 생명을 주는 친교에 대한 하느님의 원초적 계획이 원죄에 의해 정복당하지 않았음을 보증한다.

사실, 요한 바오로 2세가 선언한 바와 같이, "인간의 역사 안에서 '앎-생성'의 주기는 항상 되돌아 온다. 이 주기 안에서 생명은 죽음이라는 냉혹한 전망과 맞서 싸워 항상 이를 극복한다. 이 얼마나 희망적인 말씀인가! 우리는 죽음이라는 현실을 받아들여야 한다. 하지만 남자와 여자의 "앎"은 삶이 **항복하기를 거부**한다는 기쁜 소식(복음)을 증거한다. 이것이 바로 "몸의 복음"이다. "상호간의 '앎'을 확고한 기반으로 '자손의 번성이라는 생성'을 통해 생명을 드러낸 것처럼, 바로 이 앎을 통해 인간은 자기 존재의 고독을 뛰어 넘고, 더 나아가 '타자' 안에서 자기 존재를 확인하여 새롭게 하기로 결정한다." (TOB 22:7) 남자와 여자는 하느님의 도우심으로 인간을 낳기 위하여(창 4:1) 자신을 열어 준비함으로써 생명의 선성(善性)을 확인한다. 요한 바오로 2세는 다음과 같이 말한다.

> 삶의 모든 경험 즉, 자신에 대한 실망, 죄(罪), 그리고 종국에는 피할 수 없는 죽음의 전망에도 불구하고, 인간은 언제나 "앎"을 "생성"의 "시작"에 두고 있다. 이와 같은 방식을 통해 인간은 창조주 하느님께서 '모든 것을 보셨고 … 실로 좋았다'는 첫 전망에 참여하며 말씀의 진리를 새롭게 확인한다. (TOB 22:7)

역사적 인간은 말씀의 진리를 확인하는 것이 매우 어렵다는 사실을 알게 된다. 인간 생명에 내재한 죄와 어려움들 때문에 남자와 여자는 희망과 절망, 친교의 '위험'과 고독의 '안전함', 생명의 선함에 대한 긍정과 실존을 저주하는 부정 사이에서 자주 흔들리게 된다. 이 같은 동요로 인해 인간은 세상에 "타자인 제3자"를 내어 놓는 경험인 출산을 꺼릴 수도 있다. 심지어 생명을 낳는 원초적 축복(창 1:28)을 저주로 여기게 될 수도 있다.

앎과 잠재적인 생성(자손번성)을 위하여 서로에게 자신의 몸을 내어주며 사랑의 위험을 감수하는 남자와 여자는 죽음을 마주 보고 용감히게 선포한다. "생명은 선하다. 친교는 고독보다 좋은 것이다. 생명은 죽음보다 낫다. 사실상 생명이 죽음을 정복한다. 죽음아, 너의 승리는 어디 있느냐? 죽음아 너의 독침은 어디 있느냐?" (1코린 15:55 참조) 모든 인간은 자신의 입장을 결정해야 한다. 즉, 자신의 태도를 선택해야 한다. 이것은 특히 회칙 『인간생명(*Humanae Vitae*)』에 대한 교황의 고찰에 있어 폭넓은 의미를 갖는다.

결론

오늘날에도 여전히 합당한 그리스도의 말씀

현대 사회의 남녀들은 결혼의 본질에 대해 수많은 질문을 한다. 예수에게 다가가 이혼에 대하여 질문하던 바리사이들과 무척 유사하다. 현대 사회 문제들 중 많은 것들이 그리스도가 살던 시대의 사람들에게는 생소한 문제일 것이다. 그럼에도 불구하고 요한 바오로 2세는 2천년 전에 그러했듯이 오늘날에도 그리스도의 응답이 타당하다고 믿는다. 20세기의 인간은 자신의 몸에 대해 놀라울 정도로 많은 과학적 지식을 얻게 되었다. 대부분의 경우 그 지식들 때문에 인간의 몸은 조작 가능한 "대상"으로 전락하고 말았다. 이는 성경이 주는 인간 몸에 대한 지식 즉, 신성한 위엄을 지닌 인격적 주체의 계시와는 엄청난 차이가 있다.

그리스도는 '한 처음'을 가리키며 "남자와 여자가 '한 처음'과 같은 주체가 되어 온전한 진리의 조명을 통해 자기 자신의 행동을 결정하는 주체가 되기를 바라신다." (TOB 23:3) 요한 바오로 2세는 몸의 신학을 통해 현대 사회의 남녀를 돕고자 한다. 인간이 무엇임을 알게 하여 이를 기반으로 인간이 행위를 결정하는 데 도움을 주고자 한다. 인간 존재에 대한 부분적 전망을 넘어서 "인간에 대한 통합적 전망"을 세우기 위해서, 우리는 "한 처음"으로 돌아가야만 한다. 그곳에서 우리는 세상의 모든 인간적 존재의 첫 유산을 발견한다. 그곳에서 우리는 "인간의 정체성에 대하여 계시된 말씀의 첫 선언을 발견한다. 또한, 하느님의 모상으로 창조된 인격으로서 인간 소명의 확실한 첫 원천을 발견한다." (TOB 23:1)

창세기 말씀은 "과학 이전(pre-science)"의 것이다. 그러나 창세기의 말씀은 "인간에 대한 통합적 전망"에 있어서 매우 중요한 진리를 가장 단순하고도 충만한 방식으로 드러낸다. 바로 인간의 주체성과 "상호주체성" 즉, 인격들 사이의 친교이다. 인간의 성(性)에 대한 객관적인 과학 지식은 본래적으로 나쁜 것이 아니다. 요한 바오로 2세가 말씀하신 바와 같이, 우리는 객관적인 과학적 발견을 외면할 필요가 없다. 하지만 "몸의 과학"이 인간에게 도움을 주려면 "몸의 신학"에 대한 깊은 이해가 전제되어야 한다. "몸의 신학"에 대한 이해가 없다면 결혼과 출산에 관련된 현대사회의 문제들에 충분한 대답을 할 수 없다.

일부 현대인들은 몸의 신학을 구성하는 개념이 부적절하다고 반박할 수도 있다. 그러나 요한 바오로 2세가 말씀하신 바와 같이, 이 개념은 인간이 되신 예수님을 아는 사람들에게는 결코 놀라운 것이 아니다. "하느님의 말씀이 사람이 되셨다는 사실을 통해서, 몸은 신학으로 들어왔다." (TOB 23:4) 교황은 이처럼 육화하신 예수님께서 혼인 성사의 결정적인 원천이 되셨다고 말한다.

인간 생명(Human Life)과 관련된 문제

그러므로 몸과 혼인, 그리고 인간의 성(性)에 대한 질문들은 명백히 종교적이고 신학적인 특성을 갖는다. 이러한 질문들은 "과학에 관한 질문인 동시에 더 많은 부분에서 오히려 인간 생명과 밀접한 관련을 갖는 질문이다." (TOB 23:5) 여기서 우리는 선임 교황 바오로 6세의 획기적인 회칙 『인간 생명(*Humanae Vitae*)』의 제목을 살펴볼 수 있다. 전임 교황 바오로 6세가 회칙에서 말하는 혼인, 출산의 문제는 우리를 인간 생명의 신비에 관한 핵심으로 인도한다. 여기서 요한 바오로 2세는 회칙 『인간 생명(*Humanae Vitae*)』의 가르침을 이해하기 위해서 "인간에 대한 통합적 전망"이 필요하다고 하신 바오로 6세의 말씀을 상기시킨다. 몸의 신학을 발전시키는 데 있어서 교황이 받은 주된 영감 중 하나가 바로 『인간 생명(*Humanae Vitae*)』 회칙의 가르침이다.

많은 남녀들은 혼인 안에서 구원과 거룩함의 길을 발견하고자 한다. 혼인을 통하여 소명을 완성하고자 하는 이들은 " '몸의 신학'을 이해하도록 부르심 받았으며, … 그 안에서 자신의 삶과 행동의 내용을 발견한다. 실제로, 이 소명의 길을 따르기 위한 필수 전제는 남성성과 여성성이라는 몸의 혼인적 의미에 대한 철저한 이해가 아닌가!" 교황은 계속해서 말한다. "혼인 생활은 함께하는 삶, 행동, 그리고 감정 안에서 계속해서 완전하고 인격적 차원을 발견하는 것이다! 그리고 이 모든 것은 물질주의적, 실용주의적인 사고방식에 시달리고 있는 문명을 정면으로 거스른다." (TOB 23:5)

교황은 "한 처음"을 다시 언급하며 그리스도는 모든 연령의 남녀에게, 성의 관계성의 참된 성취는 "몸의 속량"을 통해서만 가능하다고 말한다. 이것은, "인간 몸의 참된 의미, 인격적인 의미, 그리고 '친교의' 의미"를 회복하는 것을 의미한다. "한 처음에" 계시된 몸의 인격성, 친교의 의미를 이해하는 것만이 물질주의적이고 실용주의적인 관점들의 심각한 결핍을 인식하는 첫 걸음이다. 그러나 혼인과 성에 관한 질문에 확실하게 답하기 위해, 우리는 결코 인간의 태초에만 머물러서는 안 된다. 인간의 역사와 궁극적 운명을 보아야 한다. 또한, "마음"의 갈망(마태 5:8) 및 부활 때의 혼인(마태 22:24–30)에 관한 그리스도의 말씀에 주의를 기울여야 한다. 이 말씀은 역사적 인간과 종말론적 인간에 대한 요한 바오로 2세의 성찰에 있어 중요한 초석을 마련할 것이다.

원초적 인간 - 요약

1. 바리사이들과 예수의 혼인에 관한 논쟁이 몸의 신학의 출발점이다. 모세는 남자와 여자의 '완고한 마음' 때문에 이혼을 허락하였다. 그러나 태초에는 그렇지 않았다. 따라서 우리는 남자와 여자가 "한 몸"을 이루는 모든 관계에 대한 전형(prototype)이자 규범(norm)으로서 혼인에 대한 하느님의 원 계획을 고찰해야 한다.

2. 엘로히스트는 7일 간의 창조 이야기를 적고 있다. 이 창조사화는 인간을 객관적으로 규정한다. 즉, 존재와 실재의 영역에서 인간을 하느님의 모상을 닮아 만든 가시적 세계의 유일한 피조물이라 정의한다. 야휘스트 전승은 엘로히스트의 객관적 관점에 주관적 측면을 보완한다. 야휘스트 전승은 인간의 심리를 통찰하며 의식과 체험의 주체성이라는 측면에서 인간을 규정한다.

3. 그리스도를 통한 "몸의 속량"으로 태초의 원초적 인간과 역사적 인간 사이의 계속성이 보증된다. 원죄를 사는 인간은 순수의 상태로 돌아갈 수 없지만 그렇다고 해서 원초적 인간의 기원과 완전히 단절된 것은 아니다. 역사적 인간은 모두 원초적 순수의 "울림"을 경험한다. 그리스도는 희망의 삶이 있는 '한 처음'으로 우리를 부르신다. 그리스도는 당신 몸의 속량을 통해 우리가 잃어버린 것을 회복할 수 있는 힘을 갖는 희망의 삶으로 우리를 부르신다.

4. 인간의 체험은 몸의 신학을 구성하는 데 없어서는 안 되는 필수적인 요소이다. 교황은 세 가지 근본적인 인간의 경험인 '원초적 고독, 원초적 일치, 원초적 순수'를 고찰한다. 그는 인간의 '역사 이전'의 경험을 재구성하려고 한다. 이 시도는 '한 처음이었던 그 때' 남자와 여자가 누구였는지에 대하여 정확히

말하지는 못하지만 지금 우리가 누구인지, 그리고 누구이어야 하는지에 대한 이해를 하는 데 많은 도움을 준다.

5. 원초적 고독은 창세기 말씀을 기초로 한다: "사람이 혼자 있는 것이 좋지 않다." 이러한 고독은 남자가 여자 없이 혼자 있는 것, 그리고 여자가 남자 없이 혼자 있는 것뿐만 아니라, 사람이 가시적 세계 안에서 인격자로서 혼자 있는 것을 말한다. 아담은 동물에 이름을 붙이면서 스스로 자신이 혼자라는 의식과 자신의 행동을 결정할 수 있다는 것을 발견했다.

6. 자신의 고독 안에서 인간은 그가 '절대적 존재자인 하느님의 동반자'라는 것과 하느님과의 계약의 주체라는 것을 발견한다. 이러한 깨달음은 인간의 자유 여하에 달려 있다. 이는 죽음과 영생 사이의 양자 택일을 통해 가장 완전히 드러난다. 즉, 인간이 하느님의 모상을 닮아 만든 피조물로서 가시적 세계에 혼자라는 사실은 원초적 고독을 통하여 결정된다.

7. 인간의 영적 고독은 몸의 체험을 통해 발견된다. 몸은 인격을 표현한다. 몸은 동물과의 차이, 주관성, 하느님과의 친교에로의 부르심, 그리고 자기 자신과 같은 "타인"을 표현한다.

8. 창세기는 여자의 창조를 고풍스럽고 비유적이며 "신비적인" 언어를 사용하여 표현한다. 아담의 깊은 잠은 그가 비존재로 돌아감과 하느님께서 남자와 여자로서 인간을 '재창조하심'을 암시한다. 아담의 갈빗대를 이용한 여자의 창조는 남자와 여자가 동일한 인간성을 나누어 가짐을 의미한다. 그들은 "같은 뼈에서 나온 뼈이고 같은 살에서 나온 살이다."

9. 원초적 일치의 체험은 본래 "둘이 한 몸이 됨" 이라는 창세기 2:24에 기초한다. 원초적 일치는 '이성 없이 혼자라는 의미에서 원초적 고독'을 극복하고 '하느님 모상을 닮아 만든 인격주체라는 의미에서 인간의 고독'에 대한 모든 것을 긍정한다.

10. 교황은 원초적 일치를 "인격들의 일치(communio personarum)"로 규정한다. 그는 하느님 모상이 인간 개인뿐 아니라 남자와 여자가 한 처음부터 이루는 인격들의 일치 안에서도 드러난다는 점을 통해 교회 사상에 극적 발전을 가져온다. 혼인적 결합은 그 자체로서 어떤 의미에서는 삼위일체의 내적 삶의 표상이다.

11. 교황은 인간을 정의함에 있어 관계성을 포함시킨다. 인간이 된다는 것은 "주체가 됨"과 "관계를 이룸"을 의미한다. 성별의 차이가 갖는 아름다움과 신비는 기본적으로 이러한 관계성을 드러낸다.

12. 하느님의 원초적 계획에 의해 "한 몸"의 결합을 이룸으로써 남자와 여자는 "원초적 동정의 가치"를 재발견한다. "한 처음"에 있던 동성은 단순히 성적 결합의 부재를 의미하는 것이 아니다. 오히려 몸과 영혼의 원초적 결합으로 이해하는 것이 더 타당하다. 혼인성사의 은총으로 남편과 아내는 점차 "한 몸"의 일치를 통한 원초적 결합을 재발견하게 한다.

13. 원초적 벌거벗음은 부끄러움이 없는 벌거벗음을 경험하는 것을 가리킨다. 여기서 원초적 벌거벗음은 하느님 모상에 따라 창조된 피조물이라는 사실을 가장 잘 드러낸다. 이를 이해하기 위해서는 성경적 인간학에 대한 이해가 우선되어야 한다. 원초적 벌거벗음은 몸이 인격의 계시라는 태초의 의미를 온전히 인식하고 있음을 의미한다. 또한 남자와 여자의 육체적 소통 이전의 순수하고 명백한 영적 소통을 가리킨다.

14. 원초적 벌거벗음이 갖는 평온함은 "내적 바라봄의 평화"에서 비롯된다. 즉, 타인의 벌거벗은 몸에서 하느님의 시각이 갖는 본래적인 선을 보는 것이다. 보시니 참 좋았다고 선언하신 하느님의 말씀 안에서 우리는 하느님의 인간 창조의 동기가 사랑임을 깨닫는다. 사랑과 자기 증여는 동의어이다. 하느님은 자기 모습을 닮은 우리를 창조하심으로써 스스로 자기 증여를 먼저 시작한다. 인간은 이 선물을 받고 응답한다. 이와 같이 하느님과 인간 사이의 사랑

의 계약은 그 자체로 혼인의 자기 증여와 친교의 관계와 유사하다.

15. 남자와 여자는 서로에게 선물이 되어줌으로써 창조에 드러난 하느님의 선물을 재현한다. 서로 선물이 되어주라는 부르심은 몸의 혼인적 의미로 새겨진다. 몸의 혼인적 의미는 사랑을 표현하는 몸의 능력이다. 여기에서 사랑이란 서로가 서로에게 선물이 되어 존재와 실존의 의미 자체를 완성하는 것을 말한다.

16. 원죄 이전의 첫 남자와 여자는 성적 욕망을 이기적인 의지로 경험하지 않았다. 오히려 자기 자신을 선물로 내어 놓으려는 열망으로 경험하였다. 하느님이 사랑하시는 것처럼 서로 사랑하고자 하는 열망으로 경험하였던 것이다. 선물의 자유는 남자와 "자기 자신을 위하여" 창조된 인격으로서 서로를 존중해야 함을 가리킨다. 즉, 상대를 소유하거나 쟁취할 수 없다. 친교를 이루는 삶을 살기 위해 남자와 여자는 자유롭게 자신을 선물로 내주어야 한다.

17. 몸의 혼인적 의미는 타자에 대한 깊은 긍정과 타인에게 선물이 되어줄 수 있는 능력을 드러낸다. 인격에 대한 긍정이란 타자가 자신을 내어 줄 때 이를 선물로 받아들이며 타자를 자기 자신을 위해 창조된 인격으로 존중하는 것을 의미한다.

18. 인간은 결코 몸의 혼인적 의미를 외면할 수 없다. 이 세상에서 인간 실존의 가장 근본적인 요소는 바로 몸의 혼인적 의미이다. 비록 원죄에 의해 몸의 혼인적 의미가 심하게 왜곡되었지만, 인간의 마음 가장 깊숙한 곳에 여전히 남아 있을 것이다.

19. 인간의 가장 깊고 완전한 영역은 은총의 발현 즉, 하느님이 인간의 마음에 자비로이 부어 주시는 사랑에 의하여 결정된다. 은총은 하느님 자신의 내적 삶, 그의 거룩함에 참여하는 것이다. 남녀 간의 원초적 일치는 하느님의 삶과 거룩함에 동참하는 것을 의미한다. 은총은 그들을 부끄러움 없는 벌거벗음에 이르게 하며 이를 통해 상호간의 자기 증여의 신실함을 증명한다.

20. 원초적 행복은 남자-여자가 하느님과 이루는 친교와 남녀 사이의 친교에서 근원적인 축복을 경험하는 것이다. 원초적 행복은 사랑에 그 뿌리를 내리고 있다. 즉, 사랑으로부터 인간이 출현하고 사랑에 참여함을 말한다. 이는 원초적 벌거벗음의 경험을 통해 명백하게 된다.

21. 남자와 여자는 상호 보완성을 통해 서로에게 "선물"로 존속한다. 하느님께서 선물로 주신 여자를 받은 태초의 남자는 여자에게 자기 자신을 선물로 내어주고자 한다. 그리고 여자는 그의 선물을 받고자 한다. 즉, 주고 받음이 상호 침투되어, 주는 것이 받는 것이 되고 받는 것이 주는 것이 된다. 계속적으로 깊어지는 이러한 상호 관계는 삼위일체의 영속적인 주고받음의 관계를 보여준다.

22. 선물의 에토스는 인간의 주체성을 통찰하게 한다. 이는 객관적 선을 향한 첫 남녀의 내적 성향과 관련이 있다. 그들에게는 선물의 원칙을 시행하기 위한 외부적인 윤리가 필요하지 않았다. 그들은 다른 아무것도 갈망하지 않았다. 그들에게 하느님의 법은 '외부'에서 부여된 것이 아니라 '내부'에서 샘솟는 것이었다.

23. 남성성과 여성성의 가시성을 통하여 그리고 친교에로의 부르심을 통하여 보이지 않는 사랑이자 친교이신 하느님이 드러나게 된다. 이처럼 우리는 혼인을 '시원적(始原的) 성사'로 이해한다. 사실 몸은 하느님의 비가시적 신비를 가시화할 능력이 있다. 이것이 바로 남자와 여자가 진정으로 참여해야 하는 진리와 사랑의 신비이다.

24. 우리는 원초적 벌거벗음을 통해 시원적 성사가 유효하다는 것을 이해할 수 있다. 시원적 성사는 하느님의 자비와 거룩함을 남자와 여자에게 전했다. 거룩함을 통해 남자와 여자는 부끄러움 없이 벌거벗을 수 있었다. 거룩함을 통해 신실한 자기 증여를 하는 남자와 여자는 몸으로 자신을 표현하였다.

25. '앎'은 혼인생활의 가장 깊은 본질을 의미하며 고독, 일치, 벌거벗음의 원초적

경험을 종합한다. 앎을 통하여 배우자는 결합하고 각각의 두 주체로 남아 있으면서 동시에 하나의 행동 주체가 된다. 따라서 앎은 둘 안에서 하나됨을 말한다. 모든 인간은 이러한 성경적 앎을 통하여 자신만의 방식으로 자신을 발견한다.

26. 앎은 '제3자(자녀)'를 출산하는 단계에 이르게 한다. "나는 주님의 도움으로 사람(자녀)을 얻었다."라는 하와의 찬양은 번성과 출산에 대한 깊은 신학적 의의를 표현한다. 성경과 전례는 그리스도를 품은 자궁(태내)을 찬양하고 경배함으로써 여성성에 대한 찬가를 드러낸다.

27. '앎-생성(자손 번성)'의 주기는 죄와 죽음의 비극에도 불구하고 그 자체로 지속되어 온 인간 생명의 선함이다. 앎과 출산을 통하여 생명은 죽음의 그림자와 싸우며 항상 죽음을 극복한다.

28. 몸, 혼인, 성에 대한 질문들은 매우 종교적인 특색을 띤다. 그것은 과학에 대한 질문일 뿐 아니라 동시에 인간 생명(삶)의 의미에 대한 질문이기도 하다. 이 때문에 우리는 그리스도의 말씀에 따라 몸을 위한 하느님의 원초적 계획을 재구성해야 한다.

제2장
그리스도께서 인간 마음에 호소하시다

[사이클 2– 역사적 인간]

역사적 인간은 교황의 "정합적 인간학(adequate anthropology)"의 세 사이클 중 두 번째 사이클이다. 1980년 4월 16일부터 1981년 5월 6일까지 총 40회(TOB 24–63)에 걸쳐 진행된 수요교리에서 교황은 남성과 여성이 역사 안에서 체험하는 몸의 실재와 성적 욕망이 원죄에 의하여 어떠한 영향을 받았는지를 성찰한다. 교황의 몸의 신학 교리 연구를 시작하기 전에, 우리는 우리가 하느님의 원계획으로부터 얼마나 멀리 떨어져 나왔는지를 직면하는 것을 "결코 두려워하지 말아야 한다." "나쁜 소식"의 해로움을 깨달아야만 비로소 "기쁜 소식"이 얼마나 기쁜지를 알 수 있기 때문이다. 다행스럽게도 "기쁜 소식"이란 원죄로 인해 상실한 것을 회복할 참된 힘을 주시는 그리스도 안에서 우리는 속량된다는 사실이다. 원죄가 몸과 성에 끼치는 영향을 고찰할 때 우리는 이와 같은 기쁜 소식을 염두에 두어야 한다. 만약 우리에게 이 같은 희망이 없다면 절망에 빠진 우리는 죄를 축소하는 데 급급하거나 심지어 죄를 당연시하게 될 것이다.

교황의 몸의 신학 교리는 음욕과 '마음으로' 범한 간음에 관한 산상 설교로부터 시작한다. 역사적으로 수많은 사람들은 음욕과 간음에 대한 산상설교를 에로스에 대한 전적인 금지로 해석하는 경향을 보였다. 그러나 교황은 산상설교를 마음에 대한 비난이 아니라, 성적 욕망의 근원적 의미를 고찰하라는 초대의 말씀으로 해석한다. 우리가 성적 욕망의 근원적 의미로부터 얼마나 멀리 떨어지게 되었는지, 그리스도께서 몸의 속량을 통하여 하느님의 원계획을 어떻게 회복시킬 것인지를 고찰하라는 초대의 말씀이다. 그리스도의 말씀은 지금까지 주행해 왔던 바람 빠진 타이어에 바람을 넣으라고 초대하는 것이다. "성령에 따르는" 삶에 마음을 열면 "바람이 가득 찬" 근원적인 의미의 에로스를 경험할 수 있기 때문이다.

산상설교는 우리 각자의 마음에 있는 하느님의 원계획에 대한 "울림(echo)"에 대한 호소이다. 그 울림에 가까이 가면 갈수록 우리는 음욕이 진정한 에로스에 반(反)하는 것일 뿐만이 아니라 진정한 인간성에 반(反)하는 것임을 깨닫게 된다. 사랑을 모방한 모조품인 음욕은 결코 "타인"과의 친교를 향한 우리의 열망을 충족시킬 수 없다. 사랑과 진리 안에서 함께 살기 위하여 우리는 음욕으로부터 자유로워져야 한다. 그러나 자석이 끌어당기듯 점차 커져가는 음욕을 극복하기에 인간은 무력하게 보인다. 인간이 가지고 있는 것만으로는 극복할 수 없다. 그러나 우리에게는 복음의 기쁜 소식이 있다. 그것은 바로 "태초의 순수를 회복시켜 주기 위해 예수님이 오셨다."는 사실이다. "그리스도의 은총은 죄로 인하여 훼손된 우리 안의 모든 것을 회복시키신다."[1]

인간은 원초적 순수의 상태로 회복될 수 없다. 정확히 말하자면 그리스도 안에서 인간이 경험하는 속량은 앞으로 도래할 부활에 대한 일종의 참여라고 할 수 있다. 원죄에 빠진 후 그리스도에 의하여 속량된

1 *CCC*, nos. 1708, 2336.

역사적 인간은 '이미, 그러나 아직'[2]이라는 끊임없는 긴장으로 살아간다. '그러나 아직'이란 역사적 인간이 항상 욕정과 싸워야 한다는 것을 의미한다. 교황은 '이미'란 역사적 인간이 그 싸움에서 '실재적인 깊은 승리'를 경험했다는 의미라고 말한다. 그리스도께서 죽음에서 부활하셨기 때문이다. 카롤 보이티야 추기경은 다음과 같이 적고 있다.

> "몸의 속량"은 이미 이 세상에 있는 인간 삶의 한 측면이다. 속량은 종말론적 실재일 뿐만 아니라 역사적 실재이기도 하다. 속량은 현재를 살아가는 개개인의 구원 역사를 형성하며, 창조주께서 첫 남자와 여자에게 선포하신 특별한 방식에 따라 '한 몸'(창 2:24)이 되라는 혼인 성사를 받은 사람들의 역사를 형성한다.[3]

이것이 바로 그리스도의 산상설교 말씀에 있는 "기쁜 소식"이다. 즉, 그리스도께서는 뒤틀린 음욕으로부터 에로스를 해방하러 오셨다. 『진리의 광채(*Veritatis Splendor*)』에 따르면, 그리스도의 산상설교 말씀은 "간음하지 말라는 계명 역시 인간 육체의 부부애(夫婦愛)적인 의미를 존중하면서 다른 사람들을 정결하게 대하라는 초대"이다.[4] 교황은 이렇게 질문한다. "우리가 이 말씀을 두려워하여야 하는가? 아니면 이 말씀이 전하는 구원의 내용에 확신을 가져야 하는가?" (TOB 43:7)

1. 산상설교에 비추어

산상설교에서 그리스도께서는 "'간음해서는 안 된다'고 이르신 말씀

2 CCC, nos. 1002-4 참조

3 "The Family as a Community of Persons", *Person and Community*, p. 326.

4 *Veritatis Splendor*, 15.

을 너희는 들었다. 그러나 나는 너희에게 말한다. 음욕을 품고 여자를 바라보는 자는 누구나 이미 마음으로 그 여자와 간음한 것이다." (마태 5:27-28)라고 말씀하신다. 교황은 이 말씀을 옛 계약의 율법을 이해하고 실행하는 방식에 대한 근본적인 수정으로 이해한다. 그리스도의 말씀은 우리를 "태초(한 처음)"로 되돌리신다. 즉, 음욕에 대한 하느님의 말씀은 신학적, 인간학적, 윤리적 내용으로 가득 차 있다. (TOB 44:1 참조) 여기에 나타난 그리스도의 말씀은 "몸의 신학을 이해하기 위한 핵심 열쇠"(TOB 24:1)이며 "명백히 규범적인 성격"(TOB 24:2)을 보인다. 이는 산상설교를 직접 들은 사람들을 향한 말씀일 뿐 아니라 과거와 미래의 "모든 남자와 여자"를 향한 말씀이다.

교황은 '마음으로' 범하는 간음이란 배우자가 아닌 사람을 성적으로 알고자 하는 욕망이라고 말한다. 그리스도의 말씀은 남자만이 아니라 여자에게도 똑같이 적용될 것이다. 그런데 왜 굳이 남자의 음욕을 예로 들어 "마음으로부터"의 간음이라고 묘사한 것일까? 내적인 행동인 마음으로의 간음은 단순히 보는 것 즉, 시각을 통해 표현된다. 이에 대하여 교황은 다윗과 밧세바의 예를 든다. (2사무 11:2 참조) 간음에 대한 기존의 율법에 대하여 그리스도가 제시한 새로운 해석을 어떻게 이해해야 할까? 그리스도는 왜 행위로 표현되지 않는 '마음 안에서 일어나는' 간음의 부도덕성을 지적하는 것인가?

윤리적 의미: 새로운 에토스

그리스도의 산상설교는 다음과 같이 요약된다. "그러므로 당신은 하늘에 계신 아버지께서 완벽하신 것처럼, 완벽한 사람이 되십시오." (마태 5:48) 가톨릭 교회 교리서(*CCC*)에 따르면, "만일 하느님을 외적으로 모방하는 것이라면, 주님의 계명은 지키기가 불가능한 것이다. 그러나 이것은 "마음 깊은 곳에서" 우러나온 참여, 우리 하느님의 거룩함과 자비와 사랑이 담긴 적극적인 참여를 의미한다."[5] "마음으로부터의 간음"에 대한 그리스도의 말씀은 하느님의 거룩함, 사랑과 자기 증여의 신비에 동참하라는 부르심이다. 이는 이스라엘 백성에게 하신 하느님 약속의 완성을 위한 시작이다. "나는 이스라엘 집안과 새 계약을 맺겠다. … 나는 그들의 가슴에 내 법을 넣어주고 그들의 마음에 내 법을 새기겠다." (예레 31:31–33)[6]

그리스도인으로서 도덕적으로 성숙한 삶을 산다는 것은 외부적인 윤리규범에 어쩔 수 없이 따라야 한다는 의미가 아니다. 법을 엄격히 준수함에도 불구하고 여전히 거룩함 안에서 성장하지 못하는 삶이 얼마든지 가능하다는 것을 우리는 경험에 비추어 알 수 있다. 이를 '율법주의', '도덕주의'라고 한다. 이 경우 율법 준수는 형식적일 뿐이며 그들 마음 속에 율법의 정신이 살아 있는 것은 아니다. 그리스도께서는 다른 것을 원하신다. 그리스도는 내면적인 인간(interior man)에 호소하신다.[7] "먼저 잔 속을 깨끗이 하여라. 그러면 겉도 깨끗해질 것이다." (마태 23:26) 마태오 복음에서와 같이 그리스도는 속량에 대한 새로운 에토스를 선포한다. 에토스란 내적으로 매료시키고 거부하는 가치가 무엇인지를 결정하는 인격의 내적 가치관을 말한다. 에토스는 "인간의 의지에 의하여 좌우되며 양심의 법칙 및 '마음'의 감수성의 법칙에 따르는 것으로 선과 악의 복잡한 모든 영역을 포괄한다." (TOB 47:1) "그러므로, 에토스는 인간윤리의 원초적인 영혼이자 내적 형태라고 정의할 수 있다. … 따라서, 에토스의 실현을 위하여서는 인간 행위의 피상적 측면에만

5 *CCC*, no. 2842.

6 *CCC*, no. 1965 참조.

7 *CCC*, nos. 1430–32 참조.

머물러서는 안 되며 내면의 정확한 통찰이 필요하다." (TOB 24:3) 우리는 인간 삶의 역동적인 내면과 긴밀하게 관련되어 있는 인간의 마음에 스며들어 정확한 통찰을 해야 한다.

산상설교에서 그리스도는 "율법의 제정자이신 하느님께서 뜻하신 선과 악에 대한 올바른 의미를 소거해버리는 … 법의 인간적 해석에 대하여 말씀하신다." (TOB 35:1) 율법에 대한 전형적인 해석은 "'마음'의 질서와 직접적인 관련이 없는 객관주의적 해석이었다." (TOB 36:3) 사실 법의 해석상의 오류로 인하여 이스라엘 백성은 많은 경우에 있어 음욕과 타협할 수 있었다. (TOB 36:2 참조) 그리스도는 율법(윤리)의 원초적 의미를 회복하기 위해서 내면적인 인간의 에토스에 호소한다. 사실, 그리스도의 산상설교를 다시 해석하면 다음과 같다. "여러분들은 지금까지 객관적인 법칙을 듣고 이를 형식적으로 해석해왔다. 이제 여러분에게 말한다. 법에 대한 주관적 의미(여러분의 내면에 건네는 소리)를 들어야 한다." 다시 말해, "여러분은 이미 윤리를 들었다. 나는 이제 그 윤리에 적합한 에토스가 무엇인지에 대하여 말하고 있다."[8]

교황의 말씀에서 우리는 막스 쉘러의 현상학을 확인할 수 있다. 인간에게 '실질적'인 도덕이 되기 위해, 도덕은 경험된 가치와 연계되어야 한다. 그러나 쉘러는 경험된 가치에 대한 강조, 어쩌면 지나친 강조로 인하여 객관적 도덕 규범의 가치를 왜곡되게 인식할 경우, 그 왜곡에 대한 인간의 책임을 인식하지 못하는 오류를 범한다. 그리스도의 산상설교를 통해 우리는 주관

8 율법과 그리스도의 가르침은 유기적 관계를 가지고 있으며 이 관계성은 유지되어야 한다. 더불어, 율법과 그리스도의 가르침 사이에 충돌은 피해야 한다. 그리스도인들의 에토스는 확실히 "새로운" 것이다. 그러나 구약의 실현이라는 점에서 구약과의 연속성은 계속된다. Vatican Commission for Religious Relations with the Jews, *Notes on the Correct Way to Present the Jews and Judaism in Preaching and Catechesis in the Roman Catholic Church* 참조. Pontifical Biblical Commission, *The Jewish People and Their Sacred Scriptures in the Christian Bible* (Boston: Pauline Books & Media, 2002) 참조.

적 가치 안에서 순수를 회복하여야 한다는 하느님의 부르심을 듣는다. 인간의 마음이 정화된다면 주관적 가치는 곧 객관적 진, 선, 미와 일치하게 될 것이다. 그러나 순수하지 못한 인간에게도 객관적 선을 추구할 의무는 있다. 칸트의 윤리학은 도덕법에 관한 인간의 의무에 기초하고, 쉘러의 윤리학은 인간의 가치 체험을 토대로 한다는 점에서, 교황 요한 바오로 2세는 의무와 가치의 체험 사이에 적합한 균형을 도출하고자 하였다. 양자 사이의 균형은 자연법의 제1원칙인 '선을 추구하고 행하라'에서 이미 가시화되고 있다. "이 자연법 원칙은 인간이 윤리규범에 대하여 갖는 의무를 포함할 뿐 아니라 선과 가치에 대한 경험이 인간 행위의 동기임을 보여준다."[9]

법의 완성

에토스의 주관적 관점에 대한 강조를 객관적 규범에 대한 간과로 이해해서는 안 된다. 오히려 새 에토스는 "우리로 하여금 주관적 측면에서의 윤리 경험에 비추어 규범 자체의 깊이 있는 고찰을 가능케 한다." (TOB 24:3) 그리스도께서 말씀하신다. "내가 율법이나 예언서들을 폐지하러 온 줄로 생각하지 마라. 폐지하러 온 것이 아니라 오히려 완성하러 왔다." (마태 5:17) "그리스도교 전승에 따르면, 거룩하고, 영적이며, 좋은 율법은 아직 완전한 것이 아니다. 율법은 마치 후견인과 같아서 무엇을 해야 하는지에 대한 방향을 제시해 주지만, 그것을 행하기 위한 성령의 능력과 은총을 주지 못한다."[10] 이러한 의미에서 율법은 불모지와 같다 그 자체로는 인간에게 생명을 줄 수 없다. 그러나 그리스도께서 우리에게 오셔서 우리에게 생명을 주고 넘쳐 흐르게 하신다 (요한 10:10 참조) 그리스도는 생명과 사랑의 성령으로 우리를 채우시기 위해 오셨다. 이

9 이와 같이 중요한 점을 깨닫고 정의할 수 있게 도움을 주신 Dr. Michael Waldstein에 감사를 보낸다.

10 *CCC*, no. 1963.

를 통하여 우리는 율법을 따르는 동시에 완성할 수도 있다. 예수님의 메시지는 새로운 것이지만 이전의 율법을 무너뜨리는 것이 아니며 이전에 우리가 경험하였던 충만의 극치로 우리를 이끄는 것이다.[11]

인간은 마음 안에 '정의를 흘러 넘치게' 하여 법을 완성한다. 이는 가치에 대한 인격의 내면적 인식"(TOB 24:3)을 전환하는 것이다. 내면적 인식의 전환은 "주체적 생명력"을 창조한다. 즉, 성령의 내재하심을 통하여 선, 정의, 거룩함에 대한 진리가 마음에 살아있게 된다. 산상설교 중 그리스도는 다음과 같이 말씀하신다. "너희는 간음을 하지 말라는 말을 들었다. 그러나 문제는 간음하고자 하는 너희의 욕망이다." 또한, "그리스도 예수님께 속한 이들은 '자기 육을 그 욕정과 욕망과 함께 십자가에 못 박았다.' (갈라 5:24) 그들은 성령에 이끌려 그의 열망을 따른다."[12] 인간이 이와 같은 방식으로 성령을 따르게 되면, 율법은 인간 삶에 있어 다른 역할을 수행한다. 율법은 인간을 제약하는 역할이 아니라 자유롭게 하는 역할을 수행한다. 따라서, 간음하지 말라는 객관적 규범이 더 이상 필요 없게 된다. 성령에 따른 삶을 살게 되면 간음하고자 하는 마음이 사라지게 된다. 비록 음욕을 품을 수 있다 할지라도, 그의 마음은 더 이상 음욕에 흔들리지 않는다.

인간 인격이 "주체적 생명력"을 경험할 때, 그의 의지는 진, 선, 미에 기초를 둔다. 뿐만 아니라, "올바른 의지는 감각적 움직임들을 받아들여 선과 행복을 향하게 한다."[13] 간음하고자 하는 악한 의지는 그 자체로 마음의 감각과 내적 움직임을 밀어낸다. 왜냐하면, 교리서에서 가르친 바와 같이 이들에게 있어 "도덕적 선은 자신의 의지만이 아니라 '마

11 John Paul II, "Homily on the Mount of Beatitudes, Galilee," March 24, 2000.

12 *CCC*, no. 2555.

13 *CCC*, no. 1768.

음'으로도 선으로 나아갈 때 완성"[14]되기 때문이다.

선의 완성으로 향하는 길은 확실히 멀고 힘들다. 아무리 거룩한 남자와 여자라 할지라도 항상 무질서한 격정(욕정)[15]의 잔재를 갖고 있다. 그럼에도 불구하고 선에 대한 진리를 따라 사는 인간은 사탄의 속임수에 속지 않는다. 사탄의 속임수가 무엇인지를 즉, 하느님께서 진, 선, 미로 창조하신 것을 사탄이 왜곡시키고 있다는 것을 알기 때문이다. 우리가 직접 진, 선, 미를 알아 볼 수 있을 때, 사탄의 속임수는 그 빛을 잃는다. 이때의 윤리 규범은 결코 외적인 것이 아니다. 외부로부터 "부과"된 것이 아니라 내부에서 샘솟는 것이다. 이것이 바로 교황이 말씀하시는 "살아 있는 도덕"(TOB 24:3)이다. 새로운 에토스 안에서 마음의 주체적 열망은 객관적 규범과 조화를 이룬다. 이와 같이 살아 있는 도덕에 대한 이해는 인간 자신을 발견하는 데 필수적인 요소이다. 교황은 다음과 같이 말한다. "이것이 바로 인간 존재의 의미를 실현하는 도덕이다." (TOB 24:3)

교황은 구약과 관련한 "새로운" 에토스를 반복해서 강조한다. (TOB 49:1 참조) 그렇다고 해서 옛 계약을 맺은 백성에게 인간의 마음을 충만하게 하는 "살아 있는 도덕"이 전혀 없었다는 의미는 아니다. 또한 새 계약에 의해 세례 받은 인간은 누구나 자동적으로 살아 있는 도덕을 깨달을 수 있다는 의미도 아니다. 토마스 아퀴나스에 따르면 "구약의 율법 아래에서도 사랑과 성령의 은총으로 가득 찬 사람들이 있었다. … 이와 마찬가지로, 신약의 율법 아래에서도 역시 새 법의 완전성과는 아직 거리가 먼 육(肉)적인 사람들이 있다."[16] 그리스도인들이 "새로운 에토스"로부터 멀리 떨어진 채로 남는다면 그들은 '애니멀리즘' 혹은 엄격한 '천사주의'적 경향을

14 *CCC*, no. 1775.

15 *CCC*, no. 2515 참조.

16 *CCC*, no. 1964 재인용.

보이게 될 것이다. '천사주의자'들은 부정할지도 모르겠으나, 양극단에 있는 이들 모두는 동일한 오류 즉, 율법의 형식주의적 강박으로부터 출발한다. 법에 지나치게 집착하는 태도나 법에 항거하는 태도라는 측면에서 애니멀리즘과 천사주의는 동전의 양면과도 같다. "새로운 에토스"는 그리스도께서 세우신 것이다. 새로운 에토스 안에서 충실히 살 때 비로소 새로운 에토스는 양극단이 추구하고자 하는 진리를 모두 포함하게 될 것이다. 법에 집착하는 사람들에게는 법으로부터 자유를, 법에 항거하는 사람들에게는 법의 완성을 실현할 수 있도록 할 것이다. 성령에 따른 삶을 사는 사람들은 더 이상 법 아래 있는 것이 아니다. 그리스도께서 자유롭게 하셨던 것과 같이 그들은 자유롭게 된다. 그러나 이 자유는 단순한 허가증이 아니다. 이 자유는 선을 추구하고 오직 선만을 택함으로써 법을 실현하기 때문이다. (갈라 5장 참조)

인간학적 의미: "마음"에 대한 통찰

'마음으로 범한 간음'에 관한 그리스도의 가르침은 우리가 얼핏 생각하는 것 이상의 심오한 의미를 지닌다. 이 가르침은 새로운 에토스의 "살아있는 도덕"을 따르라는 초대이다. 이와 같은 윤리적 의미인 새로운 에토스를 통하여 그리스도의 가르침은 인간학적인 의미를 가지게 되며 우리로 하여금 인격성의 완전한 진리를 다시 회복하라고 부르신다.

이와 같은 그리스도 말씀의 '발자취'를 따라갈 때, 우리는 '한 처음'에 다시 도달하게 될 것이다. 거룩한 하느님의 사랑이 흘러 넘치는 에로스적 열망을 경험한 한 처음의 남자와 여자에로 돌아오게 될 것이다. 여기에서 우리는 "'정합적' 인간학을 구성하는"(TOB 25:2) 인간 본래의 "영속적 의미"를 다시 발견하게 된다. 역사적 인간이 누구인지, 원죄로 인하여 어떻게 변화되었는지에 대하여 배운다. 그리스도는 우리가 원죄 이전의 인간으로 돌아갈 것을 청한다. 그리스도의 말씀은 "인간이 본래의 온전한 하느님 모상이 될 것"(TOB 25:2)을 요청한다. 이로써 우리는 이 말씀의 윤리적이고 인간학적인 의미가 왜 상호 관계 안에 존재하는지를 이해하게 된다. 어떻게 살아야 하는지(윤리)를 이해함으로써 우리가 누구인지 이해하게 되고(인간학), 역으로 우리가 누구인지 이해하게 될 때, 우리는 어떻게 살아야 하는지를 깨닫게 된다.

그리스도께서는 우리의 내면, "마음"을 향해 당신 말씀의 윤리적, 인간학적 의미를 발견하라고 청하신 마음은 "도덕적 인격의 중심"[17]일 뿐만 아니라, "어떠한 의미에서는 인격적 주체성과 동등한 것"(TOB 49:7)이다. 따라서 "모든 인간은 자신의 이름으로 구별된다기보다는 오히려 마음이라는 범주를 기준으로 구별될 수 있다. 각각의 인간은 유일하고 비 반복적인 방식으로 자신을 결정하게 된다. 인간은 "마음"을 통해 그리고 "마음 안으로부터" 자신의 정체성을 결정하는 것이다." (TOB 34:4) 감정, 생각, 애정의 원천은 마음이다. 따라서, 마음은 몸의 진정한 의미를 알고 경험하는 곳이다. 그러나 마음의 완고함은 그러한 인식과 경험을 할 수 없도록 만든다. 교황의 말씀처럼, "마음은 사랑과 욕정의 전쟁터가 되어 왔다. 욕정이 마음을 지배하면 할수록, 마음은 몸의 혼인적 의미를 경험하지 못하게 된다." (TOB 32:3)

2. 욕정의 인간

다음의 요한 복음 말씀은 "역사적 인간"을 명쾌히 드러낸다. "육의 욕망, 눈의 욕망, 삶에 대한 자만이다. 이러한 욕망은 하느님 아버지에게서 온 것이 아니라 세상에서 온 것이다." (1요한 2:16-17) 이 말씀은 몸 신학 전반을 아우르는 핵심 문구이다. 요한 복음은 실질적으로 욕정에

17 *CCC*, no. 2517.

대한 정의를 내리지 않는다. 다만 욕정이 어디에서 시작되었는지를 말할 뿐이다. 위에서 말하는 삼중의 욕정은 "아버지에게서 온 것"이 아니라, "세상에서 온 것"이다. 교황은 요한 사도가 말하는 "세상"이 성부가 창조한 세상 즉, 보시니 좋았던(창 1:31) 세상이 아님을 지적한다. 오히려 인간의 마음에서 하느님의 사랑을 말살시켜 버림으로써 만들어진 뒤틀린 세상이다.

교황은 역사적 인간 안에 원죄가 있음을 증거하는 성경의 이야기, 문장, 단어들이 많이 있는 것이 분명하다고 말씀하신다. 그리고 이에 대해 다음과 같이 말한다:

> 산상설교의 그리스도 말씀은 그 형식이 간결하지만 매우 특별한 설득력을 갖는다. 욕정에 대한 산상 설교의 말씀을 명확히 하려면 욕정 자체의 성경적 의미를 이해할 필요가 있다. 욕정은 삼중의 구조로 되어 있으며 주로 육의 욕망으로부터 온다. 그렇기 때문에 우리는 왜 예수님께서 욕정, 정확히는 "음욕을 가지고 바라보는 것"을 "마음으로부터 간음하는 것"이라고 했는지를 이해할 수 있다." (TOB 58:3)

욕정을 이해하기 위해서, 더 정확히는 "욕정의 인간"이 누구인지를 이해하기 위해, 우리는 창세기로 돌아가 역사적 인간의 계시의 시초를 다시 살펴야 한다. 원죄의 신비는 인간 역사의 시작을 나타낸다. 동시에 구원 역사의 시작을 상징하는 것이기도 하다. "창세기로 돌아가 고찰하는 것이 중요한 이유는 바로 이 때문이다. 창세기가 구원의 역사와 인간의 진정한 경험의 역사가 동시에 이루어짐을 증명하기 때문이다." (TOB 26:2) 이러한 경험을 통해 우리는 "정합적 인간학"을 발전시켰다. 이는 원죄의 경험을 포함하는 개념이다. 원죄는 확실히 신비이다. 그러나 결코 추상적인 의미가 아니다. 신앙의 신비를 가장 잘 확인시켜 주는 것은 죄의 실재보다는 인간 경험이다. 앞으로 살펴볼 교황의 가르침을 통하여 우리는 야훼스트 전승의 문헌을 현상학적으로 고찰함으로써 아담과 하와의 원죄에 관한 경험을 재구성할 수 있다.

A. 원초적 부끄러움(Original Shame)의 의미

어떻게 "욕정의 인간(man of concupiscence)"이 "원초적 순수의 인간(man of original innocence)"의 자리를 차지한 것일까? 교황은 유혹과 원죄를 분석하는 대신[18] 사탄과 여자의 대화가 이루어지는 "중요한 순간"에 주목한다. "너는 죽지 않을 것이다. 네가 그것을 먹게 되면 너의 눈은 열릴 것이고, 하느님과 같아져, 선과 악을 알게 될 것을 하느님은 알고 계신다." (창세 3:4-5)

요한 바오로 2세 교황에 따르면, 이 순간이 바로 "창조주로부터 오는 사랑과 선물에 의심이 생기는 결정적 순간이다." (TOB 26:4) 모든 피조물의 창조와 더불어 인간의 실존은 그 자체가 하느님께서 인간에게 주신 자비로운 사랑의 선물이다. 하느님의 거룩한 모상에 따라 창조된 인간은 하느님으로부터 피조물을 선물로 받았고 자기 자신을 하느님께 선물로 돌려드릴 수 있었다. 하느님께서는 인간에게 자유로운 선물 즉, "하느님처럼" 되어 하느님의 삶에 참여할 기회를 허락하셨다. '하느님처럼" 되어 하느님의 행복에 참여하는 지복직관은 인간 마음의 가장 깊은 열망이다. 그러나 사탄은 이로부터 우리를 멀어지게 만들려고 한다. 사탄의 의도를 이렇게 해석할 수 있다. "하느님은 너를 사랑하지 않는다. 하느님은 네가 당신 자신처럼 되는 것을 원치 않는다. 하느님은 당신 자신의 생명을 너에게 선물로 내어 줄 의도가 없다. 특히, 이 나무에서 열

18 *CCC*, nos. 396-401 참조.

매를 따먹지 못하게 함으로써 하느님은 너에게 선물을 주지 않으려 한다. 네가 참된 생명(행복)을 원하고 하느님처럼 되려면, 하느님이 너에게 주려고 하지 않은 이 열매에 손을 뻗쳐 네 스스로 쟁취해야 한다."

심오한 존재를 향한 인간의 근본적인 지향성은 수용성 또는 쟁취성[19]의 하나로 나타난다. 하느님을 어떻게 이해하느냐에 따라 두 태도 중 하나의 태도를 택한다. 하느님을 사랑이자 모든 선함을 주시는 분으로 이해할 때, 원하는 행복을 취하기 위해 할 수 있는 일은 오직 받아들이는 것이다. 반면, 하느님을 폭군으로 이해한다면 하느님을 우리의 행복을 위협하는 존재로 보게 될 것이고 우리의 태도는 자연스러운 수용의 태도에서 쟁취의 태도로 전환될 것이다. "그 곳을 일구고 돌보게 하셨다."(창세 2:15)에서 드러나는 바와 같이, 인간은 주도권을 가지고 세상을 발전시킴으로써 하느님의 모습을 닮아야 할 의무가 있다. 피조물인 인간이 하느님을 닮기 위해 우선 하느님의 모상성을 수용해야 한다. 피조물인 인간이 세상을 돌볼 때 갖는 주도권은 항상 하느님의 선물에 대한 수용성으로부터 나온다.

가톨릭 교회 교리서(*CCC*)는 다음과 같이 설명한다. "하느님께서는 인간을 거룩한 상태에 있게 하시고, 영광 안에서 충만하게 '신화'(神化)하기로 정하셨다. 선물을 받아들이기 위해 인간은 자신을 열기만 하면 된다." 그러나 "악마의 유혹으로 인간은 '하느님 없이, 하느님보다 앞서서, 하느님을 따르지 않고서' '하느님처럼 되기를' 원하였다."[20] 바로 여기에 하느님께서 주신 선물에 대한 거부가 있으며, 이는 하느님을 향한 수용적인 태도의 거부인 것이다. 인간은 이제 자기 자신을 존재의 주도자로

19 죄의 본질과 관련하여 수용성 및 쟁취성에 대한 글, Jean-Pierre Baput, "The Chastity of Jesus and the Refusal to Grasp," Communio (Spring 1997): pp. 5-13 참조하기 바란다.

20 *CCC*, no. 398.

세우고, 하느님께서 인간에게 자유로이 주고자 하셨던 것을 쟁취하기에 이른다.

하느님의 선물을 의심하여 이를 쟁취하려는 경향이 죄에 빠진 우리의 본성에 자리잡은 것처럼 보인다. 심지어 어린 아이들도 그러한 경향을 보인다. 예를 들어 내 아들이 쿠키를 디저트로 달라고 할 때, 내가 쿠키 박스에서 쿠키를 꺼내어 아이에게 선물로 주기도 전에 아이는 어떻게 하는가? 아이는 재빨리 쿠키를 잡아 채 간다. 그래서 나는 아이에게 이렇게 말했다. "토마스, 너는 내가 이것을 선물로 줄 것이라고 믿지 않는구나. 만약 네가 선물을 줄 것이라고 믿는다면, 네가 할 일은 믿음을 가지고 네 손을 뻗어 쿠키 선물을 받으면 되는 거야." 선물을 믿고 받아들일 때, 우리가 해야 하는 자연스러운 반응은 그 선물에 대하여 "감사합니다!"라고 말하는 것이다. 하느님과의 관계에서 인간이 가지는 문제는 선물을 믿지 않는 데 있다. 그래서 인간은 이를 쟁취하려 애쓴다. "네가 만약 하느님의 선물을 알았더라면, 오히려 네가 그에게 청하고 그는 너에게 생수를 주었을 것이다." (요한 4:10) 그리스도는 하느님께서 우리에게 주신 선물일 뿐 아니라 우리를 위한 삶의 원형이다. "그리스도 예수님께서 지니셨던 그 마음을 여러분 안에 간직하십시오. 그분께서는 하느님의 모습을 지니셨지만 하느님과 같음을 당연한 것으로 여기지 않으시고." (필리 2:5–6) 더 나아가, 성경에서 혼인에 대한 이미지는 원죄가 갖는 이와 같은 역동적인 면을 고찰하게 한다. 혼인에 대한 이미지란, 먼저 선물을 건네는 신랑의 남성성과 건넨 선물을 받는 신부의 여성성으로 구성된다. 혼인에 대한 유비에서 하느님은 하늘의 신랑으로서 '남성성'의 상징이고 인간(남성과 여성)은 신부로서 '여성성'을 상징한다. 이러한 혼인 유비는 그리스도와 교회의 관계에서 실현될 것이다. 이와 같이 혼인 이미지를 사용할 경우, 원죄는 신부인 인간과 신랑이신 하느님의 관계 안에서 신부가 신랑을 수용하지 않고 거부한 것이라고 말할 수 있다. 창세기에 등장하는 여성에게 접근한 뱀의 예에서 이미 목격하였지 않는가? 사탄은 우리가 하느님의 선물을 거절하기를 바란다. "선물의 수용성"이라는 측면에서 여성은 보는 인류의 원형이다.[21]

21 *Mulieris Dignitatem*, nos. 4, 27, 30 참조. Edith Stein, *Essays on Woman* (Washington, DC: ICS Publications, 1987), pp. 62–63 참조.

사탄의 거짓말에 굴복한 우리는 "성부"로부터 등을 돌린 채 인간의 신비를 찾는다. 인간은 자신이 하느님의 선물이라는 사실에 대하여 즉, 인간 존재의 의미에 대하여 마음 깊이 의심한다. 사랑이신 하느님이 창조와 계약의 원천이라는 사실을 의심한다. 대신 하느님을 질투하는 폭군으로 여기며 속박에서 벗어나기 위해 하느님을 상대로 투쟁한다. 결국 인간은 사랑이신 하느님으로부터 등을 돌리고 마음에서 '아버지'를 지워버린다.

이 시점에서 우리는 교황이 인용한 말씀의 의미를 살펴보아야 한다. "이것이 바로 원죄의 실재를 해석하는 진정한 열쇠이다. … 원죄는 하느님의 부성(父性)을 파괴하고자 한다."[22] 원죄는 하느님 아버지의 부성(父性), 모든 피조물에서 나타나는 하느님의 자비로운 사랑을 부인한다. 만약 우리가 하느님의 부성(父性)의 신비를 이해하지 못하고 거부한다면, 우리는 창조, 역사, 종말 안에서의 인간이 누구인지 결코 알 수 없을 것이다. "그리스도께서는 하느님 아버지의 신비와 그 사랑의 신비를 알려 주는 바로 그 계시 안에서 인간을 바로 인간에게 완전히 드러내 보여 주시고 인간에게 그 지고의 소명을 밝혀 주신다."[23]

원죄를 하느님 아버지의 부성(父性)을 파괴하고자 하는 시도로 해석하는 것은 그리스도께서 우리에게 가르쳐 주신 기도의 중요성을 이해하는 '핵심 열쇠' 이다. "우리 아버지 하느님"이야말로 사탄의 원천적인 거짓말에 대한 구체적인 해독제가 아닌가? 또한, 원죄로 인하여 잃어버린 하느님과 인간에 대한 진리를 회복해주지 않는가? 사탄이 하느님을 공격하였을 때, 첫 남자와 첫 여자는 "우리 하느님 아버지"의 이름이 거룩하게 빛나신다![24]

22 *Crossing the Threshold of Hope*, p. 228, 원본에 강조.

23 *Gaudium et Spes*, no. 22, 강조.

24 *CCC*, nos. 2779–2815 참조.

를 외쳤어야 했다. 사탄이 하느님과 인간의 관계를 끊으려 할 때, 아담과 하와는 이렇게 외쳤어야 했다. "하느님의 나라가 오시고, 아버지의 뜻이 하늘에서와 같이 땅에서도 이루어지신다!"[25] 사탄이 선물을 부정하려 할 때 아담과 하와는 이렇게 선포했어야 했다. "아버지께서는 오늘 저희에게 일용할 양식을 주시므로 우리는 이를 쟁취할 필요가 없다!"[26] 마지막으로 사탄과 논쟁을 할 때, 아담과 하와는 아버지 하느님에 대한 믿음 안에 이렇게 울어야 했다. "저희를 유혹에 빠지지 않게 하시고 악에서 저희를 구하소서!"[27] 그랬다면 하느님은 분명 그들을 구하였을 것이다. 우리는 이제 가톨릭 교회 교리서(*CCC*)에 "주님의 기도는 참으로 복음 전체를 요약한 것이다."[28]라고 말하는 것을 이해할 수 있다. 원죄로 인하여 하느님의 부성(父性)을 거부한 인간은 스스로 하느님과의 계약을 파기함에 따라 자신의 운명과 소명을 망각할 수밖에 없게 되었다. 그러나 "주님의 기도를 드릴 때, 우리는 성부와 성자 예수 그리스도와 친교를 이루게 되는 동시에 우리 자신을 알게 된다."[29]

"부성(父性)의 광채"를 거부한 인간은 "아버지 하느님"의 마음으로부터 자신의 마음을 차단함에 따라 이제 "세속적인" 마음만 갖게 된다. 이때 우리는 음욕의 탄생과 그에 따른 인간성의 해체를 목격하게 된다고 요한 바오로 2세 교황은 말한다. 남자와 여자는 자신의 몸과 원초적 벌거벗음(original nakedness)의 경험을 통하여 하느님의 사랑의 선물을 실현하였음을 상기할 필요가 있다. "인간 몸은 근원적 선물로 창조에 대한 증거이며, 선물을 생기게 하는 원천인 사랑에 대한 증거이다." (TOB 14:4) 교황은 인간 몸 자체가 하느님의 모상을 담은 표징임에 의심할 여

25 *CCC*, nos. 2816–27 참조.

26 *CCC*, nos. 2828–37 참조.

27 *CCC*, nos. 2846–54 참조.

28 *CCC*, no. 2671. (역자주: no. 2761의 오기(誤記)로 추정됨)

29 *CCC*, no. 2799.

지가 없다고 말한다. 사실 몸의 원초적 경험은 전 인류가 하느님의 거룩한 모상에 따라 창조되었음을 확실히 보여주었다. 또한 몸의 원초적 수용은 사랑의 하느님께서 선물하신 가시적 세상을 받아들이는 토대이다. 만약 이들이 선물에 대해 의심을 하고 하느님의 사랑을 마음에서 지워버린다면 몸의 경험에 어떠한 일이 일어나겠는가? 과연 우리는 여전히 사랑이신 하느님에 대한 증인으로서 우리 몸의 경험을 할 수 있을까?

부끄러움(Shame)의 등장

사탄이 아담과 하와에게 약속한 미래는 다음과 같다. "너희 눈이 열릴 것이다!" (창 3:5) 그러나 이 말에는 타락한 "빛의 천사"가 그들의 눈을 어둡게 하고자 하는 욕망을 볼 수 있다. 이미 하느님께서는 아무런 대가 없이 인간에게 볼 수 있는 눈, 시각의 본래적 선(善)을 주셨다. 하지만 사탄은 하느님께서 그들을 장님으로 만드셨으며 그들이 보는 것을 원치 않는다고 기만한다. 사탄의 말에 속아 금지된 열매를 먹음으로써 그들은 하느님이 이미 그들에게 무상으로 허락한 것을 잃게 된다. 또한 몸에 표현된 '하느님의 모상성'을 상실하게 되면서 하느님의 사랑과 인격의 표징인 몸의 "붕괴"가 뒤따른다. 이에 대하여 창세기는 다음과 같이 적고 있다. "그러자 그 둘은 눈이 열려 자기들이 벌거벗은 것을 알고 무화과나무 잎을 엮어서 두렁이를 만들어 입었다." (창 3:7)

창세기의 말씀은 원초적 순수의 인간과 욕정의 인간 사이의 "경계(frontier)"를 표현한다. 부끄러움은 바로 경계의 경험이다. 벌거벗음은 원래 하느님의 사랑의 선물을 계시하는 것이다. 인간은 벌거벗음을 통하여 하느님 사랑에 참여할 수 있었다. 벌거벗은 이들에게 "부끄러움이란 온전히 인격적 진리인 몸에 대한 완전한 수용을 의미했다." (TOB 27:3) 그러나 원죄로 인하여 이제 벌거벗음은 선물의 계시가 아니라 선물의 박탈을 드러낸다. 하느님의 사랑으로부터 단절되었음을 나타낸다. 또한 인격으로 그리고 거룩한 신비의 계시로 몸을 바라보는 시각을 잃어버렸음을 의미한다. 영적인 것과 감각적인 것 사이에 균열과 대립이 생겨난다. 이는 모두 부끄러움이 낳은 결과이다. 요한 바오로 2세 교황에 따르면 "처음으로 인간은 자신의 몸이 하느님 모상의 수준으로 자신을 고양시키던 영의 힘을 이용하는 것을 중단해버렸음을 실감하게 된다." (TOB 28:2)

성의 구별은 인간의 영적인 것과 감각적인 것 또는 영-육의 양극성을 특정한 방식으로 강조하기 때문에, 성별의 차이 그 자체가 원죄로 인한 분열이라는 멍에를 져 왔다. 바로 이러한 비난 이야말로 원죄로 인한 분열을 직접 "느끼고" 경험하는 것을 의미한다. 교황은 인간이 욕정 때문에 자신의 몸을 부끄러워한다는 점에 주목한다. 이 점에서 교황은 인간의 부끄러움은 몸 때문이 아니라 욕정 때문이라는 것을 명확히 한다. (TOB 28:5 참조) 물론 인간의 부끄러움은 몸과 성의 구별에서 올 수 있다. 그러나 이는 거의 언제나 음욕에 빠진 마음으로 인해 생기는 무질서를 극복하지 않으려는 구실이 될 뿐이다.

욕정은 인간이 하느님의 모상으로서 가졌던 '완전한 본래의 가치'에서 벗어난 인간 영혼의 상태라고 교황은 말한다. 따라서, 욕정은 인간의 마음 안에 하느님의 사랑이 결핍된 상태이다. 성(性)의 영역에서 요한 사도가 "육(肉)의 욕망"이라고 부르는 욕정은 영적으로 고취된 것이 아닌 성적 욕망으로, 성령의 인도함이 없는 욕망이며 하느님의 사랑과 은총에 따른 것이 아니다.[30] 창세기에 따르면 남자와 여자는 원죄에도 불구하고 여전히 서로 사랑하라는 소명이 있음을 알기에 바로 여기에서 부끄러움이 생겨난다. 비록 원죄 이전에 경험했던 것을 잊지 않았

30 CCC, no. 2351.

으나 그 사랑을 되돌릴 능력이 밑바닥부터 흔들리고 있는 상태이므로, 그들에게 사랑은 더 이상 몸을 통한 마음의 즉각적 표현으로 샘솟지 않는다. 하느님 사랑에 대한 영감이 부족하게 됨에 따라, 이제 마음은 음욕에 빠지게 되었다. 따라서 타인은 더 이상 "자기 자신을 위해" 창조된 주체가 아니라 "나의 이익을 위해, 내 자신의 자기 만족을 위하여" 창조된 대상으로 전락한다. 부끄러움은 이러한 "새로운" 경험과 관련된 양심의 불편함을 표현한 것이다.

역사적인 인간은 육의 욕망 즉, 욕정을 다음의 두 가지 방식으로 경험한다. 첫째, 욕정은 원죄로 인하여 생긴 어쩔 수 없는 경향이라고 주장하는 경우이다. 이 경향을 그대로 둘 경우, 인간의 타락한 본성은 타인을 사랑의 주체가 아닌 쾌락의 객체로 취급하게 된다. 원죄로부터 시작되어 다시 죄 짓게 하는 혼란은 근본적인 혼란으로 그 자체가 죄는 아니다. 왜냐하면 죄는 인간 의지의 개입을 요구하기 때문이다. 바로 "욕정의 경험"은 그러한 의미에서 죄이다. 자신의 의지로 내적 욕정이 생기거나 그 욕정에 따를 때, 우리는 이 음욕을 "내면적 행위(interior act)"라고 하며 죄로 간주한다.

욕정이 인간의 타락한 본성에서 기인한다는 것이 곧 역사적 인간이 음욕에 의해 속박되어 있음을 뜻하는가? 그렇지 않다. 교황은 다음과 같이 선언한다. "그리스도께서 우리를 구속하셨다! 속량된 인간이 여전히 죄를 짓는다면 이는 그리스도의 속량 행위가 불완전하기 때문이 아니라 속량의 은총에 자신을 맡기지 않으려는 인간의 의지 때문이다."[31]

부끄러움의 차원

교황은 첫 남자와 여자의 경험과 의식을 검토함으로써 음욕의 현상

31 *Veritatis Splendor*, 103.

을 분석한다. "야휘스트 전승은 이를 명백히 분석할 수 있도록 한다." (TOB 27:2) 남자와 여자가 처음 경험하는 부끄러움을 통해 우리는 몸으로 사는 우리 자신을 "새로이" 발견하는 심연에 다가가게 된다. 그러나 이 경험은 욕정의 인간인 자신이 더 이상 동물보다 우위에 있지 않음을 느끼는 경험이며, 몸과 성의 경험이 마치 "다른 수준으로 후퇴되는 것 같은 경험"(TOB 32:2)이다.

첫 남자와 여자인 인간과 동물은 어떻게 구분되었는가? 원죄 이전의 첫 남자와 여자는 자유롭게 자신의 행위를 결정할 수 있었다. 그는 본능에 좌우되는 존재가 아니라 자기지배(self-mastery)가 가능한 존재였다. 자기 존엄성에 따라 살기 위해서는 자기지배가 필수적이기 때문이다. 그러나 원죄로 인하여 자기지배 구조의 "기반이 크게 흔들리게 되었다." (TOB 28:3) 인간은 갑자기 자신의 몸, 몸의 충동에 대한 통제력을 상실하게 되었음을 깨닫는다. "이는 마치 몸의 인격적 통합이 산산이 부서지는 것과 같은 경험이다." (TOB 28:4)

하느님과의 원계약의 파기로 인하여 인간은 영-육의 일치가 거의 분열에 이르는 경험을 하게 된다. 여기에서 우리는 이미 앞에서 언급한 "거대한 분리(great divorce)"와 만난다. 하느님 영의 "입김"과 인간 몸의 "먼지" 사이에 완전한 통합은 이제 사라졌다. 이제 인간은 원죄 이전 자신의 본질의 일부였던 초자연적이고 불가사의한 은총의 선물을 잃어버리게 되었다. 게다가 "자신의 본성 자체에 속했던 '하느님의 모상'이 지닌 본래적인 완전함 안에서의 인간성이 침해를 당하는 고통을 겪게 되었다." (TOB 27:2) 그러한 "본래적 완전함"이 바로 인간의 "자연적인" 상태이다.[32]

32 TOB 27, 각주 44에서 교황은 자연, 은총과 관련한 주제에 대하여 교회 교도권의 가르침을 요약하고 있다.

인간 실존의 기반을 뒤흔드는 부끄러움

첫 남자와 여자는 몸과 영의 완전한 통합 덕분에 선물의 완전한 자유 안에서 살 수 있었다. 몸과 영의 분리를 정상적인 경험으로 간주해 온 우리로서는 첫 남자와 여자가 자유를 상실한 순간 느낀 "충격"을 결코 상상할 수 없다. 다시 타이어의 비유에 적용한다면 이것은 마치 바람이 가득 찬 타이어로 달리다가 갑자기 네 바퀴 타이어 모두 펑크 난 경우와 비슷한 느낌이라 할 것이다. 이전과 이후 두 경험의 차이는 놀랍도록 다를 것이다. 교황에 따르면 첫 남자와 여자가 금지된 열매를 먹음으로써 은총의 지위로부터 추락했을 때, "부끄러움은 그들 실존의 가장 깊은 기반을 건드려 실존 자체를 뒤흔드는 것으로 보인다." (TOB 27:1) 고 말한다. 그래서 그들은 동산에서 거니시는 소리를 듣다 하느님의 모습을 보고 하느님으로부터 자신을 숨기게 된다. (창 3:8 참조) 이후에 진행되는 하느님과 인간과의 대화는 추락이 "저항하기 힘든 압도적인" 경험이라는 것을 정확히 묘사한다. "이 대화는 그 사건에 대한 인간의 표면적 감정뿐만 아니라 그 감정의 깊이까지 드러낸다." (TOB 27:2)

"너 어디에 있느냐?" 하느님께서 물으신다. "당신이 정원을 거니시는 소리를 듣는데, 제 몸이 벌거벗은 것이 두려워 숨었습니다." (창 3:9-10) 두려움은 항상 부끄러움의 본질에 속한다. 그러나 이 두려움은 단순하게 육체적인 벌거벗음에 국한된 것이 아니라 그 이상을 의미한다. 여기에서 말하는 벌거벗음의 경험은 마음의 내적인 움직임을 말한다. 하느님 앞에 벌거벗은 채로 있는 것은 원래 하느님과 사람 사이에 맺어진 계약에 의한 일치를 나타낸 것이었다. 하지만 금지된 열매를 따먹음으로써 인간의 마음은 스스로 자기 자신을 비난한다. 그리고 자신이 하느님과의 원계약을 파기하였다는 사실을 알게 된다. 이미 자신의 몸에서 그 결과를 느낀다. 두려움과 혼돈 속에서 몸을 숨김으로써 자신의 행위가 초래한 결과에서 벗어나 보려 덧없이 애쓴다. 여기서 우리는 최초로 '감춤'의 역사를 보게 된다. "인간은 두려움의 진정한 원인을 벌거벗음에 의한 부끄러움으로 감추려 하고 있다. 이는 원인을 정확히 드러내지 않기 위해 결과만을 감추는 것이다." (TOB 27:1) 인간이 느낀 두려움의 진정한 원인은 "그의 마음이 하느님의 선물로부터 닫혀 있게 되었다."는 사실이다. 부끄러움은 하느님이 원계약으로 인간에게 보이신 신뢰에 대한 배신을 첨예하게 드러낸다. 그러나 아담은 이러한 사실을 스스로도 인정하지 않을 뿐 아니라 하느님 앞에서도 인정하지 못한다.

이와 같은 몸의 새로운 경험은 원죄가 하느님과의 관계, 여자와의 본래적 관계를 무너뜨렸다는 것을 의미할 뿐만 아니라 원죄가 모든 피조물과의 본래적이고 조화로운 관계를 파괴하였음을 의미한다. "어떤 의미에서는 원초적 인간에게 몸의 수용은 가시적 세상을 받아들이는 토대였다." (TOB 27:3) 그러나 이제 이 세상까지도 인간과 "흙을 일구는" 인간의 소명을 거부하게 된다. 땅 자체도 인간으로 인하여 "저주" 받게 된다. (창 3:17 참조) 여기에서 우리는 성(性)의 구별에 따른 인간 각자의 경험이 생태계, 사회, 경제적 구조의 모든 문제에 영향을 미친다는 것을 알 수 있다. 이 문제들 모두 성, 혼인, 가족과 결코 분리할 수 없는 문제이다. 환경, 사회, 문화, 국가 간의 조화로운 관계를 회복하기 위해 우리는 먼저 이 문제들의 진정한 의미를 회복해야 한다.

여기에서 우리는 교황 요한 바오로 2세의 입장을 사회정의에 대한 "자유주의적" 관점으로 속단하거나 또는 성윤리의 가톨릭 교리에 대한 "보수적" 관점이라고 정형화시키는 잘못된 이분법을 볼 수 있다. 일견 요한 바오로 2세 교황이 '자유주의적', '보수적' 관점 모두를 시사함으로써 모순된 입장을 견지하는 것으로 보인다. 하지만 여기에는 모순이 존재하지 않는다. 사회 정의와 성 윤리는 하느님의 모상으로 창조된 주체이며 인격 간의 친교를 이루라는 소명을 받은 인간 인격의 존엄성이라는 동일한 관점에서 흘러나온 것이기 때문이다.[33] 뿐만 아니라 남자와 여자의 관계는 사회구조의 가장 심오한 근본적인 토대이다. 따라서 그리스도교 성윤리의 참된 진리를 회복하지 않은 채 사회 정의를 논한다는 것은 어불성설(語不成說)이다.

남성성과 여성성을 통해 계시된 하느님의 은총을 거부함에 따라 이 세상에 죄, 불평등, 죽음이 들어오게 된다. "너희는 먼지이니 먼지로 돌아간다." (창 3:19) 첫 남자의 두려움은 "불가피한 결정론에 의해 작동되는 자연의 섭리 앞에서 자신의 몸이 갖는 불안감"(TOB 27:4)을 표현한 것이다. 교황 요한 바오로 2세는 벌거벗음에 대한 인간의 두려움을 "우주적 부끄러움(cosmic shame)"이라고 말한다. 인간의 죄가 세상 전체의 질서를 파괴하였기 때문이다. (로마 8:20–21 참조) 인간은 하느님의 모상에 따라 창조된 영광스러운 피조물이었으나 이제는 땅에 복종하고 땅으로 돌아갈 수밖에 없게 된다. 그리고 그는 몸으로 이 모든 것을 느끼게 된다. 몸은 인간의 "초월적 구조"(TOB 27:4)를 나타낸다. 인간의 몸은 한때 하느님의 영광으로 빛났으나 이제는 땅으로 돌아가야 한다. 희망을 갖고 몸 안에 있는 초월성을 회복하도록 노력하거나 아니면 타락한 채로 썩어가게 될 것이다. 이는 태초부터 인간 안에 그리고 그를 둘러싼 모든 것 안에서 일어나는 투쟁이다.

내재적이고 상대적인 부끄러움

우주적 부끄러움은 인류 안에 생겨난 부끄러움에 그 자리를 내준다. 음욕은 하느님 모상으로서의 인간 존엄성을 위협한다. 인간은 원초적 고독을 지닌 인격적 자아 안에서 그리고 남자와 여자의 원초적 일치와 인격적 친교라는 상호 관계 안에서 모두 하느님의 모상이라는 점을 교

33 *CCC*, no. 2419.

황은 다시 한 번 언급한다. 음욕으로부터 나오는 부끄러움은 따라서 내재적이며 상대적인 것이다.

요한 바오로 2세 교황의 분석을 보다 면밀히 들어가보자. 내재적 부끄러움이란 육체와 영혼의 균열로 인해 자기지배의 자유를 상실함에서 발생하는 것으로 자기 내부에서 경험하는 부끄러움을 말한다. 이는 원초적 고독을 경험하는 것의 "이면(裏面)"이다. 왜냐하면 인간은 원초적 고독 안에서 몸-인격의 통합체로서 자신이 가지는 유일한 존엄성을 발견할 수 있었기 때문이다. 내재적 부끄러움은 자신의 인격이 갖는 가치와 존엄성을 위협하는 몸-영의 분리를 인간이 알게 되었다는 것을 뜻한다. 교황은 다음과 같이 말한다. "자신에 대한 부끄러움은 몸이 일으킨 구체적인 굴욕의 표징을 드러낸다." (TOB 28:2) 이제 인간은 자신의 몸을 받아들이는 것을 어렵게 느끼며 인간 존엄성을 이해하고 수용하는 데 자신의 몸이 얼마나 중요한지를 깨닫지 못한다. 교황은 내재적 부끄러움이 너무 강해 "모든 인간의 실존 안에 근본적인 동요를 초래한다." (TOB 28:3)라고 결론짓는다.

상대적 부끄러움이란 타인과의 관계에서 경험되는 부끄러움을 말한다. 이것은 원초적 일치와 벌거벗음의 경험의 "이면(裏面)"이다. 상대적 부끄러움은 타인의 앞에 선 자기 자신의 두려움을 드러낸다. 이 두려움 때문에 "사람들은 자신의 벌거벗은 몸을 가려야만 하고, 자신의 몸을 숨겨야 하며, 남자와 여자는 그들의 남성성과 여성성의 가시적 표징을 상대로부터 보호하려고 한다." (TOB 28:1)

위에서 살펴본 바와 같이 음욕은 세 가지의 원초적 경험 즉, 고독, 일치, 그리고 벌거벗음의 평화를 산산조각 낸다. 선물이 결여된 상태에서, 이 세 가지 원초적 경험은 부정적인 형태로 왜곡된다. 원초적 고독은 고립의 경험으로 바뀐다. 선물의 자유가 친교에서 없어지게 되면 "공공 주의

(communion-ism)"가 유일한 가능성이 된다. 자기 결정력을 가진 주체로서의 인간 존엄성을 존중하지 않으며 강압적으로 이루어진 거짓 일치만이 유일한 가능성이 된다. 마침내 음욕이 차오르게 되면, 부끄러움 없는 벌거벗음은 결국 몰염치로 왜곡된다.

고독-일치-벌거벗음이라는 원초적 경험의 부정적 양식은 다음과 같이 이해될 수 있다. 원초적 고독은 여전히 자기 자신의 "자아"를 표현하는 열망인 원초적 고독을 갖지만 이 열망에는 선물이 결여되어 있으므로, 자기 중심적이고, 소외된 자기단정 즉, 극단적 개인주의로 변형된다. 인간은 여전히 타인을 갈망하며 원초적 일치를 열망한다. 그러나 선물의 결여로 이 갈망은 타인을 이용하는 극단적 착취로 나아간다. 인간은 여전히 타인을 바라 보고 그가 나를 바라보기를 즉, 원초적 벌거벗음을 열망한다. 그러나 선물의 결여로 인해 이 열망은 관음증과 노출증과 같은 극단적 도착으로 변형된다. 원초적 경험은 감사, 찬양, 축복으로 이어지나 왜곡된 경험들은 자기 만족, 우상숭배, 절망의 결과를 낳는다. 그리스도는 "선물이신 하느님", "사랑이신 성부의 신비"를 드러내신다. 이로써 원초적 경험이 가능했던 은총을 온전히 회복하고 인간을 온전히 그 자신으로 회복시킬 것이다. 이는 분명 종말에 완성되나 지금-그리고-여기에서도 우리는 그 회복을 시작할 수 있다.

내재적, 상대적 부끄러움 모두 성(性)적 측면을 갖는다. 교황은 성적 측면이야말로 내재적 부끄러움, 그와 관련된 내면적 불균형이 가장 잘 드러나는 곳이라고 말한다. 어떤 의미에서 인간은 "타인"과의 관계에서 음욕을 경험하기에 앞서 먼저 자기 자신 안에서 음욕을 느낀다. 실제로 타인을 향해 음욕을 발산할 때, 우리는 상대적 부끄러움의 성적인 측면을 본다. 교황은 인간의 내재적 부끄러움과 상대적 부끄러움이 성적인 측면에서 서로 겹친다고 말한다. 원초적 고독의 경험이 원초적 일치의 경험을 이끄는 것처럼, 그 이면을 살펴보면 내재적 부끄러움은 내부에만 머무르는 것이 아니라 언제나 "타인"을 향한다. 이렇게 타인을 향할 때 그 상대는 위협을 느끼고 본능적으로 숨기를 원한다. 이는 그리스도가 말씀하신 것처럼 단순히 욕망에 찬 바라봄이라 할지라도 마찬가지다. 이 때문에 인간은 자신의 몸을 가린다. 특히 성(性)을 드러내는 몸의 지체를 가린다. 이는 자신을 음욕의 위협에서 보호하기 위함이다. 이것이 부끄러움의 '경험' 이다.

우리는 여기에서 부끄러움과 음욕의 상관관계를 알 수 있다. 음욕은 부끄러움을 "설명한다". 음욕이 부끄러움을 생기게 하기 때문이다. 반대로 부끄러움은 음욕의 주체(내재적)와 음욕의 대상(상대적) 안에서 음욕으로 입은 상처를 드러냄으로써 음욕을 "설명한다." 이로써 우리는 왜 그리스도께서 음욕을 마음으로 저지르는 간음이라고 하셨는지를 이해할 수 있다. 간음은 본질적으로 비-혼인적(non-marital)이다. 음욕도 그러하다. 간음은 인격의 존엄성과 가치에 반(反)하는 것이다. 음욕도 그러하다. 간음은 삼위일체를 통한 사랑의 친교에 대한 반대표징이다. 음욕도 그러하다.

부끄러움의 이중적 의미

타인 앞에서 몸을 가릴 필요가 생긴다는 것은 남자와 여자가 "내면을 바라봄(interior gaze)의 평화"를 상실하였음을 의미한다. 즉, 그들은 마음의 순수를 상실한 것이다. 더 이상 서로의 몸을 하느님 신비의 계시로 바라보지 않는다. 서로의 몸을 인격의 계시로 보는 것이 아니라 자신의 이기적 만족을 위한 도구로 본다. 하느님의 거룩한 사랑이 인간 마음에서 사라지면서, 성적 욕망은 이기적인 성 도착증이 되어 버린다

일반적으로 원죄 이후 남자들의 성적 욕망은 여자를 통한 육체적 만족을 지향하는 반면에, 여자들의 경우는 남자에 대한 정서적 만족을 지향한다고 한다. 또한 남자는 사랑을 이용해 성행위를 하지만 여자는 성행위를 이용해 사랑을 한다는 표현도 들어본 적이 있을 것이다. 교황의 저

서 『사랑과 책임(Love & Responsibility)』은 이에 대하여 심층적 분석을 한다. 물론, 여자도 육체적 만족을 지향하고 남자의 경우도 정서적 만족을 지향할 수도 있다.

우리는 여기에서 남자와 여자의 성욕이 동성을 향할 수 있다는 것도 언급해야 할 것이다. (결코 관계를 자유롭게 선택할 수 없기에) 동성애적 사랑 그 자체가 죄는 아니다. 다만, 원죄에 의하여 야기된 성적 욕망의 무질서의 일부이다. 역사적 인간에 종종 등장하는 동성애적 열망에 대하여, 우리는 "태초"에는 그렇지 않았다고 확실히 말할 수 있다.[34] 희망적인 것은 개인적으로 어떠한 왜곡이 있었던 간에, 바로 우리가 속량의 에토스를 경험하도록 부름 받았다는 사실이다. 속량의 에토스는 성(性)에 대한 하느님의 원초적 계획을 회복시킬 진정한 능력을 가지고 있다. 물론, 이 세상에서 완전한 회복은 쉽지 않다. 뿐만 아니라 성에 대한 상처가 깊을수록 치유를 위한 노력과 시간은 더 소요된다. 바오로 사도의 말씀처럼, 일부의 경우 아무리 신실한 노력을 하여도 이 세상에서는 "몸의 가시"(2코린 12:7–10)가 없어지지 않을 수도 있다. 이때 우리가 기억할 것은 자신의 십자가를 겸손한 마음으로 받아들이게 되면 거룩함과 깊은 상처가 공존할 수 있게 된다는 사실이다. 또한, 어느 누구도 바오로 사도가 말한 육체와 성에 대한 그리스도의 원계획을 회복할 "사명"에서 면제될 수 없다는 점을 다시 한 번 확인해야 한다. 가톨릭 교회 교리서(*CCC*)는 이렇게 적고 있다. "모든 그리스도교 신자들은 자기 마음을 바로 다스리도록 정신을 차려 완전한 사랑의 추구를 가로막지 않게 하여야 한다."[35] 요한 바오로 2세에 따르면, "인간은 이 사명을 수행할 수 있으며 이는 실로 가치 있는 일"(TOB 48:4)이라고 말한다. 우리가 이 사명을 받들 때, 우리는 "여러분 가운데에서 좋은 일을 시작하신 분께서 그리스도 예수님의 날까지 그 일을 완성하시리라."(필리 1:6)는 희망을 알게 될 것이다.

원초적 순수를 잃어버린 충격에도 불구하고 첫 남자와 여자는 존엄

34 TOB와 동성애 관련 논의에 대하여 Christopher West, Good News About Sex and Marriage: Answers to Your Honest Questions about Catholic Teaching, 제8장 참조.

35 *CCC*, no. 2545.

성에 대한 기억을 완전히 상실하지는 않았다. 첫 남자와 여자는 여전히 "자기 자신을 위하여" 창조되었음을 알고 있으며 서로 상대방을 사용하기 위해 창조되지 않았음을 알고 있다. 초기 프로테스탄트 개혁주의자들의 생각과는 달리, 남자와 여자는 원죄로 인해 모든 것을 "완전히 박탈당한 것"[36]이 아니다. 그랬다면 그들은 아무런 부끄러움 없이 음욕에 취해 있었을 것이기 때문이다. 따라서 교황은 부끄러움이 긍정적 의미와 부정적 의미를 가진다고 말한다. 인격의 가치를 위협한다는 부정적인 의미와 동시에 그 가치를 내적으로 보존하려고 노력한다는 긍정적인 의미가 그것이다. 즉, 부끄러움은 남자와 여자가 몸의 혼인적 의미를 바라볼 시각을 상실하였음을 의미하지만 이는 동시에 욕정의 위협에서 몸의 혼인적 의미를 보호해야 할 내적 필요를 의미한다. 바로 이 때문에 부끄러움은 혼인적 의미를 계시하는 몸의 지체를 감춘다. 원죄 이전에는 몸의 성적 가치를 드러냄으로써 그의 참된 인격을 드러냈다. 그러나 이제는 아이러니하게도 그 인격의 가치를 보호하기 위해 몸의 성적 가치를 감추어야 한다.

부끄러움을 '보호해야 하는 것'이라는 긍정적 측면에서 더 깊게 바라본다는 의미는 곧 '타자성' 안에 있는 인격의 신비에 대한 존중을 말한다. 비록 경험의 차이는 있겠지만 남자와 여자는 부끄러움의 경험을 통해 원초적 순수와 거의 비슷한 상태로 남아 있을 수 있다고 교황은 말한다. (TOB 31:1 참조) 긍정적인 측면에서 부끄러움은 언제나 남녀의 관계성에 대하여 알려주어야 한다. 혼인한 배우자들조차도 서로의 알몸에 대하여 인격적 가치에 대한 합당한 존중과 존경을 유지해야 한다. 그렇지 않으면 몸을 드러내는 것은 매우 몰염치한 일이 될 것이다. 혼인의 은총으로 배우자들은 부끄러움이 없는 원초적 벌거벗음의 경험과

36 *CCC*, nos. 405, 406.

같은 것을 다시 발견할 수 있다. 이때 벌거벗음은 부정적 의미에서의 부끄러움을 불러일으키지 않는다. 왜냐하면 순수한 사랑을 목적으로 서로를 신뢰하기 때문이다. 그러나 혼인은 결코 몰염치를 정당화하는 수단이 아니다. 만약 정당화 수단으로 혼인을 사용한다면, 합당한 부끄러움이 없는 배우자 비하가 될 것이다.

부끄러움의 긍정적 의미를 이해하는 것은 음욕이 인간 마음의 본질이 아님을 깨닫는 데 도움을 준다. 음욕은 성적 관계와 성적 욕망의 본질이 아니다. 오히려 이 모든 것의 심각한 왜곡이다. 마음은 음욕의 왜곡보다 더 깊은 곳에 있는 것을 갈구한다. 부끄러움이 있다는 것은 곧 성(性)에 대한 원초적 계획의 울림을 마음이 여전히 감지하고 있다는 의미이다. 머나먼 기억인 "태초"의 기억은 우리 마음에서 긍정적 의미의 부끄러움을 살아 있게 만든다.

그러므로 "인간의 자기지배 능력이 그 뿌리부터 흔들린다고 하더라도" 인간은 여전히 자기지배를 할 수 있으며 항상 자기지배를 위한 준비가 되어 있다고 교황은 말한다. (TOB 28:2 참조) 인간은 잃어버린 자유를 회복하기 위하여 항상 왜곡된 음욕과 싸울 준비가 되어 있다. 물론 음욕 역시 저항 할 것이고 종종 인간은 쉽게 유혹에 넘어가 진리로부터 멀어질 수도 있다. (로마 7:22–23 참조) 그러나 인간 마음의 더 깊은 심연을 살피면 "인간은 여전히 진리를 갈망한다."[37] 이 사실을 명심한다면, 그리스도께서 욕망에 대하여 말씀하실 때 왜 인간 마음에 호소를 하셨는지를 이해할 수 있게 된다. 음욕이 아무리 사악하고 깊다고 해도 인간 마음 깊은 곳에 항상 내재되어 있는 선함의 불꽃까지 꺼뜨리지는 못한다. 산상설교에서 그리스도는 그 선함의 불꽃에 호소하시며 성령의 부드러운 "숨결"을 통해 그 불꽃이 활활 타오르는 화염이 되기를 바라신 것이다.

37 *CCC*, no. 1707 참조.

B. 부부 결합의 불만족성(Insatiability of the Union)

인격의 원초적 친교를 파괴하는 욕정

교황은 다음 단계로 “부부 결합에 있어 만족할 줄 모르는 욕망 즉, 부부 결합의 불만족성”(TOB 29:1)이라 부르는 음욕에 대해 분석한다. 원초적 일치를 가져온 아담과 하와의 혼인 관계는 본래 완전한 평화를 가져다 주었다. 그러나 인간 마음 안에 들어온 욕정은 지복직관을 이루는 인격 간의 부부 결합을 왜곡시킨다. 원죄 이후 배우자 간에 본래 가지고 있었던 상호 의사소통능력은 산산이 부숴진다. 이에 의하여 남녀의 관계는 ‘급진적 변화’를 겪게 된다. 더 이상 예진에 그랬던 것처럼 서로의 마음에 대한 열망은 만족되지 않는다. 왜냐하면, 서로를 사랑하는 능력에 심각한 손상을 입었기 때문이다. 요한 바오로 2세는 인격인 남자와 여자는 “‘친교의 일치’ 안에 존재하도록 부르심을 받았다.” (TOB 30:5)고 말한다. 이 부르심은 우리를 정의하며 성(sexuality)의 심오한 의미를 드러낸다. 우리는 원죄 이후에도 여전히 친교의 일치를 갈망한다. 그러나 우리는 “‘몸의 부부 결합을 통해’ 상호 친교의 일치를 실현하는데 실패”(TOB 30:5)하는 경험을 하게 된다. 바로 이를 요한 바오로 2세는 ‘일치에 있어 만족할 줄 모르는 욕정’이라고 한다. 왜냐하면 음욕은 사랑에 대한 우리의 갈구를 결코 만족시킬 수 없기 때문이다.

성에 대한 두 번째 발견

벌거벗음(으로 인한 부끄러움)을 겪은 아담과 하와에게 발생한 급진적인 변화로 우리는 남녀의 상호 인격적인 관계가 부정적으로 변화되었음을 추측하게 된다. 몸의 경험은 인간 마음을 보여주는 창이다. 한때 상호 친교의 굳건한 기초였던 몸에 대한 남녀 모두의 의식에 이제 그러한 역할을 수행할 수 있을지에 대한 '의문'이 생긴다. 인격들의 원초적 친교의 원천으로 선포되었던 성의 구별이 "순식간에 인격 상호간의 대립 요소로 느껴졌고 그렇게 이해되었다." (TOB 29:2) 여전히 몸을 통해 상호소통을 하고는 있으나 원초적 벌거벗음의 순결에서 흘러나오는 단순하고도 직접적인 친교의 일치는 이제 사라지게 된 것이라고 교황은 지적한다.

교황은 이러한 새로운 경험을 "성에 대한 두 번째 발견"이라 부르며 이는 첫 경험과 전적으로 다르다는 사실을 강조한다. (TOB 29:4 참조) 새로운 경험에서, 남자와 여자는 성별의 차이에서 일치된 자신을 발견하는 대신, 여성성, 남성성으로 서로 나뉘고 반목하는 상황을 발견한다. '성'이 남자와 여자가 함께 하는 경험이 아니라 남녀 각자의 개별적 경험이 된 것이다. 요한 바오로 2세는 이와 같은 새로운 경험 안에서 성(性)은 진정한 인격 상호 간의 친교를 방해하는 요소가 되었다고 말한다. 이전에 성(性)은 상대의 주체성을 가시화하였으며 인격 간의 완전한 친교를 가능하게 하였다. 그러나 성(性)은 이제 "인간이 사랑으로부터 멀어지게 됨"(TOB 29:4)에 따라, 대상인 객체로 전락하게 된다. 교황의 표현에 따르면, "어떤 의미에서는 인격의 주체성이 몸의 대상성(객체성)에 그 자리를 내어주게 된 것이다." (TOB 32:5) 다시 말해 몸이 인간의 주체성을 표현하던 기능은 이제 멈추게 된다. "욕정으로 인하여 몸과 자기 자신을 동일시하는 것이 구조적으로 거의 어렵게 되었다."[38] (TOB

---

38 이러한 어려움은 우리 문화에 있어서 "애니멀리즘"적인 행동뿐 아니라, "영성주의"에도 만연하다. 매우 친절하고 열성적인한 침례교도에게 TOB를 설명하고자 한 적이 있다. 그때, 인격의 계시로서 몸을 설명하는 과정에서, 그녀는 "나는 내 몸이 아니에요. 내가 주님을 만날 때 나는 세파에 찌든 이 몸을 벗을 거예요. 내 영이 마침내 자유롭게 될 테니까요."라고 반박하였다. 요한 바오로 2세가 말씀하신 '몸과 자신을 동일시 하는 것의 어려움'에 대한 전형적인 예이다. 안타깝게도, 그녀에게는 정욕의 원천이 '일종의 덕'인 것처럼 가장하고 있음을 알 수 있었다. 몸에 관심을 집중하는 것은 '이 세상에 대한 집착'이라 생각한 그녀는 자신의 마음은 '천상의 것'에 고정되어 있다고 생각하였다. 그리스도의 육화와 부활에 따르면, 몸은

29:4) 욕정에 사로잡히게 되면, 타인의 주체성에 관해서든 자기 자신의 주체성에서든 반드시 몸을 가려야만 하는 것이다. 타인이 자신을 대상화하는 것을 피하기 위해서 자신의 벌거벗음을 숨겨야 하기 때문이다. 근본적인 신뢰의 결여로 인하여 이러한 결과가 발생하게 된다. 이는 남녀 관계에 존재하였던 원초적 친교의 붕괴를 의미한다.

이와 같은 몸의 대상화로 인하여 인간은 진정한 친교의 일치로부터 멀어지게 되고 "성이 가져다 주는 감각적 자극만"(TOB 29:3)을 추구하게 된다. 특히 성이 인격성을 상실하고 친교의 일치를 통한 하느님의 모상으로서의 삶을 살아가고자 하는 인간의 소명에서 멀어지게 될 때 더욱 그러하다. 이것이 바로 욕정이 갖는 비극이다. 이제 성은 자신을 신실한 선물로 남에게 주는 것 대신 자신만의 만족을 추구하는 것으로 바뀐다. 또한, 나와 상대를 위한 주체로서 타인을 사랑하는 것이 아니라, 나의 만족을 위한 수단으로 타인을 사용하게 된다. 그럼에도 역사적 인간은 종종 이와 같은 생각과 행동을 '정상적'인 것으로 간주한다.

원죄가 여성에 미치는 영향

이 시점에서 교황은 자신의 고찰을 창세기 3장 16절로 옮긴다. 하느님께서 여자에게 말한다. "나는 네가 임신하여 커다란 고통을 겪게 하리라. 너는 괴로움 속에서 자식들을 낳으리라. 너는 네 남편을 갈망하고 그는 너의 주인이 되리라." 이 말씀은 앞의 다른 내용들과 마찬가지로 현상학적 분석에 의하여 파악할 수 있는 내용으로 점철되어 있다. 교황에 따르면, 이 말씀은 남자와 여자의 외적인 상황을 게시할 뿐 아니라 인간의 마음이 갖는 심오한 신비를 꿰뚫어 볼 수 있도록 한다.

뿐만 아니라 이 말씀은 인류의 모든 역사에 영향을 미치는 "미래지

"천상의 것"임에도 말이다.

향적 성격"을 함의한다. 요한 바오로 2세에 따르면 "인간의 의식과 마음의 역사는 창세기 3장 16절에 포함된 말씀을 계속적으로 확인하는 과정이었다." (TOB 30:2)[39] 죄로 인하여 여자는 남자의 경우와 마찬가지로 하느님 은총의 "축소"를 경험하게 된다. 하느님, 남자, 선물로서의 새 생명과의 관계에 있어서 여자의 몸은 받아들임을 체화(體化)한 것이라는 점에서 여자의 여성성은 특별한 선물이었다. 하지만 이제 여성성은 더 이상 선물이 아니라 부담이자 때로는 저주가 된다. 교황은 "선물의 축소를 사회적 불평등으로 이해할 필요는 없다. '너는 네 남편을 갈망하고 그는 너의 주인이 되리라'는 오히려 다른 의미에서의 불평등을 가리킨다. 즉, 여자는 창세기 2장 24절에서 의미하는 완전한 결합의 결여를 느끼게 될 것이라는 의미로 이해해야 한다."(TOB 30:2)고 말한다.

이미 남자의 지배, 여성에 대한 부정적 편견과 관련된 역사가 있지 않는가? 정도의 차이는 있겠지만, 몇몇 문화에서는 여성 혐오로 드러나기까지 한다. 창세기에서 충분히 밝혀야 하는 점은 바로 남자의 여자 지배는 하느님의 계획에 반(反)하는 것이며 죄의 결과라는 사실이다.

전적으로 하느님을 받아들이던 인간이 원죄로 인하여 모든 것을 거부하게 되면서 여성에 대한 혐오는 비롯된다. 사랑을 받고 생명을 받는 수용성이야말로 여성의 특별한 "재능"이다. 비극적이게도, 여성이 받은 이 위대한 축복이 원죄로 인하여 저주로 비춰지게 되었다. 여기에서 신비를 드러내는 혼인의 이미지를 다시 한 번 상기할 필요가 있다. 사탄의 유혹으로, 우리는 하느님의 "남성-신랑"의 이미지를 버리고 우리를 지배하려고 하는 폭군으로 바라보게 되었다. 따라서, 하느님(신랑)과의 관계에서, 인간은 "여성-신부"의 수용적 자세를 버리고 하느님이 없는 상태에서 하느님과 같이 되고

39 *Mulieris Dignitatem*, nos.10, 24; *Letter to Women* 참조.

싫어한다.[40] 이때 우리는 참된 인간성을 상징하는 여성성을 지배하고 통제하며 심지어 소거되어야 할 약점으로 생각한다. 여성성보다 남성성을 우선하는 역사가 이를 설명하지 않는가? 하느님을 폭군–독재자로 파악하는 것 또는 폭군, 독재자를 '남성'의 상징으로 파악하는 것은 심각한 왜곡이다. 이와 같은 왜곡 현상이 어디에서 일어나는가? 남녀 간의 관계에서 주로 나타난다. 에페소서 5장 25절에서와 같이 '그리스도가 교회를 사랑한 것처럼' 아내를 사랑하는 남편이 아니라 창세기 3장 16절의 "아내를 지배하는 폭군 지배자"로서의 남편으로 왜곡된다. 이에 대하여 여성은 남성의 지배와 역사를 통한 차별의 무게에 짓눌려 자신의 여성성을 거부하게 되고 생존을 위해 왜곡된 '남성적' 권력을 추구하고자 한다. 바로 이러한 것들이 오늘날 여성 해방운동, 성 정체성 혼돈의 이면에 숨은 가장 뿌리깊은 이유들이 아닌가? 요한 바오로 2세는 페미니즘 운동 안의 모든 선하고 정의로운 것에 대하여 암묵적 존중을 표한다. 그러니 교황은 여성들에게 다음을 요청한다. "'남성 우월'의 표본을 모방하려는 유혹을 거부하는 '새로운 여권주의'(new feminism)를 촉진하는 일은 여성들에게 달려 있다. 이 새로운 여권주의는 사회생활의 모든 측면에서 여성들이 가지고 있는 진정한 재능을 인정하고 긍정하며 모든 차별과 폭력과 착취를 극복하는 것이다."[41]

욕정에 사로잡힌 남녀

남자의 여자 "지배"는 인격 간의 원초적 친교의 일치를 왜곡시킨다. 음욕은 사랑에서 남자의 원초적인 주도성을 왜곡시켰다. 즉, 욕정에 사로잡힌 남자는 여자에게 자신을 선물로 내어주지 않고 여자를 지배, 통제, 소유하여 자신의 목적에 따라 사용하려고 한다. 요한 바오로 2세는 이제 "상호 선물의 관계가 상호 전유(專有)의 관계로 바뀐다."(TOB 32:6)고 말한다. 사랑은 "선물의 상호 증여"이다. 음욕은 "상호 전유(專

40 *CCC*, no. 398 참조.

41 *Evangelium Vitae*, 99.

有)"이다.

그러나 여자는 여전히 "남편을 갈망한다." 왜곡된 마음을 가진 남자가 여자의 존엄성을 무시하며 여자를 이용하려고 할 때, 왜곡된 마음을 가진 여자는 스스로 자신의 존엄성을 망각하고 남자가 자신을 이용하는 것을 허락한다. 교황에 따르면, 여자의 왜곡된 마음이 때로는 남자의 욕정보다 앞서거나 심지어 남자의 욕정을 불러일으키도록 먼저 자극을 하기도 한다. (TOB 31:3 참조) 이와 같은 방식으로 여자 역시 남자를 자신의 목적에 맞게 인격이 아닌 대상으로 이용한다.

여자가 남자를 이용하는 방식은 남자에 대한, 그리고 남자의 음욕에 가득 찬 지배에 대한 저항으로 이해되곤 한다. 남성 클럽에서 일하는 여성 스트리퍼의 상담을 했던 한 상담 심리가로부터 들은 이야기가 그 예가 될 수 있다. 왜 스트리퍼를 하느냐고 묻자, 그 여성은 한치의 망설임도 없이 "주도권을 가지고 남성을 조종하기 위해"라고 답했다. 자신과 타협하는 대다수의 여자들처럼 이 여성 역시 어린 시절 나이든 남성에게 성적으로 학대를 당했던 경험을 가지고 있었다. 음욕을 불러일으켜 남자가 가진 주도권을 잃게 하는 것이 바로 자신만의 남자에 대한 주도권 획득의 방식이다. "매일 밤 수백 명의 남성이 나에게 애걸하도록 만들 수 있다. 그들이 힘들여 번 돈을 매일 밤 나는 아주 쉽게 취할 수 있다."고 그녀는 말했다.

비록 성경에 구체적으로 남자가 더 음욕에 사로잡힌 것으로 묘사되어 보이지만, 요한 바오로 2세는 남녀 모두 욕정에 사로잡히게 되었다고 말하고 있다. 이로 인하여 부끄러움은 "비록 방법에서는 다르지만 남자와 여자의 인격의 가장 내밀한 곳을 건드린다." (TOB 31:4) 이것이 바로 남녀 상호 간의 대립을 가져오는 욕정에 대한 경험이다. 물론 이 대립이 "창조주 하느님께서 계획하신 부부 결합(창 2:24 참조)이나 출산의 의미를 파괴하거나 배척하는 것은 아니다. 다만, 전혀 다른 방식으로 부부 결합이 실현되도록 만든다." (TOB 30:5) "태초의 지복직관"의 방향과는 전혀 다른 방향이다. 따라서 서로에게 신실한 선물이 됨의 의미를 깨닫고 이를 통해 존재와 실존의 의미를 실현하기 위해서(TOB 15:1 참조), 남자와 여자는 반드시 욕정의 지배를 극복해야 한다. 바로 여기에 문명화의 운명이 달려 있다.

C. 몸의 혼인적 의미의 왜곡

요한 바오로 2세는 부끄러움과 음욕에 대한 원초적 경험을 재구성하기 위하여 노력해왔다. 이 경험은 원초적 순수의 상태에서 역사적 원죄로 건너가는 것을 의미한다. 우리는 서로 다른 두 개의 몸에 대한 경험을 대조함으로써 이 모두 통찰할 수 있다.

교황에 따르면, 창세기 2:24의 말씀은 "인격의 진정한 일치"라는 측면에서 몸의 일치를 이야기한다. "한 몸이 됨"은 단순히 두 개의 몸이 결합하는 것을 의미하는 것이 아니다. 이는 인격의 친교에 따른 진정한 "성사적 표현"(TOB 31:2 참조)이다. "육신이 하나이면 정신도 하나이다."[42] 이와 같은 경험과 삶에는 벌거벗음에 대한 부끄러움이 필요하지 않다. 부끄러움이 들어왔다는 의미는 하느님의 모상에 따른 원초적 친교의 일치를 상실했다는 것이다. 원초적 순수의 상태에서 서로가 나누었던 신뢰의 자리에 부끄러움과 두려움이 생긴다. 두려움과 부끄러움은 인간의 마음에 있어 욕정의 시작을 의미한다. 요한 바오로 2세는 이를 "몸의 혼인적 의미의 제한, 침해, 또는 완전한 왜곡"(TOB 31:6)으로 표현하였다.

---

42 *CCC*, no. 1642.

마음의 태도로부터 나오는 "몸으로 사는 방법"

교황이 몸의 의미를 이야기 할 때, 이는 무엇보다도 "인간 존재에 대한 충만한 의식"(TOB 31:5) 또는 인간이 무엇인지를 완전히 자각하는 것을 지칭한다. 몸은 인격을 계시한다. 몸은 "성사"와 같이 인간 삶의 의미와 신비를 드러낸다. 그러나 교황이 강조한 바와 같이 몸은 단순한 개념이 아니다. 추상적인 것이 아니다. 요한 바오로 2세는 몸을 통하여 인간 존재를 완전히 인식한다는 것은 여성성과 남성성 안에 실제로 살아가는 구체적 몸의 경험을 포함하는 것이어야 한다고 말한다.

교황은 개개인이 몸의 의미를 어떻게 이해하는지가 결국 몸으로 사는 방법에 대한 태도를 결정한다고 말한다. 몸으로 사는 방법 즉, 우리의 성(sexuality)을 살아가는 방법은 몸, 성, 삶의 의미에 대한 우리 마음의 태도로부터 흘러나온다. 물론 주관적인 감정에 의해 변화되지 않는 객관적 의미로서 몸이 존재한다. 그러나 요한 바오로 2세는 몸과 성이 갖는 순수하게 객관적인 의미를 어떤 면에서 "비-역사적"인 것으로 본다. 즉, 원죄로 인하여 역사적 인간의 몸, 성에 대한 주관적 경험은 본래의 객관적 의미, 목적과는 다른 것이 된다. 몸과 성에 대한 원죄의 경험을 정상적인 경험으로 간주하면 할수록, 성윤리에 대한 교회의 가르침은 점차 추상적이고 "실제 생활"의 경험과 동떨어진 것으로 보이게 된다.

그리스도의 산상설교 말씀을 살펴보면, 그리스도께서 역사적 인간의 구체적 경험에 대하여 호소하고 계심을 알 수 있다. '음욕에 사로잡혀 상대를 바라본다.'는 것에는 어떠한 추상적인 의미도 없다. 각자 자신의 경험 안에서, 그리고 마음 속에서 이미 이것이 어떠한 의미인지 즉시 안다. 그리스도의 말씀은 우리 "마음"을 꿰뚫어 보기 때문이다. 우리는 스스로 죄가 있음을 안다. 그러나 그리스도께서는 하느님께서 마련하신 원계획의 "울림"을 들을 수 있도록 우리 자신의 내면을 깊숙이 바라보기를 원하신다. 이와 같이 마음속 깊은 성찰은 몸과 성이 갖는 대상(객체)으로서의 의미를 주관적으로 경험할 수 있게 하는 열쇠가 된다. 즉 마음속 깊은 성찰은 진정한 의미에서 "몸으로 살고" 이로써 실존의 의미를 완성하기 위해 필요한 열쇠를 제공한다.

앞에서 우리는 남자와 여자의 원죄 이전 경험을 분석함으로써 몸의 혼인적 의미를 식별하였고 몸이 "인간 마음의 척도"임을 재발견하였다. 인간의 마음은 여전히 몸의 객관적 의미 즉, 자신의 몸을 내어주라는 부르심을 통하여 파악할 수 있다. 그러나 음욕에 사로잡혀 자신을 신실하게 내어 줌이 무너지게 되면서 성의 구별이 갖는 아름다움과 신비 안에 새겨진 선물로서의 존엄성이 사라지게 된다. 만약 욕정을 품은 남자가 자신의 마음을 몸의 혼인적 의미로 판단할 경우 그 남자는 스스로를 자책한다. 이 경우 그에게 세가지 선택권 즉, 자기 정당화, 비탄에 잠김, 또는 벌을 주러 온 것이 아니라 사랑하러 오신 예수 그리스도께 돌아가는 것(요한 3:17 참조) 중 하나를 택하게 된다. 교황이 수차례 반복하여 말한 바와 같이, 음욕에 대한 그리스도의 말씀은 우리를 비난하려고 하신 것이 아니라 우리를 부르시기 위함이다. 즉, 욕정에 사로잡힌 주관적인 우리의 마음을 객관적인 윤리에 따르도록 이끌고 그리스도의 속량에 대한 에토스를 알려줌으로써 음욕에 사로잡힌 우리의 마음을 변화시키기 위함이다.

사랑을 위협하는 경향이 있는 욕정

욕정에 사로잡힌 인간 몸은 "서로에게 선물이 되는 사랑을 표현할 능력을 거의 상실하였다." (TOB 32:3) 교황은 "거의" 라는 말을 붙인다. 이는 아직 하느님의 계획에 대한 불씨가 우리 내면의 어느 한 곳에 남아 있음을 표현하기 위함이다. 몸의 혼인적 의미는 "욕정에 의해… 완전히 질식된 것이 아니라 습관적으로 위협받고 있다." (TOB 32:3) 따라서 '거의'라는 표현을 첨가하지 않는다면 인간은 죄에 의하여 완전히 타락하였다고 믿는 프로테스탄트 초기 개혁자들의 오류에 빠지게 될 것이다.

'완전히 죄에 물든다, 타락하다'라는 프로테스탄트 초기 개혁가들의 표현은 인간의 타락이 비극이기는 하나 여전히 기본적인 선함을 어디인가에 유지하고 있다고 믿는 가톨릭과 거의 차이가 없어 보일 수 있다. 그러나 '완전히 타락하다'는 개념은 매우 위험하며 지대한 영향을 미친다. 예를 들어, "자기를 버림"은 밀이 자랄 수 있도록 우리의 영혼에서 잡초를 모두 제거해버린다는 의미가 아니다. 우리가 완전히 죄에 물들었다면, 우리는 모두 잡초이며 제거 대상이어서, 우리의 모든 열망, 갈망이 위험하다는 의미가 된다. 그런 방식으로 "자신을 버리는" 사람은 자신의 고유한 인격성이 선물의 신비라는 사실 자체를 무효로 만들게 된다. 자신의 죄를 버린다는 것이 죄뿐만이 아니라 하느님이 창조하신 인간 인격을 버리는 결과를 낳게 되는 것이다. 만약 인간 마음이 왜곡되어 회복될 수 없다고 한다면, 하느님 원계획의 회복을 희망하고 그에 대한 경험을 바랄 수 있겠는가? 이때, 우리가 갈망하는 것은 오직 타락뿐이며, "죄와 악으로 기우는 경향(탐욕)은 결코 극복할 수 없게 될 것이다."[43] "거의"를 붙이지 않고 우리 자신을 본다면 우리는 모두 루터식의 표현대로 '똥 무더기'일 수밖에 없다. 그리스도는 우리를 하얀 눈 담요로 덮으실 수 있다. 그러나 루터의 논리에 따르면 우리는 여전히 내적으로 불결한 것으로 남는다. 가톨릭의 인간학에 따르면 죄는 "보시니 매우 좋은" 창조물을 결코 이기지 못했다. '태초'부터 내려온 "인간 마음의 유산은 죄의 상속보다 훨씬 더 깊은 것"(TOB 46:6)이다. 그리스도께서는 더 심오한 유산인 인간 마음을 되살리기 위해 인간 마음에 호소하신다. 그리스도는 성령의 힘을 통하여 마음 안으로부터 우리를 변화시킨다. 그렇기 때문에 역사적 인간의 평생 사명은 '계속적인 회심의 은총을 받아들여 마음의 가장 깊은 열망이 제 목소리를 낼 수 있도록 하자.'가 된다.

43 *CCC*, no. 406.

스스로를 진정한 선물로 만들 자유를 회복하기 위해 우리는 욕정과 싸워야 한다. 이 싸움은 그 대상인 음욕이 분명히 드러난 경우에도 힘든 싸움이다. 하물며 대상이 명확하지 않을 경우 그 싸움은 더욱 어려울 수밖에 없다. 언제나 명확하고 정확히 드러나지 않는 것도 문제이지만 때로는 "진정한 사랑인양 행세하며 정체를 감추기 때문이다." (TOB 32:3) 교황의 현실주의(Realism)가 여기에서 잘 나타난다. 때로는 진정한 사랑과 욕정의 경계가 종이 한 장 차이에 불과한 경우도 있다. 음욕에 사로잡힌 마음은 욕정을 사랑으로 착각할 수 있다. 교황은 다음과 같이 말한다. "그렇다고 인간의 마음을 불신하는 것이 우리가 해야 할 일인가?" 그는 주저하지 않고 답한다. "아니다! 그것은 우리가 욕정의 통제를 유지해야 한다는 사실을 더 명확히 드러낸다." (TOB 32:3)

자기 마음의 왜곡을 깨닫는 사람들이 악마의 덫에 무릎 꿇는 경우가 많이 발생한다. 즉, 목욕물을 버린다는 것이 아기를 같이 버리는 형국이 되어 버리는 것이다. 우리는 우리 안의 욕정의 힘을 확실히 깨닫아야 한다. 그러나 욕정이 인간 마음을 정의하지는 않는다. 인간의 마음은 욕정에 의한 뒤틀림보다 더 깊은 곳에 있다. 그렇다면 우리 마음을 통제해야 한다는 교황의 말씀은 무슨 의미인가? 이 문제에 답을 하기 위해 욕정의 다양한 측면을 살펴볼 필요가 있다.

선물의 자유 상실

교황의 말씀은 '욕정은 선물의 내적 자유를 상실하게 만든다.'로 요약된다. 성적 욕망은 "그의 자생적인 힘으로 나타나며 … 자체적인 역동성의 원리에 따라"(TOB 32:2) 드러난다. 즉, 리비도는 몸을 탐닉의 상태로 빠지게 하는 경향이 있다. 이때, 우리는 몸과 마음의 열망을 통제할 수 없게 된다. 자신을 내어주는 내면의 자유가 사실상 불가능한 상태가 되는 것이다. "그러한 욕정은 인격 간의 친교의 일치를 불가능하게 한다. 일치시키는 것이 아니라 오히려 일치 자체에 전유(專有)되어 버린다." (TOB 32:6) 욕정은 "남자 또는 여자가 자기 자신을 위해" 타인을 긍정하는 것으로부터 우리를 멀어지게 할 뿐 아니라 상대를 이기적인 만족의 대상(수단)으로 만든다.

욕정은 몸이 영혼을 표현하는 아름다움을 가진다는 사실을 인지하지 못하게 한다. 욕정에 사로잡히면, 몸의 '아름다움'은 인격이 몸을 통하여, 몸 안에서 얼마나 드러나는가를 기준으로 결정되는 것이 아니라, 몸이 욕정을 불러일으키거나 만족시키는 것에 적합한 모습인가에 의하여 결정된다. 즉, 몸의 '아름다움'은 인격과 완전히 분리된 개념으로 전락하고 만다.[44]

교황이 말하는 '마음의 통제'란 자기 결정권의 회복이다. 성적 충동에 의해 좌우되는 것이 아니라 성적 충동을 통제하는 것을 의미한다. 이는 야생마를 울타리에 가두는 것과 같은 통제가 아니다. 이와 같은 방식은 야생마를 통제할 수 있으나 변화시키지 못한다. 울타리의 빗장을 열면 말은 다시 야생으로 돌아가기 때문이다. 우선 울타리에 가두는 것은 첫 단계로서 필요할 수 있으나 궁극적 목적은 울타리가 필요 없을 정도로 길들여 변화시키는 것이다. 울타리의 이미지를 자기지배 회복에 적용해보면 우선 의지적인 힘으로 욕정을 "울타리"에 가두는 노력이 필요할 수 있다. 그러나 이는 단지 첫 단계일 뿐이다. 여기에 안주한다면 도덕적 규범은 여전히 제약으로만 작용될 뿐이다. 그리스도께서는 우리가 제약의 상태에서 자유로 나아가길 원하신다. 즉, 단순히 법의 제약을 준수하는 것에서 나아가 법의 요구를 모두 채우고 완성시키기를 원하신

44 요한 바오로 2세는 에페소서 5장에 대한 성찰(제2부 제1장)에서 몸의 아름다움에 대한 흥미롭고 유익한 분석을 제시한다.

다. 요한 바오로 2세는 다음과 같이 말한다. "우리가 지상에 사는 동안 이것은 아직도 불확실하고 깨지기 쉬운 여정이지만 은총으로 가능한 여정이기도 하다. 은총은 우리가 하느님의 자녀로서 누리는 완전한 자유를 소유하게 하며(로마 8:21 참조), '아드님 안에서 아들들'인 우리가 받은 지고한 소명에 응답하게 한다."[45]

인간 의지의 궁극적 역할은 격정을 억누르는 것이 아니라 은총으로 변화시켜 자기 증여의 사랑으로 향하게 하는 것이다. "올바른 의지는 감각적 움직임을 받아들여 선과 행복을 향하게 할 것이다." 속량의 에토스를 통해 "감성과 감정들은 덕으로 수용될 수 있다."[46] 다시 말해, 그리스도께서는 욕정에 대한 실제적이며 진정한 승리를 통해, 우리가 열망하는 주체성이 점차 우리의 몸과 성이 갖는 객관적 의미와 조화를 이루기를 바라신다. 우리가 변화를 경험하면 할수록 우리는 더 이상 "울타리"를 필요로 하지 않으며 자유롭게 선을 열망하게 된다. 이와 같은 자유는 바로 그리스도께서 우리를 자유롭게 하신다(갈라 5장 참조)는 의미에서의 자유이다. 이 자유를 통해, 우리는 신성하게 우리의 몸을 살 수 있으며 음욕의 지배에서 벗어날 수 있다. (1테살 4:4 참조)

'몸의 속량을 통해 자유를 얻게 된다.'는 요한 바오로 2세의 선포는 몸의 신학 교리가 공헌한 가장 중요한 핵심 "진주"와 같다. 동시에 가장 논쟁을 불러일으킨 것으로 볼 수 있다. 기존의 시각은 성욕을 충동으로 보는 견해가 지배적이었다. 인간 그리고 그리스도의 자유를 인격적으로 이해하지 않았기 때문에 그들에게 있어서 성욕을 통제하는 유일한 방법은 '울타리'로 통제하는 것뿐이었다. 이와 견해에 동조하는 많은 그리스도인들은 결혼을 '울타리에 갇힌 말'이 울타리를 벗어날 수 있는 합법적

45 *Veritatis Splendor*, 18.

46 *CCC*, no. 1768.

기회로 보았다. 이와 같은 사고 방식을 가지고 "거룩한" 삶을 살고자 하는 경우, 욕정의 지배에서 벗어나 진정한 자유를 찾는다는 것은 불가능하게 된다.

교황은 추기경 시절의 에세이를 통해 "결혼과 남녀 관계는 처음부터 가능한 한 모든 방식을 통해 이를 충동이나 자연적 성향으로 보는 것에서 벗어나 인격적으로 바라보고 이해해야 한다"[47]고 적고 있다. "성을 충동적인 본능으로 보던 기존의 시각은 선의 가능성을 제한하고 필요악을 확대하는 경향이 있다. 그러나 자기 결정력에 중점을 둔 인격론은 그 정반대의 경향을 가져올 것이다." 즉, "자기 통제와 승화를 기반으로 한 선의 가능성을 감지할 수 있게 된다."[48] 승화는 성적 욕망의 억압이 아니라 숭고하고 영광스러운 어떤 것으로의 전환이다. 그리고 이와 같은 전환은 그리스도를 통한 우리의 속량에 의하여 실제로 발생할 수 있는 실질적인 가능성이다.

선물의 균형 유지

우리는 이미 진정한 사랑과 음욕의 차이에 대하여 살펴보았다. 때때로 양자의 구별이 어려운 경우 "선물(gift)"과 "전유(專有, appropriation)"의 차이로 이해될 수 있다. 우리는 야휘스트 전승에서 원죄 이전의 경험과 이후의 경험이 대조되는 것을 볼 수 있다. 창세기 2:23–25에서 드러난 바와 같이 원죄 이전 인간의 몸은 서로에게 선물이었다. 창세기 3:7–16은 원죄 이후 몸으로 사는 경험을 전유(專有)로 묘사한다.

교황은 "그는 너를 지배하리라"(창 3:16)를 분석하면서, "이 말씀은 여자에게 '지배'가 더 잘 일어난다는 것을, 여하튼 여자보다 남자가 그

47 "Parenthood as Community of Persons," *Person and Community*, p. 330.

48 "The Problem of Catholic Sexual Ethics," *Person and Community*, p. 286.

점을 더 잘 느낀다는 것을 암시하는 것으로 여겨진다."(TOB 33:1)고 말한다. 우리의 경험에 비추어 보아도 그러하다. 그러나 지배는 쌍방향이다. "남자가 여자를 선물이 아닌 전유의 대상으로 여긴다면, 남자 스스로도 여자에게 선물이 아니라 전유의 대상이 되어 단죄를 받는다." (TOB 33:1) 이 말에서조차도 남자의 행동이 중요한 것처럼 보인다. 그러나 이는 여자가 수동적이라는 의미가 아니다. 여자 역시 행동한다. 여기에서 남자의 행동을 우선적으로 묘사한 것은 남자가 먼저 행위를 하는 경우가 전형적이기 때문이다. 따라서 여자가 "선물의 수용성"을 구현한다면 남자는 "선물의 주도성(initiation of gift)"[49]을 구현한다고 보여진다.

왜냐하면, 교황은 태초부터 남자가 "선물의 상호성과 진정한 균형을 수호하는 자"(TOB 33:2)로서의 특별한 의무를 갖는다고 믿었기 때문이다. 야휘스트 전승에서 살펴본 바와 같이 "여자는 한 처음부터 남자의 눈, 의식, 감각, 마음에 맡겨진 존재이다. 따라서, 남자는 어떤 식으로든 선물로서 주고받는 상호침투성을 보장해야 할 의무가 있다. 그리고 이는 인격의 진정한 친교의 이룬다." (TOB 17:6)

남자가 할 수 있는 일은 선물인 여성을 "수용하는 것" 뿐이다. 그리고 이러한 수용은 여자가 자유 의사에 의하여 자신을 선물로 내어줄 경우에만 가능하다. 남자는 여자를 자신의 소유물로 가지고 있을 수 없다. 남자는 자신을 선물로 먼저 내주는 행동에 따른 "위험"을 감수할 뿐이다. "위험"이라고 한 이유는 남자가 여자의 손에 전적으로 자신을 선물로 맡길 때, 여자가 어떻게 반응할지 결코 알 수 없기 때문이다. 진정한 선물이 되기 위하여 남자가 할 수 있는 유일한 일은 자신이 내어준 선물의 진정성을 여자가 자각하고 받아들이며 그녀도 남자에게 자

49 주의: 교황의 TOB에서는 이러한 표현을 찾을 수 없다. 다만, 교황은 남자를 사랑하는 사람으로 여자는 사랑받는 사람으로 묘사할 뿐이다.

신을 선물로 자유로이 내주기를 믿고 기다리는 일뿐이다.

그러나 욕정은 바로 이와 같은 상호 교환을 파괴한다. 음욕에 물든 남자는 자신을 먼저 "신실한 선물"로 여자에게 내어주지 못한다. 오히려 여자를 이용하여 욕구를 충족하려고만 한다. 이를 감지한 여자는 자신이 이용 대상으로 전락되는 것을 막기 위하여 남자의 음욕을 거부하게 된다. 이때 남자는 여자로부터 선물을 착취하려는 유혹에 빠진다. 이는 진정한 사랑과 정반대의 양상이다. 비록 "선물의 균형을 유지하는 것이 남녀 모두에게 주어진 의무이기는 하나 이는 특히 남자에게 있어서 특별한 의무이다. 왜냐하면 균형 관계의 유지, 파괴, 파괴 후의 재건은 주로 남자에 의해 더 많이 좌우되기 때문이다." (TOB 33:2) 선물을 내어주는 것을 먼저 시작하는 사람은 남자이다. 처음부터 진정한 의미의 선물이 되도록 보장할 의무는 남자에게 있다. 남자는 자신의 마음 안에 이 사실을 인식하여야 한다. 남자가 자기 자신을 신실한 선물로 내어줄 때 여자를 소유하고 이용할 목적이 아님을 여자에게 보여야 한다. 즉, 자신이 내적으로 자기 지배를 할 수 있음을 여자에게 보여주어야 하는 것이다. 스스로 자제할 능력이 없는 남성은 자신의 욕구와 충동을 충족시키기 위해 여성을 통제할 수밖에 없기 때문이다. 여자의 경우도 남자와 비슷한 구조를 갖는다고 말할 수 있다.

남녀 역할의 다양성에 대한 논의에서 지금까지는 사회적 측면에서의 여자의 역할이 어느 정도 제한되었다는 점을 주의하여야 한다고 교황은 지적한다. 교황은 신, 구약 모두에서 이미 충분한 증거가 드러나고 있다고 말한다. 그럼에도 불구하고 남녀 관계에서 역할의 다양성은 단순히 역사적 조건에 따른 결과가 아니다. 과장된 요소들을 모두 제거한다고 하더라도, 남녀관계에는 근본적이고 필수적인 다양성이 존재한다. 이때 과장된 요소는 반드시 제거할 필요가 있다. 남자가 여자보다 우월하다거나, 반대로 여자가 남자보다 우월하다는 의미가 아니다. 남자와 여자는 단지 다를 뿐이다. 이때의 다름은 진정한 친교의 일치를 가능하게 하는 의미에서의 다름을 의미한다. 성(性)의 다름없이 육화의 생명을 주는 친교의 일치는 불가능하다.

속함(Belonging)에 대한 인격적 유비

서로를 전유 또는 소유하는 것이 인간 존엄성을 침해한다면, 사랑하는 사람들이 서로에게 "속함(belonging)" 역시 잘못 아닌가? '속함'이라는 단어 사용의 적절한 한계를 이해한다면 이는 결코 잘못이 아니다. 교황은 아가서를 예로 든다. 진정으로 사랑하는 사람이 서로를 "나의 것"이라고 칭하는 내목이 거의 30회 이상 등장하고 있다. 진정 사랑하는 사람들이 서로를 "나의"라고 부를 때 이는 전유하고 사용하는 대상으로서 부르는 것이 아니다. '나의'는 인간의 영원한 사랑의 언어로, 인격의 진정한 친교를 이루는 선물이 갖는 상호성, 동등한 균형성을 의미한다.

따라서 남자와 여자가 서로에게 속한다는 의미는 유비적인 표현으로 보아야 한다. 남자와 여자가 서로를 마치 물건을 가지는 것처럼 "소유"하게 된다면, 이런 의미의 속함은 서로의 분열을 가져오며 인격의 참된 친교를 불가능하게 할 것이다. 욕정은 이와 같은 타락한 의미의 소유로 이끈다. "내가 소유하는 순간, 그 다음 단계는 '향락'이다. 내가 소유한 어떠한 물건에서 그 소유가 의미 있는 순간은 오직 그 물건이 내 처분 아래에 있고 나의 만족을 위해 봉사하고 내가 사용할 수 있을 때이기 때문이다." (TOB 33:5)(번역주: TOB 33:4의 오기로 생각됨) 이는 "자기 자신을 위한" 이라는 인간 창조 목적 자체에 정면으로 위배된다. 남자의 관점에서 남자에게 "유용한" 경우에 한하여 여자는 가치를 갖는다. 만약 유용하지 못하다는 판단이 드는 순간 사용 대상인 여자는 더 이상 "사랑을 받지 못한다." 이때, 남자는 더 "유용한" 사람을 찾게 된다. 즉, 내가 추구하는 쾌락을 쉽게 가져다 줄 수 있는 다른 사람을 찾게 되는 것이다.

이것이 바로 이혼문화가 가지는 병폐이다. 욕정으로 인하여 우리는 이와 같은 방식으로 상대를 보고, 평가하고 "사랑 행위"를 하는 것에 끊임없이 위협당하고 있다고 교황은 말한다. 이와 같이 '소유하는 사랑 행위'는 사랑이 아니며 자신의 이기적인 향락 추구일 뿐이다. 이혼의 저변에 깔린 정신 세계는 바로 이렇게 사랑을 사칭한 거짓 사랑에서 비롯된다. 이와 같은 거짓 사랑은 인격의 위대한 존엄성, 비 반복성에 결코 도달할 수 없다. 오직 자기만족을 가져다 주는 소모품의 재생 가능한 가치에만 도달할 수 있을 뿐이다.

교황의 분석에 따르면, 남자와 여자가 인격적 존재로서 온전히 친교의 일치로 서로에게 속하려면 먼저 그리스도에 속하여야 한다고 말한다. 남자와 여자는 그리스도와 친교의 일치를 먼저 이루어야 한다. 남자와 여자가 참된 친교를 회복하기 위한 길은 그리스도의 죽음과 부활의 길을 통해서만 가능하다. 여기에는 어떠한 우회적인 길도 존재하지 않는다.

3. 율법과 에토스

마음으로의 간음에 대한 그리스도의 말씀은 인간학적 기초일 뿐 아니라 직접적으로 윤리적인 성격을 띤다. 욕정의 인간(제2절)에서 우리는 그리스도 말씀의 인간학적 토대를 살펴보았다. 제3절은 그에 대한 윤리적 의미를 분석한다.

교황은 마태오 복음 5장의 핵심 구절을 분석한다. "더 잘 이해하고 보다 심오한 종합적 관점을 얻고자, 먼저 본문을 세 부분으로 나누어 분석할 것이다." (TOB 34:5) 그는 마태오 복음을 다음과 같이 세 부분으로 나눈다. (A) "'간음해서는 안 된다'고 이르셨다." (B) "욕망하려고 바라보는 자는 누구나." (C) "마음속에서 간음을 범한 것이다." 교황은 이 방법론에 대하여 다음과 같이 적고 있다. "그리스도의 말씀 한 구절을 세 부분으로 나누고 쪼개는 방법을 사용하는 것이 다소 인위적으로 보일 수 있다. 그러나 우리가 전체 선언의 윤리적 의미를 그 총체성 안에서 찾을 때, 그저 분리시키는 방식만이 아니라 연결시키는 방식도 사용한다면, 본문 분할은 유익할 수 있다. 그리고 이것이 바로 우리가 하고자 하는 바이다." (TOB 42:1) 분절 분석은 풍부하고 지속적인 논의를 가능하게 한다. 교황에 따르면, 이 방법은 "마음이 율법의 완성 장소가 되기 위하여 우리가 얼마나 더 심층으로 내려가야 하는지, 얼마나 깊게 인간 마음의 심연을 밝혀야 하는지를 잘 보여준다." (TOB 43:5) 고 말한다.

교황은 5차에 걸친 수요교리(TOB 34–38)를 통하여 "구약의 에토스"의 측면에서 그리스도의 산상설교 말씀을 설명한다. 이스라엘 백성의 에토스는 율법과 예언서로부터 온 것이므로 그리스도의 산상설교 말씀이 제시하는 "새로운 에토스"를 이해하려면 구약을 살펴보는 것은 필수적 절차이다. 새로운 에토스란 바로 법과 예언의 진정한 완성이기 때문이다. 율법의 경직된 해석은 마음의 완고함을 가져왔으며 그리스도는 이에 대하여 바리사이들에게 경고하였다. 이와 같이 흠 있는 율법 해석은 "한 몸"을 이루도록 의도하신 하느님의 원계획과 상치되는 결과를 낳았다. 창조의 에토스에서 벗어나게 되었다는 요한 바오로 2세의 말씀에서도 남녀 관계에 대한 율법해석의 중요한 열쇠를 찾을 수 있다. 산상설교 말씀에서 그리스도는 "내적 주체"인 마음, 더 정확히는 남자와 여자의 완고하게 닫혀버린 마음에 대하여 얘기하신다.

A. "간음해서는 안 된다"고 이르셨다

율법

그리스도는 음욕에 대하여 모세의 율법을 이용하여 가르침을 시작하신다. 너희는 "간음하지 말라."는 계명을 들었다. 산상수훈을 듣기 위해 모인 모든 이들에게 '간음하지 말라.'는 계명은 새로운 것이 아니었다. 그러나 그리스도는 "이와 덧붙여 말하느니 …"라고 한다. 이는 계명만으로 불충분하며 계명 자체는 음욕에 싸인 마음을 변화시킬 수 없음을 잘 보여주는 것이다.[50]

요한 바오로 2세는 구약 해석에서 간음 금지의 율법이 욕정과 타협되어 균형을 유지하고 있는 다양한 예를 제시한다. 대부분의 사람들이 일부일처제도를 유지하여야 하지만 다윗과 솔로몬의 삶은 사실상 일부다처제도가 확립되었음을 보여준다. 교황은 이들의 일부다처제도는 "의심할 여지 없이 욕정 때문에 그렇게 되었다."고 말한다. 사실 "구약의 전승에서 드러나는 이와 같은 사례들은 선택 받은 일부일처제가 '간음하지 말라'는 계명을 실천하는 데 있어서 필수적이고 대체 불가한 요소임을 이스라엘 백성의 후세들은 그들 자신의 의식 안에 그리고 자신들의 에토스로 받아들이지 못했음을 잘 보여주고 있다." (TOB 35:3)[51]

물론 이러한 측면에서 유대인들의 역사 속 실패는 유대교의 실패가 아니라 죄에 빠진 인간의 본성을 보여주는 현상이다. 하느님의 이스라엘에 대한 계시는 "영원히 지속된다."[52] 그러나 요한 바오로 2세에 따르면 예수 그리스도는 이스라엘 백성에게는 이미 일반화 되어버린 율법의

50 *CCC*, no. 1963 참조.

51 *CCC*, no. 1610 참조.

52 *CCC*, no. 1963.

잘못된 해석을 수용하지 않았다. 인간은 욕정의 왜곡에서 나오는 인간의 약점, 의지적 한계에 율법을 종속시킨다. 따라서 이와 같이 타협된 율법을 십계명의 옳고 그름에 대한 하느님의 원래의 가르침보다 우선적으로 부과한 것이다.

인간이 욕정과 타협할 때 가장 기본적인 원칙이 효력을 발휘하기 시작한다. 다시 말해, 마음이 진리에서 멀어지면 멀어질수록 사람들의 통제를 위한 법의 필요성이 커지게 된다. 우리는 구약에서 성적행동에 대한 판단이 특정한 방식 심지어 괴상한 방식[53]으로 진행되었음을 수없이 발견할 수 있다. 이와 같은 평가는 "부정적이라는 인상을 줄 뿐 아니라 여성에 대한 심각한 차별적 판단을 한다는 인상을 지우기 어렵다." (TOB 36:3,2) "인간의 '마음'에 질서를 부여하기 위하여 율법을 세운 것이 아니라 전체 사회 생활, 그 근간이 되는 결혼과 가족에 대한 질서를 세우기 위하여 율법을 세운 것이었다." (TOB 36:3) 그러나 이와 같은 율법 중 일부는 사회적 질서를 유지하고자 하는 의도와는 달리 실제에 있어서는 죄의 사회적 측면을 보호한 것이다.

그리스도는 이 상황을 바로잡고자 하였다. 그리스도는 산상수훈을 듣기 위해 모인 사람들의 마음에 호소하며 "인간 양심에 새겨진 옳고 그름의 식별은 그 자체로서 규범보다 더 깊고 더 올바르게 나타날 수 있다."(TOB 35:5)고 가르치신다. "새로운 에토스"로 향하는 길은 창조의 에토스를 재발견하는 과정을 거쳐야 한다. 왜냐하면, 구약에 대한 일반적인 이해와 간음하지 말라는 계명을 적용하는 과정에서 창조의 에토스가 상실되었기 때문이다. (TOB 42:2 참조)

53 레위기 18장, 신명기 22:13-30; 25.11-12.

예언자들

이스라엘의 율법이 간음하지 말라는 계명의 내용을 모호하게 할 때, 예언자는 계명의 진정한 내용이 무엇인지를 밝히기 위해 야훼에 불충한 이스라엘 백성을 간음한 아내와 비교한다.[54] 율법 문헌은 간음을 소유권 침해로 본다. 당시 사고방식에 따르면 남자는 자신의 아내에 대하여 법적 "소유권"을 가지고 있으며, 이는 아내의 몸에 대한 "권리"도 포함한다. 그러나 요한 바오로 2세는 예언서 본문에서, 실질적이고 법적인 의미에 있어서의 일부다처제의 배경이 무엇이든 간에 이것이 간음의 윤리적 의미에 영향을 미치는 것이 아님을 강조한다. 특히 간음이란 몸에 대한 권리의 침해가 아니라고 지적한다. 예언자들에게 있어 간음은 남자와 여자의 계약 파기에 따른 죄를 의미하기 때문이다.[55]

예언자들에 따르면 일부일처제는 하느님과 선택 받은 백성 간의 '혼인' 서약에 대한 유일하게 올바른 유비이며 표징이다. 그러므로 간음은 "이와 같은 혼인 관계에 반(反)하는 것일 뿐 아니라 혼인과는 대립되는 개념"(TOB 37:4)이다. 예언자들은 이와 같은 방식으로 그리스도와 그리스도의 성윤리에 대한 가르침에 초석을 마련하였다.

혼인 서약을 한 남자와 여자는 성적 결합을 할 법적 "권리"를 가지며 간음이 이 권리를 침해한다는 말은 맞는 말이다. 그러나 결혼에서 성적 결합은 단순한 법적 "권리"를 넘어서는 것이다. 요한 바오로 2세의 풍부한 인격주의는 간음을 법적 권리로 보는 것에 그치지 않는다. "이와 같은 몸의 결합은 인격적 친교의 일치에 대한 가장 표준적인 상징이다."

54 호세아 1–3장, 에제키엘서 16장. 교황은 에제키엘 16장을 강조한다. "에제키엘 16장이야말로 간음과 우상화에 대한 유비를 가장 강력하고 이해하기 쉽게 표현하였기 때문이다." (TOB 37:3)

55 *CCC*, no. 1611 참조.

(TOB 37:4) 이는 "사랑으로부터 나온" 서약을 몸으로 표현한 것이다. "오직 사랑만이 남자와 여자가 한 몸을 이루는 일치의 올바른 초석이 된다. 혼인에 있어서 사랑이야말로 남녀 관계 및 야훼와 이스라엘 즉, 하느님과 인간 관계에서 제정된 서약의 진리를 가장 근본적으로 나타낸다. 간음은 법적 권리를 침해할 뿐 아니라 남녀가 서로 서약한 "사랑의 표징"(TOB 37:4 참조)을 위조한 것이다. 예언자들은 간음이 갖고 있는 이러한 측면을 야훼와 계약을 한 이스라엘 백성의 불충으로 묘사한다.

표징의 인간학과 윤리학

몸의 일치가 배우자 사이의 친교를 드러내는 "표준적 표징(regular sign)"이라고 보는 요한 바오로 2세의 견해는 그의 창세기에 대한 고찰에서 비롯된다. 제2부에서 교황은 에페소서 5장 31-32절에 대한 분석을 통하여 더욱 자세히 다룬다. 다만, 여기에서는 육체적 결합을 인간학적, 윤리적 관점에서 바라본 부부 사랑의 "표징"으로 간략히 설명한다. (TOB 37:5)

인간학적 관점에서 한 몸으로의 일치를 혼인 서약의 표준적 표징으로 이해한다면, 남녀가 "육화된 인격으로서, 창조의 신비 안에서 '하느님의 모상'인 인격들이 친교에로 부르심을 받은 존재"(TOB 32:1)임이 더욱 쉽게 이해된다. 또한 윤리적 관점에서 우리는 "혼인관계가 '진정한 몸의 일치'를 이루며 참된 표징의 성격을 갖고 있는지에 따라 도덕적 선과 악을 구별할 수 있다." (TOB 37:6) 이는 혼인과 성윤리에 대한 교황의 관점을 형성하는 핵심 문구라고 할 수 있다.

교황은 우리에게 성에 대한 가톨릭 교회의 가르침이 독선적 율법에 뿌리를 둔 것이 아니라는 사실을 이해시키려고 노력한다. 교회의 성윤리는 과거와 같이 단순히 법적인 권리 의무 관계를 기반으로 하지 않는다.[56] 가톨릭의 성 윤리는 인간학에 확고한 기초를 두고 있다. 가톨릭의 성 윤리는 하느님의 모상에 의해 남자와 여자로 창조되어 부부결합에로 부르심을 받은 우리가 누구인지를 토대로 한다. 요한 바오로 2세는 성 윤리를 '진정한 표징(truthful sign)'으로 본다. 올바른 판단을 위해 우리는 다음과 같은 아주 단순한 질문을 던져야 한다. 이와 같은 성적 태도, 사고, 행위가 자유롭고 전적이며 신실하고 유익한 하느님 사랑의 모습인가? 이 질문은 법률주의에서 자유로, 금지와 제한에서 자유와 사랑의 부여로 논의의 초점을 옮겨가게 한다. 따라서 "법에 저촉되지 않을 만큼이 어느 정도인가?"라는 질문 대신 "우리를 자유롭게 하고 하느님의 모상 안에 남자와 여자로서 서로 사랑하는 능력을 가질 수 있도록 하는 진리는 무엇인가?"로 질문의 초점이 달라진다. 요한 바오로 2세는 두 번째 질문에 대하여 '그리스도!'라 답한다.

B. "욕망하려고 바라보는 자는 누구나..."

우리는 산상수훈의 말씀 중 첫 부분인 "'간음해서는 안 된다'고 이르신 말씀을 너희는 들었다"에 대하여 분석하였다. 이제 우리는 두 번째 부분인 "그러나 나는 너희에게 말한다."고 하신 그리스도의 말씀에서 "새로운 에토스에로의 직접적인 이동"(TOB 38:1)을 대면한다. 그리스도는 간음의 의미를 '몸'에서 '마음'으로 옮김으로써 "새로운 에토스"를 세

56 1917년 Code of Canon Law와 1983년 새로운 교회법의 언어 사용에 차이가 있음을 주의하여야 한다. 1917년 교회법 제1081호는 혼인을 권리를 발생시키는 계약으로 정의한다. 많은 권리 중 가장 중요한 권리가 몸에 대한 권리라고 말하고 있다. 1983년 교회법 제1055호는 혼인을 보다 인격주의 용어 안에서 혼인을 다루고 있다. "계약(contract)"이라는 단어를 회피하는 것은 아니지만, 혼인을 "서약(covenant)", "서로 그 본연의 성질상 부부의 선익과 자녀의 출산 및 교육을 지향하는 평생 공동 운명체"라고 정의하고 있다.

우신다. 그리스도는 인간의 마음을 안다. "왜냐하면, 예수님께서는 사람들 속에 들어있는 것까지 알고 계시기 때문이다." (요한 2:25) 비록 시대와 장소에 따라 각기 다른 문화적 영향을 받지만, 원초적 거룩함과 원죄의 비극이라는 "울림"을 담은 인간의 마음은 시대와 장소를 초월하여 변함이 없다. 요한 바오로 2세에 따르면 우리 시대의 인간은 음욕에 대한 그리스도의 산상설교 말씀을 통하여 그리스도께서 부르심을 느끼며, 그 부르심은 예수 그리스도의 산상 설교를 당시 직접 들었던 사람들에 대한 것만큼이나 강한 것이다. (TOB 34:3 참조)

그럼에도 불구하고 요한 바오로 2세는 당시 그리스도의 놀라운 말씀을 직접 들었던 사람들의 시각을 이해하는 것이 중요하다고 보았다. 이를 위해 율법과 예언서를 간략히 살펴본 후, 구약의 지혜서를 분석하기로 한다. 그리스도의 말씀을 직접 들은 당시의 사람들은 그 말씀을 듣자마자 음욕에 대한 엄중한 경고와 음욕의 절제에 대하여 언급하고 있는 예언서, 지혜서와 연관시켰을 것으로 추정된다.[57] 교황은 지혜전승, 예언서가 그리스도의 말씀에 중요한 초석을 제공한다는 결론을 내린다.

지혜 전승과 새로운 에토스

지혜 전승은 명칭 그대로 위대한 지혜를 담고 있다. 지혜 전승은 인간 마음의 가장 내적인 지식을 계시하고 심지어 구체적인 도덕 심리를 심화시킨다. 이와 같이 지혜 전승은 "어떤 의미에서 '마음'에 호소하시는 그리스도의 마태오 복음과 가장 가깝다." (TOB 38:5) 그럼에도 불구하고 "여성을 유혹자로 치부하는 일방적인 말씀"인 지혜서는 인간의 에토스를 근본적으로 변화시킬 수는 없다. "에토스의 근본적인 전환을 위하

57 TOB 38:4는 잠언, 집회서 등에서 다양한 예를 제시한다.

여 산상설교까지 기다릴 필요가 있다." (TOB 38:6) 예를 들어 지혜 전승은 "몸매가 예쁜 여자에게서 눈을 돌려라." (집회 9:8)와 같은 이해할 만한 경고를 주는 반면에, 그리스도는 산상설교를 통하여 "인간 육체의 부부 사랑의 의미를 존중하면서 다른 사람들을 정결하게 대하라고 초대하신다."[58]

경험에 따르면 음욕과의 싸움은 격렬하다. 음욕에 사로잡혀 있는 인간에게 "눈을 돌려라"는 말씀은 많은 지혜를 담고 있다. 그러나 그리스도는 "인간 경험과 구원의 측면을 동시에 얘기한다." 즉, 새로운 에토스 안에서 "이 두 맥락은 어느 면에서는 상호적이며 밀접한 관련이 있는 것으로 보인다." (TOB 38:2) 다시 말해 우리 모두는 음욕을 경험하지만 이와 동시에 그리스도께서 주신 구원을 통하여 우리 마음의 진정한 전환을 경험할 수 있다. 가톨릭 교회 교리서(*CCC*)에 나온 대로 산상수훈에서 "주님의 성령께서는 우리의 소원을, 곧 우리 삶을 활기차게 하는 우리의 내적 지향을 새롭게 해 주신다."[59]

그리스도는 단순히 죄에 대한 보상 수단으로서 십자가에 돌아가셔서 부활하신 것이 아니다. 구원자 없는 보상 수단은 이미 많이 있었다. 그리스도의 죽음과 부활은 우리를 죄로부터 해방시키기 위한 것이었다. 인간의 마음이 주님의 성령에 의하여 변화되며 활기차게 되는 만큼, 인간은 여자로부터 눈을 돌리는 것으로 음욕을 다스릴 필요가 없다. 영속적인 죽음과 부활을 통하여, 우리의 욕망은 "새로운 형태"를 갖게 된다. 우리 자신을 지배함에 있어 우리가 성숙하게 되는 만큼 우리는 올바른 "바라봄의 에토스(ethos of seeing)"(TOB 63:6)를 경험하게 된다. **몸을 무시하는 것이 아니라 몸 안에서 그리고 몸을 통하여** 타인을 사랑의 눈으로

58 *Veritatis Splendor*, 15.

59 *CCC*, no. 2764.

바라볼 능력을 부여받았기에 이제 더 이상 음욕에 자신을 맡기지 않는다. 여기에서 바라봄(seeing)이란 단순히 상대를 순결한 마음으로 "쳐다보는 것"만이 아니라, 상대가 드러내는 인격의 참된 아름다움을 집중하여 "바라보는 것"을 포함한다. 이것이 바로 새로운 에토스이다. 이 새로운 에토스는 지혜 전승의 에토스와 관련이 있다. 지혜 전승은 욕정에 속박되어 있는 것을 전제로 하는 것처럼 보인다. 그러나 새로운 에토스는 그렇지 않다. 교황은 새로운 에토스에 대하여 다른 문헌에서 다음과 같이 정의하고 있다.

> 우리는 남성성, 여성성의 인간 몸이 갖는 아름다움에 대한 불편함을 지극히 크게 인식하였다. … 그러나 시간이 지남에 따라, 스승이신 그리스도의 말씀을 따른다면, 죄와의 싸움에 대한 부담은 점차 줄어들게 될 것이며, 모든 창조물에 만연한 하느님의 거룩한 빛을 더욱 향유하게 될 것이다. 이 점은 매우 중요한 핵심이다. 왜냐하면, 창조된 세상 안에서 언제나 더 큰 자유를 갖고자 하는 죄의 위험에 끊임없이 노출되는 우리의 상황으로부터 벗어날 수 있기 때문이다. 물론 이 세상 삶에서 죄의 위험은 언제나 어느 정도 남아 있기 마련이다. 여기에서의 말하는 자유와 단순함은 우리와 타인(이성의 존재 포함)의 관계를 나타내는 특징이다.[60]

"바라봄의 새로운 에토스"를 경험하게 되면, 우리는 인간 몸이 갖는 성사성에 더욱 깊이 감사하게 될 것이다. 상대를 사랑의 눈으로 바라보며 거룩한 하느님 사랑의 표징으로 바라보게 될 것이기 때문이다. 교황께서 말씀하신 "마음의 더욱 더 심오한 유산"(TOB 46:6 참조)으로서의 삶을 살 때, 우리는 음욕을 욕망하지 않는다. 우리 "마음의 더 깊은 곳은 음욕을 허용하지 않기 때문이다. 우리는 여전히 음욕의 강한 "이끌

60 John Paul II, *Memory and Identity* (New York: Rizzoli Books, 2005), p.29.

림"을 경험하지만, 성숙한 정결의 덕을 경험하면 할수록 이제 음욕 자체는 혐오스러운 것이 된다. 정결에 대하여 카롤 보이티야 추기경은 다음과 같이 말한다. "정결은 단순히 '몸과 성'에 대한 우리의 반응을 의식에서 잠재의식으로 밀어 넣어 그 가치를 소멸시키는 것이 아니다. 이런 방식으로 정결을 실행한다면, 결국 '폭발'의 위험을 낳게 될 것이다." 오히려 "정결의 본질은 모든 상황에 있어서 인격의 가치를 빠르게 긍정하는 것이며, 이를 통해 '몸과 성'의 가치에 대한 모든 반응을 인격적인 수준으로 끌어올리는 것이다."[61]

진실로 순결한 인간은 성과 인격의 심오한 통합을 경험한다. 남자의 경우, 여자에게서 매력을 느끼고 아름다움을 보는 것이 여자에 대한 인격적 존엄이 된다. 여자가 갖는 여성성은 태고적부터 하느님 안에 숨겨진 보이지 않는 신비를 가시적으로 보여주는 상징이다. 남자는 여자의 몸을 신학 즉, 일종의 신의 현현(하느님 신비의 계시)으로 본다. 이때 남자는 구약의 에토스에서 신약의 에토스로 "넘어가게 된다." 이제 율법의 요구에 맞출 수 있는 능력을 부여 받을 뿐 아니라 율법을 완성할 능력까지 갖게 되는 것이다.

이와 같은 수준의 순결을 지향하는 것은 모든 남녀에게 주어진 의무이다.[62] 이 의무는 열심히 그리고 끊임없이 일생을 통한 노력이 필요한 매우 힘든 여정이다. 승리는 하루 아침에 오는 것이 아니며 어느 누구도 감히 이 세상에서 영원한 승리를 쟁취했다고 말할 수도 없다.[63] 음욕은 언제나 죄에 빠진 세계의 실재가 될 것이다. 그렇기 때문에 우리는 언제나 하느님의 자비를 필요로 한다. 하느님 자비의 은총으로 우리는 이

---

61 *Love and Responsibility*, pp. 170–71.

62 *CCC*, nos. 2013, 2545 참조; *Veritatis Splendor*, 18 참조.

63 *CCC*, no. 2342 참조.

와 같은 순결을 얻을 수 있다. 우리의 상처와 왜곡이 얼마나 심하든 간에 그리스도의 십자가는 그보다 더 심오하기 때문이다. 교황에 따르면, 그리스도의 죽음과 부활로부터 오는 실질적인 힘은 죄로 인하여 상실한 우리의 순결을 회복하도록 흐른다. 욕정과의 싸움은 종말에 가서야 비로소 끝날 것이다. 그러나 가톨릭 교회 교리서(*CCC*)는 다음과 같이 가르친다. "(깨끗한 마음을 가짐으로써), 우리는 지금부터 벌써 하느님께서 보시는 대로 모든 것을 본다."[64] "신앙의 눈길을 예수님께 고정시키면 시킬수록, 예수님의 눈길은 사람의 마음을 정화시켜 준다. 예수님께서 보내시는 시선의 빛은 우리 마음의 눈을 밝혀 주며, 진리의 빛 안에서 모든 것을 볼 수 있도록 우리에게 가르침을 주신다."[65]

비록 그리스도께서 죄의 보상으로 우리에게 오신 것은 아니었지만, "이미, 그러나 아직" 오지 않은 구원의 역사적 긴장 속에서 살아가는 한, 우리에게는 여전히 보상 수단이 필요하다. 그러나, 많은 영적 지도자들이 여전히 "아직"에 중점을 두는 것처럼 보이므로 "이미"와의 균형이 필요함을 설명하는 것이 쉽지 않다. 우리가 "이미"에 가까이 가면 갈수록 몸의 아름다움은 음욕이 아니라, 하느님의 찬미로 이어지게 될 것이다. 요한 클리마쿠스(John Climacus)는 저서 *The Ladder of Divine Ascent*에서 다음과 같이 적고 있다. "매우 아름다운 몸을 보자마자 창조주를 찬양하고 싶은 마음이 들었다고 고백한 사람의 얘기를 들은 적이 있다. 그는 아름다운 몸을 보는 것에서 눈물이 날 정도로 하느님에 대한 사랑을 느꼈다고 하였다. 이러한 감정을 느낀 사람이라면 그는 종말의 부활 이전에 이미 부활을 경험한 사람이다."[66] 다음의 이야기는 성숙한 그리스도의 순결함에 대하여 알려준다. 두 주교가 성당 밖을 나와 걸어갈 때 마침 옷을 거의 걸치지 않은 창녀가 지나가게 되었다. 한 주교는 즉시 고개를 돌렸다. 다른 주교는 그녀를 뚫어지게 응시하였다. 고개를 돌린 주교가 이렇게 말하였다. "형제여, 무엇을 하는 겁니

64 *CCC*, no. 2519.

65 *CCC*, no. 2715.

66 *The Ladder of Divine Ascent*, step 15, 58, p. 168.

까? 고개를 얼른 돌리세요!" 뚫어지게 응시하던 주교는 고개를 돌리고 슬픔에 찬 눈물을 흘리면서 "저 아름다움이 남자의 음욕에 팔리다니 이 얼마나 비극적인 일입니까!"라고 말하였다. 이 이야기에서 두 주교 중 누가 속량의 에토스를 드러낸 사람인가? 두 주교 중 누가 율법의 형식적인 충족으로의 에토스에서 율법의 충만한 완성으로의 에토스로 넘어간 사람인가? 명확히 해야 할 점은 고개를 돌린 주교 **역시 올바른 행동을 했다**는 점이다. 그 주교는 자신이 고개를 돌리지 않았다면 음욕에 사로잡혔을 것을 알았기 때문에 그와 같이 행동했다. 우리는 이를 "눈을 보호함으로써" "죄의 발생을 피하는 것"이라고 부른다. 이는 훌륭한 일이며 성숙한 순결로 가는 첫 단계이다. 그러나 이는 오직 첫 단계일 뿐이다. 우리는 그 이상을 하도록 부름받았다. 고개를 돌린 주교는 의지를 가지고 선을 열망하였지만 그는 욕정을 피하기 위해 눈을 돌릴 필요가 있었다. 이는 욕정이 여전히 그의 마음을 지배하고 있음을 보여준다. 가톨릭 교회 교리서(*CCC*)에 따르면, "도덕적 선이 완성되는 것은 인간이 자신의 의지만이 아니라 '마음'까지 선으로 나아갈 때이다."[67] 그리스도에 대한 계속적 회귀를 통해 우리의 마음이 변화되면 될수록 우리의 순결은 성숙하게 되어 몸이 하느님 안에 숨겨진 비가시적 신비를 가시화하는 표징이라는 사실을 알 수 있게 될 것이다. 원죄의 왜곡이 우리의 눈을 가로 막을 때 우리는 이 사실을 깨닫지 못한다.

그렇다고 옷을 거의 걸치지 않은 여인을 보며 시험해보라는 뜻은 아니다. 일반적으로 많은 사람들은 구약의 "고개를 돌려라"는 계명을 따라야 한다. 그러나 "뚫어지게 응시한 주교"의 순결이 과연 가능한가를 의심한 사람들에게 위 이야기가 에데싸(Edessa)의 성 논누스 주교(St. Nonnus)와 창녀 펠라지아(Pelagia)의 이야기임을 밝혀 둔다. 이들의 만남에 대한 다른 이야기도 있지만 중요한 점은 거의 반라의 펠라지아(Pelagia)가 안티오키아 거리를 활보하는 것을 보고 다른 주교들은 고개를 돌렸지만 논누스 주교(Nonnus)는 사랑과 기쁨으로 그녀를 보았다는 점이다. 그녀 역시 주교의 사랑이 담긴 시선을 알아차렸으며 결국 주교의 도움과 설교를 통해 회개하게 되었다. 그녀가 바로 안티오키아의 성녀 펠라지아(Pelagia)이다.[68]

---

67 *CCC*, no. 1775.

68 논누스 주교와 펠라지오 성녀의 이야기는 Helen Waddell, *The Desert Fathers* (Ann Arbor: University of Michigan Press, 1957), pp. 181–96 참조.

욕정과 인간의 내적 상태

교황은 지혜 전승이 욕정에 대해 "전형적" 묘사를 하고 있다고 말한다. 예를 들어, 집회서 23장에서 욕정은 영혼을 덥히고 소진될 때까지 절대로 꺼지지 않는 "타오르는 불길"로 묘사된다. 욕정은 "인간이 소진될 때까지 결코 멈추지 않는다." 교황 요한 바오로 2세는 집회서의 이러한 묘사를 발전시켜 음욕에 대한 현상학적 분석을 한다. "인간 안에 타오르는 불길인 욕정은 인간의 감각을 공략하고 몸을 들뜨게 하며 감정에 개입하여 인간의 '마음'을 잠식해버린다." (TOB 39:2) 뿐만 아니라 "외적 인간(exterior man)"을 들뜨게 하여 "내적 인간(interior man)"을 침묵으로 떨어지게 만든다. 즉, 충족만이 목적인 "격정은 성찰활동을 무디게 할 뿐 아니라 양심의 목소리를 듣지 못하게 만든다." (TOB 39:2)

"외적 인간"이 양심의 목소리를 듣지 못하여 자신의 욕망을 제어하지 못하게 되면 몸과 감각의 끊임없는 욕구가 충족될 때까지 쉴 틈이 없다. 만족하면 욕망의 불이 꺼질 것이라고 생각하는 것은 오산이다. 만족하더라도 결코 내적 평화의 원천에 이르지 못함을 우리는 이미 경험에 비추어 알 수 있다. "가장 피상적인 만족"에 머물기에 결코 평화를 찾을 수 없으며 자기 자신을 찾을 수도 없다. 집회서의 말씀과 같이 오직 자신이 **소진**되는 것만 느낄 뿐이다.

요한 바오로 2세는 음욕의 현상을 매우 정확하게 표현한다. 왜냐하면 그 역시 자신의 마음에서 끊임없이 욕정과 싸워왔기 때문이다. 교황은 욕정과의 싸움에 예외인 사람이 없음을 강조하기 위해 자신 역시 다른 사람들과 마찬가지로 욕정의 경험이 있음을 인정한다. 다만 우리와 달리 그는 다음을 증거한다. "격정이 영의 가장 심오한 활력을 깨우게 되면, 그 격정은 창의적 힘의 원천으로 변화된다." (TOB 39:2) 만약 우리의 격정이 "완전한 전환을 거치게 되면" 이 격정은 하느님께서 사랑히

신 것과 같은 사랑을 할 열망으로 변하게 될 것이다.

외적 겸손(External Modesty)

근본적 변화가 수반되지 않는 격정은 오직 "외적 겸손"만 보일 뿐이다. 외적 겸손이란 품위를 갖춘 외양을 말하는 것으로 외설이라 비판받을 것을 두려워하여 겉으로만 품위를 지키는 것에 불과하다. 이는 마음이 변화되지 않은 상태이다. 이 경우에는 여전히 절제되지 않은 격정을 양심에 반(反)하여 만족시키고자 하는 욕망을 갖고 있다. 다만, 외설적으로 행동하였을 경우의 결과가 두렵기 때문에 그와 같이 행동하지 않을 뿐이다.

일반적인 외적 겸손의 예로 남자의 경우를 들어보자. 음욕에 싸인 남자는 종종 격정을 만족시킬 목적으로 여자를 음욕에 찬 시선으로 바라보며 여자를 찾는다. 다만 욕정의 대상인 여자에게 말을 할 때 자신이 욕정에 사로잡혀 있는 모습을 들키지 않기 위하여 최선을 다하여 의지력을 모은다. 그러나 여자가 자신의 요구에 응답하기만 하면 겸손의 외양을 즉각 내려 놓는다. 이제 남자는 더 이상 여자가 자신의 마음을 눈치채지 못하도록 할 필요가 없기 때문에 자신의 마음에 있는 욕정을 "불태운다." 물론 몸은 간음을 저지른 것은 아니라고 할지라도 이는 마음에 대한 간음이다. 뿐만 아니라 성경의 다른 번역본에 따르면, "그는 이미 자신의 마음속에서 그녀를 간부(姦婦)로 만들었다."고 할 수 있다.[69] 물론 실제로 간부(姦婦)로 만든 것은 아니다. 다만 그의 마음속에서 그녀를 간부(姦婦)로 변화시킨 것일 뿐이다. 외적 겸손의 예는 그리스도의 산상수훈 말씀을 우리 마음에 스며들게 하여 우리를 변화시켜야 하는 것이 왜 중요한지를 잘 드러낸다.

---

69 요한 바오로 2세는 더 고대의 번역을 선호하는 것처럼 보인다. (TOB 24:4, 38:1)

“음욕에 찬 시선”(Lustful Look)

그리스도의 산상 설교 말씀 안에는 음욕의 의미에 대한 설명이 없다. 말씀을 듣는 사람들이 음욕을 어떻게 이해하고 있는지 이미 알고 있는 것처럼 보인다. 요한 바오로 2세는 만약 사람이 음욕이 무엇인지 정말 모른다면 예수님의 말씀을 그에게 적용할 수 없다고 말한다. 모든 인간(남자와 여자)은 누구나 자신의 마음 안에서 음욕을 경험하기 때문에 이러한 말씀들이 자기 자신에게 해당됨을 잘 안다. 음욕은 몸으로 나타내지 않고도 단지 “쳐다봄” 안에서 그 스스로를 표현할 수 있는 내적 행위이다. 요한 바오로 2세는 이러한 음욕에 찬 바라봄의 현상을 보다 심층적으로 꿰뚫어 보아야 한다고 말한다.

죄에 빠진 세상에서, 특히 오늘날의 미디어 문화에서는, “음욕에 차서 쳐다보고자 하는 유혹”이 인간을 괴롭힌다. 그리스도에 따르면, 단순히 흘끗 스쳐보는 것이나 순간적인 생각이 간음의 죄가 아니다. “인간의 의지를 음욕의 좁은 지평에 질질 끌고 갈 때”(TOB 41:2) 우리는 마음으로 간음하였다고 말할 수 있다. 욕정 그 자체가 죄는 아니다. 욕정은 원죄로부터 오며 우리를 죄로 향하게 한다. 그러나 우리 안에서 욕정의 감정을 인식하는 것만으로 이미 죄를 지었다는 것이 아니다. 다시 말해서, 이 세상에 사는 동안 우리는 항상 욕정의 유혹을 깨달을 수 있는 능력이 있다. 다만 문제가 되는 것은 이를 깨달았을 때의 우리의 행동이다. 만약 우리가 욕정과의 싸움에서 그리스도의 도움을 받기로 결정한다면, 우리는 파스카의 신비를 통해 선과 거룩함 안에서 성장한다. 그러나 욕정의 충동에 탐닉하는 것을 택한다면, 우리는 죄를 선택한 것이다. 죄는 사람의 행위가 선제된 것이다. 죄가 우리의 행동을 결정하는 것이 아니다. 다시 말해, 죄는 자기결정의 주체적 측면을 포함한다. “주체적으로 결정하고 이를 연장하는 바로 그 순간부터”(TOB 41:3) 우리는

"음욕에 차서 바라보았다."고 말할 수 있으며 또한 이렇게 바라봄으로써 "마음으로부터의" 간음을 저질렀다고 말할 수 있다.

욕정에로의 이끌림을 경험한 인간이 자신의 의지(자기 결정력)를 통하여 타인을 "쳐다본다"는 것은 자신의 마음에 있는 것을 표현하는 행위이다. 그리고 자신이 누구인지를 표현한다. "그리스도께서는 어떻게 '쳐다보느냐'가 곧 인간 자신의 모습과 일치한다는 것을 보여주고자 하신다." (TOB 39:4) 이는 매우 강력한 말씀이다. 몸의 신학에서 요한 바오로 2세는 인간은 누구인가에 대한 개괄적 개요를 제시하고자 한다. 이 질문을 깊이 고찰하기 위한 가장 중요한 전제는 바로 인간이 어떻게 자신의 몸을 바라보고, 나아가 다른 사람의 몸을 바라보는지에 대한 이해이다. 어떻게 바라보는지가 결국 인간 실재의 구성 방법 및 이해 방법을 결정한다. 요한 바오로 2세에 의하면 "그리스도께서는 과거에 그러했던 것처럼 쳐다봄을 '내적 진리를 알기 위하여 건너야 하는 문턱'으로 간주해야 한다고 가르치신다." (TOB 39:5)

"태초의" 인간에게 세상은 선물이었고 인간은 세상을 그렇게 바라보았다. 그는 모든 창조물을 소중하게 바라보았고 하느님께 감사 드렸다. 동물과 자기 자신이 다르다는 사실을 알게 된 인간은 "절대자의 동반자"인 자신을 깊은 경외심과 경이로움으로 바라보았다. 절대자의 파트너로 알려진 인간은 모든 피조물의 정점이었고 사랑으로 부르심을 받았다. 창조물에 대한 존중과 자신에 대한 깊은 경외는 원초적 순수 상태에서, 남자와 여자가 서로를 바라보는 평화 안에서 정점을 이룬다. 이와 같은 시선 즉, 바라봄은 상대의 가치, 품위, 그리고 선함을 서로 알고 있음을 드러낸다. 뿐만 아니라 실존에 있어 마음 안의 가장 깊은 의도를 드러낸다. 벌거벗은 몸은 모든 창조물이 선물이며 선물의 원천이 사랑이라는 사실을 증거하는 것이었다. 서로를 "쳐다볼" 때 서로의 몸에서 본 것이 바로 사랑의 증거이다. 따라서, 그들에게 있어서 생명의 삶은 곧 하느님으로부터 받은 선물에 감사하며 하느님께 그리고 상대에게 자기 자신(몸)을 제공하는 것이었다.

그러나 삼중의 "욕정"이 들어오게 되면서 모든 것이 변했다. 요한 바오로 2세가 말했듯이, "인간 실존이 갖는 지향성을 왜곡시킨 것이다." (TOB 41:1) 요한 바오로 2세가 사용하는 "지향성"은 현상학적 개념으로 "어떠한 것에 대하여"를 함의한다. 욕정은 자기 자신의 방향성에 대한 즉, 그 사람이 어떠한 사람인지에 대한 근본적 변화를 일으킨다. "음욕에 차서 바라볼 때"마다 심각한 변화가 드러난다. 음욕에 차서 바라보는 것을 지향성의 심각한 변화로 이해할 때 비로소 그리스도의 마음으로 심각한 죄를 짓는 가능성에 대한 말씀이 무엇을 의미하는지 이해할 수 있다. (TOB 41:1 참조) 삼중의 욕망에 빠진 인간은 더 이상 자신의 삶을 창조주의 선물로 여기지 않는다. 욕정은 하느님의 선물을 거부하는 것을 가리킨다. 그러므로, 만약 삶을 성취하고자 한다면 반드시 이러한 관점에서 삶을 이해하여야 한다.

선물을 의도적으로 축소하는 욕정

음욕에 빠져 상대를 쳐다보는 것은 중대한 악(惡)이다. 이성의 존엄성 안에 표현되는 선물을 거부하는 것이기 때문이다. 선물을 사는 남자는 여자를 창조주께서 주신 선물로 인식한다. 인격적 주체인 여자가 자기 결정에 따라 남자에게 자신을 선물로 내어줄 때, 남자는 그 여자를 선물로 인식한다. 그러나 선물을 거부하는 남성은 선물인 여자를 기다리지 않는다. 대신, 선물을 빼앗는다. 여자를 선물로 받는 것이 아니라 쟁취하는 것이다. 이렇게 함으로써 남자는 여자의 몸이 갖는 매력에만 집중하며, 타락한 남성성에서 비롯된 성적 "필요"를 충족시키기 위한 대상으로 여자를 전락시킨다. 남자를 자신의 영향력 아래에 놓으며 성적 만족의 대상으로 전락시키는 여자의 경우도 마찬가지이다.

이와 같은 "의도적인 '축소'는 무엇보다도 가치론적 특성을 가지고 있다." (TOB 40:3) 즉, 욕정은 인간(남자와 여자)이 몸, 성, 우주에 대하여 갖고 있는 가치에 대한 근본적인 변화를 의미한다. 욕정에 빠진 인간은 창조물을 더이상 경외감이나 경이의 시선으로 바라보지 않으며, 창조주로부터 받은 선물로 존중하지도 않는다. 오히려, 자신의 이기적인 이익을 위해 부당하게 이용하고 유린한다. 감사하는 마음으로 받기보다는 이를 쟁취하려 한다. 이런 방법으로 욕정은 인간 실존이 갖는 지향성을 그 뿌리부터 변화시킨다. 앞에서 이미 인간 몸에 대한 우리의 새로운 태도가 생태계, 노동과 경제의 사회적 구조에 대하여 어떠한 영향을 끼쳤는지를 논의한 바 있다.

음욕에 대한 심리학적 해석

교황은 음욕의 성경적, 신학적 의미와 심리학적 의미를 구별한다. 심리학에서는 음욕을 다른 사람의 성적 가치를 향한 강렬한 끌림이나 욕망이라고 말한다. 여기에는 윤리적 의미가 없다. 그러나 성경적인 의미에 있어서 욕망은 가치 손상을 의미하기 때문에 윤리적 의미를 지닌다. "가치"는 몸의 혼인적 의미에 의해 드러난 인격의 가치이다. 음욕은 몸의 혼인적, 출산적 의미로부터 분리된 성적 욕망이다. 음욕은 몸의 참된 의미 그리고 몸이 갖는 인격의 참된 의미를 불분명하게 만든다. 몸-인격의 완전한 가치는 창세기에서 드러난 남자와 여자의 원초적 부르심의 광채 안에서만 이해될 수 있다. 심리학은 음욕을 가치손상으로 이해하지 않는다. 그렇게 보는 것이 "정상적"으로 보일 수도 있다. 욕망이 인간 존엄성을 거스른다는 사실을 직관적으로 알 수 있을지는 모르겠으나 계시의 도움 없이는 결코 온전한 이유를 알 수 없기 때문이다.

계시에 의해서 알게 된 이성 간의 본래적 이끌림과 음욕을 비교하면서, 우리는 음욕이 사실은 참된 성적 열망을 거절하는 것임을 알 수 있다. 이미 앞에서 살펴본 바와 같이, 음욕은 하느님의 원초적 계획을 의도적으로 "축소시킴"을 뜻한다. 다시 말해, 음욕에 빠진 사람은 자기 자신뿐 이니라 사기가 바라보는 상대에 대한 하느님의 모든 계획을 축소시킨다. 각자 자기 안에서 축소되어버리는 것이 아니라 인격의 신비로부터 성적 가치를 추출하려고 할 때 마다 의도적인 명령 안에서 축소되어버린다. 그의 시선은 몸을 통해 계시된 인격의 아름다움을 바라보기 위한 시선이 아니다. 오히려, 상대를 소비 대상으로 격하시킴으로써 자기 자신의 만족을 추구하려는 시선이다. 음욕은 인격의 완전한 진리와 친교에로의 영원한 부르심에 대한 우리의 "생각과 마음의 지평을 제한하거나 단절시켜 버린다." (TOB 40:3) 성은 '다양한 가치들의 풍부한 저장고'이다. 성을 통해 남자와 여자는 서로 관계성을 갖는다. 몸은 남성성과 여성성을 통하여 풍부한 가치들을 모두 드러내도록 되어 있다. 성과 인격의 통합을 통해 이 사실을 깨닫아야 한다. 그러나 교황은 그러한 인식을 하더라도 여전히 상대의 성이 갖는 인격적 풍요로움을 단순히 이기적 향락의 도구로 전락시킬 수 있음을 지적하고 있다.

"영원한" 성(性)

성은 "초대"이며, 상호 자기 증여를 통한 친교로의 "부르심"이다. 요한 바오로 2세는 "인간의 생각과 마음이 갖는 이러한 측면과 지향성"은 매우 근본적인 것이며 "보편적인 인간 문화에 있어 주요 단서들 중 하나를 구성한다."(TOB 40:2)고 말한다. 요한 바오로 2세는 보편적 측면에서 남녀 관계의 "영원한 남성성", "영원한 여성성", 서로 간의 "영원한 이끌림"에 대해 말한다. 인간이 성의 "영원성"에 다가가려고 할 때, 이 영원성은 각자가 공통으로 가지고 있는 영적-육체적 욕망으로부터 자유로워질 수 있다. 영원성이 인격의 가치 체계에 상응하는 욕망으로부터 인간을 자유롭게 해줄 수 있다는 말이다. (TOB 40:3 참조)이런 의미에서 영원성은 영적으로 성숙한 이끌림이다. 그러나 욕정은 "영원성"을 갖지 못한다. 욕정은 즉각적 만족이어서 영원한 끌림을 특징으로 하는 성의 풍요로운 가치체계를 불투명하게 만든다. 음욕은 남녀 사이의 인격적이고 성적인 친교로의 초대로부터 눈을 돌리게 만들고 성적 이끌림을 단지 자신의 욕구를 만족시키기 위해 남자와 여자가 상대를 이용하는 실용적 도구로 왜곡시킨다.

이와 같이 실용성을 기준으로 성적 이끌림을 파악할 때, "성은 더 이상 영혼을 나타내는 특별한 언어가 아니며 표징으로서의 의미를 상실하게 된다. 또한 몸의 혼인적 의미에 대한 인간의 의식과 경험이라는 측면에서 … 더 이상 몸의 혼인적 경이로움을 담지 못하게 된다." (TOB 40:4) 즉, 몸이 객관적으로 얘기하는 혼인적 의미를 가지고 있다 할지라도 인간은 더 이상 이를 쉽게 경험하지 못하게 된다는 의미이다. 그리고 인간의 양심은 그것에 점점 무디어진다. 정확하고 생생한 이미지를 이용하여 요한 바오로는 다음과 같이 말한다. "음욕은 몸의 혼인적 의미의 잔재를 짓밟고 성욕의 충족이라는 한 가지 오직 이 한 가지 목적을 향해 나가도록 만든다." (TOB 40:4) 욕망에 빠진 인간은 몸의 혼인적, 출산적 의미를 고려하지 않는다. 오히려 자신의 욕정 충족을 방해하는 골칫거리로 여긴다. 따라서 욕망에 빠진 인간은 이런 방해물을 제거하는 방법을 계속해서 찾을 것이며 종국에는 자신의 타락을 맞게 될 것이다. 요한 바오로 2세는 이와 같은 몸에 대한 의도적 가치 훼손은 인간이 몸을 "어떻게 보느냐"에 달렸다고 다시금 강조한다. (TOB 40:5 참조)

C. "… 마음속에서 간음을 범한 것이다"

중요한 방향 전환

십계명과 에토스에 대한 연구에서 논한 간음에 대한 산상수훈 말씀의 진정한 윤리적 의미를 다시 한번 상기할 필요가 있다. 그리스도는 당신의 말씀을 듣는 청자(聽者)들에게 "간음하지 말라"는 계명을 상기시킨다. 그 다음 "그러나 내가 너희에게 말한다." 라고 덧붙인다. 여기에서 그리스도는 "입법자이신 야훼-하느님께서 원하신 '의로움'이 넘치도록 하기 위해, … 구약의 … 공통된 해석에서 따른 의로움 보다 훨씬 더 많이 넘치도록 하기 위해 어떻게 이 계명이 이해되고 실천되어야 하는지를 보여주고자 하신다." (TOB 42:2)

바로 이러한 관점에서 요한 바오로 2세는 그리스도의 산상수훈 말씀에 대한 마지막 부분인 "마음속에서 간음을 범한 것이다."에 주의를 기울인다. 교황은 바로 이 마지막 부분이야말로 그리스도의 진정한 윤리적 의미를 이해하기 위한 "핵심적인 표현"이라고 말한다. "이 표현은 동시에 **새로운 에토스의 본질적인 가치를 드러내는 주된 원천**이다." (TOB 42:4) 그렇다면, 이 새로운 에토스가 우리에게 요구하는 것은 무엇인가? 그리스도의 가르침에 따르면, 남자가 자신의 아내가 아닌 다른 여성을 음욕에 찬 시선으로 쳐다볼 때, 이를 마음 속 간음이라고 한다. 그러나 교황은 여기에서 과연 남자가 자신의 아내를 음욕에 찬 시선으로 바라보는 것을 그리스도께서 승인한 것인지를 물어야 한다고 말한다. 이 질문에 대한 교황의 답변은 전 세계 미디어의 즉각적 관심을 받게 된다.

심화가 필요한 전통적인 해석

처음에는 자신의 부인을 음욕에 차 바라보는 남자에 마음 속 간음에 대한 기본 원리를 적용하는 것에는 별 문제가 없었다. 요한 바오로 2세는 몸의 신학 초기에 다음과 같이 말한다. "자신의 아내를 향한 욕망의 시선은 '마음속에서'의 간음이 아니라는 것에 대해 올바르게 결론 내릴 필요가 있다. 남자의 내적 행위가 일어난 상대가 간음이 성립될 수 없는 자신의 아내이기 때문이다." (TOB 25:4) 표면적으로는 이러한 추론에 아무런 문제가 없어 보인다. 그러나 우리가 지금까지 배운 바에서도 잘 드러나듯이, 요한 바오로 2세는 피상적인 것에 머물지 않는다. 그는 그리스도의 말씀을 보다 깊이 바라본다. 따라서 교황은 "이 추론이 과연 계시와 몸 신학의 모든 면을 잘 고려한 것인지에 대하여 의구심이 남는다." (TOB 42:7)고 말한다.

요한 바오로 2세가 설명한 바에 따르면, 그리스도의 말씀을 피상적으로 해석하여 자신의 아내에 대하여 욕정을 품는 것이 허용된다면, 이는 상대의 주체적 존엄성을 인정하지 않는 것이 된다. 요한 바오로 2세의 인격주의적 윤리학을 제대로 이해한다면, 간음을 단순히 불법을 행한 자라는 의미로 축소시키지는 않을 것이다. 그리스도가 주장한 바와 같이, 우리는 마음을 꿰뚫어 보아야 한다. 그러므로 요한 바오로 2세는 인간학적, 신학적 측면에서 전통적인 해석이 '심화'될 필요가 있다고 보았다. 그리스도는 전형적인 인격주의에 따라 간음의 문제를 남녀의 법적 지위뿐만 아니라 인격적 존엄성의 존중 여부로 판단하고 있다고 교황은 말한다. 따라서, 요한 바오로 2세는 성욕에 대한 윤리적 평가에 있어 "결혼을 하지 않은 사람들 간의 문제일 뿐만 아니라 배우자 관계일 때도 중요하다."(TOB 42:7)고 결론짓는다.

따라서, 마음의 간음에 대한 그리스도의 말씀은 '아내가 아닌 여자'

에 관한 언급만이 아니다. 간음의 대상은 아내를 포함한 모든 여성 전체이다. 요한 바오로 2세가 언급하였듯이, 마음으로 간음하였다는 것은 "남자가 자신의 아내가 아닌 여자를 이런 식으로 보았기 때문이 아니라, 아내를 포함하여 여자를 음욕에 가득 찬 시선으로 보았기 때문이다." 교황은 이렇게 결론 짓는다. "만약 자신의 아내인 여자를 이러한 시선으로 바라보았다면 비록 그녀가 아내라 할지라도 그는 마음으로 간음을 범하는 것이다." (TOB 43:2)

이러한 진술은 세계 언론으로부터 많은 비판을 받았다. 비난의 요지는 요한 바오로 2세가 성을 부정적으로 생각하여 심지어 혼인 안에서도 성을 비난한다는 것이었다. 비판적 반응이 심각하게 확산됨에 따라 바티칸은 로세르바토르 로마노 신문(*L'Osservatore Romano*)을 통해 공식적인 답변을 하기에 이른다.[70]

바티칸 신문의 저자 클라우디오 소르지(Claudio Sorgi)는 다음과 같이 적고 있다. "비판적 보도 자료는 요한 바오로 2세의 말씀을 피상적으로 이해했거나, 존경심의 부족 및 주의 결핍에 의하여 잘못 이해한 데에서 나온 것이다. 우리는 이 오해가 선의에서 비롯된 것이기를 바란다. 안타깝게도 몇몇의 보도는 너무 '즉흥적'이어서 '황당할 정도'이다. 따라서 이 모두가 선의의 오해에서 비롯된 해석으로 보기는 어렵다." 소르지(Sorgi)는 또한 남녀 관계에서 간음이 그 관계가 갖는 원의미를 왜곡하는 것이라고 볼 때, "혼인 관계를 단순히 성적 욕구의 충족 관계로 전락시키는 것이 간음이 아니라면 과연 무엇이 간음이란 말인가?"라고 되묻는다. 또한 소르지(Sorgi)는 다시 한 번 다음과 같이 묻는다. "최근 수년간 많은 사람들이 '결혼은 여자를 노예 상태로 만들었다, 여사는 성적 노리개

70 *L'Osservatore Romano*, 1980, October, 12 참조. 기사 전문은 초기 총 네 권으로 출간된 TOB의 2권 *Blessed Are the Pure of Heart* 에 게재되어 있다. (Boston, MA: Pauline Books & Media, 1983)

로 전락되었다, 또는 혼인 관계는 매춘의 위장일 뿐이다!' 라고 말하지 않았던가?"

여성의 존엄성 보호를 위한 경종

혼인 배우자들 사이에서 성적 결합이 간음이 될 수 있다고 하신 교황의 말씀은 남자에게 '아내의 존엄성을 존중하라' 또는 여자에게 '남편의 존엄성을 존중하라'는 분명한 메시지이다. 남자와 여자는 자유롭고 성실하게 자기 자신을 선물로 내어 줌으로써 상대를 "위하여" 존재하도록 부르심을 받았다. 그러나 남편의 아내에 대한 욕망 및 음욕은 여자가 남자를 "위하여" 존재한다는 의미를 근본적으로 왜곡시킨다. 이제 풍요로운 매력을 갖는 여자는 음욕으로 인하여 남편의 욕구를 만족시키기 위한 도구로 전락하게 된다. 이때 하느님의 모상에 따라 창조된 주체인 남자는 여자가 갖는 존엄성을 강탈한다. 자신의 "본능"을 충족시키기 위해 여자의 여성성을 이용하는 남자는 "마음속 깊이" 이러한 태도를 받아들여 여자를 대하기로 결정한다. 이것이 바로, "마음으로 간음을 범하는 것이다." 따라서 남자가 여자를 자신의 음욕을 충족시키기 위한 도구로 대한다면 그 대상이 부인이라고 하더라도 마음으로의 간음을 저지르는 것이다. (TOB 43:3 참조)

결혼은 이기적인 만족을 위해 상대방을 이용하는 것을 정당화 하지 않는다. 요한 바오로 2세의 말씀에 의하면 이용은 사랑에 반(反)하는 것이다. 부부 성교를 통한 성적 일치가 의롭고, 옳고, 선하고, 거룩하게 되는 경우는 오직 하느님의 사랑에 의해 고무된 남자와 여자가 하느님께서 사랑하셨듯이 서로에게 자기 자신을 내어 줄 때이다. 결혼은 물론 이와 같은 성적 일치를 이루기 위한 전제가 되어야 한다. 그러나 결혼 그 자체가 이와 같은 성적 일치를 자동적으로 가져오는 것은 아니다. 배우자 자신이 "진정한 표징"의 원칙에 따라 살기 위해 노력하여야 한다. 자신의 결합이 하느님의 사랑에 반대되는 표징이 될 수 있는 그 어떠한 생각이나 행동도 하여서는 안 된다. 욕정에 탐닉하고 간음에 빠지는 것이야 말로 반대되는 표징의 대표적 예이다.

결혼의 목적은 욕정으로부터의 구원이라는 전통적인 교회의 가르침과 요한 바오로 2세의 가르침이 어떻게 조화되는가? 전통적인 가르침은 종종 결혼을 욕정의 정당한 탈출구로 해석한다. 즉, 남자가 욕구 충족을 위해 자신의 아내를 사용할 수 있는 전권 위임으로 결혼을 해석한다. 이로 인해 고해 사제와 영적 지도자 모두 아내에게 남편의 성적 요구를 들어줄 의무가 있다고 지도하는 결과를 가져 왔다. 그러나 이러한 "상식적인 생각"의 이면에는 끔찍하게 왜곡된 인간학이 숨어 있다. 존 크로스비(John Crosby) 박사는 "요한 바오로 2세는 결혼을 욕정의 정당한 탈출구로 보는 이와 같은 해석을 혐오하였다 해도 과언이 아니다."[71]라고 말한다. 이러한 잘못된 관점은 그리스도가 산상 설교에서 말씀하신 남녀에 대한 새로운 에토스를 받아들일 수 없게 만든다. 다음의 라틴어를 살펴보면 교황의 입장을 이해할 수 있다. "*remidium concupiscentiae*"는 "욕정으로부터의 구제(Remedy)"로 번역된다. "완화(Relief)"가 욕정에 탐닉함이라는 의미를 내포한다면, "구제(Remedy)"는 결혼의 은총으로 욕정을 치유할 수 있음의 의미를 담고 있다. 남녀는 욕정으로부터의 구제되는 치유력을 통하여 성적 욕망을 점차 하느님이 창조하신 대로 (재)경험한다. 하느님이 우리를 사랑하신 것처럼 자신을 진실하게 내어주는 사랑의 열망을 경험하게 되는 것이다. "욕정으로부터의 구제"를 이와 같이 해석하는 경우만이 요한 바오로 2세의 성윤리와 양립 가능하다. 추기경 시절인 1974년 저술한 에세이에서 카롤 보이티야 추기경은 혼인에 대하여 다음과 같이 적고 있다. "혼인이 욕정으로부터 당신을 구제할 수 있다는 말이 참된 말이기 위해서 (바오로 사도의 코린토 1서 7:9 "자제할 수 없으면 혼인하십시오" 참조), 우리는 이를 성경의 전반적인 관점에서 이해하여야 한다. 성경은 '몸의 속량'(로마 8:23)에 대하여 가르치며 이러한 몸의 속량을 실현하는 방법으로 혼인성사를 가리키고 있다."[72]

71 *The Legacy of John Paul II*, ed. Geoffrey Gneuhs (New York : Crossroads, 2000), p. 57. 참조.

72 "The Family as a Community of Persons," *Person and Community*, p. 327.

요한 바오로 2세의 생각을 이해하는 사람들은 혼인 안에서 "마음으로 간음을 범할 수 있다"는 가능성에 대한 그의 가르침을 수긍한다. 그렇지만 성에 대하여 타락한 시각에 갇힌 사람들은 요한 바오로 2세의 말씀이 타당하지 않다고 본다. 그렇기 때문에 교황의 말씀에 대하여 언론의 거센 비난이 쏟아진 것이다. 음욕을 단순히 심리학적으로 해석한다면 그리스도 말씀의 두 번째 해석인 혼인 안에서의 마음으로 간음함이 성립 불가하다. 그러나 산상수훈에서의 그리스도의 말씀에 따르면 우리는 음욕을 신학적으로 이해하여야 한다. 즉, "태초에" 하느님께서 계획하신 것의 축소로 이해해야 한다.

순결한 마음을 가질 수 있는 실질적인 가능성

심리학적 해석에 따르면, 욕정의 이기적인 모습은 "정상적"인 것이다. 그러나 요한 바오로 2세에 따르면, 그리스도의 산상수훈 말씀은 "그리스도교의 에토스가 인간 인격의 의식과 태도를 변화시켜 창조주의 원 계획에 따라 '인격의 친교' 측면에서 몸의 가치를 표현하고 인식한다."(TOB 45:3)는 사실을 증거한다. 심리학은 마음을 변화시키는 진정한 희망 또는 원초적 계획에 대하여 아무것도 알지 못한다. 심리학은 오직 음욕의 축소만 받아들일 뿐이다. 이 경우 남자와 여자, 남편과 아내는 아무런 희망이 없게 된다. 그들은 할 수 있는 일은 오직 그리스도의 엄격한 말씀을 두려워하고 교황의 해석에 반대하는 것이다.

이 점에서는 교황을 비판하는 사람들이 요한 바오로의 말씀을 올바르게 이해했다고도 할 수 있다. 타락한 본능의 힘에만 내맡길 경우, 남편과 아내는 관계를 훼손시키지 않을 방도에 대하여 어떠한 희망도 가질 수 없다. 그러나 일부 비판 보도는 그리스도의 말씀과 그에 대한 요한 바오로 2세의 해석이 욕정의 왜곡에서 구제될 수 있는 희망과 진정한 가능성으로 점철되어 있다는 사실을 간과하고 있다. 가장 논란이 되었던 연설을 마치면서 교황은 다음과 같이 말씀하신다. "그리스도 말씀의 엄중함에 대하여 두려워해야 하는가? 아니면 오히려 그리스도 말씀이 지닌 구원 내용과 그 힘에 대하여 확신을 가져야 하는가?" (TOB 43:7)

워싱턴 포스트 기사는 미디어가 요한 바오로 2세의 성적 구원으로의 부르심에 대한 "기쁜 소식(복음)"을 제대로 받아들이지 못하고 있다는 점에 대하여 언급한다. 쥬디 만(Judy Mann)의 "바티칸을 위한 음욕에 대한 가르침(A Lesson on Lust for the Vatican)"이라는 기사는 음욕에 대한 요한 바오로 2세의 말씀이 "가장 좋은 의도에서 나온 것"이라는 점을 시인한다. "요한 바오로 2세는 미국 가정에서 음욕이 어떠한 역할을 하는지 잘 알지 못할 수 있으며 … 또한, 미국 청소년들의 경우 사춘기가 되면, 음욕이 그들의 생명력의 진수가 된다." 만(Mann)은 결혼과 가족에 대하여 찬성하는 듯 보인다. 그러나 그녀는 혼인의 기초로서 음욕이 아닌 다른 어떤 것이 있을 수 있다는 가능성은 간과하는 듯 하다. 그녀는 "우리가 어려서부터 어머니 무릎에서 배우는 가장 첫 번째 교훈 중 하나는 소년(남자)의 마음속에 있는 것은 오직 하나이며 결혼에 이르는 길은 그들의 요구에 대한 확고한 거절뿐이라는 사실이다." 그녀는 "우리 세대에서 수많은 커플이 음욕 때문에 결혼했으며 음욕은 결혼뿐 아니라 부부 간의 신의를 지키는 데에도 도움이 된다."고 말한다. 그녀의 결론은 다음과 같다. "교황은 남자가 마음속에 아내에 대한 음욕을 갖게 되면 대신 다른 여자에 대해서는 마음으로부터 간음하지 않을 것이라는 가능성을 염두에 둔 것일 수 있다."[73] 그러나 이는 음욕의 심리학적 해석에 따른 유감스러운 결론이다. 심리학적 측면에서 음욕은 정상일 뿐 아니라 좋은 것이라고 하기 때문이다. 그러나 만(Mann)이 언급하는 기사의 전반적인 어조를 살펴보면 사실은 다르기를 바라는 듯한 인상을 준다는 점이 매우 흥미롭다. 불행히도 만(Mann)은 어려서 엄마 무릎에서부터 배운 교훈 그리고 그에 따른 세계관에 머물고 있다. 음욕은 그

73 Judy Mann, "A Lesson on Lust for the Vatican," *Washington Post*, October, 10, 1980, B1, B2.

냥 음욕일 뿐이다. 그러나 요한 바오로 2세는 만(Mann)과 그녀의 어머니에게 "인간이 지닌 가능성에 대한 다른 통찰력"(TOB 46:6)을 갖기를 담대히 요청하고 있다.

그리스도 말씀에 대한 요한 바오로 2세의 해석은 매우 까다롭고 어렵다. 새로운 에토스를 살기 위해서는 성, 성적인 욕망에 대한 사고 및 경험방식의 근본적인 패러다임의 전환이 필요하다. 우리는 "마음의 후미진 곳"을 완전히 드러내야 한다. "상실한 완전한 인간성을 다시 발견하여야 하고. 이를 다시 획득하여야 한다." (TOB 43:7) 다시 말해 진정한 그리고 자유로운 의미에서의 마음의 순결을 받아들여야 하며, 이를 그리스도의 죽음과 부활로부터 흘러나오는 은총의 선물로 인식할 수 있도록 우리의 마음을 열어야 한다.

물론, 아무런 노력 없이 타락한 인간에게 선이 돌아오지는 않는다. 만약 음욕으로부터 진정한 해방을 원한다면, 그는 은총과 더불어 노력해야 한다. 욕정으로부터 나온 모든 것을 확고히 거부하여야 한다. 그리스도의 비유적인 표현을 빌리자면, 욕정으로부터 나온 것들이 장애가 된다면 그것들의 "눈을 빼고" "손을 잘라야" 한다. "너의 지체 하나를 잃는 것이 온 몸이 지옥에 던져지는 것보다 낫기 때문이다." (마태 5:29-30) 그리스도의 말씀은 왜 매우 가혹하고 불길한 느낌을 주는가? 이 성경 구절 안에서 음욕과 지옥은 모두 '하느님 사랑의 부재'라고 정의됨을 알 수 있다. 이는 음욕이 왜 매우 심각한 문제인지를 알려준다. 하느님의 사랑은 인간의 원천, 소명, 운명이다. 그러나 음욕은 인간 실존 자체에 대한 반대이기 때문이다.

인간 실존의 단서

그리스도는 음욕에 대하여 확고히 반대의 입장을 취한다. 음욕이야말로 이성 간의 진정한 친교를 방해하는 가장 집요한 장애물이기 때문이다. "인격의 친교에로의 부르심은 인간 윤리와 문화의 가장 깊은 토대이다." (TOB 45:3) 인간은 마음의 순결 위에 설 수도 있지만, 그 때문에 넘어질 수도 있다. 불순함(impurity)은 단순히 성적인 영역만이 아니라 이를 훨씬 뛰어넘는 포괄적인 영역에 영향을 미친다. "모든 윤리적 무질서는 욕망의 불순함으로부터 온다. 그러한 불순함은 성적인 삶, 사회적 경제적 삶, 그리고 심지어는 문화적 삶까지 왜곡시킨다." (TOB 51, n. 61)[74]

요한 바오로 2세에 따르면, 인간의 삶은 그 성격상 "상호 교육적인 성향(co-educational)"을 갖는다. 남자와 여자가 함께 하는 삶은 인간 실존에 대한 단순하고 순수한 단서를 제공한다. "인간 삶의 존엄성과 균형은 서로가 상대에게 어떠한 사람이 되어야 하는가에 달려 있으며 이는 역사의 매 순간 그리고 지리적으로 모든 곳에 공통된다." (TOB 43:7) 즉, 음욕에 빠진 문화는 삶을 존중하지 않으므로 죽음의 문화로 전락하게 된다. 남녀가 음욕의 손아귀에서 해방되는 경우에만 비로소 자유로운 상호 증여를 통하여 자신의 영혼을 완성시킬 수 있다. 이때, 자유는 "진리 안에서 함께 사는 삶을 위한 조건"(TOB 43:6)이다. 남자와 여자는 오직 자유 안에서 창조주가 의도한 "성사적 일치"(창 2:24 참조)를 깨달을 수 있다. 욕정으로부터의 내적 해방이 없다면 진리 안에서 함께하는 삶은 존재할 수 없다. 요한 바오로 2세에 따르면, "새로운 에토스는 항상 '마음' 깊은 곳의 계시와 관계되어 있으며 욕정으로부터의 해방과 연결되어 있기 때문에 인간은 마음 속에서 보다 완전하게 빛날 수 있다." (TOB 43:6)

74 교황의 이 말씀은 한 인격의 '개인적인' 성적 행위는 두 당사자 외에 다른 이에게 어떠한 영향도 미치지 않는다는 생각과 대립된다. 유대교 속담에 자신이 탄 보트의 좌석 밑에 구멍을 뚫는 남자에 대한 이야기가 있다. 그 남자의 옆에 있던 다른 승객이 항의하자, 그 남자는 "내가 하는 일에 당신이 무슨 상관이오? 이 구멍은 내 의자 밑에 있는 것이니 상관없지 않소?"

4. "마음", 고발 당했는가? 아니면 부르심을 받았는가?

요한 바오로 2세는 다음 질문을 토대로 그리스도 말씀의 분석을 더 실천적인 측면으로 전환한다. "마음은 고발 당한 것인가? 아니면 선으로 부르심 받은 것인가?"(TOB 44:1) 우리는 마음의 순결 위에 설 수도 있지만 그 때문에 넘어질 수도 있다. 마음의 순결 위에 서기 위해 어떻게 살아야 하는가? 그리스도의 말씀을 받아들인다면, 과연 어떻게 생각해야 하는가? 성, 성적 매력과 욕망에 관해서 어떻게 느껴야 하는가? 이에 관한 우리의 생각, 감정, 행동을 지도할 신뢰할 만한 어떤 지침이 있는가? 만약 그리스도 말씀이 인간의 불순한 마음을 비난하려고만 하는 것이 아니라 더 나아가 선으로 초대하는 것이라고 한다면, 과연 선이란 무엇인가? "이 질문들은 인간의 실천적 삶을 위해 중요할 뿐 아니라 에토스와 실천 간의 유기적 관계를 보여준다. 살아 있는 윤리는 언제나 인간적 실천의 에토스이다." (TOB 44:2) 즉, 그리스도께서 말씀하신 바와 같이(마태 15:19 참조) 인간의 행위는 마음의 에토스로부터 나온다. "살아 있는 윤리"는 단순한 의무 그 이상이다. 그것은 마음에서 넘쳐 흘러나오는 사랑으로부터 생겨난다. 요한 바오로 2세는 보다 실천적 분석에 초점을 맞춰 그리스도 마음의 올바른 근원을 갖출 방법을 제시하고자 한다. 이 방법은 마음으로부터 흘러나와 실천함으로써 그리스도의 말씀을 완성한다.

그리스도의 산상수훈 말씀에 따라 사는 것이 "어떻게" 사는 것인가에 대하여 역사적으로 다양한 표현이 있다. 다양한 역사적 요소에 의해 때로는 그리스도 말씀의 진정한 에토스에 가까워지기도 하고 때로는 에토스로부터 멀어지기도 하였다. 그 변천의 모습은 "양극단을 오간다. 회의주의로부터 낙천주의, 청빈주의에서 근대적 허용주의까지 그 모습은 다양했다. 따라서, 산상설교의 에토스가 인간의 행동과 태도에 직면하여 언제나 정확하고 투명한 기준을 제시하기 위해서 우리는 이 역사적 변화의 사실을 깨달을 필요가 있다."(TOB 44:4)고 교황은 말한다.

교황은 이를 그리스도 말씀을 어떻게 실천할 것인가를 분석하기 위한 토대로 제시한다. 새로운 천 년의 시작을 알리는 지금, 엄격주의에서 자유주의의 양극단을 오갔던 역사의 흐름에서 알 수 있듯이 이제 우리는 그리스도 말씀을 더욱 정확하고 균형적으로 통찰할 수 있다. 그 어느 때보다 바로 지금이야말로 골치 아픈 도덕이라는 분야에서 "인간 실천의 에토스"를 확립하기에 가장 잘 준비되어 있는 시기라 할 수 있다.

A. 몸에 대한 비난

마니교주의

그리스도의 말씀을 정확하게 이해하려면 "마니교적 악령(Manichaean demon)"이 그리스도 역사 전반에 걸쳐 몸에 대한 종교적 사고를 병들게 하였음을 인정하여야 한다고 요한 바오로는 말한다. 마니교는 물질, 몸 안에 악의 근원이 있다고 보았기 때문에 인간 안의 물질적이고 육체적인 모든 것을 비난했다. 특히 몸은 다른 어떤 것보다 성을 통해 가장 많이 드러나기 때문에 마니교는 성적인 모든 것의 가치를 폄하하였다.[75]

요한 바오로 2세는 이같은 우스꽝스러운 사고 방식이 마치 양의 탈을 쓴 늑대처럼 많은 그리스도인들의 몸과 마음에 스며들었으며, 우리는 이를 근절해야 한다고 말한다. 일부 신학자들의 견해처럼 산상설교의 엄격함이 마니교의 성, 육체에 대한 평가절하와 일맥상통한다는 주

75 교황은 TOB 44 각주에서 마니교의 에토스에 대하여 자세히 설명한다.

장이 가능하다. 그러나 교황은 반복하여 "마니교적인 방법으로 인간의 몸과 성을 이해하고 평가하는 것은 복음과 본질적으로 맞지 않는다." (TOB 45:5)고 강조한다. 그리스도의 말씀 안에서 마니교적 사고방식을 찾는다면 그것은 중대한 오류를 범하는 것이다. 요한 바오로 2세는 "그리스도 말씀을 충분하게 해석하기 위해 우리는 우리의 사고방식과 태도 안에 있는 마니교적 요소로부터 절대적으로 자유로워져야만 한다." (TOB 45:3)고 말한다.

그리스도의 말씀에 익숙하지 않아 말씀의 엄격함을 마니교의 엄격함과 동일시 할 수 있다. 그러나 양자 사이에는 본질적인 차이가 있다. 악을 판단하는 기준의 차이다. 마니교는 악을 몸과 성 그 자체라 한다. 그러나 그리스도는 악을 인간의 마음 그 자체라기보다는 음욕의 왜곡에서 찾는다. 음욕은 몸의 가치를 평가절하한다. 그리스도의 산상설교 말씀은 "바로 인간의 몸, 성의 인격적 존엄성을 확인함에서 출발하고 오직 이 존엄성에 이바지할 뿐이다." (TOB 45:5) 따라서 그리스도의 말씀은 몸과 성을 경멸하고 그 가치를 부인하는 것이 아니라 몸과 성에 대하여 깊고 성숙한 긍정을 표현하는 것이다. 그리스도는 청중에게 몸이란 신성한 존엄성을 가지며 주체적, 객체적 가치를 동시에 갖는 존재라는 사실을 이해하여야 한다고 설교하신다. 교황은 이를 시적으로 표현한다. 그리스도께서는 에토스의 성숙한 관점을 인간 삶과 마음에 새기기 위하여 이미 복음의 본문에 일일이 새겨 놓으셨다. 선에 대한 진리가 마음을 관통할 때, 즉 윤리가 에토스가 될 때, 우리는 "실질적인" 그리고 "인간적인" 도덕에 대하여 얘기할 수 있다.

사고방식에 있어 타협할 수 없는 차이

요한 바오로 2세는 결코 타협될 수 없는 사고방식의 차이를 다음과 같이 요약하고 있다. "마니교적 사고방식에 따르면, 몸과 성은 반-가치적이다. 그리스도교에 있어 몸과 성에 대한 가치는 충분히 인정받지 못하는 것으로 존재한다." (TOB 45:3) 그리스도교는 몸과 성의 가치를 결코 평가 절하하지 않는다. 그리스도교는 몸과 성에 비할 바 없이 큰 가치를 부여한다. 이미 앞에서 요한 바오로 2세는 "몸은 그 자체로 비가시적인 것을 가시적으로 만들 수 있는 능력이 있으며 영적이며 신성한 것이다. 세상의 가시적 실재로 전환할 수 있도록 창조된 것이 바로 몸이며 영원으로부터 하느님 안에 숨겨진 신비이자 그 표징이다."(TOB 19:4)라고 말씀한 바 있음을 상기하라. 교황은 마니교를 반박하며 자신의 논리로 돌아가 "몸은 '한 처음부터' 몸이 갖고 있는 남성성과 여성성 안에서 영을 표현하도록 되어 있다. 또한 서로 '한 몸'을 이룰 때 즉, 남자와 여자가 부부 결합을 통하여 일치를 이룰 때 몸은 정신을 표현한다. 그리고 이와 같은 방식으로 몸은 '표징으로서의 가치', 어느 의미에서는 성사적 표징의 가치를 갖게 된다."(TOB 45:2)고 말한다.

마니교적 사고방식이 "제대로" 또는 "전혀" 인식하지 못한 것이 바로 몸과 성이 성사적이라는 사실이다. 어떠한 의미에서 몸과 성은 거룩한 신비를 가시적으로 드러내는 표징이다. 그리스도는 이 가치를 재발견하고 사고와 행동에 있어 '참된 표징'의 논리에 따라 살라고 남자와 여자를 부르신다. 이런 측면에서 교황은 그리스도인의 실천적 행동은 오직 욕망의 악(惡)으로부터 자신을 분리시키는 것뿐이라고 말한다. 그렇다고 욕망을 일으키는 대상을 악으로 보라는 의미는 **결코 아니다**. "물론 완전히 의식적인 것은 아니겠지만 욕망을 일으키는 대상을 악으로 보는 것은 결국 마니교의 반-가치를 수용하는 것과 같다. 또한 이는 악한 행위에 대한 진정한 내면의 승리가 아니다. 오히려 대상에 대한 침해 행위를 정당화할 더 큰 위험을 내포한다." (TOB 45:4)

다시 말해, 그리스도의 산상수훈 말씀에 따라 살기 위해서 우리는 진정한 악인 음욕과 싸우고 있음을 분명히 알아야 한다. 음욕의 대상이 되는 상대의 몸과 성 자체를 악으로 보아서는 안 된다. 그리스도는 음욕이라는 악에서 확실하게 멀어질 것을 요청하신다. 그러나 요한 바오로 2세는 그리스도의 말씀이 욕망의 대상인 "음욕에 가득 찬 시선"을 받는 여자를 악으로 보라는 의미가 결코 아님을 강조한다.[76] 남자가 자신의 음욕이 악이 아니라 여자가 악이라고 주장한다면 그 남자는 마음의 악을 극복할 필요가 없다. 여기에서 우리는 마니교의 몸에 대한 비판적 시각이 어쩌면 "복음에서 요청하는 의무로부터 빠져나가기 위한 비상구"(TOB 44:6)로 작용하였을 수도 있음을 알게 된다.

요한 바오로 2세는 겉으로는 거룩함을 표방하면서 실제로는 거룩함에 저항하여 몸과 성을 비난하는 사람들을 질책한다. 성숙한 거룩함은 마음의 깊은 울림을 통하여 계속적인 변화를 일으키며 이를 통하여 남자와 여자가 음욕의 악을 극복하도록 이끈다. 뿐만 아니라 순결한 시각을 가진 "바라봄의 에토스"가 필요하다. 순결한 시각은 상대를 욕정의 대상으로 바라보지 않는 능력일 뿐 아니라, 더 나아가 계속적인 순결의 성숙을 통하여 상대를 주체성을 가진 인격으로 긍정하는 능력이기 때문이다.

성(性)을 '반-가치적'으로 보는 마니교는 성, 또는 몸의 지체를 '불결한 것'으로 보는 경향으로 드러난다. 몸의 어떠한 부분도 불결한 곳은 없다. 그리고 성 자체를 불결하다고 하는 것은 잘못된 것이다. 왜냐하면 하느님께서는 자신이 창조하신 모든 것을 보시고 매우 좋다고 하셨기 때문이다. 다만 여기서 더럽고 불결할 수도 있는 것은 오직 인간의 마음과 몸을 바라보는 시각 또는 성관계에 대한 태도이다. 성인 잡지인 플레이보이(Playboy)를 보

76 교황은 지혜 전승의 일부에서 무엇을 악으로 보아야 하는지에 대한 구분이 부족하다고 지적하며 잠언 5:1–6, 6:24–29 그리고 집회서 26:9–12를 예로 제시한다.

는 아들을 목격한 어머니가 '불결한 사진'을 본다고 혼을 낸다고 치자. 무의식적으로 그리고 의도하지는 않았지만 어머니는 포르노를 생산하고 보는 행위의 이면에 존재하는 음욕을 악으로 비난한 것이 아니다. 그 어머니는 잡지가 싣고 있는 사진이 몸에 대한 사진이므로 몸을 악으로 본 것이다. 요한 바오로 2세는 포르노적으로 인간의 몸을 표현할 때 "반감이 생기는 이유는… 그 표현 대상인 몸 때문이 아니다. 인간의 몸은 존엄성과 분리 할 수 없는 대상이다. 반감이 생기는 이유는 작업 혹은 복제 방식의 특징 때문이다. 왜냐하면, 작업을 하는 목적이 음욕을 불러일으키기 위해서이기 때문이다." (TOB 63:5) 요한 바오로 2세가 이같이 반감의 이유를 명확히 구별하는 이유는 의미론적인 차이 때문이기도 하지만 악의 원인이 정확이 무엇인지를 구분하기 위해서이다. 우리의 언어 속에도 몸에 대한 그리스도의 가르침과 일맥상통하는 것이 있다. 우리는 타인의 침실에 들어가기 위해 노크를 하면서 옷을 다 입고 있는 상태인지를 묻기 위해 다음과 같이 말한다. "지금 품위 있는 상태야?"(Are you decent? 번역자주: 일반적으로 방에 들어가기 전에 들어가도 되는지를 묻는 구어적 표현) 요한 바오로 2세의 몸의 신학적 측면에서 이러한 질문의 답은 언제나 예외 없이 '네!'가 된다. 비록 그 사람이 완전히 벌거벗고 있다고 할지라도 그렇다. 왜냐하면 몸은 언제나 '품위 있기' 때문이다. 벌거벗고 있다고 그 사람이 품위가 없는 것이 아니다. 바라보는 시선의 태도만이 '품위'가 없을 뿐이다. 그러한 품위가 없는 시선으로부터 우리 몸이 갖는 선함, 품위를 보호하기 위하여 우리는 몸을 가린다. 즉, 우리 몸이 품위가 없어서 그것을 감추기 위해 몸을 가리는 것이 아니다.

몸에 대한 거부 대(對) 음욕에 대한 승리

성(性)은 "몸의 속량"에 의한 신비로 점철되어 있다. (로마 8:23 참조) 그리스도의 말씀은 오직 이러한 관점에서만 이해될 수 있다. 그리스도가 마음의 갈음에 대해서 말씀하셨을 때, 그것은 하느님의 부르심이다. 몸의 혼인적 의미를 회복하여 음욕이라는 악을 상대로 "신성하고도 철저한 승리"를 경험하도록 부르시는 것이다. 그러나 마니교적 태도는 몸과 성의 가치를 "소멸"시켜 "거부"하도록 만들거나, 난시 출산을 위해서 "묵인"되어야 하는 것으로 만든다고 요한 바오로 2세는 말한다.

교회에는 출산을 위해서 마지못해 '성'을 허용하기는 하나 성을 나쁜 것으로 여기는 통념이 만연하다. 신자, 비신자를 불문하고 실제로 얼마나 많은 사람들이 이런 이단적인 생각이 공식적인 교회의 가르침이라고 믿고 있는지! 심지어는 교회의 몇몇 사상가들, 만약 그러한 발언을 하지 않았다면 존경을 받았을 사상가들조차도 이와 같은 생각에 힘을 실어주는 발언을 해왔다. 수요교리 시간을 통하여 실상을 그대로 밝히려는 요한 바오로 2세의 열렬한 바람은 너무 강해 이 페이지를 찢고 튀어나올 정도이다.

음욕을 극복하기 위해 우리는 우리의 사고방식과 평가방식에서 드러나는 마니교도주의에서 생긴 "고질적인 습관"과 맞서 싸워야만 한다고 요한 바오로 2세는 말한다. (TOB 46:1 참조) 예를 들어, 음욕과 싸우는 남자들 대부분은 자기 자신의 마음을 스스로 들여다보기보다는 쉽사리 음욕의 대상인 여자를 비난하곤 한다. 요한 바오로 2세에 따르면, 음욕에 대한 진정한 승리는 마니교도적인 "반(反)-가치"가 자신의 의식과 의지에 뿌리내리지 않도록 여자의 몸과 성이 지닌 "진정한 가치들을 재발견하고 그 가치들을 재확인"하는 노력에서 나온다. (TOB 45:5 참조) 즉, 음욕을 피하기 위해 단순히 고개를 돌리는 것에서 멈추어서는 안 되고 그 이상을 해야 한다는 의미이다. 음욕에 가득 찬 충동을 자제하는 것은 중요한 첫 단계이다. 그러나 인격의 순결이 고개를 돌리는 첫 단계에서 멈춘다면 그것은 소위 "부정적인" 순결이다. 부정적인 순결은 단지 "회피하는 것"이다. 회피의 부정적 순결은 여자의 인격에 반가치를 부여하는 마니교적인 '반(反)-가치'의 오류에 빠질 위험이 있다.

요한 바오로 2세는 탐욕에 대한 진정한 승리를 얻기 위해서 "부정적으로" 고개를 돌려 피하는 것에서부터, 몸과 성이 지닌 진정한 아름다움, 위엄 및 가치를 "긍정적으로" 재인식하고 주장하는 방향으로 순결이 성숙해야 한다고 말한다.[77] 긍정적 순결로의 성숙은 여자의 여성적인 몸을 통해 계시되는 인격성을 바라보려는 남자의 일치된 노력과 은총을 통해서만 가능한 일이다. 성령의 내재하심을 통해, 여자 인격의 참된 존엄성은 정신적으로 수용할 수 있는 가치가 될 뿐 아니라 마음으로 "느껴지고" 눈으로 "볼 수 있는" 살아있는 현실이 된다. 실제로, 속량의 에토스는 인간이 "자신의 의지에 의해서뿐만 아니라 자신의 감각적 요구에 의해서도 선으로 나아갈 수 있게"[78] 한다. 이것이 그리스도께서 우리에게 주신 임무이며, "몸의 속량"이 해낼 수 있는 바이다. 즉, 몸의 속량은 몸과 영혼, 인격과 성의 점진적 재통합을 할 수 있는 능력이며, 이 세상에서 완성될 수 없으나 효과적이며 점진적으로 이루어지는 이와 같은 재통합을 우리가 보고 경험할 수 있도록 하는 능력이기도 하다. 이 능력으로 몸과 성에 대한 병든 사고방식을 그리스도와 함께 십자가에 못박을 수 있게 될 때, 우리는 그리스도께서 보시는 방식으로 우리의 몸을 볼 수 있게 될 것이다. 물론 우리 대부분은 이 여정에서 많은 좌절을 겪을 것이고 어쩌면 하느님의 부르심에서 우리가 멀리 떨어져 있다고 느낄 수도 있을 것이다. 그럼에도 불구하고 우리의 눈을 그리스도께 고정시키는 한, 우리 가운데에서 좋은 일을 시작하신 그리스도께서는 그 일을 완성할 것이다. (필리 1:6 참조)

원죄를 짓는 바로 그 순간부터 남자는 자신의 무질서한 마음을 여자 탓으로 돌리는 경향이 있었다. (창 3:11–12 참조) 여자도 분명히 남자의 약함을 이용해서는 안 된다는 책임이 있다. 그러나 남자는 여자가 책임을 다하는 삶을 사는지 여부에 관계 없이 음욕과 싸우며 여자의 진정한 가치와 존

77 교황은 TOB 54:3, 129:5에서 "부정적" 차원에서의 순결과 "긍정적" 차원에서의 순결에 대하여 자세히 설명한다.

78 *CCC*, no. 1770.

엄성을 존중할 우선적인 책임이 있다.[79] 이 우선적 책임을 진지하게 받아들이지 않는 남자는 자신의 음욕에 대한 비난의 화살을 여자들에게 던질 것이 거의 확실하다. 그리고 여자는 이를 감지할 수 있는 안테나를 지니고 있는 것으로 보인다. 여성의 존엄에 대한 나의 이야기를 듣던 한 젊은 여성이 한 말을 그 예로 들 수 있다. 그녀는 거룩함 안에서 성장하기 위해 노력하는 신학생들이 대부분인 가톨릭 대학에 다녔는데, 3년의 재학기간 동안 그녀가 캠퍼스를 가로질러 걸어갈 때마다 그 학교의 신학생들은 고개를 돌리거나 보도 쪽으로 시선을 돌렸다고 말했다. 그녀는 나에게 그때 느꼈던 감정을 토로하였다. 물론 그 남학생들은 음욕을 피하기 위해 그렇게 할 필요가 있었을 것이다. 그러나 그녀를 쳐다볼 만큼, 그리고 음욕 없이 그녀의 존엄성을 긍정하며 쳐다볼 수 있는 순결한 남자가 단 한 명도 그 캠퍼스에 없었을까? 모든 인간은 시선을 받고 사랑을 받기 위해 즉, 가치 있는 사람으로서 긍정적으로 인정받기 위해 부단히 노력한다. 누구나 쉽게 짐작할 수 있듯이 그러한 환경에 처한 여자는 시간이 지날수록 자신에게 뭔가 문제가 있다고 믿게 될 수 있다. 즉, 남자들이 죄를 짓게 만드는 데 그녀가 단지 여자이기 때문에 그녀의 책임이라고 믿게 되기 쉽다. 그녀는 나와의 대화를 통해 자신이 좋은 사람이라는 것, 여성인 그녀가 문제가 아니라는 사실을 깨닫게 되었다며 놀라워하였다. 왜냐하면 캠퍼스의 남학생들이 그것을 알든 모르든, 그녀는 이제 자신의 여성성 안에 하느님께서 주신 위엄이 빛나고 있다는 사실을 깨달았기 때문이다. 이것은 확실히 미묘한 상황이다. 물론 남자가 음욕에 찬 시선으로 여자를 바라보는 것보다는 차라리 여자를 쳐다보지 않는 것이 더 나을지도 모른다. 그러나 남자가 여자를 쳐다보면서 자신의 마음을 통제할 수 있고, 그 사람의 진정한 위엄과 가치를 긍정적으로 옹호할 수 있는 정도까지 성숙하는 것은 더 좋은 것이다.

79 *Mulieris Dignitatem*, 10, 14의 결론 부분 참조.

B. 의심받는 "마음"

"의심의 대가"(Masters of Suspicion)

우리는 역사적 인간의 문제인 인간 실천의 핵심에 접근하고 있다. 인간은 어떻게 살아야 하는가? 인간은 기원의 순결에 따라서 살아야 한다. 그것이 규범이며, 기준이자 인간의 임무이다. 인간은 속량의 에토스를 통해서 잃어버렸던 것을 회복하라는 부르심을 받는다. 바리사이들과의 대화에서 그리고 산상설교 말씀에서 암시하듯이, 남자와 여자는 "한처음에(태초에)" 계시된 몸의 혼인적 의미를 되찾도록 부름 받았다.

이것이 다소 비현실적으로 여겨질 수도 있다. 사실 교회 가르침에서 알 수 있듯이 결코 되돌릴 수 없는 원초적 순수의 상태에서는 삼중의 욕망과 싸울 필요가 없었다. 하지만, 역사적 인간의 경험 안에서 육체적 욕망은 항상 인간을 짓누르며 성적인 모든 것 위에 어두운 그림자를 드리워 놓았다. 그래서, 이 타락한 세상에서 인간이 희망할 수 있는 최선은 감당할 수 없는 자신의 충동에 대처하고 죄의 기회를 피하는 것을 배우는 것뿐이다. 상처 받고 뒤틀리게 된 우리는 일반적으로 항상 욕정이 마음보다 유리한 자리를 차지하는 경험을 하게 될 것이다. 적어도 이 세상에서의 삶에서는 말이다.

과연 그럴까? 요한 바오로 2세는 음욕이 몸과 성에 대한 인간의 경험을 어쩔 수 없는 결정이라고 믿는 사람들을 "의심의 대가들(Masters of Suspicion)"이라고 부른다. 의심의 대가들(Masters of Suspicion)은 복음이 가진 변화의 힘을 알지 못하거나 온전히 믿지 못하는 사람들이다. 그들의 마음은 욕정이 지배하기 때문에 그러한 마음으로 다른 사람을 바라본다. 그들의 마음에서 인간의 몸은 항상 욕정을 불러일으킨다. 특히 몸이 부분적으로 노출되거나 또는 완전히 벌거벗었을 때는 더더욱 그러하다. 그 외 다른 것은 할 수 없다. 그들은 계속 되돌이킬 수 없는 의심의 상태에 머물게 된다.

두 명의 주교 이야기는 의심의 해석에 대하여 설명한다. 반라의 여인을 보고 즉시 몸을 돌린 주교는 옆에서 그 여인을 바라보는 다른 주교의 시선이 음욕에 찬 시선이라고 의심하였다. 음욕에 대한 진정하고 심오한 승리를 결코 경험해보지 않았기 때문에 그는 여자를 바라보는 다른 방식을 상상할 수 없었고, 그는 즉각적으로 옆의 주교를 음욕에 빠진 것이라고 질책하였다. 이런 방식으로 그는 형제의 마음을 의심한 것이다.

프로테스탄트 학자인 폴 리쾨르(Paul Ricoeur)는 프로이드, 마르크스, 니체의 사상을 설명하면서 "의심의 대가들(Masters of Suspicion)"이라는 표현을 만들었다. 요한 바오로 2세가 지적하듯이, 이들 사상가는 현대인의 자기이해와 도덕성 해석 방식에 중대한 영향을 끼쳤다. 요한 바오로 2세는 그들 각각이 제시하는 사고체계와 성경에 따른 인간 분석 사이에 매우 중요한 일치점을 볼 수 있으나 동시에 근본적이며 명백한 이견이 있다고 말한다. 산상 설교에서의 그리스도와 같이, 이 사상가들 역시 인간의 마음을 "질책"한다. 요한 바오로 2세는 요한복음에서의 삼중의 욕망과 이들 사상가들의 사상체계가 어떤 의미에서는 구체적으로 일치하는 점이 있다고 말한다. 즉, 니체의 사상은 "삶에 대한 자만"에, 마르크스의 사상은 "눈의 욕망"에, 그리고 프로이드의 사상은 "육의 욕망"에 대응하는 측면이 어느 정도 있다는 것이다.

그러나 성경적 인간 분석과 사상가들 사이에 존재하는 의견 일치는 여기서 끝난다. 이 사상가들은 욕정을 "인간학과 윤리학의 절대적인 기준"(TOB 46:2)으로 삼았기 때문이다. 그들은 욕정을 인간 해석의 핵심에 놓았다. 그러나 교황은 성경에서 드러나는 인간학이 우리를 욕정에서 멈추지 않도록 하며 속량의 에토스를 열어 보인다는 점을 강조한다.

바로 이것이 사상가들과 성경 간의 근본적 차이이다. "의심의 대가들(Masters of Suspicion)"은 음욕에서 결코 속량의 희망을 보지 못한다. "이들의 해석은 매우 다르다. 산상 설교의 말씀에서 우리가 발견한 것과는 근본적으로 다른 것이다." 산상설교에서의 그리스도 말씀은 "인간 가능성에 대한 또 다른 전망에 빛을 밝혀준다." (TOB 46:6)

요한 바오로 2세의 말씀에서도 드러나듯이 인간이 타락한 본성의 힘에 자신을 방치하면 "인간은 결코 육의 욕정이 지닌 영향에서 벗어날 수 없다." (TOB 46:3) 그러나 이와 동시에 인간은 그저 타락한 본성의 힘에만 맡겨져 있는 것만은 아니다. 교황에 따르면, 타락한 본성은 그리스도 안에서는 동시에 속량된 본성이기 때문이다. 예수의 죽음과 부활의 힘이 우리를 죄로부터 자유롭게 해 줄 것이라는 사실에 대한 온전한 확신을 가지고 교황은 다음과 같이 말한다. "인간은 육의 욕정 때문에 자신의 마음을 계속 돌이킬 수 없는 의심의 상태에 둘 수밖에 없다. … 속량은 진리이고 실재이다. 인간은 그 속량의 이름으로 부르심, 즉 "유효한 부르심"을 느껴야 한다." (TOB 46:4) 그렇다, 진정한 힘은 십자가위에서 죽음을 당하고 부활한 그리스도의 몸에서 용솟음쳐 나와 **우리를 욕정의 지배로부터 자유롭게 해준다**. 요한 바오로 2세께서 선포하듯이, 우리는 "몸의 혼인적 의미를 **재발견하고** 더 나아가 실현하라는 부르심을 받았다. … 이는 육의 욕정을 지배로부터 나온 영적인 상태와 영적인 힘을 통해서 가능하다." (TOB 46:4)

육의 욕정을 성숙하게 통제한다는 의미가 야생마를 길들이는 것과 다르다는 사실을 다시 한 번 강조하고자 한다. 욕정이 그 추한 머리를 들어올리려고 할 때, 그것을 "기두이야"만 한다. 그러나 음욕을 성숙한 태도로 통제할 수 있다면, 은총은 그 말을 변화시켜서 더 이상 울타리에 가둘 필요가 없게 만든다. 물론, 길들여진 말도 방향을 지시하고 알려줄 고삐가 필요할 때가 있다. 성숙한 자기 지배를 하는 사람은 "성적인 흥분과 감정에 따라 반응을 할 때, 그 내용과 특성에 반응의 초점을 맞출 수 있는 능력"(TOB 129:5)을 가지고 그 능력을 발휘한다. 이와 같은 자유가 바로 "선물의 자유(the freedom of the gift)"이다.

위기에 처한 삶의 의미

욕정으로부터의 완전한 자유는 종말에 이르러 가능하다. 그때 우리는 그리스도의 부활 안에서 그리스도와 함께 영원한 일치를 이루게 될 것이다. 그때까지, 우리는 어렵고 부서지기 쉬운 "되어감(becoming)"[80]의 순례 여정에 있다. 그러나, "어떤 의미에서, … 그리스도인의 삶은 성령의 도우심으로 지금 이 지상에서부터 그리스도의 죽음과 부활에 참여하는 것이다."[81] 완덕을 향한 여정 중이라 하더라도 욕망에 의해 죽을 수도 있고, 욕망을 극복한 승리의 새 삶으로 고양될 수도 있음을 믿지 않는다면, 우리는 그리스도의 죽음과 부활의 기쁜 소식과 그 복음이 우리 삶에 어떠한 작용을 하는지에 대하여 온전히 믿지 못하거나 또는 완전히 인식하지 못하게 될 것이다.

죄는 우리에게 깊은 상처를 입혔다. 그럼에도 불구하고 인간성의 원초적 의미는 "파괴될 수 없는" 것이며 그리스도와 함께 일으켜진 "새로운 인간"은 그것을 재발견할 힘을 지니도록 부르심을 받은 것이라고 교황은 강조한다. 그러므로 "한 처음(태초)"과 속량에 대한 전망 사이에는 연속성이 있다. (TOB 49:4 참조) 그리스도의 말씀은 인간에게 원초적 순수의 상태로 되돌아가라고 하는 것이 아니다. 원초적 상태를 떠난 것은 돌이킬 수 없기 때문이다. 그럼에도 불구하고, 그리스도 안에서 우리는

80 *Veritatis Splendor*, 18 참조.

81 *CCC*, no. 1002.

하느님이 처음에 의도하셨던 대로 살고 사랑할 수 있다. 그러나 원초적 상태와 역사적 상태 사이에는 중요한 차이가 존재한다. 원초적 인간이 진리를 살아가는 것은 자연스러운 일인 반면 역사적 인간은 하느님께서 창조하신 대로 몸을 바라보기 위해서 끈질긴 영적 싸움에 가담해야만 한다. 그러나 우리가 기꺼이 그리스도와 함께 죽기를 바란다면, 우리는 죄에 대한 그리스도의 승리를 공유할 수 있다. 우리 마음 안에서 이러한 승리를 깊이 경험하고 알 수 있지만 그것은 결코 쉬운 일이 아니며 하루 아침에 이루어지는 것도 아니다. 진리를 위해 겪는 고통을 통해서 점차적으로 이루어지는 것이다. 이때 우리는 내적으로 정화되어 거짓이 우리를 지배하지 못하게 될 것이다.

여기서 쉽게 의심이 생기고, 결국 우리는 의심을 핑계로 책임을 모면하게 된다. 그리스도의 산상 설교 말씀을 절망적으로 비현실적인 것이라 여긴다면 우리 자신의 성장이나 변화를 위해 도전할 필요가 없다. 의심은 십자가를 피해 돌아가는 우회로(그런 것이 있다면)를 제공한다. 요한 바오로 2세는 그리스도의 호소를 구체적인 실존의 맥락에서 분리시키지 말라고 경고한다. (TOB 46:6 참조) 산상 설교에서 그리스도께서 우리에게 걸었던 기대 즉, 우리가 올바르게 볼 수 있게 될 것이라는 기대는 온전히 현실적인 것이다. 그분이 누구이시며 오신 목적이 무엇인가를 생각한다면 온전히 현실이 된다. 그러나 절망적으로 느껴지거나 비현실적으로 보인다면, 우리는 그리스도가 누구인지 그리고 그의 죽음과 부활이 우리 삶에 어떤 의미를 지니는지에 대한 스스로의 믿음에 대해서 자문해 보아야 한다. 우리는 "겉으로는 신심이 있는 체하면서 신심의 힘을 부정하는"(2디모 3:5) 덫에 빠지지 않아야 한다.

많은 것들이 위기에 처해있다. 사실상, 음욕을 극복하라고 하는 그리스도의 호소는 특정한 인간 상호 작용에 국한되는 것이나 이는 곧 인간 상호 작용 안에서 “실존 전체의 의미, 삶의 의미를 재발견하라.”(TOB 46:6)를 의미하는 것이다. 만약 마음의 진정한 변화 가능성에 우리 자신을 닫아 버린다면 우리는 인간의 이해를 의심들로 가득 찬 “해석학” 안에 갇히게 된다. 요한 바오로 2세는 “삶의 의미는 ‘의심의 해석학’의 정반대이다.”(TOB 46:6)라고 말하고 있다.

은총, 믿음, 그리고 인간의 진정한 가능성

위에서 우리는 “그리스도의 산상설교 말씀이 또 다른 에토스뿐만 아니라 인간의 가능성에 대한 또 다른 전망을 드러낸다.”(TOB 46:6)는 요한 바오로 2세의 말을 인용했다. 음욕에 대한 그리스도의 산상 설교 가르침과 그리스도교의 일반적인 성윤리를 반박하는 사람들은 대부분 그러한 가르침들을 인간에게 구체적으로 적용할 수 없다고 믿는다. 이들의 주장에 대하여 요한 바오로 2세는 다음과 같이 응답한다.

> 도대체 ‘인간의 구체적인 가능성’은 무엇이고, 그 인간은 또 어떤 인간을 말합니까? 욕망에 지배되는 인간입니까? 아니면 그리스도께서 구속하신 인간입니까? 그리스도의 구속의 실재, 바로 이것입니다. 그리스도께서 우리를 구속하셨습니다! 이 말은 바로 그리스도께서 우리에게 우리 존재의 진리 전체를 실현할 수 있는 가능성을 주셨다는 뜻입니다. 그분께서는 욕망의 지배로부터 우리의 자유를 해방시키셨습니다. 그러므로 구속된 인간이 아직도 죄를 짓는다면 그것은 그리스도의 구속 행위가 불완전해서가 아니라 구속 행위로부터 흘러나오는 은총에 대해 인간 의지가 제대로 응답하지 않기 때문입니다. 하느님의 명령은 물론 인간의 능력에 비추어 알맞게 이루어집니다. 그렇지만 그 능력이라는 것은 성령께서 인간에게 주신 능력을 말합니다. 비록 그가 죄에 떨어

졌을지라도 항상 용서받을 수 있고 성령의 현존을 누릴 수 있는 인간의 능력 말입니다.[82]

교황의 대담한 선언은 우리를 문제의 핵심으로 이끈다. 현대 시대의 그리스도의 사도인 요한 바오로 2세는 사도 바오로의 말씀을 다시 반복한다. "그리스도의 십자가가 헛되지 않게 하라!" (1코린 1:17 참조) 그리스도의 죽음과 부활이 지닌 온전한 힘에 대해 생각하라는 교황의 도전을 받아들인다면, 우리는 "인간의 가능성들에 대한 또 다른 전망"을 가지고 이전에 감히 꿈도 꾸지 못했던 자유와 기쁨의 미래를 맞게 될 것이다.

바람 빠진 타이어의 비유로 돌아가보자. 고무가 너덜너덜해진 바람 빠진 타이어로 결코 운행할 수 없다는 것을 알면서도, 우리들 중 많은 사람들은 그런 바람 빠진 타이어로 살아가는 위험한 삶에 매우 익숙해져 있다. 인간 가능성에 대한 새로운 전망은 너무 익숙해져서 거룩함과 거의 구별 못하게 된 병든 사고방식, 그리고 병든 사고 방식에 따른 관계 맺기를 다시 바라보도록 요청한다. "두려워하지 말라!"

회복된 은총

요한 바오로 2세 교황이 말한 바와 같이, 오직 성령 안에서의 은총 가득한 삶만이 욕망으로부터의 진정한 자유와 그 자유가 가져다 주는 기쁨을 경험할 수 있게 해준다. 한 처음, 남자와 여자는 그들에게 허락된 은총으로 원초적 거룩함과 정의의 상태에 있었다. 그들은 이 "복된 선물"로 하느님의 시선으로 서로를 바라볼 수 있었으며 이는 원초적 벌거벗음에 의해 증명되었다. 그리스도의 속량을 통하여 은총은 번서 죄의 용시를 위해 주어신나. 그러나 이 은총은 인간의 삶을 위해 마련한 하느님의 원계획을 점차 회복할 수 있을 만큼 풍부하다. 그리스도의 산

82 *Veritatis Splendor*, 103 강조.

상 설교 말씀은 "창조 신비의 원초적 힘 그리고 그 은총이 우리 각자에게 구원 신비의 힘과 그 은총이 됨"(TOB 46:5)을 증거한다. 은총은 "하느님의 내적 생명과 거룩함에 참여하는 것"이라는 점을 기억하자. "은총은 인간 존재의 가장 내밀한 곳에 주어진 신비한 선물이다. 이 선물을 통해 남자와 여자는 처음부터 서로에게 신실한 선물로 존재한다." (TOB 16:3) 그러므로 은총에 의한 충만이란 성령에 의한 충만이며, 먼지인 인간에게 당신의 모습에 따라 사랑할 능력 주신 사랑과 생명의 삼위일체 하느님에 의한 충만이다.

최초의 아담은 사탄의 충동으로 인하여 하느님의 선물을 거부하였다. 그러나 새로운 아담은 성부에 대한 충실함으로 이 선물을 회복한다. 선물의 회복을 경험하기 위해서는 믿음이 필요하다. 신앙은 "그 가장 깊은 본질에서 인간의 마음을 선물 앞에 열어놓는 일이며, 성령 안에서 이루어지는 하느님의 자기전달 앞에 마음을 활짝 열어놓는 일"[83]이기 때문이다. 우리의 마음을 활짝 열어야 한다. 그렇다, 음욕의 죄로 고발된 그 마음을 신랑인 그리스도께 열어야 한다. 전적인 신뢰와 참된 겸손을 지니고 우리의 마음을 그분의 판단과 그분의 정의에 내어드려야 한다. 우리가 그렇게 할 때에 그리스도께서는 우리의 마음을 비난이 아닌 회복을 통하여 다시금 우리에게 되돌려 주신다. 우리가 이러한 방식으로 마음을 내어드리면 내어드릴수록, 우리는 성적인 욕망에 "사랑이라는 최고의 가치와 고귀하고 아름다운 모든 것"(TOB 46:5)을 불어넣으시는 성령을 경험할 것이다.

본질적으로 이와 같이 은총에 의한 변화가 필요하다. 요한 바오로 2세 교황에 따르면 "그것은 '본성', 인간성의 가장 깊숙한 기층, '마음'의 가장 깊은 충동"(TOB 46:5)과 관계가 있다. 하느님의 은총으로 가득 차

83 *Dominum et Vivificantem*, 51.

있는 상태는 인간의 "자연적인, 본성적인" 상태이다. 이는 하느님이 "한 처음에(태초에)" 인간을 창조하신 상태이다. 은총이 없다면 우리는 복음의 에토스에 따라 살아갈 수 없다. 은총에 의한 변화가 없는 상태에서 우리가 할 수 있는 최선이란 우리의 음욕을 "처리"하는 것뿐이다. 그러나 그리스도의 말씀은 우리가 그 이상을 하도록 부르신다!

안으로부터 샘솟는 그리스도의 부르심

요한 바오로 2세 교황에 따르면, "그리스도의 산상 설교 말씀은 결코 공허함을 향해 내지르는 부르심이 아니다." (TOB 46:5) 그 말씀은 인간의 마음 안에 보금자리를 찾는다. 인간은 육의 음욕에 완전히 흡수된 것이 아니기 때문이다. 인간은 성(性)의 영원한 매혹이라는 영역 안에서 상호 관계의 또 다른 형태를 찾을 수 있다. 사실상, 인간은 음욕을 경험하고 있을 때조차도 마음 안에서는 남녀 상호 관계가 지닌 존엄성을 보존하고자 하는 열망을 깊이 느낀다. 복음 말씀은 이러한 방식으로 우리를 부르시며, 그렇기 때문에 인간은 "외부"로부터 들려오는 이 부르심을 경험함과 동시에 자기 자신의 "내부"에서도 이 부르심을 경험한다고 요한 바오로 2세는 주장한다. 이는 그리스도의 말씀이 공허함을 향해 내지르는 말씀이 아님을 보여준다. 그리스도의 말씀이 우리 안에서 활동할 때 우리 마음 깊은 곳에 있는 한 처음의 "울림"이 공명하기 시작한다. 즉, 창조주 하느님께서 사람을 만드시고 "보시니 매우 좋았다."라고 말씀하신 그 '한 처음(태초)'이자, 남자와 여자가 몸의 온전한 진리를 인식하며 살았기 때문에 벌거벗어도 수치를 느끼지 않았던 그 '한 처음(태초)'의 울림이 공명하기 시작한다.

보시니 매우 좋았던 '한 처음(태초)'의 울림이 그의 마음 안에 울려 퍼질수록, "그 마음의 유산이 물려받은 죄보다 더 심오하며 음욕보다 더 깊은 것"임을 깨닫게 될 것이다. 얼마나 큰 기쁨의 원천인가! 음욕은 인간에게 부여된 최후의 궁극적인 단어가 아니다. 음욕은 인간 마음의 핵심에 있는 것이 아니다. 인간 마음의 유산은 마음의 모든 왜곡보다 더 깊다. 그리고 "창조와 속량의 전 실재 안에 놓인 그리스도의 말씀은 인간 마음의 더욱 심오한 유산을 다시 살려 내시고 인간의 삶 안에서 실질적인 힘을 발휘하도록 한다." (TOB 46:6)

마음을 깊은 "깊은 우물"에 비유하자면, 원천에서 단절된 물은 정체되고 혼탁하게 보일 수 있다. 그러나 진흙과 진창을 넘어선 어디인가에, '보시니 매우 좋았다'는 창조의 은총이 남긴 원류(源流)가 수정처럼 맑은 물을 주는 샘으로 남아있다. 그리스도는 그 샘을 다시 살려 내신다! 샘의 꼭지를 틀면 맑은 물이 우리 안에서 용솟음쳐 올라 우리의 온 마음을 정화시킨다. 실로, 영원한 생명을 위하여 우리 안에서 샘솟는 물이다. (요한 4:14 참조) 수많은 죄와 왜곡에도 불구하고, 우리는 "보시니 매우 좋은 존재"이다!

C. 에로스와 에토스

에로스는 음욕인가?

지금까지 거룩함 안에서 성숙하게 되기 위한 "방법"으로 산상 설교 말씀의 에토스에 따른 삶에 대하여 논했다. 요한 바오로 2세는 1980년 11월 5일 수요교리(TOB 47)에서 계속해서 이 주제를 다루며, "에로스"와 "에토스"의 관계에 대하여 설명한다. 그리스도의 산상 설교 말씀은 에로스를 비난하는 말씀인가? 그리스도 산상설교 말씀은 에로스에 대하여 엄격하게 경고하는 것인가? 이 질문에 답하기 위해서는 우선, "에로스"의 의미를 명확히 해야 한다.

그리스어 "에로스"는 신화에서부터 플라톤의 철학으로, 나아가 낭만주의 문학으로, 그리고 마지막으로는 오늘날의 일반 용어로까지 이어져왔다. 각기 다른 시대, 다른 문화에서 다양한 용법으로 사용됨에 따라 에로스는 매우 폭넓은 의미를 가진다. 의미상 미묘한 차이는 있으나 각각 나름의 방식으로 산상설교에서 말하는 "마음의 종합적인 풍부함"(TOB 47:4 참조)을 이해하는 데 도움을 준다. 그러나 에로스에 관련된 모든 의미들 사이에 공통점은 바로 감각적, 성적 본성이다.

요한 바오로 2세는 "에로스적인 현상(erotic phenomena)"을 "남자와 여자가 '한 몸'을 이루려 서로에게 다가가 결합하는 상호적 행위와 행동 방식"(TOB 47:4)이라고 정의한다. 교황 말씀의 핵심은 "에로스적인 현상"을 분석하면서 이를 성경의 계시에 비추어 이해하고자 하는 것이다. 요한 바오로 2세는 "에로스"라는 용어가 그리스도께서 말씀하신 에토스를 포함하는지를 궁금해 하며 다음과 같은 질문을 한다. 에로스는 그리스도께서 비난하시는 음욕만을 가리키는가? 아니면 몸의 혼인적 의미에 의해서 "한 처음에" 계시된 남자와 여자의 선하고 아름다운 매력을 가리킬 수도 있는가?

진, 선, 미에 대한 열망

성적인 욕망과 관능성이 근본적으로 선하다는 사실을 확고히 하고자 하는 요한 바오로 2세는 에로스를 왜곡된 상태인 음욕과 구별한다. 그는 플라톤의 철학을 이용하여 에로스를 매우 창의적으로 복원시킨다. 플라톤의 경우 에로스는 사람을 신, 선, 미로 이끄는 내재적인 힘이다. 이 점에서, 그리스도가 산상 설교에서 표현했던 것과의 유사성을 생각할 수 있다. 교황은 음욕에 대한 산상 설교의 말씀을 오해하는 사람들이 많다고 보았다. 그들은 산상 설교 말씀이 보호하고자 하는 "참으로 심오하고 본질적인 가치들"(TOB 47:6 참조)을 발견하려는 노력도 하지 않은 채, 단지 이를 에로스 금지조항 정도로 여긴다. 그러나 그리스도 말씀이 지닌 깊은 의미를 향해 마음을 열게 된다면, 에로스의 진정한 의미를 경험할 수 있도록 우리를 자유롭게 하고자 하는 그리스도의 열망을 발견하게 될 것이다.

그리스도께서는 욕망에 빠진 마음을 비난하기도 하지만 동시에 그 마음을 향해 성을 위한 하느님의 원계획이 지닌 선함을 재발견하도록 호소하신다는 사실을 요한 바오로 2세는 지속적으로 강조한다. 이때, 속량의 에토스는 "육이 지닌 욕망에 의해 짓눌린 것들을 변화시킬 수 있는 가능성과 필요성"(TOB 47:5)이다. 속량의 에토스를 통해 우리는 에로스를 "진, 선, 미"에 대한 열망으로 경험할 수 있다. 교황은 에로스와 에토스가 흔히들 오해하듯이 서로 반대 개념인 것은 아니라고 강력히 말한다. 에로스와 에토스 모두 속량을 통하여 "인간의 마음 안에서 만나도록 부름 받았으며, 이 만남 안에서 열매를 맺도록 부름 받았음"(TOB 47:5)을 의미한다. 에로스와 에토스가 만나면, 순결 안에서 열매를 맺는다. 순결은 우리를 진리로 이끈다. 성숙한 마음의 순결을 가진 이들은 "음욕에 찬 시선으로 바라보지" 않는다. 욕정이 아무리 우리를 유혹한다고 할지라도, 마음의 순결은 욕정을 알아보고, 욕정에 저항하며, 은총을 통해 뒤틀린 욕정을 바르게 펴려고 한다. 이런 방식으로 남자와 여자는 하느님의 비전이 지니고 있는 원초적 선함에 상당한 정도로까지 참여할 수 있다. 완성은 오직 종말에 이르러서야 비로소 이루어진다. 그러나 마음의 순결을 통해 우리는 하느님의 시선으로 볼 수 있게 되며 몸을 신적인 아름다움의 현현으로 볼 수 있게 된다.[84] 이와 같이

84 *CCC*, no. 2519 참조.

마음의 순결을 획득한 남자와 여자, 남편과 아내들은 원초적 벌거벗음의 경험을 "맛본다." 그렇다. 마음의 순결로 인하여 에로스는 진리이다! 또한 선함이다! 그리고 아름다움이다!

이 사실을 깨닫게 되면 될수록 모든 성적인 것들에 대한 부정적인 태도와 수치심은 우리 마음에서 점차 사라지게 된다. 의심의 눈초리로 성(sexuality)을 비난하는 것을 멈추고, 대신 삶의 의미를 경험하며, 삶의 의미에서 성이 차지하는 근본적인 의미를 이해하게 된다. 성은 매우 선함이 무엇인가를 알게 되는 것이다.

에로스의 자발성(Erotic Spontaneity)

거룩함에 이르는 여정에서 에로스와 에토스가 만나 열매를 맺기 위해서는 먼저 "내적 인간"이 되어야 한다고 교황은 말한다. 이는 우리가 마음 "안으로부터" 변해야 함을 의미한다. 사회에서 제시하는 경직되고 성-지향적인 사고 방식의 틀에 갇혀, 우리는 종종 마음의 더 심오한 문제를 해결하지 않은 채 단순히 외적인 것만 고치며 사는 삶에 만족하고 싶은 유혹에 빠진다. 그러나, 거룩함에 이르는 유일한 길은 은총에 자신의 가장 깊숙한 자아를 열고 더디고 고통스러운 내적 변화를 받아들이는 것이다. 자신을 버리고 날마다 제 십자가를 지고 그리스도를 따라야 한다. (루카 9:23 참조) 그 방법만이 "결실"을 맺는 길이다.

"내적 인간"이 되는 일에 성공한다는 것은 … 올바른 양심에 순종할 수 있고, 감춰진 샘을 지키는 파수꾼처럼 우리 안에 깊숙이 자리잡은 충동들의 진정한 주인이 될 수 있음을 의미한다." (TOB 48:3) 그때서야 우리는 비로소 자유로이 모든 충동에서 진정 순결한 것을 끌어낼 수 있다. 이런 방식으로 우리는 계속적으로, "'에로스' 안에서 몸의 혼인적 의미와 선물의 참된 존엄성을 재발견한다. 이것이 인간 영의 역할이며 인간 본성에 있어서의 윤리적 의무이다. 이 의무를 받아들이지 않는 사람에게 성적 매력이나 몸에 대한 격정은 모든 윤리적 가치가 결여된 단순한 욕정에 그친다." 남자와 여자가 여기에서 멈춘다면, 그들은 "진, 선, 미를 향한 인간 영의 열망인 '에로스'가 진, 선, 미가 되는 충만함을 경험하지 못한다." (TOB 48:1) 기쁨! 희망! 진, 선, 미! 그 어떠한 것도 경험하지 못한다.

"감춰진 샘"을 지키고 순결한 물을 끌어내고자 노력하는 이들에게 요한 바오로 2세는 깊은 통찰을 제시한다. 이로써 우리는 요한 바오로 2세가 진정한 "내적 인간"임을 알 수 있다. 교황의 말씀에 따르면, 우리는 인내심을 가지고 일관성 있게 몸과 성의 의미를 배워야만 한다. 물론 개념적으로도 배워야 하겠지만, 무엇보다도 우리 자신의 "마음"의 내적인 반응 안에서 배우는 것이 더 중요하다. 그렇기 때문에 교황은 이것을 "학문"이라고 말한다. 그러나 이 학문은 책으로만 배울 수 없다. 왜냐하면 우리 내적 삶에 대한 깊은 앎과 관련되어 있기 때문이다. 마음속 깊은 곳에 있는 성(性), 성적인 매력이 지닌 엄청난 풍요함과 단지 욕정의 징후에 불과한 것을 구별해야 한다. 마음의 내적인 움직임이 때로는 혼란스러울 수도 있지만, 그리스도는 우리가 성숙하고 완전한 평가를 통해 우리 마음의 다양한 움직임을 구별하고 판단할 것을 요청한다. "이 임무는 실현가능한 것이며 인간에게 참으로 합당한 임무라는 것을 첨부할 필요가 있다." (TOB 48:4)

이미 앞에서 요한 바오로 2세의 현실주의(Realism)에 대하여 언급한 바 있다. 때때로 우리는 사랑과 음욕을 쉽게 혼동한다. 우리는 언제나 우리 마음속에서 뒤섞인 동기들을 인식할 것이다. 하지만 그것이 우리를 짓눌러서는 안 된다. 우리가 말하고 있는 식별이라는 것은 자발성과 매우 밀접한 관계를 가지고 있다고 요한 바오로 2세는 말한다. 그리스도의 산상 설교 말씀에 따라 사는 것이 남녀 관계의 자발성에 심각한 충격을 준다고 생각할 수 있다. 여기서 자발성(spontaneity)은 "그 행위를 함이 당연하고 자연스러움" 또는 "자신의 마음이 끌리거나 움직이는 대로 즉시 행동함"이라 이해된다. 음욕에 마음이 끌리거나 움직이는 인간은 도덕을 에로스에 대한 방해물로 바라본다. "그러나 이 생각은 잘못된 것이며 피상적이다. 그런 생각을 고수한다면 우리는 결코 충만한 차원의 에로스에 도달할 수 없다." (TOB 48:2)

충만한 차원의 에로스란 남자와 여자가 자유라는 선물로 진정 자유로워질 때 즉, 욕정에 탐닉하고 진선미를 타락시키는 음욕의 사슬로부터 자유로워질 때 가능하다. 그러므로 진선미를 추구하며 자아라는 진정한 선물과 인격의 친교를 지향하는 성(性)에 담겨있는 풍성한 가치에 이끌릴 때, 인간은 이 충만한 차원의 에로스를 경험한다. 이때 인간은 자발적으로 진리를 선택한다. 그의 마음은 진리와 일치하기 때문에 도덕 규범이 더 이상 제약이 아니다. 여기서 우리는 음욕에 대한 그리스도의 말씀의 변화시키는 힘과 마주하게 된다. 그 말씀은 단순한 금지가 아니다. 요한 바오로 2세에 따르면 음욕에 대한 그리스도의 말씀을 받아들이는 사람이라면 누구나 "남성성과 여성성의 끊임없는 매력으로부터 뿜어져 나오는 관계의 충만하고 성숙한 자발성으로 초대받고 있음을 알아야 한다. 자발성은 마음의 충동에 대한 식별의 점진적인 열매 그 자체이다." (TOB 48:2)[85]

성숙한 자발성과 고귀한 기쁨(쾌락)

욕정으로부터 나온 성적 흥분은 감정과 온몸을 지배하는 "주관적인 강렬함"을 지녀 마음의 즉각적 반응 속에서 불타오른다. (TOB 47:3 참

85 *CCC*, no. 1972 참조.

조) 그러한 음욕의 불타오름은 직접적이거나 "즉각적인" 만족을 요구한다. 그러나 이러한 유형의 "성적 흥분"은 깊은 감정과는 구별된다. 깊은 감정(deep emotion)은 "내적인 감성뿐만 아니라 여성성과 남성성의 온전한 표현에 성(性) 자체가 반응하는 것"(TOB 48:4)이기 때문이다. 속량의 선물을 통해 그리고 에로스와 에토스의 만남을 통해서 성적 흥분의 성격이 변화되어 인간의 존엄성과 사랑이라는 지고한 가치에 통합된다. 이 변화를 경험할수록 우리 안에서는 신실한 선물을 이루고자 하는 열망이 강렬하게 샘솟는다. 그 강렬함은 단순한 음욕이 불러일으킬 수 있는 것보다 훨씬 더 정제되고 웅장한 강렬함이다.

불타는 떨기나무의 이미지는 음욕과 영적으로 성숙한 성적 욕망의 차이를 설명해 준다. 우리 안에서 음욕이 불타오를 때 음욕은 우리가 공급해 주는 연료를 먹고 강렬한 열기로 우리를 태워 버린다. 그 열기는 떨기나무를 숯으로 만들 뿐만 아니라 아예 잿더미로 만들어버린다. 그리스도는 우리가 잿더미를 딛고 일어서기를 바라신다! 그리스도는 우리의 성적 욕망인 에로스 안에 그분의 열정적인 사랑인 아가페를 불어넣고자 한다. 속량된 성적 욕망의 불을 경험할 때, 우리는 "타오르지만" 소진되지 않는다. 오히려 우리의 인간성을 재발견한다. 또한 사랑과 친교에로의 최초의 부르심을 재발견한다. 그리고 타오르는 떨기나무를 통해서 모세에게 스스로를 계시하신 하느님의 모습으로 인간이 창조되었음을 재발견한다.

요한 바오로 2세 교황에 따르면, 에로스의 진정한 자발성(spontaneity)은 성(性)을 "고귀한 기쁨(쾌락)"으로 이끈다. (TOB 48:4 참조)인격 간의 진정한 친교를 이루도록 하기 때문에 원초적인 복된 경험으로 이끈다. 욕정에 얽매인 사람들은 이같이 깊고 성숙한 자발성을 결코 알 수 없다. 왜냐하면 자기지배를 얻기 위한 대가를 치르기를 거부하기 때문이다. 그러나 역설적이게도 그리스도가 초대하는 '진정한 자발성'은 '자기 지배(self-mastery)'라는 대가를 지불해야 한다. 인간은 자기 지배 훈련을 통해서 "남성성과 여성성 안에서 몸이 구성하는 표징의 영적인 아름다움"(TOB 48:5)을 재발견할 수 있다. 이것은 앞서 언급된 몸의 현현이다. 우리가 몸을 하느님과의 영원한 친교의 신비로 바라보고 경험할 때 정신과 마음에 이에 대한 확신이 스며들게 된다. 표징은 우리의 선택과 욕망에 방향을 지시하며 안내함으로써 즉각적으로 그 가치를 드러낸다. 교황의 결론에 따르면, 인간 마음의 성숙한 자발성은 고귀한 욕망과 기대를 질식시키지 않고, 오히려 자유롭게 하며 심지어 촉진시킨다. (TOB 48:5 참조)

5. '몸의 속량'에 관한 에토스

1980년 12월 3일 요한 바오로 2세는 마태오 복음 5:27-28에 대한 묵상으로 수요교리(TOB 49)를 시작한다. 교황은 그리스도께서 어떤 맥락에서 말씀하시는지에 대하여 간략히 설명하고 이전에 다루었던 몇몇의 주제들을 요약한다. 요한 바오로 2세는 여러 차례에 걸쳐서 이것이 새로운 에토스임을 강조하면서 교리를 시작한다. 구약과의 관계에 있어서 "새로움"일 뿐만 아니라 모든 시기와 문화에 걸쳐 모든 사람에게 "새로움"이다. 요한 바오로 2세는 이 "새로움"이라는 단어를 강조함으로써 2000년이나 지난 그리스도의 역사 속에서도 아직 인간의 마음속에는 이 에토스가 확고히 자리 잡지 못하고 있음을 일깨워주려고 하는 것 같다. 그리스도처럼 살아가려고 노력함에도 불구하고 사람들은 여전히 자신의 능력에만 의지하고 있다. 이 경우에 우리는 두 가지 선택만이 있을 뿐이다. 하나는 "거룩함"을 획득하기에는 잘못된 시도로 무질서한 욕망을 억제하는 것이다. 이러한 노력이 극단으로 나아가게 되면 천사주의와 엄격주의에 이른다. 다른 한 가지는 무질서한 욕망에 빠질 수 있도록 여지를 허락하며 복음의 실제적 요구를 거부하는 것이다. 이러한 태도 역시 애니멀리즘과 방임주의라는 극단에 이를 수 있다.

그러나 새로운 에토스는 이 두 가지 접근방식과는 완전히 다른 것이다. 그것은 전형적인 삶의 관점과 사고방식으로부터 탈피하여 근본적인 패러다임의 전환을 요구한다. 여기서 "근본적인"이라는 말의 의미는 "뿌리로, 근원으로" 돌아감을 의미한다. 엄밀히 말해서, 이 새로운 에토스는 우리의 뿌리 즉, 원초적인 순수 상태로 돌아가는 것을 의미한다. 교황의 말에 따르면 새로운 에토스 안에서 "창조의 원초적 에토스는 새롭게 받아들여졌다."(TOB 49:4)고 한다. 그리스도가 남녀 관계에 대한 문제를 논의할 때 창조의 한 처음을 언급한 이유도 바로 이 때문이다. 그러므로 새로운 에토스는 "그리스도에 의한 속량에 관한 에토스 특히 몸의 속량에 관한 에토스"(TOB 49:2)이다. 속량에 대한 전망만이 그리스도께서 왜 "한 처음"을 언급하시는지를 잘 설명한다. 속량에 대한 전망이 없다면, 우리가 가진 능력에 의지할 수밖에 없다. 즉, 세 가지 형태의 욕망만이 남는 것이다. 비록 우리 안에 여전히 하느님의 원초적 계획의 불씨가 남아 있다고는 하나, 몸의 속량에 대한 전망이 없다면 우리는 불씨를 살릴 희망조차 갖지 못할 것이다.

그리스도의 완전한 사명

그리스도는 몸의 속량을 통해 욕정에 물든 인간을 "한 처음"으로 다시 부르신다. 이 부르심으로 원초적 인간과 역사적 인간 사이의 연속성이 확립된다. 최후 심판의 날에 완전하게 계시되는 몸의 속량은 후반부에서 다룰 예정이다. 역사적 인간에게 몸으로 산다는 것의 의미는 자신의 기원과 연속적인 삶을 살라는 부르심일 뿐만 아니라 자신의 궁극적인 운명 즉, 모든 것의 정점인 몸의 부활의 연속성으로 인도됨을 의미한다.

몸과 성에 대한 하느님의 원계획 회복에 대한 경험은 그리스도인의 삶에서 결코 부차적인 것이 아니다. 오히려 우리를 위한 하느님의 원계획 전체와 관련된 것이다. 이러한 몸의 속량은 "사실 복음 전체, 가르침 전부, 심지어 그리스도의 사명 전체에 대한 전망"(TOB 49:3)이다. 속량의 선물에 우리 자신을 열기 위해서 우리는 먼저 그 필요성을 깨달아야 한다. 죄에 대한 깨달음이 완덕, 마음의 순결, 그리고 그리스도적 완성을 지향하기 위한 필수불가결한 조건이요 중요한 출발점이라고 교황은 말한다.

그리스도적 완성을 지향하며 성장하기 위해서 우선, 새로운 에토스와 "동맹을 맺어야" 한다. 우리의 전 자신을 온전히 쏟아부어야 한다. 가진 것을 모두 팔고(마태 13:44 참조), 쟁기에 손을 대고 뒤를 돌아보지 않아야 한다. (루카 9:62) 우리가 그렇게 할 때, "우리의 가장 심오하지만 가장 실제적인 가능성들이 자신을 드러내고, … 그 가능성의 심오한 기층이 목소리를 낼 수 있게 된다." (TOB 49:6) 요한 바오로 2세는 사람들이 마음 속의 "이러한 심오한 기층을 알지 못하기 때문에 음욕, 의심, 그리고 마니교도적인 반-가치에 굴복한다고 말한다. 그러나 속량에 대한 에토스는 인간 마음 속의 이러한 심오한 기층과의 굳건한 동맹을 토대로 한다." (TOB 49:6) 마음 속의 심오한 기층은 몸이 지닌 혼인적 의미의 가치를 인식하도록 만든다. 또한 몸에서 "명백한 표징의 가치"를 볼 수 있게 한다. 그리고 이 표징은 "친교의 선물 즉, 하느님 모상성의 신비한 실재"(TOB 49:5)를 드러낸다

이것이 바로 산상 설교의 부르심에 따른 "그리스도의 완성한 사명"을 경험하는 방식이다. 즉, 몸을 친교의 표징으로 이해하여 인간의 몸이 지닌 가치와 위엄을 재발견하고 이를 살아가는 것을 의미한다. 친교는 인간의 원천, 소명, 운명이다. 이것이 바로 인간 삶 전체에 대한 전망이며 그리스도 가르침과 소명 전체에 대한 전망이다. 하느님의 은총으

로 성숙한 순결을 경험하는 사람들은 창조와 속량의 신비 안에서 "복음의 전체적인 전망"이 인간 몸 속에 그리고 인간 몸을 통하여 계시되고 있음을 볼 수 있고 깨달을 수 있다.

거룩함 안에서의 성숙

요한 바오로 2세에게 성숙한 순결의 경험은 이론으로서가 아니라, 진정한 거룩함의 한 국면을 드러내는 것이다. 그러한 거룩함은 참으로 실현 가능한 것이다. 그러나 이미 말한 바와 같이, 성숙한 마음의 순결은 저절로 생겨나는 것이 아니다. 그것은 은총의 선물임에는 분명하지만, 우리의 성실한 협조가 필요한 것이다. 교황은 어떤 사람이 육(肉)적인 음욕에 굴복할 때 그것을 피하는 것도 어렵지만, 성적인 욕망을 억누르는 것이 "공허하거나 부질없다"는 인상을 줄 수 있다고 말한다. 생애 처음으로 자신의 성적 욕망을 거부하려 결심할 때 특히 부질없다고 생각을 할 수 있다. "그러나, 처음 그같이 결정할 때는 물론이고, 나중에 절제를 통한 욕망의 거부 능력을 획득하게 되면서 그는 점차 자신의 존엄성을 경험하게 된다." 그리고 이를 통하여 그는 "자기 지배를 증명하며 자기 안의 본질적으로 인격적인 것이 완성되고 있음을 보여주고 더 나아가 선물의 자유를 단계적으로 경험한다." (TOB 49:6)

요한 바오로 2세 교황은 경험을 강조한다. 인간은 자기 자신의 존엄성을 경험할 수 있다. 자기 자유를 행사하여 진선미를 선택할 때 그러하다. 음욕이 자신을 해치도록 방치하지 않고 맞설 때, 그는 자기-결정(self-decision)을 실행하며 "자신 안에 존재하는 본질적으로 인격적인 것"을 활성화 한다. 이것은 우리 자신의 인간다움이 지닌 존엄성을 위한 싸움이다. 이 싸움은 우리가 선을 위해 행동하느냐 아니면 자기-결정을 상실하여 악이 우리에 영향을 끼치도록 내버려 두느냐의 싸움이다. 욕망은 항상 우리 마음에 침투하여 감각을 지배하고 자기-결정을 하지 못하도록 훼방을 놓는다. 우리는 이러한 방해를 묵인하고 욕망에 따를 수도 있지만 우리의 본질에 따라서 행동할 수도 있다. 이것이 전형적인 진리의 순간이다. 여기에 많은 것들이 걸려 있다. 인간은 바로 이 순간 자기 실존의 목적을 결정하기 때문이다. 선을 결정하는 것은 인간의 격정인가? 은총의 도움으로 격정을 이끌 수 있도록 지시하는 선의 객관적 실재가 인간 외부에 존재하는가?

유혹적인 음욕의 허상을 물리치고 자신이 하느님의 모상에 따라 지어신 피조물이라는 진리에 따라 행동한다면, 그는 한 인격으로서의 원초적 존엄성을 다시 회복하게 된다. 사실상, 요한 바오로 2세는 음욕을 극복하는 것이 "원초적 고독을 상기해내는 것"(TOB 49:7)이라고 말한다. 그렇게 원초적 고독을 기억해 낸 인간은 자신의 초월성, 주체성, 자유, 그리고 친교로의 부르심을 경험한다. 음욕을 극복할수록, 우리는 타인에게 진정한 선물이 될 수 있다. 타인에게 진정한 선물이 될수록, 진정한 선물이 되고자 하는 열망은 점차 더 강해진다. 그리고 사랑은 음욕에 대한 열망보다 훨씬 강력하다는 것을 깨닫게 된다.

억압이 아닌 속량

위에서 언급한 경험은 외부 규범에 마지못해 순응하는 경험과는 완전히 구별되는 것이다. 물론, 인간은 단계적으로 이 자유를 획득한다. 음욕을 추구해야 할 "선"으로 보는 기만에 사로잡힌 사람에게 필요한 회심의 첫 단계는 우선 음욕을 피해야 할 악으로 인식하는 것이다. 첫 번째 단계에서는 객관적인 규범이 본질적인 목적을 수행한다. 비오로 사도가 말하듯이, 죄에 열중하고 있는 인간은 율법 없이는 무엇이 죄인지 알지 못하기 때문이다. (로마 7:7 참조) 그렇게 기만에 사로잡힌 인간은 처음에는 율법에 순종하기 위하여 마지못해 음욕을 피할 것이다. 계속 그러한 태도를 유지한다면, 나중에는 음욕이 그 자체로 점점 더 혐오스러운 것이 되어 스스로 자신의 욕망이 진선미에 합치되는 상태를 점점 더 열망하게 될 것이다. 이런 방식으로, 그리스도의 산상 설교 말씀은 부정적이고 금지원칙과 같은 윤리에서 점차 긍정적이고 해방시키는 에토스로 나아가게 된다.

이것이 우리가 속량의 선물을 전유(專有)하는 방법이다. 이는 음욕을 억누르거나 성적인 유혹을 이기고자 다른 것으로 관심을 돌리는 행위와는 확연히 다르다. 요한 바오로 2세의 인간학적인 전망은 인간적인 모든 것의 참된 회복이다. "한 처음" 하느님께서 창조하신 인간의 모든 모습을 회복하고자 하는 것이다. 그러나 인간이 자신의 성적인 욕망들을 억압하거나 무시한다면 그렇게 되지 못한다.[86] 음욕은 사랑하고자 하는 원초적인 힘을 사탄이 표절한 것이며, 다른 사람에게 신실한 선물이 되고자 하는 인간 안의 근본적인 충동을 "왜곡시킨 것"이다. 인간의 성적인 욕망은 진리에 따라 회복되고 "왜곡된 부분을 해소하여" 인간 인격의 존엄성과 의미에 대한 정합적 전망 안에 통합되어야 한다. 다시 말해, 음욕이 우리 안에 불타오르는 바로 그 순간, 그 욕망으로부터 달아나는 것이 아니라, 그 욕망을 직면하고 계속적으로 그리스도께 내어드려, 은총이 우리의 욕망을 바로 잡을 수 있도록 함을 뜻한다.

음욕과 씨름하고 있는 사람이 조언을 구하고자 할 때, 그는 종종 영적 지도자나 고해사제, 또는 성윤리(정절) 교육자로부터 다음과 같은 말을 듣는다. "음욕 말고 다른 생각을 하도록 노력해보세요. 무시하려고 해 보세요.

86 *Love and Responsibility*, pp. 170–171 참조.

건설적인 뭔가를 하세요. 산책을 하세요. 자전거를 타세요. 필요하다면 냉수 마찰을 해 보세요." 시작하는 단계에서는 그러한 조언이 도움이 된다. 실제로, 강력한 유혹의 정점에서는 즉각적인 주의분산이 종종 필수적이다. 하지만, 그러한 접근은 기껏해야 일시적 해결책일 뿐이다. 성공적으로 주의 분산을 했다 해도 음욕은 여전히 그 사람 "안에" 그대로 놓여 있다. 그것은 되살아날 것이며, 아마 그때는 더 강렬해질 것이다. 요한 바오로 2세의 "몸의 속량에 대한 에토스"는 문제의 근원에 이르는 길을 제시한다. 우리가 음욕을 그리스도께 내어 맡기면 그분께서는 그것들을 성령의 힘으로 변화시키실 수 있다. 가톨릭 교회 교리서(*CCC*)는 산상 설교에서 "주님의 성령께서는 당신의 말씀으로써 새 삶을 우리에게 가르치시고, 기도로써 새 삶을 살 수 있도록 청하라고 가르치신다. 그분 안에서 올바르게 사는 것은 우리의 올바른 기도에 달려 있다."고 선포한다.[87] "성적인 느낌, 욕망, 유혹이 언제나 그러하듯이 자신의 모습을 드러내 보일 때, 그것들을 무시하려고 애쓰거나, 그것들을 억눌러 꺼버리는 대신에 그것들을 꺼내어 밖으로 드러내 보일 필요가 있다. 탐닉한다는 의미에서 드러내 보이는 것이 아니라 우리의 구원자이신 그리스도의 손에 그것을 드러내는 것이다. 다음과 같은 기도를 할 수 있을 것이다. 주 예수님, 나의 성적인 욕망들을 당신께 드립니다. 나의 죄가 나에게 한 모든 것을 다시 처음으로 되돌려 주십시오. 그래서 제가 여기에서 자유를 알 수 있도록, 그리고 그 욕망을 당신께서 원하시는 대로 경험할 수 있도록 도와 주소서. 아멘."[88]

속량의 여정을 성실하게 이행하는 인간은 결국 삼중의 욕망이 무엇인지 제대로 보게 된다. 실존의 의미를 감추고 해체하는 것은 우주적 비극이다. 이러한 사실을 내면화할수록 음욕의 손아귀는 점차 그 힘을 잃는다. 욕정의 끌림을 계속해서 느낀다 하더라도 인간을 유혹하고 기만하는 욕정의 힘은 점차 약해질 것이다. 욕정은 진정한 에로스의 값싼 모조품이다. 욕정은 결코 만족될 수 없다. 우리는 그리스도께서 자유롭

87 *CCC*, no. 2764.

88 *Good News About Sex and Marriage*, p. 82.

게 하신 것처럼 그 자유를 경험하기 시작한다. (갈라 5:1 참조) 우리 안에 계신 성령으로부터 흘러나온 생명력으로 순결을 경험하게 되는 것이다.

6. "성령에 따른 삶"으로서의 순결

행복하여라, 마음이 순결한 자

요한 바오로 2세 교황은 역사적 인간을 주제로 한 수요교리의 마지막 10회(TOB 50–59)에서 "성령에 따른 삶"으로서의 마음의 순결에 대한 성경 분석에 집중한다. 교황은 "이 분석은 그리스도의 산상 설교 말씀을 통한 역사적 인간 성찰의 완성에 있어 필수적이다."(TOB 50:1)고 말한다.

요한 바오로 2세의 성찰의 대부분은 바오로 서간의 다양한 본문을 검토함으로써 이루어진다. 그러나 언제나 그러하였듯이, 교황은 그리스도의 말씀으로 서두를 연다. "행복하여라, 마음이 깨끗한 사람들! 그들은 하느님을 볼 것이다." (마태 5:8) 마태오 복음의 5장 27–28절에서 그리스도께서는 "내적 인간" 즉 인간의 마음에 호소하신다. 그분의 말씀은 "복된 한 처음"을 상기시킨다. 즉, "부끄러움 없이 벌거벗고 서로를 쳐다볼 수 있었던" 한 처음의 남자와 여자는 "안으로부터" 인격의 고유함과 비반복성을 보았다. 뿐만 아니라 그들은 서로의 벌거벗은 몸의 가시성을 하느님의 비가시적 신비의 표징으로 보았다. 마음이 순결하였기에 이렇게 서로의 몸을 보는 것이 신학적일 수 있었던 것이다.

요한 바오로 2세가 제시한 사고 방식을 잘 훈련해 왔다면 우리는 다음과 같이 말할 수 있을 것이다. 마음이 순결한 인간은 행복하다. 왜냐하면 그들은 인간의 몸에서 드러나는 하느님의 신비를 보기 때문이다. 요한 바오로 2세의 명제에 따르면 몸은 단지 그 하나만으로도 하느님의 보이지 않는 신비를 볼 수 있도록 가시화 해준다. 그리고 "한 처음의 벌거벗음은 남자와 여자로서 갖는 인간의 '순결한' 가치 즉, 몸과 성의 '순결한' 가치를 드러냈다." (TOB 13:1) 요한 바오로 2세는 다음과 같이 말한다. 순결은 "하느님 앞에서 인간의 몸이 갖는 영광이다. 남성성과 여성성이 분명히 드러나는 인간 몸은 하느님의 영광인 것이다." (TOB 57:3) 물론 예수님의 말씀에서 순결은 단순히 성 윤리에 국한된 것이 아니다. 요한 바오로 2세는 모든 도덕적 선은 순결함을 드러내고 모든 도덕적 악은 불결함을 드러낸다고 한다. 성적인 순결은 모두 도덕적 선의 근간이다. 왜냐하면, 남자와 여자의 일치가 윤리와 문화의 가장 깊은 토대를 제공하기 때문이다. (TOB 45:3 참조)

"순결은 사랑의 필수조건이다. 순결은 인간 '마음'에 있는 사랑의 내적 진리이다." (TOB 49:7) 따라서, 순결은 인간 존재의 가장 내밀한 기층과 관련 있다. 순결은 인간의 주체성과 친교 즉, 사랑으로 부르심에 있어서 원초적 고독의 인식과 관련된다. 요한 바오로 2세가 언급한 것처럼, 마음의 순결은 원초적 인간과 영원히 함께 소명을 받은 다른 인격주체와의 관계에서 설명해야 한다." (TOB 49:7) 아담은 마음의 순결을 통하여 하와가 자신처럼 인격적 친교의 소명을 받은 존재임을 인식하였다. 순결을 통해, 아담과 하와는 부끄러움 없는 벌거벗음을 경험하였다. 순결은 남자와 여자가 원죄로 인해 잃어버린 것이다. 그리스도께서는 우리의 마음에 순결을 다시 돌려주려고 하신다.

육체적 순결에서 도덕적 순결로

요한 바오로 2세 교황은 도덕적 선으로서의 순결이 육체적인 깨끗함과 동일한 의미로 사용되어 왔음을 지적한다. 순결한 것의 반대는 더럽고 오염된 것이다. 몸을 씻음에 대한 전례예식은 구약전승이 육체적 깨끗함에 가치를 두고 있음을 증거한다. 몸을 씻는 예식은 대부분 성적인 불결함을 없애는 것과 관련되어 있다. (레위 15장 참조) 성적인 불결함은 거의 대부분이 생리학 및 생리학적 과정과 관련된 것으로 이해되었다. 교황은 그 당시 의학 발전의 부족으로 몸을 씻음과 관련한 위생학적 규정들이 정해졌을 것이라고 본다. (TOB 50:2 참조) 그러나 이같이 육체적 순결에 집중된 관심은 도덕적 순결을 오해하여 외적이고 물질적 측면만 바라보게 만들었다.

그러나 그리스도는 근본적으로 이에 반대하는 입장을 취한다. 그리스도의 말씀에 따르면, 육체적 의미로의 성적 불결함 그 자체는 결코 도덕적 순결의 정의에 포함되는 것이 아니다.[89] 요한 바오로 2세는 그리스도의 말씀(마태 15:11)을 인용하면서 다음과 같이 말한다. "밖으로부터 들어온 것은 어떤 것도 인간을 더럽히지 않는다. '물질적으로 더러운 것'이 인간을 도덕적으로 불결하게 만들지 않는다. 씻어냄 또는 세정 예식 자체로 도덕적으로 순결하게 만들 수 있는 것은 아니다. 도덕적 순결의 원천은 전적으로 인간 내면에 있다. 도덕적 순결은 '마음'에서 온다." (TOB 50:3)

우리는 여기서 가나의 혼인 잔치(요한 2:1–11 참조)가 갖는 풍부한 상징적 의미를 살펴 볼 수 있다. 이 부분은 요한 바오로 2세가 몸의 신학에서 거의 논의하지 않는 몇 안 되는 성경 본문 중 하나이다. 간략하게 살펴보면, 만약 포도주가 은총의 상징이라면 포도주가 다 떨어진 상황은 혼인한 부부가 그리스도 안에서 새로운 삶을 위해 필요한 무엇인가가 있음을 의미한다. 만약 그들이 서로를 순수하게 사랑하는 상태라면, 그들은 그리스도께서 주신 "새 포도주" 즉, 그들의 내면을 변화하게 만들 새 포도주를 마음속으로 깊이 마셔야만 할 것이다. 그리스도는 유대교의 정화 예식을 위

89 예를 들어, 생리혈이 여성을 도덕적 의미에서 '불결'하게 만드는 것은 아니다. (레위 18:19참조)

해 준비해 놓았던 물을 포도주로 변화시켰다. 따라서, 그 물을 포도주로 변화시키신 그리스도의 기적은 이스라엘의 정화 예식의 완성을 상징한다. 그리스도의 "새 포도주"는 우리의 마음을 정화시킬 힘을 가진다. 게다가 그리스도께서 "당신의 때"를 언급하심은 십자가 위에서의 완벽한 혼인을 가리킨다.[90] 그곳에서 그리스도는 그의 신부를 흠 없고 거룩하게 하기 위해서 그 자신을 내어 주실 것이다. (에페소서 5:25–27 참조) 그러므로 가나의 혼인 잔치에서의 물과 포도주는 골고타 언덕에서 십자가에 매달리신 그리스도의 옆구리에서 흐르는 피와 물을 미리 보여주는 것이 된다고 할 수 있다. 최초의 아담처럼, 그리스도는 십자가 위에서 "깊은 잠"에 빠지신다. 세례와 성체성사가 가리키는 것처럼 물과 피는 새 하와의 탄생 때 새 아담의 옆구리에서 흘러나오는 하느님의 생명을 상징한다. '갈빗대'는 최초의 인간인 아담과 하와가 공동의 삶을 영위하게 하는 요소로써 상징적인 작용을 하고 있음을 기억하라.[91] 최초의 아담처럼, 새로운 아담은 새로운 하와 "여자"를 부른다. (창 2:23와 요한 19:26 비교) 이것은 남자와 여자의 원초적인 관계가 재창조됨 혹은 부활되었음을 말한다. 그리고 이 모든 것이 혼인 잔치 셋째 날에 미리 보여진다. 세례의 물을 통하여 "다시 태어나는" 모든 인간은 새 아담과 새 하와의 영적인 자녀가 된다. 남편의 정자가 아니라 하느님으로부터 태어난 것이다. (요한 1:13 참조) 그리고 성체성사의 새 포도주를 마시는 모든 인간은 "속량의 새로운 에토스"에 따라 정화되고 나아가 내면으로부터 다른 이를 사랑할 힘을 부여 받는다.[92]

외적 순결에서 '마음의 순결'로의 전환은 새로운 에토스의 전환점이 된다. 여기에서 우리는 그리스도와 요한 바오로 2세의 말씀이 전하고자 하는 핵심이 무엇인지를 알 수 있다. 바로 그 때문에 요한 바오로 2세는 인간의 주체성에 많은 강조를 둔다. 또한 바로 이 때문에 교황은 현상하

90 *CCC*, nos. 1335, 2618 참조.

91 *CCC*, nos. 766, 1067, 1225 참조.

92 혼인적 상징이라는 측면에서 살펴본 가나의 혼인잔치에 대한 자세한 토의는 De La Potterie and Bertrand Buby, Mary in the Mystery of the Covenant (Alba House, 1992), pp. 157–208 참조하기 바란다.

적 방법으로 인간에 대한 충분한 이해를 구해 온 것이다. 순결은 확실히 우리에게 객관적 요구를 제시한다. 그러나 이 객관적 요구를 충족하기 위하여, 우리는 우리 안으로부터 순결하게 되어야 한다. 우리가 순결해질 때, 주체성(주관성)은 철저히 객관적이 된다. 앞에서 이미 언급한 인간 마음에 대한 의심은 요한 바오로 2세가 강조하는 "주체성(주관성)"과 반대되는 것이다. 만약 인간의 마음에 대한 확신이 없어서 전적으로 변화할 수 있음을 믿지 않는다면, 객관적 진리와 주관적인 인간 욕망 사이에는 언제나 커다란 간극이 존재하게 된다. 그리고 이러한 관점에 갇히면, 십자가의 권능은 공허하게 된다. 이는 삶의 의미와 상치되는 것이다.

바오로 사도의 "육"에 따른 삶과 "영"에 따른 삶

순결의 복된 경험을 회복하기 위해 우리는 바오로 성인이 말한 것처럼 육과 영 사이에서 발생하는 긴장, 갈등과 싸워야 한다. "육이 욕망하는 것은 성령을 거스르고, 성령께서 바라시는 것은 육을 거스릅니다." (갈라 5:17) 요한 바오로 2세가 말씀하신 것처럼, "이 문제는 단지 몸(질료)과 영(혼)의 문제만은 아니다. 이 모든 것은 처음부터 인간의 본질을 구성한다." (TOB 51:1) 몸과 영의 일치와 결합은 인간을 "보시니 매우 좋게" 만든다. (창 1:31) 요한 바오로 2세는 다른 책에서 이와 유사한 취지의 말씀을 하신다. "앞뒤 문맥으로 보아 바오로 사도는 몸을 멸시하거나 단죄하지 않으심이 너무나 명백히 드러난다. 몸은 영혼과 더불어 인간 본성 및 인격성을 구성하는 데에 있어서 필수불가결한 요인이다."[93] 사도 바오로에 따르면, 육과 영 사이의 대립은 원죄를 지닌 인간 안에 형성된 힘의 기질이다.[94]

93 *Dominum et Vivificantem*, 55 (*CCC*, no. 2516 참조)

94 *CCC*, nos. 2516–25 참조.

요한 바오로 2세 교황은 성령을 지칭하는 대문자 "S"를 사용하는 데 있어 매우 신중하다. 교황에 따르면, 육(肉)안에서 겪는 진정한 대립은 성령과 함께 하는 것이며 성령께서 바라시는 것이다. (TOB 50:5 참조) 요한 바오로 2세는 각주에서 바오로 사도가 말씀하셨던 육이 물리적인 몸이나 성을 의미하는 것이 아니었음을 지적한다. 사도 바오로가 의미하는 "육(肉)"은 요한 성인이 말한 삼중의 욕망과 거의 일치하는 것으로 보인다. 여기서 육은 "외적인" 인간을 가리킬 뿐만 아니라 하느님이 우리에게 이 세상을 살라고 주신 것으로부터 "내적으로" 단절된 인간을 지칭한다. 따라서 육으로 산다는 것은 "하느님의 영을 받지 못한", "하느님의 영이 숨을 거둔," 욕망에 따라 사는 삶을 의미한다. 즉, 하느님의 성령으로 채워지지 않은 인간이 "흙"에 따라 산다는 의미다. 요한 바오로 2세에 따르면 이 같은 사상은 현대 윤리학과 인간학에서 자기 자신에 전적으로 의지하는 "인도주의적 전제정치", "세속주의", "관능주의"로 표현된다고 한다. (TOB 51:1)

"육(肉)에 따른 삶"을 사는 인간은 성령께서 이끄시는 방향과는 정반대의 삶을 살아간다. (TOB 51:2 참조) 성령께서 원하시는 실재는 육이 욕망하는 실재가 아니다. 삼위 일체 안에서 "인격이신 사랑"이시고, "인격이신 선물"인 거룩한 성령은[95] 사랑 안에서 우리의 몸을 성령으로 채워 상대방에게 신실한 선물이 되기를 바라신다. 다시 말해서, 성령께서는 우리가 몸이 지닌 혼인적 의미에 따라 살아갈 것을 깨우치기를 하신다. 성령께서 우리의 몸에 임하심으로써 우리의 몸이 혼인적 의미를 지니게 된다고도 말할 수 있다. 그러나 인간의 자유라는 측면을 고려할 때, 성령은 결코 그 선물을 강요하지 않는다. 우리에게는 성령을 거절할 자유가 있다. 만약 우리가 성령을 거부한다면, 그리고 욕정으로 인하여

95 *Dominum et Vivificantem*, 10 참조.

거부하는 경향을 갖게 된다면, 우리는 성령이 함께 하지 않는 삶 즉, 육(肉)에 따른 삶을 살게 될 것이다. 이 상태로 상대를 대할 때, 우리는 상대방을 희생하여서라도 우리 자신의 이기적 만족을 채우는 쪽으로 기울게 된다. 이는 몸이 지닌 혼인적 의미와는 대립되는 것이다. 뿐만 아니라 사랑과 삶 모두에 대립되는 것이다. 바오로 성인은 다음과 같이 표현한다. "육의 관심사는 죽음이고 성령의 관심사는 생명과 평화이다." (로마 8:6)

신앙에 의한 의화(義化)

요한 바오로 2세는 "육에 따르는 삶"과 "성령에 따르는 삶"에 대한 바오로 사도의 말씀이 "통합이자 동시에 계획"(TOB 51:2)이라는 사실을 발견한다. 바오로 사도는 선과 악 사이에서 인간의 마음 내부에서 일어나는 "투쟁"을 매우 사실적으로 통합하여 다룬다. 그러나 바오로 사도의 말씀은 인간을 단순히 내적 힘의 자비에만 맡기지 않고 승리를 위한 계획까지 제시하고 있다. "선과 악 사이에서 벌어지는 이러한 투쟁 안에서 인간은 성령의 능력에 힘입어 더 강해짐을 증명한다." (TOB 51:6)

바오로 사도는 의화(義化)의 관점에서 육와 영의 내적 투쟁을 논한다. (로마 7, 8장; 갈라 5장 참조) 인간이 율법을 준수한다고 해서 인간 스스로는 결코 의롭게 될 수 없다. 율법 준수만을 통해 의로움을 추구하려 하는 인간에게 그리스도는 어떠한 도움도 되지 못하며 그러한 인간은 속량의 목적과 필요성을 깨닫지 못한다. "율법으로 의롭게 되려는 여러분은 모두 그리스도와 인연이 끊겼습니다. 여러분은 은총에서 떨어져 나갔습니다." (갈라 5:4) 바오로 사도의 가르침을 집약하며 가톨릭 교회 교리서(*CCC*)는 다음과 같이 적고 있다:

> 이스라엘 백성에게 내린 율법은 율법을 따르는 백성을 의인화하는

데 충분치 않다; 율법은 "욕망"의 도구가 되어버렸다. (로마 7:7 참조) 원함과 행동함 사이에 괴리가 생겨 하느님의 법("정신의 율법")과 다른 법("나를 내 지체 안에 있는 죄의 법에 사로잡히게 하는 다른 법": 로마 7:23)의 갈등으로 이어지게 한다.

"그러나 이제는 율법과 상관 없이 하느님의 의로움이 나타났습니다. 이는 율법과 예언자들이 증언하는 것입니다. 예수 그리스도에 대한 믿음을 통하여 오는 하느님의 의로움은 믿는 모든 이를 위한 것입니다." (로마 3:21-22) 따라서 그리스도를 믿는 인간은 "자기 육을 그 욕정과 욕망과 함께 십자가에 못박았습니다." (갈라 5:24) 그들은 성령에 따라 사는 사람이므로 성령을 따른다.[96]

예수 그리스도에 대한 믿음으로 인하여 인간의 마음에는 의로움이 흘러 넘친다. 이는 인간의 승리이다. 그리고 신앙에 의해서 성령의 힘을 경험하는 방식이다. 우리는 이미 요한 바오로 2세가 신앙에 대해서 정의한 것을 인용한 바 있다. "신앙은, 그 가장 깊은 본질에서, 인간의 마음을 선물 앞에 열어놓는 일, 성령 안에서 이루어지는 하느님의 자기전달 앞에 마음을 활짝 열어놓는 일을 뜻한다."[97] 그러므로 신앙에 의한 의화(義化)는 "단순히 하느님의 인간 구원 계획이라는 신적인 차원이 아니라, 바오로 성인의 말씀처럼 인간 안에서 활동하는 힘, 그 행위 안에서 계시되고 확인되는 참된 힘"(TOB 51:4)이다. 신앙에 의한 의화(義化)는 "성령을 통하여 인간의 가장 내밀한 곳에서 활동하시는 그리스도의 힘" (TOB 51:3)이다.

바오로 성인은 의화에 대하여 나음과 같이 말하고 있다. "예수님을 죽은 이들 가운데에서 일으키신 분의 영께서 여러분 안에 사시면, 그

96 *CCC*, nos. 2542, 2543.

97 *Dominum et Vivificantem*, 51.

리스도를 죽은 이들 가운데에서 일으키신 분께서 여러분 안에 사시는 당신의 영을 통하여 여러분의 죽을 몸도 다시 살리실 것입니다." (로마 8:11) 우리의 몸에 주신 이 '생명'은 단순히 종말의 때에 일어날 일만을 말하는 것이 아니다. 이 생명은 "모든 역사적인 인간 즉, '어제, 오늘, 내일'을 살아가는 모든 인간, 세상의 역사 속에서 그리고 구원의 역사 속에서 살아가고 있는 모든 인간을 위해 이미 계획되어 있다." (TOB 51:4) 비록 투쟁과 혼재의 속에 남아있다 하더라도 역사는 그리스도께서 주시는 속량을 받게 되는 영역이다. 역사적 인간은 지금이라도 성령에 의한 생명의 은총으로 부활의 삶을 시작할 수 있다.[98]

이와 같이, 바오로 사도의 의화(義化) 신학은 그리스도에 의한 속량을 "인간학적이고 윤리적이며 사실적"인 믿음으로 표현한다. (TOB 52:1 참조) 다시 말해서, 그리스도의 속량은 인간이 자신의 마음을 변화시킴(인간학적인 현실주의)과 동시에 자신의 행동을 변화시킴(윤리적 현실주의)으로써 진정한 결실을 맺으려 모든 어려움을 참고 견디는 것이다. 가톨릭 교회 교리서(*CCC*)에서 가르치는 것처럼, "의로움은 죄의 면죄일 뿐만 아니라, 내면적인 인간으로 성화되고 쇄신됨을 의미한다. … 그것은 죄에 대한 노예 상태에서 우리를 해방시켜 주고 치유해준다."[99] 이와 같이, 성령에 의한 의화는 "하느님께서 의도하고 기대하는 방식에 따라" (TOB 52:1) 인간 내면과 행위에 정의가 넘쳐나게 할 수 있다. 하느님께서는 인간이 율법의 요구를 충족할 뿐 아니라, 성령을 통해 인간의 마음에 쏟아 부어진 넘치는 의로움으로 율법을 "완성"하기를 기대하신다. 의화는 "내적 인간에 있어 본질적인 것으로, 그리스도께서 윤리적 측면에서 '순결'과 '불결'을 말씀하실 때 상기시키신 '마음'에서 일어나도록 되어

98 *CCC*, no. 1092 참조.

99 *CCC*, nos. 1989–90.

있다." (TOB 51:4) 성령에 의한 의화를 통해서 인간은 온전한 그 자신이 될 뿐만 아니라 진정한 에토스 안으로 들어오게 된다. 우리 안에 내재하는 성령을 통해서 객관적 실재가 인간의 주체성(주관성) 안에 들어온다. 한때는 외부적인 법으로만 느꼈던 율법이 인간의 내면에서 샘솟게 된다. 이와 같은 방식으로 그리스도인은 복음의 말씀을 "육화"한다. 다시 말해, 객관적 진리이신 하느님 즉, 로고스가 에토스가 되는 것이다.

"육의 행실"과 "영의 열매"

갈라디아서에서 바오로 성인은 다음과 같이 말한다. "육의 행실은 자명합니다. 그것은 곧 불륜, 더러움, 방탕, 우상 숭배, 마술, 적개심, 분쟁, 시기, 격분, 이기심, 분열, 분파, 질투, 만취, 흥청대는 술판, 그 밖에 이와 비슷한 것들입니다." (갈라 5:19-21) "그러나 성령의 열매는 사랑, 기쁨, 평화, 인내, 호의, 선의, 성실, 온유, 절제입니다." (갈라 5:22-23) 요한 바오로 2세 교황은 바오로 성인이 육의 행실과 성령의 열매를 구분지었음을 지적한다. 바오로 사도에게 "행실"은 인간의 특정한 행위에 대한 표현인 반면, "성령의 열매"라는 용어는 인간에게 행하신 성령의 행위를 강조하는 표현이다. 각주에서 교황은 "영의 열매는 인간 안에서 마치 생명의 선물처럼 자라며, 하느님이 유일한 창시자이다. 인간은 열매가 자라고 잘 익어갈 수 있도록 적절한 환경을 조성할 뿐이다." (TOB 51:5, no. 62) 다시 말해서, 육으로부터 나온 모든 것은 하느님으로부터 온 것이 아니라 세상으로부터 온 것이다. 반면에 인간 마음으로부터 샘솟이 나는 선함은 세상으로부터가 아닌 하느님으로부터 온 것이다. 그것은 우리 안에 머무시는 성령의 열매인 것이다. 이러한 관점에서 반 속량의 에토스가 지닌 구조와 그 성격을 풍부하고 명확하게 이해할 수 있다.

우리 자신의 힘만으로는 원초적인 순결을 되찾을 수 없다. 우리는 지금 "은총에 의해 전적으로 인간에게만 열린 가능성"[100]에 대하여 말하고 있다. 속량에 대한 에토스는 인간이 거룩한 성령을 받아들일 때 즉, 인간의 모든 생각과 행동이 성령의 가르침을 따를 때, 인간 안에서 일어난다. 바오로 성인이 성령의 열매라 묘사한 도덕적 선의 이면에는 인간의 구체적인 선택인 의지적 노력이 들어있다. 이는 모두 성령이 깃든 인간 영의 열매이다. 신과 인간의 협력 행위는 진실하고 선하고 아름다운 것을 선택할 때 명백히 드러난다. 우리는 여기서 또 다시 단순히 외적인 기준이나 법을 따르는 것과의 차이를 보게 된다. "성령께서는 죄의 상처를 낫게 해 주시어 우리의 영과 마음을 새롭게 하시며, 우리를 비추고 튼튼하게 하시어, '모든 선과 의로움과 진실'로 '빛의 자녀' 답게 살게 하신다."[101]다시 말해서, 성령은 인간의 마음속 깊은 곳에서 활동하시며 인간의 욕망을 올바르게 이끌어 인간 스스로 율법의 요구를 지향하도록 만든다. 이것이 바오로 성인이 "여러분이 성령의 인도를 받으면 율법 아래 있는 것이 아닙니다."(갈라 5:18)라고 말한 이유이다. 여러분은 사랑, 기쁨, 평화, 인내, 호의, 선의, 성실, 온유, 절제 속에서 살게 된다. 그리고 바오로 사도 말씀처럼 어떠한 율법도 이러한 것들을 금지할 수 없다. (갈라 5:22-23 참조)

나는 강연에서 "율법으로부터의 자유"를 설명하기 위해 종종 청중 중 결혼한 남성에게 아내를 죽이고 싶었던 적이 있었는지를 묻는다. 아내를 살해할 욕망이 전혀 없는 남자에게는 "너의 아내를 살인하지 말라"는 계명이 필요치 않다. 그 남자는 그 계명을 어길 욕망 자체가 없기 때문이다. 바로 이때 남자는 율법으로부터 자유롭다. 이와 마찬가지로 남자와 여자가 성숙한 성적 순결을 갖게 되면 "~하지 마라"는 성적 금기의 율법이 필요 없

100 *Veritatis Splendor*, 24.

101 *CCC*, no. 1695.

게 된다. 율법은 인간의 마음에 대한 법이다. 율법은 약하고 부서지기 쉬운 때, 선을 향하도록 이끄는 본연의 목적을 수행한다. 그러나 그리스도께서 자유롭게 하신 것처럼 자유롭게 된다면, 인간은 외적 규범에 전적으로 의존할 필요가 없게 된다. 이제 그리스도가 자유롭게 하신 그 자유의지로 율법을 완성하기 때문이다. 그들의 행위 지침은 내적으로 샘솟는 것이며 제약이 아닌 율법의 완성이 된다. 그리스도께서는 더 많은 율법을 주려고 돌아가시고 부활하신 것이 아니다. 그리스도의 목적은 우리의 마음을 정화시켜 우리에게 더 이상 율법이 필요 없게 하려는 것이다. 가톨릭 교회 교리서(*CCC*)는 다음과 같이 적고 있다: "복음의 법은 …새로운 외적 규정을 첨가하지 않지만, 행동의 근원인 마음을 개선하도록 인간을 이끈다. 마음 안에서 인간은 깨끗한 것과 더러운 것 중에서 선택한다."[102]

그리스도께서 '우리를 자유롭게 하신' 그 자유

우리는 지금 마음의 순결을 회복하는 것과 관련하여 몸과 영 사이의 대립을 고찰하고 있다. 물론 몸과 영 사이의 이러한 적대감은 인간에게 '자연스러운 것'이 아니다. 이는 원죄로부터 온 내면적 균열에서 기인한 것이다. (TOB 13:1, 28:2 참조) 우리가 하느님에게서 등을 돌릴 때 우리 안에서 하느님께서 주신 생명의 숨결이 소멸된다. 사도 바오로께서 말씀하신 "육" 즉, 성령이 없는 먼지로 돌아가게 된다. 바오로 사도는 우리가 육에 따라 살게 되면 죽을 것이나 성령의 힘으로 몸의 행실을 죽이면 살게 될 것이라고 한다. (로마 8:13 참조) 교황은 '몸의 행실을 죽이는 것'이야말로 그리스도의 산상 설교 말씀을 가장 정확하게 드러낸 표현이라고 말한다. 산상 설교에서 그리스도는 인간의 마음을 향해 음욕으로 가득 찬 욕망을 통제할 것을 촉구한다. 몸의 행실을 죽이는 통제는 "성령에 따른 삶을 살아가는 데 필수 불가결한 조건이다." (TOB 52:4)

102 *CCC*, no. 1968.

부활의 힘 속에서 그리스도와 함께 살기 위해서 우리는 그리스도와 함께 죽어야만 한다.

바오로 성인이 묘사한 것처럼, 육에 따른 삶은 인간 안에서 성령의 "죽음"에 영향을 미친다. 그래서 요한 바오로가 설명하는 것처럼, "죽음"이라는 용어는 몸의 죽음을 의미할 뿐만 아니라 대죄의 실재를 의미하는 것이기도 하다. 대죄는 우리 안에서 하느님께서 주신 삶과 성령을 죽이는 것이다. 육에 따라 사는 이들은 회개를 통하여 다시 성령으로 가득 차지 않는 한, "하느님의 나라를 차지하지 못할 것이다." (갈라 5:21) 바오로 성인은 불륜을 저지르는 자 혹은 불결한 자는 하느님의 나라에서 받을 몫이 없다고 말한다. (에페 5:5 참조) 순결한 사람만이 하느님을 볼 수 있다. 그것이 바로 순결의 정의가 된다. 이에 따라 불결은 하느님을 볼 능력이 없는 것으로 정의할 수 있다. 하느님은 남성과 여성의 인간 신비 안에서 그리고 그 신비를 통해서 하느님은 당신 자신의 신비를 계시하고자 한다. 그러나 불결한 인간은 그것을 볼 수 없다. 성(性)적으로 또는 다른 방식으로 죄를 짓는 이들은 하느님의 계시에 눈을 감아버린다. 그들을 지옥에 떨어뜨린 것은 하느님이 아니라 그들의 죄이다. 좀 더 정확히 말하자면 불결한 사람은 하느님의 복된 전망으로 볼 수 없다.

어떻게 하면 불결한 사람이 순결해질 수 있을까? 어떻게 하면 눈먼 이가 다시 볼 수 있게 될까? 거룩한 성령의 삶에 자신의 육을 내맡김으로써 가능해진다. 음욕에 눈이 멀어 몸의 진리를 보지 못하는 사람은 자신의 마음에서 참된 욕망과 갈망을 지운다. 그러나 "성령에 따라 사는" 남자와 여자는 선물로써 주어진 자유를 다시 얻고 마음의 순결을 회복한다. (TOB 101:5 참조) 순결을 회복하는 것은 내가 할 수 있는 "행위"의 문제가 아니라 "회복이 이루어지도록 맡겨 두는 것"이다. 온전히 순결한 마음을 가진 여인이시며 원죄 없으신 동정 마리아처럼 우리는 우리의 의지를 성령께 바쳐야 한다. 오직 그때 그리스도께서 우리의 육에 "잉태" 되실 것이다.

요한 바오로 2세 교황은 의화가 성령으로부터 오는 것이지 육으로부터 오는 것이 아니라는 결론을 내린다. 의화는 성령의 열매로써 하느님의 작용이지 우리의 행동에 의한 것이 아니라는 의미이다. 율법을 따름으로써 의화가 될 것이라고 믿는 사람들은 자기 자신의 행동을 통하여 의화를 추구한다. 성령에 의하여 의화가 될 수 있도록 자신을 성령에 내어 맡기지 않는다. 따라서 이러한 방식으로 의화를 추구하는 사람들은 그리스도로부터 멀어지게 된다. 이들은 율법을 완성할 권능을 허락하시는 성령의 은총으로부터 자기 자신을 단절시키는 사람들이다. (갈라 5:4–5 참조) 그러므로 바오로 사도는 갈라티아 사람들에게 의화를 "육적"으로 해석하는 오류로부터 스스로 자유롭게 해야 하며 진정한 것, 영적인 것을 추구해야 한다고 권고한다. "이러한 의미에서 바오로 사도는 우리가 율법으로부터 해방되었음을, 더 나아가 그리스도께서 '우리를 자유롭게 하신' 그 자유로 인하여 우리가 자유롭게 되기를 권고한다." (TOB 52:5)

자유와 순결

요한 바오로 2세 교황에 따르면, 그리스도께서 '우리를 자유롭게 하신' 그 자유를 경험하는 만큼, 우리는 마음의 진정한 순결을 성취할 수 있다. 이것이 바로 새로운 에토스의 핵심 개념인 **자유**이다! 교황은 이와 관련한 핵심을 바오로 사도에게서 찾는다. 바오로 사도는 복음적 에토스의 인간학적 뿌리를 밝힌다. "복음의 새로운 에토스는 인간 자유 즉, 자유의 완전한 실현에 대한 호소이며, 어떤 의미에서 인간 영이 지닌 잠재력의 완전한 '이용'을 향한 호소와 결코 다르지 않다." (TOB 53:1)[103] 우리는 죄로부터 자유로워질 잠재력을 가진다. 우리에게는 욕망으로부터 자유로워져 오직 선한 것만 선택할 수 있는 잠재적 가능성이 있다. 또한 선물로 받은 자유로 인하여 이 세상에서 완전하지는 않지만 점진적으로 그리고 실질적으로 자유로워질 잠재적 가능성이 있다.[104] "그리스도께서는 우리를 자유롭게 하시려고 해방시켜 주셨습니다. 그러므로 굳건히 서서 다시는 종살이의 멍에를 메지 마십시오." (갈라 5:1)

바오로 성인에게 있어 자유는 사랑과 불가분의 관계이다. "형제 여러분, 여러분은 자유롭게 되라고 부르심을 받았습니다. 다만 그 자유를 육을 위하는 구실로 삼지 마십시오. 오히려 사랑으로 서로 섬기십시오." (갈라 5:13) 바오로 성인은 사랑의 필수적인 조건인 자유가 "육(肉)"을 충족시킬 기회를 제공한다는 사실을 알고 있다. 이것이 핵심이다. 복음적 삶을 살겠다고 시도하는 사람들 중 종종 자유 때문에 죄를 범한다고 잘못 여겨 자유를 없애 죄의 뿌리를 뽑으려는 경우가 있다. 그러나 우리는 죄를 짓게 하는 자유를 제거해서는 안 된다. 그럴 경우 사랑할 자유도 제거되어 버리기 때문이다. 죄를 피하기 위해서 자유를 억누르는 것은 복음적 에토스가 제시하는 자유에 따른 삶이 아니다. 이러한 접근법은 그리스도께서 우리를 해방시켜서 주신 그 자유를 제대로 알지 못한 데서 시작된 것이다. 만약 죄를 범하지 않기 위해서 스스로에 사슬을 채운다면, 그는 여전히 죄에 대한 욕망에 묶여 있는 것이고 속량의 성숙한 에토스로 아직 들어오지 못한 것이다. 그는 아직 성령에 의해 지속되는 삶의 방식을 경험하지 못하고 있다. "주님의 영이 계신 곳에는 자유가 있습니다." (2코린 3:17)

---

103 *CCC*, nos. 1730–48 참조.

104 *Veritatis Splendor*, 17 참조.

이제 여기에서 인간의 신비에 대해 살펴보자. 자유는 하느님께서 인간에게 주신 선물이고, 사랑할 능력으로써 주어진 선물이다. 그러나 사랑할 능력의 이면에는 죄를 지을 능력도 있다. 하느님께서는 우리의 자유를 존중하신다. 이것은 하느님께서 우리가 죄를 지을 자유 또한 존중하신다는 말이기도 하다. 하느님께서는 아담과 하와가 선악과 나무의 열매를 먹기 위해 손을 뻗었을 때 그들의 행동을 막지 않으셨다. 다만, 그들에게 어떤 일이 일어날지 말씀하신 뒤 그들의 자유에 모든 것을 내맡겼다. 만약 하느님께서 그들의 행위를 막으셨다면, 그것은 그들에게 부여한 존엄성을 부정하는 행위였을 것이다. [가톨릭교회 교리서]에 따르면, "하느님께서는 선을 행하도록 강요하지 않으시며, 자유로운 인간을 원하신다."고 되어 있다. 따라서 "자유를 행사할 권리는 인간의 존엄성과 분리될 수 없으며 도덕적, 종교적인 문제에 대해서는 특히 그러하다."[105] 타인의 의지에 순종할 것을 강요당할 때, 우리의 존엄성은 불가피하게 타협을 하게 된다. 타인의 의지가 선할지라도 결코 강요되어서는 안 된다. 우리가 자유의지로 선을 선택할 때, 우리는 비로소 선한 것을 선함으로 경험한다.

자유와 강압의 역학관계는 부모와 자식 간의 관계 속에서 명확히 드러난다. 특히 아이들이 성년이 될 때 더 그러하다. 부모는 자녀들에게 강요 없이 선을 행하도록 유도하는 섬세한 임무를 가지고 있다. 하느님께서 하신 것처럼 적절한 한계 내에서 부모는 자녀가 잘못된 선택을 하는 것을 허용해야만 함을 의미한다. 만약 부모가 자녀가 죄를 짓지 못하도록 강제하는 것은 자녀에게 잘못된 행위를 하도록 부추기는 요인이 될 수 있다. 자기-결정을 내릴 수 있는 인격체로서의 고유한 존엄성을 주장하기 위해서 자녀들은 고의로 선한 것에 내항하려 할 수 있기 때문이다. 그러한 상황에서, 교회는 "부모가 자녀의 반항에서 나타날 수 있는 진실의 파편을 인식

105 CCC, nos. 1738, 2847.

하도록"[106] 촉구해야 한다.

공산주의에 반대하는 요한 바오로 2세로부터 우리는 귀중한 교훈을 도출해 낼 수 있다. 공산주의의 모든 목적이 다 악한 것은 아니다. 교황에 따르면, 공산주의와 모든 전제주의의 근본적인 악은 자신의 목표 성취를 위해 인간의 자유를 말살한 데 있다. 교황의 전기 작가인 죠지 웨이겔(George Weigel)은 요한 바오로 2세와 칠레를 통치한 피노체트 장군과의 대화를 다음과 같이 기록했다. "피노체트가 교황을 향해 다음과 같은 도전적인 질문을 던졌다. '왜 교회는 항상 민주주의에 대해서 말하는 것입니까? 다른 통치 방식도 민주주의만큼 좋은 것입니다.' 요한 바오로 2세는 '그렇지 않습니다.'라고 공손하면서도 확고하게 답하며, '사람들에게는 자유를 행사할 권리가 있답니다. 비록 자유를 행사하여 실수를 하더라도 말이죠' 라고 말했다.[107] 요한 바오로 2세는 인간의 존엄성을 자기 결정으로 이해한다. 따라서, 교황은 강요로 객관적 선을 행하는 것보다는 잘못 행사하더라도 자유로운 행위를 더 가치로운 행위로 본다.[108] 인간 역사에서 최고의 선은 인격의 실현이다. 이는 인간 자유에 대한 변함없는 존중 없이는 결코 이루어질 수 없다. 이는 잘못된 선택을 하는 타인의 자유도 타당한 한도 내에서는 항상 존중해야 할 의무가 있음을 의미한다. 인격주의 측면에서 자유에 대한 심층적인 긍정은 『종교 자유에 관한 선언: 인간 존엄성(*Dignitatis Humanae*)』 회칙의 표현으로, 제2차 바티칸 공의회의 주된 공헌 중의 하나이다.

진정한 자유

사회적으로 성 해방에 대해 다양한 많은 견해들이 있다. 그러나 일반적으로 사회에서 말하는 '성 해방'은 아무 제약 없이 욕정에 빠질 자

106 *The Truth and Meaning of Human Sexuality*, 51.

107 *Witness to Hope*, p. 533.

108 *Karol Wojtyla: The Thought of the Man Who Became Pope John Paul II*, pp. 181–82 참조.

유를 일컫는다. 즉, '아니오'라 말할 필요가 없어짐을 의미한다. 이는 진정한 자유의 향상이 아니다. 리비도(성욕)의 속박을 증가시킬 뿐이다. 교황에 따르면, 인간에게 자유가 '육을 따라 살기 위한 구실'이 되어 버릴 때, 인간은 진정한 자유에 반대하게 되고 어떤 의미에서는 자유를 무력화 하게 된다. (TOB 53:3 참조) 음욕을 따르겠다는 결정을 하는 이유는 자신이 음욕에 사로잡힌 듯한 느낌이 들기 때문이다. 욕정에 빠진 인간은 욕정을 참을 수 있다는 생각을 결코 하지 못한다. 그의 입장에서 음욕을 비난하는 도덕법은 곧 억압이 된다. 음욕에 빠져 사는 데 아무런 방해를 받지 않기 위해 그들은 억압에서 '자유롭게' 되어야만 한다.[109] 즉, 그들은 아무런 죄책감 없이 속박의 상태에 남기 위해서 자유로부터 벗어나길 원한다.

위에서 언급한 인간은 분명 기만에 빠진 것이다. 그에게 선은 악이 되고 악이 선이 된다. 속박이 자유가 되며 자유는 속박으로 느끼게 된다. 찾고자 하는 행복을 결코 찾을 수 없게 된다. 교황은 다음과 같이 말한다. "그는 '그리스도께서 우리를 자유롭게 하신' 그 자유를 행사할 수 없게 된다. 그는 더 이상 자유의 결실이자 표현인 신실한 선물이 될 수 없다. 뿐만 아니라 인간 몸의 혼인적 의미와 유기적으로 연결된 선물의 의미를 갖지 못하게 된다." (TOB 53:3) 따라서 음욕에 사로잡혀 사는 한 그는 자신의 존재, 실존의 의미를 결코 완성할 수 없다.

오! 그리스도를 생각하는 것이 우리에게 해롭다고 생각하는 이런 비극적인 일이 또 어디에 있을까! 욕정의 인간이 끝없는 회심을 통해 속량의 선물에 자신의 마음을 연다면 그리스도는 그의 억압된 자유를 자유롭게 해방시킬 것이다. 그리스도는 자유로써 그를 자유롭게 할 것이다. 여기에서 자유는 하느님 선물, 성령을 받을 자유, 그리고 타인에

109 *Veritatis Splendor*, 18 참조.

게 진정한 선물이 되는 자유를 의미한다. 바로 이러한 것이 삶의 의미이며 우리가 추구하는 자유이고 그리스도가 우리를 자유롭게 한다는 의미에서의 자유이다. 이를 위해 우리 안에 내재하시는 성령에 우리의 육을 열어야 한다.

나는 진정으로 자유롭게 되었다고 느꼈던 첫 경험을 결코 잊지 못할 것이다. 신앙을 다시 회복하기 전 젊었을 때의 일이다. 나는 4년 간 한 여성과 데이트를 했다. 그녀에게 음욕을 품는 것을 멈출 수 없었다. 나는 그리스도께서 우리를 사랑하신 것처럼 그녀를 사랑하는 것이 아니라 그녀와 있을 때마다 내가 원하는 것을 얻어야 한다는 사명을 띤 남자가 되었다. 나는 이렇게 얻는 것을 해방이라고 생각했다. 왜냐하면 가톨릭 배경에서 자란 나를 억압하던 '규칙'을 벗어 던지고 아무런 거리낌 없이 음욕에 탐닉하던 때였기 때문이다. 참으로 어리석은 시절이었다. 그리고 더 어리석었던 점은 다른 사람들이 그러하였듯이 나 또한 그러한 감정을 사랑이라 불렀다는 사실이다. 이후 5년 간 나는 과거의 탐닉에 대한 깊은 정화와 치유의 과정을 거쳤고 지금의 아내 웬디를 만나 데이트를 시작하게 되었다. 요한 바오로 2세의 몸 신학에 대한 연구가 내 치유에 도움을 주었다. 웬디와 만난 지 얼마 되지 않았던 어느 날이었다. 웬디와 나는 펜실베니아에서 강이 내려다보이는 산자락의 바위에 앉아 있었다. 그녀의 어깨를 감싸고 앉아 있는데 과거에 내가 했던 행동이 영상처럼 떠올랐다. 그리고 점차 나의 생각이 분명해지기 시작했다. 그것은 바로 내가 진정 자유로워졌다는 사실이었다. 억압된 음욕으로부터 자유로워진 것이다. 웬디에게서 무엇인가를 "취하려고" 하거나 또는 내 만족을 위해 그녀를 이용하겠다는 열망이 아니라 내가 그녀에게 선물이 되어 그녀를 축복해주고 긍정해주고 싶다는 열망을 느꼈기 때문이다. 그때 비로소 선물의 자유가 가져다주는 자유로움을 느낄 수 있었다. 날아갈 듯 했고 물위를 걷는 듯 했으며 구원의 힘을 알게 되었고 그리스도의 죽음과 부활의 힘, 성령의 힘을 알게 되었다. 내 숨이 나의 살에 생기를 불어넣었으며 나의 열망에 고귀함, 아름다움, 사랑이라는 최고의 가치가 스며드는 것을 느낄 수 있었다.

풍성한 그 경험이 그 때 이후 계속되었다면 얼마나 좋겠는가 ... 돌이켜 생각해 볼 때, 그날은 여전히 복된 날임에는 틀림이 없다. 그러나 확실한 것은 바로 그날이 자유의 완성을 향하는 즉, 지복직관의 날을 향한 여정의 첫 시작일 뿐이었다는 것이다. 수년 간의 시행착오를 거치며 죄에 빠지기도 하고 다시 회복되기를 반복하면서 나는 가톨릭 교회 교리서(*CCC*)의 다음과 같은 가르침을 확인할 수 있었다. "자제력을 얻으려면 상당한 기간이 필요하다. 한 번에 결정적으로 이 덕을 이루었다고 생각해서는 결코 안 된다. 자제력은 인생의 모든 시기마다 다시 시작하는 노력을 요구한다."[110]

순결, 몸을 거룩하게 대하고 존중함

바오로 사도는 불륜, 불결, 방탕함으로 표현되는 '육의 행실'과 성령의 결실인 '자기 지배'를 대조하여 설명한다. 요한 바오로 2세 교황에 따르면 자기 지배는 마음의 순결과 밀접한 관련이 있다고 한다. 사도 바오로가 테살로니카인들에게 보내는 첫 번째 편지에 명백히 나온다. "하느님의 뜻은 바로 여러분이 거룩한 사람이 되라는 것입니다. 곧 여러분이 불륜을 멀리하고, 저마다 자기 아내를 거룩하게 또 존중하는 마음으로 대할 줄 아는 것입니다. 하느님을 모르는 이교인들처럼 색욕으로 아내를 대해서는 안 됩니다." (1테살 4:3-5) "하느님께서는 여러분을 더러움 속에서 살라고 부르신 것이 아니라 거룩하게 살라고 부르셨기 때문입니다. 그러므로 이 사실을 무시하는 자는 사람을 무시하는 것이 아니라, 여러분에게 성령을 주시는 하느님을 무시하는 것입니다." (1테살 4:7-8)

교황은 이 구절의 모든 단어가 특별한 의미를 갖는다고 한다. (TOB 54:2 참조) "불륜을 멀리하라"와 "성령에 의하여 거룩하고 존중하는 마음으로 아내를 대하라"의 두 구절을 대조한 뒤, 이로부터 '순결'에 대한

110 *CCC*, no. 2342.

"매우 올바르고, 완전하며 충분한"(TOB 54:4) 이미지를 보여준다. 교황은 자제와 통제의 두 기능이 상호 밀접하게 관련되어 있음을 지적한다. 육욕을 자제할 수 없는 인간은 자신의 몸을 "거룩하게 여기는 마음, 존중하는 마음"으로 통제하지 못한다. 몸이 "거룩하고 존중하여야 하는 것" 임을 깨닫게 될 때, 비로소 음욕을 자제할 충분한 의미를 깨닫게 된다.

교황은 토마스 아퀴나스의 덕(德)에 대한 가르침을 기반으로 사도 바오로의 순결의 이미지를 설명한다. 더 나아가 토마스 아퀴나스의 순결에 대한 이해를 더 발전시킨다. 교황에 따르면, 토마스 아퀴나스에게 순결은 일종의 절제의 덕이다. 토마스 아퀴나스에 따르면, 순결은 의지를 기반으로 "감각-욕망의 충동을 자제하는 것이 주를 이루며, 사람이 가지고 있는 육체적이며 성적인 열망의 충동을 자제하는 것이 주된 목적이다." (TOB 54:2) 그러나 교황은 바오로 사도의 테살로니카 1서 말씀에서 우리는 순결의 덕이 가지는 "더욱 더 긍정적인" 측면에 초점을 맞추어야 한다고 말한다. 즉, 순결의 의무는 단순히 정숙하지 못함에 대하여 "고개를 돌려 피하는 것"에 그쳐서는 안 된다. 이는 "부정적이며" 덜 성숙한 의미에서의 순결이다. 사도 바오로가 순결을 설명할 때 그는 몸이 갖는 거룩함을 "향하여 눈을 돌려라"고 한다. 즉, 공경, 경외, 존중이 요구되는 거룩함이다.[111] 몸을 존중하는 경우에 비로소 우리는 내적으로 욕정의 충동을 통제할 힘을 갖게 된다. 욕정의 충동을 제어하지 못할 때, 우리 몸의 혼인적 의미는 타락하게 된다.

교황은 "남녀라는 성별을 떠나 인간은 자신뿐 아니라 다른 사람이

111 단순한 극기와 진정한 덕을 구별함에 있어서 토마스 아퀴나스는 순결의 '긍정적' 측면에 대하여 이야기 하고 있는 것처럼 보인다. 극기는 무질서한 욕망을 성공적으로 제어하는 것을 가리킨다. 그러나 이는 덕이 아니다. 덕은 기쁘게, 그리고 아무 불편함 없이 선을 택할 때를 말한다. 왜냐하면 인간의 욕망은 선을 향해 올바르게 질서 지워져 있기 때문이다. Summa, Prima Secundae, q. 58, a. 3, ad.2. 해제 후반부에 자세한 논의 수록하였으니 참조 바람.

가지고 있는 육체적이고 성적인 모든 것을 존중하도록 태어났으며, 이것이 곧 몸을 '거룩함으로' 지키는 본질적 힘이 된다." (TOB 54:4)고 말한다. 우리 안에 몸에 대한 존중이 가득 차면, 욕정의 충동이 차오르는 시기를 즉각 감지할 수 있다. 몸과 성에 대한 존중을 통해 우리는 우리 안에서 올라오는 무질서한 욕망을 그리스도께 바칠 의지를 갖게 되며 이에 따른 준비를 하게 된다. 그렇게 함으로써 그리스도는 우리 안의 무질서한 욕망을 바로잡는다. 교황은 이와 같은 존중의 의미가 바오로의 순결에 대한 교의를 이해하는 가장 중요한 열쇠라 생각한다. (TOB 54:6 참조) 비오로 사도의 '존중'에 대한 심도 깊은 이해를 위해 교황은 코린토 1서 12장 18-25절에 나오는 바오로 사도의 몸에 대한 설명에로 주의를 돌린다.

바오로 사도의 인간 몸에 대한 묘사

바오로 사도는 코린토 1서 12장에서 인간의 몸을 그리스도의 신부인 교회가 갖는 이미지로 묘사하였다. 그러나 이는 순결에 대한 바오로 사도 가르침의 근본적 의미를 설명한 구절이기도 하다. 성 바오로는 다음과 같이 말한다.

> 사실 하느님께서는 당신이 원하시는 대로 각각의 지체들을 그 몸에 만들어 놓으셨습니다. 사실 지체는 많지만 몸은 하나입니다. 눈이 손에게 "나는 네가 필요 없다." 할 수도 없고, 또 머리가 두 발에게 "나는 너희가 필요 없다." 할 수도 없습니다. 몸의 지체 가운데에서 약하다고 여겨지는 것들이 오히려 더 요긴합니다. 우리는 몸의 지체 가운데에서 덜 소중하다고 생각하는 것들을 특별히 소중하게 감쌉니다. 또 우리의 점잖지 못한 지체들이 아주 점잖게 다뤄집니다. 그러나 우리의 점잖은 지체들은 그럴 필요가 없습니다. 하느님께서는 모자란 지체에 더 큰 영예를 주시는 방식으로 사람 몸을 짜 맞추셨습니다. 그래

서 몸에 분열이 생기지 않고 지체들이 서로 똑같이 돌보게 하셨습니다. (1코린 12:18–25)

사도 바오로가 몸에 대해 묘사한 이 본문은 명백히 전(前)–과학적(pre–scientific)이다. 그가 목표한 바는 인간 유기체에 대한 생물학적 연구결과가 아니다. 사실, 교황은 이와 같은 묘사가 충분히 적절할 수 없다고 한다. 왜냐하면 이 질문은 유기체로서의 몸에 대한 단순한 질문이 아니라, "인간 몸을 통해 스스로를 표현하는 것, 말하자면 '몸'인 인간을 다루고 있기 때문이다." (TOB 55:2) "몸을 묘사하는 것은 사실 문학, 조각, 회화, 춤, 연극, 그리고 마침내는 개인적 또는 사회적인 일상과 삶의 모든 문화에 있어서의 임무이자 영구적 주제 중 하나이다." (TOB 55:2) 요한 바오로 2세에 따르면, 다양한 방법으로 몸을 묘사하고 평가하는 것은 정당하며 필요하다. 하지만, 인간 몸에 대한 묘사는 존경과 경외의 영적 태도로 이루어져야 한다고 교황은 말한다. 그리스도인들이 아는 바와 같이, 창조와 속량의 거룩한 신비를 인식하는 태도에서 이루어져야 하는 것이다.

몸의 조화를 회복함

사도 바오로의 몸에 대한 묘사는 '몸의 신학' 안에서 제시한 창조, 타락, 속량에 대한 분석을 완전하게 확인하고 있는 것으로 보인다(TOB 55:5 참조)고 요한 바오로 2세는 말한다. 몸과 그 지체들에 대한 하느님의 계획은 모두 "보시니 매우 좋았다." 원초적 벌거벗음에 대한 경험은 본질적 선에 대한 하느님의 전망에 참여하는 것이다. 그러므로 원죄 이전의 남자와 여자는 어떤 불화도 존재하지 않는 완벽히 조화로운 몸을 경험했던 것이다.

교황은 이러한 조화를 정확히 "마음의 순결"이라고 일컫는다. 아담과 하와는 아무런 어려움 없이 친교의 부르심을 계시하고 있는 서로의 몸에 "더 위대한 영광"을 돌릴 수 있었다. 벌거벗음은 전적으로 정숙한 것이었다. 더 나아가 벌거벗음의 순결은 "원초적 순수 안에서 한 몸의 일치하는 힘을 경험하게 하는 것이었다. 이 경험은 어떤 의미에서 남녀 모두에 원초적 행복을 가져다 주는 것이었다. 몸의 결합은 "인격적 일치"에 대한 '의심의 여지가 없는 확고한' 기초가 되었다." (TOB 55:6) "한 몸"의 일치를 이끄는 성적 매력, 성적 흥분의 모든 역학구조가 인격적 존엄성과 통합되어 있기 때문에 그들은 이를 당연시 받아들였다. 서로를 사용하는 일은 결코 허용되지 않았다. 성적으로 흥분되었다 할지라도 상대를 의심할 필요가 없었다. 왜냐하면 그들은 몸의 "거룩함과 존중(holiness and reverence)" 안에서 살았기 때문이다. 따라서 그들은 벌거벗었으나 부끄러움이 없었다.

사도 바오로는 우리가 몸의 지체들을 "더 약하고" "명예롭지 못하며" "볼품없는" 것으로 인식하고 있음을 지적한다. 이는 금단의 열매를 먹은 아담과 하와의 부끄러움의 응답이다. 하지만 교황에 따르면 사도 바오로가 인용한 부끄러움에 대한 인간의 경험을 말하는 창세기 구절은 "몸의 부조화"를 점진적으로 극복하는 길을 가리킨다. 교황은 이와 같은 승리가 인간 마음 안에 생길 수 있으며 반드시 그러해야 한다고 주장한다.

그렇다면 순결을 재발견하기 위한 열쇠는 무엇인가? 그것은 바로 우리가 경험한 부끄러움 안에 원초적 인간의 "확실한 '울림'이 새겨져 있음을 인식하는 것이다. 마치 사진을 현상하기 위한 필름 원본처럼 그것을 현상하면 정확히 원초적 순수가 나오게 되는 것이다." (TOB 55:4) 필름 원본은 인화될 이미지의 단서를 제공한다. 생식기를 "덜 명예롭고" "볼품없는" 부정적인 것으로 바라보도록 만드는 부끄러움은 부정적 이미지이다. 생식기에 대한 부끄러움은 우리가 남성과 여성으로서 창조되었다는 창조의 근본적인 가치와 진정한 의미를 이해하기 위한 단서를 제공한다. 만일 몸에 대한 필름의 원본을 현상하듯이, 부정적 이미지를 '반대로 뒤집는다면,' 우리는 우리 몸의 지체들이 "덜 명예로운" 것이 아니라 "더 명예로운 것" 임을 깨닫게 된다. 왜냐하면 우리 몸의 모든 지체는 성의 구분을 나타낼 뿐 아니라 생명의 친교 안에서 하느님의 모상을 닮으라는 부르심을 드러내기 때문이다.

완전한 순결에 대한 필요성

그러므로 우리는 사도 바오로에게 순결과 정숙(貞淑)이 어째서 인간 몸의 존엄성(남성성과 여성성을 통한 인격의 존엄성)의 중요한 핵심인지를 알 수 있다.[112] "몸의 가치와 존엄성을 존중하지 않는 순결은 결코 완전한 순결이 아니다. 마찬가지로 정숙함이 모든 성적인 것에 대한 평가절하 또는 두려움에 기반한다면, 이 역시 결코 진정한 정숙함이 아니다. 그렇다면 어떤 길이 완전한 순결과 진정한 정숙함으로 가는 길인가?" 계속 강조했던 것처럼, 그것은 속량의 선물에 대한 마음의 개방성이다. 요한 바오로는 다음과 같이 말한다. "욕정의 인간은 그리스도에 의해 완성된 '몸의 속량'으로 포위되어 있어야 한다. 욕정의 속박으로부터 벗어나기 위하여 우리는 몸의 가치를 재발견하고 인식할 필요가 있다. 이는 성령에 따른 삶에 자신을 개방할 때에 가능한 것이다." (TOB 58:5)

미래의 교황 카롤 보이티야 추기경은 『사랑과 책임(*Love and Responsibility*)』에서 정숙함(modesty)이 옷차림과 관련된 것은 사실이지만 대부분의 사람

112 *CCC*, nos. 2517–27 참조.

들 생각처럼 아주 밀접하게 관련된 것은 아니라고 한다. 아래의 질문은 옷 차림에 있어서의 정숙과 순결에 대한 올바른 이해를 도울 것이다. 우리는 공공장소에서 몸의 성적인 가치를 감추는 것을 정숙함의 보편적이고 실질적인 표현이라고 한다. 그렇다면 그렇게 가리고 감추는 것은 몸이 불명예스럽기 때문인가? 아니면 감추고 가리는 것이 하느님께서 우리에게 부여해 주신 몸의 존엄성에 대한 "더 큰 명예"라는 깊은 판단으로 생긴 것인가? 성적인 부분을 감추는 것은 '반(反)-가치적' 이기 때문인가? 아니면 "성적 가치가 존중을 받지 못하고 있음"(TOB 45:3)을 인식하기 때문인가? 교황은 이 질문을 이해하는 것이 순결과 진정한 정숙함의 본질을 아는 핵심이리고 말한다

정숙함과 관련하여 교황은 의복으로 성적 가치를 강조하는 것은 피할 수 없으며 의복이 성적 정숙과 조화로울 수 있다고 말한다. 정숙하지 못한 옷을 입는 것은 당사자의 인격의 존엄성을 제거할 뿐만 아니라 고의로 타인 안에서 음욕을 이끌어내는 것이라고 말한다. 그는 일부 벌거벗거나 완전히 벌거벗는다는 것과 정숙하지 못하다는 것은 같지 않다고 말한다. "벌거벗음이 인격적 가치에 부정적인 영향을 줄 때, 욕정을 불러일으킬 목적으로 벌거벗을 때, 혹은 벌거벗은 결과 그 사람이 쾌락의 대상으로서 취급될 때를 정숙하지 못한 때라고 한다." 이를 "성의 비-인격화 (depersonalization by sexualization)"라고 말한다. 하지만 이는 피할 수 없는 것이 아니다.[113] 오직 "의심의 대가"만이 벗은 몸에 대해 언제나 피할 수 없는 음욕에 이끌리게 된다.

요약하면, 진정한 정숙은 하느님께서 몸과 성에 부여해 주신 거룩한 존엄성의 의미를 이해할 때 자연스럽게 나타나는 결과이다. 단순히 옷을 잘 입거나 잘못 입는 것과 동일하게 취급할 수 없다. 가톨릭 교회 교리서(*CCC*)에 명시한 것처럼, "어린이들과 청소년들에게 정숙함을 가르치는 것은 인간을 존중하도록 일깨우는 것이다."[114] 십대 딸아이의 옷 차림을 염려하는 부모들이라면, 딸의 옷 차림에 초점을 두기보다는 자녀들에게 몸에 대한 경외심 즉, 거룩한 존엄성, 성(性)의 선물로서의 의미를 불어넣

113 *Love and Responsibility*, pp. 186–93 참조.

114 *CCC*, no. 2524.

는 것이 훨씬 현명한 처사가 될 것이다. 왜냐하면, 몸에 대한 진리를 인식하고 이해하게 되면, 몸이 음욕에 의해 값싸게 취급되길 바라지 않을 것이기 때문이다. 이러한 진리를 이해하고 남성의 성 심리에 관해 조금이라도 교육을 받게 된다면, 여성은 자신이 어떻게 입는가에 따라서 남성을 음욕으로 이끌 수 있다는 사실을 내면적으로 알게 된다. 그리고 여성은 자연스럽게 자신의 존엄성을 보호하는 방식으로 옷을 입고자 할 것이다.

덕(德)으로서의 순결, 선물로서의 순결

다른 모든 덕목처럼 순결 역시 개인적인 노력이 요구된다. 그러나 궁극적으로 인간은 결코 스스로 순결해질 수 없다. 순결은 하느님의 선물이며 이 선물을 받기 위해서는 자기 자신을 열어야 한다. 교황은 순결을 "인간 존재의 새로운 가능성, 성령의 선물로서의 열매"(TOB 56:1)로 묘사한다. 때문에 순결은 단지 덕, 윤리적 요청만은 아니며, 성령의 선물로서 은사의 특징을 지닌 것이기도 하다.[115] 바오로의 가르침 안에서 '덕, 선물'이라는 순결의 두 가지 특징은 성령의 칠은(七恩)과 밀접하게 연결되어 제시된다. (이사 11:1–2 참조) 요한 바오로는 순결에 가장 가까운 것으로 '효경의 선물'을 지목한다.[116] 효경의 선물은 하느님의 계획에 대한 존경을 나타내는 것으로 하느님께서 주신 선물이다. 성령의 선물인 효경은 "특별한 방식으로 순결을 돕는다. 즉, 창조와 속량의 신비로 갖게 된 몸의 존엄성에 민감하도록 만들어 준다." (TOB 57:2)

사도 바오로는 하느님께서 우리에게 주신 몸의 존엄성에 대한 경외

115 *CCC*, no. 1810 참조.

116 교황은 "효경의 선물이 몸 신학에서 별로 다뤄지지는 않았지만 그럼에도 특별히 심화할 가치가 있다."(TOB 57:3)고 말한다. TOB 58:7; 89:1-3, 6; 95:1; 126:4; 131:2; 132:1, 6에서 자세히 다룬다.

심과 존경심을 일깨우려고 노력한다.

> 몸은 불륜이 아니라 주님을 위하여 있습니다. 그리고 몸을 위해 주시는 분은 주님이십니다. 여러분의 몸이 그리스도의 지체라는 것을 모릅니까? 그런데 그리스도의 지체를 떼어다가 탕녀의 지체로 만들 수 있겠습니까? 결코 그럴 수 없습니다. 그러나 주님과 결합하는 이는 그분과 한 영이 됩니다. 사람이 짓는 다른 모든 죄는 몸 밖에서 이루어지지만, 불륜을 저지르는 자는 자기 몸에 죄를 짓는 것입니다. 여러분의 몸이 여러분 안에 계시는 성령의 성전임을 모릅니까? 그 성령을 여러분이 하느님에게서 받았고, 또 여러분은 여러분 자신의 것이 아님을 모릅니까? 하느님께서 값을 치르고 여러분을 속량해 주셨습니다. (1코린 6:13-20)

바오로 사도의 코린토 1서 말씀은 정숙하지 못함을 죄라고 "낙인 찍는다." 몸의 거룩함에 반하는 죄이자 불결함의 죄라고 낙인 찍는 것이다. 이는 강한 어조의 말씀이다. 교황은 "과감한 표현"(TOB 56:5 참조)이라고 말한다. 그러나 성령에 가득 차서 효경의 선물로 사는 바오로 사도는 자신이 무엇을 말하고 있는지 잘 알고 있다. "몸의 속량으로 인하여 몸의 거룩함에 새로운 준거가 세워졌다. 그리스도 안에서 그리고 그리스도를 위해서 세워진 것이다. 말씀이 사람이 되신 성자의 육화로 인해 모든 인간 몸에 새로운 존엄성이 새겨졌다. 그리스도 안에서 인간의 몸-영혼과 말씀이신 성자의 인격을 일치시켰기 때문이다." (TOB 56:4 참조) 이 일치를 통하여 즉, 말씀이신 성자와의 혼인을 통하여 인간 몸은 성부와 성자 사이에 영원히 교환되는 축복과 사랑, 다시 말해서 성령에 참여하게 된다.

요한 바오로 2세 교황은 성령이 인간의 몸과 영에 임하는 것은 그리스도에 의한 속량의 열매라고 말한다. (TOB 56:3 참조) 모든 인간(새로운 피조물)은 하느님으로부터 자신과 자신의 고유한 몸을 속량의 선물로 받는다. 이는 성령의 선물이며 동시에 인간 고유성의 회복이라는 "새로운 이중의 선물"이다. 육의 죄는 "몸에 대한 모독"일 뿐만 아니라 성령을 모시는 "성전에 대한 모독"이라고 사도 바오로는 강한 어조로 말한다. 사도 바오로의 엄격한 말씀이 어떤 이들에게는 몸과 성을 평가 절하한 것으로 비춰질 수도 있다. 그러나 사실은 그 반대이다. 그의 엄격한 어조는 하느님께서 인간의 몸과 성에 부여하신 비할 데 없는 존엄성을 보호하고 확실히 하기 위한 것이다. "말씀이 사람이 되심을 통하여 인간 몸은 모두 "초월적인 차원"으로 새로이 고양되었다. 그러므로 모든 그리스도인은 '자신의' 몸뿐 아니라 다른 사람의 몸에 대한 행위를 할 때 이 사실을 잊어서는 안 된다." (TOB 56:4)

"여러분의 몸은 여러분이 하느님께로부터 받은 성령이 계신 성전이라는 것을 모르십니까? 여러분의 몸은 여러분 자신의 것이 아닙니다. 하느님께서는 값을 치르고 여러분의 몸을 사셨습니다." (1코린 6:19-20) 코린토 1서의 말씀은 속량에 대한 생생한 깨달음이다. '값을 치르고 샀음'을 인식함으로써 우리는 몸을 '거룩하고 명예롭게 지배'할 수 있게 된다. 사도 바오로는 "부도덕을 피하라!"고 말씀하신다. 자기 지배를 회복하게 되면 반드시 그렇게 해야 한다. 그러나 사도 바오로는 그 이상을 요구한다. "자기 몸을 '거룩하게 대하며 존중하는 것'은 언제나 그 사랑에 대한 보다 깊은 경험 안에서 열매를 맺는다. 그 사랑은 하느님의 모상에 따라 '한 처음부터' 이미 인간 전체 안에 그리고 인간의 몸 안에 새겨져 있다." (TOB 57:3) 따라서 바오로 사도의 말씀은 "몸의 혼인적 의미와 선물의 자유에 대한 경험에 보다 완전하게 접근할 수 있도록 우리의 마음을 열어 줌"(TOB 57:2)을 의미한다.

자유가 새로운 에토스의 핵심임을 언급한 바 있다. 음욕의 지배로부터 벗어날수록 우리는 진정한 마음의 순결을 알게 된다. 그러나 그리스도 안에서의 자유는 결코 '자유 자체를 위한 자유'가 아니라 '사랑을 위한 자유'이다. 자유 안에서만 순결과 순결이 드러내는 사랑의 유기적 관계를 심화할 수 있다. 교황의 말씀처럼 "순결은 사랑의 전제조건이다. 순결은 인간 마음에 있는 사랑의 내면적 진리의 차원이다." (TOB 49:7) 다른 사람에게 자신을 진실한 선물로 내어주는 자유가 함께하지 않는다면 사랑은 불가능할 것이다.

그리스도께서 자유를 인간의 소명으로 직접 선포한 예가 드물기 때문에 우리는 종종 자유를 불가능한 것으로 생각할 수도 있다. 혼인 전 순결을 지키기로 약속한 약혼 커플을 예로 들어보자. "정숙함"을 지키기 위해 둘만의 시간을 많이 갖지 않아야 한다고 생각할 수도 있다. 둘만 있으면 성을 통제할 수 없을 것이라고 두려워할 수도 있다. 물론 그럴 수도 있겠으나, 이것은 그리스도가 우리를 자유롭게 하신 그 성숙한 자유는 아니다. 성숙한 자유의 성취는 명백한 하나의 과정이다. 자신의 약함에 대해서 올바르게 인식하고 있는 커플이 그들의 약함에 합당한 행위를 하는 것은 칭찬받을 만하다. 그러나 그들은 그리스도께서 더 깊은 자유를 요청하심을 인식해야 한다.

한 번 생각해보자. 혼전 성관계의 기회를 갖지 않는 것만이 그들이 정숙하게 살 수 있는 유일한 방법이라면, 그들 마음에서 일어나는 욕망은 무엇이라 말할 수 있겠는가?[117] 과연 그들은 자유롭게 선(善)을 선택한 것일까? 그들의 사랑은 자유로운 것일까? 상상력을 활용해 보자. 만일 남자와 여자가 죄를 짓지 않게 하려고 서로 다른 나무에 그들을 묶어 둘 필요가 있다면, 그들은 자유로운 것이 아니라 속박에 묶인 것이다. 앞서 언급한 것처럼, 만일 우리가 죄 때문에 우리의 자유를 묶어 둔다면, 사랑하기 위해 필요한 자유도 같은 방식으로 묶어 두는 것이다. 이와 같은 접근 방식은 자유의 결여를 '정당화'하는 방법이기 때문에 혼인을 보는 태도로서는 더 위험하다고 할 수 있다. 이 경우 결혼 초야는 그들을 억압한 사슬을 끊는 데 "필요한" 순간이 되어 버린다. 선(善)을 선택하기 위해 결혼하기 전까지 자

117 *CCC*, nos. 1768, 1770, 1775, 1968, 1972 참조.

유롭지 않았다가 혼인 제단 앞에 설 때 갑자기 자유롭게 될 수는 없다.

요한 바오로 2세는 이미 이에 대하여 충분히 명백하게 이야기한 바 있다. 결혼은 음욕을 정당화 하는 도구가 아니며, 여기에서 말하는 욕망은 선물의 자유를 결여한 성적 욕망이다. 자유로운 남자와 여자로 살아가기 위해서, 생각과 삶 그리고 가치 평가에 대하여 근본적인 패러다임의 전환이 필요하다. 어쩌면 음욕을 통제하고 선을 선택할 수 있는 자유를 믿는 것이 위협적일 수 있다. 오히려 우리 자신을 불신하고 계속해서 우리의 마음을 의심에 두는 것이 더 쉬울 수도 있다. 그러나 이것은 삶의 의미에 반(反)하는 것이다. 우리는 인생의 항해에서 그리스도께 시선을 고정하며 물위를 걷도록 초대받았다. 많은 그리스도인들은 침몰할까 두려워서 배 안에 머물러 있는 듯 보인다. 어쩌면 그 편이 "더 안전"하게 보일 수 있다. 배를 떠나지 않는 한 결코 물에 빠질 일은 없을 것이기 때문이다. 그러나 배를 떠나지 않는다면 우리는 결코 물 위를 걸을 수 없다. 배 안에 거주하면서 삶의 진실을 찾을 수는 없지 않는가! 삶의 진실은 오직 파도와 바람이 부는 물 위에서만 즉, 믿음을 갖고 주님께 시선을 고정하고 걷는 것을 배우는 드라마 안에서만 발견할 수 있다. 사랑을 배운다는 것은 언제나 위험을 동반한다. 그 어디에도 "안전"한 것은 없다. 오히려 우리 자유를 속박하는 굴레를 벗어 던져버리고, 가라앉을 위험을 감수하면서, 배 밖으로 뛰쳐나오는 것이 낫다. 베드로와 함께 했던 예수님께서 말씀하셨다. "오라!" 그렇다. 우리는 물에 빠질 수 있다. 그러나 만일 우리가 물에 빠진다면, 베드로에게 하셨던 것처럼, 자비의 구원자께서 우리도 그렇게 구원해 주실 것이다.

몸에서 빛나는 하느님의 영광

사도 바오로는 "여러분의 몸은 여러분의 것이 아닙니다. 하느님께서 값을 치르고 여러분을 속량해 주셨습니다."라고 말한 뒤, "그러니 여러분의 몸으로 하느님을 영광스럽게 하십시오." (1코린 6:20) 라는 의미심장한 권고로 코린토 1서 6장을 끝맺고 있다. 요한 바오로 2세에 따르면 성령의 덕, 성령의 선물인 순결은 "몸을 통해 상호 인격적 관계 안에서 완전한 존엄성을 불러일으키며 이로써 하느님 자신이 영광스럽게 된다. 따라서 순결은 하느님 앞에서 인간 몸의 영광이다. 또한 순결은 인간 몸을 통한 하느님의 영광이다." (TOB 57:3) 순결하고 참된 상호 관계를 맺는 남자와 여자는 그들 몸 안에서 하느님을 영광스럽게 한다. 순결은 그들의 상호 관계를 질식시키는 것이 아니라, 그들이 갈망하였던 참된 친교 즉, 하느님과의 친교를 닮은 참된 일치로 들어갈 수 있도록 한다. 서로 함께 하는 삶의 모든 영역에 스며드는 "고유한 아름다움"을 경험한다. 이 아름다움은 그들 스스로가 "인격적 신뢰에 대한 단순하고 심오하며 진실되고 반복될 수 없는 확고한 진정성"(TOB 57:3)을 표현하도록 한다. 이와 같이 순결은 남성과 여성, 남편과 아내로 하여금 첫 남자와 첫 여자가 둘 다 벌거벗었으나 부끄러움을 느끼지 않았던 "복된 한 처음"의 그 무엇을 재발견할 수 있도록 한다.

그리스도를 통한 몸의 속량에 우리를 내어 맡길수록 죄에 물든 모든 것은 순결하게 된다. 순결이 '우리의 마음은 음욕에 맡겨질 수밖에 없다'는 의심을 없앨 때, 우리는 새로운 눈으로 전 우주를 바라보게 될 것이다. 이때, 우리는 하느님의 전망이 갖는 원초적인 선을 다시 회복하고 하느님께서 만드신 모든 것은 "보시니 매우 좋았다!"의 의미를 깨닫는다. 요한 바오로 2세는 다른 저서에서 이와 같이 말한다. "그리스도와의 일치를 이룰수록 모든 것에서 하느님을 발견할 수 있고, 모든 것 안에서, 모든 것을 통해 하느님과 친교를 이룰 수 있다. 우리가 정화의 과정에 머물 때 우리에게 위협이었던 것이 일치 안에서는 더 이상 위협으로 다가오지 않게 된다. 이 과정에서 피조물로서의 인간은 창조주 하느님께서 주신 참된 빛을 회복할 수 있다. 뿐만 아니라 이 과정에서 하느님께서는 우리를 당신이 계시한 방식으로(성부, 구세주, 그리고 배우자로서의 하느님) 이끈다."[118]

순결과 지혜: 깨끗한 사람들에게는 모든 것이 다 깨끗합니다.

사도 바오로는 "하느님을 보는" 능력인 순결에 대한 그리스도의 말씀이 종말론적인 의미를 포함할 뿐만 아니라 이미 현세에서의 열매 맺음도 포함하고 있다고 설명한다. 이는 디도에게 보내는 서간에 잘 드러난다. "깨끗한 사람들에게는 모든 것이 다 깨끗합니다. 그러나 더러워진 자들과 믿음이 없는 자들에게 깨끗한 것이라고는 하나도 없습니다. 그뿐만 아니라 그들은 정신도 양심도 다 더러워졌습니다. 그들은 하느님을 안다고 말은 하지만 행동으로는 하느님을 부인하고 있습니다." (디도 1:15–16) 교황은 바오로 사도의 말씀이 일반적 의미에서의 윤리적 선(善) 뿐 아니라 성 윤리라는 구체적 윤리에도 적용할 수 있다고 말한다. 이 짧은 두 문장을 통해, 사도 바오로는 총체적인 우주에 대한 우리의 관점이 우리 마음의 순결함 혹은 부족함에 따라 움직인다는 사실을 보여주고 있다.

불결함은 눈을 가리는 무분별함의 원인이다. 불결함은 하느님의 창조에서 은총을 보지 못하도록 막는다. 특히, 성과 몸의 벌거벗음 안에 내재하는 하느님의 은총을 보지 못하게 한다. 무분별은 순결을 불가능한 것으로 의심하도록 속박한다. 순결한 사람들의 자유를 보며 오히려 이를 죄에 빠진 것으로 비난하도록 만든다. 이러한 사고방식에 따르면 죄를 피하는 유일한 때는 자유를 억압할 때이다. 이들은 자유를 즉, '속박에서 벗어나게 하는 것' 자체를 죄에 빠지는 것으로 이해한다. 몸에 대한 이와 같은 접근 방식은 그리스도교적 거룩함과 일치하는 듯 보일 수 있다. 그러나 그것은 요한 바오로 2세 교황이 "신앙의 초자연적인 현

118 *Memory and Identity*, p.30.

실주의"(TOB 56:5)와 "성령 안에서 다시 태어남의 인간학"(TOB 57:5)이라고 부르는 것을 부정하는 것이다.

이와 같은 무분별함은 하느님께서 세우신 실재를 바라볼 때 성사적, 신비적 전망을 깨닫지 못하는 지혜의 부족을 드러낸다. 요한 바오로 2세 교황에 따르면 "순결은 사실상 지혜를 찾고 그것을 따르기 위한 조건이다." (TOB 57:4) 교황은 "내 온 마음을 지혜에 기울였으며 마침내 순결 속에서 지혜를 찾아냈다." (집회 51:20)를 인용한다. 순결한 사람들은 현실을 있는 그대로 매우 좋게 본다. 지혜는 순결한 사람들 안에 창조주를 향한 경외와 놀라움을 불어넣는다. 지혜는 순결한 사람들 안에 "주님을 경외함"을 불어넣는다. 잠언서는 주님을 경외함이 모든 지혜의 시작이라고 말한다. (잠언 1:7 참조)

요한 바오로 2세 교황은 구약의 지혜서가 어떤 측면에서는 마음의 순결에 대한 바오로의 교의를 미리 준비한 것이라고 지적한다. 사실, 성령의 덕이자 성령의 선물이라는 순결의 이중적 의미는 이미 지혜서의 본문에서 그 윤곽을 드러내고 있다. 순결의 덕은 지혜에 봉사하며, 지혜는 성령의 선물을 받아들이도록 준비시킨다. 이 거룩한 선물은 인간의 덕을 강화하고, 인간은 지혜 안에서 순결한 삶의 결실을 향유한다. (TOB 57:4 참조)

7. 마음의 순결에 대한 복음-어제와 오늘

1981년 4월 1일 수요교리(TOB 58)에서, 요한 바오로 2세는 지금까지의 교리를 간략히 요약한다. 혼인과 관련하여 하느님의 '원계획'에 대한 그리스도의 말씀과 산상수훈에서 다루는 음욕에 대한 말씀은 "몸 신학에 대한 윤곽을 그릴 수 있도록 한다." (TOB 58:1) 지금까지 우리는 인간성이 바로 신학의 기초임을 배울 수 있었다. 이는 하느님에 대한 진리를, 더 구체적으로 말한다면 예수 그리스도 안에서 사람을 만드신 하느님의 진리를 토대로 한다. 그러므로 정합적 인간학은 궁극적으로 신학적 인간학이어야 하며, "몸의 신학"이 되어야 한다. 오직 말씀이 사람이 되신 신비 안에서만 인간의 신비는 빛을 받는다.[119]

요한 바오로 2세 교황의 말씀처럼 인간의 성소는 "하느님의 모상인 인간 인격이 갖는 영원한 신비로부터 흘러나온다. 인간 인격은 남성성과 여성성이라는 가시적이고 육체적인 사실 안에서 하느님의 모습이 육화된 것이기 때문이다." (TOB 58:2) 이것이 바로 몸의 위대한 존엄성이다. 몸은 사랑이신 하느님의 신비를 드러낸다. "역사적 인간"은 원죄로 인하여 몸의 신학이 제시하는 진정한 관점을 상실하였다. 그렇기 때문에 그리스도께서는 "웅장한 복음적 표현"을 통해 남자와 여자의 "태초의 일치에 대하여" 그리고 "음욕에 차서 바라봄"에 대하여 말씀하신 것이다. 그리스도께서는 이 말씀을 통해 욕정의 인간으로 하여금 몸의 원초적 경험을 상기하도록 촉구하신다. 교황은 그리스도의 말씀이 매우 현실주의적임을 확인한다. 그리스도의 말씀은 인간 마음을 원초적 순수 상태로 되돌리려는 시도가 아니라 죄의 상태에 있음에도 불구하고 가까이 갈 수 있는 마음의 순결에 이르는 길을 알려주려는 것이다. (TOB 58:5 참조)

순결에 관한 요한 바오로 2세 교황의 묵상을 요약하면, 순결은 마음으로부터의 간음과 정반대의 의미이다. 순결은 하느님 전망이 갖는 원초적 선에 따라 몸과 성의 선(善)을 깊게 인식하고 이를 긍정하는 것이다. 그리스도께서 바라시는 순결은 단순한 절제가 아니다. 그리스도인

119 *Gaudium et Spes*, 22 참조.

의 순결은 "인간 몸의 원초적 존엄성을 더욱 완전히 발견할 수 있는 길을 여는 것이다." (TOB 58:6) 순결은 먼저 절제로 드러나며, "사람의 마음 안에서 성숙을 거듭하여 마침내 완전한 진리 안에서 몸의 혼인적 의미를 발견하고 긍정할 수 있게 한다. 이 진리는 내면적으로 알 수 있어야 한다. 그리고 어떤 측면에서 이 진리는 '마음으로 느껴져야 한다.' 그래서 남자와 여자가 상호관계의 질서 안에서, 심지어는 단순한 바라봄에 있어서도 참된 혼인적 의미를 회복하여야 한다. 성숙한 순결 안에서 인간은 "성령께서 주신 선물의 효능"을 경험한다. 그래서 자신의 몸을 통하여 인격의 신비, 주체성에 도달한다. 나아가 "음욕의 극복에 따른 결실을 향유한다." 이 승리로 우리 몸의 경험은 "가장 단순하며, 가장 명백하고 가장 내적인 기쁨"(TOB 58:7)을 회복한다.

이 같은 기쁨은 음욕에 탐닉하여 얻은 순간적 만족과 차원이 다른 기쁨이다. 요한 바오로 2세는 음욕에 관한 그리스도 말씀을 다음과 같이 묵상한다. "욕정에 만족하는 것과 자기 지배를 통해 자신을 온전히 더 알게 되는 것은 별개의 문제이다. 후자의 경우에는 타인에게 자기 자신을 더욱 충만하게 선물로 내어 놓을 수 있다. 그리스도의 산상수훈 말씀은 마음을 이러한 기쁨에 향하게 한다. 이 기쁨을 발견하고 다른 이들에게 주기 위해 그리스도의 이 말씀에 우리 자신, 생각, 행동을 내어 맡겨야 한다." (TOB 58:7)

몸의 신학 그리고 몸의 교육학

1981년 4월 8일 일반 교리(TOB 59)에서 요한 바오로 2세는 역사적 인간에 대한 자신의 성찰을 마친다. 우리는 인간 마음에 대하여 고찰하면서 인간 마음에 다음이 새겨져 있음을 배웠다. "가장 내면적인 그리고 어떠한 면에서는 가장 본질적인 역사의 구조가 우리 인간 마음에 새겨져 있다. 이는 선과 악의 역사이며 동시에 구원의 역사이다. 구원의 말씀은 복음이고 구원의 힘은 성령이다. 이 모든 것은 진실한 마음으로 복음을 받아들이는 사람에게 주어진다." (TOB 59:1)

요한 바오로 2세는 "몸의 신학"이라고 부르는 정합적 인간학을 설립하셨다. 그의 교리는 인간 존재에 대한 교육과 가르침을 제공한다. 교육을 목적으로 하는 교육학은 인간성의 필수조건이 무엇인지를 정하고 그 실현에 이르는 방법을 제시한다. 이것이 바로 몸의 신학의 목표이다. 요한 바오로 2세가 분석한 순수한 사람과 욕정에 빠진 사람에 관한 그리스도의 말씀은 "간결하면서도 매우 완벽한 방법으로 몸에 대한 교육학을 담고 있다." (TOB 59:2) 그리스도 말씀의 "가장 근원적인 뿌리"에 대한 분석을 통해 창조주께서 인간에게 몸과 성의 선물을 통해 소명을 부여하셨음을 배웠다. 그것은 인간에 대한 진리와 인격에 대한 존엄성의 진리를 발견하는 것이며, 속량을 받아들이고 순결 안에서 성숙하는 것이다. 이를 통해 우리는 자기 자신을 실현하고 다른 사람에게 자신을 신실한 선물로 내어 주어 그들에게 기쁨을 줄 수 있다. 자신의 몸을 신실한 선물로 내어주는 행위를 통해 참된 상호 인격적 친교가 가능하기 때문이다. 이 소명은 특히 혼인 안에서 수행할 수 있으나 그렇다고 해서 혼인만이 자기-증여의 소명을 사는 유일한 길은 아니다.

몸과 성에 대한 소명은 생명과 삶의 진실한 의미를 발견하고 그에 따라 사는 것이다. 즉, "복음에 대한 총체적 시각, 모든 복음의 가르침, 사실상 그리스도의 사명 전체"(TOB 49:3)를 받아들이는 것이다. 우리가 앞에서 배운 것처럼 만약 우리가 몸에 관한 "소명"에 따라 산다면 즉, 우리의 마음, 성적 흥분의 모든 흔적을 거슬러 그 원천을 따라간다면 우리는 영원성의 경계에서 하느님의 삼위일체 신비를 바라보고 있는 우리 자신을 발견할 수 있을 것이다. 이 여정을 통해서 남자와 여자는 자신이 누구인지 발견한다. 몸에 드러난 하느님의 계시를 통하지 않고서 자신을 발견하는 것은 불가능하다. 이런 이유로 요한 바오로 2세는 "몸의 신학을 몸의 교육학 즉, 몸에 관한 인간 교육(이라기보다는 자기교육)에 있어서 가장 적합한 방법론의 기초"(TOB 59:3)라고 단언한다.

이것은 교황이 몸의 신학에 대한 설명으로 주로 인용하는 핵심 문구 중 하나이다. 몸의 신학은 성과 혼인에 대한 '단순한' 교리가 아니다. 성과 혼인에 관한 진리는, 인간이 되는 것이 어떤 의미가 있는지를 이해하기 위한 핵심이다. 요한 바오로 2세의 "몸의 신학," 몸에 대한 교육학은 혼인 생활의 성사성을 다룰 뿐 아니라 "인간 생활의 성사성"(TOB 59:7 참조) 자체를 다루고 있다. 만약 욕정이 우리 마음을 지배하고 인격의 존엄성을 침해한다면, 우리는 결코 삶의 진리를 이해하며 살아갈 수 없을 것이다. 그러므로 몸의 교육학은 성(性)에 대한 윤리적 질서를 충분히 설명하고 남자와 여자가 이 윤리적 질서를 기쁘게 받아들일 수 있는 방법을 가르치는 인간학을 제시해야 한다.

몸의 영성

현대인들이 직면한 가장 큰 위협은 영육 분리에 대한 관념일 것이다. 인간은 하나의 인격으로서 영적이다. 그러나 몸은 "인격의 표징 즉, 영혼을 드러내는 표싱"(TOB 59:3)으로 이해하여야 한다. 사실, 인간의 몸은 영혼에 주어진 소명이며 그 소명은 남성성과 여성성의 충만한 진리 안에서 드러난다. 이 때문에 요한 바오로 2세는 몸의 신학을 "몸의 영성"이라고 말한다. "영성적" 삶을 산다는 것은 결코 몸을 얕보거나 경멸하는 삶이 아니다. 성숙한 영성을 산다는 것은 선물로서의 남성성, 여성성에 더 통합된 삶을 산다는 의미이다. 원초적이며, 풍요롭고 원대한 기록함의 경험에 더 가까이 다가가는 것이다. 요한 바오로 2세 교황의 밀씀과 같이, 이 거룩한 경험은 남자와 여자가 둘 다 벌거벗었으나 부끄러움이 없었다는 사실로 이미 증거되었다. 거룩함은 확실히 영적이다. 그러나 그것은 몸 안에서 "느끼는 것"(TOB 19:5 참조)이다. 영적 성숙은 몸에 맞는 타당한 혼인적 의미를 재발견하는 것과 긴밀한 관계가 있다. 영적으로 성숙한 인간은 몸의 혼인적 의미를 이해하며, 알고, 자신의 마음 안에서 느끼며, 그 의미를 살아간다. 이것이 바로 결혼한 남자와 여자뿐 아니라 모든 사람이 복음의 메시지를 육화하는 방법이다. 우리는 이러한 방식으로 우리의 몸을 영적인 삶에 올려 놓는다.

이와 같은 근본적인 육화는 현대의 물질주의적인 관점과는 완전히 대조를 이룬다. 오늘날 사람들은 몸과 영의 내면적 분리를 사실상 당연한 것으로 간주한다. 교황이 지적한 바에 따르면, 현대과학의 총체적 발전은 인간 복지에 많은 기여를 했음에도 불구하고 인간의 몸과 영혼의 분리를 토대로 몸이 갖는 인격적 의미, 존엄성을 박탈한다. 그렇기 때문에 인간은 몸을 더 이상 주체적으로 인식하지 못한다. 이러한 환경 안에서 인간의 몸은 조종의 대상으로 취급될 뿐이다. (TOB 59:3 참조)

이러한 맥락 안에서, 요한 바오로 2세는 성교육을 언급한다. 성 기능에 대한 생물학적 지식은 충분한 영적 성숙에 도달한 인간에 한하여 그가 몸의 진정한 혼인적 의미를 발견하는 데 도움을 줄 수 있다. 그러나 경험에서 알 수 있듯이 만약 영적 성숙이 없다면 생물학적 지식은 오히려 역효과를 낼 수 있다. 우리는 여기서 두 가지의 중요한 점을 발견할 수 있다. 첫째, 교황은 노골적으로 몸의 성적 기능에 대한 가르침을 비난하는 것이 아니다. 단, 영적으로 성숙하지 못한 사람에게 생물학적인 지식의 범람은 바람직하지 않다고 본다. 둘째, 우리는 영적으로 미성숙한 사람들의 성숙한 성장을 위해 그들이 몸의 혼인의 의미를 발견하도록 도와주어야 한다. 성에 대한 진정한 교육은 몸의 신학 안에서 이루어져야 한다. 몸의 신학이야말로 인간의 의미 안에서 이루어지는 가장 적합한 교육이기 때문이다.

그리스도 말씀을 현대사회에 적용하는 교회

교황은 교회의 혼인과 성 윤리 가르침에 대한 현대 사회의 비판을 몸에 대한 다양한 관점 안에서 다루어야 한다고 말한다. 논란의 핵심은 바로 『인간 생명(*Humanae Vitae*)』 회칙의 가르침이다. 교회의 가르침은 그리스도의 말씀을 바로 지금 이곳에 적용하는 데 그 목적을 둔다. 따라서 "이와 같은 관점에서 우리는 현대 교회의 가르침을 현명하게 숙고할 필요가 있다. 이에 대한 충분한 이해와 해석 그리고 실천적 적용, 정확히 말하자면 교육방식을 위한 몸의 신학에 대한 깊은 이해가 필요하다. 왜냐하면 몸의 신학은 그리스도의 핵심 말씀에서 이끌어낸 것이기 때문이다." (TOB 59:5)

이러한 진술과 함께, 교황은 몸의 신학의 핵심 목표를 밝힌다. 몸의 신학을 통하여 성에 관한 교회의 가르침 특히 모든 성윤리의 요점인 인공 피임에 대한 교회의 가르침에 대한 충분한 이해를 제시한다.[120] 더욱이, 그는 교회의 가르침에 대한 이해는 그리스도의 말씀으로부터 나온다는 것을 명확히 한다. 교회의 가르침은 교회 전승이 성윤리를 이해하는 데 중점을 두었던 자연법뿐만 아니라 하느님이 거룩한 계시 안에도

120 다소 과장이라고 생각하는 사람들도 많이 있겠지만, 역사를 통틀어 수많은 현명한 남자와 여자들은 성적 쾌락과 출산의 내적 연계의 분리가 모든 종류의 성 행위를 정당화하는 시발점이 되었다고 본다. 앞에서 살펴본 바와 같이, 지그문트 프로이드의 "생산적 기능의 포기는 모든 성적 왜곡의 공통점"이라고 말한다(*Introductory lectures in Psychoanalysis*, p. 266) 이 발언의 내적 논리는 매우 명확하다. 즉, 성적인 관계가 반드시 출산과 관련이 없다고 한다면, 성적인 흥분의 최고조는 부부관계에 국한할 필요가 없지 않겠는가? 고의적으로 출산을 막는 성행위를 수용하는 이와 같은 논리를 따라가보면 불륜, 간음, 간통에서 남색, 수간 등에 이르기까지 오르가즘을 위한 모든 수단 방법을 다 수용하는 것으로 끝난다.

뿌리를 두고 있다. 요한 바오로 2세가 교리에 대한 주석에서 이미 언급한 바와 같이, 거룩한 계시를 통해 "자연법적 개념이 신학적인 의미"도 갖기 때문이다. (TOB 25, n. 39)[121]

몸의 신학의 중요성에 대한 위의 진술은 교황의 몸의 신학 프로젝트가 갖는 핵심을 드러내는 것일 뿐만 아니라 그가 교회를 위하여 수행한 위대한 소명의 요약이기도 하다. 새로운 복음화 안에서 복음을 육화하고 그리스도의 말씀을 실천하기 위해서, 교회는 그리스도 말씀이 갖는 "몸에 관한 깊은 신학적" 의미를 이해해야만 한다. 새로운 복음화의 중심에 그리고 사랑과 생명의 문화 건설의 핵심에는 혼인과 가정이 있다. 그리고 혼인과 가정의 중심에는 몸과 생명에 관한 진리가 있다. 요한 바오로 2세가 몸의 신학을 그의 교황직 첫 소임으로 계획한 것은 그것만이 가정과 교회 그리고 세계를 새롭게 하기 위한 타당한 출발점이라고 보았기 때문이다. 교황이 너무나도 잘 간파한 것처럼, 우리가 "인간의 윤리와 문화의 가장 깊은 심층부"(TOB 45:3)로 진입하지 못해 성윤리의 진리 특히 『인간 생명(*Humanae Vitae*)』이 전하는 진실한 가르침을 수용할 수 없다면, 새 복음화의 쇄신은 결코 실현되지 못할 것이다.

몸의 신학의 심도 있는 연구는 육화와의 재결합을 의미한다. 즉, 복음 말씀이 우리의 살과 뼈에 침투하도록 함으로써 육화의 의미를 살아가는 것이다. 또한 우리의 몸은 인격의 신비와 하느님의 무한신비를 드러내는 성사라는 사실을 깨닫는 것이다. 이 복음의 육화가 우리 안에 자리할 때, 성 윤리에 관한 교회의 가르침은 억누르는 규율 목록이 아니라 우리를 자유롭게 하는 에토스이며, 구원으로의 초대일 뿐만 아니라 몸의 원초적 의미 안에서 에로스의 의미를 재발견하라는 초대임을

121 *Veritatis Spendor*(특히 no. 19)에서 알 수 있듯이, 윤리 신학에서 교황의 공헌 중 하나는 바로 윤리적 교의와 그리스도에 대한 신앙의 재결합이다. 혹자는 이를 "자연법에 대한 그리스도론적 접근방식"이라고 부른다.

깨닫게 된다. 이로써 삶의 참된 의미가 드러나며, 이것이 바로 세상을 새롭게 하기 위해 취해야 할 첫 걸음인 것이다.

부록:

예술과 미디어에서 드러나는 몸에 대한 에토스

전임 교황 바오로 6세는 『인간 생명(*Humanae Vitae*)』 회칙에서 정결 교육에 관심을 기울일 수 있는 환경을 만들 필요가 있다고 말한다.[122] 요한 바오로 2세는 네 번의 수요교리를 통해(TOB 60–63) '이미지에 대한 에토스'(TOB 63:1)라고 명한 정결교육 환경의 필요성을 사이클 2의 역사적 인간에 대한 부록으로 다룬다. '이미지에 대한 에토스'는 예술, 대중매체 문화 안에서 인간의 몸을 묘사하는 태도이다. 교황은 인간의 몸에 대한 묘사를 다루면서, "우리는 그리스도의 산상설교 말씀이 우리 자신 안에서 계속 맴돌고 있음을 발견하게 된다." (TOB 62:5)고 말한다.

인간의 존엄성을 침해하지 않으면서 예술적으로 벌거벗은 몸을 묘사하는 것이 가능할까? 교황은 아주 민감한 문제라고 말한다. 동기와 상황에 따라 매우 복잡해지기 때문이다. 네 번의 수요교리 중 세 번의 교리에서 보여준 교황의 말씀을 토대로 사람들은 교황이 예술 안에서의 벌거벗음을 전면적으로 비난한다고 생각할 수도 있을 것이다. 그러나 결코 그렇지 않다! 시스틴 성당 복원 시 교황은 과거 일부 성직자들에 의해 미켈란젤로의 작품에 덧그려져 있는 옷을 제거하여 원래의 벌거벗은 몸으로 복원해야 한다고 주장한 바 있다. 시스틴 성당 복구에 헌신

122 *Humanae Vitae*, 22 참조.

하던 당시, 교황은 이 성당을 **"몸의 신학의 성소"**라고 묘사하였다. 미켈란젤로는 창세기 2:25에 나오는 하느님 말씀에 영감을 받아 "자신의 방식으로" 부끄러움 없는 벌거벗은 인간을 볼 수 있었다. 하느님으로부터 나온 빛에 의해 인간 몸은 영광과 위엄을 유지한다. 만약 이 빛이 없다면, 인간의 몸은 어떤 의미에서는 쉽게 평가절하할 수 있는 하나의 대상으로 전락하게 될 것이다. 인간의 몸은 오직 하느님 앞에서만 옷을 벗고 벌거벗은 채 있을 수 있으며 영광과 위험을 그대로 보존할 수 있다."[123] 이때 다음과 같은 질문이 생긴다. 하느님의 시선으로 인간의 몸을 보는 것이 가능한가? 하느님의 시선과 같이 완전한 전망은 종말의 때에 가능한 것이 아닌가? 그러나 가톨릭 교회 교리서(*CCC*)는 다음과 같이 적고 있다. "깨끗한 마음을 가짐으로써, 우리는 지금부터 벌써 하느님께서 보시는 대로 모든 것을 보고, … 우리의 육체와 이웃의 육체, 곧 인간의 육체를 성령의 성전으로, 하느님 아름다움의 표현으로 감지할 수 있게 되는 것이다."[124]

교황은 예술을 통해 몸을 묘사하는 것이 "매우 민감한 문제이기 때문에 … 인간의 벌거벗은 몸을 예술작품의 주제로 할 수 없다."고 말하는 것은 아니다. 다만, 이 문제는 "전적으로 미학의 문제일 수만은 없고 또한 윤리적으로 무관한 문제도 아니라는 의미이다." (TOB 61:1) 벌거벗은 몸을 주제로 예술작품활동을 할 권리를 의심하는 것이 아니다. 단지 벌거벗은 몸을 주제로 예술작품을 만드는 것에 특별한 의무가 수반되어야 함을 강조하고자 하는 것이다. (TOB 63:4 참조)

---

123 요한 바오로 2세, 시스틴 성당 복원 축성미사 강론, 1994년 4월 8일 (*L'Osservatore Romano*, April. 13, 1994)

124 *CCC*, no. 2519.

예술작품의 영원한 주제인 벌거벗은 몸

인간의 몸은 영원히 문화, 작품의 대상이 된다(TOB 60:4 참조)는 사실에 교황은 주목한다. 성(性)과 남녀 간의 사랑은 현재에도 그리고 앞으로도 계속 예술과 문학의 주제가 될 것이다. 성경 자체도 부끄러움 없는 남녀 간의 친밀한 사랑을 아름답게 찬미하는 아가서를 포함하고 있다. 몸과 성에 대하여 언급하는 성경 말씀에서도 알 수 있듯이 몸과 성은 인간 각자 삶 안에서 그리고 문화 안에서 근본적 중요성을 가진다. 또한 "인간 인격의 내적인 그리고 외적인(가시적인) 구조 전체에 새겨져 있는 여성성, 남성성이 갖는 혼인적 의미를 이해하고자 하는 우리의 깊은 갈망"(TOB 63:3)을 드러낸다.

이 문제는 예술가들에게는 매우 어려운 도전이다. 인간의 가시적 구조인 인간의 몸을 묘사하는 예술가들은 어떠한 방식으로든 반드시 인간의 내면적 구조를 드러내야 한다. 예술은 몸의 혼인적 의미를 밝힘으로써 몸과 영혼을 통합시켜야 한다. "인간의 몸 즉, 남성성과 여성성의 모든 진리 안에서의 벌거벗은 몸은 각자 상대에 대한 선물의 의미를 갖는다." (TOB 61:1) 예술가는 반드시 "몸의 혼인적 의미가 지시하는 선물로서의 의미" 안에서 작품활동을 해야 한다. 그렇지 않을 경우, 몸의 존엄성을 침해하게 되며 이는 언제나 인간 존엄성의 침해로 이어진다. 그렇기 때문에 벌거벗은 몸에 대한 윤리 규범과 인간의 몸이 선물이라는 진리는 따로 떼어 생각해서는 안 된다.

교황은 인간의 몸이 "하느님의 선물"이라는 진리가 몸의 사적인 은밀함에서 생긴 부끄러움의 의미보다 훨씬 더 심오한 의미를 갖는다고 말한다. (TOB 61:2 참고) 선물로서의 진리에서 비롯된 규범이 존중되는 한, 벌거벗은 몸이라 하더라도 몸에 대한 존엄성은 침해되지 않는다. 그러나 이 같은 경우는 상대적으로 매우 드물다. 이 경우 "성숙하게 발달된 감성"을 필요로 한다. "어려운 일이기는 하지만 감수성이 발달한 인간은 내적 저항을 통하여 부끄러움의 한계를 극복한다." (TOB 61:3) 교황은 부끄러움의 한계를 "극복하는 것"과 "그 한도를 넘는 것"을 구별한다. 후자의 경우는 욕정을 극복한 것이 아니라 아무런 수치심 없이 탐닉하는 것을 의미한다. 이 경우 벌거벗음은 몸의 인격적 존엄성을 침해하게 될 것이다.

이미지에 대한 에토스와 바라봄에 대한 에토스

예술적 묘사를 통해 벌거벗은 몸을 객체화하는 것에는 실제적인 위험이 존재한다. 교황은 이것을 익명성의 위험으로 묘사한다. 즉, 예술적 묘사의 대상이 된 사람의 정체성을 "가리거나" 또는 "숨기는" 행위를 말한다. (TOB 60:5 참조) 특히 사진과 같은 경우 몸은 자주 '익명'의 대상이 된다. 몸이 TV나 영화 스크린을 통해 전세계로 확산될 때 더욱 그러하다. 벌거벗은 몸을 사진으로 찍는 것과 예술로 묘사하는 것은 유사해 보이지만 차이가 있다고 교황은 지적한다. 조각하거나 그림을 그리는 것은 예술가 자신의 구체적이고 정교한 작업을 거쳐서 나온다. 그러나 사진은 살아 있는 사람의 실제 이미지를 재생산하는 것이다. (TOB 60:4 참조) 그래서 사진은 그 대상이 갖는 인격의 가시성을 보장해야 할 필요가 더 많다. 그 보장이 없다면, "인간 몸은 선물로서의 주체적 의미를 상실하고 많은 이들에게 단순한 인식의 대상, 객체가 될 뿐이다." (TOB 61:1) 그러므로 몸을 묘사하는 예술가와 그 작품을 보는 사람들은 선물의 표징인 몸의 존엄성을 유지할 의무가 있음을 인식해야 한다. 여기서 교황은 "이미지에 대한 에토스"뿐만 아니라 "예술작품을 관람함(바라봄)에 대한 에토스"(TOB 63:1)를 말하고 있다.

대중매체와 예술활동에서 정결에 우호적인 환경을 조성하기 위하여 우리는 "이미지에 대한 에토스와 바라봄에 대한 에토스 사이에 상호적인 순환이 발생하고 있음"(TOB 63:7)을 인식할 필요가 있다. 양자 사이에는 상호인격적 관계에서 볼 수 있는 상호 교환이 필요하다. "진정한 인간관계에 있어 벌거벗은 몸은 인격 상호간의 소통을 위한 구체적인 원천이 된다. 이때, 벌거벗은 몸은 상대에 대한 신뢰와 증여의 표징으로써 인격과 선물의 의미를 드러낸다." 따라서 우리는 다음과 같은 교황의 결론에 이른다. "자신의 몸이 상대방에게 주어진 선물임을 자각하고 동등한 인격적인 방법으로 응납한다면,"(TOB 62:3) 그 때 몸의 벌거벗음은 더 이상 불쾌함이나 부끄러움이 아니다.

이는 사랑에 의한 혼인관계 내에서 주로 목격되지만 간혹 다른 경우에도 존재한다. 다음은 예술학과 학생들을 위한 전문 누드 모델 여성에게 들은 이야기이다. 학생들 앞에서 옷을 벗으려고 하던 중 창문에 커튼이 쳐지지 않은 것을 보고 그녀는 얼른 몸을 가렸다고 한다. 교수는 그녀에게 사과를 하고 커튼을 내렸고 그제서야 그녀는 다시 옷을 벗었다고 했다. 이 이야기 속에서 학생들 앞에서 벌거벗음은 "수치심이 없음"에서 나온 것이 아니라 "부끄러움이 없는 벌거벗음"이다. 그녀는 학생들이 자신을 "선물"로 존중해 줄 것을 믿었다. 따라서 이에 대하여 똑같이 인격적인 방법으로 응답했다. 그러나 자신의 벌거벗은 몸이 신뢰할 수 없는 모르는 사람들에게 노출될 수 있는 가능성을 깨닫자마자 수치심 그 자체가 드러나게 된 것이다.

그러나 여기에는 또 다른 문제가 발생한다. 예술가가 인간의 몸을 묘사할 때 혼인적 의미를 드러내려는 의도가 있다 하더라도, 작품을 보는 사람의 반응을 알 수 없다는 사실이다. "사실, 상대를 잘 모르는 경우 혹은 반응을 예측할 수 없는 경우 '몸의 선물성'은 중지된다." (TOB 62:3) 이 경우 몸은 전유와 남용을 위한 익명의 대상이 될 수 있다는 위험이 있다. 교황은 다음과 같이 말한다. "우리가 잊어서는 안 되는 사실은 바로 역사적 인간의 근본적인 내면은 삼중의 욕망으로 이루어져 있다는 것이다." (TOB 61:3) 속량의 에토스를 통해 이 욕정은 점차 극복될 수 있다. 그러나 안타깝게도 모두가 속량의 에토스를 받아들이지는 않는다. 타락한 세상에서 "성경의 첫 장에서 이미 알게 된 '원초적 부끄러움'은 문화와 윤리의 영속적인 요소이다."(TOB 61:2) 부끄러움의 부정적 의미가 필사의 노력으로 점차 극복된다 할지라도, 우리는 인격으로서 타인의 신비와 존엄성을 항상 존중할 수 있게 하는 부끄러움의 긍정적 기능을 잊어서는 안 된다.

예술 대(對) 외설

벌거벗은 몸을 묘사하는 예술작품들 중 성욕을 불러일으키는 목적이 아니라 "인간의 진리, 존엄성, 아름다움 즉, 여성성, 남성성으로서의 '초 관능적' 아름다움에 집중할 수 있도록 하는 방법을 사용하는 예술작품들이 있다. 그러한 예술 작품에 대하여 교황은 "그 자체 안에 승화적인 요소를 감추고 있다."(TOB 63:5)고 한다. 위대한 예술가는 벌거벗은 몸을 통해 전 인격적 신비로 우리를 인도한 뒤 순결한 마음 안에서 몸의 혼인적 의미를 이해하도록 한다.[125] 이와 반대로 일부 사진 영상 등 다른 작품의 경우 인간의 승화가 아니라 인간의 비하를 집약적으로 보여주는 경우가 있다. 인간의 몸은 그 자체로 언제나 존엄성과 분리불가의 관계이다. 외설에 반대하는 이유는 대상인 인간의 몸 때문이 아니라 인간의 몸을 묘사하는 방식 때문이다. (TOB 63:5)

벌거벗은 몸을 예술로 묘사한 것과 외설적으로 묘사한 것 사이의

125 Leo Steinberg, *The Sexuality of Christ in Renaissance Art and in Modern Oblivion* (Chicago, IL: University of Chicago Press, 1996): 르네상스 시대의 나체 작품이 몸의 신학을 드러내고 있음을 연구한 놀랍고도 도발적인 저술.

차이[126]는 예술가의 의도에 의해 좌우된다. 몸 그 자체는 언제나 객관적 존엄성을 갖기 때문에 몸에 대한 침해는 오직 의도에 의하여만 침해된다. (TOB 62:2 참조) 예술가의 작품은 "가치에 대한 그의 내적 세계" (TOB 63:4)를 드러낸다. 예술가들은 몸의 혼인적 의미를 추상적으로 이해할 뿐 아니라 내적인 삶을 통해 이를 자신의 작품에 옮길 수 있다. 경험에 따르면 예술가의 의도는 항상 확신하기 쉽다. 그러나 이때 예술가의 순수한 의도에 우리 자신의 불순함이 투사되지 않도록 조심해야 한다. 몸의 혼인적 의미를 의심하는 사람들은 벌거벗은 나체를 그린 예술가의 의도를 의심하는 경향을 보인다. 또한 그들은 벌거벗은 몸의 묘사를 외설로 간주하려 할 것이다. 시스틴 성당에 있는 미켈란젤로의 작품을 외설이라 비난하고 결국 괴상한 옷으로 덧그린 것이 바로 그러한 예이다. 이와 같이 옷을 덧그리는 행위는 우리 자신의 불결을 드러내는 행위이다. 몸을 신학적으로 즉, 하느님 신비의 계시로 볼 수 없는 우리의 무능력을 드러내는 행위인 것이다.[127]

미켈란젤로의 벌거벗은 몸은 음란물이 아니다. 미켈란젤로의 의도가 삼위일체 신비의 계시로서 갖는 몸의 혼인적 의미를 계시하는 것이기 때문이다. 그러나 성욕을 일으키고자 하는 노골적인 의도로 나체를 표현하는 음란물 제작자는 확실히 그러한 의도를 갖고 있지 않다. 음란물 제작자들은 "인간 존재에 새겨진 상호 선물과 증여의 내밀하고 항구

126 교황은 외설문학을 지칭하는 "pornography"와 외설 영상물을 지칭하는 "pornovision"을 구별한다. 영어에서 "pornography"는 외설문학과 영상물을 모두 포괄하는 의미이다.

127 시스틴 성당 복원을 담은 다큐멘터리에서 이에 대한 이야기를 다룬다. 미켈란젤로는 실제 사람들로부터 작품 속 인물에 대한 영감을 얻어 그리곤 하였다. 미켈란젤로가 자신의 나체 그림을 비난한 한 성직자의 얼굴을 모델로 최후 심판의 오른 쪽 아래에 있는 사탄을 그렸다는 것은 이미 알려진 사실이다. 성당 복원 과정에서 나체를 가리던 옷을 모두 제거하는 작업을 통해 그 성직자의 위선에 대한 미켈란젤로의 경멸이 만천하에 드러나게 되었다. 사탄을 감고 있는 나뭇가지처럼 보이던 것이 사실은 뱀이었으며 그 뱀이 심지어 사탄의 생식기를 물어뜯고 있는 것으로 드러났다.

적인 질서"(TOB 62:1)를 명백히 위반하고 있다.

외부 광고 간판에 등장하는 누드와 바티칸 성당 내부의 예술로서의 벌거벗은 몸은 음란물과 몸을 존중하는 예술작품과의 차이를("pornography"과 "spousalography"의 차이) 극명히 보여준다. 성당 안의 벌거벗은 몸에 대한 묘사를 거룩한 것이며 "가톨릭"적이라고 생각하는 사람이라고 하더라도 바티칸 성당 투어를 마친 후에는 몸의 혼인적 의미를 의심하며 마음을 바꿀 수 있다. 성 베드로 성당의 바실리카, 시스틴 성당, 그리고 바티칸 박물관에는 점잖은 척하는 사람들이 즉각적으로 "외설"이라고 부를 만한 벌거벗은 몸 그림들이 셀 수 없을 만큼 많기 때문이다. 벌거벗은 인간 몸이 "외설적"인 것이 아니다. "외설적"인 것은 욕정을 일으키려고 하는 구체적인 시도이다. 발트슈타인 교수(Waldstein)는 다음과 같이 말한다.

벌거벗은 몸에 대한 이미지들은 때로는 욕정을 일으킬 수 있고 그렇지 않을 수도 있다. … 바로 이 때문에 시스틴 성당의 천정에 그려진 벌거벗은 여인을 보는 것은 음란 비디오를 보는 것과는 매우 다른 경험이다. 사람들은 순결한 시선으로 미켈란젤로의 누드 작품을 바라보며 아름다움을 찾는 기쁨을 만끽할 수 있다. 미켈란젤로 자신도 그러한 순결한 방식으로 자기 작품의 누드 모델을 바라보았을 것임에 틀림 없다. 이는 단순한 추정이 아니라 수 많은 사람들의 경험에서 비롯된 것이다. 음란 비디오를 보는 경우에도 이와 똑같은 경험이 적용된다. 미켈란젤로의 작품을 바라보는 것과 똑같은 순결한 마음을 가지고 음란 비디오를 볼 수 있다는 가정을 할 수 있다. 그러나 아무리 자신의 욕망을 잘 지배한다고 하더라도 음란물에서 욕정을 향한 "자극"은 객관적으로 인격 존엄성을 향한 자극과 반대이다. 바로 그 때문에 설사 음란물을 욕정으로 바라보지 않는다고 느끼더라도 당장 음란물 보는 것을 멈춰야 한다. 물론 미켈란젤로의 누드작품을 보고 욕정을 느낀다면 눈을 돌려 보지 않는 것도 좋은 방법이다. 눈을 돌릴 필요가 있다는 것은 자신이 몸의 속량에 따른 삶을 살지 않고 있으며 참된 변화의 필요가 있음을 인식하기 위해 필요한 나팔소리이다.[128]

128 Michael Waldstein와 개인적으로 교환한 서신의 내용(December, 2006), 책에 게재를 위하여 Waldstein의 허가를 취득함.

교황의 말씀처럼, 음란물 제작자들은 자신들의 행위가 인간에 관한 현실주의(Realism)적 진리를 묘사한 것이라고 반박할 수 있다. 뿐만 아니라 이들은 예술 작품에서 '인간과 관련한 모든 것'에 대한 권리를 요구한다. 그러나 교황의 말씀에 따르면, 음란물이 갖고 있는 문제는 정확히 인간과 관련한 모든 것의 묘사에 실패하였다는 점이다. 인간에 대한 진리에 따르면 음란물은 비난받을 수밖에 없다. (TOB 62:2 참조) 음란물에 대한 비난은 결코 "마니교도적 사고의 산물과 같이 편협한 윤리주의의 청교도적 정신으로부터 나온 것이 아니다. 보다 더 근본적 가치와 관련된 절대적으로 중요한 문제이다. 인간성은 존엄하며 인간의 몸은 인격적 특성과 고귀함을 갖기 때문에 어느 누구도 이 문제를 무시할 수 없다." (TOB 62:5) 즉, 음란물은 인간에 대하여 너무 많이 드러내기 때문이 아니라 인간에 대하여 어떠한 것도 전혀 드러내지 못하기 때문에 문제인 것이다. 사실 음란물은 인간 인격을 은폐하고 벌거벗은 몸만 묘사한다.

몸을 외설적으로 표현하는 음란물이 난무하는 이 세상에서 우리가 할 수 있는 일은 과연 무엇인가? 미디어의 이미지를 피상적으로 소비하는 "소비자"로 머물 것인지, 아니면 남성성과 여성성이라는 인간 몸의 영광스러운 진리에 더 다가가기 위해 노력을 할 것인지 결정해야 한다. (TOB 63:7) 문제는 벌거벗음 안에서 인간 몸을 지키려 할 때 경험하는 갈망이 아니다. 그 갈망은 하느님께서 주신 열망이다. 미를 향한, 몸으로 드러내는 위대한 신비를 향한 열망이다. 문제는 그 갈망을 채우기 위해 어디로 가야 하는가에 있다. 음란물로 가득한 문화가 보여주는 쓰레기장인가? 아니면 몸 신학을 보여주는 연회장인가?

결론

예술 작품의 벌거벗음에 대한 교황의 놀랍고도 균형 잡힌 고찰을 끝으로 제2장 역사적 인간은 대단원의 막을 내린다. 우리는 인간의 기원, 원죄와 속량의 역사 드라마에 대하여 살펴보았다. "정합적 인간학"을 완성하기 위해, 우리는 인간의 영원한 운명이라는 측면에서 몸과 성의 육화를 고찰하여야 한다. (TOB 63:7 참조)

1981년 5월 6일 제2장 역사적 인간에 대한 수요교리를 마치고 정확히 1주일 후, 교황은 수요교리를 위하여 대중들이 모여 있는 베드로 광장에서 터키출신 알리 알흐카(Ali Agca)의 총격을 받는다. 수년이 흘러 이 사건에 대하여 교황은 다음과 같이 회고한다. "아흐카(Agca)는 총을 쏘는 방법 그리고 어떻게 쏴야 죽일 수 있는지 잘 알고 있었다. 그러나 마치 누군가가 그 총알의 방향을 바꾸는 것 같았다. 그리고 그분은 파티마의 성모님이셨다. 1917년 포르투갈 파티마에서 그리스도의 어머니께서 처음 시골 농가의 세 어린이들에게 모습을 드러내신 바로 그 날, 그 시각에 성 베드로 광장에서 총격 사건이 일어났다는 것을 어떻게 잊을 수 있을까? 그날 나에게 일어난 모든 일 안에서 나는 어머니의 놀라운 보호와 보살핌을 느꼈다. 그리고 그분의 사랑은 나의 목숨을 앗아갔을지도 모르는 총알보다 훨씬 더 강했다."[129]

교황 총격 사건이 파티마 성모님의 축일에 발생하였다는 사실은 대부분의 사람들이 알고 있는 사실이다. 그러나 많은 사람들이 간과한 것은 그날 오후, 몸의 신학에 대한 학문적 연구기관인 '교황청립 혼인과 가정 연구를 위한 요한 바오로 2세 대학(Pontifical Institute for Studies on Marriage and Family)'의 설립 발표가 예정되어 있었다는 사실이다. 총격

129 *Memory and Identity*, p. 159.

사건으로 인하여 1년이 지난 1982년 10월 7일에 드디어 요한 바오로 2세의 혼인과 가정 연구를 위한 대학의 공식 설립이 발표되었다. 로사리오의 성모 축일인 그날 교황은 총격에서 살아남을 기억하며 이 대학을 파티마 성모님의 보살핌과 보호에 맡겼다. 교황의 몸 신학 교리를 공부해 나가면서 교리를 계속 할 수 있도록 1981년 5월 18일 총격 사건으로부터 교황을 살리신 어머니의 손길에 특히 감사 드린다.

그리스도께서 인간 마음에 호소하시다 - 요약

1. '음욕에 차서 바라봄'은 '마음으로부터의 간음'과 같다는 그리스도의 말씀은 '속량에 대한 에토스'를 선포하는 것이다. 단순히 외적 윤리를 준수하는 것만으로는 부족하다. 선을 경험하고 실패하는 인간 마음의 내면(에토스)로부터 윤리를 준수하여야 한다.

2. 법을 완성하는 것과 준수하는 것은 결코 같을 수 없다. 법의 완성이란 진리에 대한 진정한 사랑으로부터 시작되어 법의 요구사항을 뛰어넘는 것으로 인간의 마음에서 넘쳐흐르는 정의를 말한다. 이는 "살아있는 윤리"로 우리가 인간 존재의 참된 의미를 깨달을 때 가능하다.

3. "마음"은 "내면"으로부터 인간을 정의한다. 어떤 의미에서 마음은 인격적 주체성과 동일한 것이다. 몸의 혼인적 의미를 알고 산다는 것은 바로 마음에서 시작된다. 역사적 인간에게 있어 마음은 사랑과 음욕의 전쟁터이다.

4. 요한 바오로 2세 교황은 원죄를 "선물에 대한 의심"이라고 정의한다. 인간은 "하느님이 사랑이시다"라는 사실을 부인하고 성부를 마음으로부터 밀어낸다. 마음이 하느님의 사랑을 받아들이지 못하고 거부할 때 욕정이 생긴다. 욕정은 하느님의 사랑이 부족한 상태에서 발생하는 성적 욕망이다. 마음에서 부끄러움

이 일어나는 이유는 바로 몸과 영혼의 단절을 깨닫기 때문이다.

5. 부끄러움은 모든 피조물과의 관계에서 경험하기 때문에 우주적이며, 내 안에서 경험하기 때문에 내면적이고, 상대방과의 관계에서 경험하기 때문에 관계적이다. 부끄러움은 이중적 의미를 갖는다. 남자와 여자가 몸의 혼인적 의미를 바라볼 수 없게 됨과 동시에 욕정에 빠지는 것으로부터 몸의 혼인적 의미를 보호할 필요가 발생한다.

6. "성의 두 번째 발견"으로 인해 남자와 여자는 이전과 달리 친교의 단절을 느낀다. 여자는 이러한 새로운 상황에서 특히 더욱 부담을 느끼게 된다. 남녀 모두 욕정에 사로잡히나 남자의 경우 여자를 지배하고 통제하여 불평등한 지위에 놓고자 하는 경향이 있기 때문이다.

7. 몸의 혼인적 의미는 역사적 인간에게 있어서 "마음을 측정하는 도구"이다. 그리스도께서는 인간에게 속량의 은총을 통하여 몸과 성의 진리를 되찾으라는 소명을 주신다. 욕정은 몸의 혼인적 의미를 질식시킬 뿐 아니라 습관적으로 위협한다. 마음의 왜곡을 깨닫는 것은 자기 불신이 아니다. 자기-지배로 나아갈 수 있도록 하는 것이다.

8. 선물의 은총을 유지하는 것은 남녀 모두의 책임이나 남자의 책임이 더 무겁다. 남자가 먼저 여자에게 선물을 주려고 할 때, 그는 자신의 진정한 의도를 분명히 해야 한다. 남자는 여자의 여성성을 "소유"하고자 해서는 안되며, 오직 "받을 수만 있다." 남자와 여자가 서로에게 온전히 속한다는 것은 욕정에 사로잡히는 것이 아니라 스스로를 진실한 선물로 내어 줌으로써만 가능하다.

9. 구약의 율법은 금욕에 대하여 정의하지만 예언서는 혼인계약의 신의 및 그 표징에 대하여 얘기한다. 배우자 간의 몸의 일치는 혼인을 통한 사랑의 일반적인 표징이다. 이를 이해하는 것은 인간학적, 윤리학적으로 몸 신학의 전반을 이해하는 데 있어 매우 중요하다. 요한 바오로 2세는 성윤리를 "진실한 표징"의 논리로 이해하여야 한다고 말한다.

10. 구약의 지혜문헌은 육적인 욕정에 대한 전형적인 묘사를 하며 이에 탐닉하지 않도록 피하는 방법에 대하여 설교한다. 그러나 이와 같은 방식은 근본적인 변화를 일으키는 에토스가 되지 못한다. 그러한 변화를 위해서 우리는 그리스도 안에서 속량의 선물을 기다려야 한다.

11. 주체가 어떠한 사람인지에 따라 "본다(look)"의 의미는 달라진다. "본다(look)"의 의도를 결정하는 것은 인간 존재 자체이다. 음욕을 가지고 보는 사람은 하느님의 사랑, 다른 사람, 삶이 선물임을 부인하는 것이다. 이 경우 인격의 가치는 자기만족의 대상물로 전락된다.

12. 결혼은 음욕을 "정당화"하는 방편이 아니다. 따라서 자신의 아내를 성적 본능을 만족시키는 대상으로 취급한다면 이는 아내에 대하여 마음으로부터 간음한 것과 같게 된다. 그러나 심리학적 정의는 다르다. 심리학적 정의는 남자와 여자가 어떻게 시작되었는지에 대하여 창세기의 한 처음(태초)을 기준으로 삼지 않기 때문이다.

13. 남자와 여자가 함께 하는 일치의 삶은 인간 실존의 가장 기본적인 지침이다. 친교로 부르심은 인간 윤리와 문화의 가장 깊은 내면에서 시작된다. 따라서 음욕으로부터 해방되어 선물로 내어 줄 자유는 진리의 삶을 살기 위한 전제조건이다.

14. 그리스도의 음욕에 대한 말씀을 이해하기 위해 우리는 고질적인 마니교적 습관이 우리의 생각과 판단에 뿌리 박혀 있음을 인정해야 한다. 몸과 성에 대한 마니교의 '반(反)가치적'인 이해로 그리스도교는 몸과 성의 가치를 충분히 인식하지 못하였다. 몸에 대한 마니교적인 태도는 그리스도의 순결에 대한 요청을 잘못 이해하는 함정으로 작용한다.

15. 욕정을 극복하고 참된 승리를 이루기 위한 선결조건은 순결의 성숙이다. 몸과 성이 갖는 가치와 존엄성에 대하여 고개를 돌리는 "부정적인" 순결이 아니라 그 가치와 존엄성을 인정하고 존중하는 "긍정적인" 순결로 성숙할 필요가 있다. "의심의 대가들(Masters of Suspicion)"은 이와 같이 마음을 변화시키는 속량의

힘을 믿지 못한다. 그러나 우리는 마음을 이와 같이 돌이킬 수 없는 의심의 상태로 놔두어서는 안 된다. 속량은 진리이며 인간은 진리를 통해 변화한다. 따라서 삶의 진정한 의미는 의심의 해석과 반대되는 것이다.

16. 음욕을 극복하라는 그리스도의 요청은 결코 공허한 울림이 아니다. 이는 우리 안에 남아 있는 한 처음의 은총에 대한 "울림"에 귀를 기울이라는 요청이다. 마음은 음욕보다 더 깊다. 그리스도의 말씀은 음욕보다 더 깊이 자리잡고 있는 우리의 유산이다. 그리스도의 말씀은 이 울림을 다시 살리고 우리 삶 안에서 실제적인 힘을 발휘하도록 한다. 창조의 은총은 속량의 은총 안에서 우리를 새롭게 한다.

17. 에로스적인 것과 윤리적인 것은 서로 상충되는 것이 아니다. 마찬가지로 에로스와 에토스도 본질적으로 반대되는 것이 아니다. 사실 에로스와 에토스는 모두 인간의 마음속에서 서로 만나고 결실을 맺기를 원한다. 에로스는 억제, 금기의 대상이 아니라 구원되고, 변화되고 거룩하게 되도록 정해져 있는 것이다. 에로스는 정화를 통해 진실되고 선하며 아름다운 것이 된다.

18. "감추어진 바라봄을 지키는 수호자"와 같이 우리는 마음의 깊은 충동들 중 어떠한 것이 선물의 존엄성과 친교에 맞는 충동인지를 식별해야 한다. 우리를 질식하게 하는 에로스와는 달리, 속량의 에토스는 성숙한 자발성과 고귀한 만족의 경험을 가능하게 한다.

19. 그리스도의 음욕에 대한 말씀은 몸의 속량에 대한 시각에서 나온 것이다. 이는 "복음의 전체적인 시각이고 그리스도의 사명이자 가르침의 전부"이다. 마음의 순결을 강조하는 그리스도의 말씀은 구약의 에토스를 신약의 완성으로 이끈다.

20. "복되어라. 마음이 깨끗한 자. 그들은 하느님을 볼 것이기 때문이다." 마음이 순결한 자는 몸이 하느님 신비를 드러내는 것임을 알게 된다. 그러나 이와 같은 시각을 갖기 위해 우리는 우리 안에 있는 힘의 체계를 알아야 한다. 요한 바

오로 2세는 이를 육과 성령의 투쟁으로 묘사한다. 여기서 "육"은 인간 몸을 의미하는 것이 아니라 욕정에 사로잡힘을 의미한다. 즉, 하느님의 사랑과 하느님의 시각으로부터 마음이 단절된 사람이다.

21. 신앙에 의하여 의롭게 된다는 것은 하느님의 구원 계획의 한 측면일 뿐 아니라 인간이 죄의 속박으로부터, 육의 욕정으로부터 자유롭게 되는 진정한 힘의 작용을 포함하는 것이다. 신앙에 의하여 의롭게 되는 인간은 "성령에 따른 삶"의 힘을 경험할 수 있으며, 마음과 행위의 순결 안에서 그 결실을 맺을 수 있게 된다.

22. "그리스도가 우리를 자유롭게 하는" 그 자유를 경험할 때 우리는 마음의 순결을 경험한다. 속량의 에토스는 인간 자유의 완전한 만개를 촉구한다. 죄로부터 자유롭다는 것은 마치 동전의 앞뒤와 같이 사랑할 자유가 있다는 의미이다. 따라서, 우리가 죄를 근절하기 위하여 죄를 지을 자유까지 근절한다면 이는 곧 사랑에 필요한 자유까지도 근절하는 것이 된다.

23. 자유가 부정되는 순간은 바로 자유를 구실로 "육"에 탐닉하는 순간이다. 이때 인간은 자유로운 것이 아니라 무질서한 열망의 노예가 될 뿐이다. 자유와 순결은 정숙하지 못한 행위를 삼가하는 방법을 배움으로써 오게 된다. 나아가 거룩함과 영광스러움 안에 우리의 몸을 통제할 수 있을 때 우리에게 자유와 순결이 온다.

24. 진정한 순결은 자칫 "덜 명예로운 것"으로 생각되는 몸의 지체가 실제로는 매우 영광스러운 것임을 깨닫게 한다. 순결은 윤리적 측면을 갖는다. 그러나 동시에 성령의 선물로서 그리스도의 지체라는 측면도 갖는다. 즉, 순결은 하느님의 작품에 대한 존경인 경외와 연결된다. 정숙하지 못함은 바로 경외를 침범하는 것이다. 왜냐하면 몸은 성령의 성전이기 때문이다.

25. 요한 바오로 2세는 우리 몸 안의 하느님을 거룩하게 하여야 한다고 말씀하신다. 순결은 인간의 몸 안에서 빛나는 하느님의 영광이다. 그리스도의 말씀에

따르면 순결은 “하느님을 볼 수 있는” 능력이다. 이는 종말론적 의미일 뿐 아니라 ‘지금 바로 여기에서’의 의미도 갖는다. “마음이 순수한 자에게는 모든 것이 순수하나 마음이 더럽혀지고 믿지 못하는 자에게는 순수한 것이 하나도 없다.” 마음이 더럽혀지고 믿지 못하는 자는 “신앙의 초자연적 실재”를 부인하며 “성령 안에서 새로 태어남”을 믿지 못한다.

26. 몸의 신학은 인간성의 의미를 교육하는 데 가장 적합한 기초가 된다. 몸의 신학을 통해 인간은 언제나 진정한 그리스도의 영성으로 초대된다. 혼인과 성에 대한 로마 가톨릭 교회의 선포를 이해하고 실제로 적용하기 위하여 우리는 그리스도의 말씀으로부터 나온 몸의 신학이 필요하다.

27. 벌거벗은 몸을 묘사하는 예술 행위에는 특별한 책임이 있다. “대상이 되는 벌거벗은 몸이 갖는 혼인적인 의미”를 존중해야 한다. 몸은 인격의 가장 내밀한 선물로 드러나야 하기 때문이다. 벌거벗은 몸에 대한 묘사는 인간의 신비에 대한 경외와 존중을 나타낼 수 있으나, 동시에 인격을 비하하는 방식으로도 드러날 수 있다. 음란물은 인간이 무엇인가에 대하여 어떠한 사실도 드러내지 못한다. 거의 아무것도 드러내지 못한다고 하는 것이 더 정확한 표현일 것이다.

제3장
그리스도께서 부활을 호소하시다

[사이클 3: 종말론적 인간, 사이클 4: 하늘나라를 위한 금욕]

우리는 "인간에 대한 통합적 전망"을 위해, 우리의 기원과 역사를 살펴보았다. 이제 우리의 운명을 살펴볼 차례이다. 우리는 종말론적 인간의 육화에 대한 경험을 고찰해야 한다. 교황의 수기 원고는 제3장에서 하늘나라를 위한 금욕도 함께 다루고 있다. 하늘나라를 위한 금욕에 대해서는 제3장 제2절에서 자세히 설명하겠다.

가톨릭 교회 교리서(*CCC*)는 다음과 같이 말한다: "'그리스도교 신앙은 다른 어떤 문제보다도 육신의 부활이라는 문제에서 가장 격렬하고 끈질기고 완강한 반대에 부딪힌다.' 사람이 죽은 후에도 그 생명이 영적으로 지속된다는 사실은 매우 널리 받아들여진다. 그러나 확실히 죽을 수밖에 없는 육체가 부활하여 영원히 산다는 것을 어떻게 믿을 수 있는가? 죽은 이들이 어떻게 부활하는가?"[1]

처음부터 부활에 대한 그리스도교의 신앙은 몰이해와 반대에 부딪혀 왔다. 사람이 죽은 후에도 그 생명이 영적으로 지속된다는 사실은

1 *CCC*, no. 996.

매우 널리 받아들여진다. 그러나 확실히 죽을 수밖에 없는 육체가 부활하여 영원히 산다는 것을 어떻게 믿을 수 있을까? 죽은 이들이 어떻게 부활하는가?" 이 질문에 대한 결정적인 답은 그리스도의 부활이다. 사도 바오로는 죽음으로부터 예수님을 끌어 올린 하느님께서 죽을 우리 몸에도 영원한 생명을 주실 것이라고 증언한다. (로마 8:11참조) 그러므로 인간은 부활의 때에 몸을 갖는 실재가 될 운명이다.

요한 바오로 2세 교황은 사두가이들과 하신 예수님의 대화를 이 사이클의 기초로 삼는다. 부활의 삶을 살 때에는 장가드는 일도 시집가는 일도 없이 하늘에 있는 천사들과 같아진다고 주님께서 선포하신다. (마태 22:30; 마르 12:25; 루카 20:35 참조) 표면적으로 보았을 때 그리스도의 이 말씀은 남녀 간의 혼인적 일치와 "영원한 이끌림"의 존엄성을 강조한 교황의 말씀과 서로 반대되는 것처럼 보일 수 있다. 그러나 지금까지 교리 고찰 과정을 통해 알 수 있듯이 요한 바오로 2세의 교리가 결코 피상적이 아님을 짐작할 수 있을 것이다. 앞으로 우리는 그리스도의 말씀이 인간 신비의 새로운 측면을 계시하며 이로써 교황이 지금까지 한 말씀을 완성할 것이라는 점을 살펴볼 예정이다.

"종말론적 인간"은 가장 짧은 사이클이다. 9차례의 교리(TOB 64-72)를 통하여 1981년 11월 11일부터 1982년 2월 10일에 걸쳐 진행되었다. 그러나 이 사이클은 가장 심오한 주제를 다루기 때문에 이해하기 힘든 부분이 있다. 그래서 가장 어려운 사이클이기도 하다. 그렇지만 우리는 모든 정신적 에너지를 모아 이 사이클을 이해할 필요가 있다. 교황이 말씀하신 것처럼 만약 우리가 다가올 환희를 받아들일 수만 있다면, 우리는 환희의 불꽃에 싸이게 될 것이기 때문이다. 교황은 카멜롯의 신비주의와 현상학적 고찰을 접목하여 부활에 대하여 다룬다. 몸의 부활에 대한 고찰을 통해 교황의 철학적 방법론을 개략적으로 살필 수 있다.

부활의 경험이 없는데도 부활에 대한 주관적 경험을 말할 수 있을까? 할 수 있다. 우리가 이미 원초적 순수에서 말한 방식 즉, 연속성의 원칙을 기초로 한 방식을 통해 가능하다. 그리스도는 "몸의 계시"를 통해 두 가지 차원에서 역사적 인간을 부르신다. 먼저, 바리사이들과의 대화에서 그리스도는 한 처음으로 우리의 시각을 돌리라 촉구하신다. 그리고 사두가이와의 대화에서 그리스도는 미래의 부활에 우리의 시각을 돌리라고 촉구하신다.

원초적 인간, 역사적 인간, 종말론적 인간의 경험에 "단절"이 있기는 하지만 "역사적 경험 안에 있는 인간의 몸은 그리스도 말씀을 통해 계시된 다른 두 경험 즉, 원초적 인간의 경험, 종말론적 인간의 경험과 완전히 단절된 것이 아니다." 몸의 경험이 역사적 경험에서 다른 두 경험으로 "영역의 확장"을 하는 것은 "결코 이해할 수 없는 것이 아니다." 연속성의 원칙에 근거하여 우리는 "태초의 몸의 경험에 대하여뿐만 아니라 '다른 세상'의 경험이 어떠할지에 대하여서도 신학적으로 재구성할 수 있다." (TOB 68:5–6)

이 원칙을 적용하면, 인간의 기원과 역사는 인간의 혼인적 일치에 나타난 삼위일체적 사랑의 경험과 관련이 있으며 우리의 운명도 이와 같은 경험과 관련이 있다고 말할 수 있다. 물론 이는 "완전히 새로운 경험이 될 것이다."고 교황은 말한다. 그러나 동시에 교황은 다음을 덧붙인다.

> 종말론적 인간의 경험은 인간이 "한 처음에(태초에)" 참여하였던 경험과 결코 다르지 않다. 또한 역사적 인간의 실존이라는 측면에서 이와 같이 완전히 새로운 경험은 몸과 성이 가지는 출산의 의미와 관련하여 몸과 영이 긴장관계를 형성할 수밖에 없었던 근원이 된 경험과도 다르지 않다. "미래 세상"의 인간은 자신

의 몸에 대한 이러한 새로운 경험 안에서 역사적으로 그리고 영속적으로 자신 안에 지니고 있었던 것의 완성을 발견하게 될 것이다. (TOB 69:5)

타이어 비유로 돌아가보자. 바리사이와의 논쟁과 산상설교에서 그리스도는 역사적 인간을 향해 타이어에 바람이 가득 차 있었던 "한 처음(태초)"으로 돌아가라고 초대하신다. 그리고 사두가이와의 논쟁에서는 바람이 다 빠진 타이어처럼 존재 이유를 잃어버리고 사라져버리게 될 미래에 대한 우리의 성찰을 촉구하신다.

1. 미래 세상의 실재로서 몸의 부활

A. 공관 복음: "그는 죽은 이들의 하느님이 아니라 산 이들의 하느님이다"

3부작의 마지막 세 번째

예수에게 이혼법에 대하여 질문을 한 바리사이들처럼 사두가이들 역시 예수를 함정에 빠뜨리려고 했다. 사두가이들은 부활을 믿지 않았다. 과부가 고인의 형제와 결혼하는 풍습에 대하여 (신명 25:5-10 참조) 사두가이는 부활에 대한 자신들의 입장이 옳음을 증명하려 다음과 같이 질문한다.

"일곱 형제가 있었습니다. 맏이가 아내를 맞아들였는데 후사를 남기지 못하고 죽었습니다. 그래서 둘째가 그 여자를 맞아들였지만 후사를 두지 못한 채 죽었고 셋째도 그러하였습니다. 이렇게 일곱이 모두 후사를 남기지 못하였습니다. 맨 마지막으로 그 부인도 죽었습니다. 그러면 그들이 다시 살아나는 부활하는 때에 그 여자는 그들 가운데 누구의 아내가 되겠습니까? 일곱이 다 그 여자를 아내로 맞아들였으니 말입니다." (마르 12:20-23)

요한 바오로 2세의 말씀처럼, 사두가이들은 부활을 이론적 반증이 가능한 문제로 보고 있음이 분명하다. 교황이 주석에 설명한 바와 같이, 사두가이들은 "몸의 부활에 대한 신앙이 하느님의 율법에 어긋나는 일부다처제를 허용하도록 유도한다."(TOB 64:2, n. 68)는 점을 암시하고 있다.

성경에서 사두가이들은 고등교육을 받은 전문가로 간주된다. 그러나 사두가이들이 보기에 '교육을 받지 못한" 변절된 예언자인 예수는 다음과 같이 답한다.

너희가 성경도 모르고 하느님의 능력도 모르니까 그렇게 잘못 생각하는 것이다. 부활 때에는 장가드는 일도 시집가는 일도 없이 하늘에 있는 천사들과 같아진다. 그리고 죽은 이들의 부활에 관해서는 하느님께서 너희에게 하신 말씀을 읽어 보지 않았느냐? '나는 아브라함의 하느님, 이사악의 하느님, 야곱의 하느님이다' 하고 말씀하셨다. 그분께서는 죽은 이들의 하느님이 아니라 산 이들의 하느님이시다. (마태 22:29-33)[2]

교황은 그리스도의 "대답 내용이 아주 놀라운 것"이라고 말한다. 이것은 몸의 신학의 핵심인 예수님 말씀 "3부작 (triptych)"의 세 번째이다. 그리스도의 대답은 "몸의 계시"를 완성하는 "복음의 핵심 응답 중 하나"이다. 그리스도의 대답은 "하느님 자신의 지혜와 권능에 맞는 질문의 또 다른 차원"(TOB 64:3)을 드러낸다.

2 *CCC*, nos. 988-1008 참조.

그리스도는 부활절의 기적을 통해 부활에 대한 모든 의구심에 답할 것이다. 하지만 지금 당장은 구약의 예언을 가지고 부활에 대한 진리를 보여주고자 하신다. 마르코 복음은 다음과 같이 묘사한다.

> "그리고 죽은 이들이 되살아난다는 사실에 관해서는, 모세의 책에 있는 떨기나무 대목에서 하느님께서 모세에게 어떻게 말씀하셨는지 읽어보지 않았느냐? '나는 아브라함의 하느님, 이사악의 하느님, 야곱의 하느님이다' 하고 말씀하셨다. 그분께서는 죽은 이들의 하느님이 아니라 산 이들의 하느님이시다. 너희는 크게 잘못 생각하는 것이다." (마르 12:26-27)

요한 바오로 2세는 이에 대해 이렇게 주석한다. 이 말씀을 영혼의 불멸성으로 해석한다면 이스라엘의 죽은 성조들이 여전히 "살아있는" 이유를 표면적으로는 설명할 수 있다. 죽은 성조들의 영혼은 불멸하므로 몸의 부활을 증명할 필요가 없기 때문이다. 그러나 이 말씀에서 예수는 사두가이들의 인간 이해에 대하여 지적하고 있음을 알 수 있다. "사두가이들은 '몸과 생명의 숨이 불어넣어진 인간'을 수용한 것이 아니라 성경적 인간 이해만을 수용하였다. 사두가이들에 의하면 영혼은 몸과 함께 죽는다." (TOB 65:4, n. 73) 사두가이들에게 이스라엘 백성의 12 지파 조상이 살아 있다는 예수님의 말씀은 그저 몸의 부활만을 의미하였을 뿐이다.

살아 계신 하느님의 권능

공관 복음에 나타난 사두가이와 예수님의 논쟁은 "두 가지 중요한 요소 즉, 몸의 미래 부활에 관한 예고와 부활된 몸의 상태에 대한 설명"(TOB 65:2)을 포함하고 있음을 알 수 있다. 교황은 이 두 요소를 살핀다. 부활의 진리에 대하여 예수는 사두가이들에게 가장 먼저 "너희는 성경을 모른다고 말씀하시며 사두가이들의 방법적 오류를 지적하신다." 그리고 나서, "성경이 드러낸 진리를 받아들이지 못한다고 말씀하시고 그들이 저지른 본질의 오류를 지적하신다. 그들이 하느님의 권능을 알지 못하기 때문에 불타는 떨기나무 속에서 모세에게 자신을 드러내신 하느님을 믿지 못한다는 것이다." (TOB 65:3) 예수께서는 성경을 문자적으로 아는 것으로는 충분치 않다고 하신다. 즉, 성경학자가 되는 것만으로는 충분치 않다. "성경은 살아 계신 하느님, 떨기나무 속에서 모세에게 자신을 드러내셨던 것처럼 그들에게 자신을 드러내시는 하느님의 권능을 알기 위한 수단이다." (TOB 65:3) 성경의 안팎을 "알더라도" 성경 안에 살아 계신 하느님의 신비를 만나지 못한다면, 이는 성경 전체를 놓친 것이다.

성경을 올바르게 다시 읽는 것은 "인간의 역사를 지배하는 죽음의 법칙에 얽매이지 않는 '생명의 하느님'의 권능을 알고 받아들이는 것이다." (TOB 65:3) 교황은 다음과 같이 말한다. "그는 (하느님은)창세기의 '한 처음(태초)'에 계시된 바와 같이 살아 계시며 생명이신 분으로 모든 존재와 생명의 무한한 원천이다." (TOB 65:5) 최초의 계약을 파기함으로써 생명으로부터 등을 돌리고, 생명 나무에 접근할 수 없게 되었음에도 불구하고, (성경 전반에 걸쳐 드러나듯이) 하느님은 인간에게 그의 생명에 대한 약속을 계속 확장하고 갱신하기를 원하신다. "그리스도는 이에 대한 하느님의 최종 말씀이다." 그리스도께서 세우신 하느님과 인류 사이의 계약은 생명의 무한한 전망을 열어 준다. 그리스도 안에서 "하느님의 원계약에 따라 모든 사람들은 생명 나무가 갖는 무한한 충만함으로 다가갈 수 있음이 드러나게 된다. 이것이 그리스도의 죽음과 부활의 의미가 될 것이며, 파스카 신비의 증거가 될 것이다." (TOB 65:6)

더 나아가 우리는 남편과 아내가 한 몸이 되어 완성되는 혼인 성사가 바로 이 사실을 증거한다는 것을 배우게 될 것이다. 남편과 아내가 참된 계약의 표징에 충실할 때, 그들은 그리스도와 교회의 계약을 비추며 이에 참여하게 된다. 이때 남편과 아내의 혼인은 "무한한 생명의 시각"에로 열리게 된다. 그러나 안타깝게도 남편과 아내는 사두가이처럼 생명의 시각을 배척할 수도 있다. 또한, 사두가이처럼 하느님의 생명을 주는 권능을 "배제"할 수도 있다. 이때, 그들은 때로는 고의로, 때로는 무의식적으로 생명의 계약에 대한 반대 표징이 되어 버린다. 사두가이처럼 이들에게 하느님은 "그들의 아버지로서 진실된 하느님"보다 "그들의 가설과 해석을 위한 하느님"(TOB 65:7)이 될 것이다. 이것은 진정한 표징이 아니다.

몸의 새로운 의미

요한 바오로 2세는 혼인을 "창세기의 말씀에 따라 '남자가 그의 아내와 결합하여 한 몸'이 되는 일치"라고 정의한다. 더 나아가 교황은 "만약 이 일치가 "'한 처음'부터 직접 유래된 원초적 인간에 적합하다면, 이러한 일치는 인간의 종말론적인 미래를 구성하지 않는다."(TOB 66:2)고 말한다. 실로, 부활에 대한 그리스도의 이와 같은 말씀은 "한 몸"을 이루는 부부 결합이 전적으로 "이 세상"(루카 20:34)에 국한하여 배타적으로 속해 있다는 의미이다.

많은 사람들은 그리스도의 말씀이 성과 혼인적 사랑을 폄하하는 것이라고 생각해 왔다. 그리스도의 이 말씀을 성적인 사랑 자체가 본래부터 타락한 것이며 천상의 거룩함에 어울리지 않는 것임을 인정하는 증거라고 보는 사람들이 있는가 하면, 다른 한편으로는 배우자와의 이별이 주는 영원한 슬픔을 의미하는 것이라 생각하며 두려움을 갖는 사람들도 있다.[3] 그러나, 이러한 잘못된 해석을 수용하는 이들은 사두가이와 같이, "성경도 모르고 하느님의 능력도 모르는"(마태 22:29) 사람들이다.

혼인의 완성

부활의 때에 혼인의 의미가 없어지지는 않을 것이다. 오히려, "어린 양의 혼인"(묵시19:7)에서 보여주듯이 혼인은 궁극적 완성을 이룰 것이다. 한 처음부터 우리는 부부 결합이라는 "위대한 신비"를 받았으며 이를 통해 그리스도와의 영원한 일치라는 "위대한 신비"를 기다리며 준비한다. 바로 이 때문에 요한 바오로 2세는 혼인을 시원적 성사(Primordial Sacrament)라고 한 것이나. 그리나 혼인은 '천상적 실재의 지상적 표징'으로 정의되는 엄밀한 의미에서의 성사는 아니다. 인간의 궁극적인 끝은 천상이기 때문이다. 성사는 열매를 맺을 것이므로 천상에서는 존재하지 않을 것이다.[4] 예수께서 부활의 때에는 남자도 여자도 혼인하지 않을 것이라고 말씀하실 때, 그 말씀은 "네가 천상에 있을 때는 너에게 천상을 가리켜 줄 표징이 더 이상 필요하지 않다."고 하시는 것과 같다. 이것이, 교황이 부활의 때에는 혼인과 출산이 "그 존재의 이유를 잃는다." (TOB 66:2)고 한 이유이다. 혼인과 출산은 그리스도의 신부로서 천상을 준비시키기 위함을 존재 이유로 한다.

부활에 대한 요한 바오로 2세의 전망은 인간의 본질을 축소하거나 배제하지 않는다. 우리가 알게 된 모든 것 즉, 주체로서의 우리 자신(원초적 고독), 육화된 인격들 간의 친교(원초적 일치)안에서 살아가도록 부르시는 그분의 끊임없는 초대가 궁극적으로 실현된다. 교황에 따르면,

3 균형적인 관점을 위하여 *CCC*, no. 2365에 나온 요한 크리소스토무스의 인용을 참조하기 바람.

4 *CCC*, no. 671 참조.

미래는 "인간 종의 결정적인 완성"을 뜻한다. 동시에, 부부 결합을 통하여 "하느님의 모습에 따라 하느님과 닮게 창조된 존재의 이 세상에서의 순환주기가 종결되었다는 의미로서의 양적 종결을 의미한다." (TOB 66:2)

다시 말해, 인간의 운명은 남자와 여자가 몸의 결합을 통해 자손을 낳는 시대가 끝날 때 성취된다. 이러한 "종결"은 결코 슬퍼해야 할 손실로 이해되어서는 안 된다. 얼마나 비극적인 오해인가! 이 종결은 한 처음부터 모든 인간의 마음에 새겨져 있고 남자와 여자인 몸에 새겨진 모든 욕망의 완성을 열어준다. 요한 바오로 2세의 말씀처럼, 그리스도는 한 처음부터 참여했던 인간 몸의 상태를 가리키며 이와 비교함으로써 부활 안에서의 인간 몸의 새로운 상태를 드러내신다.

천사들과 "같아질" 우리

우리가 "하늘의 천사들과 같아질 것"(마태 22:30)이라는 그리스도의 말씀은 우리가 반-육화(dis-incarnated)되거나 비인간화(dehumanized)될 것이라는 의미가 아니다. 교황에 따르면, 그리스도 말씀의 문맥은 "인간은 '저 세상'에서 자신의 육체-영혼의 본성을 보존할 것이라는 점을 명백히 가리킨다. 그렇지 않다면, 부활을 말한다는 것이 무의미할 것이다." (TOB 66:5) 안타깝게도 육체가 영혼의 지상적 감옥이라는 플라톤의 믿음은 일부 그리스도인들의 사상에 큰 영향을 끼쳤다. 교황은 "그리스도 말씀에서 드러난 부활의 진리는 인간의 종말론적인 완성과 행복이 육체로부터 분리된 영혼만의 상태가 아님을 명확히 확인하고 있다." 이런 생각은 정통 그리스도교에서는 낯선 것이다. 대신, 인간의 궁극적인 지복은 "몸과 영혼의 완전한 일치를 통해 결정적으로 그리고 완벽하게 '통합된' 인간의 상태로 이해해야 한다." (TOB 66:6)[5]

5 *CCC*, no. 650 참조.

피터 크리프트(Peter Kreeft)에 따르면, "몸이 없는 영혼을 자유롭다고 한 플라톤의 생각은 오히려 그 반대이다. 이는 자유로운 것이 아니라 속박된 상태를 말하며, 가장 극단의 마비 상태다." 인간의 영혼이 스스로를 표현하려면 몸을 필요로 한다. 지상에서뿐만 아니라 천상에서도 그러하다. "몸은 영혼의 질료이며, 영혼은 몸의 형상이다. 바로 이러한 이유로 몸의 부활은 영혼의 불멸성에 있어 없어도 되는 부수적인 것이 아니라 중요한 본질이 된다. 죽음이 그 둘을 갈라 놓을 때, 우리는 기형, 괴물, 외설을 갖게 된다. 유령과 시체가 우리에게 전혀 해롭지 않는데도 이를 두려워하는 것은 바로 이 때문이다. 유령이나 시체는 서로 합일되어야 하는 것들이 서로 각각 분리된 상태를 말한다. 예수께서 라자로의 무덤에서 눈물을 흘리시는 것은 그와의 이별에 대한 슬픔일 뿐만 아니라, 이와 같이 분리된 상태에 대한 슬픔 때문이기도 하다."[6]

요한 바오로 2세는 몸의 부활에 대한 믿음이 신학적 인간학의 형성에 있어서 핵심적 역할을 한다고 말한다. 신학적 인간학을 "부활의 인간학"(TOB 66:6)으로 부르는 이유가 여기에 있다. 우리는 오직 몸의 부활이라는 조명 아래에서만 신학적으로 인간이 누구인지 그리고 몸을 지닌 인격체로서 인간이 어디를 향해야 하는지를 온전히 이해할 수 있다. 교황은 부활에 대한 성 토마스의 성찰로 인하여 아리스토텔레스의 개념에 더 가까워졌다고 말한다. 플라톤과는 달리, 아리스토텔레스는 영혼과 함께 몸이 인간 존재의 단일성과 통합성을 구성한다고 가르쳤다. 몸의 부활에 대한 그리스도인의 믿음은 이를 확인한다.

그러나 또 다른 질문이 제기된다. 우리는 남자와 여자로 되살아날 것인가? 몸의 부활을 인정하는 일부 사람들은 그리스도 안에서 "남자도 여자도 없다."(갈라 3:28)는 바오로의 가르침을 바탕으로 성(性)의 구

6 Peter Kreeft, *Everything You Ever Wanted to Know about Heaven* (San Francisco: Ignatius Press, 1990), p. 93.

별이 없는 하늘나라를 상상하기도 한다. 그러나 교황은 남자 또는 여자라는 사실보다 우리의 몸이 우리의 인격에 속한다는 것을 더 깊이 믿는다. (TOB 8:1) 다시 말해, 교황은 몸-인격으로서의 경험(원초적 고독)은 성의 구별 및 친교로의 부르심(원초적 일치)의 경험보다 더 앞서고 더 깊은 것이라고 한다. 이와 관련하여, 요한 바오로 2세는 1981년 12월 2일의 수요교리(TOB 66)와 제3장의 다른 부분에서, 부활 때 우리는 남성성과 여성성 안에서의 우리 몸을 다시 획득할 것이라는 말을 세 번 언급한다. 성의 구별은 인간을 친교로 부르는 영속적 징표이다. 부활은 고독에 대한 몸의 경험을 완성시킬 뿐만 아니라 친교에 대한 몸의 경험도 완성시킨다. 단, 이때의 완성은 전혀 새로운, 동정의 방식으로 이루어질 것이다. 요한 바오로가 표현하듯이, 부활의 때에 우리는 "각자가 지닌 새롭고 완전한 주체성"을 재발견할 뿐 아니라 "상호주체성을 토대로 한 다른 인격과의 새롭고 완전한 친교"(TOB 68:4 참조)도 재발견하게 될 것이기 때문이다.

교황은 부활의 때에도 성의 구별이 유지될 뿐 아니라 어떤 의미에서는 성의 구별이 성인들의 친교에 필수적이라는 사실을 현대 철학 언어로 설명한다. 물론, 부활은 인간 생명의 완전히 새로운 상태를 의미한다. 성의 구별이라는 현실과 친교의 신비 모두 온전히 새로운 방식으로 체험될 것이다. 가톨릭 교회 교리서(*CCC*)에서 말하기를, "그리스도 안에 있는 모든 사람과 하느님 사이에 이루어지는 복된 친교의 신비는 모든 이해와 표현을 초월한다."[7] 그러므로 우리는 세속적 실재인 남녀간의 친교가 확장된 것이 영원한 친교라고 보아서는 안 된다. 그럼에도 불구하고 진정으로 인간적인 것은 아무것도 없어지거나 폐지되지 않을 것이다. 고독-일치-벌거벗음에 대한 원초적 경험 안에서 인간의 모든 본질

7 *CCC*, no. 1027.

은 궁극적으로 완성될 것이다. 그러므로 하늘나라는 완전한 일치 안에서 살아가는 엄청난 고독의 경험이 될 것이다. 여기에는 각자 그리고 모두가 보고 알게 될 것이라는 두려움이 없다.

그렇다면 이 말은 곧 우리가 천상에서 벌거벗을 것이라는 말인가? 복자를 목격했다고 주장하는 이들은 성인들이 옷을 입고 있었는지 아니면 벌거벗고 있었는지 분간이 어렵다고 말한다.[8] 그 경험은 우리가 상상할 수 있는 것과는 "다르다." 옷을 입었다면 "혼인 예복"[9]을 입고 있었을 것이다. 만약 벌거벗었다면, 부정적인 의미에서의 부끄러움이 존재할 이유가 전혀 없다는 의미이다. 흥미롭게도, 루카 복음(24:12)과 요한 복음(20:5-7)은 그리스도의 수의가 그의 부활 후에 무덤에 남겨졌다고 적고 있다. 가톨릭 교회 교리서(*CCC*)는, 텅 빈 무덤과 수의가 "그리스도의 몸이 죽음과 부패의 사슬에서 벗어났음"[10]을 의미한다고 가르친다. 미켈란젤로는 〈부활하신 그리스도(Risen Christ)〉를 부끄러움 없는 벌거벗은 모습으로 그림으로써 이 진리를 전달하고자 했다. 최초의 아담이 그러했던 것처럼 새로운 아담 역시 땅에서 나오는 것이 타당할 듯하다. 그리스도가 처녀의 자궁에서 나오셨던 것처럼, 새 무덤에서 나올 것이라는 말씀(요한 19:41 참조) 또한 중요한 의미가 있다. 그러나 이때 그리스도의 부활한 몸은 그의 제자들이 그를 즉각 알아보지 못할 정도로 신비스럽게 "다르다".

요한 묵시록은 천상의 성인들이 "흰 옷"을 입고 있다고 한다. (묵시 7:9) 흰색은 빛의 색이다. 그리스도가 변모하셨을 때, 그의 옷은 "빛처럼 희었다." (마태 17:2) 빛은 감추기보다 드러낸다. 천상에서는 모든 것이 그리스도의 빛에 의해 드러난다. "숨겨진 것은 드러나고 감추어진 것은 알려져 훤히 나타나기 마련이다" (루카 8:17) 교부들은 낙원의 아담과 하와, 천상의 복자들이 영광을 입고 있다고 말한다. "그들은 영원의 빛을 입고 있기에 옷감을 짜 만든 옷이 필요 없다."[11]고 안티오키아의 이냐시오는 말한다. 바오로 사

8 Kreeft, *Everything You Ever Wanted to Know About Heaven*, p. 43 참조.

9 *CCC*, no. 1682 참조.

10 *CCC*, no. 657.

11 *Epistle to the Philippians*, series 2, v.13.

도는 천상에서 모습을 드러낸 "여인"을 "태양을 입은"(묵시 12:1) 존재로 묘사한다.

요한 바오로 2세에 따르면, "순결은 하느님 앞에서 인간 몸의 영광이 된다. 즉, 순결은 인간 몸 안에 있는 하느님의 영광이다. 이를 통해 남성성과 여성성이 명백히 드러난다." (TOB 57:3) 흰 옷과 벌거벗음은 그리스도교의 순결과 그리스도 안에서의 새로운 탄생을 전달하기 위해 교회가 사용해 온 상징들이다. 예루살렘의 성 치릴루스는 과거 일반적인 세례 양식이었던 벌거벗고 세례를 받는 예식이 다음을 상징한다고 말한다. "[세례 연못]에 들어가자 마자 옷을 벗는다. 이 행위는 당신 안에 있는 옛 사람을 습관과 함께 벗어버린다는 것을 상징했다. … 오! 이 얼마나 놀라운 일인가! 당신은 모든 이들 앞에서 벌거벗었지만 부끄러워 얼굴을 붉히지 않았다. 이를 통해 당신은 벌거벗었지만 부끄러워하지 않았던 최초의 인간인 아담의 이미지를 보여주었다."[12] 부활한 상태는 벌거벗음에 대한 아담의 원 체험 속에서 그러나 동시에 "모든 이해와 표현을 초월한"[13] 완전히 새로운 차원에서 인간 본질을 회복할 것이다.

몸의 영화(靈化, Spiritualization)

부활이 인간의 완전한 실현이라면, 이때 영과 몸은 서로 대립되는 것이 아니라 깊은 조화 안에 있어야 한다. 물론 인간 안에 있는 "힘의 체계(Systems of Powers)"에 따르면 영은 육에 우선한다. 그러나 원죄는 인간 안에 있는 이 힘의 체계를 분열시켜 몸이 종종 영에 저항하도록 만든다. 바오로 사도는 "내 지체 안에는 다른 법이 있어 내 이성의 법과 대결하고 있음을 나는 봅니다."(로마 7:23)를 통해 이것을 잘 표현하고 있다. 그러나 "저 세상"에서 영의 우위성은 몸으로부터의 어떠한 반대 없

12 *Mystagogical Catecheses*, 2:2.

13 *CCC*, no. 1027.

이 "완전히 즉각적으로" 실현되며 명백히 드러나게 될 것이다.

요한 바오로 2세 교황은 이러한 영의 우위를 영이 몸을 절대적으로 "이긴" 것으로 이해해서는 안된다(TOB 67:2 참조)고 조심스럽게 말한다. 영이 외적으로 지배함으로써 몸이 어쩔 수 없이 굴복한다는 긴장관계를 암시할 수도 있어 위험하기 때문이다. 부활의 때에는 양자 사이에 긴장이 존재하지 않을 것이다. 몸은 영과의 완벽한 조화와 일치 관계로 돌아갈 것이기 때문이다. 그러므로 인간 안에서의 영–육의 대립은 멈추게 될 것이다. 요한 바오로 2세는 이때 "인간 안의 영적인 것과 육적인 것의 상호 관계 안에서 존재하는 힘의 완벽한 체계"(TOB 67:1)에 대하여 말할 수 있다고 한다.

남자와 여자가 천사와 같은 존재가 될 것이라는 그리스도의 비유는 몸의 완전한 '영화(靈化)'에 대한 이야기이다. 영화(靈化)는 "영이 몸에 가득히 스며들고 영의 힘이 몸의 에너지에 스며드는 것"(TOB 67:1)을 말한다. 남자와 여자는 한 처음부터 이미 이에 대해 어느 정도 인지하고 있었다. 그러나 육과 영의 단절로 부끄러움이 들어오게 되었다. 이에, 역사적 인간은 몸의 속량을 통해 고통스러운 노동을 견디어 내야만 비로소 "영육 간의 조화를 되찾고 영적으로 성숙한 인격을 표현할 수 있다." (TOB 67:2) 그렇다 하더라도 부활에 대한 그리스도의 말씀은 지상의 삶과는 다른 영화(靈化)에 대한 것이다. 요한 바오로는 이것이 '한 처음' 과도 다른 차원이라고 덧붙인다.[14]

요한 바오로 2세가 말하는 지상의 차원과 다른 영화의 차원 중 하나는 육의 종말론적 영화가 몸과 영 사이에 대립을 종결시킨다는 점이

14 원초적 순수의 상태에서 우리가 이해하였던 구원론적 원칙보다 여기에서 우리는 더 많은 성찰을 할 수 있다. 천국은 에덴으로 돌아가는 것일뿐 아니라 완전히 새로운 인류의 완성에 들어가는 것이다.

다. 원초적 인간은 비록 완전하게 통합되었지만 원죄가 입증하였듯이 분열의 가능성이 내재되어 있다. 역사적 인간은 점차적으로 통합을 다시 얻을 수 있지만 아직까지는 그리고 종종 욕정에 희생될 수 있다. 반면 종말론적 인간은 내 안의 이성의 법이 그 이외의 다른 법과 대결하는 것을 불가능하게 만드는 "완벽한 영화"를 경험할 것이다. (로마 7:23 참조) 그러므로 이 상태는 "우리가 지상의 삶에서 경험하는 것과는 본질적으로 그리고 경험에 있어서도 구별된다." (TOB 67:2)

몸의 신화(神化, Divinization)

완전히 육체에 스며들게 될 영은 인간 자신의 영이 아니다. 그것은 성령을 말한다. 그래서 교황은 "신성화된 영화(divinizing spiritualization)" (TOB 69:6)라고 말한다. 루카 20:36에서 "부활의 아들들"은 단지 천사들과 같아질 뿐 아니라 "하느님의 아들들"이기도 하다. 따라서 "부활의 때에 종말론적 인간이 경험할 영화(靈化)는 바로 '신화(神化)'의 단계를 근원으로 한다." (TOB 67:3) 즉, 종말론적 인간은 성령의 힘으로 몸에 영이 깃들게 되어 삼위일체의 신성에 참여한다는 의미이다. 이 모든 것은 우리의 육체와 성 안에서 모두 계시되어 있다. 태초에, 남자와 여자로 창조된 인간에게 부여된 혼인적 일치의 소명은 "한 처음부터 하느님 안에 숨겨진 비가시적인 신비를 가시적 세상에 효과적으로 전달하는 표징으로 이해되는 시원적 성사다. 그리고 이것은 인간이 진정 참여하여야 하는 진리와 하느님의 사랑의 신비, 거룩한 삶의 신비이다." (TOB 19:4)

남자와 여자는 원초적 일치의 경험을 통해 상대방이 갖고 있는 인간성 그 자체에 동참할 수 있었다. 이것은 바로 하느님의 거룩함에 참여하라는 부르심에 대한 효과적 표징이었다. 하지만 앞으로 다가올 신화(神

化)는 지상의 표징에의해 중재되는 것이 아니다.[15] 또한 "지상의 삶에서 달성될 수 있는 것과는 비교할 수 없이 월등하다." 여기에서 말하는 "'신화'는 그 정도의 차이만이 아니라 근본적으로 다른 종류의 '신화'를 의미하고 있음을 알아야 한다." (TOB 67:3)

즉, 지상 최고의 일치는 천국의 완성된 일치 안에서 이루어짐을 의미한다. 가톨릭 교회 교리서(*CCC*)에 "인간에게 이 완성은 창조 때부터 하느님께서 원하신 인류 일치의 궁극적 실현이 될 것이며 … 그리스도와 결합된 사람들은 구원된 사람들의 공동체, 하느님의 '거룩한 도성', '어린양의 아내인 신부'가 될 것이다."[16]라고 되어 있다. '신부를 위하여 어린양을 내어 놓음(자기 증여)'에 대하여 요한 바오로 2세 교황은 "본질적으로 신적인 것이 본질적으로 인간적인 것을 관통하고 스며들어 그 정점에 이르게 될 때, 인간 영의 생명 또한 이전에는 결코 도달할 수 없었던 완전함에 도달하게 될 것이다."(TOB 67:3)라고 말한다. 이는 인간의 "신적 본성에 대한 궁극적 참여" 즉, "은총에의 궁극적 참여"(TOB 67:3)이다. 이 은총은 "신성 안에서의 영혼만이 아니라 온전한 심신의 주체로서의 인간에게 하느님께서 당신 자신을 직접 전달하심으로써"(TOB 67:3) 얻게 된다. 이 은총으로 인간은 자신 안에 거룩한 생명을 "잉태" 하게 될 것이며 성령 안에서 이 생명을 계속 유지하게 될 것이다.

물론 혼인에 대한 유비는 신비를 전달하기에는 다소 불충분하다. 하지만 우리는 혼인에서 남자와 여자인 인간 존재와 부부 결합이 소명에 "각인된" 신비를 살펴볼 수 있다. 이 시점에서 우리는 교회의 모델이자 인류의 원형인 성모 마리아를 떠올리지 않을 수 없다. 그녀는 이 세상 사람으로서 거룩한 생명을 잉태한 분이시다. 그녀는 이 지상의 삶에서

15 *CCC*, nos. 1023, 1136 참조.

16 *CCC*, no. 1045.

전 인격(육체와 영혼)에 성령이 임하도록 허락된 분이시다. 그러므로 그녀는 우리의 종말론적 희망이다. 그녀 안에 이미 몸의 속량이 완성되었기 때문이다.

요한 바오로 2세는 하느님 천상의 선물이 갖는 인격, 친교의 측면을 강조하기 위해 하느님과 인간의 소통에 대하여 얘기한다. 이 소통은 일반적으로 "인격적 특질"을 가진 인간과의 소통뿐만 아니라 영-육의 합일체로서 인격인 "심신의 주체성"을 가진 인간과의 소통이다. (TOB 67:3) 천국은 "삼위일체 신비 안에서의 하느님과의 일치이며 인격들의 완전한 친교 안에서 하느님과의 친밀함을 의미한다. 지고의 주체성이라는 측면에서 이 친밀함은 인간의 인격적 주체성을 흡수하는 것이 아니라 이를 더욱 드러나게 하여 완전하게 함을 의미한다." (TOB 67:3) 다시 말해, 각 인격이 갖는 유일성은 삼위일체 안으로 소멸되거나 흡수되지 않는다. 각 인격은 남자 또는 여자가 갖는 비-반복성(unrepeatability)의 완전한 영광 안에서 빛나게 될 것이다.

이 모든 것은 은총이 가득하여 벌거벗음을 부끄러워하지 않는 남자와 여자의 원초적이고 복된 일치에서 이미 예고되어 있었다. 서로에게 자신을 내어 주었지만 상대방 안에서 자신을 잃어버리거나 상대에게 흡수되지 않았다. 상대에게 자신을 진정한 선물로 내어 줌으로써 오히려 자신의 진정한 자아를 발견하였다. 무한히 위대한 측면에서 즉, 일치를 바라는 모든 인간의 최종적인 완성이라는 측면에서, 하느님의 선물에 우리 자신을 진정한 선물로 응답할 때 우리는 비로소 부활 안에서 진정한 자신을 발견하게 될 것이다.

복된 전망(Beatific Vision): "얼굴을 마주하고" 하느님을 바라봄

처음부터 인간의 몸은 상대방과의 일치를 향한 성적 열망과 연관되어 있었다. 인간의 몸은 절대적 타자이신 하느님과의 궁극적 일치를 위한 표징이자 준비를 의미했다. 요한 바오로 2세는 다음과 같이 결론 맺는다. "부활에 참여할 수 있게 되는 '영화(靈化)'와 '신화(神化)'에서 우리는 종말론적 측면에서 찾아 볼수 있는 몸의 혼인적 의미의 특성을 발견하게 된다." 부활의 때에 인간의 모든 본질(성의 상호 보완적 상태, 생명을 주는 친교에로의 부르심, 다른 이를 바라보고 그에게 보여지고자 하는 갈망)은 "얼굴을 마주하고 바라봄으로써 이루어지는 살아 계신 하느님의 신비와의 만남에서"(TOB 67:5) 완성된다. 교회의 가르침에 따르면, "교회는 천상의 영광 속에서 자신의 정배이신 그리스도와 하나가 되기를 갈망한다." 그리스도 안에서 교회는 "장차 결코 끝나지 않는 행복과 기쁨 중에 네 사랑하는 분과 더욱 기쁘게 될 것"[17]이라고 말한다.

요한 바오로 2세는 몸의 혼인적 의미에 대한 종말론적 경험이 혼인 친교의 '흠 없는 동정의' 경험이 될 수 있는지에 대하여 질문한다. (TOB 67:4) 교황은 우리가 무엇보다 우선 지복직관의 "본질"에 더 깊게 침투해야만 한다고 답한다.[18] 지복직관을 불러오는 그 본질 속으로 침투하기 위해 "우리는 현세를 사는 인간의 인식력과 영적 능력의 한계를 초월한 진리와 사랑의 경험에 우리 자신을 맡겨야 한다." (TOB 67:4)

이 말씀에서 우리는 교황 요한 바오로 2세가 신비주의적임을 알 수 있다. 오직 신비주의적인 사람만이 현세에 살면서도 시간을 초월한 '경험의 범위'에 자신을 맡길 수 있기 때문이다. 연속성의 원칙을 초월하여 인간의 소명에 대한 현상학적 분석을 할 수 있는 경우는 오직 연속성의 베일 너머에 있는 삶을 신비적으로 "경험한" 사람에 의해서만이 가능할 것이다. 바로 교황 요한 바오로 2세는 그러한 경험을 한 것으로 보

17 *CCC*, no. 1821.

18 *CCC*, no. 1028 참조.

인다. 그는 온 지력을 사용하여 우리에게 "종말론적 경험"에 대하여 소통하려 한다. 요한 바오로 2세의 교서 『새 천년기 (*NOVO MILLENNIO INEUNTE*)』에서, 교황은 "동방 교회와 서방 교회의 위대한 신비주의 전통은 … 참된 사랑의 대화인 기도가 어디까지 발전할 수 있는지를 보여 줍니다. … 기도는 갖가지 가능한 방법들을 통하여 말할 수 없는 기쁨으로 이끌어 줍니다. 이 기쁨은 신비가들이 '부부 결합'으로 체험하는 것입니다." "훌륭한 본보기가 많이 있지만 그 가운데에서도 우리는 십자가의 성 요한과 아빌라의 성녀 데레사의 가르침을 잊을 수 없습니다."[19] "이와 같이 우리는 죽음과 무덤을 초월한 영원한 우리의 운명을 기다리고 있다."[20]

나아가, 교황은 단어 및 개념의 최대치를 끌어내 "종말론적 기대"를 설명하고자 한다. 바로 여기서 십자가의 성 요한의 혼인적 신비주의가 교황에 미친 영향이 정점을 이룬다고 볼 수 있다. 프롤로그에서 이미 언급한 바와 같이 카롤 보이티야 추기경은 신비주의 박사인 십자가의 성 요한으로부터 받은 영감에서 다음의 세 가지 확신을 얻는다.

(1) 사랑은 자기 선물을 포함한다.
(2) 혼인 관계는 인간 경험에 있어서 자기 증여의 사랑을 보여주는 패러다임이다.
(3) 성부, 성자, 성령의 관계는 자기 증여의 사랑을 보여주는 원천이자 모범이다.

지복직관의 전망 안에서 자기 증여의 사랑이 보여주는 혼인에 대한 패러다임은 삼위일체의 자기 증여 사랑을 궁극적 원천으로 한다. 인간

19 *Novo Millennio Ineunte*, 33.

20 *Memory and Identity*, p. 30.

은 이제 더 이상 하느님과 사랑을 주고 받기 위한 매개인 성사("시원적 성사"인 혼인 성사)를 필요로 하지 않는다. 신부인 우리는 신랑이신 하느님의 자비로운 선물에 마음을 열게 됨으로써 성사의 중개 없이도 하느님의 친교 그 자체에 직접 참여하게 될 것이다. 하느님과 합일하는 완전한 경험에 참여하게 되는 것이다. 이는 세상적 이해를 초월한 경험이다. 그럼에도 불구하고 십자가의 성 요한에 따르면, "혼인적 일치와 상호 내어 줌을 통하여 하느님과 인간은 서로가 가진 모든 것을 함께 공유하게 된다. 이에 인간은 하느님의 아들인 성자께서 성부에게 하신 말씀을 나눌 수 있게 된다. … '저의 것은 다 아버지의 것이고 아버지의 것은 제 것입니다.'" (요한 17:10)[21]

종말의 경험

앞에서 언급한 바와 같이, 태초에 인간은 "절대자의 협력자"로 창조되었다. 인간은 하느님과의 계약에 초대되어 혼인적 일치와 유사한 영원한 친교의 관계로 부르심을 받았다. 인간은 선악과를 먹음으로써 하느님과의 이 원초적 계약을 파기했다. 그러나 인간에 대한 하느님의 선물은 결코 철회할 수 없는 것이다. 그리스도께서 인간에게 오셨다는 사실은 하느님의 선물은 철회할 수 없는 것임을 보여주는 궁극적인 증거이다. 만약 역사적 인간이 십자가의 길을 기꺼이 나아간다면 그는 하느님과의 원초적 친교를 회복하는 동시에 인호적 친교의 종말론적인 완성에 대한 희망에 자신을 열 수 있게 된다.

이러한 종말론적인 완성 안에서, 우리는 '살아 있는 경험 방식에 의해' 모든 피조물에 대한 하느님의 자기 소통(self-communication) 방식을

21 John of the Cross, *The Living Flame of Love,* commentary on st. B3, pars. 78–80 (TOB Introduction 인용, pp. 27-28)

알게 될 것이다. 특히 우리에 대한 하느님의 자기 소통 방식을 경험하고 이해하게 될 것이다. 이것은 "하느님의 거룩함 안에서 인간에게 허락하신 가장 인격적인 자기 증여이다. 우리는 한 처음부터 하느님의 모습과 닮게 태어난 아들이기 때문이다." (TOB 67:5) 우리는 선물의 내적 차원을 지닌 존재이다. 종말론적 경험에서 인간이 갖는 선물의 내적 차원은 태초부터 몸의 벌거벗음을 통하여 표현되었으며 가시화되었다. 종말론적 경험을 통해 인간은 하느님의 거룩한 원형에 직접 '얼굴을 마주하고' 바라보게 될 것이다. 우리의 모든 에너지는 살아 계신 하느님의 선물을 받는 것에 집중될 것이고 그분께 우리 자신을 다시 돌려드림으로써 그 사랑에 보답하는 것에 집중될 것이다. 교황은 다음과 같이 말한다. "하느님과 인간이 갖는 종말론적 친교(*communio*)는 가장 완전한 친교로 '얼굴을 마주하고' 바라보는 지복직관의 전망 안에서 더욱 풍성해질 것이다. 이는 온전히 거룩한 것이다. 신성한 세 위격이 똑같은 신성을 가진 결합 안에서 더욱 완벽하게 일어나는 삼위일체적 친교이기 때문이다." (TOB 68:1)

다시 말해서, 살아있는 하느님과의 일치는 삼위일체적 친교와 그 결합에서 나오는 신비에 대한 지복직관의 전망으로부터 시작되며 이는 가장 내밀한 신비이다. 세 위격 간의 전적이고 완전하며 끝없는 상호 증여를 바라봄으로써 하느님 신비에 대한 우리의 참여 즉, 하느님의 영원한 선물에 대한 우리의 끝없는 응답은 영감을 받을 것이다. 하느님의 선물은 은총과 친교의 공유이다. 가톨릭 교회 교리서(*CCC*)의 핵심적인 가르침은 다음과 같다. "때가 찼을 때 당신의 외아들과 사랑의 성령을 보내 주심으로써, 하느님께서는 당신의 가장 깊은 비밀을 알려 주신다. 그분은 영원한 사랑의 교환이신 성부, 성자, 성령이시며 우리를 그 사랑에 참여하도록 하셨다."[22] 이와 같이, 지복직관의 전망을 통해 우리가 얼굴을 마주하고 보게 될 대상은 바로 영원으로부터 성부 안에 숨겨진 신비 그 자체가 될 것이다. 그 신비는 그리스도 안에 계시되어 있으며 성령을 통해 끊임없이 성취되는 신비이다." (TOB 67:5)

사랑의 증거인 인간의 몸

우리가 "직접 얼굴을 마주하고" 보게 될 신비는 사랑이다. (1요한 4:8 참조) 사랑은 선물이다. 선물은 은총이다. 그리고 은총을 받는 것은 거룩한 하느님과의 친교이다. 요한 바오로 2세의 몸의 신학의 주제를 되새겨 보자. 하느님 안에 영원으로부터 숨겨져 있으며 그리스도를 통하여 계시된 사랑과 선물(은총, 친교)의 신비는 남성성, 여성성을 가진 몸의 표징에 의하여 한 처음부터 가시적인 것이었다. 남자와 여자는 몸으로 선물의 실재를 구현한다. 따라서, 몸은 혼인적 의미를 갖는다. 이미 언급한 바와 같이 교황은 "이것이 바로 몸의 창조가 근본적인 선물임을 보여주는 증거이며, 나아가 사랑이신 하느님이 이 모든 것을 주신 근원임을 드러내는 증거이다. 남성성-여성성 즉, 성(性)은 하느님께서 창조를 통하여 우리에게 주신 원초적 표징이다. 동시에, 남자와 여자는 몸이 하느님의 원계획에 따른 선물임을 드러내는 표징임을 인식해야 한다." (TOB 14:4)

하느님의 사랑(은총)으로 사는 "본래적(원초적) 방법"은 원초적 고독, 일치, 벌거벗음의 경험 안에 드러났다. 선물을 사는 "역사적인 방법"은 몸의 속량을 통해 은총을 회복하려는 노력이다. 마지막으로, 선물을 사는 "종말론적인 방법"은 인간이 원초적 순결을 온전하게 회복하도록 할 뿐 아니라 무한한 초월을 통해 전적으로 새로운 차원에 이르게 한다.

22 *CCC*, no. 221.

따라서, 인간은 몸을 가진 존재로서 사랑과 선물의 삼위일체적 신비에 즉시 참여할 수 있게 된다. 이 사랑과 선물의 삼위일체적 신비는 "종말론적 경험을 구성하는 '내용'이 될 것이고, '다른 세상'이라는 차원 속에서 인간 전 존재가 지니는 '형상'이 될 것이다." (TOB 67:5) 그러므로 교황은 부활 속에서의 영원한 삶을 충만하고도 완벽한 은총의 경험으로 이해하여야 한다고 말한다.

우리의 첫 부모인 첫 남자와 첫 여자는 태초에 이러한 은총의 원초적 차원을 경험하였다. 우리는 지금 신앙과 성사를 통해 이 은총에 참여하고 있다. 그러나 이러한 은총의 "심오함"은 오직 '다른 세상' 속에 함께 하는 이들에게 드러나게 될 것이다. 그곳에서 우리는 "창조 때 이미 받았고 속량을 통해 회복된 은총을 지복직관의 실재로 경험하게 될 것이다." (TOB 67:5)

주체성의 완성

지복직관의 전망으로 하느님의 사랑과 삶에 참여하게 되는 궁극적 은총은 인간의 모든 육체적인 것이 그 사람 안의 영적인 모든 것에 참여하는 것을 가능하게 한다. 이러한 경험은 인간-인격에 대한 완벽한 깨달음 안에서 일어난다. 위대한 "혼인 신비"의 유비에 따르면, 우리는 그리스도의 신부로 창조되었다. 우리 자신을 그리스도에게 전적으로 내어 줌이란 우리 자신을 잃어버리는 것이 아니라, 우리 자신을 발견하는 것이다. (마르 8:35 참조) 신부인 우리가 영원한 신랑이신 그리스도에게 자신을 내맡긴다는 것은 그분께 지배당하고 종속되는 것이 아니라 사랑받게 된다는 의미이다. (에페 5:25 참조) 우리는 오히려 섬김을 받는다. (마태 20:28 참조) 또한, 우리는 생명으로 가득 차게 된다. (요한 10:10 참조) 하느님께 전적으로 우리 자신을 내어 맡기는 것이 우리 자유의 핵심이며 우리의 인격적 주체성을 완성한다는 사실을 의심한다면, 우리는 여전히 거짓의 아버지(사탄)에게 속고 있는 것이다. 그러나 우리는 여전히 선물에 대해 의문을 갖는다. 하느님의 선물에 대해서, 그리고 그것을 우리에게 주시는 분이 누구인지에 대해서 알 수만 있다면! (요한 4:10 참조)

다른 세상에 참여하는 이들은 자신의 진정한 주체성을 재발견할 뿐만 아니라 지상의 삶보다 훨씬 더 완벽한 범주에서 진정한 주체성을 획득하게 될 것이다. "살아 계신 하느님과 함께 하는 완벽한 친교" 속에서 살아감으로써 완벽하게 성숙한 주체성을 향유하게 될 것이다. 이는 요한 바오로 2세가 "인격에 부여된 완전한 질서의 법칙(the law of the integral order of the person)"(TOB 68:2)이라고 부르는 것과 일맥상통한다. 이 법에 따르면, 인격적 주체인 인간은 자기 자신을 위해서 창조된 원초적 고독을 지닌 존재이다. 그러나 인간은 자신만을 위해서 살라고 불리움 받은 것이 아니다. 자신을 신실한 선물로 내어주는 상호-주체성의 완벽한 원초적 일치의 경험을 통해서 그의 주체성은 완성될 수 있다. 결국, 친교의 완성은 친교 주체들의 영적인 성숙에 의해 좌우된다. 혼인에서 이를 명확하게 확인할 수 있다. 건강한 혼인을 위하여 건강한 배우자가 필요하다. 그러나 동시에, 인격에 부여된 완전한 질서의 법칙에 따라 친교에 참여한 배우자들의 완성이 친교의 완성을 결정한다. 배우자 간의 친교가 이와 같은 완벽함 안에서 성장해 나간다면 그 친교에 참여하는 배우자도 마찬가지로 완벽함 안에서 성장하게 되는 것이다.

남자와 여자는 한 처음부터 이러한 완벽한 친교의 지상적 모델(시원적 성사)을 알고 있었다. 역사적 인간인 우리는 우리 안에 스며든 속량의 에토스를 통해 원초적인 친교의 지상적 모델을 재발견하고 살아갈 수 있다. 그러나 부활의 때에 이르면, 지상에서의 원형이 있던 자리에 거룩한 원형이 들어서게 되고 영원한 상호 주체성이신 하느님과의 상호 주체성을 직접 경험하게 된다. 이로써 인간의 주체성은 완성될 것이다. 이것이 바로 남자와 여자가 부활에 이르러서는 더 이상 혼인을 하지 않는 이유이다. 친교에로 부르심이라는 소명은 하느님과 함께 하는 영원한 친교 속에서 충만해질 것이기 때문이다.

신성(神性)과 인성(人性)의 혼인

인간 이해의 새로운 출발점

바리사이들과의 대화에서 그리스도는 "태초"의 혼인이 어떠한 상태였는지에 대하여 말씀하신다. 사두가이들과의 대화에서 그리스도는 미래의 혼인이 어떠할지에 대하여 말씀하신다. 그리스도의 이 말씀들이 바로 요한 바오로 2세가 '인간에 대한 통합적 전망'의 시작과 끝을 지탱하는 버팀목이다. 이는 성경의 시작과 끝 즉, 창세기에서 아담의 혼인과 묵시록에서의 새 아담의 혼인을 지탱하는 버팀목과도 일치한다.

요한 바오로 2세 교황에 따르면, 우리는 부활에 대한 예수님의 말씀을 통해 "한 몸"을 이루는 원초적 일치를 완전히 새로운 차원에서 이해할 수 있다. 첫 번째 사이클에서 분석한 창세기 2:24 말씀, "둘이 한 몸이 될 것이다."가 하느님 계시 안에서 폭넓고 포괄적인 전망을 보여주고 있음을 상기하라." (TOB 9:5) 이제 사이클 3에서 교황은 부활에 관한 그리스도의 말씀과 부활의 때에 남성과 여성의 상태는 "창세기 말씀과 관련되어 있을 뿐 아니라 성경전체에 있어서도 결정적 의미를 갖는다." (TOB 69:8)고 말한다.

부활에 관한 그리스도의 말씀을 통해 우리는 "몸의 계시적 의미 그리고 남자와 여자의 몸으로 육화된 인격으로서의 인간 존재의 의미를 새롭고 심오한 측면에서 다시 읽을 수 있다." (TOB 69:8) 한 처음 남자와 여자의 창조는 "선물"을 의미하였다. 즉, 남자와 여자는 하느님의 자비로운 사랑이라는 선물을 받기 위해서 창조되었고, 서로에게 선물이 됨으로써 하느님의 사랑을 다시 보여주었다. 창세기 2:24은 이를 분명히 선포한다. "그러므로 남자는 아버지와 어머니를 떠나 아내와 결합하여, 둘이 한 몸이 된다." 이것은 선물에 대한 표현의 정점으로, 인격 간의 육화된 친교(incarnate communion of persons)에 대한 토대를 마련한다.

창세기 2:24의 말씀은 "이 세상을 향한 말씀이기는 하나 전적으로 이 세상만을 향한 것이 아니다." (TOB 69:8) 이 말씀은 "혼인의 성사성" (TOB 19:5)을 구성한다. 따라서 모든 성사처럼, "한 몸"을 이루는 부부 결합은 어떤 면에서는 "다른 세상"을 가리키며, 하느님의 어린 양의 혼인 잔치에 응답하는 모든 이들을 포함하는 "육화된 친교"는 영원하고 종말론적인 차원에서 완성될 것이다. 또한 요한 바오로 2세가 말한 것처럼 창세기의 말씀(이 맥락에서 교황은 특히 창세기 2:24에 대해서 말하는 것 같다)이 "몸의 신학 전체를 다루는 출발점에 해당하였다면, 부활에 대한 그리스도의 말씀은 인간에 대한 완전한 진리의 새로운 분수령을 제시한다. 우리는 하느님의 계시된 말씀 속에서 그것을 찾는다. 새로운 분수령을 되새기는 것은 몸의 신학과 그리스도교에 있어서의 몸의 영성을 완벽한 이미지로 사용하는데 있어 필수적이다." (TOB 69:8) 몸에 대한 그리스도 말씀의 "3부작(triptych)"을 통하여 그리스도는 인간에 대한 "완전한 이미지"를 제공하신다.

신과 인간의 친교

부활의 때에 더 이상 혼인하지 않음은 역사의 끝을 의미하는 것이 아니라 인간이 하느님의 자기 증여에 대하여 응답할 때의 "종말론적 진정성"(TOB 68:2참조)을 의미한다고 교황은 설명한다. 부활의 때에 "선물의 완성 안에서 하느님께서는 당신 자신을 인간에게 내어 주시어 인간이 지상의 어떤 경험보다 절대적으로 우월한 지복직관의 경험을 하도록 허락할 것이다. … 하느님께 우리 자신을 선물로 내어 드리는 것은 하느님께서 자신을 우리에게 선물로 주심에 대한 응답이 될 것이다." (TOB 68:2–3) 말씀이신 성자의 육화로 지복직관의 은총 또한 육화된 선물이자 육화된 친교가 될 것이다.

우리는 여기에서 본질적인 유사성에 초점을 맞추고 있기는 하지만 그 비유에는 엄청난 차이가 있다는 점을 명심해야 한다. 우리가 주목하는 것은 인성과 신성이 하나로 결합하는 혼인의 궁극적인 완벽함에 관한 것이다. 우리는 영원에 관해서 말하고 있고 신과 인간의 완벽한 상호 주체성, 완벽한 인격적 친교(*communio personarum*)에 대한 지복직관의 경험에 대해서 말하고 있다. 또한, 우리는 창세기 2:24의 종말론적인 완성에 관해서 말하고 있다. 바오로 사도의 말씀처럼, 한 몸으로의 일치는 "위대한 신비"이고, 그것은 그리스도와 교회의 일치를 의미한다. (에페 5:31–32 참조) 그리스도께서는 천상에 계시는 성부를 떠나 오셨다. 그리고 그리스도께서는 지상에서 당신 어머니의 집을 떠나셨다. 그리스도께서는 당신 자신의 몸과 신부인 교회의 "한 몸"를 위해 떠나신 것이다. 태초에 남자–여자의 육화된 친교(incarnate communion)인 혼인에서 예고되었던 것 그리고 그리스도와 교회의 육화된 친교인 성체 성사에서 명확히 계시되었던 것이 부활의 때에 이르러 영원해질 것이다.

이것은 "몸을 갖는 존재", "거룩한 이미지 안에 남성과 여성으로 존재한다는 것"의 궁극적인 의미이다. 성의 구별과 일치에 대한 갈망은 삼위이신 하느님과의 영원한 친교를 나누기 위해서 인간이 창조되었음을 계시한다. 이 영원한 친교로의 참여는 완전하게 새로운 경험이 될 것이지만, 지상에서의 친교 경험과 동떨어지는 것이 아니다. 지상에서의 친교가 없어지는 것이 아니라 하느님의 어린양과의 혼인 안에서 실현되고 완성되는 것이다.

우리는 왜 사탄이 태초로부터 역사 전반에 걸쳐 남자와 여자의 친교를 공격하였는지를 다시 한 번 이해할 수 있다. 남자와 여자의 친교는 우리와 하나가 되기 위해서 육을 취하신 하느님의 창조 계획을 드러내는 시원적 표징이다. 사탄이 공격하고자 했던 것이 바로 이것이다. 그러나 사탄이 할 수 있는 일은 성사를 모방하는 일, 또는 기껏해야 진실하고 선하며 아름다운 하느님의 창조의 의미를 왜곡하는 일뿐이다. 이것은 지상에 있는 우리의 마음속에서 일어나는 성적인 혼동이 곧 천상으로 돌아가고자 하는 인간의 강렬한 욕구임을 의미한다. 왜곡된 창조를 다시 바로잡고 모든 인간에게서 하느님의 모상을 재발견할 때, 우리는 하느님과의 일치에 대한 열망(하느님이 인간의 깊은 내면에 새기신 열망)을 재발견할 수 있다. G.K. 체스터튼(Chesterton)도 이와 유사한 말을 한다. "사창가 대문을 두드린다는 것은 곧 하느님을 찾고 있다는 말이다."[23]

하느님을 앎

요한 바오로 2세 교황은 지복직관을 "하느님에 대한 사랑과 전망의 집약"이라고 말한다. 전망의 집약은 "하느님의 내면적 삶 즉, 삼위일체적 실재로의 완전한 참여"(TOB 68:4)이다. 여기서 우리는 앞서 토론했던 성경적인 "앎"을 상기할 수 있다. 창세기에서 남자와 여자는 서로서로 앎을 통해서, "제3자(자녀)"를 알게 되었다. 어떤 의미에서 그들은 창조, 말하자면 창조주의 삼위일체 관계에 참여한 것이었다.

전 우주는 창조주이신 하느님의 삼위일체적 관계의 흔적을 갖고 있

23 David Dooley, ed., *The Collected Works of G.K. Chesterton*, vol. 1 (San Francisco: Ignatius Press, 1986).

다.[24] 요한 바오로 2세는 천상에서 하느님을 알게 되는 것은 동시에 하느님 안에서 "세상의 모든 관계 즉, 하느님이 창조하신 영원한 우주 질서의 일부"(TOB 68:4)를 알게 되는 것이라 말한다. 다시 말해서, 종말론적인 경험은 존재 자체이신 삼위일체 하느님과의 관계에 인간이 충실히 참여하는 것뿐만 아니라 창조된 세계 속에도 충실하게 참여하는 것을 포함한다. 이는 창조[25]와 인간의 원초적 조화에 대한 완전한 참여뿐만 아니라 인격 간에 창조된 원초적 친교에 대한 완전한 참여도 포함한다.

그렇다고 해서 창조된 관계가 존재 자체이신 삼위일체 하느님과의 관계에 참여함으로써 무효가 되거나 혹은 없어지는 것을 의미하지는 않는다. 요한 바오로 2세 교황에 따르면, "세 위격 간의 삼위일체적 친교 속에서 하느님에 대한 사랑과 앎에 집중할 때, 인간은 지복직관의 응답을 할 수 있게 된다. 이때 응답은 … 창조된 인격 간의 상호 친교의 실현을 통해서만 가능하다." 그리고 이러한 이유로, "우리는 '성인들의 통공'에 대한 믿음을 고백한다."(TOB 68:4)[26]고 교황은 말한다.

성인들의 통공, 몸의 혼인적 의미 완성

그리스도의 말씀은 한 처음 뿐만 아니라 미래의 부활에 있어서도 결코 공허한 의미로 전락하지 않는다. 만약 우리가 마음 깊숙한 곳으로부

---

24 *CCC*, no. 237 참조. *Dominum et Vivificantem*, 50: 육화(강생)을 통해 드러나는 삼위일체 관계의 우주적 차원에 대한 간략한 설명 참조.

25 *CCC*, nos. 1047–48 참조. 바오로 사도가 말씀하신 바와 같이, "우리는 모든 피조물이 지금까지 다 함께 몸이 속량되기를 기다리며 속으로 탄식하고 있음을 압니다." (로마 8:22-23) 일부 환경주의자들, "동물 권리" 옹호론자들의 과장된 비판에도 불구하고, 창조에 대한 인간의 관심과 사랑 안에는 근본적인 의로움이 있다. (*CCC*, nos. 2415-18 참조) 왜곡을 바로잡을 때 비로소 우리는 원초적 계획의 일부였던 창조와의 조화를 추구하려는 근본적인 열망을 재 발견한다. 요한 바오로 2세 교황은 앞에서 이미 창조와의 조화가 붕괴됨을 보여주는 "우주적 부끄러움(cosmic shame)"에 대하여 설명한 바 있다.

26 *CCC*, nos. 1474–77 참조.

터의 원초적 "울림"을 경험했다면, 이는 우리 운명의 "전조"를 경험한 것이라고 할 수 있다. 사실 이 세상에서 몸의 경험은 하늘나라에서의 몸의 경험을 알기 위한 "기층과 기초를 제공한다." (TOB 69:2) 비록 "'미래 세계'에 대한 완전한 이미지를 만들어내는 것이 어렵다고 하더라도, 적어도 그리스도의 말씀에 힘입어 근접한 이미지를 만들어 내는 것은 가능하다." (TOB 69:7)

몸의 혼인적 의미는 교황에게 "미래 세계"의 이미지를 그릴 수 있는 열쇠를 제공한다. 서로에게 선물이 되라. 즉, 하느님께서 사랑하시는 것처럼 서로 사랑하라는 부르심은 한 처음부터 인간의 내, 외면 모두에 새겨져 있다. 이 시원적 신리에 따라 하느님과 인간은 영원한 인격적 친교 안에서 서로에게 선물이 됨으로써 종말론적 실현이 가능하게 된다. 그러나 위에서 언급한 것처럼, 존재 자체이신 삼위일체 하느님과의 친교에 인간이 참여한다는 것은 동시에 창조된 인격간 친교의 완전한 실현이기도 하다. 이로써, 우리는 하느님과 "하나"가 될 뿐만 아니라, 어린양의 혼인 잔치에 응답하는 사람들과도 "하나"가 될 것이다.

친교의 일치

요한 바오로 2세의 말씀을 달리 표현하자면, 성인들의 통공은 삼위일체 친교의 천상을 지닌 수 많은 인격들의 친교로 구성된다. 즉, 인간이 삼위일체에 대하여 갖는 지복직관의 전망은 존재 자체이신 하느님과의 실질적 친교로 이루어진다. 교황의 설명에 따르면, "이와 같은 친교의 일치"(TOB 68:4 참조)는 존재 자체이신 하느님과 창조된 인간과의 영원하고 신비로운 일치의 친교이다. 이러한 궁극적인 실재 안에서 우리는 모든 것을 보게 될 것이고, 모든 것에 의해 우리가 보이게 될 것이다. 또한 우리는 모든 것을 알게 될 것이고, 모든 것에 의해 우리는 알려지게 될 것이다. 그리고 하느님은 "모든 것 안에 모든 것"(에페 1:23)으로 존재할 것이다.

만약 몸의 혼인적 의미의 논리에 따라 우리가 이러한 친교들 안에서 잃어버린 우리 자신을 발견한다고 할때, 우리는 종말론적 체험 안에서도 남자와 여자로 존재하는 우리가 하나의 몸을 이룬다고 말할 수 있을 것이다. (1코린 10:17 참조) 현재 우리가 이해한 바를 훨씬 초월하는 방식으로[27] 인간성 안에 있는 모든 남성성은 모든 여성성과 일치를 이룰 것이다. 말하자면, 이러한 "한 몸"은 신랑과의 영원한 일치를 통하여 삼위일체와 영원한 친교를 이루는 그리스도의 신부(교회)가 될 것이다. 계속 언급한 바와 같이 우리는 "모든 사람들의 완전한 주체성의 재발견, 모든 이의 상호주체성에 관한 재발견"이라는 용어 안에서 이를 숙고해야 할 것이다. 교황은 계속해서 다음과 같이 말한다. "이러한 실재는 인간 주체성의 실질적이고 결정적인 완성을 뜻한다. 이를 기초로 하여 몸의 혼인적 의미가 완성된다." (TOB 68:4) 하느님 앞에서 인격으로서 "홀로" 존재하며 동시에 하느님과 함께 있는 인간 존재는 이제 원초적 고독의 신비를 복된 경험으로 실현할 것이다. 또한, 이를 토대로 태초부터 우리의 몸에 새겨진 친교로의 부르심도 실현될 것이다.

교황의 말씀은 계속된다. "속량되고 찬양을 받은 창조된 주체로서 온 힘을 하느님에게 집중한다면 인간은 앞에서 말한 몸의 혼인적 의미의 완성에서 결코 멀어지지 않게 될 것이다. 오히려 인간을 몸의 혼인적 의미 안으로 인도하고 그 안에서 인간을 더욱 공고히 할 것이다." 하느님에 대한 완전한 집중은 우리 자신의 개별적인 인격의 완성 및 친교 안에서의 인격의 완성을 약화시키는 것이 아니다. 완전한 친교 안에서 삼위일체의 세 위격에 대한 우리의 전망이 살아 있을 때, 우리는 성인들의

---

27 *CCC*, nos. 1000, 1027 참조.

통공 안에서 하느님과의 친교를 그대로 투영해 낼 수 있다. 마지막으로 교황은 다음과 같이 결론을 내린다. "이러한 방식으로, 종말론적인 실재는 인격들의 창조된 세계 안에서 삼위일체적 질서를 완벽하게 실현할 수 있는 원천이 될 것이다." (TOB 68:4)

교황이 말하는 "삼위일체적 질서"는 다양성 안에서의 일치, 대중 안에서의 하나됨, 고독의 친교이다. 태초에, 성경적 "앎"은 일치를 이루는 친밀한 친교가 된다. 실제적으로는 다른 두 주체로 남아 있으면서도 일치를 통해 그 행위, 경험의 유일한 주체가 됨을 말한다." (TOB 20:4) 마찬가지로, 성인들의 통공을 이루는 수없이 많은 주체들은 삼위일체의 친교 안에서 비록 각기 다른 주체로 남아 있으면서 동시에 하나의 단일한 주체가 되어 영원한 자기 증여의 행위와 경험을 한다. "삼위일체적 질서" 안에 인간이 참여한다는 것은 완전한 일치에 참여하는 것이고 삼위일체 안에서 완벽히 구별되는 것이다.[28] 그러므로 "몸의 혼인적 의미는 완전히 개별적임과 동시에 완전히 공동체적임의 의미로 이해될 것이다." (TOB 69:4)

동정의 친교

요한 바오로 2세는 다음과 같이 말한다. "하느님께서 자신을 선물로 주심에 대하여 주체로서 우리 자신을 하느님께 드리는 것으로 응답할 때, 몸의 동정은 그 자체로서 몸의 '혼인적' 의미의 종말론적 실현을 드러낼 것이다." (TOB 68:3) 몸과 영혼이 원초적 결합으로 이해되는 "인간의 동정적 가치"의 심오한 의미를 다시 상기해보자. 이는 하느님 앞에서의 "고독", 그리고 가장 처음과 가장 마지막에 오직 한 분이신 하느님께로 속함을 의미한다. 남자와 여자의 원초적인 몸의 친교(부부결합)는 하

28 *CCC*, nos. 254–55, 689 참조.

느님과의 친교에 대한 존중을 우선으로 하며 그들이 갖는 "동정의 가치"를 빼앗는 것이 아니라 확인하여 긍정하는 것이다. 왜냐하면 이들의 결합은 하느님 앞에서 인간의 "고독"을 긍정한 것이기 때문이다.

따라서, 인간이 자신의 원천을 명확히 이해할 소명을 가졌다고 할 때, 성인들이 삼위일체 하느님과의 일치 안에서 이루는 육(肉)적인 친교는 동정적인 친교로 이해되어야 한다. 앞서 인용했던 교황의 말처럼, 인간의 궁극적인 지복직관은 "영혼과 몸의 합일을 통해 완전하게 통합된 인간의 상태"(TOB 66:6)로 이해되어야 하기 때문이다. 교황에게 동정성(virginity)은 "모든 인격 주체들의 진정한 표현이며 구체적인 표징이다." (TOB 68:3) 이는 오직 한 분이신 하느님과의 완전한 친교를 통하여 열매를 맺게 된 인간의 영-육의 통합에 관한 구체적인 표징이다. "이와 같이 장가드는 일도 시집가는 일도 없는 종말론적 상황은 인격 주체에게 다가올 미래 상태 즉, 완전한 동정적 결합 안에 그 견고한 기틀을 마련하고 있다." (TOB 68:3)

종말론적 동정성은 일치의 부재가 아니라 일치의 완성을 의미한다. 부활한 미래의 삶에서 "몸이 지닌 '혼인적' 의미는 남자와 여자로서 인간이 '하느님의 모상'에 따라 창조된 원초적으로 고독한 인격이라는 사실에 부합할 뿐 아니라, 인격들의 친교(원초적 일치)로 실현된 하느님의 모상성에도 완전히 부합한다." (TOB 69:4) 그리고 교황은 바로 이것이 "몸과 영혼의 합일체인 인간 세상에 적합한 일치"(TOB 68:4)라고 확언한다.

선물로서 주어진 완전한 자유

교황은 "이것은 완전하게 새로운 경험"이라고 말한다.

> 그러나 동시에, 이는 인간이 참여하는 "한 처음"으로부터 분리되는 체험도 아니고, 인간 실존의 역사적 차원에서 몸과 영 사

> 이의 긴장의 원천, 예를 들어 몸과 성의 출산적 의미와 관련된 긴장의 원천으로부터 분리된 체험도 아니다. "다가올 세상"의 인간은 자신의 몸에 관한 새로운 경험 안에서 영원으로부터 역사에 이르기까지 자신의 몸 안에 가지고 있던 것이 완성됨을 발견할 것이다. (TOB 69:5)

한 처음, 몸은 인격의 표징이었으며 친교로의 부르심에 대한 표징이었다. 그 표징이 본래 갖고 있던 의미는 역사를 통해 점차 퇴색되었다. 교황에 따르면, 정욕의 유산에 억눌린 우리는 끝없는 갈등과 고통에 시달려 왔다. 그러나 시원적 표징은 부활 안에서 본래 의미를 회복할 뿐만 아니라 완성할 것이다. 인간의 몸은 태초에 그러하였듯이, 하느님 안에 감춰진 영원한 신비를 드러내고 그 신비에 참여하도록 한다.

"인간 몸의 영속적 의미는 가장 단순하고 가장 빛나는 광채로 드러나며 '저 세상'의 모든 참가자들은 영광스럽게 된 자신의 몸 안에서 하느님 선물의 원천을 발견하게 될 것이다." (TOB 69:6) 영광스럽게 된 인간 몸을 통해 드러나는 그러한 광채를 우리는 과연 상상할 수 있을까? 우리 모두가 보고 싶어하고 보이기를 바라는 열망, 순결한 몸이 갖는 "아름다움"에 대한 열망, 그리고 모든 죄의 타락에서 벗어난 자유로움을 추구하는 열망이 풍요롭게 넘쳐 흐르게 될 것이다. 이때 몸의 아름다움은 삼위일체적 삶의 영 그 자체가 될 것이다.

포르노는 몸의 신학에 대한 끔찍한 조롱이라고 말할 수 있지 않을까? 사탄이 할 수 있는 일은 하느님이 창조하신 신, 선, 미를 뒤틀고 왜곡하는 일뿐이라고 했던 것을 상기할 필요가 있다. 몸은 본래적으로 외설적인 표현(porno−graphic)의 대상이 아니다! 몸은 본래적으로 신을 표현하는(theo−graphic) 것이다. 남자와 여자의 일치는 그리스도와 교회의 일치를 가리키는 "위대한 신비"이며 삼위일체의 내적 삶을 가리키는 표시이다. (에페 5:31−32 참조) 우리가 열망하는 지복직관은 거룩한 세 위격 간의 영원한 사랑의 교환을 보는 것이다. 이는 오직 몸을 통해서만 가능하다. (TOB 19:4 참조) 그러나 포르노에서 우리가 볼 수 있는 것은 사랑의 교환을 가장한 화면뿐이다. 굶주림, 보고자 하는 욕망이 문제가 있다. 포르노의 문제는 굶주린 배를 채우기 위해 쓰레기통을 뒤진다는 데에 있다. 몸에 대한 왜곡된 시각으로 배고픔을 달래려고 한다는 데에 문제가 있다. 바오로 사도의 말씀대로, 그 과정에서 우리는 창조주 하느님이 아닌 피조물을 우상으로 숭배하게 되며 하느님께서는 우리가 마음의 욕망으로 더럽혀지도록 내버려 두시어 우리 스스로 우리의 몸을 수치스럽게 만들도록 하셨다. (로마 1:22–25 참조)

복음의 "기쁜 소식"을 토대로 한 요한 바오로 2세의 몸의 신학의 정수가 바로 여기에 있다. 우리가 몸에 대한 외설적 시각을 버리고 "몸의 속량"을 받아들일 때, 은총으로 모든 왜곡을 온전히 바로 잡을 때, 성사적 실재가 발견된다는 사실이다. 외설적 시각(porno–vision)의 왜곡을 바로잡을 때, 참된 신적 전망(theo–vision)을 되찾게 된다. 몸, 남자와 여자의 일치를 그리스도와 교회의 "위대한 신비", "위대한 성사"로 바라볼 수 있게 되는 것이다. 이는 결코 한 번에 이루어지지 않는다. "자신의 십자가를 지고 나를 따르라"는 그리스도의 말씀대로 매일 매일 꾸준히 헌신해야만 한다. 날마다 그리스도를 따르는 "길"을 계속 걸어갈 때, 비로소 우리는 참되고 신비적이며 성사적인 전망을 갖게 된다. 우리는 다음과 같이 말할 수 있다. "한때 눈이 멀었으나 이제는 볼 수 있소!" 물론 많은 시행착오를 거듭하겠지만, 거룩한 신비이신 하느님을 얼굴을 마주하고 보게 될 그 영광스러운 날을 기다리며 우리의 전망을 심화하고 확장시켜야 한다.

교황은 영광스럽게 된 우리 몸의 광채를 통해, "선물의 자유가 흘러나오는 샘"을 다시 발견할 수 있다고 말한다. 태초에 그 샘은 무엇이었는가? 바로 하느님의 은총이었다. 흙으로 만든 우리 인간의 인성 안에 내재된 하느님의 숨결, 몸의 영화(靈化), 몸과 영의 완벽한 통합이었다. 그러므로 "종말에 이르러 인간의 몸은 하느님 영의 인도로 영광스럽게 되며 이 영광으로 '하느님의 자녀들이 누리는 영광의 자유'(로마 8:21 참조)가 완전하게 드러나게 된다." (TOB 69:6) "이러한 자유는 정확히 몸의 혼인적 의미를 기초로 한다." (TOB 15:1) 뿐만 아니라 이는 "자신을 완전하게 찾고 '서로에게 신실한 선물'이 되기 위한 필수불가결한 요소이다." (TOB 15:2) 따라서 종말론적 실재는 자신을 신실한 선물로 내어 주면서 자기 자신을 발견하는 모든 남자와 여자를 가리킨다. 이들은 몸의 혼인적 의미를 궁극적으로 실현함으로써 온전히 동정적인 친교 안에서 살아가는 남자와 여자이다. 이와 같이, 선물(성령)의 완전한 자유는 "성인들의 통공으로 이루어진 위대한 공동체 내의 모든 친교를 더욱 풍성하게 할 것이다." (TOB 69:6)

인간의 진리에 대한 발전

혼인과 출산에로의 부르심은 창조 신비의 기초이며 인간학적 실재의 "핵심"이다. 그리스도께서 부활의 때에는 결혼하는 일이 없을 것이라고 하신 것은 "인간에 대한 진리의 발전"을 보인 것이기는 하지만, "인간은 창조주 아버지의 손에서 왔던 것처럼 언제나 같을 것이다." (TOB 69:3) 그리스도의 이 말씀은 종말의 때에 더 이상 남자와 여자로서 존재하지 않는다는 의미가 아니다. 단지 종말의 시기에서 남성과 여성의 의미가 혼인, 출산 이상의 다른 것을 추구한다는 뜻이다. 교황은 다음과 같이 말한다. "성(性)의 존재 의미를 혼인과 출산 밖에서 찾을 이유는 없다. 성은 출산의 축복과 별개로 창조 신비 그 자체로부터 유래하는 것이며, 지상의 인간 역사가 속량의 신비로 가득하다는 점에서 이 세상에서 인간 역사의 가장 깊은 구조를 형성하고 있기 때문이다." (TOB 69:3)

근본적인 기초로서의 친교

창조 신비 자체로부터 유래되었고 지상의 인간 역사의 본질을 형성하며 부활의 때에 갖는 몸의 의미는 무엇을 토대로 하는가? 인간은 "둘의 일치"를 이루기 위해 남자와 여자로 창조되었다. 교황에 따르면, 인간은 고독 안에서 인격인 자기 자신을 드러내는 동시에 인격의 친교를 드러낸다. 고독과 친교라는 이 두 상태에서 인간 존재는 하느님의 모상으로서 하느님을 닮아간다. (TOB 69:4 참조)

원초적 벌거벗음의 순결을 가진 원초적 인간은 몸의 혼인적 의미 안에서 친교에로의 근본적인 부르심을 발견하였다. 인간은 혼인과 출산을 통해 이 같은 친교에 동참하였다. 그러나 그리스도의 말씀에서도 명확히 드러나듯이, 부활의 때에는 그러하지 않게 될 것이다. 교황의 앞선 고찰을 요약하면, 이는 "혼인이 없는 삶의 형태가 있음을 가리킨다. 그 안에서 남자와 여자인 인간은 하느님과의 영원한 일치를 통해 정신-육체의 전(全) 존재가 영광에 이르게 되며, 이로써 인격적 자기 증여가 충만하게 되고, 동시에 상호 주체적인 인격 간의 친교가 충만하게 된다." (TOB 73:1) 또한 교황은 얼굴을 마주하고 하느님을 보는 "신화적 심오함"에 충만하게 젖어 있는 몸의 종말론적 완성에 대한 전망을 요약한다. 이러한 심오한 전망을 통해 남자와 여자는 "영원한 '동정성'"과 "영원한 '상호 주체성'"을 동시에 경험하며 그 경험 안에서 몸의 혼인적 의미를 살게 되는 것이다. 우리의 몸에 내재하는 성령은 완전하고 영원하며 동정적인 일치의 "마르지 않는 무한한 원천"이다. (TOB 71:5 참조)

이는 역사적인 인간에게 세속적 결혼은 완전한 종결도 완전한 존재도 아니라는 의미이다. 이 세상에서의 결혼은 앞으로 다가올 혼인을 기대하고 준비하기 위하여 주어진 것이다. 교황은 이러한 생각을 다음과 같이 명확히 표현한다. "혼인과 출산 그 자체가 몸, 성에 대한 본래적이고 근본적인 의미를 결정하는 것은 아니다. 혼인과 출산은 역사적 차원에서 몸, 성의 존재적 의미를 구체적 실재로 드러나게 한다." (TOB 69:4)

이 세상에서의 결혼은 하느님의 어린양과의 천상의 혼인을 준비하기 위함이다. 역사적 인간은 원죄로 인해 자신이 받은 것을 잃고 무의미한 바다에서 표류한다고 할 때, 위 교황의 말씀은 표류하는 인간을 해안가로 되돌려 놓을 지표가 될 것이다. 교황의 말씀에 담긴 진리는 원초적 울림과 부활의 운명 사이에 있는 역사적인 시간을 사는 우리가 표류하는 배에서 내려 올바르게 설 수 있도록 하는 굳건한 땅과 같다.

> 인간은 전적으로 부부간의 사랑을 갈망하다. 그러나 우리는 "옷걸이가 견딜 수 없을 만큼 많은 모자를 걸지 않도록" 조심해야 한다. 자신의 궁극적인 완성을 위해 결혼을 추구하는 것은 환상 속에 자신을 놓는 것이다. 이 세상에서의 결혼은 다가오는 천상에서의 결혼을 위한 표징이며, 혼인적 일치는 예외 없이 모든 사람에게 열려 있는 선물임을 깨달아야 한다. 그 때, 결혼을 통해 궁극적인 행복을 찾으려는 사람들의 기대로부터 무거운 짐을 덜 수 있다. 오직 이러한 관점 안에서만 결혼은 진정한 목적과 의미를 가질 수 있다. 자신이 기대하는 궁극적 완성에 대한 기대와 희망 때문에 배우자를 숨막히게 하는 것을 피할 수 있기 때문이다. 이 관점을 가질 때에만 결혼은 본래의 진정한 기쁨과 행복을 위한 수단이 된다. 결혼한 사람으로서 나는 어느 누구보다 가장 열렬히 혼인 생활의 기쁨을 찬양한다. 그러나 이는 앞으로 올 영원한 기쁨을 알리는 전주곡에 불과하다.

표상(*Icon*) 혹은 우상 (*Idol*)?

굳건한 땅에서 발을 떼면, 결혼이 영원한 실재의 일시적인 표상(icon, 聖像)이라는 사실을 망각하게 된다. 이미지는 하나의 상(像)일 뿐이다. 표상(icon, 聖像)은 자기 자신보다 위대한 어떤 것을 지시하기 위하여 만들어진다. 그런데 우리가 이 사실을 망각하면, 표상 자체를 숭배하게 되어버린다. 그래서 "한 몸"의 일치가 곧 우상이 되어 버린다.

"한 몸"의 일치에 대한 정신적-육체적 열망을 로켓의 에너지에 비유할 수 있다. 올바른 방향이 설정된다면 로켓은 우리를 곧장 별로 데려가 줄 뿐만 아니라 더 나아가 영원의 끝자락에까지 데려가 줄 것이다. 부부 결합이 가져오는 복된 기쁨은 이 세상에서 경험할 수 있는 천상의 영원한 기쁨에 관한 전조이다.[29] 그런데 만약 우리가 로켓의 엔진 방향을 바꾸어 별에서 멀어지게 하고 우리 자신을 향해 돌아오게 한다면 어떤 일이 벌어질까? 로켓은 자기 파괴라는 역효과를 가져올 뿐이다. 이때 우리는 새까맣게 탄 채로 남겨진 우리 삶의 잔재, 우리 깊은 열망의 잔해를 부여잡고 절망에 버둥거리며 이를 이해하려고 애쓰게 될 것이다.

많은 측면에서 성 혁명을 촉발했던 문화의 위기는 표상(icon)과 우상을 제대로 구별하지 못함에서 비롯되었다고 볼 수 있다. 선물인 '성(性)'이 커갈수록 이를 우상화하려는 유혹이 커진다. 그러나 우리가 표상(icon)을 우상으로 대체하여 진리를 거짓으로 바꿀 때, 사랑은 욕망으로 대체되고 죄로부터 기인한 비극적인 결말을 경험하게 된다.[30] 독신 성소의 측면에서 "한 몸"을 이루는 부부 결합을 살펴보는 것은 몸과 성을 우상 숭배하는 세상의 거짓을 치유하기 위한 확실한 해결책이 될 것이다.

B. 부활에 대한 성 바오로의 가르침 (1코린 15:42–49)

요한 바오로 2세는 세 차례에 걸쳐 "사도 바오로의 말씀에 따라 명명한 '부활의 인간학'"(TOB 72:1)을 주제로 교리를 진행한 후 종말론적

29 *CCC*, no. 1642 참조.

30 음욕의 우상화로 인하여 초래된 성병 (AIDS와 같이 때로는 치명적인 성병) 확산, 낙태, 이혼의 사회적 확대가 죽음의 문화로 인해 끊임없이 촉진되고 있음은 누구나 생각할 수 있지 않는가? 이와 같은 예는 일부에 불과하다. 우리 주변에 많은 증상이 나타나고 있음에도 불구하고 수백 수천만 사람들의 영혼을 얼마나 파괴하였는지는 결코 단순한 수치로 나타낼 수 없다.

인간학을 마무리 짓는다. 사도 바오로는 서간 특히 코린토 전서 15장을 통해 부활에 대한 자신의 믿음을 표현한다. 사두가이들에 대하여 그리스도께서 응답한 시기는 "파스카 이전"이었다. 부활에 관한 사두가이와의 논쟁에서 그리스도는 구약의 말씀인 "죽은 이의 하느님이 아니라 살아있는 이들의 하느님"(마르 12:22)이라는 구절만 인용하신다. 그러나, 바오로 사도에 따르면, "파스카 이후"의 논쟁에서 그리스도는 당신 자신의 부활의 실재에 대하여 언급하신다. 바오로는 이와 같은 진리가 그리스도 신앙의 기초로써 완전하다고 말한다. "그리스도께서 다시 살아나시지 않았다면 우리의 가르침이 헛된 것이고 여러분의 믿음도 헛된 것일 수밖에 없을 것입니다. 그러나 그리스도께서는 죽음으로부터 다시 살아나셔서 죽음의 잠으로부터 부활하신 첫 사람이 되셨습니다." (1코린 15:14, 20)

죽음에 대한 하느님의 응답

요한 바오로 2세 교황은 그리스도의 부활을 "죽음을 피할 수 없는 인간에게 생명이신 하느님께서 주시는 응답"이라고 묘사한다. 그것은 "죽은 이들의 하느님이 아니라 산 이들의 하느님"(마르 12:27)이신 살아계신 하느님께서 자기 계시의 마지막에 보이신 가장 충만한 말씀이다." (TOB 70:3) 성 바오로는 그리스도의 부활을 우리 자신의 종말론적 완성의 시작이라 말하며 이는 곧 죽음을 넘어서는 우리의 승리라고 말한다. 다른 사도들처럼 성 바오로는 다마스커스로 가는 길에서 부활하신 예수 그리스도와 만나며 이때 영광스럽게 변모하신 예수 그리스도의 몸을 경험한다. (사도 9장 참조) 그렇기에 사도 바오로가 부활에 대하여 선포할 때, 그는 자신이 무엇을 말하고 있는지를 알고 있다. 모상에 따라 창조된 몸의 충만한 진실에 따라 살기 위해서 우리 역시 "부활하신 그리스도"를 만나야만 한다. 사실상 인간 행복의 시작과 마침의 길은 이 만남 안에 있는 것이다.

사도 바오로의 "놀랍고도 광범위한 논제"(TOB 70:2)를 요약 제시하는 것은 쉽지 않은 일이다. 하지만, 교황은 다음의 말씀에 초점을 맞추어 해석하고 있다.

> 죽은 이들의 부활도 이와 같습니다. 썩어 없어질 것으로 묻히지만 썩지 않는 것으로 되살아납니다. 비천한 것으로 묻히지만 영광스러운 것으로 되살아납니다. 약한 것으로 묻히지만 강한 것으로 되살아납니다. 물질적인 몸으로 묻히지만 영적인 몸으로 되살아납니다. 물질적인 몸이 있으면 영적인 몸도 있습니다. 성경에도 이렇게 기록되어 있습니다. "첫 인간 아담이 생명체가 되었다." 두 번째 아담은 생명을 주는 영이 되었습니다. 그러나 먼저 있었던 것은 영적인 것이 아니라 물질적인 것이었습니다. 영적인 것은 그 다음입니다. (1코린 15:42-46)

바오로 사도의 가르침은 본질적으로 부활에 관한 그리스도의 말씀과 일치한다. 그러나 그리스도는 부활의 때 남녀의 친교가 어떠한 것인지를 숙고하도록 우리를 부르신 반면, 바오로의 가르침은 아직 개인의 내면적 구조에 머물고 있는 듯 보인다. 바오로는 내면의 "힘의 체계" 곧 육과 영 사이의 긴장에 초점을 맞춘다. (로마 7:17-25 참조) 바오로는 "영화(靈化)된 몸의 신화(神化)"를 통해, "힘의 체계"의 부활을 통해 근본적인 변화를 경험하게 될 것이라고 설파한다. (TOB 71:5-6 참조)

교황은 성 바오로의 몸에 대한 묘사를 몸을 경멸하는 것으로 잘못 해석하는 경우를 제시하며, 이는 결코 이원론적 인간학의 정신으로 해석될 수 없다고 조심스럽게 지적한다. (TOB 71:6 참조) 사도 바오로가 몸에 대해 "약함", "썩기 쉬운" 그리고 "명예롭지 않은" 것으로 표현한 것은 역사적 인간의 음욕의 무게에 눌린 몸으로써의 경험을 말하는 것이라고 교황은 해석한다. 즉, 이러한 묘사는 묵시록에서 죄의 결과를 가리키는 것이며, 바오로 사도는 로마서에서 이를 "멸망의 종살이"(로마 8:21)로 부른다. (TOB 70:7 참조)

성 바오로에 따르면, 출산의 고통에 새 생명의 희망이 있는 것처럼 "멸망의 종살이" 안에는 부활의 희망이 숨겨져 있다. (로마 8:22 참조)바오로가 "멸망"과 "희망"을 연결할 수 있는 이유는 바로 우리 인간의 몸이 구원을 위한 성령을 부여 받았다는 사실에 대한 믿음 때문이다. (로마 8:23 참조) 요한 바오로 2세는 "속량은 부활로 가는 길이며 부활은 몸의 속량에 대한 최종적인 성취로 이뤄진다." (TOB 70:8)고 말한다.[31]

첫 아담 안에 잠재된 새로운 아담

"첫 아담"과 역사적 인간에 대한 깊은 인식을 토대로 제시하는 성 바오로의 종말론적 관점에는 매우 중요한 의미가 담겨 있다. 교황이 지적했듯이, 성 바오로는 그리스도가 선포한 세 가지의 핵심 말씀, "한 처음에", "마음으로부터의 간음", "몸의 부활"을 모두 종합한다. 이 모두는 "계시된 창조 신비와 구원 신비 전체에 뿌리를 두고 있다." 인간의 창조는 "영의 힘을 빌어 물질에 생명을 불어넣는 행위"이다. 하느님의 숨결로 "몸의 생기"를 불어넣는 것이다. (TOB 70:7) 이러한 방법으로, "첫 인간 아담은 생명체가 되었습니다." (1코린 15:45) 인간의 구원과 부활은 이같이 이해되어야 한다. 죄로 인해서 성령의 숨결을 밖으로 내쉼에 따라 우리가 먼지가 된다면(창 3:19 참조), 우리의 구원과 부활은 성령을 통하여 그 먼지를 되살리는 것이 되어야 한다. 따라서 성 바오로는 몸을 부정한 것이 아니라, 몸을 성령의 성전으로(1코린 6:19 참조) 바라보고 있으며 몸의 궁극적인 존엄성에 대해 말하고 있다는 것을 다시 한 번 확인할 수 있다.

---

31 *CCC,* no.1026 참조.

새 아담은 첫 아담처럼 부활을 통하여 성령이 임하는 순간 땅으로부터 나온다. 땅을 "어머니"로 묘사하는 것은 명백히 진리적인 요소를 갖는다. 요한과 루카 복음 모두 한 번도 사용했던 적이 없는 무덤에 예수 그리스도를 안치한다는 말씀이 나온다. (요한 19:41, 루카 23:53) 앞에서 언급한 바와 같이, 예수 그리스도는 동정녀의 몸에서 태어나셨으며 한 번도 사용된 적이 없는 무덤에서 "다시 태어나신다." 마찬가지로, 마지막 날 성령의 숨결이 주어지는 그 순간에 땅은 구원자 예수 그리스도가 오신다는 기쁨의 희망 안에서 먼지로 되돌아간 모든 사람을 다시금 동정으로 태어나게 만들 것이다.[32]

성령에 의한 몸의 소생은 단지 사람을 원죄 이전의 원초적 상태로 회복한다는 의미만은 아니다. 교황에 따르면, 이는 구원에 대한 본질적 논리, "구원 경륜의 내적 논리와 구원 신비의 심오한 의미"와 일치하지 않을 수도 있다고 말한다. 속량–부활의 과정에서 성령의 숨결이 다시 몸에 들어가는 것은 "새로운 충만의 도입부에 불과할 뿐이다. 이 새로운 충만은 선과 악을 알게 하는 나무의 이야기에서 시작된 인류의 전 역사를 전제로 한다." (TOB 72:3)

사도 바오로는 첫 아담과 두 번째 아담인 그리스도를 비교하면서, 역사적 인간은 이 양 극단 사이의 긴장 상태에 놓여있다고 말한다. "우리가 흙으로 된 그 사람의 모습을 지녔듯이, 하늘에 속한 그분의 모습도 지니게 될 것입니다." (1코린 15:49) 그러나 교황은 "흙의 인간인 지상 인간"이 "하늘의 인간인 천상 인간"의 반대나 상호 부정이 아님을 강조한다. "하늘의 인간"은 완성되고 확인된 모든 것 위에 계신 분이다. 이미 우리의 창조 안에서 "지상의 인간은 '두 번째 아담이 부활하시어 하늘의 인간인 그리스도가 되심'을 받아들일 능력과 준비를 갖출 고유한

32 *CCC*, no.1683 참조.

잠재력을 자신 안에 가지고 있다."(TOB 71:3)고 교황은 말한다.

혼인 유비의 관점에서 남자와 여자는 신부가 신랑을 받아들이는 것처럼 그리스도를 받아들이도록 창조된 것이라고 말할 수 있다. 요한 바오로 2세 교황은 우주 안의 모든 피조물들의 몸 가운데에서 인간의 몸만이 "부활에 대한 잠재력", "부패하지 않고, 영광스러우며, 역동에 충만한 영적인 존재"가 되고자 하는 열망과 능력을 지니고 있다고 말한다. 이것은 한 처음부터 인간이 하느님의 모상 안에서 남자와 여자로, 육과 영으로 창조되었기에 가능한 것이다. 이와 같이, 교황은 "인간은 하느님의 '지상'의 이미지를 닮음으로써 두 번째 아담인 그리스도의 '천상' 이미지를 받아들이고 재현할 수 있다."(TOB 71:4)고 말한다.

"모든 인간이 자신 안에 아담의 이미지를 지니고" 있는 이상, "그들은 자기 자신 안에 부활하신 그리스도의 이미지를 지니라는 부르심을 받았다."라고 할 수 있을 것이다. 이 신비는 오직 다음 세상에서만 완성될 것이다. "그리스도의 부활을 통해서 이 세상에서 이미 계시되었기 때문에 어떠한 의미에서는 이미 이 세상의 실재이기도 하다." (TOB 71:4)

영적인 몸(Spiritual Body)

그리스도의 부활은 인간 안에 이미 "심어져 있는" 실재이다. 비록 우리의 몸은 "약하고" "썩기 쉽게" 만들어 졌지만, 동시에 우리 안에는 "영적으로 변화하려는 갈망"(TOB 71:3)이 존재한다. 하느님께서는 "한 처음에", 우리의 희망을 부수거나 좌절시키지 않으시고 오히려 그 안에 충만하게 이끌어 갈 희망을 넣으셨다. 그러므로 모든 희망은 우리의 부활 안에 자리잡아야 한다. 죽음으로 인하여 썩을 몸이 부활에는 썩지 않게 된다. 약하고 부끄러운 몸이 부활에는 영광과 권능으로 바뀐다. 육(肉)적인 몸에 심어 놓은 것이 영적인 몸으로 고양되었기 때문이다.

이러한 측면에서 "몸"은 육-영으로 이루어진 주체성을 가진 전(全) 인격이라 말할 수 있다. 그러므로 바오로 사도는 물질적인 실재와 비-물질적인 실재를 대조하지 않는다. 성령을 거부하는 사람을 '육(肉)적인 몸' 즉, "육에 따라 사는 사람"으로 표현하거나, 그리스도의 생명을 주는 성령의 영향 아래 있는 사람을 '영적인 몸(spiritual body)'으로 표현하는 경우가 있다. 그러나 교황은 책 말미의 주석에 인간에 대한 이원론적 개념에 반대하며 바오로 사도 역시 "몸과 정신 모두 영적인 존재가 될 수 있음"(TOB 71:6, n. 81)을 주장했다고 말한다. 영성이 감각의 우위에 있다고는 하나 감각적이고 관능적인 생활을 영적 생활에 반대되는 것으로 생각해서는 안된다.[33] 만일 우리가 감각을 "인간을 약화시키는 힘"으로 경험한다면, 이는 오직 죄 때문이다. 인간의 감각은 "자주 악으로 부추겨지고 악에 떠밀린다." 이는 오로지 욕정 때문이다. (TOB 72:4)

교황은 무질서한 감각의 욕망에 사로잡힌 갈증을 거부하며 욕정에 빠진 인간은 성령이 침투하여 스며들 수 있도록 그의 감각을 열어 두어야 한다고 말한다. 이때 인간은 비로소 "영을 자유롭게 하는 감각의 근본적인 기능"(TOB 72:4)을 경험할 수 있다. 이것이 바오로 사도가 말하는 "영적인 몸"이다. 교황의 표현에 따르면 "완벽한 감각의 감수성이란 인간의 영적 활동이 진리와 자유 안에 완전한 조화를 이루는 것"(TOB 72:4)이라고 한다. 가톨릭 교회 교리서(*CCC*)에 따르면 "덕이 있는 사람은 자신의 감각적, 영적인 모든 능력을 다해서 선을 향해 나아간다."[34] 성령과 동맹을 맺게 되면, 영적-감각적인 것의 일치가 이미 그들 안에

33 *Love and Responsibility*, "풍요로우며 쉽게 일어나는 감각을 통하여 비록 어려운 일이기는 하지만 풍성한 인격적 삶이 가능할 수 있다. 이와 같은 감각은 인간이 인격적 사랑을 형성하는데 중요한 요소들에 더욱 완전하게 응답할 수 있도록 도움을 준다." (p. 109)

34 *CCC*, no.1803.

존재하여 마지막 완성을 향하여 나아간다.

데카르트로부터 온 이원론적 세계관이 팽배하는 현대 사회에서, 바오로 사도의 "영적인 몸"의 개념을 이해하기란 매우 어렵다. 피터 크리프트(Peter Kreeft)는 다음과 같이 말한다. "근대 이전의 문화 안에서 "영적"은 비물질적이라는 뜻이 아니었다. 데카르트 이전 시대의 문화 역시 실재를 순수한 비물질적 정신과 순수한 비정신적 물질이라는 두 개의 상호 양립할 수 없는 범주로 쪼개지 않았다. 오히려, 모든 물질을 '영'에 의해 숨이 불어넣어지고 형성된 형태로 보았다." 크리프트(Kreef)는 계속해서 다음과 같이 말한다. "데카르트는 '나의 총체적인 본질은 단지 사고 안에 있다'고 말함으로써 '천사주의'를 열었다. 이로써 물질과 정신은 두 개의 명백하게 분리된 개념이 되었다… 우리는 이러한 분리된 개념을 마치 절대 떼어내지 못하는 콘택트 렌즈같이 우리의 상식으로 물려받았다. 이런 데카르트의 렌즈를 끼고 있는 한 우리는 결코 데카르트 이전 철학자들의 사고를 이해할 수 없다. 우리는 계속해서 우리의 굴절된 현대적인 범주를 통하여 성경 저자들을 읽으려고 한다."[35] 크리프트(Kreeft)는 성 바오로의 "영적인 몸"이라는 용어가 대부분의 현대인들에게는 명백한 모순으로 보인다는 점을 자신의 주장에 대한 증거로 제시한다.

2. 하느님 나라를 위한 금욕

[사이클 4]

교황 요한 바오로 2세의 수기 원고에 따르면, "하느님 나라를 위한 금욕"은 제1부 제3장 제2절에서 다룬다. "정합적 인간학"의 발전이라는 주제에서 소명에 대한 정합적 인간학의 적용으로 그 주제의 초점이 옮

35 Kreeft, *Everything You Ever Wanted to Know about Heaven*, pp. 86–87.

겨지고 있음을 알 수 있다. 즉, '인간이 된다는 것은 무엇을 의미하는가?'라는 질문에서 '인간 진리에 따른 나의 삶을 어떻게 살 것인가?'로 중심 주제가 바뀐다.

인간의 신비는 사랑과 선물이다. 창조주이신 하느님께서 인간에게 당신 자신을 사랑의 선물로 주신다. 하느님의 모습으로 남자와 여자로 창조된 인간은 사랑과 선물의 신비를 다시 살리기 위한 자유(자기 결정력)를 부여 받는다. "그러므로 남자는 아버지와 어머니를 떠나 아내와 결합하여, 둘이 한 몸이 된다." (창 2:24) 그러나 혼인에 대한 하느님의 원 계획을 다시 세우신 그리스도께서는 몇몇의 사람들에게 "하늘나라를 위하여"(마태 19:12) 혼인을 희생하도록 초대하신다. 교황 요한 바오로 2세의 사도적 권고『가정공동체(*Familiaris Consortio*)』에 따르면, "그리스도적 계시는 인간이 사랑의 소명을 실현하는 혼인과 동정 또는 독신이라는 두 가지 구체적 방법을 인정한다. 둘 중의 어느 것이나 적절한 형태를 유지하는 한, 인간의 가장 심오한 진리의 실현이고 '하느님의 모상대로 창조된' 인간 존재의 실현이다."[36]

사이클 4는 하늘나라를 위한 금욕을 주제로 하며, 1982년 3월 10일부터 1982년 7월 21일까지 총 14회에 걸쳐(TOB 73–85) 진행되었다. 교황이 혼인 성소를 다루기에 앞서 동정 성소를 다루는 데에는 합당한 이유가 있다. 그리스도교적 독신의 의미를 이해하지 않고는 혼인의 성사성을 이해할 수 없기 때문이다. 독신은 혼인이 성사적으로 상징하는 바 즉, 그리스도와 교회의 영원한 "동정적 일치(virginal union)"에 대한 보다 직접적인 참여를 의미하기 때문이다.

이전에 우리가 사용한 타이어 비유로 설명하자면, 혼인 성소를 받은 그리스도인들은 "공기가 가득 주입된 타이어"이다. 즉, 한 처음부터 주

36 *Familiaris Consortio*, 11.

어진 인간의 궁극적 목적에 대한 성사적 표징을 되찾을 소명을 받은 사람들이다. 어떤 의미에서는 독신 성소를 받는 그리스도인들도 마찬가지이다. 다만, 이들은 이 세상 바로 여기, 이곳의 삶에서 “타이어를 넘어서는” 미래의 삶을 바라본다는 점만 다를 뿐이다. 독신 성소를 통해 한 처음부터 우리에게 계시된 하느님의 궁극적 계획이 드러난다. 교황은 혼인이 “남자, 여자의 몸을 가진 존재인 인간의 원초적이며 근본적인 의미를 결정하는 요소가 아니다.”라고 언급한 바 있다. 혼인과 출산은 역사 안에서 그 구체적인 의미를 현실화하는 것이다.” (TOB 69:4) 어떤 측면에서, “하느님 나라를 위하여” 독신을 선택한 남자와 여자는 역사 안에 살면서 동시에 역사 밖에서 “하늘나라가 여기에 있음”을 선포하는 것이라고 할 수 있다.

A. 그리스도의 말씀(마태 19:11–12)

전환점이 된 그리스도의 말씀

“동정과 독신을 통하여 하느님께 전적으로 자기 증여를 하라는 부르심은 몸의 신학의 토대인 복음에 더 깊은 뿌리를 두고 있다.” (TOB 73:1) 부활에 대한 고찰을 바탕으로 우리는 이 소명이 “‘아내를 얻는 일도 남편을 얻는 일도 없는’ 종말론적 상태를 향한 카리스마적인 경향”(TOB 73:4)[37]임을 알 수 있다. 그러나 그리스도와 사두가이 사이의 부활 논쟁에서는 수도자로서의 독신생활을 언급하지 않았다는 점에 주목할 필요가 있다. 대신, “한 처음” 하느님께서 계획하신 혼인에 대한 바리사이와

37 *CCC*, nos. 1618–19 참조.

의 논쟁에서 독신 성소를 언급하는 것 역시 주목할 필요가 있다고 교황은 말한다. (TOB 73:5 참조)

그리스도는 혼인의 불가해소성(indissolubility)을 확고히 하며, 제자들에게 다음과 같이 말씀하신다. "아내에 대한 남편의 처지가 그러하다면 혼인하지 않는 것이 좋겠습니다." (마태 19:10) 그리스도는 그들의 논리에 대꾸하지 않으시고 대신 남자와 여자로 창조하신 하느님의 원계획에 따른 삶의 새로운 방식에 대하여 소개하심으로써 논의를 새로운 차원으로 올린다. 예수는 다음과 같이 말한다.

> "모든 사람이 이 말을 받아들일 수 있는 것은 아니다. 허락된 이들만 받아들일 수 있다. 사실 모태에서부터 고자로 태어난 이들도 있고,[38] 사람들 손에 고자가 된 이들도 있으며, 하늘나라 때문에 스스로 고자가 된 이들도 있다. 받아들일 수 있는 사람은 받아들여라." (마태 19:11–12)

마태오 복음의 이 말씀에 대하여 교황은 "그리스도의 말씀은 교리뿐 아니라 사목적으로도 그 의미가 놀라울 정도로 풍부하고 정확하다." (TOB 78:1)고 말한다. 그리스도의 이 말씀을 이스라엘 사람들이 알아듣지 못했을 것이라 추측하는 것은 그리 어려운 일이 아니다. 구약의 전통에서 혼인은 종교적 특권의 상태이자 계시 자체로서의 특권이었다. 혼인은 하느님께서 아브라함에게 셀 수 없이 많은 자손을 약속하신 계약에서 나온 것으로 종교적으로 매우 심오한 의미를 가진 것이었다. 교황은 육체적으로 불능인 경우를 제외한다는 말에 주목한다. 그러한 사람들(고자)은 사회적으로 버림받은 자들로 간주되었으며 하느님에 의하여

---

38 여기에서 고자는 선천적 기형, 질병에 의하여 성교를 할 수 없게 된 자들을 의미한다. 영구적 성교 불능은 교회법에 따른 혼인 무효사유이다. (교회법 1084) Christopher West, *Good News About Sex and Marriage*, pp. 54–57 참조.

저주받은 자들로 생각되었다. 왜냐하면 그들은 아브라함에게 약속하신 하느님의 계획에 동참하지 못한 자들이기 때문이다. 이러한 시대 상황에서 실제로 "스스로 고자"가 될 것을 선택하는 사람을 이해하기는 매우 어려웠을 것이다. 더구나 하느님의 나라를 위해서? 이상하지 않는가!

하느님 나라를 위한 금욕을 설명하는 그리스도의 방식을 살펴보면 그리스도께서도 이 문제가 내포하는 어려움을 확실히 인식하고 계셨음을 알 수 있다. 교황은 그리스도께서 다음과 같이 말씀하시는 것처럼 보인다고 한다. "내가 지금 하려는 말 때문에 여러분의 양심이나 여러분이 몸의 의미를 이해하는 것에 어려움이 올 수 있다는 것을 알고 있다. 사실, 금욕에 대하여 얘기해야 하는데, 그것이 선천적이든 또는 대의를 위한 선택이든 모두가 이를 육체적 결함과 연결하게 될 것이다. 그러나 내가 말하려는 것은 금욕은 자발적인 것이며 '하느님 나라를 위하여' 사람이 선택한 것일 수 있다는 점이다." (TOB 74:4)

몸이 갖는 신학적 측면 즉, 몸의 의미의 계시라는 관점에서 살펴볼 때, 이와 같은 그리스도의 말씀은 역사적 인간과 혼인 소명에 대한 결정적인 전환점을 마련하여 준다고 교황은 말한다. 그러나 이는 "모두에게 해당되는 계명이 아니라 일부 사람들에게만 해당되는 권고이다." (TOB 73:4) 그러므로 교황은 금욕은 삶의 일반 규칙인 혼인에 대한 일종의 예외라고 말한다 (TOB 73:5 참조)

자발적, 초자연적, 동정의 친교

수도자들의 독신 서원은 "특별한 은총"으로 능력을 부여 받은 "개인적 선택"이라고 교황은 강조한다. 그러므로 이는 자발적이며 초자연적인 것으로 이해되어야 한다. 자발성, 초자연성이라는 특성이 없다면 독신은 그리스도 말씀의 영역에 포함되지 않는다. 한편으로 이는 하느님 나라를 위한 금욕으로 아무에게나 주어지는 소명이 아니며, 하느님에 의하여 주어진 선물로 이를 수용하는 것은 개인의 자유로운 선택이다.[39] 다른 한편으로 자유의지로 선택한 소명이라 할지라도 '하느님 나라를 위한' 금욕이 아니라면 그리스도의 독신 서원에 합당하지 않은 것이 된다. 따라서 그리스도 말씀에서 '하느님 나라를 위하여'라는 구절은 소명의 객관적 목적에 적합하고 충만한 방식에 부합하는 주관적 동기의 필요성을 의미한다. (TOB 76:3) 예를 들어, 혼인적 친밀감을 두려워하여 또는 성을 경멸하여 독신을 택한다면 이는 하느님 나라를 위한 독신 성소가 아니다.

그리스도는 독신 성소가 갖는 초자연적 측면을 강조하며 "실제적 삶의 가장 깊은 곳에서"(TOB 74:1) 금욕에 대한 소명이 뿌리 내려지기를 바라신다. 어떤 의미에서 독신 서원을 한 수도자들은 역사의 측면을 넘어서서 더 이상 혼인에 놓여 있지 않은 남자-여자의 몸의 상태로 초월하게 된다. 그러나 역사 안에 뿌리 박혀 있는 동안 독신 소명에 따라 사는 몸은 미래 부활에 대한 예언자적 증거가 된다. 다시 말해, 독신 서원을 하는 남자와 여자는 "몸의 속량"의 궁극적 완성을 기다리면서 그 결정적 완성을 증거한다.

그러므로 그리스도교의 독신 서원은 "이미 그러나 아직"이라는 긴장 속에 존재한다. 교황에 따르면, 이 소명은 "하느님 나라 안에서의 금욕이라는 문제가 아니라 하느님 나라를 위한 금욕"(TOB 73:5)이다. 이는 다가올 삶의 기대이자 "종말론적 표징"이다. 따라서 하느님 나라를 위하여 이 세상의 소명으로써 독신서원을 하는 것과 부활의 때에 남자와 여자가 결혼하지 않아도 되는 몸의 영광스러운 상태 사이에는 본질적 차

---

39 *CCC*, no. 1599 참조.

이가 있다. 이 세상에서 혼인은 사람들의 일반적이고 고귀한 성향의 일부이나, 독신은 "포기와 특별한 영적 노력이 결합된 선택"(TOB 74:5)이기 때문이다. 그러나 하느님 나라를 위한 금욕이 앞으로 올 세상을 기대하기 때문이라고 말할 때, 여기에서 다가올 세상의 동정이 갖는 의미는 실질적인 인격 상호간의 친교가 없음을 지칭하는 것이 아니다. 동정과 친교는 서로 반대되는 것이 아니다. 오히려 처음부터 그랬던 것과 같이, 종말론적 실재 내에서 상호 보완하여 완성되는 것이다. 따라서 독신서원은 육화된 인간의 친교에서 이루어지는 성적인 표현을 포기하는 것이기는 하지만 인간이 인격적 친교 안에 사는 소명을 포기하는 것이 아니다.

하느님 나라를 위한 금욕은 "부활한 사람의 종말론적 '동정'을 표현하는 '카리스마적인 표징'이다. 하느님과 '얼굴을 마주하고' 지복직관의 일치를 통해 거룩하게 된 몸은 절대적이고 영원한 혼인적 의미를 드러난다."고 말한다. 동시에 몸은 "상호 주체성의 완전한 일치를 통하여 더욱 거룩하게 될 것이며 그로 인하여 '다른 세상에 참여하는 모든 사람들' 즉, 성인들의 통공의 신비 안에 사는 남자와 여자 모두의 일치를 이루게 될 것이다." (TOB 75:1) 이 같이 "'다른 세상'에 대한 확실한 표징이라는 점에서, '하느님 나라를 위한 금욕'은 무엇보다도 그 자체로서 몸의 구원의 신비가 갖는 내면의 역동성을 갖게 된다." (TOB 76:3) 이 역동성을 통해 우리 모두는 종말론적 차원에서의 "원초적인 동정적 가치(original virginal value)"를 회복하게 될 것이다. 육화된 하느님 말씀과의 일치 안에서 몸과 영이 완전한 결합을 이루게 됨으로써 원초적인 동정적 가치가 회복될 것이다.

하느님 나라를 위한 금욕과 영적 열매(Spiritual Fruitfulness)

하느님 나라를 위해 이 세상에서 금욕하는 것은 "죽음이 목적이 아니라 몸의 거룩한 영광을 지향함을 드러내는 표징이다. 이는 하느님 나라를 위한 금욕이 이미 '다가올 부활을 기다리는 사람들 사이의 증거'라 말한 것에서부터 드러난다." (TOB 75:1) 부활의 때에, 남자와 여자는 더 이상 결혼을 하지 않는다. 혼인의 심오한 진리가 그 의미를 상실하였기 때문이 아니라 그리스도와 교회와의 일치라는 영원한 실재 안에서 이미 완성되기 때문이다. 이러한 측면에서 하느님 나라를 위하여 독신 서원을 하는 사람은 실재를 기대하며 혼인성사를 "건너뛰는(skipping)" 사람들이라고 할 수 있다. 즉, 그들은 '지금 그리고 바로 여기에서' 보다 더 직접적인 방식으로 '어린양의 혼인 잔치'에 참여하고자 하는 사람인 것이다.

> '독신(celibacy)'이라는 용어는 '독신은 ~이다'라는 설명보다는 '독신은 ~이 아니다'라는 설명이 더 많다. 그러나 독신에 대한 정의를 ~에 대한 포기가 아니라 천상의 혼인잔치를 받아들인다는 측면에서 정의하는 것이 독신의 개념을 둘러싼 혼돈과 부정성을 없앨 수 있다고 본다.

교황은 다음과 같이 말한다. "스스로 금욕을 선택하는 자는 (몸의) 구원의 신비에 대한 특별한 참여를 선택한 것이다. 그들은 특별한 방식으로 몸의 구원을 완성하고자 하는 사람들(콜로 1:24 참조)이다." 독신 서원을 한 사람은 하느님 나라를 위하여 자기 스스로 금욕을 하였던 "그리스도와 명백히 닮아 있음"을 알 수 있다. (TOB 76:3) 그리스도의 삶은 혼인과 출산을 종교적인 특권으로 인식했던 구약 전승에서 탈피하기 위한 기초가 되어야 했다. 이 세상에서의 그리스도의 삶은 동정녀 마리아께 잉태되는 순간부터 죽을 때까지 하느님 나라의 새로운 열매를 증거하였다. 그러나 하느님 나라를 위한 금욕에 대하여 처음으로 얘기했던 사두가이들에게 있어서 이 신비는 감추어진 채로 남아 있었다. "마리아와 요셉은 그리스도의 잉태와 출산의 신비를 함께 산 사람들이며 육이 아니라 성령으로부터 열매를 맺는 것을 본 첫 증인들이다. '그 몸에 잉태된 아기는 성령으로 말미암은 것이다.'(마태 1:20)" (TOB 75:2) 그리스도의 동정 출산을 둘러싼 기적은 마태오와 루카 복음을 기초로 한 교회의 눈에만 드러나게 될 것이다.

요셉과 마리아의 동정 결혼

요한 바오로 2세 교황은 "그리스도는 어머니에게서 태어났다. 다른 사람들이 그러하듯 말이다 … 그러나 그림에도 불구하고 마리아는 동정녀이다. 마리아의 동정 수태와 요셉의 동정 신비는 일치한다." (TOB 75:2)고 말한다. 요셉과 마리아의 동정은 그리스도가 제자들을 향하여 언젠가 선포할 하느님 나라를 위한 금욕과 일치한다. 그러나 동시에 요셉과 마리아는 합법적인 남편과 아내였다.[40] 요한 바오로 2세에 따르면, "그들의 혼인은 구원의 역사에서 성령의 가장 완전한 열매를 위한 금욕의 신비이다. 이 혼인은 인격 간의 완전한 친교의 신비, 남자와 여자의 혼인 서약의 신비, 하느님 나라를 위한 독신 성소의 신비를 감추고 있다. 이는 성령의 열매의 절대적 완성을 의미한다. 영원한 말씀의 육화에 의한 선묵이 마리아와 요셉의 혼인과 금욕의 서약 안에서 실현되었기 때문이다." (TOB 75:3)

> 요한 바오로 2세는 육화에 있어서의 요셉 성인의 역할에 대한 교회의 이해를 더욱 발전시키는 것처럼 보인다. 요셉 성인은 당시 미혼모로 비쳐질 수

40 교회법의 세부 조항에 따르면, 교회는 혼인 배우자들이 혼인 당시 성교 능력을 가져야한다고 가르치고 있다. (교회법 1084 참조) 그러나 절대적 의무는 아니다.

있는 마리아에 합법성을 부여하기 위해 제공되는 일종의 "보조 장치"가 아니다. 마리아와 요셉은 이미 결혼한 상태였다. (마태 1:18; 루카 1:27 참조) 요셉은 동정으로 하느님께 "네"라고 응답하고 마리아에 대하여 동정의 사랑을 실천한다. 비록 요셉 성인의 "네"와 마리아의 "네"라는 응답이 그 본성에서 차이가 있지만, 요셉 성인은 육화의 신비에서 본질적 역할을 하였다고 볼 수 있다. 마리아는 수태고지에 대하여 확고한 믿음을 가지고 응답하였다. 요한 바오로 2세는 『구세주의 보호자(*Redemptoris Custos*)』에서 이렇게 적고 있다. "요셉은 그 자신의 '고지' 순간에 아무것도 발설하지 않았다. 그 대신 그는 단지 '주의 천사가 일러준 대로 행하기만'(마태 1:24) 하였다."[41] 이와 같이 남성적인 "행동함"은 마리아의 여성적인 "그렇게 하도록 두어라"와 혼인적으로 부합하는 것이다. 요셉과 마리아의 이러한 동정의 상호보완성은 영적 열매의 절대적 완성을 표현한다. 우리가 요셉을 예수의 "양 아버지"라고 부르고 있지만, 요한 바오로 2세는 동정성을 갖는 요셉의 부성(父性)을 진정한 부성에 견주어 손색 없는 것이라고 말한다. 어떠한 의미에서는 더욱 실제적인 부성이다. 교황은 "요셉과 마리아의 가족에서 요셉은 아버지이다. 그의 부성은 자손을 잉태시킨 것에서 나온 것이 아니며, '외견상'의 아버지 또는 '대리' 아버지도 아니다. 오히려 진정한 인간적인 부성 안에서 완전한 나눔을 통해 나온 것이다."[42] 인간적인 부성의 진정성은 하느님 아버지의 부성을 얼마나 명백한 표징으로 드러내는가에 의하여 결정된다. 요셉의 부성은 하느님 아버지의 부성을 가장 명백히 보여주는 표징이다. 따라서 그 어떤 것보다 진정한 실제적 부성이다.

천상의 혼인 즉, 하느님 나라를 위한 금욕과 지상의 혼인을 동시에 포괄하는 역설 안에서 요셉과 마리아의 동정적 친교는 천상과 지상의 혼인이라는 결과를 가져왔다. 이는 위격의 일치의 은총 즉, 성자 그리스도 안에서 인성과 신성의 결합이다. 이 은총은 하느님 나라를 위한 금욕을 받아들임으로써 나오는 영적 열매의 절대적 완성과 밀접하게 연결

41 *Redemptoris Custos*, 17.

42 Ibid., 21.

되어 있다. 요한 바오로 2세는 하느님 나라를 위하여 진심을 다해 금욕을 받아들이는 남자와 여자는 이와 같이 넘쳐 흐르는 성령의 열매에 동참하는 것이라고 말한다.

속량의 에토스로부터 흘러나오는 혼인 성소와 독신 성소

요셉과 마리아의 혼인은 혼인과 독신이라는 그리스도의 두 가지 소명에 대한 해법을 제시한다. 교황은 요셉과 마리아의 혼인이 혼인의 심오한 신성을 이해하는 데 도움을 주는 동시에 하느님 나라를 위해 독신을 선택한 사람들의 혼인에 대한 '무사무욕(無事無慾, disinterestedness)'을 이해하는 데 도움을 줄 것이라고 한다. 요한 바오로 2세 교황은 다음 사이클에서 혼인의 신성함에 대하여 깊이 있게 논의할 것이다. 지금은 우리 시대의 공통적인 시각에서 바라본 문제에 대해 집중하겠다. "그리스도인은 왜 혼인에 대하여 무사무욕(無事無慾, disinterestedness) 한가? 혼인은 그리스도인들에게 성교를 위한 유일한 합법적 기회가 아닌가? 올바른 정신을 가진 사람이 과연 섹스 없는 삶을 실제로 선호할 수 있는가?

이러한 시각은 그리스도의 인간 구원을 제대로 이해하지 못한 데서 나온다. 성(性), 구원 경륜에 대한 교회의 가르침과 관련한 많은 혼돈은 정욕을 정당화하는 데에서 발생한 편협한 시각 때문이다. 음욕에 마음이 사로잡힌 사람들에게 있어 평생 독신 서원을 선택한다는 생각은 결코 받아들여지지 않는 것이다. 그러나 구원의 에토스에 의하여 음욕으로부터 자유롭게 된 사람들에게 "하느님 나라를 위하여" 성교를 통한 성(性)의 표현을 희생한다는 생각은 실제로 가능한 것일 뿐 아니라 매우 매력적이며 심지어 바람직한 것이다.

평생 독신 서원을 실천하며 그리스도의 초대에 따른 참된 삶을 살아간다는 것은 곧 그리스도가 우리를 자유롭게 한 바로 그 자유에 대한 극적인 증거가 된다. 물론 진실로 정결한 혼인도 그와 같은 자유에 대한 증거가 된다. 위에서 말한 편협한 시각과는 반대로, 혼인은 음욕에 대한 탐닉으로부터 빠져나갈 수 있는 "합법적 탈출구"가 아니다. 따라서 혼인에 대한 진정한 그리스도적 의미를 깨닫게 되는 사람은 누구나 평생을 통한 독신 서원이 갖는 의미에 대한 진정한 그리스도적 이해가 가능하게 된다. 그러한 이해는 바로 구원의 에토스에서 나온다. 교황에 따르면 금욕으로의 부르심(마태 19장)과 음욕을 극복하라는 부르심(마태 5장)의 이면에서 우리는 "동일한 인간학 그리고 동일한 에토스를 발견할 수 있다."(TOB 77:4)고 말한다. 다시 말해 두 소명(혼인과 독신)은 동일한 인격적 전망과 동일한 부르심 즉, 성적 열망을 포함한 몸의 속량을 경험하라는 부르심에서 나온 것이다.

교황은 하느님 나라를 위한 독신 서원에 대한 초대가 부활의 인간학이라는 관점에서 비추어 본 역사적 인간의 에토스를 '확장"한다고 말한다. 그렇다고 해서 부활의 인간학이 역사적 인간학을 대신한다는 의미는 아니다. 하느님 나라를 위해 독신 서원을 선택한 남자와 여자는 혼인을 선택한 남녀와 마찬가지로 정욕과 씨름해야 한다. 그러나 역사적 인간 역시 구원된 인간이다. "구원은 진리이며 실재이다. 구원의 이름으로 인간은 자신이 부름 받았음을 즉 '실제적으로 부름 받았음'을 느껴야 한다." (TOB 46:4) "실제적인 구원"을 사는 남자와 여자만이 하느님 나라를 위한 금욕의 삶에 준비된 사람들이다. 만약 혼인을 정욕의 합법적 탈출구라고 잘못 생각한다면, 확실한 구원을 위해 반드시 혼인해야 한다고 주장할 수밖에 없다. 교황은 다음과 같이 표현한다. "하느님 나라를 위하여 금욕을 택한 사람은 죄에 빠지는 인간적 속성을 통제하여 몸의 속량의 신비에서 분출되는 힘에 맡겨야 한다. 혼인 관계를 유지하는 사람들이 하듯 그렇게 하여야 한다. 혼인 성소와 독신 성소 사이에 차이가 있다면 그것은 각자가 선택한 선(善)의 유형이 다름에서 나오는 책임의 차이일 뿐이다." (TOB 77:4)

혼인을 정욕의 합법적 배출구로 보거나 독신을 정욕의 억제로 본다면, 혼인 성소와 하느님 나라를 위한 독신 성소의 차이를 결코 이해할 수 없다. 그리스도께서는 몸의 속량을 통해 정욕의 지배를 극복하라고 부르신다. 진정한 자유를 경험하는 때에 비로소 그리스도의 소명(혼인, 독신 서원)을 올바로 이해할 수 있다. 혼인과 독신 서원은 모두 몸의 혼인적 의미에 대한 경험, 그리고 남성성, 여성성을 통하여 그 안에서 서로에게 선물이 되라는 부르심에 대한 경험에서 시작되기 때문이다. 그리스도께서 우리를 자유롭게 하기 위하여 주신 은총의 자유를 경험하지 못한다면 독신은 절망적으로 억압적인 것으로만 보이게 되며, 혼인은 합법적으로 정욕에 탐닉하는 것을 허용하는 도구로만 보이게 된다. 이 얼마나 복음의 에토스와 동떨어진 시각인가!

하느님 나라를 위한 금욕의 "우위성(Superiority)"에 대한 올바른 이해

교회의 역사에는 독신 서원을 혼인보다 "더 고귀하고 우월한" 소명으로 보는 일부 심각하게 왜곡된 입장도 나타난다. 안타깝게도 많은 가톨릭 신자들은 '독신을 감당할 수 없는 사람들이 선택하는 이류(二流)의 열등한 소명이 결혼'이라고 이해해왔다. 그들의 생각은 이렇다. "독신이 그렇게 좋은 것이라면 혼인은 매우 나쁜 것임에 틀림없다. 섹스를 금하는 것이 우리를 순수하고 거룩하게 만든다면 섹스는 우리를 더럽고 타락한 것으로 만드는 것이다." 그러나 이는 독신의 가치를 높이는 데 있어 교회의 의도와 가장 동떨어진 것이다. 그러한 신앙은 마니교적 이단의 낌새를 보인다.

이 같은 독신과 혼인의 왜곡에 대하여 교황은 "교회의 참된 전통에 따라 금욕이 혼인보다 우월하다고 할 때 이는 결코 혼인을 폄하하거나 혼인의 본질적 가치를 경시하는 것이 아니다. 또한, 몸과 성에 대한 마니교적 이해로 기울고 있음을 암묵적으로 보여주는 것도 결코 아니다." (TOB 77:6) 독신의 "우위성"에 대한 그리스도의 말씀은 "하느님 나라를 위하여" 라는 동기가 전제되어야 한다는 의미이다. 이 경우에 한하여 독신의 "우위성"을 인정할 수 있다. 그리스도의 말씀에서, "우리는 혼인 경시에 대한 어떠한 토대도 발견할 수 없다." (TOB 77:6)

금욕에 대한 그리스도의 말씀 중 남자와 여자가 혼인으로 '한 몸'을 이룸이라는 혼인의 본질과 관련하여 혼인의 '열등감'을 암시한 적은 한 번도 없다." (TOB 78:1) 혼인은 선(善)하며 거룩한 하느님의 계획이다. 금욕의 "우위성"은 단순히 성행위를 통한 일치를 금한다는 사실에 기초하는 것이 아니다. 교황에 따르면, "그리스도께서는 '몸의 혼인적 일치'에 대한 부정적 편견 때문에 금욕을 제안하신 것이 아니다. '오직 하느님 나라를 위하여' 금욕을 제안하신다." (TOB 78:1)

그렇다면, 혼인 소명과 관련하여 독신 서원이 갖는 예외적 가치를 어떻게 이해해야 하는가? 요한 바오로 2세에 따르면, "혼인을 가장 적합하고 근본적이며 보편적이고 통상적인 가치라고 한다면, 하느님 나라를 위한 금욕은 특별하고 '예외적'인 가치를 가진다 할 수 있다." (TOB 76:2) 그리스도 말씀에 잘 드러나듯이, 이는 "금욕에 유리하도록 혼인 가치를 축소하는 것이 아니라는 사실을 명백히 알 수 있다." (TOB 77:2) 혼인은 천상의 영원한 친교를 이 세상에 드러내는 성사이므로 고귀한 가치를 지닌다. 그러나 독신은 천상의 친교를 이 세상에 드러내는 성사가 아니다. 독신은 종말론적 실재를 직접 기대하는 것이다. 이와 같이 '기대'라는 측면에서만 살펴본다면, 독신은 "지상에서의 천국"이다. 즉, 하느님 나라가 여기에 와 있다는 표징이다. 천국이 지상보다 "더 나은" 것처럼 독신은 혼인보다 "더 나은" 것이라고 이해할 수 있다. 이러한 측면에서 그리스도교에서의 독신 서원은 "'하느님 나라를 위하여' 특별히 가치 있으며 중요한 것이다. 그리고 그리스도 자신이 스스로 선택하셨기 때문에 더욱 그러해야만 한다." (TOB 76:2)

하느님 나라를 위한 독신은 오직 객관적 의미에서 그리고 그 선택의 객관적인 지향성 때문에 "더 나은" 것이다. 주관적으로 더 낫다고 할 수 있는 것은 하느님께서 부르시는 소명이 무엇이냐에 따른 것이다. 즉, 그리스도인의 소명으로써 독신을 선택한다면, 그것은 결코 "혼인의 부정적 가치 때문이 아니라 자신의 선택과 관련한 특별한 가치 때문에"(TOB 73:3) 이와 같은 소명을 받아들인 것이다. 이와 같은 부르심을 받은 남자와 여자는 자신의 소명에 대한 특별한 가치를 발견하고 환영하여야 한다. 고유한 가치를 가진 혼인을 이 세상 삶에 있어서 통상의 부르심이라고 말할 때, 원칙에 대한 예외라는 의미에서 독신을 예외적인 가치라고 할 수 있다.

고독, 친교, 몸의 혼인적 의미

창세기 본문 연구에서 살핀 바와 같이, 남자와 여자는 그들 본성이 갖는 통상적이고 고귀한 경향성에 따라 혼인하도록 "만들어졌다." 교황에 따르면 이러한 자연적이며 고귀한 경향성으로부터 "탈피해" 의식적으로 금욕을 결정하는 것은 초발론적 완성에 대한 기대 때문이다. 혼인은 거룩한 제도이며 위대한 선이다. 따라서 혼인을 포기하기로 결정한다는 것은 진정한 자기 희생이다. 요한 바오로 2세는 다음과 같이 밝힌다. "이러한 탈피는 더 많은 포기와 자발적인 자기 희생의 시작이다. 독신을 우선적이고 근본적인 선택으로 할 경우 지상 삶 전체에서

이 선택을 사는 데 없어서는 안 되는 필수불가결한 요소는 포기와 자기 희생이다." (TOB 77:3)

요한 바오로 2세는 혼인을 포기하라는 부르심에서 그리스도께서는 금욕과 그로 인한 인내가 가져오는 "괴로움을 감출 의도가 전혀 없음"에 주목한다. 어떤 의미에서 금욕을 선택하는 사람은 하느님 앞에서의 원초적 고독이 가져오는 "아픔" 안에 남아 있기를 선택하는 것이다. 이는 주님께서 "사람이 혼자 있는 것이 좋지 않으니, 그에게 알맞은 협력자를 만들어 주겠다."(창 2:18)라고 말씀하실 때의 그 "아픔"을 의미한다. "하느님 나라를 위하여" 혼인을 하지 않겠다는 의식적인 선택은 하느님만이 원초적 고독의 "아픔"을 궁극적으로 완성시킬 수 있는 분이라는 사실에 대한 강력한 증거이다. 혼인은 우리 인간의 궁극적 완성이 아니라 우리의 궁극적인 완성을 드러내는 성사이다. 독신 성소를 선택한 남자와 여자는 하느님과 직접적인 친교에 대한 열망에 자기 자신을 헌신하기로 결정한 사람이다. 교황에 따르면, "금욕은 인간이 자신의 가장 심오한 모습 안에서 하느님 앞에 '홀로'이며 하느님과 함께 함을 증명해야 한다. 즉, 하느님 나라를 위한 금욕은 하느님을 위한 고독으로의 초대이다." 그럼에도 불구하고 교황은 "이와 같이 하느님을 위한 고독으로의 초대는 인간의 남성성과 여성성이라는 두 가지 본성을 모두 존중하며 인간에게 적합한 존재의 인격적 친교를 존중하는 것이다."(TOB 77:1)고 말한다. 종말론적 실재가 하느님과의 완전한 친교일 뿐 아니라 남자와 여자 상호간의 완전한 친교라는 사실을 다시금 기억할 필요가 있다. 교황에 따르면, 그리스도께서는 성인들과의 완전한 통공을 기대하며 금욕을 결정하는 사람을 도와 "이와 같은 원초적 고독 안에서 … 타인들과 보다 새롭고 완전한 상호 주체적인 친교를 발견하도록 하신다." (TOB 77:2)

그러므로 그리스도께서 혼인을 포기하라고 부르시는 경우, 이는 그들에게 성(性)적인 존재로서의 그의 본성을 포기하라는 부르심이 아니다. 교황에 따르면, 하느님 나라를 위하여 금욕을 선택하는 사람들도 다른 사람들처럼 남자는 여자를 향하고 여자는 남자를 향하는 "성적 존재로서 본성"(TOB 77:2)을 유지한다. 하느님의 모습을 닮은 남자와 여자를 창조하심이 갖는 "삼위일체적 의미"에서 이것을 인식할 수 있다. 즉, 독신 서원의 부르심을 받은 사람들은 "자기 자신이 갖는 인간의 중요한 진리를 보존하여야 한다. '하느님의 모상으로 그분과 유사하게' 창조된 인간 인격의 성소가 갖는 본질적 요소 중 어떠한 것도 상실하여서는 안 된다." (TOB 77:1) 그리고 이러한 삼위일체적 이미지는 언제나 인간 안에서 몸의 혼인적 의미를 통해 실현되어야 한다. 스스로를 신실한 선물로 타인에게 내어주어 서로 진정한 친교를 이루도록 초대하신다.

독신 서원이 성(sexuality)의 가장 근본적인 의미를 포기함을 의미하는 것은 아니다. 독신 서원을 선택한 사람은 "타인에 대하여 자기 자신을 신실한 선물로 내어 줌으로써 혼인 서원과 '다르게' 성을 실현한다. 그리고 어떤 의미에서는 자기 자신을 '더 잘' 실현할 수 있다." (TOB 77:2) 한 몸을 이루어 선물이 되지 않는다는 점에서 독신 서원은 "다르지만," 보다 많이 "모두의 상호 주체성"에 참여한다는 점에서 "더 잘"이라고 할 수 있다. 따라서 요한 바오로 2세에 따르면, 하느님 나라를 위한 독신 서원은 "남성성과 여성성에 담긴 몸의 혼인적 의미를 완전히 이해하는 것으로부터 출발해야 한다. 모든 인간 주체가 갖는 참된 풍요로움을 '배제하고' 인위적인 방식으로 독신 서원 결정을 내린다면, 이러한 결정은 그리스도 발씀의 내용에 직합하지 않을 뿐 아니라 합당하지 않은 것이 될 것이다." (TOB 80:7) 사실 요한 바오로 2세는 "몸이 갖는 혼인적 의미에 대한 충분하고 성숙한 인식을 하는 경우에 … 하느님 나라를 위한 자발적 금욕의 부르심이 더욱 완전히 보증되며 완전한 동기를 발견할 수 있다."고 하며 다음과 같이 덧붙인다. "오직 이러한 이해를 바탕으로

하는 경우에 한하여 그리스도께서는 '받아들일 수 있는 사람은 받아들여라.' (마태오 19:12)고 말씀하신 것이다." (TOB 80:6)

혼인과 독신: 상호 보완의 관계

교황의 전기 작가인 죠지 웨이겔(George Weigel)은 요한 바오로를 "평신도 정신(lay soul)"[43]을 지닌 성직자라고 묘사했다. 웨이겔(Weigel)은 또한 교황 요한 바오로 2세 교황을 가장 사제다운 사제라고 말한다. 웨이겔(Weigel)의 이러한 표현은 어떤 의미에서 교황이 평신도의 마음을 지녔음을 의미한다. 요한 바오로 2세는 바티칸 내부에서 교회 삶의 중요한 초점을 찾는 것이 아니라, 남녀 평신도들이 거룩함으로의 부르심을 받은 곳 즉, 그들 각자가 받은 소명을 살아내고 있는 곳, 예를 들어 가정, 가족, 길거리, 현장, 공장, 사무실에서 그리스도인의 삶의 초점을 찾았다.

평신도로서 스스로 거룩함으로 부르심을 내면화 했던 카롤 보이티야 추기경은 거룩함에 대한 보편적 부르심을 강조한 제2차 바티칸 공의회의 주요 교부들 가운데 한 명이었다. 이전에는 오직 사제와 수녀만이 신성함으로 부르심 받았다고 생각했다. 전통적으로 가난, 정결, 순명의 복음 삼덕에 스스로를 내어 놓은 사제와 수도자들만 "완덕의 상태"를 받은 것으로 이해했기 때문에, 평신도들은 종종 자기 스스로를 "미완덕의 상태"에 놓여 있다고 느꼈다. 요한 바오로 2세의 "평신도 정신"은 그 자체로 이러한 거짓 이분법을 초월하려는 그의 노력을 보여준다. 교황에 따르면, 혼인과 독신은 "인간과 그리스도 공동체를 두 진영으로 나누는 것이 아니다. 즉, 금욕으로 '완덕'을 갖춘 이들과 혼인 생활이라는 현실로 인해서 '불완전'하거나 '완덕에 도달하지 못한' 이들로 나누는 것

43 George Weigel, "The Soul of John Paul II," 2001년 3월 6일 옥스포드 강연.

이 아니다." (TOB 78:2) 독신 여부는 그리스도인의 삶에서 완덕에 이르렀음을 결정하는 기준이 아니다. "그리스도적 삶의 완성은 사랑의 척도로 측정된다." (TOB 78:3)

이는 "완덕은 그가 '수도회 공동체'에 속하든 '세상' 어디에 속하든 간에 모든 이가 실현 가능한 것이며 모두에게 허락된 것이다."(TOB 78:3)는 의미로 해석된다. 심지어 교황은 "수도회에 속하지만 사랑이 부족한 사람보다 오히려 수도회에 속하지 않더라도 사랑을 갖춘 사람이 더 높은 완덕의 경지에 도달할 수 있다."(TOB 78:3)고 말한다. 요한 바오로 2세는 장눈에 설쳐 교회의 삶과 건강에 필수적인 두 성소인 혼인과 독신 성소 사이에 심오한 상호 보완성이 있음을 증명하고 있다. 교황에 따르면, 혼인과 금욕은 "서로를 설명하고 보완한다." (TOB 78:2) 혼인이 독신 성소의 혼인적 성격을 드러내듯, 독신 성소는 혼인의 성사성을 드러낸다. 교황은 심지어, "어떤 의미에서 진정한 그리스도 공동체의 삶에 있어 두 성소에는 서로에게 적합한 태도와 가치들이 서로 스며들어 있다."(TOB 78:4)고 말한다.

독신 성소의 혼인적 성격을 드러내는 혼인

요한 바오로 2세 교황은 배우자의 혼인 정절과 취소할 수 없는 상호 선물성이 하느님 나라를 위한 독신 서원의 토대를 제공한다고 말한다. 사실, 혼인은 하느님 나라를 위하여 금욕을 지키는 사람이 표현하고 있는 사랑의 본성 그 자체를 드러낸다. 따라서, "혼인 성소와 독신 성소가 갖는 사랑의 본성은 자기 자신의 완전한 증여를 통하여 표현됨에 따라 '혼인적'인 것이다." (TOB 78:4)

그리스도는 혼인적 사랑(spousal love)을 독신의 방식으로 표현한 궁극적인 표본이다. 그리스도께서는 "독신의 삶을 실면서 피스기와 성체이

신비 안에서 "자기 자신을 끝까지 내어 줌으로써 교회의 배우자임"(TOB 79:9)을 드러냈다. 이와 같은 방식으로 그리스도께서는 몸의 혼인적 의미를 궁극적으로 계시하셨다. 요한 바오로 2세에 따르면, 이같이 독신 성소에 비추는 혼인 성소의 빛을 통해서, 우리는 하느님 나라를 위한 독신 생활이 "혼인적 사랑의 의미를 갖게 되었음"을 깨닫게 된다. 하느님 나라를 위한 금욕은 "구세주의 혼인적 사랑에 응답하기 위한 특별한 방식의 자기 증여"(TOB 80:1)이다. 나아가, 혼인적 사랑이 본성적으로 부성애와 모성애를 향한다는 사실에서 교황은 "하느님 나라를 위한 금욕 역시 영적인 의미에서 부성애와 모성애로 발전되어야 한다." (TOB 78:5 참조)고 말한다. 그러므로 남편, 신부, 아버지, 어머니, 형제, 자매와 같은 가족 용어는 혼인과 가정생활 및 독신 성소에 모두 적용 가능하다.

이는 혼인 성소와 독신 성소의 선택 모두 "인간 인격이 갖는 남성성, 여성성과 연결되어 있는 몸의 혼인적 의미에 대한 인식과 내적 수용"(TOB 80:7)이 필요함을 가리킨다. 두 가지 성소 모두 성(sexuality)의 참된 의미와 성적 욕망의 가장 심오한 의미로부터 흘러나오기 때문이다. 성적 욕망이 욕정으로 인한 왜곡으로부터 자유로워질수록 성적 욕망은 자신의 몸(자기 자신)을 다른 이에게 진실하게 선물하고자 하는 갈망이 된다. 교황에 따르면, "인격적 주체가 갖는 동일한 경향성 그리고 남성과 여성으로서 몸이 갖는 존재의 혼인적 의미를 토대로 할 때, 일생 동안 '혼인에 헌신하는 사랑'(마태 19:3–19 참조)이 형성될 수 있다. 그러나 동시에 이를 토대로 일생 동안 '하느님 나라를 위한 금욕에 헌신하는 사랑'(마태 19:11–12 참조)을 형성할 수도 있다." (TOB 80:6) 요한 바오로 2세는 이것이 바로 마태오 복음 19장에서 하느님의 원계획에 따른 혼인과 하느님 나라를 위한 독신 생활에 대한 그리스도 말씀의 참된 의미라고 말한다.

여기에서 가장 중요한 핵심은 어느 누구도 자기 몸이 지닌 혼인적 의미로부터 벗어날 수 없다는 점이다. 자기 몸이 지닌 혼인적 의미로 인해, 모든 남자는 어떤 방식으로든 남편이 되라는 부르심과 동시에 아버지가 되라는 부르심을 받는다. 그리고 자기 몸의 혼인적 의미로 인해, 모든 여자는 어떤 방식으로든 아내가 되라는 부르심과 동시에 어머니가 되라는 부르심을 받는다. 이와 같은 부르심은 혼인을 통해 또는 다른 방식으로 즉, 독신 서원을 통해 지상의 삶으로 구현된다.[44] 그러나 요한 바오로 2세는 그리스도의 말씀에 의해 혼인을 선택한 이는 모두 "한 처음" 창조주가 세우셨던 계획에 따라 혼인생활을 해야 한다고 말한다. 마찬가지로 하느님 나라를 위하여 금욕 생활을 추구하는 사람들 역시 창조주께서 마련하신 계획 안에서 자신의 성소가 갖는 가치를 찾아야 한다. (TOB 79:6 참조)

그렇다면 미혼의 경우 몸의 혼인적 의미를 산다는 것은 무슨 의미인가? 과거보다 오늘 이런 상황에 있는 사람들이 훨씬 더 많다. 이런 "새로운" 현실은 교회로부터의 사목적인 응답을 요청한다. 요약하자면, 훌륭한 대의에 스스로를 헌신하고자 미혼을 선택한 사람[45]과 본인 선택이 아니라 상황 때문에 미혼인 사람[46] 사이에 차이가 있음을 지적하고 싶다. 전자(前者)는 독신 성소와 같이 성소에 대한 분명한 선택을 한 경우이다. 후자(後者)는 분명한 성소 선택을 여전히 기다리는 것이다. 그렇다고 해서 그러한 삶을 계속 "보류된 상태"로 이해해서는 안 된다. 다만, 이 경우 남자, 여자는 다른 사람들에게 봉사하는 삶을 살면서 동시에 혼인 배우자에 대한 희망을 유지하거나 또는 봉헌된 독신 생활로의 부르심을 식별하는 삶을 유지할 수 있다. 기도, 일, 여가, 친구, 가족, 이웃, 가난한 이들에 대한 봉사 등을 통해서 비혼 님너들이 "자기 자신을 진실한 선물"로 주고 받는 모든 방식 안에

44 *CCC*, no. 923 참조.

45 *CCC*, no. 2231 참조.

46 *CCC*, no. 1658 참조.

서. 그들은 몸이 지닌 혼인적 의미의 진리를 살아가고 있다. 어느 경우이든 몸이 지닌 혼인적 의미의 궁극적 실현은 지상적 혼인 성소가 아니라, 그리스도와 교회의 천상적 혼인 안에서 얻을 수 있다.

혼인의 성사성을 드러내는 독신 서원

그리스도교의 독신 서원은 성사가 아니다. 왜 그럴까? 성사는 천상의 실재들을 지상에 중재하는 것이다. 그러나 미래 세상에서 성사는 그 존재 이유를 잃는다. 왜냐하면 부활의 때에 우리는 성사적 중재 없이 신적 신비에 즉각적으로 참여할 것이기 때문이다.[47] 독신 서원은 성사를 넘어선 삶을 기대한 것이다. 요한 바오로 2세 교황은 "이러한 차원과 이러한 지향으로의 '하느님 나라를 위한' 금욕은 특별한 중요성을 가질 뿐 아니라 혼인의 삶을 사는 이들에게도 특별한 설득력을 갖는다." (TOB 78:2)고 말한다. 독신 서원은 혼인이 왜 성사인지를 입증한다. 독신 서원은 남자와 여자가 종말론적 운명을 향해 나가야 한다는 혼인의 궁극적 목적을 증명한다. 즉, 혼인을 통해 남자와 여자는 하느님의 어린 양과의 혼인이라는 정점을 향해 나아가야 하며, 이는 지상의 어떠한 것으로도 측정할 수 없는 것임을 입증한다. 요한 바오로 2세에 따르면, "혼인의 성사성을 이해하는 유일한 열쇠는 교회에 대한 그리스도의 배우자적 사랑임을 잊어서는 안 된다." (TOB 81:4) 이것이 곧 "한 몸"을 이루라는 남자와 여자에 대한 하느님의 부르심이 갖는 시원적 가치이자 참된 의미이다. (에페 5:31–32 참조)

그러므로, 교황은 독신 서원으로 부부 결합을 통한 일치를 단념하는 것이 동시에 부부의 일치가 지닌 가장 깊은 의미를 확언하는 것이라

---

47 *CCC*, no. 1023 참조.

고 말한다. "모든 내재적인 진리와 인격적인 아름다움 안에서 그 포기의 의미가 두드러지기 때문"(TOB 81:3)이다. 교황은 이 말이 역설적으로 보일 수 있다는 것을 인정한다. 하지만, 복음서의 수많은 진리들은 역설적이다. 그리고 그 역설적인 진리들이 종종 가장 심오한 진리이다. 부부의 일치가 갖는 인격적인 아름다움과 내재적인 진리는 인격들의 참된 친교 안에 놓여 있다. 그리고 이러한 참된 친교는 삼위일체의 내재적인 삶 및 그리스도와 교회의 혼인의 이미지만큼 친밀하고 심오하다. 따라서 천상적 혼인보다 직접적으로 참여하는 독신 서원은 남편과 아내의 일치(결합)를 확인하고 긍정한다고 할 수 있다.

독신 서원이 혼인적 일치를 확인할 때는 바로 우리가 성소에 적합한 "선물"이라는 차원을 발견할 때이다. 교황에 따르면, 이와 같은 방식으로 독신 서원 역시 자기 자신을 선물로 내어 줌으로써 혼인 성소와 마찬가지로 가장 항구적이고 심오한 인격적인 것에 이바지한다. (TOB 81:6 참조) 이는 혼인적 일치가 완전한 표현이기는 하지만 영원한 실재인 "선물"을 세상적으로 표현한 것이라는 사실을 부각시킨다. 뿐만 아니라 독신 서원의 영적인 결실은 심지어 혼인의 육체적인 결실을 드러낸다. 요한 바오로 2세는 독신 성소가 영적으로 부성애와 모성애로써 완성될 때 맺는 영적 결실을 육체적 출산과 같다고 본다. 영적인 결실은 부부의 결합으로 태어난 자녀들에게 부모로서 하는 모든 교육활동과 같으므로 육체적 출산에 상응하는 것이라 할 수 있다. (TOB 78:5 참조)

이와 같은 이유로, 요한 바오로 2세는 다음과 같이 말한다. "어떤 의미에서 금욕은 인간 삶의 모든 에토스 안에서, 그리고 무엇보다도 부부와 가족의 에토스 안에서 몸의 혼인적 의미를 보다 쉽게 인식하기 위하여 필수불가결하다." (TOB 81:3) 독신 성소와 관련하여 종말론적 전망을 인식하지 않는다면, "한 몸"을 이루라는 부르심이 갖는 목적 즉, 아직 완성되지 않은 영원한 일치를 향하고자 하는 지향성을 쉽게 망각하게 될 것이다. 독신 성소는 몸에 대한 세상의 거짓되고 우상 숭배적인 예찬에 대한 필수적인 치유책을 제공한다.

독신 서원을 통한 최종적인 인간 완성

요한 바오로 2세 교황은 독신 서원에 대한 성 바오로의 가르침을 논하기 이전에 하늘나라를 위해 고자가 된 사람들에 대한 그리스도의 말씀을 논하며 이에 대한 몇 가지 결론을 제안한다. 1982년 4월 21일 교리(TOB 79)에서 교황은 이전의 주제들을 다시 한 번 언급하고 요약한다. 그는 그리스도께서 제자들에게 강조하고자 한 것을 반복하여 강조한다. 금욕은 중대한 좋은 것을 포기하는 것이므로 커다란 희생이다. 그러나 교황에 따르면, 그리스도의 이와 같은 말씀은 독신 서원을 오직 "현세적 범주"(TOB 79:8)로 볼 때에만 포기로 비춰지는 것이다. 독신 서원은 '하늘나라를 위하여…'라는 그리스도의 핵심적인 말씀 없이는 결코 이해되어질 수 없음을 기억해야만 한다.

그리스도는 때가 차 하느님의 나라를 세웠고 또한 종말의 완성을 예고하셨다. 모든 이는 도래하는 하늘나라에 참여하기 위하여 준비를 해야 한다는 부르심을 받았다. 교황은 마태오복음 22장의 혼인 잔치 비유를 들어 이를 설명한다. 요한 바오로 2세 교황에 따르면, 하느님 나라를 위하여 금욕하는 사람들은 "이 세상에서 하느님 나라의 건설에 독특한 방식으로 참여하도록 불리움을 받은 것이다. 이를 통하여 '하느님의 나라' 의 최종적인 단계가 시작되고 준비된다." (TOB 79:2)

매일 자신의 십자가를 지고 그리스도를 따르는 삶은 결혼과 가족을 이루는 것을 포기하는 시점에 이를 수 있다. 만일 그리스도께서 매우 좋은 것 즉, 사랑의 계약의 표징으로서 태초부터 하느님께서 세우신 좋은 것을 희생하도록 부르신다면, 이 희생은 결혼과 가족 생활로 실현되는 것보다 오히려 더 큰 것을 실현할 수 있어야 한다. 다시 말해, 이 희생은 지상에서의 차원뿐 아니라 궁극적 성취 안에서 하느님 나라의 실현을 위한 초자연적 가능성과 관련된 것이어야 한다. 남성성과 여성성은 인간이 서로를 "위한" 선물로 창조되었음을 계시한다. 금욕에 대한 그리스도의 말씀은 "'한 처음부터' 혼인의 기초로 존재해 온 서로를 '위하여'가 하느님의 나라를 '위한' 금욕의 기초이기도 하다는 사실을 보여주고 있다." (TOB 80:6)

타인을 "위하여" 존재하는 것은 언제나 혼인적 관계를 암시한다. 따라서 "하느님 나라를 위해 자발적으로 동정(금욕)을 결정한 사람들에게 하느님 나라에 대한 명확한 정의를 위해 그리스도와 교회의 혼인적 관계를 계시한다는 사실은 특별한 의미를 갖는다." (TOB 79:7) 요한 바오로 2세는 에페소서 5장을 이에 대한 결정적인 본문으로 제시한다. 교황은 바오로 사도가 말한 혼인적 일치의 "위대한 신비"(에페 5:21–32 참조)가 그리스도의 결혼과 독신에 대한 신학에 있어 똑같이 유효하다고 말한다. 하느님의 나라는 그리스도와 교회의 일치가 완성됨을 의미한다. "모든 인간의 열망이 최종적인 완성을 이루는 것이다. 그리스도께서는 다음과 같이 말씀하신다. 이는 인간 마음이 이 세상에서 자신의 것으로 열망하는 모든 것을 초월한 선의 완성이며 하느님께서 인간에게 아낌없이 주신이 최상의 완성이다." (TOB 79:7)

이와 같은 측면에서라면 독신 서원은 결코 포기가 아니다. 이런 시각이야말로 그리스도의 말씀에 합당한 시각이다. 독신 서원은 하느님 나라를 기대하며 바로 '지금 그리고 여기에서' 친교의 궁극적 실재로서 인간을 향한 하느님의 아낌없이 내어 주심의 최상의 완성을 받아들인다. 앞서 말한 바와 같이, 도래하는 하느님 나라는 "이미 그러나 아직"

의 긴장 속에 있다. 그리스도인의 독신 서원은 "이미"를 강조하는 것이고 그리스도인의 결혼은 "아직"을 강조하는 것이라는 견해도 있다. 독신 소명의 부르심을 받았는지 또는 혼인 소명의 부르심을 받았는지에 대한 올바른 식별을 위하여, 우리는 순례자인 교회의 삶 안에서 독신과 결혼의 상호보완성에 의해 강조된 이 긴장에 대해 성숙한 이해를 가져야만 한다.

"이미"라는 시각에서, 동정은 포기가 아니다. 그러나 "아직"의 시각에서 동정은 포기와 희생일 뿐 아니라 막대한 책임도 요구한다. 교황에 따르면, "독신 서원이라는 결정의 무게와 깊이, 이에 수반하는 엄격함과 책임감에도 불구하고 가장 빛나고 반짝이는 것은 바로 사랑이다. 이 사랑은 스스로 "하느님 나라"를 위해서 자신을 유일한 선물로 내어줄 용의가 되어 있는 사랑을 의미한다." (TOB 79:8) 교황에 따르면, "이것이 바로 인간 마음이 갖는 특징이다. 즉, 아무리 어렵더라도 이상을 위하여, 사랑의 이름으로, 특히 인격을 위한 사랑의 이름으로 그 요구들을 수용한다." 교황은 또한 다음과 같이 덧붙인다. "사랑은 본질적으로 인격을 향해 있다." (TOB 79:9) 여기에서 하느님 나라를 위해 독신을 선택하는 이가 사랑하는 대상은 바로 그리스도이다.

욕정으로부터의 해방

교황에 따르면 인격 안에서 독신 소명이 어떻게 "양성(혹은 형성, formation)"의 문제, 보다 정확히는 "성숙화, 변화의 과정(transformation)"이 되는지에 대한 연구는 방대한 과제이며 몸 신학의 분석 범위를 넘어선 것이라고 한다. (TOB 81:5 참조) 만약 인간이 동물과 비슷한 성적 본능을 가진다는 현대적 관점이라면 독신 서원은 결코 "선물"이 될 수 없다. 요한 바오로 2세는 자연주의적 관점을 인간에게 적용하는 것은 지극히 "불충분"하다고 말한다. 그러한 관점은 몸의 혼인적 의미를 통해 계시되고 표현된 인간 주체성의 완전한 진리를 크게 제한하기 때문이다. 창세기 첫 장들(특히 창 2:23-25)로부터 추론된 몸의 혼인적 의미는 성(性)이라는 범주 안에서 인간의 인격성과 주체성을 발견하기에 "적합하고 충분한 유일한 개념"이다. 원초적 고독의 경험에서 나타나는 바와 같이 인간을 종의 관점에서 이해할 때 조차도 인간은 단순히 동물이 아닌 이성적 동물로 이해되어야 한다. (TOB 80:4)

인간은 주체이다. 자신의 행동을 결정할 자유가 있기 때문이다. 인간은 동물과 같이 본능에 매이지 않는다. 만약 인간이 동물과 같이 느낀다면 그는 인간 자신의 고유한 인간성의 진리를 체험한 것이 아니라 이를 심각하게 훼손하는 욕성의 지배를 체험하였기 때문이다. 욕정의 지배로부터 자유롭게 되어 고유한 성적 주체성을 갖게 될 때에 비로소 인간은 독신 서원을 선물로 받아들일 수 있다. 교황이 독신 성소를 '양성(혹은 형성)'의 문제일 뿐 아니라 '변화, 성숙화의 과정' 이라고 말하는 이유는 바로 이것이다.

성(性)과 결혼에 대한 하느님의 계획을 의심하거나 받아들이기를 주저하는 사람들은 독신 소명에 대해서도 똑같은 태도를 취한다. 성과 결혼에 대한 하느님의 아름답고 성스러운 계획을 충분히 이해할 때에 비로소 하느님 나라를 위한 포기가 어떤 의미인지를 이해할 수 있다. 하느님 나라를 위하여 독신 서원을 택하는 경우, "자신이 무엇을 선택하는지를 온전히 인식하기 위해서는 그가 무엇을 포기하고 있는지에 대해서도 온전히 인식해야 한다."고 교황은 말한다. 그리고 "여기에서 말하는 인식은 '이상적인' 의미에 있어서의 가치에 대한 인식을 말한다. 그럼에도 불구하고 이 인식은 동시에 온전히 '실제적인' 인식이다." (TOB 81:2)고 교황은 덧붙인다.

"받아들일 수 있는 사람은 받아들여라." (마태 19:12)고 말씀하시는 그리스도는 성숙하고 완전한 이해를 바라신다. 온전히 이해한 경우에 한하여 그리스도의 말씀이 "설득력 있는 각인과 힘"(TOB 79:8)을 전할 수 있다고 교황은 말한다. 이에 대한 완전한 이해가 있어야만 우리는 왜 요한 바오로 2세가 금욕이 "그리스도인의 에토스와 영성에 있어서뿐만 아니라 몸 신학 전체와 인간학에 있어서도 가장 중요한 의미를 가진다." (TOB 81:7)고 했는지를 알 수 있다

B. 동정과 혼인의 관계에 대한 성 바오로의 이해(1코린 7장)

요한 바오로 2세 교황은 청중과 함께 한 그의 마지막 5번의 교리 중 4번(TOB 82–85)을 (이 사이클의 주제이자 바오로 사도가 코린토 1서의 7장에서 개괄하고 있는) 독신에 관한 성찰에 할애했다. 바오로 사도는 독신과 혼인의 관계와 관련하여 코린토 초대 교회 사람들을 힘들게 하였던 구체적 질문에 답하고 있다. 교황은 이것이 아마도 혼인하기를 원하는 젊은이나, 이제 막 결혼하여 그들의 혼인생활에서 방향성을 갖기를 원하는 신혼부부의 관심사에 대한 바오로 사도의 답일 것이라고 생각한다. 어쩌면 딸이 결혼을 해야만 하는지에 관하여 바오로 사도에게 조언을 요청해 온 아버지나 후견인에 대한 답일지도 모른다. 교황의 말씀에서 알 수 있듯이, 바오로 사도가 코린토 1서를 저술할 당시 혼인의 결정권은 젊은이 자신들보다는 부모들에게 더 많이 주어져 있었다. (TOB 82:5 참조) 교황은 코린토라는 지역이 몸에 관한 가치를 격하시키는 사고방식인 이원론적인 흐름, 특히 특정한 금욕주의에 영향을 받았던 곳이었음을 지적한다. 바로 이 때문에 코린토 교회 사람들 중 일부는 '혼인 자체가 죄인지 아닌지'에 관한 의문을 갖게 되었을지도 모른다. 만약 그러한 생각들이 코린토 공동체 안에서 팽배하였다면, 이것은 분명히 혼인을

한 이들과 혼인을 하고자 하는 이들의 양심에 문제를 일으켰을 것이다.

이를 토대로 우리는 바오로 사도의 말씀의 내용뿐 아니라 전달 방식과 표현에 대한 깊은 이해를 구할 수 있다. 바오로 사도는 인간의 조건에 대해서 날카롭게 이해한 바를 논증하고 가장 현실적으로 그의 청중들에게 조언을 해주고 있다. 게다가 바오로 사도는 그리스도에 의해 선포된 진리를 제시한다. 동시에, "바오로 사도는 자신만의 고유한 어조로 어떤 의미에서는 자기 자신만의 '고유한' 해석을 전하고 있다." (TOB 82:1) 바오로 사도는 조심스럽게 주님의 명령과 자신의 말을 구별하면서 자기 고유의 의견을 제시하고 강조하고 있다. 많은 도덕주의자들은 어려운 문제들에 관한 해결책을 찾으려고 코린토 1서 7장에 관한 바오로 사도의 가르침에 빈번히 의시하고 있다. 그럼에도 불구하고, 교황은 우리를 위한 궁극적인 해결책을 그리스도 자신의 삶과 가르침 속에서 찾아야 한다고 말한다. (TOB 82:2 참조) 그리스도의 삶과 가르침에서 해결책을 찾고자 하는 교황의 입장은 매우 중요한 의미를 갖는다. 코린토 1서 7장에서의 바오로 사도는 그리스도의 삶과 가르침에서 궁극적 해결책을 찾지 못하는 것처럼 보이기 때문이다. 물론 코린토 교회에 보낸 바오로 사도의 서간은 하느님 말씀으로써 완전한 존중을 받아 마땅하다. 그럼에도 불구하고 복음서에서 드러나는 그리스도의 삶과 말씀은 더 훌륭하고 빛나므로[48] 바오로 사도의 가르침은 그리스도 가르침의 빛 속에서 해석해야 할 것이다.

바오로 사도의 주장

코린토 1서 7장에 나타나는 바오로 사도의 혼인에 대한 태도는 다소 부정적으로 보일 수 있다. 교황은 다음 구절들을 토대로 바오로 사도

48 *CCC*, nos. 125–27 참조.

가 혼인에 대하여 개인적인 반감이 있는 것은 아닌가라는 자문을 한다. (TOB 83:3 참조) "나는 모든 사람이 나와 같아지기를 바랍니다." (7절), "혼인을 추구하지 마십시오." (27절), "아내가 있는 사람은 아내가 없는 사람처럼 사십시오." (29절), "혼인한 남자는 마음이 갈라집니다." (34절) 심지어 이러한 구절들은 바오로 사도가 혼인에 관하여 마니교적 관점으로 기울고 있는 것처럼 오해될 수도 있다. 그러나 요한 바오로 2세에 따르면, 전체 본문을 사려 깊게 읽어보면 "후일 '마니교주의'라고 불릴 수 있을 만한 어떠한 단서도 발견할 수 없다."(TOB 85:5)고 주장한다.

바오로 사도는 자신을 따르는 사람들이 혼인으로 생기는 현세의 고통 즉, "육의 고통"을 피할 수 있기를 원한다. (28절 참조) 그러나 교황은 이러한 바오로 사도의 바램이 혼인이 갖는 어떠한 부정적인 가치로부터 나온 것은 아니라고 주장한다. 교황은 이를 "사실적인 관찰(realistic observation)"로부터 나온 것이라고 말한다. 다시 말해, "바오로 사도 말씀은 혼인적 일치의 삶이 행복과 기쁨만을 가져와야 한다고 생각하는 사람들에 대한 정당한 경고로 봐야 한다. 삶의 경험 안에서 부부는 자신이 기대하는 것의 대부분에서 실망을 경험하게 된다." (TOB 83:3) 둘이 "한 몸"을 이룸으로써 실현하는 혼인적 사랑이 매우 어려운 것이라는 점을 교황은 제대로 간파하고 있다. 혼인적 사랑은 부부에게 많은 것을 요구한다. 만약, 이것이 바오로 사도가 의도한 것이라면, "바오로 사도는 명백히 복음적인 진리의 토대 위에 서 있으며, 여기에서 어떠한 마니교적인 징후도 감지할 수 없다."(TOB 83:3)고 교황은 주장한다.

교황은 바오로 사도의 코린토 1서 7장 7절의 해석에서 인격주의의 핵심을 발견한다. 교황은 사도 바오로가 7절에서 소명의 선택과 관련하여 "이 사람은 이런 은사, 저 사람은 저런 은사, 저마다 하느님에게서 고유한 은사를 받습니다."고 하는 데에 중점을 두어 해석한다. 이 구절을 통해 우리는 전체 본문 속에서 바오로 사도의 가르침을 다르게 볼 수 있다. 바오로 사도의 주장에 따르면, 이 구절은 7장을 해석하는 열쇠로, 이를 통하여 우리는 독신과 혼인 모두가 하느님에 의해서 주어진 특별한 은총으로부터 뻗어져 나온 것임을 깨달을 수 있다.[49] 바오로 사도는 분명히 코린토인들에게 혼인을 자제할 것을 촉구했다. 그러나 이는 결코 혼인이 어딘가 악하다는 관점에서 나온 것이 아님을 분명히 하고 있다. 바오로 사도는 코린토 교회에 팽배하였던 혼인은 죄라는 인식에 명백하게 대응하기를 원한 것이다. (1코린 7:28, 36 참조) 이러한 목적으로 바오로 사도는 독신과 혼인 소명 모두에 "하느님으로부터 받은 '선물'" (TOB 85:4)이 작용함을 명백히 한다. 이 선물은 바오로 사도가 코린토 1서 6:19에서 언급한 것처럼, 우리의 몸을 "성령의 성전"으로 만드는 은총이다. 만약 인간이 자신이 받은 선물에 충실하고 성령의 성전인 자신의 몸을 모욕하지 않는다면, 이 선물의 은총은 독신과 혼인이라는 소명 모두에 계속해서 머무를 것이다.

바오로 사도는 혼인을 욕정의 합법적 배출구로 보는가?

코린토 공동체에는 성령의 성전으로서의 몸을 모욕하는 다양한 형태의 왜곡이 존재했다. 바오로 사도는 "육의 욕정 때문에 굴복하게 되는 인간의 약함과 죄의 경향에 대하여 온전히 인식하고"(TOB 85:4) 서간문을 쓴다. 몸에 대한 더 심각한 모독을 피하기 위해서 때로는 양보도 불사한다. 예를 들어 "부부는 다시 합쳐야 합니다. 자기 절제를 못하는 틈을 타 사탄이 여러분을 유혹할 수 있기 때문입니다." (5절 참조) 그리고 사도 바오로는 이러한 말을 덧붙인다. "그러나 그렇게 합의하여도 괜찮다는 뜻이지 명령하는 것은 아닙니다." (6절) 그리고 또한 이 말도

49 *CCC*, no. 1620 참조.

덧붙이고 있다. "그러나 자제할 수 없으면 혼인하십시오. 욕정에 불타는 것보다 혼인하는 편이 낫습니다." (9절)

요한 바오로 2세는 위의 말씀을 토대로 바오로 사도가 혼인을 욕정의 윤리적 배출구로 보는 것은 아닌가라는 질문을 던진다. 그러나 이 질문에 대한 교황의 답변은 충분히 만족스럽지 않다는 것이 나의 견해이다. 우리는 바오로 사도의 말씀에서 음욕에 싸인 욕망에 탐닉한다는 측면에서 "욕정의 완화"로 혼인의 목적을 이해한 전통적 이해를 찾을 수 없다. 바오로 사도의 가르침과 요한 바오로 2세의 가르침을 조화시키는 것이 다소 어려워 보일 수 있다. 교황은 몸의 신학 교리를 통해 예수 그리스도의 죽음과 부활에는 욕정의 지배로부터 인간을 해방시키신 "진정한 힘"이 있음을 주장해왔다. 산상수훈에서 그리스도께서 말씀하신 구원의 에토스를 토대로, 요한 바오로 2세는 욕정에서의 해방을 모든 그리스도인의 규범과 과제라고 주장하며 혼인은 결코 욕정의 충족을 정당화하는 도구가 아님을 강조하고 있다.

이 때문에 요한 바오로 2세 교황은 이 어려운 문제들의 궁극적인 해결책으로써 그리스도의 가르침을 살펴보아야 한다고 말한다. 교황은 또한 바오로 사도의 코린토 1서 7장 말씀만으로 바오로 사도의 혼인에 대한 가르침을 판단하는 것에 대하여 경고하고 있다. (TOB 82:6 참조) 예를 들어 아내를 희생시켜서 욕정을 채우려는 것은 에페소서 5장의 "그리스도께서 교회를 사랑하신 것처럼" 남편은 자신의 아내를 사랑하라는 사도 바오로의 요청에 노골적으로 모순되는 행위이다. 추기경 시절의 저술에서 교황은 다음과 같이 말하고 있다. "만약 혼인이 욕정의 해결책 (*remedium concupiscentiae*)이 될 수 있다는 것이 참이라면 (사도 바오로의 1코린 7:9의 '욕정에 불타는 것보다 혼인하는 것이 낫습니다.' 참조) 이는 그리스도의 성경에서 제시하는 핵심적인 관점에서 이해되어야 한다. 이로써 '몸의 속량'(로마 8:23)을 배울 수 있으며 몸의 속량을 실현하는 방식으로서 혼인 성사를 가리키게 된다."[50]

교황의 논증에도 불구하고, 그의 교리를 읽는 독자는 산상설교와 "욕정에 불타는 것보다 혼인하는 것이 낫습니다."고 말씀하신 바오로 사도의 가르침 속에서 발생하는 명백한 모순에 대해서 더 많은 설명을 바라게 된다. 교황에 따르면, 바오로 사도는 코린토인들 사이에 발견된 욕정과의 투쟁을 토대로, 혼인을 명백히 "인간적 측면"의 한 특질로 바라보고 있다. 그러나 이와 동시에 요한 바오로 2세는 바오로 사도가 7절에서 말하는 "선물"을 토대로 "바오로 사도는 기꺼이 금욕을 선택하는 이들과 마찬가지로 혼인을 하고 살아가는 이들도 모두 그들에게 주어진 은총의 작용 속에서 살아가고 있음을 확신하고 있다."(TOB 84:9) 고 말한다. 이는 교황의 가르침과 바오로 사도가 코린토인들에게 말씀하신 것 사이에 모순이 없음을 가리키는 것 같다. 마지막 분석에서 모순이 없음이 드러날 수도 있겠으나, 안타깝게도 교황은 제2부 제1장의 끝부분에서 이 문제를 다시 언급하기는 하지만 충분한 논의를 하지 않고 끝마친다.

■ 바오로 사도가 코린토인들에게 말한 욕정의 지배로부터 자유롭게 해주는 은총의 힘에 대하여 희망찬 확신을 했다고 보이지는 않는다. 당시 코린토인들은 속량에 대한 준비가 되어 있지 않았기 때문에 속량의 충만한 힘에 대한 신뢰가 없었던 상황이었다. 따라서 바오로 사도가 인간적인 약함, 특히 욕정의 지배로 인한 자기 지배의 상실을 일부 인정한 것으로 이해하는 것이 더 타당한 해석으로 보인다. 바오로 사도에게 그들은 여전히 "그리스도 안에서 어린 아이"이기 때문에 딱딱한 고형식이 아니라 젖만 먹일 수 있을 뿐이었다. 그들은 여전히 "육(肉)적인" 사람이기 때문이다. (1코린 3:1–3 참조)

50 "The Family as a Community of Persons," *Person and Community*, p. 327.

독신이 "보다 좋은" 이유(사도 바오로)

앞서 언급했듯이, 바오로는 코린토 초대 교회 신자들 사이에서 발견되는 다양한 질문과 잘못된 인식에 대하여 응답한다. 바오로는 "결혼하는 편이 낫습니다."고 시작함으로써 결혼 자체가 죄라는 인식에 반대한다. 그러나 그는 "결혼하는 것도 잘하는 일이지만 결혼하지 않는 것이 더 잘하는 일"(38절)임을 믿기에 동정의 삶을 더 장려한다. 교황은 이점에 대하여 바오로 사도의 의도는 선과 악 사이의 차이를 말하려는 것이 아니라 좋은 것과 더 나은 것에 대해 말하는 것이라고 본다. 그런데 왜 그는 결혼을 하지 않는 것이 더 "낫다"고 했을까? 앞에서 살펴본 대로 바오로 사도는 이미 그 이유에 대하여 말하였으며 다음과 같은 자신의 통찰을 부연하고 있다.

첫째, 바오로는 독신이 어떠한 타당한 상황에 국한하여 결혼보다 더 낫다는 것을 명백히 하고 있다. (TOB 82:6 참조) 그리스도의 말씀에 의하면, 독신은 특별한 은총에 대한 자발적 응답이어야 한다. (7절 참조) 그리고 "이 세상의 형체가 사라지고 있기 때문에"(31절) 독신을 선택하여야 한다. 즉, 독신은 사라지지 않는 하느님 나라를 위한 선택이어야 한다.

교황은 독신이 결혼보다 더 "낫다"는 바오로의 가르침을 기초로 그 다음 구절들을 성찰하는 데 많은 시간을 할애한다. "결혼하지 않은 남자는 어떻게 하면 주님을 기쁘게 해 드릴 수 있을까 하고 주님의 일에 마음을 쓰지만, 결혼한 남자는 어떻게 하면 자기 아내를 기쁘게 할 수 있을까 하고 세상일에 마음을 쓰게 되어 마음이 갈라집니다." (32-34절) 요한 바오로 2세는 이 본문이 독신 성소가 갖는 혼인적 본성을 가리킨다고 말한다. 우리는 우리가 사랑하는 이들 특히 배우자를 기쁘게 하기 위하여 마음을 쓴다. (TOB 84:1 참조) 혼인적 사랑의 형태는 "주님을 기쁘게 해 드리는" 갈망을 토대로 한다. 물론, 교황이 언급했듯이 믿음 안에 살아가는 모든 그리스도인들은 주님을 기쁘게 해드리는 일에 마음을 쓴다. 그러나 독신 서원을 한 사람들은 결혼과 가정생활로부터 자유롭기에 "마음의 나뉨 없이 전적으로" 주님의 일에 그 자신을 헌신할 수 있다. 더구나, 요한 바오로 2세는 사람들은 자신의 마음을 차지하는 것에 대하여서만 자신의 "마음을 쓸 수 있다"고 말한다. 그러므로 "주님의 일"은 하늘나라를 위하여 동정을 사는 사람들의 마음을 차지한다. 그들은 "더 나은 몫", "필요한 것 한 가지"(루카 10:41, TOB 83:7 참조)를 선택한 사람들이다.

그렇다면 "주님의 일"은 무엇인가? 요한 바오로 2세는 그리스도의 몸, 교회를 세우는 일을 우선에 두는 것을 의미한다고 말한다. 그러나 주님의 일은 또한 "온 세상을 위한 … 원초적 고독!"(TOB 83:8)을 상징한다. 사도 바오로가 말한 것처럼, "땅도 주님의 것이요 그 안에 가득히 있는 것도 다 주님의 것"(1코린 10:26)이기 때문이다. 요한 바오로 2세에 따르면 주님, 교회, 온 세상에 대한 사랑과 전적으로 헌신하는 능력은 바오로 사도로 하여금 "나는 모든 사람이 다 나처럼 살기를 바랍니다."(7절)라고 쓸 수 있었던 동인이 된다.

요한 바오로 2세 교황은 그리스도를 향한 사랑과 헌신을 가진 독신 서원자들의 특징을 "내적 통합(inner integration)"으로 본다. 이들은 모든 것에서 하느님 나라를 위해 봉사하는데 자신을 완전히 헌신하는 전적인 통합을 이루기 때문이다. 바로 여기에서 우리는 완전한 내적 통합이라는 특징을 가진 바오로 사도의 "원조적 동정의 가치"의 울림을 들을 수 있다. 어떤 경우이든 독신 그 자체 만으로 "동정적" 결합을 이룰 수 있는 것은 아니다. 요한 바오로 2세는 결혼하지 않은 사람 역시 내적인 "분열"을 경험할 수 있다고 말한다. "독신 소명을 받은 자가 왜 혼인을 희생하였는지에 대한 명확한 목적을 상실한다면 그는 종종 어떠한 공허함에 직면하게 될 것이다." (TOB 82:6 참조) 반면, 결혼한 부부가 온전히 그리스도께 헌신할 때, 그들은 어떤 면에서 원초적 "동정적" 결합을 재발견할 수 있다.

거룩함으로 불리움 받은 독신 성소와 혼인 성소

바오로 사도의 주된 열망은 코린토인들이 "마음의 나뉨 없이 전적으로 주님을 섬기며" 살아가도록 돕는 것이다. (35절) 결혼 그 자체는 그리스도인들의 믿음에 어떤 장애도 아니다. 그러나, 경험에 따르면 결혼한 남자와 여자는 "세상 일에"로 쉽게 마음이 분열될 수 있다. "바오로 사도는 이 모든 것을 매우 잘 아는 듯 보이며, 결혼하지 말라고 충고하는 것이 '굴레를 씌우려고 하는 것'(35절)이 아니라는 사실을 명백히 하기 위하여 모든 수고와 노력을 기울이고 있다." (TOB 84:3) 바오로 사도의 전체적인 관점은 코린토인들을 몸과 영 안에 거룩하게 살라고 부르는 것(34절 참조)이다.

"사도 바오로의 사고가 가지는 총체적 깊이를 충분히 이해하기 위해서 우리는 성경의 '거룩함(holiness)'이 행위(action)보다 상태(state)를 말한다는 점 즉, 존재론적으로 먼저 있고 그 이후 도덕적인 면을 지니는 것으로 이해하고 있다는 점을 언급할 필요가 있다." (TOB 84:5) 다시 말해, 거룩함은 "행함(doing)"이 제일 중요한 것이 아니다. "존재(being)"하는 것이 첫째 요소다. 거룩함은 우리가 받아야만 하는 하나의 선물이지 생산해야 할 생산품이 아니다. 우리 행위의 도덕적 선(善)함은 우리가 받는 선물에 응답하는 열매로부터 흘러나온다.

- "이 거룩함은 신부가 신랑의 선물에 사랑으로 응답하는 저 '위대한 신비'로 측정된다."[51]고 한 요한 바오로 2세의 말씀을 상기해 보라. 거룩함은 우리가

51 *Mulieris Dignitatem*, 27.

"네(fiat)" 하며 동의할 때, 신랑이신 그리스도께서 주시는 사랑의 선물이다. 때문에 가톨릭 교회 교리서(*CCC*)는 "마리아는 티나 주름이 없는 신부와 같은 교회의 신비인 거룩함에서 우리 모두를 앞서 간다."[52]고 가르친다.

이에 더해서, 성 바오로가 명시하고 요한 바오로 2세가 강조한 것처럼, 독신과 혼인은 둘 다 하느님께서 주신 특별한 선물이다. 이와 같이 특별한 선물로 받아들일 때, 두 성소 모두 거룩함으로 부르시는 성소가 된다. 그러나 바오로 사도가 이방인에게 강조한 바와 같이, 어떤 면에서는 혼인한 사람이 혼인을 성소로 발견하고 산다는 것은 더 어렵다. 사두가이들과의 토론에서 그리스도가 확언한 것처럼, 혼인은 "사라져 가고 있는 이 세상의 형체"(31절)의 일부인 것이다. 따라서 인간이 거룩하게 되려면, 썩어 없어질 이 세상을 붙잡고는 결코 거룩하게 될 수 없다. "진정한 행복에 대한 갈망은, 인간이 혼인을 포함한 모든 현세 재물에 대한 무절제한 애착에서 벗어나 하느님을 뵙고 하느님의 행복을 누리게 될 때 충족된다."[53] 따라서 결혼이 거룩함으로 나아가기 위해서, 그리스도인은 그의 궁극적인 성소의 빛 안에서 살아야 한다. 다시 말해, "세상일"에 묶여 있어서는 안 된다. 다가올 생명의 성사로서의 혼인을 살아야 한다. 바로 이것이 사도 바오로가 "아내가 있는 사람은 아내가 없는 사람처럼 살고"(29절)의 의미이다. 하늘나라를 위한 독신은 혼인한 사람들과 같이 세상적인 덧없음에 묶여 있지 않다. "바로 이러한 이유로 사도 바오로는 금욕을 선택하는 사람이 더 '낫다'고 선포한다."(TOB 85:2)고 요한 바오로 2세 교황은 강조한다.

52 *CCC*, no. 773.

53 *CCC*, no. 2548.

결혼 생활 안에서 은총의 효력

요한 바오로 2세는 바오로가 코린토인들에게 보내는 첫째 서간문에 나타난 혼인적 일치 안에서의 은총의 효력에 대한 성찰을 마무리 한다. 교황에 따르면, 코린토 1서 7장에 드러난 바오로 사도의 현실주의적 태도는 혼인 내 은총의 효력에도 똑같이 드러나고 있다. "남편은 아내에게 의무를 이행하여 혼인적 권리를 수여하고, 마찬가지로 아내는 남편에게 의무를 이행하여 혼인적 권리를 수여해야 합니다. 아내의 몸은 아내가 아니라 남편의 것이므로 남편이 다스려야 하고, 마찬가지로 남편의 몸은 남편이 아니라 아내의 것이므로 아내가 다스려야 합니다." (3-4절)

요한 바오로 2세 교황에 따르면, 가톨릭 혼인 신학의 용어는 바오로 사도가 사용하는 "권리(의무)", "몸을 다스리는" 등과 같은 용어로부터 전수된 것이다. 유감스럽게도 이러한 문장들은 부부의 존엄성과 한 몸으로 일치하는 인격의 본성을 고양하는 것으로 이해되지 않았다. 오히려 부부의 "권리"와 "의무"는 종종 올바른 인격적 서약으로서의 사랑을 무시하기 위해 강조되어 사용되었다. 그러므로, 요한 바오로 2세는 인격 존엄성의 침해에 반대하고 경계하며, "이와 같은 바오로의 본문들을 혼인 서약의 올바른 맥락과 분리하여 설명해서는 안 된다."(TOB 85:6)고 강조한다. 이처럼 교황은 혼인 관계의 깊은 인격적 본성에 대해 정확한 분석을 시도한다. 그리고 제2부에서 더욱 깊이 분석하게 될 것이다.

요한 바오로 2세 교황은 흥미롭고도 독창적인 방법으로 아래의 바오로 서간을 적용한다. "서로 상대방의 요구를 물리치지 마십시오. 다만 기도에 전념하려고 얼마 동안 합의한 경우는 예외입니다. 그 뒤에 다시 합치십시오." (5절) 교황에 따르면, "사도 바오로는 혼인의 공동생활과 부부가 하는 자발적이며 주기적인 금욕은 '선물'로 주시어 자신의 것이 된 '하느님 선물'의 열매가 되어야 한다고 명백히 말한다. 이 선물에 협력함으로써 부부는 "'성령의 성전'(1코린 6:19)으로서의 몸의 존엄성을 가지고 상호 인격적인 결합을 유지하며 강화할 수 있다." (TOB 85:7) 교황은 앞으로 다룰 주기적인 금욕과 자발적인 혼인 영성에 대한 더 깊은 묵상의 토대를 세운다.

더 나아가 교황은 바오로의 주기적인 금욕으로의 초대를 "남성과 여성의 각기 다른 주체성에 따른 숙고의 필요성"(TOB 85:8)을 드러내는 표지로 해석한다. 남성과 여성의 주체성은 감수성의 차이로 인하여 각각 서로 다르게 표현된다고 요한 바오로 2세는 지적한다. 이러한 차이가 불일치가 아닌 조화로움이 되기 위하여 남자와 여자는 혼인에 주어진 특별한 선물(은총)의 영향 아래 있어야만 한다. 추기경 시절의 저서인 『사랑과 책임(Love and Responsibility)』에서 교황은 바오로 사도의 말씀을 토대로, 남자와 여자의 성적 욕구 안에 서로 다른 차이가 일어난다는 것을 언급한다. 일반적으로 남자는 여자보다 더 빠르게 성적 욕구가 발생하는 것을 경험하기 때문에, 만약 남자가 자신의 아내에게 부드럽고 사랑스럽게 반응하고자 한다면 절제의 덕목이 필요하다.[54] 부드러운 반응을 위해 남자는 주기적인 금욕, 기도 등의 도움을 받을 수 있다. 여기서 우리는 익숙한 성경 본문을 혁신적으로 적용하는 요한 바오로 2세의 모습을 다시 한 번 볼 수 있다.

54 *Love and Responsibility*, p. 275. 참조

제1부의 결론

몸의 속량과 매일의 희망

요한 바오로 2세는 1982년 7월 21일(TOB 86) "그리스도의 말씀을 이해하기 위해 우리가 지금까지 숙고해 왔던 모든 것의 궁극적 기초는 몸의 속량의 신비이다."(TOB 86:8)고 말하며 독신에 대한 교리를 마무리한다. 역사적 인간은 오직 이러한 맥락 안에서만 인간에 대한 하느님의 원초적 계획을 회복할 수 있다. 그리고 그것만이 종말론적 운명 안에서의 궁극적 인간 완성에 대한 희망의 유일한 근거이다.

교황은 성 바오로가 인간학적이며 우주적 차원에서 몸의 속량에 관하여 말씀했던 것을 상기시킨다. 인간학적라고 말하는 이유는 몸의 속량이 곧 "인간의 구원이기 때문이다." 또한 몸의 속량은 "어떤 의미에서 한 처음부터 특별한 방식으로 인간과 연결되고 인간에게 종속된(창 1:28-30 참조) 피조물 전체를 비추므로" 우주적이라고 말할 수 있다.(TOB 86:2) 요한 바오로 2세에 따르면, "눈에 보이는 모든 피조물, 우주 전체는 인간 죄의 결과를 짊어지고 있다." (TOB 86:1) 성 바오로는 "피조물이 허무의 지배 아래 들었습니다. 그러나 그것도 희망을 간직하고 있습니다. 피조물도 멸망의 종살이에서 해방되어, 하느님의 자녀들이 누리는 영광의 자유를 얻을 것입니다."(로마 8:20-21)고 적고 있다. 인간의 희망, 그리고 전 우주의 희망은 몸의 속량에 달려 있다.

원-복음(Proto-Evangelium)을 실현하시는 그리스도

교황은 창세기에 담긴 복음의 첫 선포인 원-복음을 상기시키며, 몸의 속량에 대한 희망이 원죄 직후 즉각적으로 인간의 마음에 심어졌다고 말한다. 주님께서 뱀에게 말씀하신다, "나는 너와 그 여자 사이에,

네 후손과 그 여자의 후손 사이에 적개심을 일으키리니 여자의 후손은 너의 머리에 상처를 입히고 너는 그의 발꿈치에 상처를 입히리라." (창 3:15) 교회는 이 본문에서 새로운 아담과 새로운 이브, 예수와 마리아의 전조를 본다.[55] 사탄은 계속해서 여자와 생명의 잉태라는 여자의 소명을 공격할 것이다. (묵시 12장 참조) 사탄이 승리하는 것처럼 보이는 과정에서조차 그리스도께서는 사탄의 머리에 치명타를 날리며 남자와 여자 그리고 모든 피조물의 원초적 순수함을 회복시킬 것이다.

요한 바오로 2세의 몸의 신학을 통하여 우리는 선과 악의 우주적 투쟁이 언제나 몸의 진리를 위한 투쟁인을 깨닫게 되었다. 선과 악의 우주적 전쟁은 몸의 혼인적 의미에 대한 공격이다. 이 때문에 "인간의 속량"은 몸의 속량이라고 할 수 있다. 사실상, 원-복음이 선포는 몸의 혼인적 의미를 회복하자는 촉구이다. 그리스도께서는 악마를 물리치시고 십자가 위에서 당신 몸을 혼인적 선물로 내어 놓음으로써, 그리고 부활 안에서 "다시 태어나심" 으로써 당신 자신을 완전하게 드러내셨다.

교황이 고찰한 세 가지 주제인 한 처음, 정욕, 부활에 대한 그리스도의 말씀은 "구원의 신비의 거룩한 심연으로부터" 흘러 나온 것이다. 그리고 이 속량의 신비는 구체적이며 "역사적인" 주체인 그리스도 안에서 발견한다. 왜냐하면, 그리스도 안에 이미 몸의 구원이 성취되었기 때문이다." (TOB 86:3 참조) 그리스도는 원-복음의 희망을 "말씀을 통한 가르침, 죽음과 부활의 증거를 통하여 실현하시다." (TOB 86:3)

매일의 희망

성 바오로는 몸의 속량이란 무언가 "인내심을 가지고 … 기다리는

55 *CCC*, no. 411; 마리아에 대한 해석은 *Lumen Gentium*, 55 와 *Redemptoris Mater*, 7, 11, 24 참조.

것"(로마 8:25)이라고 한다. 우리는 희망으로 구원받는다. 이미 갖고 있는 것을 누가 희망하겠는가? (로마 8:24 참조) 이러한 관점에서 바오로는 종말론적 승리이며 그리스도의 부활을 증거로 한 몸의 속량에 관한 궁극적 성취(실현)에 대하여 말한다. 몸의 속량에 대한 궁극적 성취를 이러한 관점에서 이해하는 사람들은 그리스도께서 다시 오실 때까지 욕정과 싸우는 것을 감수할 수 있다. 우리는 이 세상 삶 안에서 항상 욕정의 강력한 끌림을 느끼게 될 것이다. 그러나 요한 바오로 2세 교황은 몸의 속량을 통해 역사적 인간은 바로 여기 이 세상 삶 안에서 결실을 맺을 수 있으며 반드시 그러해야 한다고 주장한다. 역사적 인간에 대한 고찰에서 살펴보았듯이, "'몸의 속량'은 이 세상 인간 삶에 이미 존재한다. 그리고 이 몸의 속량은 종말론적 실재일뿐 아니라 역사적 실재이기도 하다. 몸의 속량은 원죄 이전 첫 아담과 하와에게 선포한 창조주의 계획에 따른 살아있는 사람들의 구체적인 구원 역사를 형성한다."[56]

따라서, 산상수훈의 말씀에서 그리스도께서는 역사적 인간을 향해 행위의 외적 규범을 준수할 뿐 아니라, 인간 마음의 내적 움직임에 있어서도 정욕의 지배로부터 벗어날 것을 청하신다. 이와 같은 부르심은 "부활에 대한 종말론적 희망에 대한 것이 아니라 죄를 넘어선 승리의 희망에 대한 것이다." 겸손한 믿음과 활기찬 낙관주의적 태도로 교황은 이 희망을 "매일의 희망"(TOB 86:6)이라고 부른다. "매일의 희망"은 "몸의 속량과 연결된 위대한 종말론적 희망을 향해 걸어갈 때, 인간 활동 안에서 그리고 인간 마음의 움직임 안에서 자신의 능력을 드러낸다." (TOB 86:7)

혼인 성소를 선택한 사람이든, 하늘나라를 위한 독신(동정)을 선택한 사람이든, 그는 매일 자신의 선택에 대하여 살아있는 충실한 증거가 되어야 한다. "몸의 속량의 신비로부터 삼중의 욕망이라는 형태로 인간

---

56 "The Family as a Community of Persons," *Person and Community*, p. 326.

에게 도사리고 있는 악을 정복할 수 있는 영감과 힘을 끌어낼 때" 비로소 이 두 성소에 대한 충실함이 가능하다." 이 승리는 "매일의 희망으로부터 온다. 이는 일상의 평범한 일, 삶의 어려움에서 '선으로 악을'(로마 12:21) 이겨낼 수 있도록 돕는다." (TOB 86:7) 때문에 요한 바오로 2세는 "'몸의 속량'은 죽음에 대한 승리로써의 부활만을 의미하는 것은 아니다. 이는 '역사적 인간'을 향한 그리스도의 말씀 안에 현존하는 것이다." (TOB 86:6)고 말한다.

궁극적 토대로서의 몸의 신학

요한 바오로 2세는 "남자 또는 여자로서의 인간 존재의 존엄성과 몸의 혼인적 의미는 서로 깊이 결합되어 있다."고 말한다. 매일의 삶에서 욕정에 대한 승리를 경험하게 될수록 우리는 양자 사이에 실재하는 결합을 더욱 잘 발견하고 강화할 수 있다." (TOB 86:8) 이 결합이 인간 의식 안에 단단하게 자리하고 있기 때문에 인간은 쉽게 인간 몸의 혼인적 의미를 인식하며 이로써 인간 존재의 참된 존엄성을 발견할 수 있다. 반면에 욕정이 지배할수록, 우리는 몸의 혼인적 의미를 보지 못하고 결국 인간 존엄성에도 눈이 멀게 되는 것이다. 또 욕정에 사로잡히게 될수록, 인간 존엄성은 단순히 개념으로만 남게 되고 마음의 움직임 안에서 느끼거나 경험할 수 없는 것으로 남게 된다고 할 수 있다.

세 주제에 대한 그리스도의 말씀은 마음 안에서 몸의 혼인적 의미를 경험하고 재발견할 수 있도록 우리에게 "매일의 희망"을 준다. 성숙한 자유의 선물을 통해서, 우리는 혼인 또는 하늘나라를 위한 독신의 삶 안에서 몸의 혼인적 의미를 성취할 수 있다. "두 성소 모두 인간에 대한 근본적 질문에 충분한 답을 제공한다. '몸으로 존재'하는 '남성성과 여성성'의 의미를 알려준다." (TOB 85:9) 교황은 제2차 바티칸 공의회의 핵심 문구를 인용하며 다음과 같이 말한다. "이 같이 각기 다른 방식으로 그리스도께서는 인간에게 인간 자신을 완전히 드러내시고 인간에게 그 '지고의 소명'을 밝혀 주신다." (TOB 86:8) 무엇이 인간의 탁월한 성소인가? 영원한 말씀이신 그리스도와의 일치를 통해 삼위일체 신비의 영원한 환희 안으로 들어갈 수 있는 것이 바로 탁월한 성소이다. 사도 바오로는 이를 배우자 간의 혼인적 일치와 비교한다. (에페 5:31–32 참조) 또한 교황은 다시 한 번 우리에게 다음을 상기시킨다. "성소는 각자의 정신-육체적 구조에 따라 우리 자신 안에 새겨진 것으로, 몸의 속량의 신비를 통해서 새겨진다." (TOB 86:8)

몸의 속량의 신비를 제외하고 요한 바오로 2세가 '인간학적 해석학(anthropological hermeneutics)'이라고 부르는 인간에 대한 많은 해석들은 인간의 위대함이나 인간의 지고한의 소명의 완전한 진리를 담기에 부족할 수밖에 없다. 때문에 요한 바오로 2세는 "몸의 신학이 모든 인간학적 해석학을 구성하는 진정한 궁극적 토대이다."(TOB 85:10)고 담대하게 선포한다. 다시 말해, 우리가 몸의 신학에 대한 참된 이해를 하지 못한다면, 인간은 누구인가, 인간이 된다는 것은 무엇을 의미하는가에 대한 근본적이고 충분한 이해를 할 수 없다. 뿐만 아니라, 인간은 어떻게 살아야 하는가에 대한 질문도 이해할 수 없다. 왜냐하면 몸의 신학은 "윤리학을 위한 궁극적 토대"이기도 하기 때문이다. 또한, 인간의 주체성을 온전히 이해하고자 한다면, "인간 에토스의 신학"이 가장 근본적인 토대가 되어야 한다. (TOB 85:10)

부활을 호소하시는 그리스도 – 요약

1. 사두가이들이 부활의 때에 중혼의 죄가 인정되는 사례를 들며 예수에게 혼인과 부활에 대하여 질문하였을 때, 예수께서는 부활 안에서 남자와 여자는 "더 이상 혼인에 매이게 되지 않는다."고 답하셨다. 이 놀라운 대답은 그리스도 말씀에서 "몸의 계시"를 구성하고 완성하는 세 번째 요소이다.

2. 하느님은 살아있는 자들의 하느님이지 죽은 자들의 하느님이 아니다. 하느님은 생명의 하느님이다! 그리스도의 부활은 이 주제를 가장 잘 드러내는 궁극적인 말이다. 혼인과 혼인의 정점에 대한 표현 즉, 부부 결합 또한 생명의 하느님을 증거하는 말이기도 하다. 그러나 부활에서 혼인과 부부 결합은 그 존재 이유를 상실한다. 그들은 "한 처음부터" 어린 양의 혼인 잔치로 우리를 인도하기 위해 존재한 것이기 때문이다. 따라서, 혼인이 정점에 이르렀을 때, 시원적 성사는 거룩한 실재에 그 자리를 양도하게 될 것이다.

3. 부활에 대한 언급에서 그리스도께서는 우리가 "하늘나라의 천사"와 같이 될 것이라고 말씀하신다. 이는 우리가 탈 육화적이 될 것이라는 의미가 아니다. 인간은 한 처음부터 몸과 영의 일치를 이루는 남자와 여자로 창조되었기 때문에 인간의 종말론적 완성은 영혼의 상태만으로 이해될 수 없다. 인간의 몸은 하늘로 불려 올려져 무한히 완전한 남성성과 여성성 안에서 거룩하게 될 것이다.

4. 부활 안에서 영–육의 일치를 이루게 될 때 원죄로 인하여 생긴 몸과 영혼 간의 충돌은 즉시 중단될 것이다. 영의 힘이 몸의 에너지에 온전히 스며들게 된다. 종말론적 "몸의 영화(靈化)"는 이 세상에서 우리가 경험하는 것과는 본질적으로 그리고 그 정도에 있어서도 다르다. 또한 남자와 여자의 "한 처음" 경험과도 다른 것이다.

5. 영이 우리의 몸에 온전히 스며들게 된다는 의미는 인간의 영뿐만 아니라 성령도 포함한다. 따라서 종말론적 "영화(靈化)"는 곧 "신화(神化)"이다. 어린 양의 혼

인잔치에서 우리는 “가장 인간적인 본질에 가장 신성한 본질이 침투하고 스며들게 되는 정점을 맞이하게 될 것이다.” 하느님은 자신의 신성함 안에서 인간의 영혼뿐만 아니라 인간의 전 인격에까지 하느님 스스로 소통을 시작하신다. 이는 은총과 거룩한 본성에 대한 인간의 궁극적 참여가 될 것이다.

6. 부활의 때에 일어나는 “영화(靈化)의 신성화(神聖化)”를 통하여, 살아있는 하느님의 신비를 “얼굴을 마주하고” 직접 만나는 복된 전망 안에서 똑같은 몸의 혼인적 의미는 종말론적 측면에서 다시 발견된다. 이는 하느님께서 당신 자신의 신성을 내어 주시는 가장 인격적인 하느님의 자기 증여이다. 우리의 모든 에너지를 집중하여 거룩한 하느님의 선물을 받고 우리 자신을 하느님께 선물로 돌려드려야 할 것이다.

7. 그리스도의 부활에 대한 말씀을 통해 우리는 창세기 2: 24의 “둘이 한 몸을 이룬다”에 대해 새로운 이해를 할 수 있다. 창세기의 위 본문은 “이 세상”에 대한 말씀일 뿐 아니라 친교의 종말론적 측면에서의 “다른 세상”에 대한 말씀이기도 하다. 왜냐하면, 남자와 여자로 사람을 창조하셨다는 구절이 궁극적으로 지향하는 의미는 그리스도 안에서 그리고 그리스도를 통하여 삼위일체 하느님과 육화의 친교를 이루는 곳에서 발견할 수 있기 때문이다.

8. 종말의 때 삼위일체 하느님과의 육화된 친교에 참여하게 될 때, 친교의 모습은 어떤 식이든 피조물인 인격의 친교에 맞게 조정되어야 한다. 바로 이러한 이유로 우리는 통공에 대한 믿음을 고백한다. 우리는 성인과 “하나”가 될 뿐 아니라 어린 양의 혼인 초대에 응답하는 모든 사람과 “하나”가 될 것이다.

9. 우리는 모든 사람의 새롭고 완전한 주체성에 대한 재 발견의 측면(원초적 고독의 완성)과 모든 이의 새롭고 완전한 상호 주체성의 재발견의 측면(원초적 일치의 완성)에서 부활을 생각해야 한다. 이는 부활의 때에 인간의 주체성이 완성될 것이며 주체성을 토대로 한 몸의 혼인적 의미 역시 완성됨을 의미한다.

10. 종말론적 상태는 창조 세계에서 삼위일체 질서가 완전히 실현된 상태를 말한

다. 이는 완전한 일치에 대한 참여를 의미하며 삼위일체 그 자체에서 발견되는 참여와는 구별된다. 따라서 몸의 혼인적 의미는 완전히 개인적일 뿐 아니라 공동체적인 방식으로 경험하게 된다.

11. 부활의 때에는 몸과 영혼의 완전한 결합으로 인하여 몸에 대한 경험이 완전한 "동정"의 상태에서 이루어질 것이다. 한 처음에 그랬던 것과 같이, 동정과 친교 사이에 어떠한 충돌도 없게 될 것이다. 부활 이후의 몸의 혼인적 의미는 남자와 여자가 하느님의 이미지에 의하여 창조되었다는 것에 부합할 뿐 아니라, 하느님의 이미지가 육화된 친교의 인격(*communion personarum*)을 통하여 실현된다는 사실과도 부합하게 될 것이다.

12. 인격들 간의 종말론적 친교는 완전히 새로운 경험이 될 것이다. 그렇다고 해서 몸과 성이 갖는 출산의 의미에 대한 원초적이며 역사적인 측면으로부터의 완전한 분리를 의미하는 것은 아니다. 인간 몸이 갖는 항구적인 의미는 종말론적인 영광의 순간에도 즉, 남자와 여자가 거룩하게 된 몸 안에서 선물의 완전한 자유를 재발견하게 되는 때에도 드러날 것이기 때문이다. 마찬가지로, 이러한 자유로 인해 성인들의 통공으로 이루어진 위대한 공동체는 더욱 풍부해질 것이다.

13. 사두가이의 질문에 대한 그리스도의 답변은 인간에 대한 진리의 심오한 발견을 보여준다. 그리스도의 응답을 통해 우리는 혼인이 몸으로 존재한다는 것(몸으로서 또는 남자와 여자로서)의 원초적이고 근본적인 의미를 명확히 결정하지 못하였다는 사실을 알게 된다. 다시 말해, 이 세상에서의 혼인은 인간적인 목적이 아니라 앞으로 다가올 천국에서의 혼인을 준비한 것일 뿐이다

14. 코린토 1서 15장에서 사도 바오로는 죄의 인식이라는 측면에서 "첫 인간인 아담"을 "두 번째 아담"과 결합시키고 있다. 그렇게 함으로써 바오로 사도는 그리스도가 하신 모든 말씀을 인간의 기원, 역사, 운명이라는 "주요 단어"로 종합하고 있다.

15. 역사적 인간은 첫 아담과 두 번째 아담의 양극 사이에 있는 긴장관계에서 살고 있다. 모든 인간은 첫 인간인 아담의 이미지를 갖고 있다는 점에서 인간은 그리스도의 이미지를 갖고 있다고 할 수 있다. 자신 안에 신랑을 받아들일 가능성을 이미 가지고 있는 신부처럼, 인간은 이미 창조에서부터 그리스도를 받아들일 가능성을 가진다.

16. 사도 바오로에 따르면, 역사적 인간이 경험하는 썩어 없어질 몸은 부활의 때에 썩지 않고 들어 올려질 것이라고 한다. 불명예와 유약함 안에 허덕이는 우리는 영광과 권능 안에서 올려질 것이다. 육체적 몸 안에 뿌려진 씨앗이 영적 몸으로 올려지도록 할 것이기 때문이다. 바오로는 물질적 실재와 비 물질적 실재로 비교하지 않는다. 그는 (몸과 영으로 이루어진) 전인적 인간의 거룩한 신성화에 대하여 말하고 있다. 부활의 때, 먼지로 돌아갔던 우리는 성령이신 하느님의 숨결의 새로운 완성에 의하여 다시 소생하게 될 것이다.

17. "하느님 나라를 위하여" 스스로 고자가 된 사람들에 대한 그리스도의 말씀은 독신 서원에 대한 요한 바오로 2세의 고찰의 근간을 형성하는 말씀이다. 자발적이고 초자연적 부르심은 '남자와 여자가 더 이상 혼인에 얽매이지 않고 어린양의 혼인잔치에 영원히 동참하게 되는 부활'에 대한 카리스마적 표징의 역할을 한다. 아브라함과의 약속을 기초로 하던 당시 유대인들에게 고자가 되기를 자처하는 것은 사실상 생각할 수도 없는 일이었다.

18. 그리스도의 독신에 대한 말씀은 옛 계약(구약 전승)으로부터의 탈피에 대한 대표적인 예이다. 요셉과 마리아의 동정(순결)의 삶은 새로운 측면을 시사한다. 역설적이게도 요셉과 마리아는 지상에서의 혼인과 천국에서의 혼인을 동시에 받아들인다. 그렇게 함으로써 우주의 가장 완전한 열매를 맺는 혼인에 참여하게 된다. 즉, 성자이신 그리스도 안에서 인성과 신성의 일치를 이룬다. 독신 서원을 선택한 모든 사람들은 이러한 의미에서 새롭고 풍요로운 성령의 열매에 동참하는 것이다.

19. 혼인과 독신 서원에 대한 에토스와 인간학은 기본적으로 같은 출발점에서 시작한다. 다시 말해, 인간에 대하여 같은 전망을 가지고 있으며 (성욕으로부터의 해방을 포함) 우리 몸의 구원을 경험하도록 하는 같은 부르심에서 출발한다. 구원의 에토스에 대한 이해가 없다면, 평생 금욕은 희망 없는 억압이고 혼인은 욕정의 "합법적 배출구"로 보게 될 것이다.

20. 금욕의 "우위성"에 대한 진정한 이해가 곧 혼인을 폄하하는 일이 결코 아니다. 또한, "한 몸"의 일치를 이루는 것(즉, 하느님의 선하고 거룩한 계획의 일부로서 한 몸의 일치를 이루는 것)이 혼인의 본질적 부분이라는 사실에 대한 편견을 바탕으로 하는 것도 아니다. 독신 서원은 보다 높은 천국의 운명을 직접적으로 지향하고자 한다는 의미에서 '보다 높은(우위성)'의 의미로 이해하여야 한다.

21. 그리스도는 독신 서원으로의 부르심이 진정한 희생을 요구한다는 사실을 감추지 않는다. 역사적 인간은 혼인을 위하여 "만들어졌다". 그러나 금욕은 성적 존재로서 인간이 가지는 두 가지 본성(남자는 여자를 향하고 여자는 남자를 향하는)을 거부하는 것이 아니다. 금욕은 몸의 혼인적 의미를 혼인한 사람들과 다르게 그리고 "더 많이" 실현한다는 의미이다. 이는 타인에게 진실한 선물로 자신을 내어 줌으로써 가능하다.

22. 혼인과 독신 서원은 교회를 두 개의 양 진영으로 즉, "완전함"과 "불완전함"으로 나눈 것이 아니다. 완전함의 평가 기준은 사랑이다. 독신인지의 여부에 의하여 평가되는 것이 아니다. 독신과 혼인은 사실 서로가 서로를 설명하며 완전하게 하고 어떤 의미에서는 상호 이해를 돕는다.

23. 혼인은 금욕도 혼인적 사랑의 방식임을 드러낸다. 성령은 부성과 모성의 사랑이기 때문이다. 그리스도와 교회와의 천상에서의 일치를 기대하면서 금욕을 하는 것은 혼인 역시 같은 신비에 성사적으로 참여한다는 것을 보여준다. 각각의 소명(혼인, 독신 서원)은 몸에 새겨진 "선물"의 실재를 표현한다.

24. 남성성과 여성성은 서로 상대방을 "위한" 선물이 되기 위하여 창조되었음을

보여주는 것이다. 그리스도의 말씀에 따라 남자와 여자는 하느님의 나라를 "위해" 독신을 선택할 수도 있다. 이는 세속적 기준에서 볼 때 포기이다. 하느님 나라를 위해 독신을 선택한다는 것은 하느님께서 인간에게 주시는 자비의 충만함 그리고 인간이 바라는 모든 것의 궁극적 실현을 표현하는 방법이다.

25. 독신 서원은 '양성(혹은 형성, formation)'의 문제일 뿐만 아니라 '성숙화의 과정, 변화(transformation)'의 문제이다. 욕정에서 자유로워질 때에만 그리고 자신의 성적 주체성을 가질 때에만 사람은 상대방에게 선물이 될 수 있다. 이는 독신서원이나 혼인 모두 다 그러하다. 성과 혼인에 대한 하느님 계획의 아름다움과 신성함을 이해하고 받아들일 때에만 그리스도가 요구하는 성숙한 의미에서의 포기를 할 수 있다.

26. 코린토 전서 7장에서 바오로 사도는 독신에 대한 그리스도의 말씀을 전한다. 그러나 바오로는 동시에 "온전히 그 자신"의 방식대로 말한다. 바오로는 혼인에 대한 부정적 시각을 가진 것처럼 보이지만 조심스럽게 읽어보면 어떠한 마니교적인 부분도 보이지 않는다는 사실에 주의하여야 한다. 사실, 바오로는 혼인과 독신 서원 모두가 하느님으로부터 온 특별한 "선물(은총)"이라고 본다.

27. 많은 사람들은 바오로의 "욕정에 불타는 것보다 혼인하는 것이 낫다."를 혼인 안에서 욕정에 빠지는 것을 정당화하는 말씀으로 생각해왔다. 이는 요한 바오로 2세의 바오로 사도에 대한 가르침과 상충되는 것처럼 보인다. 그러나 바오로 사도의 말씀은 그리스도의 욕정에 대한 말씀과 분리되어 해석할 수 없으며 바오로의 가르침 전체와 따로 떼어 해석할 수 없다. 즉, 이는 "몸의 속량"과 "그리스도가 교회를 사랑하듯이 남편은 아내를 사랑하여야 한다."를 모두 포함한 문맥에서 해석되어야 한다.

28. 바오로 사도는 결혼한 자는 "잘한 것"이나 혼인하지 않은 자는 자신을 주님의 일에 전적으로 바칠 수 있기 때문에 "더 잘한 것"이라고 한다. 그러나 경험에 따르면 혼인과 가정생활의 책임은 남자와 여자로 하여금 궁극적 소명으로부

터 관심을 돌려 "세속적인 일"에 고정시킨다. 바오로는 바로 이러한 의미에서 결혼한 사람을 향하여 결혼하지 않은 사람처럼 살라고 권고한다.

29. 바오로 사도가 말하는 "혼인에 의한 권리(의무)" 부여와 배우자 상대방의 "몸에 대한 지배"는 혼인 서약에 따른 사랑의 의미에서 해석해야 한다. 은총이 혼인생활을 하는 부부에게 쏟아짐으로써 서로가 가지고 있는 다른 감각과 조화를 이룬다. 바오로 사도는 주기적인 금욕이 이를 도울 수 있다고 말하고 있다.

30. 그리스도에 따르면 창세기의 "원-복음(*proto-evangelium*)"을 완성하는 것은 그의 가르침과 죽음과 부활이다. 그리스도께서는 이와 같은 방식으로 남자와 여자를 "재창조"하시며 몸의 혼인적 의미를 구원하신다. 이와 같은 구원은 종말에 대한 희망일 뿐 아니라 "매일의 희망"이다. 이미 여기, 그리고 지금 일어나고 있으며 앞으로 다가올 영광을 위해 길을 닦고 있다.

31. 인간 존엄성과 몸의 혼인적 의미는 서로 깊이 연결되어 있다. 욕정에 사로잡혀 있을수록 인간 인격의 존엄성은 "느끼지" 못하게 된다. 따라서 몸의 신학과 구원으로의 초대는 인간에 대한 모든 해석의 가장 근본이 될 뿐 아니라 인간을 위한 충분하고 진정한 에토스를 정립하는 기본이다.

제2부

성사 (THE SACRAMENT)

제1장
계약과 은총의 차원

[사이클 5 – 혼인의 성사성]

몸의 신학은 "몸의 계시"에 대한 그리스도의 말씀에 따라 전개된다. 우리는 "인간에 대한 통합적 전망"을 고찰하였으며 이를 하늘나라를 위한 독신 서원의 소명에 적용함으로써 이제 성사의 "위대한 신비"를 통찰할 만반의 준비를 갖추었다.

프롤로그에서 이미 언급한 바와 같이, 성사의 "위대한 신비"는 혼인 성사를 의미한다. 그러나 제2부의 제목을 성사(Sacrament)라고 정한 이유는 영원으로부터 하느님 안에 감추어진 신비가 "가시화되었고, 이로 인하여 표징의 영역에 들어가게 된 방식"(TOB 95b:6)에 대하여서 말하고 있기 때문이다. 태초에 하느님의 거룩한 신비는 혼인의 시원적 성사(primordial sacrament)를 통하여 가시화되었다. "때가 차" 시원적 성사인 혼인 신비는 그리스도와 교회의 일치 성사를 통하여 가시화되었다. (TOB 97:4 참조) 우리가 제2부 제1장에서 다룰 주제는 성사의 "위대한 신비"로 이 위대한 신비는 두 표징(위대한 성사)이 하나됨에서 발견된다. 남편과 아내의 일치, 그리스도와 교회의 일치라는 두 개의 "위대한 표징"은 하나의 신비를 나타내며 이를 통해 하나의 "위대한 성사"를 이루게 되는 것이다. (TOB 95b:7 참조)

요한 바오로 2세에게 혼인 성사에 대한 고찰은 단지 칠성사 중 하나로서의 고찰을 의미하는 것이 아니다. 교황은 혼인을 구원의 전 신비를 이해하기 위한 모범 즉, 모든 성사의 원형으로 이해한다. (TOB 98:2 참조) 모든 성사는 신부(교회)와 신랑(그리스도)의 일치를 통하여 거룩한 삶의 내면을 가득 채우고 영감을 받도록 "스며들게 함"을 목적으로 한다. 따라서, 혼인은 "그리스도 안에서 하느님과 맺은 계약의 가시적이고 효과적인 표징"(TOB 103:6)이다.

여기에서 "다른 성사와 마찬가지로, 혼인 성사에도 본질적인 두 차원 즉, 계약과 은총의 거룩한 차원, 그리고 표징이라는 인간적인 차원이 있음"(TOB 133:2)을 알 수 있다. 제1장에서는 두 차원 중 거룩한 차원을 주제로 한다. 1982년 7월 28일부터 1982년 12월 15일까지 총 17차례에 걸쳐 하느님과의 계약, 혼인을 통하여 배우자에게 전달되는 하느님의 은총 등을 다룬다. (TOB 87–102) 이어 제2장에서 인간적 차원 즉, 하느님의 선물이 성사적 표징을 통해 어떻게 전달되는지를 다룬다.

이와 같이 사이클 5는 제1장과 제2장의 순환적 구조로 이루어져 있다. 제1장에서 교황은 에페소서 5:21–33의 본문을 성경 해석을 위한 "고전적"인 또 다른 "열쇠(해답)"라고 한다. 구약의 예언서에 나오는 인간에 대한 하느님의 사랑의 신비는 오직 "반만 열려 있다." 에페소서 5:21–33에서 "이 사랑은 계속 신비로 남아 있음에도 불구하고 완전히 계시된다." (TOB 95:7) 에페소서 5장 본문 말씀은 남자와 여자에 대한 세 가지 주제를 기본 토대로 몸의 혼인적 의미를 "신비" 차원에서 이해할 수 있도록 한다. 교황은 에페소서 5장 본문 말씀으로부터 혼인의 성사성을 이해하고자 한다. 교황은 에페소서 5장이 교회의 이미지인 "그리스도의 몸" 그리고 남성성 및 여성성으로 구체화되는 인간 몸을 어떻게 표현하고 있는지를 고찰한다. "우리는 스스로에게 자문해야 한다. 즉각적이고 직접적인 답을 기대하는 것이 아니라 가능한 오랜 기간을 두고 가장 심오하며 포괄적인 답을 원한다. (TOB 87:3) 다음에서 우리는 "깊이 심화된" 답변을 제공하는 과정에서 교황이 제시한 가장 심오하고 가장 도전적인 신학적 주장을 살펴보게 될 것이다. 교황의 풍요롭고 경이로운 성찰을 통해 신학자들에 새로운 지평이 열리게 될 것이다.

1. 에페소서 5:21–33

A. 들어가는 말 그리고 본문과의 연결고리

에페소서 5:21–23

성경 구절 중 에페소서 5장은 오늘날의 "소위 주류의 정치적 시각에서" 가장 비난받고 묵살당한 구절이다. 요한 바오로 2세는 바오로 사도가 사용한 개념[1]의 참된 의미를 다시 세워 근본적인 중요성이 무엇인지를 보여주기 위해 고심한다. 에페소서 5:21–33 본문은 다음과 같다.

1 요한 바오로 2세는 TOB 87의 각주에서 에페소 신자들에게 보낸 서간의 원저자를 바오로라고 인정하는 입장과 부정하는 입장에 대하여 잠정적 해결책을 제시한다. 이 문제에 대하여 교황은 "우리는 중립가설 즉, 성 바오로가 그의 서기(Secretary)에게 몇 가지 개념을 위임했고 이후 그 서기가 개념을 발전, 완성시켰다는 가설을 통해 문제를 해결할 수 있다." (TOB, n. 87)(번역주:TOB 87:3, n. 87)라고 한다. 때문에 교황은 "에페소 신자들에게 보낸 서간의 저자", "사도", "성 바오로"를 번갈아 사용한다.

그리스도를 경외하는 마음으로 서로 순종하십시오. 아내는 주님께 순종하듯이 남편에게 순종해야 합니다. 남편은 아내의 머리입니다. 이는 그리스도께서 교회의 머리이시고 그 몸의 구원자이신 것과 같습니다. 교회가 그리스도께 순종하듯이, 아내도 모든 일에서 남편에게 순종해야 합니다. 남편 여러분, 그리스도께서 교회를 사랑하시고 교회를 위하여 당신 자신을 바치신 것처럼, 아내를 사랑하십시오. 그리스도께서 그렇게 하신 것은 교회를 말씀과 더불어 물로 씻어 깨끗하게 하셔서 거룩하게 하시려는 것이었습니다. 그리고 교회를 티나 주름 같은 것 없이 아름다운 모습으로 당신 앞에 서게 하시며, 거룩하고 흠 없게 하시려는 것이었습니다. 남편도 이렇게 아내를 제 몸같이 사랑해야 합니다. 자기 아내를 사랑하는 사람은 자기 자신을 사랑하는 것입니다. 아무도 자기 몸을 미워하지 않습니다. 그리스도께서 교회를 위하여 하시는 것처럼 오히려 자기 몸을 가꾸고 보살핍니다. 우리는 그분 몸의 지체입니다. "그러므로 남자는 아버지와 어머니를 떠나 아내와 결합하여, 둘이 한 몸이 됩니다." 이는 큰 신비입니다. 그러나 나는 그리스도와 교회를 두고 이 말을 합니다. 여러분도 저마다 자기 아내를 자기 자신처럼 사랑하고, 아내도 남편을 존경해야 합니다.

Λ. 성경 전체 주제의 정점

에페소서 5장에 대하여 논란이 많으나 만약 이 본눈을 올바로 이해한다면, 에페소서 5장 말씀이야 말로 성경 전체에 있어 결코 간과할 수 없는 "중대한 주제와 본질적 진리"를 담은 구절임을 깨닫게 될 것이다. 요한 바오로 2세는 이 구절들을 "성경에 계시된 하느님의 말씀을 통하여 마치 파도의 밀물과 썰물처럼 나타나는 주제와 진리의 '정점'과 같다." (TOB 87:4) (번역주: TOB 87:3)고 말한다. 『가정교서(*Letter to Families*)』에서 교황은 에페소서 5장을 "어떤 의미에서는, 그리스도께서 성취하신 하느님과 인간에 관한 가르침의 요약 또는 개요"[2]라고 묘사한다. 요한 바오로 2세는 이와 같은 "하느님 가르침의 개요(에페 5장)"를 통찰함으로써 그 놀라운 본문 안에 담겨 있는 하느님께서 계시하는 풍요로운 진리의 '깊은 심연까지' 이해하는 데 도움을 주고자 한다." (TOB 87:6) 이를 통해 우리는 한 처음에, 역사에서, 그리고 부활 안에서의 사람 몸에 대한 그리스도 말씀을 온전히 세워야 한다.

교황에 따르면, 에페소서 5장의 말씀은 "몸에 집중되어 있다." (TOB 87:3) 에페소서 5장은 교회를 그리스도의 몸으로 보는 은유를 사용하기도 하고, "부부 결합을 향해 영원으로부터 운명 지어진 남성성과 여성성을 가진 인간의 구체적 몸"(TOB 87:3)의 의미로도 사용한다. 몸이 갖는 두 가지 의미의 통합은 31–32절의 "위대한 신비(큰 신비)"를 이해할 수 있는 중요한 열쇠이다. 바오로는 배우자가 서로 "한 몸을 이룸"이라는 구절의 원뜻을 그리스도와 교회의 일치에 연결시킨다. 두 성스러운 친교는 서로 무슨 관계인가? 교황은 이에 대하여 조심스럽게 답한다.

혼인을 통하여 '한 몸' 일치와 그리스도–교회의 일치가 영속적인 일치의 관계를 이루는 이 시점에서, 우리는 우주의 의미와 신비의 정점에 서있는 자신을 발견한다. 남녀 창조를 통해 친교로 부르신 하느님께서 우리에게 영광과 위대함을 내려 주셨음을 깨닫게 되는 순간에 서 있는 자신이다. 바로 이 발견 때문에 요한 바오로 2세는 『기쁨과 희망(*Gaudium et Spes*)』 22항의 말씀을 다시 인용하며, 에페소서 5장의 말씀이

2 *Letter to Families*, 19.

"인간을 인간에게 특별한 방법으로 드러내며, 인간에게 그의 지고한 소명을 알려준다."(TOB 87:6)라고 말한다.

육화된 인격(몸)과 성사

위에서 언급한 2차 바티칸 공의회 문헌에서 에페소서 5장과 인간학적 주제를 연결짓고 있음에서 우리는 요한 바오로 2세가 바오로 사도의 말씀을 얼마나 중요하게 여기는지를 다른 시각에서 엿볼 수 있다. "육화된 인격인 그리스도를 경험한 사람만이 에페소서와 『기쁨과 희망(*Gaudium et Spes*)』 22항을 연결시킬 수 있다." (TOB 87:6) "육화된 인격을 경험한다."는 어떤 의미에서는 교황의 전체 교리를 대변하는 것이자 몸의 신학이 무엇인지를 알려준다. 이는 에페소서 5장이 의미하는 바가 무엇인지를 알려주는 것이라 할 수 있다. 에페소서 5장의 말씀은 사람들이 자신의 육화된 인격을 경험하는 것에 기반을 둔다. 그러나 근대주의적 관점은 인간에게 자신과 자신의 몸과의 단절을 가져왔다. 에페소서 5장과 관련한 논쟁에서 우리는 두 가지 인본주의 즉, 인간 몸의 의미와 성(sexuality)의 의미 사이의 충돌을 엿볼 수 있다.

근대주의 이후 몸은 형이하학의 영역으로 추락하였다. 오직 생물학적인 관점에서만 몸을 다루며, 인간 인격이나 인간관계의 질서와 관련하여 다루지 않는다. 몸과 신학의 관계(거룩한 신비와 인간에 대한 하느님 사랑의 특성의 관계)는 드물게 언급되기에 이른다. 이런 상황에서, 인간은 자신의 몸을 통제하려 하거나 몸에 저항적인 자세를 취하게 된다. 몸은 더 이상 인간에게 소명의 부르심을 전하지 못한다. 현대의 인간은 자신의 몸을 사물처럼 소유하고 자신이 원하는 대로 몸을 다룬다. 몸과 성은 이기적인 만족의 도구이자 수단으로 이용되며 심지어 수익 창출의 도구로까지 사용된다. 현대인의 몸에 새겨진 "말씀"은 "자기만족"이다.

그러나, 몸에 대한 바오로 사도의 사상은 성사적, 신학적 토대에 깊은 뿌리를 내리고 있다. 바오로 사도에 따르면, 몸은 신비한 언어를 "말한다." 몸은 남자와 여자인 인간이 자신의 인격에 대한 진리를 말할 뿐 아니라 하느님 안에 감추어진 "위대한 신비(큰 신비)"에 대하여서도 말한다. 바오로 사도에게 남자와 여자로서 인간이 갖는 진리는 오직 이 "위대한 신비(큰 신비)" 안에서만 이해될 수 있는 것이다. 창세기에 남자와 여자가 "한 몸"을 이루도록 하신 하느님의 창조 계획을 돌이켜보면서, 바오로 사도는 선택받은 백성을 위한 하느님의 사랑을 부부 사랑의 유비를 통하여 설명한다. 또 이와 같은 구약의 이미지를 교회에 대한 그리스도의 사랑에 대하여서도 투사하여 설명하고 있다. 이 설명에서 바오로 사도는 남자와 여자를 향해 "한 처음부터" 자신의 몸에 새겨진 숭고한 소명 즉, "하느님이 사랑하시듯 서로 사랑하여라."를 받아들일 것을 촉구한다. 에페소서 5장에 따르면 남자와 여자의 몸에 새겨진 말씀은 "자기 증여"이다.

에페소서 5장에 대한 대략적인 설명만으로도 우리는 요한 바오로 2세의 교리를 다시 한 번 확인할 수 있다. "실제에 있어서 몸은 (유일하게 몸만이) 영적이고 거룩하기 때문에 우리가 볼 수 없는 비가시적인 것을 가시화한다. 하느님 안에 영원으로부터 감추어진 신비를 이 세상의 가시적인 실재로 전환하기 위해서 몸이 창조되었으며 그렇기 때문에 몸은 그 신비를 드러내는 표징인 것이다." (TOB 19:4) 에페소서 5장에서 바오로 사도는 하느님 안에 영원으로부터 감추어진 "위대한 신비(큰 신비)"에 대하여 정확히 묘사하고 있다. 요한 바오로 2세에 따르면, 몸은 "그리고 오직 몸만이" 보이지 않는 위대한 신비를 우리가 볼 수 있도록 한다. 거룩한 사랑과 삼위일체 생명의 신비 안에서 남자와 여자는 그리스도와의 "혼인적 결합"을 통한 친밀함에 참여하도록 초대받는다. 에페소서 5장의 본문이 가지는 핵심이 바로 이것이다. 따라서, 에페소서 5장은 혼인의 성사성 즉, 혼인 안에서의 성교가 의미하는 성사성의 정점을 계시하고 있는 것이다. 교황은 이와 같은 정점에 도달하기 위한 점진적인 방법을 모색하고자 노력한다.

교황은 사이클 5의 도입부에서 그의 교리를 재차 확인한다.

> 그러므로, 어떤 의미에서는 몸이 비록 가장 일반적인 방법이기는 하지만 "영적, 초월적, 신적인 비 가시적 실재의 가시적 표징"이라는 성사의 정의가 될 수 있다. 이 표징 안에서 그리고 이 표징을 통하여, 하느님께서는 당신의 초월적 진리와 사랑 안에서 인간에게 당신 자신을 내어 주신다. 성사는 은총의 표징이며 또한 가장 효과적인 표징이다.

다시 말해, "성사는 단순히 표징으로써 가시적인 방식을 통하여 은총을 지칭하거나 표현하는 것이 아니다. 성사는 은총을 만들어낸다." 성사는 "은총이 인간의 일부가 될 수 있도록 하며, 이미 영원으로부터 하느님께서 만드셨고 그리스도 안에서 완전하게 계시된 구원 사업을 인간 안에 실현시키고 완성시킬 수 있도록 하는 가장 효과적인 원인이다." (TOB 87:5)

교황의 이 말씀은 육화신학에 대한 웅장한 표현이다. 하느님 은총의 행위가 몸을 기초로 함에 따라 하느님의 구원 계획 역시 인간 몸을 기초로 하는 것이다. 이 말씀은 곧 "육은 구원의 돌쩌귀"[3]라고 한 테르툴리아누스 말씀의 아름다운 울림이다. 인간은 육화된 인격이다. 이는 하느님과 만날 수 있고 자기 자신이 될 수 있는 유일한 방법이다. 대다수의 견해와는 반대로 인간은 초월을 위해 인간의 모습에서 탈피할 필요

3 *CCC*, no. 1015 참조.

가 없다. 피부를 벗겨낼 필요가 없다. 초월자이신 예수께서는 자기비움(Kenosis)의 행위 안에서 사람의 모습을 취하셨고, 이로써 몸을 성화하셨다. 신랑이신 예수 그리스도 안에서 "온전히 충만한 신성이 육신의 형태로 머무르고 있다."(콜로 2:9) 첫 번째 사이클의 결론에서 교황이 말씀하신 바와 같이, 육화는 "혼인이 갖는 성사성의 분명한 원천이다."(TOB 23:4) 육화는 명확하고 궁극적인 "혼인적" 일치이며 결합이다. 즉, 육화는 말씀이신 예수 그리스도 안에서의 신성과 인성의 일치이다. 이는 인간에 대한 하느님 사랑의 서약을 보여주는 굳은 표징이며 육화된 인격[4] 즉, 인간에게 내려 주신 넘쳐나는 은총의 표징이다.

이것이야말로 바오로 사도가 말씀하신 에페소서 5장의 "위대한 신비"에서 발견할 수 있는 부부 결합이며 몸의 확인이다. 창조된 남녀의 성에 대한 현대인들의 시각은 "육화의 위대한 신비"를 받아들이지 못하고 강력히 거부한다. 육화의 위대한 신비는 인간에 많은 부담을 주며 몸에 대한 실용주의적 관점에 도전한다. 따라서 에페소서 5장에서 선포하는 몸과 혼인에 대한 시각을 받아들이는 사람에 대한 비난을 우리는 충분히 예상할 수 있다. 그러므로 "위대한 신비"에 대한 선포 다음으로 "영적 투쟁(에페 6:10-20 참조)을 위한 위대한 용기"(TOB 88:5)에 대한 구절이 나오는 것은 결코 우연이 아니다. 바오로 사도가 그리스도 안에서 인간 구원에 대한 영원한 계획(에페 1장 참조)을 말씀하심으로써 에페소서의 서두를 시작하는 것이 얼마나 중요한지를 제대로 깨달아야 한다. 이것이 바로 현재 우리의 구원을 위한 영적 투쟁이다. 영적 투쟁이기는 하지만, 몸의 진리에 반대하는 것에 대항한 싸움이다. 에페소서에서 배운 대로 혼인의 성사성은 바로 이 투쟁의 중심에 있다. 우리가 이 투쟁

4 "육화된 인격"으로서 인간 인격이 아닌 유일한 분은 예수 그리스도이시다. 그분은 육화된 거룩한 위격이시다.

에서 이기기 위하여 가장 먼저 준비하여야 하는 것은 바로 "의로움의 갑옷"(에페 6:14)을 입는 것이다.

B. 상세한 분석

에페소서 본문의 배경

1982년 8월 4일 수요교리(TOB 88)에서, 교황은 에페소서 5장의 상세한 분석에 앞서 전체적인 구조에 대한 설명을 한다. 이로써 우리는 남편과 아내에 대한 사도 바오로의 자세한 가르침을 보다 포괄적인 가족 윤리, 더 나아가 그리스도교 공동체 및 사회 일반의 윤리의 측면에서 이해할 수 있다. 또한 그리스도인의 삶에 생명을 불어넣는 영적인 측면에 대한 이해를 돕는다. 죄에 빠진 인간은 예수 그리스도 안에서 새 삶을 살라는 부르심을 받는다. 남자와 여자는 이러한 "새로운 삶"을 살아감으로써 즉, 부활하신 예수 그리스도를 만남으로써 사도 바오로가 권고한 대로의 삶을 살아갈 힘을 얻게 된다.

사도 바오로는 "성부 아버지 앞에서" 무릎을 꿇고 간청한다. "아버지께서 당신의 풍성한 영광에 따라 성령을 통하여 여러분의 내적 인간이 당신 힘으로 굳세어지게 하시고, 여러분의 믿음을 통하여 그리스도께서 여러분의 마음 안에 살게 하시며, 여러분이 사랑에 뿌리를 내리고 그것을 기초로 삼게 하시기를 빕니다. 그리하여 여러분이 모든 성도와 함께 너비와 길이와 높이와 깊이가 어떠한지 깨닫는 능력을 지니고, 인간의 지각을 뛰어넘는 그리스도의 사랑을 알게 해 주시기를 빕니다. 이렇게 하여 여러분이 하느님의 온갖 충만하심으로 충만하게 되기를 빕니다." (에페 3:14-19 참조) 사도 바오로가 제시하는 남편과 아내에 대한 윤리적 기준은 높다. 그러나 사도 바오로에 따르면, "하느님의 충만하심" 그리고 우리 안에 내재하시는 예수 그리스도의 사랑을 통해, 우리는 우리가 요청할 수 있는 또는 생각할 수 있는 모든 것보다 훨씬 더 많은 것을 수행할 "능력"(에페 3;20 참조)을 갖게 된다.

현대적 감수성: 사도 바오로 해석의 열쇠

교황이 된 후 요한 바오로 2세는 "두려워하지 마라!"는 그리스도 말씀의 울림을 선포하여 왔다. 우리는 이를 바오로 사도의 에페소서 5장에 적용할 수 있다. 에페소서 5장이 남자와 여자의 관계에 대하여 무엇을 드러내는지에 대하여 우리는 결코 두려워할 필요가 없다. 요한 바오로 2세의 입장은 확실하다. 교황은 주저 없이 이 주제에 대하여 말한다. 그 과정에서 교황은 배우자 간의 불평등 또는 차별을 장려하는 것이 아니라 사랑의 질서를 보전하는 수단을 제공하고자 한다. 즉, 몸을 통하여 계시된 그리스도의 신비에 대한 경외심을 제공하고자 한다.

아내는 남편에 순종하여야 한다는 말에 대하여, 교황은 다음과 같이 말한다. "에페소서의 저자는 그 시대의 사고방식이나 관습이 지니고 있는 개념들을 받아들이는 데 두려움이 없었다 … 우리 시대의 감수성과는 확실히 다르다. 우리의 사고 방식, 관습, 남녀의 사회적 지위도 다르다." (TOB 89:5–6) 그러나 현대적 시각에 비추어 사도 바오로의 말씀의 중요성을 간과한다면 우리는 그의 복음적 정신까지도 잃게 될 것이다. 많은 위대한 복음사가들처럼, 바오로 사도 역시 그리스도의 신비에 그 시대의 문화적 관습을 적용하고자 하였다.

에페소서 1장에서 보면, 바오로 사도는 성부 안에 감추어진 신비이자 그리스도와 교회의 일치를 통해서만 알 수 있는 하느님의 인간에 대한 구원 계획을 설명한다. 더불어, 세례를 통하여 구원 계획에 동참한 사람들의 소명에 대하여 개괄한다. 교황에 따르면, 바오로 사도의 에페소서에는 전체를 관통하는 두 가지 원칙이 있다. 이 두 원칙의 접점에서 혼인에 대한 바오로 사도의 "전통적" 가르침이 명확히 드러난다. (TOB 88:3 참조) 그리스도와 교회의 일치이 신비, 그리고 "그리스도께서 우리를 사랑하신 것처럼, 여러분도 서로 사랑 안에서 살아 가십시오."(에페 5:1-2)라는 그리스도의 부르심은 바오로 사도의 가르침을 이해하는 핵심적 열쇠이며, 에페소서 5장를 이해하는 데에 있어서 가장 중요한 핵심이다.

바오로 사도는 그리스도 안에서 자신의 소명을 받아들인 자들에게 "더 이상 헛된 마음을 가지고 살아가는 다른 민족들처럼 살아가지 마십시오. 그들 안에 자리잡은 무지와 완고한 마음 때문에, 그들은 정신이 어두워져 있고 하느님의 생명에서 멀어져 있습니다." (에페 4:17-18)라고 말한다. 그리고 나서 "지난 날의 생활 방식에 젖어 사람을 속이는 욕망으로 멸망해 가는 옛 인간을 벗어 버리고, 여러분의 영과 마음이 새로워져 진리의 의로움과 거룩함 속에서 하느님의 모습에 따라 창조된 새 인간을 입어야 한다."(에페 4:22-24)고 말한다. 이 구절이 곧 "완고한 마음"과 산상설교에서 혼인의 원계획에 대하여 말씀하신 그리스도의 말씀 중 "욕망"과 같은 것임을 느낄 수 있지 않는가? 뿐만 아니라, 바로 이 구절에서 하느님의 이미지와 모상에 따라 창조된 남자와 여자의 근본적인 변화에 대한 요청을 느낄 수 있지 않는가?

남편과 아내에 대한 바오로 사도의 말씀이 곧 속량의 에토스에 대한 말씀이라는 점은 혁명적 의미를 갖는다. 남자의 지배를 정당화하고 있다는 기존의 해석을 뒤엎는 것이기 때문이다. 바오로 사도는 남자의 지배는 원죄로부터 내려온 것이므로(창 3:16 참조), 남편과 아내는 하느님의 원계획에 따라 상호 간의 완전한 균형, 조화, 평등의 삶을 살아야 한다고 강조한다. 교황의 교리를 토대로 우리는 바오로 사도가 독자들에게 다음과 같이 얘기한다는 결론을 내릴 수 있다. "우리는 혼인 관계를 순종(종속)의 관계로 말하는 데에 익숙해져 있다. 어둠에 가려 제대로 보지 못하며 음욕에 사로잡혀 있는 이방인들에게는 이러한 태도가 자연스러울 수 있다. 그러나 우리는 이를 그리스도의 신비에서 바라보아야 한다. 여기에서 의미하는 혼인에 대한 말씀은 곧 그리스도인의 소명을 의미한다."

"그리스도를 경외하는 마음"에서 나온 상호 순종

바오로 사도는 배우자들 간에 "그리스도를 경외하는 마음으로 서로 순종하십시오."(에페 5:21)라고 권고한다. 요한 바오로 2세는 바오로 사도가 지적하는 바와 같이 혼인관계 내에서의 순종이 상호적이어야 한다는 점이 간과되고 있다고 말한다. 여기에서의 순종은 일반적 생각과 달리, 남편에 대한 아내의 일방적인 순종이 아니다. 여기에서 많은 질문이 쏟아져 나올 수 있다. 서로 "순종하다"라는 의미는 무엇인가? 왜 "그리스도를 경외하는 마음으로" 하여야 하는가? 바오로 사도는 남편의 아내에 대한 순종보다 아내의 남편에 대한 순종을 더 강조한 것이 아닌가? 우리가 본 바와 같이 이러한 질문은 "선물"에 대한 믿음이 있는 경우에 한하여 올바른 답변이 나올 수 있다. 또한, (하느님과 인간의 서약 관계를 상징하는) 몸이 갖는 성사적 의미 안에서 남성성과 여성성의 진리를 이해하는 경우에 한하여 올바른 답변을 할 수 있다. 천상의 신랑인 예수께서 신부인 인간에게 사랑이라는 "선물"을 선사하신다. 그러나 상호 사랑 안에서 그 선물을 받고 드러내기 위하여 우선 남자와 여자는 이 선물을 믿어야 한다.

"선물"이라는 요소를 제거하게 되면, 인간이 스스로를 표현하는 방법은 신이라는 독재자에 대항하는 것만 남게 된다. 이런 대립 관계가 남녀 사이에도 똑같이 발생하게 될 것이다. 이때에 "순종"은 자신을 버리고 타인의 지배에 복종하게 되는 것, 특히 남편에 대한 아내의 관계가 그렇게 되는 것을 의미한다. "선물"이라는 요소가 빠진 에페소서 5장의 의미에 대한 페미니스트들의 분노는 충분히 이해된다. 그러나 우리는 "선물"이라는 요소가 있음을 기억해야 한다! 선물은 에페소서 5장에서 언급된 "위대한 신비"를 통해 우리에게 풍요롭게 주어진다. 그러나 우리는 우선 "복음을 믿어야 한다." (마르 1:15) 몸의 본래적 의미(남성성과 여성성이 갖는 본래적 의미)를 회복해야 하며, 선물로서 몸을 살아가는 본래적 방법을 회복해야 한다.

요한 바오로 2세의 창세기에 대한 말씀을 상기해보자. "이는 몸이다. 몸은 근본적인 선물로 창조되었음을 알리는 증거이다. 그렇기에 몸은 선물의 근원인 사랑이신 하느님에 대한 증거이다. 남성성-여성성 즉, '성'은 하느님께서 창조를 통하여 우리에게 부여하신 본래적 표징이다." 동시에 "남자 혹은 여자인 인간은 이 표징을 우리가 본래의 방식으로 살아내야 하는 선물로 인식한다." (TOB 14:4)

"선물"을 사는 본래적인 방법은 원초적 벌거벗음을 통한 평화에서 드러나듯 남성과 여성의 균형적 사랑 안에서 나타났다. 그러나 우리 경험에서 알 수 있듯이 원죄는 선물을 사는 "본래적 방법"을 파괴하였다. 욕정에 사로 잡히게 되면 선물의 실재로 살지 못하고 대신 타인을 전유하고 지배하는 방식으로 살게 된다. 특히 남자들에 대하여 여자들이 이같이 느낀다. 그러나 에페소서의 저자가 말한 대로, 우리는 성령의 힘을 통하여 음욕으로 왜곡된 이전의 본성을 버리고 하느님의 모습에 따라 창조된 새로운 본성을 입어야 한다. (에페 4:22-24 참조) 다시 말해, 바오로 사도가 요청한 바와 같이 혼인 배우자들은 속량의 신비를 통해 은총을 살아가는 "본래적 방법"을 회복해야 한다. 지금까지의 가르침에서 배운 바와 같이, 속량의 신비에는 그리스도께서 친히 주신 힘 즉, 배우자들로 하여금 자신의 삶 안에서 하느님의 본래적 계획을 회복시킬 수 있는 힘이 있다.[5]

이와 같은 관점에서 보면, 교황은 배우자 상호 간의 '순종'을 서로에게 "완전히 내어 줌"(TOB 90:2)으로 이해하고 있음을 알 수 있다. 상호 종속 곧 "상호 자기 증여의 선물"(TOB 89:4)로 이해된다. 다시 말해, 서로에게 종속된다는 의미의 순종은 남성성-여성성이 갖는 몸의 혼인적 의미에 따라 "모든 일"(에페 5:24)에서 "자기 자신을 신실한 선물로 내어 주는 삶"을 의미한다. 욕정의 만족이 관심사였던 당시의 관습에서 탈피하여 그리스도 신비 안에서 모든 것을 바라보라는 사도 바오로의 요청은 패러다임의 전환에 대한 요청이다. 이와 같이 요한 바오로 2세는 그리스도의 혼인을 에페소서에 따라 해석한다 "에페소서에 따르면, 그리스도교에 있어서의 혼인은 계약이 갖는 상호 순종이라는 요소를 배제하고 있다. 그렇기 때문에 결혼 제도에 무거운 의무를 부과하였고 계속해서 그러한 의무를 부과하는 것을 멈추지 않는 것이다." (TOB 89:3) 아내와 남편은 그리스도를 경외하는 것처럼 서로 순종하라는 요청을 받는다. 즉, 남편과 아내의 상호 관계는 그리스도와의 친교 관계로부터 나와야 한다. 몸의 속량에 대한 경험을 깊이 살아감에서 나와야 한다. 이를 통하여 남자와 여자는 한 처음의 본래적 균형을 회복한다.

교황에 따르면, 그리스도를 경외함과 "하느님을 두려워함"은 같은 말이다. "경외"는 하느님께서 위협하시기 때문에 방어적인 태도를 갖는다는 의미가 아니다. "경외"는 성령의 은총에 의한 선물이다. 즉, 거룩하고 신성함에 대한 깊은 존경심이 일어나는 것이며 이러한 선물의 표현

5 *CCC*, no. 1615 참조.

이 곧 사랑이다. (TOB 89:1–3 참조) 그리스도의 신비는 남편과 아내의 몸 자체에 새겨져 있으며 "한 몸"의 일치 안에 새겨져 있다. 그렇기 때문에 혼인은 성스러운 신비가 되는 것이다. 바오로 사도의 말씀과 같이 이 신비에 대한 "경탄(awe)"이 배우자들의 마음에 스며들어 "그리스도를 경외"하는 마음이 생기게 되며, 이러한 마음은 곧 남편과 아내가 "서로 순종하도록" 이끌게 된다. 바로 이것이 부부 결합이 갖는 심오한 성숙함이다. (TOB 89:2–4 참조)

요한 바오로 2세는 혼인한 부부가 순종(내어 줌)의 원천이자 모델인 그리스도와 함께 하게 될 경우, 마음과 윤리의식이 변모하여 혼인관계와 행동에 대한 "새롭고 소중한 융합(fusion)"(TOB 89:4)이 일어나게 되는 것에 주목한다. 남편과 아내는 서로 "융합"될 뿐 아니라 성령의 도움으로 "신실한 선물인 자신"을 살아가게 된다. 성령이 충만하게 되면(에페 5:18) 남편들은 "그리스도께서 교회를 사랑하신 것"(에페 5:25)처럼 아내를 사랑하게 되며, 아내는 "교회가 그리스도에 순종하는 것"(에페 5:24)처럼 남편에 순종하게 된다.

혼인 유비

그리스도교에 있어서 혼인 관계는 그리스도와 교회의 관계를 모델로 해야 한다. "혼인 유비"에 따르면, 아내는 신부인 교회를, 그리고 남편은 신랑인 그리스도를 의미한다. 따라서 우리는 이렇게 읽는다. "아내여, 주님께 순종하듯이 남편에게 순종하여라. 그리스도가 교회의 머리이듯, 남편은 아내의 머리이기 때문이다." (에페 5:22–23) 요한 바오로 2세에 따르면, "바오로 사도의 말씀은 남편이 아내의 '주인'으로서 아내를 지배함을 나타내고자 한 것이 아니다. 혼인에 적합한 상호 인격적 계약은 (아내를 지배하는) 남편과 아내의 계약 관계가 아님을 보여주고자 한 것이다." (TOB 89:3) "우두머리"란 자신을 따르는 백성 위에 군림하고 권세를 부리는 자가 아니라 사랑과 자기 희생으로 다른 사람들을 섬기는 사람"(루카 22:25-26 참조)이라고 하신 그리스도의 말씀을 기억하라.

바오로 사도가 의도한 바는 "남편들이여, 그리스도가 교회를 사랑하듯 아내를 사랑하라."에서 비로소 가장 명확히 드러난다. 그리스도께서 교회를 어떻게 사랑하셨던가? 그리스도께서는 교회를 위하여 "당신 자신을 바치셨다." (에페 5:25) 그리스도는 섬김을 받으러 온 것이 아니라 섬기러 왔으며 신부를 위하여 자신의 생명을 내어 주러 오셨다. (마태 20:28 참조) "바오로 사도 말씀은 아내가 남편의 종 또는 노예가 되거나 일방적인 지배를 받는 대상으로서의 순종을 전적으로 배제하고 있다. 사랑은 남편과 아내가 동시에 서로에게 순종하도록 만든다. 이와 같은 상호 순종 안에서, 아내가 남편에 대하여 그러하듯, 남편은 하느님께 순종하게 된다." (TOB 89:4)

그러나 바오로 사도가 상호 섬김을 요청한 문구에 아내의 남편에 대한 순종이 언급된 반면, 남편의 경우에는 아내를 "사랑하여야 한다"고만 언급한 것에 의문을 가질 수 있다. 요한 바오로 2세에 따르면, 사도 바오로의 이와 같은 요청은 "선물"을 살아가는 데 필수 불가결한 요소인 성이 갖는 상호보완성을 바라보는 시각에 따른 것이다. 남편과 아내 모두 서로 순종하라는 요청을 받은 것은 확실하나 성의 구별에 따라 각각 상호 순종의 소명을 사는 방법이 다르며 이는 동시에 상호 보완적이기 때문이다.

성별에 따른 기본적이며 유의적인 차이를 인정한다는 점에서 페미니스트와의 논쟁이 발생한다. 그러나 "선물"이라는 요소를 배제한 경우에 한해 이러한 논쟁이 발생할 수 있음을 다시 한 번 상기할 필요가 있다. 남성의 지배 역사에 대하여 많은 페미니스트들은 성적 구별을 없애는 것만이 남자와의 동등성을 주장하기 위한 유일한 방법이라고 생각한다. 페미니스트들은 남녀의 내적 관계에 대하여 논의할 때, "보완성(complementarity)"이라는 용어 대신 "상호성(mutuality)"이라는 단어를 선호한다. 물론, "상호성"이라는 용어 사용이 적합한 경우가 있다. 예를 들어 "상호 자기 증여"가 그러하다. 그러나 상호 자기 증여에 대한 본래적 부르심은 성의 구별 안에서 드러나는 아름다움, 신비, 상호 보완성 안에서만 그리고 이를 통해서만이 가능하다. 남녀 간의 성 평등이 결코 "같음"을 의미하지 않으며 "같음"을 의미하여서도 안 된다. 요한 바오로 2세의 표현에 따르면, 남성과 여성의 동등한 존엄성은 "구체적인 다양성과 개인적인 독창성으로부터 나온다. … 그러므로 '그는 너의 주인이 되리라'(창세 3:16)는 성경의 표현에 대하여 여성들이 반발하더라도 이것이 곧바로 여성들의 '남성화(masculinization)'로 이어져서는 안 된다." 계속해서 요한 바오로 2세는 "남성의 '지배'에서 해방이라는 미명 아래 여성들은 … 자신들의 타고난 풍부한 가치들을 변질시키거나 상실해서는 안된다"[6]고 말씀하신다. 안타깝게도 우리는 성적 구별이 갖는 차이를 획일화 함으로써 우리에게 선포된 혼인적 신비를 제거한다. 다시 말해, 우리 자신이 갖는 남성성, 여성성의 신학 즉, 몸의 신학을 보지 못하게 된다.

선물을 주고 받음

요한 바오로 2세가 원초적 인간의 고찰에서 언급한 바와 같이 선물은 "은총을 주는 사람과 은총을 받는 사람을 가리키며 이들 사이에 성립된 관계"(TOB 13:4)를 의미한다. 교황은 그 관계를 하느님과 인간 간에 성립된 창조 서약이라고 말한다. 그러나 이는 하느님의 모습을 닮고 하느님이 인간과 맺은 사랑의 서약에 참여한 남자와 여자의 혼인 관계에도 적용된다. 요한 바오로 2세에 따르면, 그리스도의 교회에 대한 사랑이 드러내는 혼인 신비의 모습에 따라, "남편은 무엇보다 사랑하는 사람이며 아내는 그 사랑을 받는 사람"(TOB 92:6)이다. 이는 "선물로 내어

6 *Mulieris Dignitatem*, 10.

줌을 먼저 시작하는" 남편 몸과 "은총을 받는" 아내 몸의 혼인적 의미에 상응한다. 이와 같은 상호 보완적이고 성사적인 실재가 우리 몸에 쓰여져 있다. 그리고 우리 몸이 인격의 "성사"이기 때문에 남성과 여성의 인격성에 이와 같은 상호 보완적 실재와 성사적 실재가 새겨지게 된 것이다.

은총의 주고 받음은 "수동성"과 "능동성"의 의미가 아니다. "내어 줌"을 남성에 한정하고 "받음"을 여성에 한정하는 것도 아니다. 요한 바오로 2세는 "은총의 주고 받음은 상호 침투적인 것으로 주는 것 자체가 받는 것이 되며 받는 것 자체가 주는 것으로 변모하게 된다."(TOB 17:4)고 말씀하신다. 윌리엄 E. 메이(William E. May)에 따르면, 남성은 '받는 방식'으로 주고 반면에 여성은 '주는 방식'으로 받는다."[7]이처럼 우리는 주고 받음 안에서 남성과 여성 간의 상호 보완성을 이해할 수 있다.

요한 바오로 2세의 말씀과 같이, 우리는 "남편에 대한 아내의 '순종'을 에페소서 5:22–23의 전체 문맥에서 이해해야 하며 무엇보다도 가장 중요한 것은 '사랑을 경험함'이다. 왜냐하면, '순종'은 그리스도의 사랑에 대한 경험이기 때문이다. 즉, 그리스도께서 교회에 바치는 순종의 모습과 밀접한 연관이 있기 때문이다." (TOB 92:6)

그리스도의 교회에 대한 사랑과 배우자 간의 사랑에 대한 유비적 분석을 통해, 에페소서의 근본적인 윤리 원칙이 모든 시대와 문화를 초월하여 동일한 것이라는 사실을 깨닫게 된다. 즉, 현대 사회의 감수성과 문화적 차이에도 불구하고 적용할 수 있는 것이다. 따라서, 이를 정확히 이해하고 살아갈 때, 혼인 안에서 진정한 친교의 굳건하고 뿌리깊은 뼈대가 세워질 수 있다. (TOB 89:6 참조) 또한 남자와 여자는 자신의 몸에

7 *Marriage: The Rock on which the Family Is Built,* (San Francisco: Ignatius Press, 1995), p. 50 참조.

새겨진 혼인적 의미 안에서 자기 자신을 진실한 선물로 서로에게 내주는 삶을 살 수 있게 된다. 이로써 남편과 아내는 각자 자신이 가지고 있는 보완적 방식을 통해 하느님의 모습을 닮게 되고 인간 실존과 존재의 진정한 의미를 완성하게 된다.

혼인 유비의 두 방향

우리가 살펴본 바와 같이, 혼인의 성사성은 그리스도의 교회에 대한 사랑을 부부 사랑의 유비로 표현한 에페소서에서 드러난다. 바오로 사도는 혼인을 영원으로부터 하느님 안에 감추어진 신비가 예수 그리스도 안에서 인류에 계시된 실재의 신비라고 가르친다. 이와 같은 방식으로 우리는 "혼인 소명의 본질과 관련된 신비에 대한 증인"(TOB 89:7)이 된다. 혼인의 성사성은 단순히 혼인제도에 첨부되어 있는 거룩한 어떤 것이 아니다. 혼인은 거룩한 신비에 대한 참여이며 그것이 바로 혼인의 성사성이 갖는 본질이다. 물론 엄격한 의미에서 혼인은 양 배우자가 그리스도 안에서 세례를 이미 받은 경우에 한하여 성사성이 인정된다. 그러나 비록 성사적으로 유효하지는 않더라도 비-그리스도인들의 혼인 역시 일종의 '시원적 성사'의 '모습' 즉, 그리스도와 교회의 일치를 드러내는 표징의 '모습'을 갖는다. (TOB 97:1 참조)

요한 바오로 2세에 따르면, 혼인은 그리스도와 교회가 갖는 신비를 명확히 밝혀준다. 그러나 동시에 그리스도와 교회의 신비는 "혼인에 대한 본질적 진리를 밝힌다." (TOB 90:2) 요한 바오로 2세에 따르면, 배우자 관계에 대한 그리스도-교회의 유비는 양방향으로 작용한다. 에페소서 5장 분석에서 우리는 유비의 양방향 모두를 살펴보아야 한다.

바오로 사도가 말한 배우자 관계의 유비를 "반대 방향으로" 읽어 그리스도와 교회의 관계에 대한 고찰을 먼저 보고 이어서 배우자 혼인관계를 살펴본다면, "혼인이 하느님의 인간에 대한 무한한 사랑의 신비로부터 나온 것이며 교회에 대한 그리스도의 사랑을 통해 완성된 구원적 신비로부터 나온 것임"(TOB 90:4)을 알 수 있다. 요한 바오로 2세에 따르면, "혼인은 오직 신랑인 그리스도께서 당신의 신부인 교회에 선사하는 사랑 그리고 교회가 그리스도께 보답하고자 하는 사랑의 모습을 보일 때, 오직 그 경우에 한하여 그리스도인들의 소명에 부합하게 된다." (TOB 90:2)

이와 같은 소명은 매우 숭고한 부르심이다. 스스로의 힘만으로 이와 같은 숭고한 사랑을 살 수 있는 사람이 있을까? 구원의 은총을 통해서만 가능한 일이다. 요한 바오로 2세에 따르면, 혼인 성사가 이를 가능하게 한다. 혼인은 "구원의 신비, 사랑의 선택에 의한 신비, 하느님 안에서 영원으로부터 숨겨진 신비의 계시이자 실현"(TOB 90:1)이다. 다시 말해, "혼인에 대한 이해는 그리스도와 교회의 배우자적 관계를 기초로 한다." (TOB 90:4) 혼인의 존재 이유는 이미 한 처음부터 발견되었다. 즉, 혼인은 영원한 하느님 사랑의 가시적 표징으로, 그리스도와 교회의 일치의 모습을 보여주고 이를 예고하고자 이미 한 처음부터 존재하였다. 이러한 측면에서 교황은 에페소서가 혼인 성사성을 설명하는 근본적인 토대임을 강조한다.

에페소서에서 우리는 바오로 사도가 자신의 의도를 쉽게 설명하기 위하여 단순한 우연성이나 외적인 유사성 때문에 배우자 관계의 유비를 사용한 것이 아니며, 꿈을 쫓는 한 복음사가의 애석함을 토로하는 것도 아니라는 결론을 내릴 수 있다. 요한 바오로 2세에 따르면, "모두가 인정하다시피" 이는 "혼인의 본질 그 자체에 있는 신비적인 요소를 포착한 것이다. 그렇지 않다면 이와 같은 유비는 공허할 뿐이며 땅에 발을 딛지 않는 것같이 실재적 기초가 없는 것이 될 것이다." (TOB 90:3) 그리스도의 십자가는 배우자 유비를 토대로 굳건히 세워진다. 여기에서 우리는 신랑인 그리스도가 교회에 대하여 갖는 사랑의 모든 것을 볼 수 있다. 에페소서에 따르면, "죽음에 이르는 순종을 통한 자기 증여"(필리 2:8 참조)는 '교회를 위하여 자신을 포기하심'을 의미한다. "이 표현 안에서 구원의 사랑은 부부 사랑으로 변모된다. 그리스도는 교회를 위하여 당신 자신을 포기하며 이와 같은 구원의 행동을 통해, 신랑과 신부가 그리고 남편과 아내가 그러하듯, 교회와 이제와 영원히 결합하였다." (TOB 90:6)

우리는 "몸의 속량이 갖는 신비가 그 자체로써 '하느님과 어린양의 혼인잔치'(묵시 19:7 참조)의 신비를 내포하고 있음을 알 수 있다." 신랑이 자신을 신실한 선물로 내어 줌으로써 "속량의 구원적 선물 전체는 … 몸과도 같은 교회를 관통하며, 계속해서 교회의 생명의 가장 본질적이며 심오한 실체를 형성한다." (TOB 90:6) 이는 우리 몸, 성의 차이가 주는 은총, 그리고 "한 몸"이 되라는 부르심에 새겨진 신비이다. 따라서 우리는 왜 요한 바오로 2세가 『가정공동체(*Familiris Consortio*)』에서 배우자를 "교회에 십자가 사건을 계속해서 상기시키는 영원한 지표"라고 부르는지를 비로소 이해할 수 있게 된다. 교황은 나아가 "상호 유대는 그리스도와 교회와의 관계 자체에 대한 성사적 징표이고 진정한 표현"[8]이라고 말한다.

몸과 머리의 유비

교황의 혼인유비에 대한 가르침은 머리와 몸의 유비를 통해 다시 한

8 *Familiaris Consortio,* 13.

번 확인된다. 사도 바오로도 몸과 머리의 유비를 사용한다.[9] 교황은 사도 바오로가 그리스도와 교회의 관계에 대한 진리를 선포하는 데 몸과 머리의 유비를 더 중요하게 생각하는 것처럼 보일 수 있음을 인정한다. 그러나 교황은 사도 바오로의 몸–머리의 유비가 혼인 유비의 부수적인 것 또는 기타 예외적인 것이 아님을 강조한다. 사실 사도 바오로는 혼인 유비에서 남편을 "아내의 머리"로서, 그리고 아내를 "남편의 몸"인 것처럼 말한다. (TOB 91:2 참조) 이 두 가지 이미지는 서로 밀접하게 관련되어 몸–머리 유비가 실제로 신랑–신부 유비가 될 수 있도록 한다. (TOB 90:6 참조) 사도 바오로는 창세기에서 나오는 "한 몸" 안에서의 일치를 인용하여 두 유비 간의 연결고리를 찾는다. 몸–머리 관계의 관점에서 혼인 관계를 말할 때, 사도 바오로는 "한 몸"이 됨으로써 배우자는 서로 밀접한 일치를 이루며 이로써 "하나의 유기체적 일치"를 이룰 수 있다고 말한다. (TOB 91:2, 3 참조)

요한 바오로 2세는 몸은 인간 주체성의 표현이기 때문에 "한 몸"을 이루려면 배우자는 각각 "하나의 주체"가 되어야 한다고 말한다. 사도 바오로는 "자기 아내를 사랑하는 사람은 자기 자신을 사랑하는 것입니다."(에페 5:28)라는 성경말씀을 통해 이를 확인한다. 그러나 요한 바오로 2세는 바오로 사도의 이 구절이 배우자 간의 개별적인 인격성의 경계를 흐리는 것이 아님을 분명히 한다. 본질적이며 지배적인 "두–주체성(bi-subjectivity)"은 항상 "하나의 주체성(uni–subjectivity)"을 기초로 해야 한다. 그렇지 않으면 배우자는 자신을 진실한 선물로 내어 줌으로써 진정한 자신을 찾는 것이 아니라 서로에 의해 자신을 잃게 되거나 잠식당하게 된다.[10]

9 *CCC*, nos. 787–96 참조.

10 교황의 이러한 해석은 일치를 이루기 "이전"의 원초적 고독(original solitude), 일치를 위한 토대로서의 이중적인 고독(double solitude), 둘 안에서 하나됨(unity-in-plurality), 그리고 완전한 주체성과 상호주체성의 재발견과 밀접한 관련이 있다.

우리는 그리스도와 교회의 관계에서 이를 분명히 볼 수 있다. 요한 바오로 2세는 그리스도가 교회와는 또 다른 주체라는 사실에 "의심이 없다."고 말한다. (TOB 91:3 참조) 그럼에도 불구하고 그리스도와 교회는 머리와 몸의 유기적 일체라는 특별한 관계 안에서 일치를 이룬다. 가톨릭 교회 교리서는 그리스도와 교회를 "하나의 신비적 인격"[11]으로 표현한다. 그렇다고 해도 그리스도와 교회의 일치는 남편과 아내의 일치와 마찬가지로 그 둘의 구별을 없애지 않는다.[12] 둘 안에서 하나됨이라는 긴장감 안에서 삼위일체의 신비가 실재로 나타나며 인간 자신의 신비가 자기 자신에게 계시된다.

요한 바오로 2세는 배우자 간에 형성되는 "하나의 주체성(uni-subjectivity)"은 "실질적" 성격이 아니라 "의도적(intentional)" 성격만을 갖는다고 말한다. "하나의-주체성(uni-subjectivity)"은 존재론적 의미가 아니라 윤리적 의미에서 성립된 "사랑을 통한 일치"이기 때문이다. (TOB 92:5 참조) 윤리적 의미에서도 부부 사랑은 여전히 일치를 이루며 이를 통해 배우자들은 "상호 침투되어 서로에게 영적으로 속하게 되며 … 어떠한 의미에서는 '내(I)'가 '너(You)'가 되고 '너'가 '내'가 된다." (TOB 92:7) 그러므로 바오로 사도는 에페소서 5장을 끝맺으며 모든 남편들에게 "네 자신처럼 네 아내를 사랑"(에페 5:33)할 것을 강조한다.

요한 바오로 2세가 강조한 바에 따르면, 이 모든 유비의 뿌리와 표현은 몸을 통한다. "몸은 '내' 정체성의 기초를 표현한다. 남편과 아내가 사랑 안에서 일치를 이루는 것 역시 몸을 수단으로 하여 표현된다." (TOB 92:6) 그러므로 아내를 사랑함에 있어서, "그리스도가 교회를 사

---

11 *CCC*, nos. 795, 1119, 1474 참소.

12 *CCC*, no. 796.

랑한 것과 같이"(에페 5:25) 사랑하라는 말에서 남편은 "자신의 몸을 사랑하는 것과 같이"(에페 5:28) 아내를 사랑하여야 한다. 왜냐하면, 이것이 바로 그리스도께서 당신의 몸인 교회를 사랑한 방식이기 때문이다. 요한 바오로 2세에 따르면, "아내"의 몸이 "내 자신"의 몸이 된다는 의미는 남편이 자기 자신을 돌보듯 (타인인) 아내 몸의 안위를 걱정하고 돌본다는 의미이다. "어떠한 사람도 자기 몸을 미워하지 않습니다. 그리스도께서 교회를 위하여 하시는 것처럼 오히려 자기 몸을 가꾸고 보살핍니다. 우리는 그분 몸의 지체입니다." (에페 5:29–30) 몸을 가리키는 이 모든 인용 구절(에페 5:23, 28, 29, 30, 31)을 살펴보면 한 몸을 이루려는 "동기(motif)" 안에 하나의 논리가 있음을 발견하게 된다. 즉, 바오로 사도가 말하는 "위대한 신비"가 바로 그것이다. 배우자들을 결합하는 육체적 사랑은 에페소서 5장의 전체 구절에 대한 "가장 일반적이고 동시에 가장 본질적인 내용"을 표현한다고 할 수 있다. 이와 같은 사랑의 육화는 거룩한 사랑을 상징한다. 요한 바오로 2세에게 "육체적 사랑은 우리가 흔히 생각하는 것처럼 천하거나 내적으로 타락한 것과는 거리가 먼 것이며 '아가페'의 언어를 표현한 것"(TOB 92:7)이다.[13]

요한 바오로 2세는 『사랑과 책임(Love and Responsibility)』에서 혼인 관계의 친밀함 안에서, 남편이 자신의 몸을 보살피는 것같이 아내의 몸을 보살피는 방법에 대한 실질적 적용사례를 제공한다. 마지막 장 "성과학과 윤리(Sexology and Ethics)"에서 교황은 남편이 부인을 진정으로 사랑하기 위해서 가장 필요한 것은 "성교가 단순히 절정을 위한 수단이 아니라는 인식"이라고 한다. 사랑은 "성교의 '파트너'인 상대방의 반응을 충분하게 고려하여야 한다."고 말한다. "성 과학자들에 따르면 여성의 흥분 곡선은 남성과

13 Pope Benedict XVI's encyclical, *God Is Love* 참조. *The Way of Love: Reflection on Pope Benedict's Encyclical Deus Cartas Est* (Ignatius Press, 2006), Christopher West, *The Love That Satisfies: Reflections on Eros and Agape* (Ascension Press, 2007) 참조.

달리 천천히 상승하며 천천히 하락한다 … 그러므로 남성은 이와 같은 남녀의 반응속도 차이를 반드시 인식하여야 한다. 그렇게 함으로써 남편과 아내 모두 성적 절정에 가능한 한 동시에 도달할 수 있다. 남편은 쾌락을 위해서가 아니라 타인을 위하여 이를 행해야 한다." 이 경우, "남성의 흥분 곡선이 더 짧고 격렬하다는 사실을 고려한다면, 부부성교에서 보여주는 남성의 다정함은 선한 행위로서 의의가 있음을 알 수 있다." 여기에서 교황은 부부성교에 있어서의 '기술'이 아니라, 혼인 관계에 타당한 "문화"를 형성할 수 있는 다정함, 소통, 애정에 대하여 얘기하고 있는 것이다. 이와 같은 사랑의 문화는 부드러움과 육화를 통하여 그리스도께서 교회에 보여주신 사랑을 반영하는 것이다.[14]

몸의 신성함

머리-몸의 유비에 대한 고찰의 말미에서 교황은 에페소서 5장의 바오로 성인의 가르침이 인간 몸의 성스러움, 특히 혼인에서 인간 몸의 성스러움에 대한 심오한 의미를 우리에게 제공한다고 말한다. (TOB 92:8 참조) 우리는 이미 분석을 통해서, 바오로 성인이 인간의 몸이 성스러운 신비를 나타내는 즉, 신학을 전하는 능력을 지니고 있음을 예리하게 파악하고 있었음을 알 수 있다. 그가 사용한 머리-몸 그리고 신랑-신부의 유비는 엄청난 내용을 함축한다. 왜냐하면 인간의 몸은 성적 차이의 신비와 일치로의 부르심 속에서, "아득한 옛날부터 하느님 안에 감추어져 있던 보이지 않는 신비를 세상의 보이는 현실로 변화시키고 그렇게 함으로써 하나의 표징이 되도록 창조되었기 때문이다." (TOB 19:4) 이러한 관점에서 바오로 성인의 몸에 대한 유비의 내용은 결코 과도한 "짐(load)"이 아니다. 하느님께서는 이 "짐(load)"을 나르도록 몸을 창조하셨다. 하느님께서는 몸을 하나의 신학 즉, 하느님의 신적인 신비를 드러내

14 *Love and Responsibility*, pp. 272, 274, 275.

보이는 표징으로 창조하셨다.

이 표징은 결코 신비를 고갈시키지 않는다. 표징은 완전히 성숙된 모습이 아니기 때문이다. 앞서 언급했듯이, 우리는 영적이고도 신적인 신비를 육체적이고 인간적인 표징으로 환원시키지 않도록 조심해야 한다. 창조주와 피조물 사이의 경계를 허무는 위험도 경계하여야 한다. 이러한 이해를 토대로 바라볼때 비로소 몸은 유효한 표징이며, 몸은 그것이 상징하는 신적인 신비를 실질적으로 소통한다고 할 수 있다.

세례: 교회에 대한 그리스도의 혼인적 사랑(Spousal Love)의 표현

에페소서 5장의 교회에 대한 그리스도의 사랑이 지닌 혼인적 성격을 살펴보면, 그리스도의 사랑의 범위와 목표가 교회의 성화(sanctification)라는 것을 알게 된다. "(남편 여러분), 그리스도께서 교회를 사랑하시고 교회를 위하여 당신 자신을 바치신 것처럼, (아내를 사랑하십시오) 그리스도께서 그렇게 하신 것은 교회를 말씀과 더불어 물로 깨끗하게 하시어 거룩하게 하시려는 것이었습니다. 그리고 교회를 티나 주름 같은 것이 없는 아름다운 모습으로 당신 앞에 서게 하시며, 거룩하고 흠 없게 하시려는 것이었습니다." (에페 5:25–27)

교회는 "물로 씻음"이 세례를 지칭하는 것이라고 이해한다. 요한 바오로 2세는 세례를 "그리스도가 교회를 위하여 스스로를 내어 줌으로써 얻는 최초의 본질(필수)적인 열매"(TOB 91:6)로 설명한다. 이런 방식으로 세례는 혼인적 성격을 띤다. "세례는 신랑을 위하여 신부(교회)를 준비시키고 교회로 하여금 그리스도의 정배가 되도록 한다는 의미에서 혼인적 사랑의 표현"(TOB 91:7)이라고 교황은 말한다. 물론, 세례는 개개인에게 적용된다. 그러나 혼인 유비에서 바오로 성인은 이 "씻음"을 교회 전체를 지칭하는 것이라고 말한다. 요한 바오로 2세는 "한 개인이 세례를 통해서 교회 안에서 근본적으로 정화되는 매 순간마다 그리스도의 사랑은 교회에 적용된다. 따라서 세례를 받는 사람은 세례를 받음과 동시에 그리스도의 구원적 사랑에 의하여 교회에 대한 그리스도의 혼인적 사랑에 참여하게 된다." (TOB 91:7)

세례의 혼인적 성격을 강조하기 위하여, 교황은 여러 성서학자들의 흥미로운 통찰들을 지적한다. 그들은 물로 씻음이 결혼식에 앞서 일반적으로 행해지던 혼인 목욕 예식(ritual)을 연상시킨다고 본다. 이것은 그리스인들 사이에서도 매우 중요한 종교 예식임을 요한 바오로 2세는 지적한다.[15]

그러나 세례는 단지 우리가 그리스도와의 혼인 관계를 맺는 시작일 뿐이다. 바오로 성인은 "티나 주름 같은 것 없이 아름다운 모습"(에페 5:27)의 교회를 말하면서, 또한 세례의 종말론적 성취를 지적한다. 그리스도는 빛나는 "당신 자신에게 교회를 바치실" 것이다. 이것이 "이미 혼인을 위하여 예복을 입고 혼인준비를 마친 신랑에게 신부가 인도되어 나아가는 혼인 순간을 가리키는 듯하다."고 교황은 말한다. 요한 바오로 2세가 계속해서, "27절의 본문은 신랑이신 그리스도께서 신부인 교회를 아름답게 꾸미는 것을 강조하는 구절이다. 신랑은 이미 세례 성사의 순간부터, 주어진 은총과 충만한 구원의 선물로 아름답게 되도록 하기 위해서 신부를 아름답게 꾸민다."(TOB 91:8)고 말한다.

15 *CCC*, no. 1617 참조.

거룩한 모습인 육체적인 아름다움

교황에 따르면, 바오로 성인이 교회의 이미지를 "몸이 모두 아름다운 신부, 티나 주름 같은 것이 없이 아름다운 신부"로 아름답게 제시하는 것은 매우 중요하다. 이것은 분명히 은유이지만, 교황은 이 혼인 유비 안에서 몸이 얼마나 심오하고 중요한지를 보여주려 노력한다. 요한 바오로 2세에 따르면, "'티'는 추함을 의미하고, '주름'은 늙음이나 노쇠함의 표시이다." (TOB 92:2 참조) 은유법에 따르면, 이 두 용어는 몸의 결함을 가리키는 것이 아니라, 영의 결함과 도덕적 결점을 가리킨다. 교황은 또한, 바오로 성인을 따라서, "옛 인간(늙은 사람)"은 죄에 지배당한 사람(로마 6:6 참조)을 의미한다고 덧붙인다. 그러므로, 그리스도의 혼인적이고 구원적인 사랑은 "교회를 죄가 없게 만드시고 '영원한 청춘'에 머물러 있게 할 것임을 보증한다." (TOB 92:2)

몸이 인격의 외적 표현이라는 것을 상기해 보라. 몸과 정신에 대한 통합된 이해를 가진 바오로 사도는 육체적 아름다움을 영적인 아름다움의 표징으로 이해한다. 영적인 아름다움은 선(善)과 순수함이며 한 마디로 그것은 거룩함이다. 거룩함이란 무엇인가? 거룩함은 "신부가 신랑의 선물에 사랑으로 응답하게 되는 저 '위대한 신비'로 측정된다."[16] 신랑(그리스도)의 사랑을 받은 신부(공동체인 교회뿐만 아니라 교회의 각 구성원)는 신랑이 준 동일한 사랑으로 응답할 수 있다. 그리고 이 거룩함은 **안에서** 명백하게 드러난다. 거룩함은 "자신의 몸을 가지고 … 정확히는 자기 자신이라는 신실한 선물을 통해서, 자기 자신을 깊이 표현할 수 있도록 해준다." 즉, "인간이 거룩함의 주체라 느끼는 것은 남성 또는 여성의 몸 안에서"(TOB 19:5)이다. 그렇기에 바오로 성인에게 티나 주름,

16 *Mulieris Dignitatem*, 27 (*CCC*, no. 773 참조).

흠 없는 몸의 육체적 아름다움은 그리스도의 신부로서 우리가 부르심 받은 그 거룩함의 모습인 것이다.

현대 사회에서 젊음과 아름다움에 대한 갈망은 자체적 종교를 양산하고 있다. 이 거짓된 "육신의 숭배"[17]는 영원히 매력적인 젊음의 "은총"을 약속하는 수많은 "성사들"로 가득 차 있다. 수많은 미용 용품은 '티나 주름 같은 것이' 없는 피부를 약속한다. 수많은 크림, 비누, 각질제거 제품과 의약품들은 우리를 티나 흠으로부터 해방시킬 것이라 약속한다. 단백질 보조제에서부터 다이어트 제품에 이르기까지 수천 종의 제품들은 물질대사와 체형을 교정하여 몸매를 회복하고 젊은 생기를 되찾아 줄 것을 보장한다. 몸의 젊음과 아름다움에 대한 왜곡된 숭배를 바로잡게 될 때, 우리는 무엇을 가지게 되는가? 거룩함, 성화, 순수함과 결백함에 대한 우리의 갈망을 갖게 된다. 친싱을 향한 우리의 갈망에서 우리는 그리스도의 신부로서, 우리의 빛나는 아름다움과 영원한 젊음을 공유할 것이다.

바오로 사도는 육체적 이미지로 거룩함을 표현함으로써 몸의 성사성에 대한 완벽한 이해를 보여주었다. 그에게 인간의 몸은 "도덕적, 영적, 초자연적 질서"(TOB 92:3)를 가리킨다. 이 "성사성" 덕택에, 바오로 성인은 성화의 신비, 그리스도의 구원적 사랑의 신비, 그리고 인성과 신성의 결합이라는 신비를 "몸의 닮음, 남편과 아내가 '한 몸'이 되는 사랑의 닮음을 통해"(TOB 92:3) 표현한다.

그러나 여기에서 우리는 이것이 몸, 성적 결합에 대한 바오로 사도의 희망적 이상이 투사된 것이 아님을 명확히 재확인할 필요가 있다. 몸과 성적 결합은 성사성을 표현하도록 되어 있다. 하느님께서는 우리를 남자와 여자로 창조하시고 "한 몸"을 이루라고 부르심으로써 우리의 인성

17 *CCC*, no. 2289 참조.

안에 이것을 새겨 놓으셨다. 한 몸의 결합은 그리스도의 신비를 충분히 '완벽하게'가 아니라 '놀랍고도 아름답게, 그리고 효과적으로' 선포한다. 이런 방식으로 "에페소인들에게 보낸 편지의 저자인 사도 바오로는 그리스도와 교회의 결합 그리고 남자와 여자의 혼인적 결합이 특정한 초자연적 빛의 조명을 받는 위대한 유비임을 선포하며 그 성사성의 실재를 주의 깊게 살핀다." (TOB 91:8)

아내의 아름다움을 열망해야 하는 남편

사도 바오로의 거룩함에 대한 은유적 표현(신부의 아름다운 몸)과 그리스도와 교회에 대한 혼인 유비의 논리를 따를 때, 우리는 인간 몸이 지닌 매력을 이해하는 데에 도움이 되는 놀라운 진리를 발견하게 된다. 물론 몸에 대한 우리의 이끌림은 욕정에 의해 혼돈에 빠져 있다. 아름다움과 매력을 올바르게 이해하기 위해서, 우리는 우리 자신 안에 여전히 깊숙이 자리하고 있는 하느님 원계획의 "울림"을 들어야 한다. 우리는 죄의 왜곡을 인식해야만 하고, 몸의 살아있는 체험 안에 있는 거룩함을 회복시키는 구원의 힘을 믿어야 한다. 이러한 믿음을 토대로, 우리는 마음을 열고 교황께서 말씀하실 수밖에 없는 이 가르침을 수용하여야 한다.

신부에 대한 자기 증여의 사랑 안에서, 그리스도께서는 신부의 아름다움 즉, 몸에서 명백히 드러나는 내적인 거룩함의 그 아름다움을 갈망한다. 그렇다면, "그리스도가 교회를 사랑했듯이" 자기 아내를 사랑하는 남편 또한 아내의 아름다움을 갈망해야만 한다. 요한 바오로 2세에 따르면, "사랑은 신랑-남편이 신부-아내의 선익을 위해 움직이게 만든다. 남편은 아내의 아름다움을 갈망하고 동시에 그 아름다움을 감사히 여기고 보살피는 데 온 힘을 기울인다." (TOB 92:4) 여기에서 교황이 말하는 아름다움은 무엇을 의미하는가? 이는 좀 더 "영적"일 뿐만 아니라 좀 더 육체적인 아름다움이다. 요한 바오로 2세는 이것을 "가시적인 아름다움, 육체적 아름다움"(TOB 92:4)이라고 말한다. 여기에서 우리는 몸의 아름다움에 감사하는 방식에 있어서 원초적 인간과 욕정에 사로잡힌 인간 사이에 존재하는 긴장과 갈등을 다시 한 번 상기할 필요가 있다. 그 긴장의 정점에서 욕정에 사로잡힌 인간은 구원의 힘에 대한 믿음으로의 부르심을 받는다.

원초적 인간은 타인의 아름다움에 감사하는 데 사심이 없다고 말할 수 있다. 하와의 몸의 아름다움을 보면서 아담은 자기 자신의 이기적인 만족을 구하지 않았다. 그는 분명 하와 안에서 기쁨을 얻었다. 그러나 아담은 한치의 음욕도 없이, 하와를 "자기 자신을 위하여" 창조된 인격으로서 바라보며 그녀의 아름다움에 감사한다. 부끄러움 없는 벌거벗음은 우리로 하여금 이것을 식별할 수 있도록 해준다. 부끄러움이 들어오면서 우리는 타인의 몸이 지닌 아름다움을 인식하고 이해하는 데 심각한 변화를 목도한다. 우리 안에는 여전히 몸의 아름다움에 대한 본래적이고 거룩한 감사라는 불빛이 깜빡인다. 그러나 우리는 자기 만족의 추구와 싸워야 한다. "내면적 응시의 평화"를 가져다 주는 "자기 지배(self-mastery)"를 잃어 버렸기 때문이다.

여자는 특히 이러한 왜곡이 초래한 고통을 더욱 민감하게 느낀다. 사회에서 여자의 아름다움에 대한 대상화와 착취는 좀 더 빈번하게 일어나는 것 같다. 또한, "아름다움"에 대한 사회의 잘못된 기준은 여자들보다 무질서한 이끌림에 빠진 남자들에게 더 큰 책임이 있다. 그리고 많은 여성들은 이같은 잘못된 기준을 충족시키지 못하여 스스로를 부적절하다고 여기고 심지어는 자기 혐오에 이른다. 불가능한 미의 기준에 좀 더 가까이 다가간 여자들조차 남자들의 음욕에 가득 찬 이끌림 앞에서 자신의 항구적인 가치하락을 면하려고 계속하여 존엄성을 희생해야만 할 위기에 처한다. 이 두 경우 모두에 있어서 남자는 여성의 참 아름다움을 인식하고, 갈망하고, 존종하고 보살피는 데 실패한다.

다음의 두 이야기는 은총을 통해 어떻게 남자가 여자의 참 아름다움을 인식하고 감사할 수 있게 되는지에 대하여 알려준다. 사회의 미적 기준에 도달한 것처럼 보였던 여자와 그 기준에 훨씬 못 미치는 여자에 대한 이야기이다. 몇 년 전 원죄 없이 잉태되신 성모 국립 대성당(National Shrine of the Immaculate Conception)에서 미사를 보던 중이었다. 나는 앞 좌석에 앉아 있는 아름다운 여인을 보게 되었고, 그 여인은 자신의 붉은 머리를 어깨 뒤로 젖히는 동작을 하였다. 와우! 이는 내 영혼의 깊은 곳에 있는 무엇인가를 두드리는 행동이었다. 너무 아름다운 "여성적인" 모습이었다. "주님, 이 떨림은 무엇입니까?"라는 기도를 했다. 내 마음의 떨림을 억누르는 대신 나는 그리스도께 나의 떨림을 봉헌하며 내 마음의 정화와 그 참된 의미를 보여주시기를 청하였다. 기도 안에서 나는 그녀의 아름다움을 볼 수 있는 순수함을 통해 그녀의 아름다움이 그녀 존재 안에 있는 천국, 새 예루살렘, 그리고 하느님께서 거주하시는 곳의 살아 있는 상징이 된다는 사실을 깨닫게 되었다. 마리아를 통해 여자의 자궁은 주님께서 계신 곳이 된 것이다! 그렇다! 모든 것이 순수하게 정화될 때 여자의 문에 들어가려는 열망을 가진 남자는 곧 주님의 집에 머물고자 하는 열망을 가진 것이라고 말할 수 있다. 이것이 바로 마음의 순수함 덕분이며 우리는 은총을 통해 우리 안에 있는 본래적인 모습을 회복하게 되는 것이다. 이 여성에 대한 나의 끌림은 천국에 대한 나의 열망을 확인시켰다. 혹자는 미사 중의 나의 이러한 끌림을 분심의 원천이라고 의심하거나, 심지어 죄라고 의심할 수도 있다. 그러나 나의 왜곡을 십자가에 매달도록 허락함으로써 나는 이 여인으로 인하여 참된 경배를 드릴 수 있었다. 그 여인을 통해 나는 미사의 의미를 깨달을 수 있었다. 그 때, 마리아께 봉헌된 바로 그 성당에서, 나는 이미 "여인의 자궁"에 있었던 것이며 말씀의 육화를 증언하려는 자리에 있었던 것이다. 이러한 깨달음 안에서 요한 바오로 2세의 다음과 같은 말씀은 내게 큰 울림을 가져왔다. "그리스도께서는 성체성사를 제정하심을 통하여 남자와 여자, 여성적인 것과 남성적인 것의 관계를 표현하고자 하셨다."[18]

다음 이야기 역시 앞의 이야기와 밀접한 관련이 있다. 몇 달 후 나는 해변에 휴가를 가게 되었다. 비키니를 입은 몸매가 아름다운 여인들을 보며 나는 여인의 몸에 대한 천상의 전망을 다시 찾기 위해 격렬히 내적 싸움을 하고 있는 내 자신을 발견할 수 있었다.[19] 그러던 중 체중이 많이 나가 보이는 뚱뚱한 여성을 보게 되었다. 그 여성을 처음 본 나의 반응은 "오 다행이군, 저 여성으로 힘들 일은 없겠어!"였다. 그러나 순간, 나는 나의 이러한 반응이 인격에 대한 뒤틀린 시각의 또 다른 모습이라는 사실을 깨닫게 되었다. 나의 심장이 무너져 내렸다. 인격은 존엄하므로 결코 이기적 만족의 수단이 되어서는 안 된다. 두 번째 여인의 사례에는 "아무런 문제가 없다." 잠깐! 과연 그러한가? 인격이란 과연 사소한 것으로 치부하여 업신여기고 치워 버릴 수 있는 것인가? 바로 여기에 나의 문제, 아주 심각한 문제가 있었다. 죄에 눈이 가리워져 모든 인간 존재가 갖는 참된 존엄성과 아름다움을 보지 못한 이 비극적인 존재여! 해변가에서 "몸매"가 빼어난 여성들에게서 참된 인격적인 아름다움을 보고자 기도했다면, 몸매가 망가진 여성들에 대해서도 똑같이 참된 인격적 아름다움을 보기 위한 기도를 시작했어야 했다. 이는 그리스도께서 타인을 보는 시각과 같이, 나도 그들을 보고자 하는 노력의 또 다른 측면인 것이다. 하느님의 은총으로 나는 그날 새로운 단계의 통합, 새로운 단계의 마음의 순수를 경험할 수 있었다. 우리 원천의 순수함을 다시 회복하는 것은 평생의 과정이며 종말에 이르러서야 비로소 완성될 것이다. 교리서는 다음과 같이 적고 있다. "우리는 벌써 … 깨끗한 마음을 가짐으로써, 하느님께서 보시는 대로 모든 것을 보고, … 우리의 육체와 이웃의 육체, 곧 인간의 육체를 성령의 성전으로, 하느님 아름다움의 표현으로 감지할 수 있게 되는 것이다."[20]

---

18 *Mulieris Dignitatem*, 26.

19 음욕에 완전히 사로 잡혀 해변에 가는 것이 "죄 짓는 경우"가 되는 사람들에게 그 행위를 허락하기 위해 이 이야기를 하는 것이 아니다. 음욕에 사로잡힌 사람을 향해 해변가에 가서 "몸매 예쁜 여자에게서 눈을 돌리고"(집회 9:5) (역자주: 집회서 9:8)의 권고는 여전히 현명한 처사이다.

20 *CCC*, no. 2519.

여자의 참 아름다움을 인식할 수 있게 하는 참 사랑

그렇다면, 요한 바오로 2세가 남편들에게 요청하는 "아름다움에 대한 감사"는 어떠한 것인가? 그리스도께 향한 지속적인 회심을 통해서 욕정의 지배로부터 자유로워진 남자만이 아름다움에 대한 잘못된 기준을 극복하고 이를 넘어서서 여자의 참 아름다움을 바라볼 수 있다. 그 아름다움은 모든 여성들이 공유하는 것으로 인간 이야기의 아름다움, 인성의 신비가 지니는 아름다움이다. 요한 바오로 2세는 교황 교서에서 "여인은 전 인류의 대표이시요 원형이시다. 그분은 남자와 여자를 통틀어 모든 인간에게 속한 인간성을 대표하신다."[21]고 말한다. 여자의 몸은 고유한 방식으로, 특히 각각의 개별적 특징에 따라 창조의 본래적 선을 증거하며, 원죄의 비극과 완전한 속량에 대한 희망을 증거한다.

하느님의 어머니이신 성모 마리아 안에서 이 증거는 더욱 확연히 드러난다. 마리아는 하느님께서 창조하신 피조물 중 가장 아름다운 피조물이다. 마리아의 몸은 다른 사람들과 달리 거룩한 광채 즉, 하느님의 영광으로 빛난다. 이때, 마리아로부터 태어난 그리스도의 몸이 가장 빛나기 때문에 마리아의 몸은 피조물 중 두 번째로 가장 빛난다고 할 수 있다. 가톨릭 교회 교리서에 따르면, "마리아는 티나 주름이 없는 신부와 같은 교회의 신비인 거룩함에서 우리 모두를 앞서 간다."[22] 이와 같은 측면에서, 우리는 마리아를 "우리의 희망"이라고 말한다. 마리아는 당신 자신의 몸 안에서 이미 우리가 희망하는 바 즉, 완전한 속량을 살아 내신 분이시기 때문이다. 따라서, 우리는 이러한 측면에서 마리아의 원죄 없으신 수태와 승천의 연관성도 이해할 수 있다. 완전한 속량을 받은 분(원죄 없으신 잉태)이신 마리아는 몸이 썩지 않으며 "이미" 마지막 부활을 살고 계신다(승천).[23]

21 *Mulieris Dignitatem*, 4.

22 *CCC*, no. 773.

23 *CCC*, no. 2853 참조.

인간의 역사를 진심을 다해 믿는 남편 다시 말해, 복음을 전심으로 믿는 남편은 자기 자신의 아내를 있는 그대로 수용한다. 심지어 그녀의 흠과 뒤틀림 안에서조차, 한 처음의 "울림"을 보고 영원한 영광의 희망을 본다. 그러한 남편은 "자기 신부 안에 있는 선하고 아름다운 것을 모두 찾아내기 위하여 창조적이고 사랑에 찬 관심을 가지고, 주의 깊게 자기 아내를 살펴본다." 선함과 아름다움만이 "그가 그녀에게 바라는 것"(TOB 92:4)이다. 그는 그녀에게 있는 모든 선하고 아름다운 것이 그녀의 몸을 통해서 꽃피고 빛을 발하기를 갈망한다. 그가 그녀에게서 보는 것이 바로 이러한 아름다움 즉 선함의 광채이다. 이러한 방식으로 그는 하느님의 전망이 갖는 본래적인 선을 되찾는다. (창 1:31 참조)

교황은 심지어 어떤 측면에서 남편의 사랑이 그가 사랑하는 사람 안에서 보는 선함을 "창조"한다고 말한다. 이런 방식으로 남편은 "창조주의 사랑 즉, 선을 불러일으키며 선과 더불어 기쁨을 얻게 되는 그 사랑을 모방한다." (TOB 13:3) 그 선함을 보는 남편의 능력은 "사랑 받는 사람 안에서 마치 그 사랑에 대한 증명을 하고 측정하는 것과 같다." (TOB 92:4)고 교황은 계속해서 말한다. 다시 말해, 자기 아내에게서 이러한 선과 아름다움을 인식하지 못하는 남편은 자기 아내를 사랑한다고 말할 수 없다. 어느 경우이든, 그는 "그리스도가 교회를 사랑했듯이" 자기 아내를 사랑하지 않는 것이다. 모든 남자는 이 점에서 부족함을 드러낼 것이다. 그러나 우리는 약할 때에 오히려 강하다. (2코린 12:10 참고)

아름다움을 정의할 수 있는가? 보는 사람의 눈에 따라 다른 것은 아닌가? 이상적인 미의 기준을 충족하는지의 여부를 불문하고 남자와 여자는 모두 하느님의 아름다움을 반영하고 있다. 그렇다면, 왜 우리는 어떤 몸을 더 "매력적"이라고 보는 것일까? 심지어 영아들조차도 "매력적인" 얼굴을 "매력적이지 않은" 얼굴보다 더 오래 응시한다는 연구 결과가 있다.[24] 가족에서 발견할 수 있는 육체적인 외양의 모습을 통해 드러나는 인간의 신비는 무엇인가?

분명, 미의 기준은 문화에 많은 영향을 받는다. 그럼에도 불구하고, 나는 모든 문화가 각기 서로의 고유한 방식에 의하여 "평범하게 매력적인", "매력적이지 않은", "매우 매력적인"이라는 일반적 기준으로 연결될 것이라고 생각한다. 육체적 아름다움이 거룩함의 이미지라는 바오로 사도의 은유법을 확대 해석할 때, 나는 미에 대한 이 세 기준 안에서 원초적 인간, 역사적 인간, 그리고 종말론적 인간의 어떤 점을 볼 수 있다고 감히 말하고 싶다. 또 그리스도께서 인간에게 당신 자신을 온전히 드러내셨다는 점과 관련하여서도 미의 세 기준과 그리스도의 생애를 연결할 수 있다고 말하고 싶다. 그리스도는 육화를 통해 "평범하게 매력적인" 우리 인간의 모습을 취하셨고(figured), 우리의 죄로 십자가에서 고통을 받으시면서 외적으로 손상되셨으며(disfigured), 부활 안에서 하느님 영광으로 변화(transfigured)하셨기 때문이다.

우리 몸 안에 있는 이와 같은 범주는 때로는 한 모습이 다른 모습보다 더 가시적으로 강조되기도 한다. 그러나 인간의 역사적 연속성을 생각할 때, 원초적 인간의 "모습(figure)", 역사적 인간의 "손상된 모습(disfigure)", 종말론적 인간의 "변화된 모습(transfigured)"은 그리스도 안에서 모두 한 인간, 한 신비 즉, 마지막 아담이며 아름답게 빛을 뿜어내는 신비이다. 온갖 흠과 결함을 가진 역사적 인간의 몸에 한 처음의 울림과 영원한 영광에 대한 울림이 담겨 있음을 깨닫지 못한다면, 우리는 결코 참된 인간의 아름다움을 보지 못한다. 마지막 아담의 죽음과 부활이 정점을 이루는 "인간에 대한 통합적 전망"이 없다면 인간 존재는 결코 아름답지 않다. 우리는 환상적인 이미지와 포토샵을 거친 이상적인 모습을 선호한다. 인간 역사의 중심에 그리스도가 없다면, 우리는 환상을 선호하는 것을 넘어 오히려 실재적인 것을 혐오하게 될 것이다. 허상의 세계에 빠져 환상에 탐닉하는 많은 사람들은 자신이 실제로 결혼한 배우자의 실제 살과 피를 사랑하는 것이 어렵

24 Cathy Newman, *"The Enigma of Beauty,"* National Geographic (January, 2000), pp. 95–121, 참조.

게 될 것이다.

흠 있는 사람을 사랑할 수 없는 사람이 영광을 붙잡으려 한다. "죄의 신비"를 깨닫지 못해 십자가의 역사가 없는 종말론적 인간을 찾으려고 한다. 완전히 인간적인 아름다움은 올 것이나 세상이 바라는 대로의 모습은 아닐 것이다. "티 없는 신부"의 광채가 선물로 주어진다. 그러나 우리는 이 선물을 그리스도의 모습(figure), 손상된 모습(disfigure), 변화된 모습(transfigure) 안에 즉, 아담(그리스도) 전체에 세우고자 노력해야 한다.

부부 사랑과 성체성사

그리스도께서는 죄의 흠과 티, 주름으로 뒤덮인 신부를 누구보다 더욱 사랑하셨다. 그는 선함과 아름다움이 여전히 그녀 안에 있음을 보았고, 십자가 죽음을 통하여 그 아름다움과 선을 그녀에게 말해주고자 갈망하셨다. "우리가 아직 죄인이었을 때에 그리스도께서 우리를 위하여 돌아가심으로써, 하느님께서는 우리에 대한 당신의 사랑을 증명해 주셨습니다." (로마 5:8) 그러므로 자기 아내의 몸이 지닌 아름다움을 "가꾸어 양육하고(nourishing)" "보살피고자(cherishing)"하는 남편은 "그리스도께서 교회를 위하여 하시는 것처럼"(에페 5:29) 가장 사욕 없는 방식으로 자기 자신을 아내에게 내어 주어야만 한다. 이것이 바오로 성인이 우리에게 말하고 교황이 계속해서 말씀하시는 사랑의 척도이다.

많은 성경 학자들은 바오로 사도가 말한 "가꾸고 양육함(nourishing)"은 "그리스도께서 혼인적 사랑으로 교회를 '양육'하는 성체성사를 가리킨다."(TOB 92:8)고 말한다. 비록 명시적으로는 아니지만, 교황은 어떻게 이러한 기꺼의 성체성사가 "부부 사랑이 갖는 특별한 성격, 특히 '한 몸'을 이루는 사랑으로서의 성격"(TOB 92:8)[25]을 가리키는지 알 수 있다고 본다.

부부 사랑과 결합이 지닌 성체성사적 성격에 대하여 뒤에서 다시 다룰 예정이다. 이에 대한 교황의 고찰은 『인간 생명(*Humanae Vitae*)』 회칙에 심오한 영향을 끼친다. 여기에서는 몸을 가꾸고 보살핀다는 표현을 통하여 몸의 존엄성과 몸의 선성에 대한 돌봄이 윤리적으로 왜 중요한지에 대하여 설명한다. 또한 이와 같은 표현을 통해 우리는 남자와 여자의 관계 그리고 "한 몸"을 이루라는 부르심이 지닌 성스러움의 심오한 의미를 이해할 수 있다.

위대한 신비-성사

1982년 9월 8일의 수요교리(TOB 93)에서 교황은 성사 신학의 풍성함에 대한 구체적인 분석을 시작한다. 이 분석을 위하여 교황은 교리 전체 중 가장 흥미로운 각주를 달고 있다. 여기에서 요한 바오로 2세는 성사의 역사와 그 사용의 예를 추적함으로써[26] "성사"라는 단어의 다층적 구조에 대한 이해를 돕는다. 이 용어는 "수 세기에 걸쳐 이루어진 긴 역사를 가지고 있다." (TOB 93:5, n. 88) 그 역사의 여정은 그리스어 단어인 "mysterion(신비)"에서 시작하며, 유딧기에서 왕의 비밀스러운 군사 계획을 가리킨다. (유딧 2:2 참조) 그러나, 지혜서(2:22)와 다니엘 예언서(2:27)에서 "신비"는 인간에 대한 하느님의 창조 계획과 하느님이 세상에 부여하신 목적을 상징하였다. 바오로 성인에 이르러 '성사'의 용어 사용법은 전환점을 맞이한다. 그에게 "신비"는 단지 하느님의 영원한 계획이

25 *CCC*, no. 1621 참조.

26 *CCC*, no. 774 참조.

아니라, 예수 그리스도 안에서 그 계획이 지상에서 성취됨까지를 포함한다. (에페 3:4; 콜로 2:2, 4:3 참조)

3세기에야 비로소 가장 오래된 라틴어 버전의 성경이 mysterion을 "sacramentum"으로 번역하였다. 흥미롭게도, 이 용어는 원래 로마 군단의 군사 맹세를 가리켰다. 테르툴리아누스는 군인들이 새로운 형태의 생명으로 들어갔고(입대), 지체 없이 투신하고, 심지어 죽음에 대해서도 충실한 봉사를 하도록 요구되었다는 것을 지적하며, "성사"라는 용어가 그리스도교 입교의 성스러운 예식인 세례, 견진, 성체성사에 적합하다고 하였다. 아우구스티누스 성인은 성사란 어떤 의미에서 그것이 상징하고 있는 바를 포함하고 전달하는 성스러운 표징(sign)이라는 것을 강조하였다. 도마스 성인은 모든 성스러운 표징이 다 성사가 아니며, 실질적으로 인성을 성화(聖化)시키는 표징들만 성사라고 더 구체화시켰다. 이 시점에서부터, "성사"라는 단어는 그리스도에 의해 설립된 은총의 7가지 원천들을 의미하는 것으로 제한되었다.[27]

"성사"의 광범위한 의미 회복

성사에 대한 고대의 이해는 보다 광범위한 것으로, 영원으로부터 하느님 안에 숨겨진 신비의 계시와 성취를 의미했다. 성사에 대한 고대의 이해를 회복하고 추구하고자 하는 신학자들의 노력이 시작된 것은 지난 세기부터이나. 비록 "신비"와 "성사"는 서로 밀접한 관계이지만 동의어는 아니다. (TOB 93:5 참조) 하느님께서 인간을 위하여 준비하신 "감추어진 계시된(hidden-revealed)"의 긴장 안에서 "신비-성사"의 관계를 이해할 수 있다. 이 긴장 안에서 "신비"는 주로 숨겨진 것을 의미하

27 *CCC*, no. 1117 참조.

고, “성사”는 주로 드러난 것을 의미한다.[28] 정확히 여기서 복음의 기쁜 소식이 발견된다. 하느님 안에 태고로부터 감춰져 왔던 것이 예수 그리스도 안에서 우리에게 명확히 계시되었다. (로마 16:25–26 참조)

그러나 그렇다 하더라도, (마지막 부활의 이 세상이라는 측면에서) 성사의 시대에서, 이 “감추어짐–계시함”의 긴장은 항상 남아있을 것이다. 하느님의 신비는 지금까지 인간의 이해 능력을 넘어서기 때문이다. 교황이 우리에게 상기시키듯이, 사실 신비는 “선포(또는 계시)된 이후에도 계속해서 ‘신비’로 불린다.” (TOB 93:5) “우리가 지금은 거울에 비친 모습처럼 어렴풋이 보지만 그때에는 얼굴과 얼굴을 마주 볼 것입니다. 내가 지금은 부분적으로 알지만 그때에는 하느님께서 나를 온전히 아시듯 나도 온전히 알게 될 것입니다.” (1코린 13:12)

요한 바오로 2세는 이러한 넓은 의미에서의 몸의 성사 혹은 “성사성”을 말한다. 교황은 제2차 바티칸 공의회의 교부들이 『교회에 관한 교의 헌장: 인류의 빛(*Lumen Gentium*)』에서 교회를 “구원의 보편적 성사”라고 묘사한 것이야말로 성사의 의미를 잘 살린 표현이라고 지적한다. 같은 문헌에서, “교회는, 하느님과의 친교 그리고 모든 인간들의 일치의 표징이요, 도구라는 성사의 본성에서 그리스도 안에 있다.”[29]고 선포했다. 교황은 7성사와 혼동되지 않으면서도 그 용어의 더 넓은 의미를 회복하기 위해서 “성사의 본성에서”라는 구절이 사용되었다고 본다. (TOB 94:6 참조) 이같이 제2차 바티칸 공의회의 교부들에게 성사는 그리스도의 신부이자 몸으로 존재하는 교회가 구원의 신비를 선포하고 성취하는 것임을 알 수 있다. 성사는 영원으로부터 하느님 안에 숨겨진 신비이다. 즉, 모든 인종

28 *CCC*, nos. 774, 1075 참조. Gerard Beigel, *Faith and Social Justice in the Teaching of Pope John Paul II* (New York: Peter Lang, 1997), p. 35

29 *Lumen Gentium*, 1, 48; *CCC*, nos. 747, 774–76, 780, 1045, 1108, 1140 참조.

의 구성원들이 성삼위와 풍성한 친교를 이루고, 그리스도와의 친교를 통해서 서로 친교를 이루어 살 것이라는 것이다. 이 신비가 바로 바오로 성인이 에페소서에서 말하는 혼인적 친교의 "위대한 신비"이다. 바오로 사도에 따르면 "이 신비는 실로 '위대하다.' 그 신비는 인류를 향한 하느님의 구원 계획이자, 어떤 의미에서는 계시 전체의 핵심 주제이며 계시의 중심 사실이기 때문이다. 바로 이것이 창조주이자 아버지이신 하느님께서 당신 말씀을 통하여 인류에게 전하고 싶은 것이다." (TOB 93:2)

혼인 유비의 핵심 열쇠

바오로 성인이 말하듯이, 혼인은 한 처음부터 표징과 선포로써 이 "위대한 신비"에 참여해 왔다. 그러므로, 교회의 성사성이 각각의 7성사와 관련된다는 것 이외에 우리는 "교회의 성사성이 가장 고대의 성사인 혼인과 특별한 관계를 지닌다."(TOB 93:7)는 사실을 인식해야 한다. 이 "특별한 관계"란 바오로 성인의 경이로운 구절 31–32절(에페 5:31–32)에서 온전히 빛난다. 그리스도께서는 자신의 몸으로 교회를 "가꾸고 양육(nourish)"함을 통해 성체 성사의 선물에 대한 말씀을 직접 따른다. 바오로 사도는 이를 토대로 성경의 본래적 부르심인 배우자의 자기 증여(self–donation)에 대하여 말한다. "그러므로 남자는 아버지와 어머니를 떠나 아내와 결합하여, 둘이 한 몸이 됩니다." (에페 5:31)에 이어 성체성사의 신비와 연결시키는 다음의 구절이 뒤따라 나온다. 둘이 한 몸을 이룬다는 것은 "위대한 신비이며, 나는 그리스도와 교회를 두고 이 말을 합니다." (에페 5:32)

요한 바오로 2세에 따르면, 에페소서 5장 본문에서 바오로 성인은 하느님 안에 감추어진 위대한 신비만을 말한 것이 아니라, 구원적인 부부 사랑의 행위를 통해 그리스도께서 성취하는 신비를 말하고 있다. 이러한 사랑의 행위 안에서 그리스도는 교회를 위해서 자신의 몸을 내어줌으로써, “남편과 아내가 창조주가 세운 혼인 안에서 결합되는 것처럼, 혼인의 형식으로”(TOB 93:6) 교회와 결합된다. 그러므로, 교황에 따르면, 사도 바오로가 창세기 2:24을 언급한 이유는 배우자의 ‘한 몸’으로의 일치를 회상하도록 한 것이 아니라 그리스도와 교회의 일치라는 신비를 보여주기 위하여 한몸의 일치가 필수적이라고 보았기 때문이다. (TOB 93:1 참조)

혼인의 일치와 그리스도와 교회의 결합을 연결시키는 것은 “어떤 의미에서 전체 텍스트에서 가장 중요한 부분이자 핵심 열쇠”(TOB 93:1)이다. 이에 대한 이해를 통해서 우리는 비로소 에페소서 5장이 어떻게 “사람을 그 자신 스스로에게 드러내고, 그의 최고의 소명을 분명하게 하는지”를 이해할 수 있다. 이렇게 바오로 사도는 남녀의 부부 결합과 그리스도-교회의 일치를 연결시킴으로써 계시의 각 단계에 있어 인간을 향한 하느님의 구원 계획을 증거한다. 바오로 사도는 “위대한 신비”의 계시를 두 단계로 설명한다. “남자와 여자는 한 몸이 된다.”(창 2:24)에 따른 태고의 단계와 그리스도께서 교회와 일치를 이루는 “때가 찼다.”(갈라 4:4)의 단계가 그것이다. (TOB 93:3 참조) 에페소서 5장의 “핵심 열쇠”는 “창조된 세상에서 하느님의 계획을 드러내는 가장 오래된 계시인 혼인과 ‘그리스도께서 교회를 사랑하셨고 교회를 위해 당신 자신을 주셨음’(에페 5:25)을 드러내는 가장 명확한 계시를 하느님 구원 계획 안에서 일치시킨다.” (TOB 93:1)

바오로 성인은 “가장 태고의 계약과... 가장 명확한 계약 사이의 연속성을 수립한다.” 하느님은 창세기 2:24에 따라, “창조 사업 안에 이미 혼인을 세움으로써” 가장 태고의 계약을 세웠다. 그리고 그분은 “교회를 사랑하셨고, 교회를 위하여 자신을 포기하셨고, 혼인의 방식으로 교회와 결합하신" 그리스도 안에 가장 명확한 계약을 세웠다. "하느님 구원 계획의 이 같은 연속성은 에페소서에 담긴 위대한 유비의 필수적인 토대이다." (TOB 93:3)

교황은 사도 바오로가 말하는 성사로써의 혼인이 오늘날 우리가 이해하는 7성사의 의미인가라는 질문을 던진다. 대부분의 성경학자와 신학자들은 이를 7성사로써 이해하고 있지 않다. 그럼에도 불구하고, 교황에 따르면, "에페소서 5장은 그리스도인의 전체 삶에 있어서의 성사성의 기초 특히 혼인의 성사성의 기초를 말하는 것으로 볼 수 있다." 사도 바오로는 혼인이 성사라고 직접적으로 말하지 않으나 어쨌든 "가장 근본적인 방법으로"(TOB 93:4) 혼인의 성사성에 대하여 말하고 있는 것이다.

신비를 선포하고 성취하는 성사

교리 초반부에 "그들은 한 몸이 되었다."는 창세기 2:24의 말씀이 "하느님 계시 안에서 광범위하고 포괄적인 시각"(TOB 9:5)을 갖게 될 것이라고 한 교황의 말씀을 기억할 필요가 있다. 여기에서 광범위하고 포괄적인 시각은 에페소 5:31-32에서 실현됨을 알 수 있다. 전체 성경의 관점에서 창세기 2:24의 말씀은 "혼인에 대한 가장 근본적인 본문"(TOB 93:1)으로 생각할 수 있다고 교황은 말한다. 또한 이 말씀은 "혼인 성사를 구성하는"(TOB 19:5) 말씀이기 때문에, "한 몸"이 된다는 것이 단순히 두 몸이 결합한다는 의미의 표현이 아니다. 교황에 따르면 이것은 "인격의 친교에 상응하는 하나의 '성사적 표현'이다." (TOB 31:2)

앞서 성찰한 바를 요약하면, 좀 더 포괄적인 의미에서의 "성사"는 하느님 신비의 계시이다. 교황은 이 정의와 더불어 믿음으로 신비를 받아들임을 전제한다고 덧붙인다. 동시에 "성사"는 무언가 이보다도 더 큰 뜻을 내포한다고 말한다. 성사적 실재란 곧 선포된 신비를 믿는 이들 안에서 그 신비가 효과적으로 성취됨을 의미한다. 인간은 성사를 통하여 거룩한 삶의 신비에 실제로 참여한다. "성사는 신비를 선포하기 위해서만이 아니라 인간 안에서 신비를 실현하는 데 도움을 주는 표징을 통하여 그 신비를 '드러내는 것'으로 존재한다. 성사는 은총의 가시적이고 효과적인 표징이다. 에페소서의 말씀처럼, 그 방법을 통해 영원으로부터 하느님 안에 감추어져 있는 신비를 인간 안에서 실현한다." (TOB 93:5)

2. 성사와 신비

영원으로부터 하느님 안에 감춰져 있던 신비를 계시하시는 그리스도

1982년 9월 15일 수요교리(TOB 94)에서 교황은 다시 한번 에페소서 1장을 성찰한다. "당신 선의에 따라 우리에게 당신 뜻의 신비를 알려 주셨습니다."(에페 1:9)는 말씀은 계시에 대한 개요이다. 교황에 따르면, 바오로 사도는 서간문 전체에 걸쳐 계시를 믿고 받아들였던 에페소 교회 사람들을 향해 그들이 믿고 받아들인 진리에 따라 살아갈 것을 권고한다. 여기에서 바오로 사도가 말하는 진리는 추상적인 개념이 아니다. 인격 즉, 예수 그리스도이다.

바오로 서간의 대부분은 윤리적 가르침과 권고(*parenesis*)를 담고 있다. 그러나 요한 바오로 2세는 사도 바오로의 윤리적 지침이 그리스도 안에서의 "위대한 신비"의 계시와 밀접하게 관련되어 있음을 강조한다. 윤리적 가르침의 대상은 성사 특히 세례 성사에 의해 구원 은총의 효력이 발생한 사람들이다. (TOB 94:4 참조) 중요한 사실은 윤리적 삶과 그리스도 안에서의 삶은 결코 분리될 수 없다는 점이다. 그리스도교 윤리는 메마른 도덕적 법규가 아니라 (예수 그리스도의 부활한 삶의 생기로) 살아있는 에토스이기 때문이다.

이 절대적인 진리는 남편과 아내의 윤리적 삶에 특히 중요한 의미를 갖는다. 남편과 아내가 이루는 일치는 구원 신비의 표징이자 실현이기 때문이다. 에페소서 5:31-32은 본문의 정점으로, 우리는 여기에서 "영원으로부터 하느님 안에 감춰져 있던 신비"(3:9)가 "한 처음부터" 이미 아담과 하와의 일치 안에 예고되어 있었음을 알 수 있다. 그러나 새 아담은 하늘에 계신 그의 아버지와 땅에 계신 그의 어머니의 집을 떠나 "아내(교회)와 결합하여" "한 몸"을 이룸으로써 신비를 드러내 보인다. 그리스도는 몸을 의미하며 윤리를 의미하고 혼인을 의미한다. TOB 94의 수요교리, 더 나아가 몸의 신학 전체 교리를 통해 교황은 그리스도의 중심적 역할과 그 중요성을 강조한다.

그리스도는 사도 바오로에 의해 선포된 "위대한 신비"의 한 가운데에 서 계신다. "그분 안에서, 정확히 그분 안에서 인류는 '모든 영적 축복을 통해 영원히 축복받았다." 그리고 "때가 찼을 때, 이 영원한 신비는 그리스도 안에서 그리고 그리스도를 통하여 시간 안에서 실현될 것이다. 그리스도를 통해 하느님 사랑의 신비가 계시된다. 그분을 통해 그분 안에서 신비가 성취된다." (TOB 94:5) 우리는 그리스도 안에서 "거룩하고 흠 없는" 하느님의 가족으로 선택되었으며 그리스도를 통해서 그의 자녀로 선택되었다. 인류의 타락에도 불구하고 "우리는 그분의 피로 구원받았으며 죄를 용서받았으며, 아낌없이 주시는 그분의 풍요로운 은총 덕분으로 우리는 구원될 수 있다." 이것이 바로 하느님 뜻의 신비이며, 때가 찼을 때를 위한 하느님의 계획이고, 그리스도 안에서 모든 것이 하나가 되기 위한 것이다. (에페 1:3-5, 7-10)

선물의 양식과 신앙의 장막

이 영원한 신비는 때가 되면 하느님께서 예수 그리스도를 통해 인간에게 주신 "선물"의 양식으로 성취된다. 성 바오로는 이 거룩한 선물을 상호 자기 증여를 통해 "한 몸"[30]을 이루는 배우자들 간의 선물에 비유한다. 에페소서 5장에 따르면, "그리스도에 의하여 완성된 속량의 초자연적인 열매는 그리스도께서 신부인 교회에 자신을 내어 드림으로써 성취된 것으로 남편과 아내 사이의 혼인적 자기 증여라는 특징을 갖는다." (TOB 94:5)

요한 바오로 2세에 따르면, 비록 그 영원한 신비가 신앙의 장막 아래서 작용하기는 하지만, 우리가 신앙에 힘입어 그리스도를 통해 주어진 선물을 받아들일 때, 그때에 비로소 우리는 영원한 신비에 실제적으로 참여할 수 있게 된다. 그리고 그리스도에 대한 믿음 안에서 우리에게 주시는 선물을 받을 때 비로소 영원한 신비에 참여하게 된다. "신앙의 장막"은 성사의 표징을 덮은 장막이라고 할 수 있다. 요한 바오로 2세는 이전에 진행된 수요 강좌에서 다음과 같이 말한 바 있다. "하느님의 영원한 계획에 대한 참여는 표징의 장막 아래에서 신비한 방식으로 실현된다. 표징은 언제나 장막 아래의 사람들 안에서 작용하는 초자연적 신비를 '가시화'한다." (TOB 93:5)

성인들에 따르면 하느님께서는 당신 영광을 보면 우리가 죽기 때문

30 *CCC*, no. 772 참조.

에 성사적 표징 안에 당신의 신비를 감춘다고 말한다. "나를 본 사람은 아무도 살 수 없다." (탈출 33:20) 그러나 여기에 우리를 향한 특별한 부르심이 있다. 우리에게 주시는 하느님의 선물은 자기 계시(self-disclosure), 자기 통교(self-communication)이다. 우리는 그의 얼굴을 보고도 살 수 있어야 한다! 사실 우리는 모두 너울을 벗은 얼굴(unveiled face)에로의 부르심을 받는다. 사도 바오로는 우리에게 주님의 영광을 받을 것을 촉구한다. 이를 통해 우리는 하느님과 닮은 모습으로 "더욱 더 영광스럽게 그분과 같은 모습으로"(2코린 3:18) 변모하게 된다.

이러한 계속되는 변모를 통해 우리는 몸의 성사성을 회복하고 경험한다. 비록 감춰진 방법으로 변모하더라도 인간 몸은 하느님의 영원한 신비를 선포하도록 되어 있다. "영광으로부터 영광으로" 점점 더 하느님을 닮아간다면 우리는 우리 자신의 몸과 모든 이들의 몸에 새겨진 영원한 신비를 더욱 잘 볼 수 있게 될 것이다. 더불어 부부가 경험하는 '한 몸'을 이루는 친교가 곧 하느님의 영광 안에 참여하는 일이라는 사실을 이해하게 될 것이다. 사도 바오로가 하고자 하는 이 모든 말씀은 구약의 부부 사랑에 대한 유비를 토대로 한다.

혼인 유비: 구약으로부터 신약에 이르기까지

교황은 혼인 유비를 담은 구약의 많은 본문을 이용하여 바오로 사도의 말씀을 자세히 설명하고자 한다. 이사야, 호세아, 에제키엘은 하느님의 이스라엘 백성에 대한 사랑을 혼인과 관련된 용어로 묘사하고 있다. 아가서가 에로스에 대한 생생한 찬양을 통하여 이스라엘 백성에 대한 하느님 사랑의 이미지를 묘사하고 있음은 이미 잘 알려진 사실이다. (TOB 94:7 참조)

사도 바오로는 구약성경의 혼인 유비를 보존함과 동시에 그리스도와 교회의 일치를 통해 드러난 "위대한 신비"에 따라 혼인 유비를 변화, 심화시킨다. 요한 바오로 2세는 구약성경에 이러한 "그리스도론적이며 교회론적"인 측면이 "아직 초기의 형태"로 제시되고 있음을 지적한다. 이는 "앞으로 올 것에 대한 예고로서의 역할"을 말한다. 그러나 구약에서의 "거의 윤곽에 불과한" 그리고 "절반만 공개가 된" 신비는 에페소서에 이르러서 "완전히 그 장막을 벗는다." 그러나 교황이 이미 언급한 바 있듯이, 완전히 드러났지만 "결코 신비임을 멈추지 않는다." (TOB 95:7)

너를 만드신 분이 너의 남편

요한 바오로 2세는 TOB 95의 전체를 할애하여 혼인 유비가 구약에서 신약으로 이어지며 발전되었음을 보인다. 여기에서 교황은 다음의 이사야서 본문을 에페소서 5장의 관점에서 분석한다.

> [네] 젊은 시절의 부끄러움을 잊고 네 과부 시절의 치욕을 네가 다시는 회상하지 않으리라. 너를 만드신 분이 너의 남편 그 이름 만군의 주님이시다. 이스라엘의 거룩하신 분이 너의 구원자, 그분께서는 온 땅의 하느님이라 불리신다. 정녕 주님께서는 너를 소박맞은 젊은 시절의 아내인 양 다시 부르신다. 너의 하느님께서 말씀하신다. 내가 잠시 너를 버렸지만 크나큰 자비로 너를 다시 거두어들인다. 분노가 북받쳐 내 얼굴을 잠시 너에게서 감추었지만 영원한 자애로 너를 가엾이 여긴다. 네 구원자이신 주님께서 말씀하신다. 산들이 밀려나고 언덕들이 흔들린다 하여도 나의 자애는 너에게서 밀쳐나지 않고 내 평화의 계약은 흔들리지 아니하리라. 너를 가엾이 여기시는 주님께서 말씀하신다. (이사 54:4-8,10)

교황은 이 본문에 "상상을 초월하는 풍요로운 신학적 내용이 담겨 있다."(TOB 95:4)고 한다. "이 말씀 안에는 사랑의 자발적 정열이 넘쳐 흐른다."고 말한다. 이것은 아마도 "하느님 편에서의 가장 강렬한 사랑 선언이며, 영원히 신실하며 엄숙한 고백"이다. 더구나, 이 말씀은 "배우자인 이스라엘을 위한 하느님 사랑이 확실히 선물로서의 특징을 가지고 있음"을 가리킨다. 이는 "완전히 하느님께서 주도하신 선물이며, 한 처음부터 하느님의 사랑 안에 담겨 있는 은총의 측면을 가리키는 것이다." (TOB 95:3)

■ 하느님(신랑)께서 먼저 부르시고 이에 대하여 인간(신부)이 응답한다는 사실은 남자와 여자의 몸이 계시하는 혼인 신비를 이해하는 데 매우 중요하다는 점을 기억할 필요가 있다. 즉, 남자 몸의 혼인적 의미는 하느님께서 선물을 주도하심이라는 측면을 갖는다. 반면에, 여자 몸의 혼인적 의미는 선물에 대한 인간의 존중과 응답이라는 측면을 갖는다. 교황이 여자를 "모든 인류의 원형(archetype)"[31]이라고 묘사한 이유가 바로 여기에 있다. 그렇다고 해서 부인이 주도적으로 자신을 선물로 내놓는 것이 "잘못"이라는 의미가 아니다. 남편이 어떻게 받고 응답하느냐 역시 매우 중요하다. 몸이 인격을 드러내는 이상 주도성과 수용성은 남자와 여자의 해부학적인 측면과 더불어 남자와 여자의 인격이라는 측면도 담고 있다. 이것은 대부분 남성이 여성에게 먼저 청혼하는 그러한 단순한 사회적 풍습만을 의미하는 것이 아니다. 이것은 남성이 선물의 주도성 안에서 하느님의 모습을 닮도록 부름 받고 있음을 말한다. 우리가 선물의 실재를 믿지 못하며 그에 따른 삶을 살지 못한다면 이와 같은 주도성과 수용성을 받아들이지 못할 것이다. 선물에 있어 "신실함"이라는 요소가 사라질 때, 선물에 대한 하느님의 주도성(남성의 주도성)이 충분히 협박으로 보일 수 있다. 이때, 여자는 자연적으로 수용하려는 태도에서 후퇴할 수밖에 없다.

31 *Mulieris Dignitatem*, 4.

요한 바오로 2세는 "젊음을 부끄러워함"과 "과부생활에 대한 비난"에 대한 이사야 말씀은 혼기에 찬 여성들이 결혼하지 않는 것을 부정적으로 보았던 당시의 시대적 사고방식이라고 말한다. (TOB 95:3 참조) 교황의 직접적인 언급은 없지만 여기에서 우리는 에덴동산에서 남자와 여자가 하느님과의 계약을 위반하고 느꼈던 부끄러움의 울림을 느낄 수 있다. 오직 우리 구원자의 사랑을 통해서만 여자와 남자는 몸의 본래적 전망을 다시 회복할 수 있다. 본래적 전망을 회복할 때, 남자와 여자는 부끄러움을 '잊을 수 있다.' 참으로, 진실한 사랑은 "부끄러움을 삼켜버린다."[32]

이사야서에서 에페소서에 이르기까지: 계시의 새로운 차원

이사야서와 에페소서의 본문을 비교하면 우리는 확실히 두 본문 사이의 연속성을 인식할 수 있다. 또 계시의 새로운 차원 즉, 삼위일체적 순간, 그리스도적 순간 그리고 종말적 순간도 인식할 수 있다. 이사야서는 계시의 새로운 차원 즉, 세 위격 중 한 위격으로서의 하느님, 육화된 아들이자 신랑이며 구원자인 그리스도, 그리고 혼인적 신비의 궁극적 정점을 명시적으로 언급하지는 않는다. 다만 혼인적 신비가 정점에 다다르게 될 때, 그리스도의 신부는 그 신비 안에서 "거룩하고 흠 없이"(에페 1:4) 된다고 할 뿐이다. 이 새로운 차원은 그리스도의 역사적 사건 안에서 충만한 실재로 드러난다. 성 바오로는 에페소서 서간문에서 이사야 예언자가 할 수 없었던 방식으로 아버지, 아들 그리고 성령의 과업을 구분한다.

교황에 따르면, 사도 바오로는 에페소서에서 하느님 안에 대대로 감

32 *Love and Responsibility*, p. 181.

추어진 신비를 부부 사랑의 차원이 아니라 부성애의 차원에서 다룬다. (TOB 95:5 참조) 성부는 "예수 그리스도를 통하여 우리를 당신의 자녀로 삼으시기로 미리 정하셨습니다. 이는 하느님의 그 좋으신 뜻에 따라 이루어진 것입니다." (에페 1:5) 물론 예언자들 역시 하느님의 부성(父性)에 대하여 말하고 있다. (참조: 호세 11:1-2; 이사 64:8; 말라 1:6) 그러나 "구원자의 모습이 성부의 첫 번째 '사랑 받으시는 아드님'(에페 1:6)이라는 사실을 이사야 예언자는 결코 알지 못했으며 알 수도 없었다." (TOB 95:6) 요한 바오로 2세는 "남편"인 하느님과 "구원자"인 하느님은 어떤 면에서 연관되어 있다고 말한다. 구원자 그리스도가 천상의 신랑이기 때문이다. 따라서, 이사야 예언자는 그 함의에 대한 충분한 이해 없이 말한 것이라 할 수 있다. 사실상, 이사야는 창조주이자 "이스라엘의 거룩한 분"이 구원자인 경우에 한하여 혼인 유비를 사용하였다.

교황은 "너를 만드신 분이 너의 남편"이라는 말씀을 사도 바오로가 더 이상 반복하지 않음을 지적한다. 대신 사도 바오로는 구원자와 신랑이신 그리스도를 보여준다. 그리스도의 구원적 사랑은 "교회를 위하여 그 자신을 내어 놓는 것으로 구성된다." 이러한 방법으로 성 바오로는 구원적 사랑을 "교회와 혼인하여 교회를 자신의 몸으로 만드는 부부 사랑"(TOB 95:7)으로 계시한다. 교황에 따르면, 교회를 위한 그리스도의 자기 증여는 곧 구원 사업을 수행하는 것과 같다. 이러한 방법으로 이사야서의 "만군의 주님이신 창조주"는 이스라엘이 구원자이신 "거룩하신 분"이 되신다. 그러나 요한 바오로 2세는 이와 더불어 "새로운 이스라엘" 즉, 교회의 거룩하신 분이라고 덧붙인다. (TOB 95:6 참조) 여기에서 우리는 옛 계약에서부터 새로운 계약에 이르기까지 연속성을 가지고 심화되고 있는 혼인 유비를 볼 수 있다.

선물의 실재, 은총의 의미

구약의 초기 계시와 신약의 완전한 계시라는 혼인 유비의 두 단계를 통해 우리는 이 유비의 범위와 한계를 모두 볼 수 있다. 요한 바오로 2세는 "부부 사랑의 유비를 통해 신비의 본질을 관통할 수 있지만, 이는 단지 어떤 시점까지만 가능하고 오직 유비적인 방법을 통해서" 가능하다고 본다. "이 지상에서의 혼인 유비로는 결코 절대적으로 초월적인 실재인 하느님의 신비를 충분히 완전하게 이해할 수 없음이 분명하다. 다른 유비들과 마찬가지로 혼인 유비 역시 인간의 언어로 표현하고자 한 것이어서 신비는 여전히 초월적인 것으로 남아 있기 때문이다." (TOB 95b:1)[33] 교황에 따르면, "혼인 유비는 그 안에 신비의 속성을 담고 있으나, 성경에서 사용되는 다른 유비는 이와 같은 신비의 특성을 직접 강조하지 않는다." (TOB 95b:3) 교황은 부성적 사랑의 유비의 경우에 있어서도 이러한 신비의 특성이 직접 강조되지 않는다고 말한다.

그렇다면 교황이 말하는 혼인 유비에만 있는 특별한 신비의 속성은 무엇인가? "혼인 유비를 통해 우리는 신비란 곧 하느님께서 그리스도 통해 인간에게 주신 완전하고 취소할 수 없는 자기 증여의 사랑으로 이해할 수 있다." (TOB 95b:2) 요한 바오로 2세는 이것이 "인격적임"과 동시에 "공동체적" 차원에서의 인간에 대한 것이라고 말한다. 이사야서는 공동체적 차원을 "이스라엘"로 표현하고, 에페소서는 "교회"로 표현한다. 이 용어들은 두 경우에서 모두 "공동체가 인격으로 환원됨"을 보여준다. 즉, 이스라엘과 교회는 마치 "신랑–인격"(야훼와 그리스도)에 대한 "신부–인격"인 것처럼 여겨진다. 그러므로 "각각의 구체적인 '나(I)'는 성경의 '우리(We)' 안에서 자기 자신을 발견해야 한다." (TOB

33 *CCC*, nos. 42, 239, 370 참조.

95b:2)

요한 바오로 2세는 인간에게 주시는 하느님의 이 같은 선물이 확실히 "근본적(radical) 선물"이며 그렇기 때문에 "총체적(total) 선물"이라고 말한다. 단, 교황은 이 "총체적"이라는 의미에 초월적 완전함까지 포함된 것은 아니라고 덧붙인다. 왜냐하면, 피조물인 인간은 결코 완전히 초월적인 신성을 수용할 수 없기 때문이다. 완전히 초월적인 신성을 포함하는 "총체적"이며 창조되지 않은 선물은 "오직 '위격의 삼위일체' 안에서 하느님에 의해서만 나눌 수 있다." (TOB 95b:4) 그럼에도 불구하고, 하느님의 자기 증여를 통해 (그리스도의 육화 덕분으로 육의 선물, 유비적으로는 혼인적 선물), 우리는 거룩한 본성에 참여하게 되었다. (참조: 2베드 1:4) 성찬례 기도는 "겸손되이 자신을 낮추어 우리의 인성 안에서 자신을 나누신 그리스도의 신성에 우리가 참여함"을 가리킨다. 하느님의 자기 증여는 피조물인 인간의 한계를 고려하여 하느님께서 인간에게 주실 수 있는 모든 것을 주셨다는 점에서 "총체적"이다.

"위대한 표징"이 은총의 근본적 성격을 드러낸다

성경의 다른 유비와 달리 혼인 유비는 은총의 근본적인 성격을 드러낸다. (TOB 95b:4 참조) 제2부 제1장의 서두에서 혼인을 "계약과 은총"의 신적 측면에서 다루었다는 사실을 기억할 필요가 있다. 부부 사랑의 육화된 실재로서의 혼인 유비를 통해 우리는 혼인을 하느님이 영원한 실재, 그리스도 안에서의 인간 속량의 역사적 결실로 이해할 수 있다. 그러나 유비가 두 방향으로 작용한다는 사실을 기억하라. 혼인은 하느님 은총의 신비를 밝히며, 이 거룩한 신비를 통해 혼인을 이해할 타당한 방법을 정의할 수 있다. 왜냐하면, 교황의 가르침에 따르면, 우리는 혼인 안에서 하느님 신비의 모상과 유사성을 볼 수 있기 때문이다.

(TOB 95b:5 참조)

"그리스도와 교회의 관계를 남편과 아내의 부부 결합의 모습으로 소개함으로써, 에페소서 저자는 하느님의 영원한 신비의 실현에 대하여 말한다. … 뿐만 아니라 그 신비가 가시적 질서 안에서 표현된 방식 즉, 가시적이 되어 표징의 범주에 들어가게 된 방식에 대하여 말하고 있다." (TOB 95b:6) 바오로 사도에 따르면, 거룩한 실재를 가시화하는 긴밀히 연관된 두 개의 "표징"은 다음과 같다. 남편과 아내의 일치라는 가장 오래된 표징과 그리스도와 교회의 일치라는 "때가 차" 명확하게 계시된 표징이 그것이다. 교황에 따르면 사도 바오로의 "특별한 공헌"은 "이 두 표징을 단 하나의 위대한 표징 곧 위대한 성사로 삼은 것" (TOB 95b:7)이다.

여기에서 우리는 부부 사랑의 성찬례적 본질(이에 대하여 TOB 117b에서 상술할 예정) 그리고 성체에 있는 "혼인적" 본질에 대한 확실한 토대를 발견할 수 있다. 둘이 "한 몸"을 이룰 때 정점에 이르는 남편과 아내의 사랑, 그리고 영성체 안에서 성사의 정점에 이르는 그리스도와 교회의 사랑은 서로 밀접하게 연결되어 "하나의 위대한 표징"을 형성한다. 이 표징은 하느님 안에 영원으로부터 감추어진 신비 즉, 그리스도 안에서 모두 하나가 되는 신비를(에페 3:9, 1:10 참조) 인간에게 드러낼 뿐 아니라, 인간 안에서 그 신비를 성취한다.

육화의 측면에서 본 부부 결합

남편-아내와 그리스도-교회의 일치를 연결하는 것은 몸의 신학 전체 맥락에 있어서 가장 중요한 "핵심 열쇠"이다. 때문에, 우리는 "하나의 위대한 성사"를 형성하는 이 두 "표징"의 상호 관계를 보다 상세히 통찰할 필요가 있다. 교황은 부부 결합이 본래적이며 "가장 오래된" 계시라고 말한 바 있다. 그러므로 다음에서 말하는 교황의 말씀은 앞의 맥락에 비추어 다소 생소할 수 있다. 교황은 거룩한 신비가 "그리스도의 역사적 사건 자체를 통해 가장 먼저 가시화되었다."(TOB 95b:7)고 한다. 역사의 연대순으로 볼 때 "가장 먼저"라는 단어는 다소 이해하기 어렵다. 그러나 요한 바오로 2세는 교황 취임 후 가장 먼저 선포하신 첫 회칙의 첫 문장에서 이 문제를 해소하고 있음을 다시 한 번 상기할 필요가 있다. "인간 구원자(*Redemptor Hominis*) 예수 그리스도께서는 우주와 역사의 중심이시다."[34]

역사는 그리스도를 기준으로 한다. 한 마디로, 역사는 "한 처음"에 시작되어 시간적으로 앞으로 나아간 것이 아니다. 인간의 역사는 그리스도 육화를 중심 기점으로 하여 "시작"되며 과거-미래의 양방향으로 진행된 것이라고 말할 수 있다. 레오 13세의 혼인에 관한 회칙 말씀에 따르면, 남자와 여자가 "한 몸"을 이루는 것은 "한 처음부터 이미 말씀이신 하느님의 육화에 대한 전조"[35]였다. 그러므로, 부부 결합은 오직 그리스도와 교회의 일치라는 측면에서 이해될 수 있다. "그리스도와 교회의 관계는 신비 자체의 가시성에 대한 성취이자 구체화"(TOB 95b:7)이기 때문이다. 요한 바오로 2세에 따르면, "그리스도와 교회의 일치라는 측면에서 우리의 관심은 역사를 거슬러 올라가 (이미 창조 신비에서 '비가시적인 것의 가시성'으로 살펴본 바 있는) 인간의 신학적 역사의 원천으로 그 방향을 돌리게 한다." (TOB 95b:7)

여기에서 우리는 교황의 몸 신학 교리를 다시 한 번 상기할 필요가

34 *Redemptor Hominis*, 1, 강조.

35 *Arcanum.*

있다. “몸, 사실, 몸만이 영적이고 신적인 것 즉, 비가시적인 것을 가시화할 수 있다. 몸은 영원으로부터 하느님 안에 감추어진 신비를 세상의 가시적 실재로 전환하기 위하여 창조되었다. 그렇기에 몸은 하느님 신비의 표징인 것이다.” (TOB 19:4) 몸에 대한 이와 같은 성사적 이해는 남성성과 여성성이라는 인간의 가시적 수단으로 이루어진다. 그러므로 몸은 “남자와 여자가 서로 ‘한 몸’을 이루는 부부 결합을 통해 하느님 신비를 전달한다.” 교황에 따르면, 남성성과 여성성의 결합으로 몸은 “성사적 표징이라는 측면에서 표징의 가치를 갖는다.” (TOB 45:2)

성사적 질서의 토대

이제 몸의 신학에서 가장 중요한 본문을 다룰 차례이다. 교황은 이 본문이야말로 하느님께서 혼인과 부부 결합의 정점에 부여하신 완전한 영광을 드러낸다고 생각한다. 교황은 다음과 같이 말한다. “‘한 처음’ 혼인의 가시적 표징이 하느님의 구원 경륜의 정점에서 그리스도와 교회의 가시적 표징에 결부되어 있다는 점에서 영원한 하느님 사랑의 계약이 ‘역사적 차원’에 자리잡게 되며, 그렇기 때문에 이는 모든 성사적 질서의 토대가 된다.” (TOB 95b:7) 교황은 더 이상 주석을 달지 않고 이와 같이 놀라운 말씀을 하신다. 앞으로 이와 같은 교황의 말씀들은 수세기 동안 신학자들의 연구 대상이 될 것이며 이를 통하여 그 함의가 점차 밝혀지리라 생각된다.

그리스도와 교회의 일치가 “하느님의 구원 경륜의 정점”에 있다고 할 때, 그 정점에 이르는 길의 “분기점(trailhead)”이 바로 혼인과 부부 결합이다. 정점에 이르는 길을 지시하는 “분기점”이 있는 한, 혼인은 가시적 표징이며, 이를 토대로 하느님께서는 인간과 우주를 위한 당신의 계획을 드러내신다. 즉, 때가 차면 하늘과 땅에 있는 만물을 그리스도 안에서 그분을 머리로 하여 한데 모으는 계획(에페 1:10 참조)을 드러내시고 실행하신다. 이것이 바로 인간의 몸, 성애적 열망, 부부 사랑의 가장 깊은 본질이자 참된 의미이다. 또한, 우리를 그리스도와 하느님의 감추어진 계획으로 인도한다. 따라서, 부부 결합이 우리를 그리스도와 교회의 일치로 인도하는 한, 혼인이라는 가시적 표징은 "모든 성사적 질서의 토대"를 이룬다. 하느님께서는 성사적 질서를 통해 당신 자신의 신비를 육화시키며, 육화된 신비를 표징의 질서로 드러냄으로써 인간인 남자와 여자에게 당신의 신비를 전하신다.

우리는 여기에서 바오로 사도께서 말씀하신 "위대한 신비"로서의 "한 몸"이 얼마나 경이롭고 놀라운 가르침인지 알 수 있다. 또한, 이제야 비로소 바오로 사도가 혼인한 부부들에게 그리스도를 경외하는 마음으로 서로 복종하라고 권고하신 가르침의 참된 의미를 잘 이해할 수 있다. 그러한 신비는 결코 말로 표현할 수 없다. 찬사를 대신한 침묵, 그리고 우리가 사는 이 세상과 우리 자신의 마음에 편재한 신성모독에 대한 보속으로서의 눈물만이 가장 적합한 응답일 것이다.

시원적 성사(Primordial Sacrament)로서의 혼인

1982년 10월 6일의 교리에서(TOB 96), 교황은 '한 처음'의 혼인을 에페소서의 '위대한 신비'라는 맥락에서 다시 살펴본다. 교황은 바오로 사도가 '한 처음'을 언급한 에페소서를 인용하는 것이 타당하다고 말한다. 바오로 사도는 에페소서에서 창세기 2:24의 말씀을 인용하며 혼인이 한 처음부터 세워진 성사적 실재라고 정의한다. 교황은 '한 몸'의 일치에 대한 바오로 사도의 말씀으로 돌아가 시원적 성사로서의 혼인을 더 자세히 살핀다.

"에페소 교회의 신자들에게 보낸 서간은 우리 앞에 영원한 신비, 인간을 향한 하느님 아버지의 영원한 계획의 초자연적 세상을 열어준다. 이 계획은 '세상 창조'보다 선행하는 것이며 따라서 인간 창조보다 더 먼저이다. 동시에 하느님의 계획은 창조의 실체 전체 안에서 이미 실현되기 시작했다." (TOB 96:3) 이와 같은 교황의 말씀을 통해 우리는 원초적 순수의 은총이 갖는 본질과 원천에 대한 새로운 이해가 가능하다. "에페소 신자들에게 보내는 서간은 영원으로부터 하느님 안에 감추어진 신비의 관점에서 우리로 하여금 원죄 이전의 인간의 상태로 가까이 다가가도록 인도한다." (TOB 96:2) 하느님께서는 우리가 이미 죄를 지은 이후에도 우리를 죄로부터 구하기 위해 예수 그리스도를 통하여 우리를 당신 자녀로 선택하셨다. 하느님께서 "세상 창조 이전에"(에페 1:4) 그리스도 안에서 우리를 선택하셨다. "죄 이전의 인간은 그의 영혼 안에 아버지의 영원한 아드님이신 그리스도 안에서 영원으로부터 선택 받은 열매를 지니고 있었다." (TOB 96:4)

여기에서 요한 바오로 2세가 얼마나 이 사실을 중요하게 생각하는지를 알 수 있다. "한 처음"에 대한 증언과 에페소 서간에 나타난 증언을 비교하며, 교황은 "하느님께서 인간을 선택하셨다는 점에서 우리는 그리스도 안에 스며들어 있는 인간의 운명을 추정할 수 있다 … '한 처음부터' 남자와 여자인 인간은 이 초자연적 선물에 참여한다." (TOB 96:4, 5) 신약적 관점에서 인간 창조에 대한 구약의 말씀을 다시 읽을 때, 우리는 하느님께서 당신 모습을 닮은 인간으로 창조하실 때 이미 그리스도 안에 정해진 인간의 운명은 암시되고 있음을 알 수 있다. 그리스도는 "보이지 않는 하느님의 모상이시며, 한 처음부터 우리는 그리스도를 통하여 하느님의 모상을 따른다." (콜로 1:15–16 참조)[36]

36 *CCC*, nos. 280, 1701 참조.

인간이 죄를 짓지 않았더라도 그리스도께서 오셨을까? 교황은 이 오랜 신학적 논쟁에 대하여 자신의 견해를 덧붙인다. 교황은 이 문제에 매우 분명한 입장을 보인다. 육화하신 예수 그리스도께서는 "우주와 역사의 중심이시다."[37] 교황에게 육화된 그리스도가 없는 우주는 인류에 대한 하느님 사랑을 보여주는 "위대한 신비"[38]의 핵심이 없는 것이나 마찬가지이다.

그리스도는 "모든 피조물의 맏이"(콜로 1:15)이시다. 모든 것 특히 남자와 여자로서 원초적 일치를 이루는 인간은 그리스도를 위하여, 그리스도를 통하여, 그리고 그리스도를 기대하며 창조되었다. 에페소서의 "위대한 신비"라는 관점에서 인간의 한 처음을 재확인할 때, 우리는 육화하신 그리스도와 교회의 친교가 이미 예견되어 있었으며 어떤 의미에서는 시원적 성사에 이미 담겨서 소통되고 있었다는 점을 발견할 수 있다. "한 몸"을 이루는 원초적 일치는 원죄 이전에 하느님께서 만드신 것이다. 따라서 남자와 여자의 원초적 일치는 하느님 은총에 직접 참여하는 것이다. 이 은총을 통하여 원초적 인간은 하느님 앞에서 "거룩하고 흠 없는" 존재가 될 수 있었다. 즉, 이 은총을 통해 인간의 일치, 원초적인 거룩함과 순결함은 부끄러움 없는 벌거벗음으로 표현될 수 있었다. (TOB 96:4 참조) 이 풍요로운 은총은 "비록 시간과 역사에 따르며, 육화 이전에 주어진 것이기는 하지만"(TOB 96:5) 영원으로부터 사랑 받으시는 아드님 그리스도를 염두에 누고 주어진 것이라고 교황은 말한다.

교황의 말씀대로라면 육화는 결코 나중에 덧붙인 것이 아니다. 첫 번째 계획을 바로잡기 위한 즉, 인간이 죄를 짓는 것을 막기 위한 두 번

37 *Redemptor Hominis*, 1 강조.

38 *CCC*, nos. 280, 381, 653 참조.

째 계획이 아니다. 물론 인간은 죄로 인해 하느님 계획을 깨닫는 데 먼 길을 돌아가는 상황에 놓였다고 할 수 있다. 그러나 죄는 넘을 수 없는 장애물이 아니다. 죄는 하느님께서 그리스도와 인간의 일치를 위하여 마련하신 영원한 계획보다 더 강력하지 않다. 인간의 죄에도 불구하고 하느님께서 인간과 우주를 위해 마련하신 계획은 계속된다.

원초적 순수의 은총은 "그분과 관련하여 성취된 것이나 시간적으로는 그리스도께서 육으로 오시는 것보다 앞서 있다." (TOB 96:5) 창세기에 대한 우리의 고찰을 상기해 보면 그 같은 은총은 "죄와 죽음에도 불구하고"(TOB 16:2) 취소할 수 없는 상태이다. "속량은 원죄 이후, 그리고 어떤 의미에서는 죄에도 불구하고 인간의 초자연적 은총의 근원이 되어야 했다." (TOB 96:5) 이와 같은 방식으로 인간을 위한 하느님의 계획은 어제, 오늘, 그리고 영원히 동일하며 당신께서 사랑하신 아드님 안에서 성취된다.

교황은 창조의 신비 안의 하느님 계획과 속량의 신비 안의 하느님 계획 사이의 연속성을 강조한다. 동시에, 우리는 여기에서 하느님의 자기 증여가 갖는 새로운 "차원"으로서의 하느님 사랑의 계시[39]를 끌어낼 수 있다. 원죄 이후, "하느님 안에 감춰져 있던 그 신비"(에페 3:9)를 실현하기 위하여, 그리스도께서는 가장 먼저 성부와 인간을 화해시켜야 했다. 그리스도의 육화와 자기 증여는 죽음과 고통이 수반됨을 의미한다. "우리는 그리스도 안에서, 그리스도의 피를 통하여 죄의 용서를 받았다." (에페 1:7) 용서가 그리스도 사명의 유일한 목적은 아니지만 본질적으로는 매우 중요한 것이다. 죄의 용서는 "하느님의 그 풍성한 은총의 일부" (에페 1:7–8)이다. 혹자는 죄의 용서를 "그리스도를 통하여 당신의 자녀

39 *Dives in Misericordia*, 7 참조.

로 삼으시기로 한"(에페 1:5) 하느님의 계획을 실현하기 위한 필수적인 전제조건이라고 말한다. 혼인 유비에서, 부부가 싸운 경우 '한 몸'을 이루기 이전에 먼저 화해해야 함과 같은 의미이다. 그리스도께서 십자가에서 자기 자신을 희생하심은 다툼이 있는 배우자들을 화해시키는 것이다. 화해를 통해 그들은 영원한 친교의 길을 갈 수 있게 된다.

지금까지 살펴본 주제를 다시 한 번 요약해 보자. 하느님의 영원한 계획은 육화하신 그리스도와의 친교 안에서 우리와 일치하는 것이다. 이 계획은 세상 창조 이전에 그리고 여자와 남자의 창조 이전에 이미 존재하였다. 성부 아버지께서는 인간의 죄에도 불구하고 그리스도 안에서 만물의 일치를 이루고자 하는 당신 계획의 신비를 계속해서 실행하고 계신다. 요한 바오로 2세는 다음과 같은 질문을 던진다. "이와 같은 맥락에서 시원적 성사의 실재를 증명할 수 있는 방법은 무엇인가?" (TOB 96:6) 우리는 다음에서 이 질문을 살펴보고자 한다.

은총이 충만한 몸

교황은 다음과 같이 창세기의 창조 설화의 전체 분석을 요약한다. "인간은 신적 증여의 가장 지고한 표현으로 가시적 세상에 등장한다. 인간은 자기 자신 안에 선물의 내적 차원을 지니기 때문이다. 선물의 내적 차원과 더불어, 인간은 하느님과 닮은 고유한 모습을 가지고 세상 안으로 들어간다. … 인간이 하느님과 닮은 모습을 그대로 비추고 있다는 사실은 이미 태초부터 인간은 원조적 순수의 신비가 스며든 몸의 혼인적 의미를 인식하고 있음을 의미한다." (TOB 96:1; 19:3)

"하느님은 사랑"(1요한 4:8)이신 것처럼 하느님은 "선물"이다. 인간이 가시적인 세상에서 거룩한 선물의 가장 지고한 표현이라고 한 까닭은 인간은 사랑으로부터 창조되었으며 그 사랑 안에서 사랑을 하도록 불리움 받았기 때문이다. 이는 "선물의 내적 차원"이다. 그러나 몸과 영의 완전한 통합 안에서, 선물의 "내적 차원"은 몸 밖으로 즉, 몸의 혼인적 의미를 통해 드러난다. 몸의 혼인적 의미에 대한 인식이 원초적 순수의 신비로 충만하게 되었다는 것은 곧 몸에 대한 경험이 은총으로 충만하게 되었다는 말과 같다. 그리스도 안에서의 은총의 수여는 이미 창조의 신비 안에서 주어진 것이다. 요한 바오로 2세가 앞에서 창세기와 관련하여 분석한 것처럼, 은총의 효력은 "남자와 여자의 몸을 통해 인간이 거룩함의 주체임을 깨닫게 해준다. (TOB 19:5) '인간은 스스로 그것을 인식하며' 그 인식은 '태초부터' 존재한다." (TOB 96:6)

거룩함이란 무엇인가? "하느님의 거룩함은 그분의 영원한 신비에 다가갈 수 없음을 의미한다."[40] 인간의 거룩함이란 하느님의 자기 증여를 통해 인간이 하느님의 영원한 신비에 참여하게 됨을 의미한다. 그러므로 인간의 거룩함은 신랑(그리스도)의 선물인 은총에 대한 신부(인간)의 응답으로 측량된다. 다시 말해, 거룩함은 "인간의 몸으로, 특히 '자기 자신을 아낌없이 내어주는 선물'의 힘으로 자신의 깊은 내면을 표현할 수 있도록 한다." (TOB 19:5) 이렇게 우리는 은총의 거룩한 선물인 보이지 않는 거룩한 실재('사랑')가 본래적으로 인간 몸을 통해 그리고 남자와 여자가 서로 육화된 자기 증여 안에서 보일 수 있도록 창조되었음을 알 수 있다. 그러므로 교황은 하느님께서 인간에게 주신 거룩함이 "창조의 성사"와 연관되어 있다고 말한다.

---

40 *CCC*, no. 2809.

창조성사

요한 바오로 2세가 "창조성사"라 말한 것은 비가시적인 창조주의 신비를 창조된 만물을 통해 가시화하는 것을 가리킨다. 시편 저자가 선포하듯이, "하늘은 하느님의 영광을 이야기하고"(시편 19:1), 창조성사에 대한 지고한 표현은 창조의 면류관 안의 남자와 여자인 인간으로 완성된다. 따라서, 인간은 신실한 자기 증여를 통해 자기 자신을 실현하게 된다. 원초적 인간은 남녀가 "한 몸" 안에서 풍요로운 인격적 일치를 이룸으로써 자기 자신을 실현하였다. 그것은 어떤 측면에서는 "창조성사"의 완결을 집약하는 남자와 여자의 육화된 일치이다.

교황은 이를 다음과 같이 표현한다. "'그러므로 남자는 아버지와 어머니를 떠나 아내와 결합하여 둘이 한 몸이 된다.'는 창세기 2:24 말씀은 혼인을 정립하는 데 중요한 부분일 뿐 아니라 '창조성사'의 중심이다. 이러한 측면에서 혼인은 '시원적 성사'이다." (TOB 96:6) 교황이 우리에게 강조했던 것을 다시 인용하자면, 시원적 성사는 "하느님 안에 영원히 숨겨진 보이지 않는 신비를 가시적인 세상에 효과적으로 옮기는 표징으로 이해될 수 있다. 이는 진리와 사랑의 신비이며 거룩한 삶의 신비이다. 인간은 이에 실제로 참여한다." (TOB 96:1; 19:4) 교황은 "혼인의 정립은 창세기 2:24에 따른 근본적인 인간 공동체의 시작을 나타내는 동시에 (에페소서에서 말하는 바와 같이) 그리스도 안에서 인간을 영원히 선택하신 창조주의 구원의지를 표현한 것이다." (TOB 96:7)

여기서 우리는 남녀 인간 창조의 "위대한 신비"와 "한 몸"이 되라는 부르심의 정점에 도달하게 된다. 여기에서 우리는 몸과 부부 결합이 갖는 가장 심오한 본질에 대한 신학적 문제를 다룬다. 우리가 성의 무질서한 '뒤틀림'을 바로잡으려 구원의 은총을 수락할 때, 우리는 비로소 남녀로 육화된 우리의 전 인격이 예수 그리스도 안에서 인간을 영원히 선택하셨음을 선포하며 이를 받아들이라고 부르신다는 사실을 깨닫게 된다. 이 선택은 영원토록 영광스러운 하느님의 자기 증여에 참여하라는 초대이다. 거룩한 삼위일체의 자기 증여는 하느님 안에 영원으로부터 감춰져 있는 신비이다. 바로 이것이 남성성과 여성성을 통하여 몸이 선포하는 것이다. 그리고 바로 여기에 우리가 참여할 것을 청하신다. 다시 한 번 교황의 말씀을 상기하자면 다음과 같다.

> 성사는 가시적 표징으로써, '가시적' 남성성과 여성성의 힘을 빌려 '몸'으로 존재하는 사람으로 이루어진다. 사실 몸, 그리고 성만이 보이지 않는 것 즉, 영적이며 신적인 것을 가시화하여 드러낼 수 있다. 몸은 하느님 안에 영원으로부터 감춰진 신비를 세상의 가시적 실재 속으로 이전하기 위해 창조되었으며, 그렇게 하여 신비의 표징이 된다. (TOB 96:6; 19:4)

창세기 2장 24절 말씀과 같이 시원적 성사는 초자연적인 효력을 지닌다. 인간은 이미 창조 때부터 "그리스도 안에서 선택 받았기"[41] 때문이다. 이러한 방식으로 교황은 "창조성사"의 효력이 그리스도로부터 발생됨을 인식해야 한다고 말한다. (TOB 96:7 참조) 여기에서 말하는 은총은 바로 사도 바오로의 에페소서 1:6의 말씀에 나오는 은총 즉, "사랑하시는 아드님 안에서 우리에게 베푸신 은총"이다. 성적 사랑의 시원적 성사인 혼인은 출산을 통해 창조 사업을 앞당길 뿐 아니라, "창조성사를 즉, '하느님께서 그리스도 안에서 인간을 영원히 선택하심'이라는 초자연적 열매를 후세까지 전하는 데 이바지하도록" 예정되었다. (TOB 96:7)

41 *CCC*, no. 257 참조.

■ 이러한 측면에서, 사탄이 창조성사를 공격한다는 것이 과연 놀라운 일일까? 인간 역사 안으로 들어온 죄와 죽음을 상기해 보면, 사탄은 "한 몸"(창 2:24)을 이루라고 부르신 창조된 남자와 여자가 한 처음부터 이룩해온 일치의 중심을 정면으로 공격한 것이다. (TOB 20:1) 사탄의 목표는 하느님의 인간에 대한 영원한 선택을 막는 데 있다. 사탄은 시원적 성사를 표절함으로써 그 선택을 막는다. 사탄은 남자와 여자의 일치를 "반(反)–성사"("anti–sacrament")로 왜곡시키려 한다. 즉, 하느님의 생명과 사랑의 선물을 부정하고자 한다. 사탄은 인간 몸에 새겨진 하느님의 말씀인 "자기 증여"를 표절하여 "자기 만족"이라는 "반(反)–말씀(anti–word)"로 만든다. 바로 이 점에서 우리는 카롤 보이티아 추기경이 『인간 생명 (*Humanae Vitute*)』 회칙의 가르침을 "인간 자체의 가치와 의미를 위한 투쟁"[42]이라고 묘사한 이유를 이해할 수 있다.

혼인: 하느님의 영원한 계획을 실현시키는 토대

우리는 "세상 창조 이전에 그리스도 안에서 선택되었으며, 당신 앞에서 거룩하고 흠 없는 사람이 되게 해주셨다." (에페 1:4) 사도 바오로는 에페소서 1장에서 하느님의 뜻이 갖는 신비를 다음과 같이 선언한다. 하느님의 풍요로운 은총으로 우리를 포함한 만물은 그리스도와 일치를 이룬다. (에페 1:4, 8–9) 요한 바오로 2세에 따르면, 이는 에페소서 5장에서 선포된 "위대한 신비"에 의해 모두 실현된다. (TOB 97:3 참조)

우리는 "한 몸"을 이루는 남자와 여자의 일치인 혼인이 이미 "한 처음부터" 그리스도 안에서 영원한 선택과 참여를 보여주고 있음을 배웠다. 이와 같이 고귀한 신학적 개념이 평범한 남자와 여자의 "실제 삶"의 경험에서는 사라진 것처럼 보일 수 있다. 욕정에 사로잡힌 남자와 여자의 경험에서는 사라진 것이 맞다. 그렇지만 그리스도에로의 끊임없는 회

42 *Crossing the Threshold of Hope*, p. 113 인용.

심을 통해 욕정의 지배에서 자유롭게 된 남편과 아내에게 이 "고귀한 신학"은 마침내 그들의 삶과 경험이 될 것이다.

어떤 방식으로 삶과 경험이 되는 것인가? 어떻게 혼인과 성적 결합이 그리스도 안에서의 영원한 선택에 대한 참여를 실제적으로 표현하는가? 이 질문에 대답하려면 우리는 우리 내면의 깊숙한 원천에 있는 "울림"에 귀를 기울여야 한다. 우리가 창세기의 분석에서 다시 세우고자 했던 원초적 경험인 고독, 일치, 벌거벗음에 대한 체험을 다시 상기해야 한다. 그리고 하느님께서 우리가 잃었던 것을 다시 회복시켜 주시기 위하여 "당신이 사랑하신 아들을 통해 우리에게 아낌없이 주신" 은총의 힘을 믿어야 한다.

선택 받은 이는 선택할 수 있는 존재

교황은 모든 피조물 가운데 하느님의 자녀로서의 존엄성을 가진 피조물은 오직 "첫 아담"임을 기억할 필요가 있다고 말한다. 즉, 하느님의 모습과 유사성을 가지고 남자와 여자로 창조된 인간만이 하느님 자녀가 되기에 마땅한 존엄성을 가지고 있다. (TOB 96:5 참조) 이 "아담"은 가시적인 세상 안에서 자기 자신만이 홀로 "인격적" 존재임을 깨닫는다. 이 고독은 "아담만이 하느님과 유일하고, 배타적이며 그리고 반복할 수 없는 관계를 갖는다."라는 깊은 뜻이 있다. 모든 피조물 가운데에서, 그만이 "절대자의 파트너"였다. (TOB 6:2)

때문에 원초적 고독의 경험은 "선택 받았던" 체험이고 "선택할 수 있는" 경험이었다. 하느님은 사랑 안에서 아담을 선택했다. 그분은 그리스도 안에서 그를 선택했다. 요한 바오로 2세가 가장 사랑하는 제2차 바티칸 공의회 문헌의 가르침 중 한 구절에서와 같이, "첫 인간 아담은 장

차 오실 분, 곧 주님이신 그리스도의 예형이었다."[43] 이에 더해서, "선택받은 존재"인 아담은 하느님을 사랑하고 다른 사람을 사랑할 능력을 부여 받아 하느님 사랑을 재현한다. 이와 같은 방식으로, 원초적 고독은 원초적 일치의 경험으로 나아간다. 그렇기 때문에 사람이 홀로 있는 것은 좋지 않다.

그러나 원초적 벌거벗음의 경험을 통해 우리는 남자와 여자의 원초적 일치가 어떻게 그리스도 안에서 영원한 인간 선택에 참여할 수 있는지를 알 수 있게 된다. 부끄러움 없는 벌거벗음을 통해 남자와 여자는 "선물로 주신 자유를 통해 그들이 자유롭게 됨"을 드러냈다. 아담은 여자의 벌거벗은 몸을 보면서 "욕구"를 만족시키려는 충동을 가지지 않았다. 아담에게 그녀의 몸은 아담 자신을 "신실한 선물"로 그녀에게 주고자 하는 열망만을 일으켰을 뿐이다. 즉, 하느님께서 "세상 창조 이전에" 그리스도 안에서 그를 선택하셨던 것처럼, 그녀를 신부로 선택하고자 하는 열망만을 불러 일으켰다. 나아가, 그녀가 "그녀 자신을 위해서" 자유 안에서 창조된 인격임을 알았기에, 아담은 그녀를 "취하거나" "붙잡을 수" 없음을 알았다. 아담은 하와의 응답을 믿을 수밖에 없었다. 아담이 내어준 선물에 그녀 자신을 열고 자신을 선물로 내어 줌으로써 아담에게 응답하기만을 믿을 수밖에 없었다. 그리고 하와는 그렇게 하였다. 충동과 이기적인 마음에서 벗어난 아담과 하와의 일치는 상호 선택이었다. 즉, 상대방의 선익을 위한 선택이었으며 사랑하고 사랑받는 경험에서 나오는 선을 위한 선택이었다.

이 같이, 아담과 하와의 부부 결합은 영원한 사랑이신 하느님에 의하여 "선택"되었다는 경험과 동일한 모습이며 그 경험에로의 참여를 드

43 *Gaudium et Spes*, 22.

러내는 "지복직관의 경험"이었다. 요한 바오로 2세는 이러한 참여를 시원적 성사의 "초자연적 효력"으로 묘사한다. 다시 말해, 원초적 일치의 경험을 통해 하느님의 삶과 사랑이 남자와 여자에게 소통되었다. 이러한 "초자연적 효력은 원초적 순수 상태에 있는 인간의 창조행위 자체와 같다." (TOB 96:7)

죄 그리고 초자연적 효력의 상실

경험에 따르면, 이러한 실재는 원죄의 유산으로 흐려졌다. 요한 바오로 2세는 "은총의 유산은 창조주와의 첫 계약이 파기되는 순간 인간의 마음에서 축출되었다."고 말한다. 이와 같은 방식으로 "시원적 성사인 혼인은 창조 성사가 가졌던 초자연적 효력을 상실하게 되었다." 요한 바오로 2세에 따르면, "죄의 상태에 있음에도 불구하고 혼인은 (에페소서 5:22-23에서 말한 바 있는) 하느님의 영원한 계획을 실현하기 위한 성사의 예형이기를 멈춘 적이 없다." 교황에 따르면, 죄에도 불구하고 "혼인은 하느님의 영원한 계획을 실현시키는 발판으로 남아 있다." (TOB 97:1)

비록 성사의 예형으로서의 혼인의 능력에 심각한 손상이 생겼다고 하더라도, 전 역사를 통해 남자와 여자의 부부 결합에 대한 갈망은 "위대한 신비"에 대하여 말하고 있다. 보편적인 문화적 유산인 사랑의 연가, 문학, 음악 그리고 예술은 남녀의 사랑이 인간적 사랑과 신적 사랑의 결합이어야 한다는 기본적인 직관을 가리키고 있음이 바로 그 예이다.[44]

죄의 유산으로 인하여 혼인에는 많은 시련이 따른다. 그러나 이와 더불어 혼인에는 아직 한 처음의 지복직관의 "불꽃"이 남아 있다. 이 불꽃은 속량의 선물을 위해 남자와 여자를 준비시킨다. 마음은 이 세상의

44 *Gaudium et Spes*, 49 참조.

삶이 제공할 수 있는 것보다 "그 이상의 것"을 갈망한다. "그 이상의 것"에 대한 갈망에 다가가는 것은 곧 우리를 위해 우리 마음 안에 하느님께서 마련하신 계획의 깊은 "울림"에 가까이 가는 것이다. 그 불꽃의 심지를 끊어버리려 한 적이 있을지라도 그 갈망은 억제될 수 없으며 억제되지 않을 것이다.[45] 이는 그리스도 안에서 영원한 선택을 받은 인간이 그 선택의 은총 안에 살아가고자 하는 갈망이다. 또한 어린양의 혼인을 영원히 품으며 살아가고자 하는 갈망이다. 그 밖에 다른 것을 통해서는 만족될 수 없으며 결코 실현될 수 없다. 그 밖의 것은 결국 사라질 운명이기 때문이다.

■ 사탄은 자기가 원하는 대로 우리를 조종하기 위해 우리의 갈망을 목표로 삼고 농락한다. "공중을 다스리는 지배자"(에페 2:2)인 사탄은 우리 앞에 이 세상의 수 많은 쾌락을 보이며 우리의 갈망을 채울 듯이 말하지만 결국 우리에게는 공허함만이 남는다. 사탄의 유혹은 하느님께서 우리를 위해 이 세상에 창조하신 하늘나라에 대한 기쁨의 전조를 표절하고 있다는 사실을 명심해야 한다. 따라서, 이 세상의 모든 참된 기쁨은 어떤 면에서 성사적이다. 반면, 이를 표절한 거짓 기쁨은 그렇기에 거룩함을 모독한다. 바로 이곳에서 성사와 거짓 위조, 표상(icon)과 거짓 우상, 표징과 반(反)-표징 사이의 투쟁이 일어난다. 한 쪽은 영원한 성취와 친교의 전조이나, 다른 한쪽은 영원한 공허와 소외의 전조이다.

속량성사(Sacrament of Redemption)를 통해 실현되는 창조성사(Sacrament of Creation)

죄에도 불구하고 하느님의 본래적 계획의 "울림"은 인간 마음에서 울

45 Lorenzo Albacete, *God at the Ritz: Attraction to Infinity* (New York: Crossroads 2002).

리며 이는 결코 억제할 수 없다. 우리는 이를 창조성사의 울림이라 부를 수 있다. 이 울림은 남자와 여자가 속량성사를 받을 수 있도록 준비시킨다. 교황은 "창조성사가 인간에게 가까이 왔으며, 구원 사업의 차원으로 이끌어 들임으로써 속량성사를 위하여 이들을 준비시켰다."(TOB 97:1)고 말한다. 교황이 말하는 "속량성사"란 무엇인가? 이에 대한 답변을 위해, 우리는 우선 교황이 말한 '창조성사'의 의미를 상기할 필요가 있다.

창조성사는 창조 전반에 있어 하느님 안에 영원으로부터 감추어진 신비를 가시화하는 것이다. 원초적 인간은 창조성사의 은총을 통해 거룩한 삶과 사랑의 신비 즉, 친교의 신비에 참여한다.[46] 창세기 2:24의 말씀에 따라 제정된 혼인은 창조성사의 핵심이자 중점 포인트이다. 이 같은 의미에서, 창조성사는 초자연적 효력을 가지고 남자와 여자에 작용하는 시원적 성사라 할 수 있다. 그러나 죄에 의해 혼인은 창조성사의 정점으로서의 효력을 상실하였다. 인간이 창조주와의 계약을 파기한 때, 내적으로 고무되었던(in-spired) "삶"은 마음으로부터 이탈하게(ex-pired) 된다. 벌거벗음이 수치로 느껴진다는 것은 곧 거룩한 은총을 상실하였다는 사실을 입증한다. 그럼에도 불구하고, 교황은 다음과 같이 말한다. "혼인은 하느님의 영원한 계획을 실현하기 위한 토대"(TOB 97:1)로 남아 있다. "사실, 남자와 여자가 한 몸을 이루는 '원초적 일치'는 '한처음'과 같이 확실하고 투명한 구원의 표징, 성사의 투명성을 상실하였지만, 그럼에도 불구하고 여전히 이 세상에서의 인간 역사를 형성해 가기를 그치지 않았다." (TOB 100:1)

교황은 첫 아담과 하와의 "한 몸을 통한 일치"를 새로운 아담과 하와(그리스도와 교회)의 육화된 친교와 연결시키면서 "위대한 신비"라고

46 *CCC*, no. 375 참조.

일컫는다. "창세기 2:24와 그리스도–교회를 연결하는 것은 영원으로부터 하느님 안에 감춰져 있는 신비의 정체성뿐 아니라 신비의 계속적인 활성화를 의미하는 것으로 보인다." (TOB 97:2) 창조 자체로 나타나는 초자연적 은총인 시원적 성사와 새로운 은총 사이에 이와 같은 연속성이 존재한다. 이 새로운 은총은 '그리스도가 교회를 사랑하시어 자신을 바치고 교회를 거룩하게 한 때'(에페 5:25–26) 나타난다. 그러므로 이 "새로운 은총"은 "속량성사로 정의될 수 있다." (TOB 97:2)

사도 바오로에 따르면, 그리스도는 남편과 아내가 이루는 부부 결합의 모습으로 교회를 위해 자기 자신을 바친다. 이와 같이 속량성사는 "시원적 성사인 혼인의 모습과 형태를 덧입는다." 창조성사 안에서 첫 남자와 여자의 혼인은 초자연적 은총의 표징이었다. 이는 "속량성사 안에서 교회와 그리스도의 혼인 또는 혼인 유비에 상응하는 것이다. 그리스도와 교회의 혼인은 초자연적 은총에 대한 '위대한' 표징이다." (TOB 97:2) 이 "새로운 은총"은 원죄로 인하여 파기된 하느님의 선택의 은총에 대한 약속을 갱신하는 것이다. 교황에 따르면, 속량성사에 있어서 "새로운 은총"은 영원으로부터 하느님 안에 감추어진 신비의 "새로운 실현"을 의미한다. 이는 창조성사와의 관계에서 새로운 측면이다. 왜냐하면 새로운 은총은 어떤 의미에서는 "새 창조"이기 때문이다. (TOB 97:3 참조) 교황은 다음과 같이 말한다. "그래서 누구든지 그리스도안에 있으면 그는 새로운 피조물입니다. 옛 것은 지나갔습니다. 보십시오. 새것이 되었습니다." (2코린 5:17)

교황은 원초적 은총과 새로운 은총 간의 연속성이 중요함을 강조하는 동시에 이 양자 사이에 존재하는 중요한 차이점도 지적한다. 원초적 은총은 창조성사에서 주어진 것으로 이는 원초적 순수상태의 인간을 구성한다. 새로운 은총은 속량성사를 통해 주어진 것으로 우선은 죄의 용서를 위해 주어진 것이다. 그러나 이미 말한 바와 같이, 죄의 용서는 하느님께서 우리에게 주신 "풍성한 은총 중 그 일부에 불과하다." (에페 1:7-8) 이와 같은 측면에서 교황은 "죄가 많아진 그 곳에 은총이 충만히 내렸습니다."(로마 5:20)를 인용한다. (TOB 97:3)

창조 표징과 속량 표징

창조성사와 속량성사의 은총은 어떠한 방식으로 일어나고 실현되는가? "영원한 신비의 실현에 대하여 말할 때, 이는 곧 그 신비가 표징의 가시성에 의해 보이게 됨을 의미한다." (TOB 97:5) 창조의 신비를 가시적으로 만들어 창조성사를 실현하는 표징이 있다. 그리고 속량의 신비를 가시적으로 만들어 속량성사를 실현하는 표징이 있다. 그렇다면 이 표징들은 무엇인가? "영원으로부터 하느님 안에 숨겨진 신비 … 창조성사에 숨겨진 신비가 첫 남자와 여자의 부부 결합을 통해 가시적 실재가 되었다."고 교황은 말한다. 이와 같은 신비는 "속량의 신비 안에서 그리스도와 교회의 불가해소적 일치(에페소인들에게 보내는 편지에서 배우자간의 부부 결합)를 통해 가시적 실재가 된다." (TOB 97:4)

교황은 앞에서 다음과 같이 말한 바 있다: "에페소 신자들에게 보낸 서간 저자의 특별한 공헌은 이 두 표징을 단 하나의 위대한 표징 곧 위대한 성사로 삼았다는 점이다." (TOB 95b:7) 배우자 간의 부부 결합과 그리스도와 교회의 혼인에 대한 유비적 일치의 두 표징에 대하여 말할 때, 이는 곧 "창조와 속량의 전반적 활동과 관련하여 속량성사가 주는 전체 유산의 성사성에 대해서도 말하고 있는 것이다." (TOB 97:5) 즉, 이것이 바로 성사적 표징의 힘이며, 성사적 표징은 상징하는 바를 드러낸다. 한 처음에 부부 결합은 생명을 주는 삼위일체 안에서 친교의 영원한 신비를 상징하기 위하여 창조되었다.

> '첫 아담'–남자와 여자인 사람–이 원초적 순수의 상태 안에서 창조되었고 그 상태에서 부부 결합으로 부르심을 받은 것과 같이(바로 이러한 의미에서 우리는 이를 창조성사라 말할 수 있다), '두 번째 아담'이신 그리스도는 견고한 혼인의 연대와 더불어 속량성사를 통해 교회와 일치를 이룬다. 이는 영원한 신비에 대한 명확한 표징이다. (TOB 97:5)

이러한 측면에서 교회는 그 자체로 "위대한 성사"가 될 수 있으며 하느님 약속과 은총의 새로운 표징이 된다. 창조성사로부터 나온 혼인을 계약과 은총의 시원적 표징(primordial sign)으로 보는 것과 같이, 이제 새로운 계약과 은총의 표징은 "속량성사의 심연에 그 뿌리를 둔다." 따라서 "시원적 성사는 그리스도와 교회의 '성사' 안에서 새로운 방식으로 실현된다." (TOB 99:2)

교황은 첫 아담과 하와의 혼인과 새 아담과 하와(그리스도와 교회)의 혼인 간의 관계에 대하여 말씀하신다. 이 두 혼인은 서로 혼인적 관계를 갖고 있다고 말할 수 있다. 즉, 이와 같은 혼인적 관계를 통하여 두 표징은 "하나의 위대한 표징"을 형성하며 하나의 "위대한 신비"를 계시한다. "물론 성사적 표징은 신비를 온전히 모두 설명하지 못한다. 신앙의 대상인 신비는 표징으로 표현되는 때조차도 베일에 감춰진 채로 남아 있다. 그러나 표징의 베일 아래에서도 은총은 힘있게 소통된다." (TOB 97:5 참조)

결합력을 가지며 생명을 주는 그리스도의 혼인적 사랑

1982년 10월 13일 수요교리(TOB 97)를 가득 메운 청중들을 대상으로, 교황은 그리스도가 교회에 주신 혼인적 선물에 대하여 말씀하신다. 교황은 이 선물은 결합의 차원과 "생명을 주는 차원" 모두를 가진다고 말한다. 우리는 그리스도와 교회의 혼인적 선물이 갖는 상호성 안에서 결합의 차원을 알 수 있다. 다시 말해, 그리스도께서는 "불가해소성을 가지는 혼인 관계에서의 남편과 아내의 사랑으로 교회와 결합하고자 하는 열망을 가지고" 교회를 위하여 자신을 내어 줌으로써 속량성사를 시작한다. 그러나 그리스도께서 주신 이 선물에는 반드시 받는 행위가 있어야 한다. 즉, 선물에 대한 교회의 응답을 통해, "혼인 안에서 아내가 남편을 완성시키는 사랑과 같이, 교회는 이 성사를 완성시킨다." (TOB 97:4) 이미 언급한 바와 같이, 아내에 의한 남편의 "완성"은 첫 남자가 "자기에게 알맞은 협력자"인 여자를 처음 발견했을 때 일어난다.

아내의 신비는 "모성의 힘을 통하여 그 심층 깊숙한 곳까지 밝혀지고 드러난다." (TOB 21:2) 따라서 그리스도와 교회의 혼인적 사랑 안에 있는 "결합의 측면"과 더불어, 우리는 "생명을 주는 측면"도 깨달아야 한다. 교황은 다음과 같이 덧붙인다. "남편과 아내가 결합하듯 교회가 그리스도와 결합함으로써 교회는 속량성사로부터 교회의 풍성한 열매 맺음과 영적 모성애를 끌어낼 수 있다." (TOB 97:4) 이에 대하여 베드로 성인은 다음과 같이 증언하고 있다. "여러분은 썩어 없어지는 씨앗이 아니라 썩어 없어지지 않는 씨앗, 곧 살아 계시며 영원히 머물러 계시는 하느님의 말씀을 통하여 새로 태어났습니다." (1베드 1:23)

이제 우리는 『인간생명*(Humanae Vitae)*』 회칙의 중요성을 이해하는 데 한층 더 가깝게 되었다. 배우자의 "한 몸"을 통한 일치는 그리스도–교회의 일치에 의한 "위대한 신비"의 표징을 의미한다. 따라서, 교황이 말씀하신 바와 같이, 성관계에서의 윤리적 선과 악은 "그 관계가 진정한 표징의 특성을 가지는 지의 여부에 따라"(TOB 37:6) 결정된다고 말할 수 있다. 예를 들어 배우자에 가하는 육체적 폭행의 경우와 같이, 성이 갖는 결합적 특성을 공격하는 경우, 이는 교회에 대한 그리스도 사랑의 표징에 반(反)하는 것이다. 그렇다면 두 번째 특성인 '생명을 주는 측면'

에 대한 공격이 그리스도의 교회에 대한 사랑에 반한다는 사실을 깨닫는 것은 왜 어려운 것일까? 마지막 장에서 피임에 대한 주제를 다룰 때 이 문제에 대하여 상술한다.

혼인: 모든 성사의 원형(Prototype)

본성(자연)과 은총

교황은 에페소서의 분석을 통해 인간 역사에서 창조와 속량의 심오한 상호관계를 보여주었다. 또한 자연(본성)과 은총의 상호관계성에 대하여 설명한다. 혹자는 은총을 구별하여 인간을 순전히 "자연적 완성"이 가능한 자로 인식한다. 그리고 은총은 마치 2층 구조물과 같이 인간의 자연(본성)에 "첨가"된 것으로 보기도 한다. 그러나 창세기와 에페소서에 대한 교황의 분석을 토대로 우리는 하느님께서 인간 창조 때 이미 인간에게 은총을 내려 주셨음을 알고 있다. 인간 창조에서 "하느님께서는 인간에게 이성적 영혼을 주입하심과 더불어 원초적 은총의 유산을 주셨다." (TOB 97:1) 즉, 은총이 충만한 상태가 바로 인간의 본성적 상태이다. 여기에서 "본성"이란 하느님이 인간을 위하여 마련하신 유일한 본래적 계획을 의미한다.

남편을 받아들이기 위해 창조된 신부와 같이, 인간은 은총을 받아들이기 위하여 창조되었다. 즉, 인간은 그리스도의 신부로서 거룩한 생명을 받아들이기 위해서 창조되었다. 이와 같은 고찰은 이미 토마스 아퀴나스에서 발견된다. 그는 인간이 하느님의 모상에 의해 창조되었기 때문에 본성적으로 은총을 받을 수 있다고 말한다.[47] 이러한 의미에서 우

47 *Summa Theologia*, I IIae, q. 113, a 10. 그 외, Fathers Hogan, LeVoir, *Covenant of Love: Pope John Paul II on Sexuality, Marriage and Family in the Modern World* (San Francisco: Ignatius Press, 1992), p. 35. Rocco Buttiglione, *Karol Wojtyla: The Thought of the Man Who Became Pope John*

리는 은총을 따로 떼어 놓고는 결코 완전히 "본성적"인 상태를 논할 수 없음을 알 수 있다. 본성적 상태는 하느님께서 한 처음부터 계획하신 그 상태이다. 은총으로부터 분리되면서 인간은 "본성적"인 사람이 될 수 없게 되었다. 바로 그 때문에 그리스도께서는 성부와 그의 사랑을 계시하는 데에서(은총의 신비를 계시하는 데에서) 육화를 통해 인간에게 온전히 자신을 드러내신 것이다. 물론 이 은총을 받아들이는 것은 창조된 처음부터 그러하였듯이 지금도 의무가 아니다. 일부의 사람들이 생각하는 것처럼, 중요한 진리를 유지시키기 위하여 본성(자연)과 은총을 분리시킬 필요는 없다. 인간 창조 즉, 은총과 본성(자연)을 가진 인간의 창조는 인간에 지워진 부담이 아니다. 선물일 뿐이다.[48]

시원적 성사의 회복된 은총

창조성사의 표징과 속량성사의 표징을 결합한 바오로 사도의 에페소서 5:31–32에서 우리는 본성(자연)과 은총의 "혼인(결합)"을 알 수 있다. 바오로 사도는 창세기를 인용하여 다음과 같이 말한다. "이와 같은 이유로 남자는 아버지와 어머니를 떠나 아내와 결합하여, 둘이 한 몸이 됩니다." 그리고 나서 그는 다음을 덧붙인다. "이는 큰 신비(위대한 신비)입니다. 나는 그리스도와 교회를 두고 이 말을 합니다."

본 성경구절의 조심스러운 분석을 통하여 교황은 다음과 같이 말

Paul II, pp. 195–99: 제2차 바티칸 공의회에서 카롤 보이티야 추기경의 자연(본성)과 은총에 대한 논의 참조.

48 이와 같은 간략한 설명으로는 현대 신학에 있어서의 문제점에 대한 복잡한 문제를 소개하기에 턱없이 부족하다. 현대 신학에 있어서 논란의 중심은 자연(본성)과 은총의 관계에 대한 프랑스 예수회 신부 Henri de Lubac의 가르침에서 찾아 볼 수 있다. David Shindler는 Henri de Lubac의 책의 서언에 논란을 요약하고 있다. *The Mystery of the Supernatural* (New York: Crossroad Herder, 1998), pp. xi–xxxi. 자세한 논의는 Hans Urs von Balthasar, *The Theology of Karl Barth* (San Francisco Ignatius Press/Communio Books, 1992), Part III, pp. 251–358 참조.

한다. 그리스도와 교회의 일치를 혼인 배우자의 원초적 일치와 결합시키는 것은 "은유적 비유일 뿐 아니라 시원적 성사가 갖는 구원의 의미를 내포하는 실질적 회복 또는 '재 창조' 즉, 새 창조를 의미한다." (TOB 98:8) 원죄로 인하여 잃어버린 시원적 성사의 은총이 이제 속량성사 안에서 회복, 재 창조, 부활된다는 의미이다.

혼인은 상징을 현실화하는 효력을 다시 획득한다. 그러나 이 효력은 창조성사가 아니라 속량성사로부터 나온다. 이 효력과 더불어 혼인은 그리스도와 교회의 일치에 대한 모범이자 원형이며 "새로운 유산을 구성하는 주요한 부분"이다. (TOB 98:1) "바리사이와의 대화에서(마태 19장 참조), 그리스도께서는 한 처음부터 창조주가 제정한 혼인의 의미를 확인할 뿐 아니라 새로운 성사적 경륜으로 인하여 통합된 부분을 선포한다." (TOB 98:3) 새로운 성사적 경륜은 "구원 표징"의 새로운 질서이다. 구원 표징의 근원과 효력은 속량성사에서 나온다.

구원의 기본구조를 제공하는 혼인

이 같이 교황은 새로운 "구원 표징"을 언급함에 있어서, 성사를 광의의 의미에서 구체적인 의미 즉, 그리스도와 교회가 세운 표징을 가리키는 성사로 그 중심을 옮겨 설명한다. 이와 같은 새로운 성사적 경륜은 원초적 경륜과 다르다. 인간은 성사적 경륜에서의 원초적 순수 상태가 아니라 원죄의 유산이라는 짐을 안고 있기 때문이다. (TOB 97:3 참조) 원초적 순수 상태의 은총에 있어서, 혼인은 "단 하나의 유일한 성사"(TOB 98:3)였다. 그러나 성사는 탐욕에 빠진 인간에 은총을 주기 위하여 세운 7가지 성사로 구성된다. 빛이 굴절되어 7가지 무지개 색으로 드러나는 것과 같이 본래적 성사가 7가지로 "굴절"된 듯하다. 무지개의 일곱 가지 색이 모두 한 곳에서 파생되었으나 각각 빛의 단면을 보여주는 것처럼, 7가지 성사 모두는 시원적 성사가 가지는 혼인 신비적인 것을 내포하고 있다.

창조와 속량의 밀접한 관계를 토대로 우리는 시원적 성사 안에 이미 어떠한 식으로든 속량의 선물인 은총이 "담지되어 있다."는 결론을 내릴 수 있다. 욕정의 인간은 7성사로부터 나오는 그리스도-교회의 혼인 일치를 통해 은총을 받게 된다. 이 은총은 가장 먼저 죄를 용서하기 위하여 주어질 뿐 아니라 그리스도를 통한 삼위일체의 영원한 친교를 위하여 풍요롭게 주어진다.

죄에도 불구하고 인간을 위한 하느님의 본래적 계획은 계속된다는 점을 상기하여야 한다. 전체적인 의미에서 창조성사의 중심이라 할 수 있는 혼인은 성사의 원형을 제공한다. "이 원형에 따라, 새로운 구원 경륜과 성사적 질서의 근본적인 전달구조가 세워진다. 그리고 이 근본적인 구조는 그리스도로부터 교회가 받는 혼인의 은총에서 비롯된 것이다." (TOB 98:2) 다시 말해, 그리스도는 창조에서 흘러나오는 혼인 은총의 각인을 새로운 구원 경륜으로 받아들인다. 가톨릭 교회 교리서의 교리에 따르면, "그리스도인의 삶 전체에는 부부애의 표상인 그리스도와 교회의 사랑이 깃들어 있다."[49]

그러므로 시원적 성사인 혼인은 "새로운 성사적 경륜의 통합적 구조에 접목되어 삽입된다." 이를 통해 우리는 혼인이 어떻게 속량에서 비롯되는지를 알 수 있다. 교황은 다음을 강조한다. "따라서, … 이 차원을 심도 있게 고찰한다면, 우리는 새 계약의 모든 성사들이 어떠한 방식으로든 시원적 성사인 혼인 안에서 그 원형(prototype)을 발견한다는 결론을 내릴 수밖에 없다." (TOB 98:2)

49 *CCC*, no. 1617.

이는 앞에서 교황이 "성사적 질서의 토대"(TOB 95b:7)로서 혼인의 가시적 표징을 언급하였던 것과 깊은 연관이 있다. 혼인은 모든 성사의 기초이자 모범이며 원형이다. 왜냐하면 모든 성사의 본질적 의의와 성사적 효력을 구원자이신 그리스도의 혼인적 사랑에서 찾기 때문이다. 바오로 사도는 에페소서 5장의 세례성사(에페 5:26)와 성체성사(에페 5:29)가 혼인의 특성을 명시적으로 (때로는 암시적인 태도로) 보여준다는 점을 강조한다. 그리고 7성사 모두 각각의 방식으로 혼인적 의미를 내포하고 있음을 알 수 있다. 각각의 성사는 신랑인 그리스도와 우리를 한 몸으로 결합시킨다. 신부로서 우리의 마음을 하느님의 선물에 열 수 있을 때, 성사는 우리에게 거룩한 삶을 불어넣는다.

- 인간은 생명을 주는 은총을 거부하면서도 성사를 받는 시늉을 할 수 있다. 하느님을 거역하면서 성체를 모시는 것이 그 예이다. 이는 심각한 신성 모독이다. 이때 다음과 같은 의문이 생긴다. 혼인성사의 가장 완전한 표현이 거룩한 생명을 받아들이는 신부로서의 수용성이라고 한다면, 과연 피임은 어떻게 설명해야 하는가?

그리스도와 교회의 일치를 통한 "위대한 신비"는 남자와 여자로서 창조한 한 처음부터 한 몸이 되라는 부르심 안에서 이미 예고되었다. 성이란 성서적, 신학적 및 인류학적 의미에서 그리스도에 대한 모든 것이다. 그리스도는 "우주와 역사의 중심"[50]이다.

50 *Redemptor Hominis,* 1.

3. 성사와 "몸의 속량"

A. 복음

요한 바오로 2세의 몸의 신학이 제시하는 혼인에 대한 전망을 살펴본 사람들은 그 전망의 아름다움에 감탄하지 않을 수 없다. 그렇다면 그 같은 혼인 전망 안에서 사는 것이 가능한가? 여기에서, 요한 바오로 2세는 몸의 속량으로부터 흘러나오는 권능을 보여주기 위하여 노력한다. 어떠한 도움도 받을 수 없다면 남자와 여자가 할 수 있는 최선은 몸의 신학이 제시하는 혼인 전망을 멀찍이 떨어져서 감탄하는 것에 그칠 것이다. 그러나 남자와 여자는 결코 혼자 남겨진 존재가 아니다. 가톨릭 교회 교리서에 따르면, "죄로 어지러워진 원래의 창조 질서를 회복시키려고 오신 그리스도께서는 … 본래적인 의미에서 혼인 생활을 하도록 친히 힘과 은총을 주신다."[51]

1982년 10월 27일과 11월 24일 수요교리(TOB 99–100)에서, 교황은 혼인에 대한 하느님의 본래 계획과 "마음으로 범한 간음"인 음욕에 관한 복음의 핵심 말씀을 다시 한 번 설명한다. 우리는 에페소서 5장의 "위대한 신비"라는 측면에서 이러한 핵심 말씀의 중요성과 힘을 더욱 명확히 이해할 수 있다. 교황은 이 말씀이 갖는 신학적, 인간학적, 윤리적인 중요성에 대하여 다시 한번 상기시킨다. "그리스도께서는 신적 신비의 깊은 곳에서부터 말씀하신다. 동시에 인간 신비의 심오함 안으로 들어가신다." (TOB 100:7) 이러한 방식으로 신–인간(God–Man)인 그리스도께서는 신학적 인간학을 증거한다. 그리스도는 창조와 속량의 신비 안에서 남자와 여자에게 주신 하느님과 같은 거룩함을 감추지 않으심으

51 *CCC*, no. 1615.

로써, "인간에게 그 자신을 온전히 드러내신다." 이러한 거룩함이 바로 남자와 여자를 위대하게 하는 것이다. 즉, 거룩함을 가지고 있기 때문에 남자와 여자에게는 윤리적 요구가 생긴다. 그러나 속량의 선물은 우리에게 그러한 윤리적 요구를 충족하는 데 필요한 은총을 제공한다.

속량의 인간학

남녀가 '한 몸'을 이루도록 한 하느님의 본래적인 계획과 마음으로부터의 간음을 비난하신 그리스도의 말씀은 "하느님 모상에 따라 창조됨으로써 갖게 된 본래적으로 고유한 존엄성을 통해 남자와 여자 안에, 그 인격 안에 스며든다." 교황에 따르면, 역사적 인간은 죄에도 불구하고 이와 같이 고유한 존엄성을 물려받는다. 사실, 원초적 인간의 존엄성은 "속량의 실재를 통해 인간에게 계속적으로 '부여'된다." (TOB 100:5)

그리스도의 이와 같은 핵심 말씀은 "'몸의 속량'(로마 8:23)의 심오한 신성으로부터 흘러나온다." (TOB 99:4) 그리스도께서는 "하느님의 구원 사업과 '몸의 속량'으로부터 흐르는 권능에 혼인(그리고 남자-여자의 관계)을 열어 놓아, 죄의 결과를 극복하고 창조주의 영원한 계획에 따른 남자-여자의 일치가 가능하도록 하신다." (TOB 100:2) 우리가 이미 살펴본 바에 따르면 속량은 사실상 "새로운 창조"를 의미한다. 속량은 특히 하느님 모습으로 창조된 인간 안에서 "하느님께서 계획하신 의로움의 충만함, 공정함, 거룩함"(TOB 99:7)에 따라 새롭게 드러내는 모든 것이다. 따라서, "속량의 신비로부터 흘러나오는 구원 행위는 장소의 심오한 신비 안에 있는 하느님의 본래적으로 거룩한 행위 그 자체라고 할 수 있다." (TOB 100:2) 그리스도의 말씀은 이 같은 희망을 담고 있다. 교황에 따르면, 이 희망은 마지막 부활의 때에 우리를 위하여 마련해 놓은 희망일 뿐만 아니라 "일상의 삶의 영역"(TOB 99:5), 또는 앞에서 언급한 "매일의 희망”(TOB 86:6–7 참조) 안에서 계속적으로 깨달을 수 있는 희망이다.

교황에 따르면, 역사적 인간이 “속량의 신비를 기반으로 ‘몸 안에서’ 부부 결합의 존엄성과 신성함을 다시 발견하는 것은 진실로 가능하다.” (TOB 100:6) 얼마나 희망적인가! 남자와 여자는 일치와 존엄성을 해치는 욕정의 칼날에 의해 계속 상처받을 필요가 없다. 이제 더 이상 상처를 주는 열망을 조절하거나 해소하는 탈출구로만 혼인 생활을 인식할 필요가 없다. 결혼은 몸의 속량에 의식적으로(consciously and conscientiously) 참여하라는 초대이다. (TOB 100:4 참조) 이와 같은 초대에 응하여 의식적으로 몸의 속량에 참여하는 데 헌신하는 배우자들은 점차적으로 자기 인격의 고유한 존엄성을 다시 발견하여 되찾은 뒤 이를 살아갈 수 있게 된다. 이는 그리스도교의 혼인 배우자들의 의무이다. 그들은 매일의 삶에서 시련을 받아들이고 그리스도의 속량의 십자가를 들어올림으로써 원초적 일치의 진정한 조화와 평화, 그리고 행복을 체험할 수 있게 된다.

속량의 에토스

혼인에 관한 그리스도의 말씀은 우리가 창조와 속량의 신비 안에 있음을 보여줄 뿐 아니라, “매우 명시적인 표현으로써 윤리적으로 풍부한 설득력”을 갖는다. 다시 말해, 그리스도의 말씀들은 “정합적 인간학(adequate anthropology)”과 “정합적 에토스(adequate ethos)”를 위한 기초를 제공한다. 교황은 이미 앞에서 “속량의 에토스”(TOB 100:3 참조)라고 표현한 바 있다.

그리스도께서는 혼인이 시원적 성사임을 확인할 뿐만 아니라 “한 처음”에 대하여 말씀을 하시며 다음과 같은 도덕적 결론을 도출한다. “그의 아내와 이혼하는 자 그리고 다른 이와 결혼하는 이는 누구나 간음을 저지르는 것이다." (마르 10:11) 교황은 성 바오로 역시 도덕적 권고라는 측면에서 혼인을 가르치고 있다는 점을 지적한다. 이 같은 도덕적 권고는 그리스도인들의 삶을 특징지어야 하는 에토스의 개요를 보여준다. 교황은 그리스도인에 대하여 다음과 같은 정의를 내린다. "그리스도인은 선택 받음을 인식하는 자들로, 이 선택은 교회와 그리스도 안에서 실현된다." (TOB 98:5) 선택 받음을 인식한 우리는 은총을 통해 "속량의 에토스"를 이해하고 살 수 있는 힘을 갖게 된다. 은총의 힘을 인식하지 못하는 사람들은 그리스도교의 도덕적 요구를 의무부과로 볼 수밖에 없다. 그래서, 그들은 내적으로 자유롭게 만드는 에토스를 보는 것이 아니라, 부담으로 다가오는 외적 윤리만 보게 되는 것이다.

■ 안타깝게도 교회 신자 중에는 "그리스도와 교회 안에서 실현되는 선택 받음을 인식하는 신자들"(TOB 98:5)이 거의 없다. 선택 받음에 대한 인식의 부족이 본인의 잘못인 경우는 드물다. 서구사회에서의 복음, 교리에 대한 도전으로 인하여, 많은 가톨릭 신자들은 "위대한 신비"를 제대로 알지 못한다. 전 세계를 다니며 몸의 신학을 주제로 대화를 나누었던 나의 개인적 경험을 구체적인 예로 들자면, 대부분의 그리스도교 신자들은 선택 받음(즉, 복음의 신비 자체가 자기 자신의 몸 안에 신비롭게 각인되어 있음)을 깨닫지 못하고 있다. 그러므로 교황은 "새로운 복음화(new evangelization)"가 절실히 필요함을 반복하여 강조한다. 여기에서 '새로운'은 그 복음화의 대상이 이미 세례를 받은 신자들이기 때문이다. 에필로그에서 우리는 요한 바오로 2세의 몸의 신학(TOB)이 어떻게 새로운 복음화의 실질적이고 방법론적인 토대가 되었는지에 대하여 다룰 예정이다.

그리스도교의 에토스를 철학적으로 설명할 수도 있으나 (교황은 인격주의 철학에 대하여 부연설명을 하고 있다) 이는 본질적으로 신학적이라고 말할 수 있다. 그리스도교의 에토스는 속량의 에토스이기 때문이다. 교황에 따르면, 그리스도교의 에토스는 "몸을 위한 속량의 에토스"(TOB 100:3 참조)이다. 그리스도교의 에토스는 궁극적으로 몸으로 구원된 삶의 은총을 사는 사람들, 곧 그리스도 안에서 자신의 선택을 살아가는 사람들에게만 가능하기 때문이다. 속량은 "인간 몸의 구체적인 존엄성을 이해하기 위한 기반으로, 남자와 여자의 인격적인 존엄성에 그 뿌리를 두고 있다." (TOB 100:3) 이러한 존엄성은 모든 도덕성의 기초를 형성한다.

성윤리에 관한 교회의 모든 가르침은 남자와 여자가 지닌 고유한 위대함을 수용하고 보존하라는 권고이다. 산상 설교에서 성윤리의 에토스를 정의한 그리스도께서는 "모든 여성에 대한 존엄성 보호를 남자의 의무로 부과하고, 동시에 (비록 같은 본문에 대한 간접적인 결론이기는 하지만) 여자에게 남자의 존엄성 보호를 의무로 부과한다. 마지막으로 그리스도께서는 모든 남자와 여자에게 각자 자기 자신의 존엄성을 부여하신다." 교황은 이러한 존엄성을 인격의 "성스러움(sacrum)"으로 정의한다. 그는 이러한 남자와 여자의 성스러움(sacrum)이 "몸에 관련된 것, 구체적으로 남성성과 여성성에 관련된 것"(TOB 100:6)이라고 말한다. 몸은 인간의 위대함 즉, 존엄성을 드러낸다.

우리 자신의 존엄성에 따라 사는 것은 지속적인 투쟁이며 때로는 고단한 투쟁이다. 이러한 맥락에서 그리스도께서는 "인간 안에서 선과 악, 죄와 정의, 욕망과 거룩함이 투쟁하는 그 '내밀한 장소'"(TOB 100:7)인 '마음'에 호소하신다. 그리스도는 모든 남자와 여자가 욕정의 속박에 있음을 깨닫기를 촉구하시며 동시에 그들에게는 마음을 변화시킬 실질적인 힘을 가져다 주는 속량의 은총이 있음을 깨닫기를 원하신다.

속량은 "그리스도 안에 하느님과 함께 하는 새로운 계약의 은총으로써 인간에게 주어짐과 동시에 에토스로 부여된다." (TOB 100:4) 이는 확실히 힘든 에토스이다. 그리스도께서는 인간의 마음에 이와 같은 에토스를 주신다. 교황은 그리스도께서 이 에토스를 "인간의 양심, 바라봄, 그리고 행위에도"(TOB 100:7) 주셨다고 덧붙인다. 욕정에 사로잡힌 인간이 자신 안에서 무력함을 느끼게 될 때, 그는 자신이 그리스도 안에서 선택 받았음을 기억해야 한다.

여기서 교황은 우리에게 새로운 에토스가 "속량의 신비 안에서 하느님의 행위에 부합하는 윤리의 형태"(TOB 100:4)임을 상기시킨다. 그렇다면 무엇을 속량의 신비 안에 있는 하느님의 행위라고 하였나? 바로 죄를 정복할 만큼 충만하게 부어지는 은총이다. (로마 5:20 참조) 죄의 죽음으로 인하여 "그리스도께서 아버지의 영광을 통하여 죽은 이들 가운데에서 되살아나신 것처럼 새로운 삶을 살아가게 되는 것"(로마 6:4)이다. 한때 자기 자신의 지체를 더러움과 불법의 종으로 넘겼다면, 이제 성령께서는 우리의 몸을 성화(聖化)시켜 의로움에 바칠 수 있도록 하신다. (로마 6:19; 8:11 참조) 성령의 힘이 이러한 방식으로 우리를 활기차게 할 때, 우리는 혼인과 몸의 성스러움을 알게 될 것이다. 여전히 욕정의 유혹을 받지만, 이와 같이 성스러움을 인식하며 사는 삶을 통하여 우리는 거룩함을 모독하는 삶을 택하느니 차라리 십자가의 고통을 택하게 될 것이다.

베드로 성인의 말씀과 같이, 만약 우리의 시선을 그리스도에게 고정시킨다면 우리는 물 위를 걸을 수 있을 것이다. 비록 우리의 신앙이 위축되고 가라앉기 시작할지라도 그리스도께서는 항상 우리를 구하기 위해 손을 뻗으시며, 우리는 다시 그분에게 돌아가게 될 것이다. (마태 14:25-31 참조) 그러나 먼저 우리는 그리스도의 권능을 믿고 배 밖으로 발을 뻗어 나와야 할 것이다. 앞에서 살펴본 바와 같이, 속량의 역사 즉, 우리의 마음, 바라봄, 행위에 있는 욕정을 극복하는 역사는 배안의 "안전함"에서가 아니라, 풍랑과 파도 한 가운데 놓여 있기 때문이다. 그곳이 바로 그리스도께서 계신 곳이다. 그분께서 우리를 부르신다. "오라!"

하느님의 구원 의지를 드러내는 혼인

성사는 남자와 여자의 구원을 위하여 주어진 것이다. 교회는 그리스도께서 인간 구원을 위해 7성사를 제정하셨다는 것을 확고하게 믿는다.[52] 전통적으로 신학자들은 그리스도께서 혼인 성사를 제정하셨다는 성서적 증거를 그리스도의 가나 혼인잔치에서 찾는다.[53] 교황은 바리사이와 그리스도의 혼인에 관한 논쟁 역시 성서적 증거라고 말한다. 이와 같이 성경 말씀에 근거하여, 교황은 혼인을 "한 처음"부터 시작된 성사일 뿐만 아니라 "몸의 속량"에 관한 신비로부터 시작되는 성사라고 결론 내린다. (TOB 100:7 참조) 수요교리의 도입 부분에서 교황은 "바리사이들을 향한 그리스도의 말씀은(마태 19장 참조) 성사인 혼인에 대한 호소이며 인간을 위한 하느님의 구원 의지를 근본적으로 계시한 것"(TOB 100:1) 이라고 말한다.

혼인성사에 관한 이러한 정의는 언급할 가치가 있다. 인간을 위한 하느님의 구원의지는 무엇인가? 그리스도는 하느님의 구원의지를 "이것이 나의 계명이다. 내가 너희를 사랑한 것처럼, 너희도 다른 사람을 사랑하여라."(요한 15:12)라고 요약하여 말한다. 이는 곧 우리가 남자와 여자로

---

52 *CCC*, nos. 774, 1123, 1680 참조.

53 *CCC*, no. 1613 참조.

창조되었으며 "한 몸"이 되도록 부르심을 받았다는 의미이다. 다시 말해, 하느님께서 "한 처음부터" 인간을 사랑하신 것처럼 우리도 서로 사랑하라는 부르심이다. 교황은 창세기 2:24에 이미 드러난 이러한 부르심을 『기쁨과 희망(*Gaudium et Spes*)』 24항의 가르침과 연관 짓는다.

> 더욱이 주 예수님께서 "아버지와 제가 하나인 것처럼 … 그들이 모두 하나가 되게 해 주십시오."(요한 17:21-22) 하시며 성부께 기도하실 때 인간 이성이 미치지 못하는 시야를 열어 주셨으며, 진리와 사랑 안에 있는 하느님 자녀들의 결합과 신적 위격의 결합이 지닌 어떤 유사성을 가리켜 주셨다. 이 유사성은 지상에서 그 자체를 위하여 하느님께서 바라신 유일한 피조물인 인간이 자기 자신을 아낌없이 내어 주지 않으면 자신을 완전히 발견할 수 없다는 것을 드러내 준다.

"하느님 구원 의지와 활동 안에서 남자와 여자는 '한 몸'(창 2:24)이 되기 위하여 상호 일치를 이루었으며, 이와 동시에 위의 『기쁨과 희망(*Gaudium et Spes*)』에서 제시한 24항의 가르침에 따라 하느님의 자녀로서 '진리와 사랑 안에' 하나되도록 운명 지어졌다." 교황은 계속해서 시원적 성사로서의 혼인에 대하여 "이와 같은 인격 간의 일치와 친교는 신적 인격의 결합을 닮은 것이다."(TOB 100:1)고 말한다. 또한, 『가정교서 (*Letter to Families*)』에서 교황은 다음과 같이 말한다. 모든 남자와 여자는 "아낌없이 자기를 내어 줌으로써 자기를 완전히 실현하는 것입니다. 배우자들에게는 부부 결합의 순간이 바로 이러한 자기 증여의 특별한 표현입니다. 그때 한 남자와 한 여자는 그들 남성과 여성의 '진리' 안에서 서로에게 내어주는 상호 증여가 됩니다."[54]

---

54 *Letter to Families*, 12.

앞에서 우리는 제2차 바티칸 공의회의 가르침 즉, 신실한 자기 증여를 통한 인격 간의 친교에 대한 가르침이 몸의 혼인적 의미 안에 이미 육화되어 있음을 언급한 교황의 말씀을 고찰한 바 있다. "진리와 사랑 안에서" 하나되는 하느님의 자녀들을 위한 모델은 바로 남편과 아내가 이루는 "한 몸"의 일치이다. (1코린 12:12–13) 여기에서 우리는 십자가의 성 요한으로부터 온 다음의 세 가지 확신을 명백하게 볼 수 있다. (1) 사랑은 자기 증여를 포함한다. (2) 인간 경험에서 자기 증여적 사랑의 모델은 혼인 관계에 있는 배우자들 사이의 증여이다. (3) 삼위일체의 세 위격 사이에 일어나는 자기 증여는 모든 자기 증여적 사랑의 원천이자 모델이다.

혼인, "성령에 따른 삶"에로의 부르심

욕정의 지배를 극복함

남편과 아내가 "진리와 사랑 안에서" 하나가 될 때, 혼인은 하느님의 "구원 능력에 대한 효과적인 표현이 된다." (TOB 101:1) 이러한 "구원 능력"은 남자와 여자가 욕정을 극복할 수 있도록 하고, 이기적 만족감을 가지려는 성향을 통제할 수 있도록 한다. "그와 같은 통제의 열매는 혼인의 일치와 불가해소성, 더 나아가 부부가 함께 살아가는 삶 안에서나 기타 상호 관계의 모든 상황에서 여자의 존엄성을 담지하는 남자의 마음 또는 남자의 존엄성을 담지하는 여자의 마음이다." 상대방의 성이 갖는 존엄성을 깊이 존중하는 행위가 "혼인의 삶 안에서 혹은 그 외의 다른 모든 상호 관계에서 명백해진다." (TOB 101:1)

교황은 앞에서 "욕정으로부터 마음이 해방되는 것을 통하여 선물의 자유를 가질 수 있으며, … 이는 진리 안에서 살기 위한 전제 조건이다."(TOB 43:6)라고 말한 바 있다. 생명을 존중하고 인간 존엄성을 인식하는 문화를 만들기 위해서 우리는 먼저 우리 자신의 마음에서 욕정을 극복하는 것부터 시작해야 한다. 그 외의 다른 출발점이나 해결책은 없다. 모든 시작은 바로 여기이다. 그렇다면 어떻게 그것을 할 수 있는가? 욕정은 항상 그 추한 얼굴을 드러내어 인간의 존엄성을 보지 못하도록 우리의 눈을 가리려고 한다. 그러나 "성령에 따른 삶"을 위해 우리의 육체를 개방할 때, 우리는 욕정의 힘보다 절대적으로 더 강한 힘을 우리 안에서 발견할 것이다. 다음의 희망의 말씀을 들어라. "'욕정'은 내적 전망의 지평을 어둡게 하고 마음 안에서 열망과 갈망의 투명함을 송두리째 빼앗아가는 반면, '성령에 따른 삶'은 남자와 여자에게 남성성과 여성성 안에서 몸의 혼인적 의미를 자각하게 하고 이와 일치된 참된 선물의 자유를 재발견하게 한다." (TOB 101:5) 교황은 이러한 "성령에 따른 삶"을 모든 이에게 가능한 것이나 동시에 혼인 성사에 쏟아지는 특별한 은총이라고 말한다.

교황에 따르면, 교회의 성사인 혼인은 "성령의 말씀"이다. 성령께서는 남자와 여자가 함께 공동의 일치하는 삶을 살아가는 데 있어 몸의 속량의 신비로부터 힘을 끌어올리도록 권고하신다. 이러한 방식으로 남자와 여자는 "'성령에 따라' 살기 위하여 정결에로의 부르심을 받는다." (TOB 101:4) 그러므로 혼인은 욕정의 인간에게 은총으로 주어진 속량성사이자 에토스이다. 교황은 몸의 속량은 욕정의 지배를 극복하도록 하는 "일상의 희망, 세속의 희망"(TOB 101:4 참조)이라고 정의한다.

"욕정에 불타는 것보다 혼인하는 편이 낫다"

이러한 맥락 안에서 교황은 남자와 여자의 정결한 사랑에서 욕정을 만족시키기 위한 '합법적인 탈출구'로서의 혼인이 배제되어야 함을 다시

한 번 강조한다. 그는 바오로 사도의 가르침이 잘못 해석되었음을 분명히 하기 위해 고린토 1서 7장 말씀을 다시 언급한다.

바오로는 "불륜의 위험 때문에"(1코린 7:2) 혼인을 권고한다. 바오로 사도는 그의 독자들이 자신처럼 독신으로 남는 것을 더 선호했을 것이다. "그러나 자제할 수 없으면 혼인하십시오. 욕정에 불타는 것보다 혼인하는 편이 낫습니다." (1코린 7:9) 이 구절을 처음 읽게 되면 마치 결혼 안에서의 욕정에 대한 탐닉을 정당화시키는 것처럼 보일 수 있다. 앞에서 우리는 사도 바오로의 가르침과 교황의 가르침 사이에 충돌이 있는가에 대한 질문에서 교황의 설명이 충분하지 않았다는 견해를 밝힌 바 있다. 그러나 다음에서 보여주는 교황의 설명은 설득력이 있다고 할 수 있다.

교황에 따르면, 사도 바오로는 그리스도교에 있어서의 혼인을 동정 생활과 마찬가지로 은총의 특별한 선물(1코린 7:7)이라고 가르치고 있다. 교황에게 은총은 항상 새로운 에토스를 상징한다. 그러므로 교황은 다음과 같이 결론을 맺는다. "사도 바오로는 혼인이란 부부에게 맡겨진 에토스임을 암시적으로 그리고 역설적으로 단순하게 표현하고 있다." (TOB 101:3) 자신의 주장을 뒷받침하기 위해 교황은 바오로의 말씀 즉, "욕정에 불타는 것보다 혼인하는 것이 더 낫다."에서 "불타다"라는 동사는 욕정으로부터 흘러나오는 무질서한 열정을 나타낸다고 말한다. 그러나 "결혼하다"는 윤리적인 질서를 의미하는 것으로써 바오로 사도는 의식적으로 이 맥락 안에 집어 넣고 있다고 교황은 말한다. 이러한 이유로 바오로 사도는 혼인의 에토스 즉, 마음속에 갈망을 진정한 자기 증여로 변형시키는 에토스는 욕정에 지배 받는 상태보다 낫다고 말하고 있다. (TOB 101:3 참조)

교황은 우리에게 혼인이란 "에토스와 에로스의 만남의 장소이며, 남자와 여자가 마음 안에서 그리고 모든 상호관계 안에서 서로에게 스며드는 장소"(TOB 101:3)임을 상기시킨다. 열망의 순결함은 인간의 마음 안에서, 에로스와 에토스의 만남에서 태어나는 열매이다. 그러한 순결함은 욕정에 대한 탐닉을 배제한다. 또한 그러한 순결함은 이기적 만족을 위해 타인을 전유하도록 이끌지 않는다. 단지 신실한 자기 증여를 통하여 하느님이 사랑하시는 것처럼 타인을 사랑하도록 이끈다.

"성령에 따른 삶"에 있어서의 부부성교

한 처음, 몸과 에로틱한 열망은 남자와 여자의 친교의 참된 토대였다. 그러나 욕정의 왜곡으로, 남자와 여자는 몸과 에로틱한 열망에 의심을 품게 된다. 혹자는 욕정으로 인하여 남–여 관계에 다양한 문제가 등장하게 되었다고 말한다. 이처럼 가시 돋친 말은 수많은 사람들을 자극하여 참된 사랑과 혼인 안에서의 친교에 대한 갈망에 무감각하게 만들곤 한다. 이 경우 "이중의 고독"은 상대방의 인격에 참여함으로써 "둘이 하나됨"을 향해 나아가는 것 대신, 정체된 상태로 머물러 있게 만들고 결국 자기 방어적인 "이중의 소외(double alienation)"에 이르게 한다.

그럼에도 불구하고, "성령에 따른 삶"을 통하여 육의 욕정을 극복한 남자와 여자는 "남성성과 여성성의 성사적 계약"인 혼인의 성사성을 다시 발견할 수 있다. 욕정으로 의심에 가득 차 있던 "육"은 끊임없는 변혁을 통하여, "인격 간의 분리불가하며 영원한 친교의 특별한 '기층(substratum)'이 된다." (TOB 101:4) 이는 그리스도께서 치유의 희망을 우리에게 주셨음을 의미한다. 찌르고 쑤시는 날카로운 가시의 이미지를 이용해 계속 설명하자면, 못 박히신 그리스도의 '육' 안에서 우리는 참된 일치와 친교를 막는 상처를 떠안고자 하는 그리스도의 의지를 알 수 있다. 신랑인 그리스도께서는 십자가 위에서 자신을 선물로 내어 줌으로써 우리의 깊은 상처를 선포하시며 이와 동시에, 생명을 주는 참된 혼인적 친교를 다시 세울 수 있는 가능성을 선포하신다.

"성령에 따라" 사는 삶은 몸을 금기시하는 것이 아님을 다시 한 번 상기할 필요가 있다. 성령에 따른 삶은 몸과 영의 통합을 의미한다. 성령의 영감에 우리의 육을 개방함을 의미한다. 혼인한 배우자들에 있어서 이는 부부성교 안에서 이루는 "한 몸"을 개방하여 성령의 내재를 받아들임을 의미한다. 교황은 주저함 없이 다음과 같이 말한다. "'성령에 따른 삶'은 상호 간의 일치' 또는 '앎'(창 4:1 참조) 안에서 표현된다. 이러한 일치를 통하여, 혼인한 배우자들은 '한 몸' 된다." (TOB 101:6) 이와 같이 "성령에 따른" 삶은 "혼인 성사의 은총"(TOB 101:5)이라고 교황은 말한다. 남편과 아내는 자신을 신실한 선물로 내어 줌으로써 "한 몸"이 되는 경험을 하도록 되어있다.

부부성교(결합)는 남편과 아내의 일치만이 아니라 하느님과 인간의 일치도 포함한다. 따라서, 성적 쾌락 자체를 통합적으로 이해한다면 이는 곧 하느님의 신비 안으로의 참여를 의미한다고 할 수 있다. 즉, 하느님께서 사랑하시는 것처럼 사랑하는 기쁨에 참여하는 것이다. 그리스도께서 우리에게 당신이 사랑하신 것처럼 사랑하라는 계명을 주셨음을 상기하라. 그리스도께서 사랑하신 것처럼 우리가 서로를 사랑할 때, 그리스도의 기쁨이 우리 안에 들어올 수 있으며 우리의 기쁨이 되어 완성될 수 있다. (요한 15:11 참조) 물론, 이와 같은 쾌락(기쁨)은 욕정이 지향하는 "이기적 만족"과 매우 다른 것이다. 참된 성적 쾌락(기쁨)은 배우자들 자신의 존엄성에 상응하는 것이다. 몸의 혼인적 의미 안에서 표현된 존엄성을 온전히 인식하는 남편과 아내는 모든 친밀함, 애정 표현에서 그 존엄성을 지키고자 노력한다.

더불어, 부부성교가 "성령 안에서" 이루어진다는 것은 성령 안에서 폐쇄적이라는 의미가 아니다. 자신의 육을 성령에 개방하며, 동시에 성령이 "주님이시고 생명을 주신 분"이라는 사실을 인식하는 것을 의미한다. 부부결합(성교)이 "성령에 따라" 이루어질 때, 배우자들은 아무런 의심 없이 "출산의 축복 아래 자신의 여성성과 남성성을 내어 놓는다." (TOB 101:6) 요한 바오로 2세의 말에 따르면, 배우자의 존엄성과 부모가 될 가능성은 결코 분리가능한 것이 아니다. 부부성교 안에서의 진정한 기쁨과 깊이는 당연히 부부성교가 "생명의 거룩함을 얼마나 깊이 인식하느냐와 관련되어 있다. 즉, 남자와 여자는 창조 신비의 능력에 참여함으로써 생명의 거룩함이 일어나도록 한다." (TOB 101:6) "창조신비의 능력"으로부터의 의도적 단절이 아니라고 하더라도, 주님이자 생명을 주시는 분에 대하여 우리의 육을 개방하지 않고 차단한다는 것은 곧 "성령에 따른 삶"으로부터의 차단으로부터 오는 고립이 아닐까?"

출산(*Procreation*): 창조와 속량의 핵심부분

부부 사랑의 표식이 창조와 속량의 신비에 스며듦에 따라, 그 결실 역시 두 신비에 스며든다. 성경에 드러난 바와 같이, 출산은 창조 신비(창 1:28)와 속량 신비(루카 1:35; 1티모 2:15)의 핵심이다. 아이를 잉태함은 곧 창조 신비를 재생산하는 것이라고 하신 교황의 말씀을 기억할 필요가 있다. (TOB 10:4 참조) 잉태된 모든 아이는 속량의 희망을 증거한다(TOB 101:6)고 교황은 말한다. 또한 교황은 이를 몸의 속량에 대한 희망을 말씀하신 바오로 사도의 말씀(로마 8장 참조)과 다시 한 번 연결한다.

몸의 속량의 신비와 연결된 희망이라는 측면에서, 교황은 나음과 같이 말한다. "이 새로운 인간 생명은 즉, 아버지와 어머니의 혼인적 결합을 통해 잉태되고 태어난 새로운 인간은 '하느님의 자녀가 되는 영광의 자유를 얻기 위해'(로마 8:21) '성령의 첫 열매들'(로마 8:23)을 향하여 자신을 개방한다." (TOB 101:6) 다시 말해, 아이가 잉태될 때마다 그 잉태의 신비는 성령의 활동을 선포한다. 또한 삼위일체 사랑의 신비를 선포하며 그리스도 안에서 영원으로부터의 친교를 통하여 하느님의 자녀로 선택된 우리 존재의 신비를 선포한다.

그러나 새로운 인간 생명이 나타내는 이와 같은 희망을 실현하는 것에는 원죄로 인하여 고통이 수반된다. 부끄러움이 시작된 이래, 십자가의 고통이 혼인적 결합과 출산의 신비 안으로 들어오게 된다. 남자와 여자 사이의 참된 사랑은 바로 여기에서 결정된다. 즉, 남자와 여자가 십자가의 고통을 수용하는가? 아니면 회피하는가? 사랑은 속량의 고통을 지향하도록 이끌지만 음욕은 그 고통을 거부하도록 이끈다. 성적인 죄는 사실 언제나 그리스도의 십자가로부터 사랑을 고립시키고자 하는 구체적인 시도에서 비롯된 것이다. 그러나 십자가를 떠난 사랑은 없다.

혼인 배우자들이 "자신의 십자가를 지고 그리스도를 따를 때," 부부 사랑과 출산의 고통은 속량을 가져온다. 사실, 이를 통하여 남편, 아내, 자손은 그리스도의 죽음과 부활의 신비에 뛰어든다. 속량의 "기쁜 소식" 안에 사는 혼인 배우자들은 자신들이 감내해야만 하는 고통을 두려워하며 좌절하지 않는다. 하느님의 거룩한 계획에 따라 "한 몸"을 이룬 배우자들의 경우, 주님이시며 생명을 주신 하느님께 그 "한 몸"을 여는 것을 결코 두려워하지 않는다. 이와 같이 하느님께 부부 결합을 이룬 한 몸을 개방할 때, 그들은 혼인 성사가 상징하는 의미의 효력을 드러낸다. 또한 창조 신비와 속량의 신비 전체를 다시 보여준다.[55] 왜냐하

55 만약 우리가 배우자를 하느님과의 "창조의 협조자(co-creator)"라고 묘사하는 것을 주저하지 않는다면, 우리는 이들을 하느님과의 "구속의 협조자(co-redeemer)"라고 말할 수 있지 않을까? (Steve Habisohn, GIFT Foundation 창립자이자 회장에게 이 질문에 대한 설명을 맡

면, 혼인 안에서 상호 수용은 "그 자체로 창조 신비와 속량 신비의 거룩한 표징을 담지하기 때문이다." (TOB 131:5)

혼인 그리고 속량의 종말론적 희망

혼인적 결합이 갖는 "위대한 신비"가 무엇을 상징하며, 어디에 참여하는지에 대한 우리의 인식이 깊어짐에 따라, 우리는 혼인이 "인격을 위한 즉, 남자와 여자, 부모와 자녀, 그리고 인류 세대를 위한 희망의 바탕"(TOB 101:7)임을 알 수 있다. 교황은 로마서 8장의 말씀을 인용하며 이 희망에 대하여 다음과 같이 말한다. "만약 '모든 피조물이 지금까지 다 함께 탄식하며 진통을 겪고 있다고 한다면'(로마 8:22), 어머니의 진통에는 특별한 희망이 함께 하고 있는 것이나." 이것은 곧 "'하느님의 자녀들이 나타남'(로마 8:22) (역자주; 로마 8:19)에 대한 희망이다." (TOB 101:6) 세상에 오는 모든 아기는 자기 안에 희망의 불꽃을 담고 있다고 교황은 말한다. 그러나 어둠에 잠식된 이 세상에서 희망의 불꽃을 인식하는 것은 매우 어려울 수 있다. 교황은 "이 세상에서의" 속량의 희망에 대한 바오로 사도의 말씀을 다시 한 번 확인한다. 이 희망은 창조 전체를 관통한다. 그러나 이 희망은 "세상에 대한" 것이 아니다. 성부 아버지에 대한 희망이다. (TOB 101:7 참조) 여기에서 투쟁이 일어난다. 속량의 희망 안에서 살기 위해서 우리는 성부의 사랑을 믿어야 한다. 그러나 우리는 '한 처음부터' 성부의 사랑을 의심해 왔다.

원죄는 하느님께 등을 돌린 인간의 신비임을 기억할 필요가 있다. "원죄는 성부의 아버지 되심을 파괴하려는 시도로, 하느님의 사랑을 의심하게 만들었으며 창조된 세상을 관통하는 빛을 파괴하였다."[56] 원죄로

긴다)

56 John Paul II, *Crossing the Threshold of Hope*, p. 228.

인하여 인간은 마음에서 하느님을 내쳤으며, 성부이신 하느님으로부터 멀어지게 되었다. 이로 인하여 인간 안에는 오직 "세상에 대한 것"만이 남게 되었다. 이와 같은 방식으로 우리는 인간의 음욕이 어떻게 탄생하게 되었는지를 목격한다. 사도 요한의 말씀에 따르면, 음욕은 "아버지에게서 온 것이 아니라 세상에서 온 것"(1요한 2:16)이다. 그러나 교황은 혼인에 적합한 성적 사랑은 "세상에서 온 것"이 아니라 "아버지에게서" 왔다고 말한다. 인간 마음의 가장 깊숙한 곳에 아버지에게서 온 것과 세상에서 온 것 사이의 투쟁이 일어나고 있다. 이 투쟁은 사랑과 음욕, 희망과 절망, 생명과 반(反)-생명 사이에서 일어난다.

창세기에 따르면, 출산에 따른 자손의 번성은 확실히 성부께서 허락하신 축복이다. (창 1:28 참조) 그러나 출산의 고통으로 인하여, 남자와 여자는 때때로 자녀 출산의 가치를 의심한다. 그리스도의 부활에 대한 신념이 없다면, 출산에 따른 고통은 본래적 축복인 자손 번성을 저주로 여기게 만들 것이다. 그렇게 됨에 따라, 사람들은 출산 가능성이 갖는 신성한 행위의 의미를 왜곡함으로써 출산을 피하려 한다. 이로써 성적 일치를 통해 생명을 주신 주님께 가는 길에 이르지 못하게 된다면, 인간은 "아버지에게서" 나온 것에 자신을 개방하지 못하고 "세상에서 온 것" 안에 잠식된다. 여기에는 하느님이 "원하지 않으시는(un-inspired)" 성적 열망만이 있게 될 것이다. 에로스는 아가페로부터 단절될 것이다. 이는 음욕이 아닐 수 없다.

우리는 자손의 번성에 대한 하느님의 축복이 "아버지에게서 온 것"과 "세상에서 온 것" 사이에서 선택을 하게 만든다는 사실을 알게 된다. 이 선택은 영원한 결과를 가져온다. 교황은 여기에서 사도 요한의 말씀을 다시 한번 인용한다. "세상은 지나가고 세상의 욕망도 지나갑니다. 그러나 하느님의 뜻을 실천하는 사람은 영원히 남습니다." (1요한 2:17) 이러한 측면에서, 혼인 성사는 "그 자체로 인간의 종말론적 미래의 기원을 담고 있다." (TOB 101:10-11) 다시 말해, 배우자의 정결한 사랑은 성령의 내재하심을 드러내는 증거이며, 영원한 생명에 대한 전조이자 "보증"(에페 1:13-14 참조)이다. 가톨릭 교회 교리서에 따르면, "정결은 불멸을 약속해주는 것이다."[57]

이와 같은 맥락에서, 교황은 부활에 대한 그리스도의 말씀을 다시 한번 인용한다. 그리스도께서는 부활의 때에 혼인을 배제하신다. 그러나 이는 혼인의 심오한 진리가 없어진다는 의미가 아니다. 어린양의 혼인 안에 완성될 것이라는 의미이다. 이 세상에서의 혼인은 천상의 혼인을 알리는 전조의 역할을 수행한다. 물론 천상의 혼인을 준비하기 위해 지상의 혼인은 천상의 혼인 모습을 띠어야 한다. 교황은 혼인을 "'한 처음부터' 인간에게 주어진 성사"(TOB 101:11)로 묘사한다. 혼인은 인간의 기원으로, 역사적 차원뿐만 아니라 종말론적 차원에서의 미래를 가능하게 한다. 교황은 모든 인간이 다가올 부활에 참여하기 위하여 이 세상의 소명을 완수해야 한다고 말한다. 인간의 기원은 부모의 혼인, 더 정확히는 부부 결합에서 시작되었기 때문이다. 이와 같이, 혼인은 인간의 궁극적 운명과 관련된 "대체불가한 임무"를 실현한다. (TOB 101:11 참조)

영원한 생명에 대한 희망은 살아 있는 희망이다. 그 안에서 혼인 배우자들은 "한 몸"이 됨에 참여하고 자신들의 몸을 성령에 따른 삶에 개방한다. 그들은 아버지에게서 온 것을 선택한다. 희망에 대한 공격에 맞서며, 세속적이며 한시적인 삶만이 아니라, 천상에서의 영원한 삶을 선택한다.

57 *CCC*, no. 2347.

B. 에페소 교회 사람들

사랑의 혼인적 의미와 속량적 의미

1982년 12월 15일 수요교리(TOB 102)에서, 요한 바오로 2세는 에페소서 5장의 유서 깊은 본문에 대한 자신의 분석을 요약한 뒤 결론을 내린다. 교황은 점점 더 심화된 숙고 안에서 다른 면을 알려준다. 교황에 따르면, 사도 바오로가 말한 '위대한 신비'는 다른 어떠한 것보다도 우선적으로 교회와 일치를 이루는 그리스도의 신비이다. 그러나, 하느님 구원 계획의 연속성에 따라, 바오로 사도는 이 '위대한 신비'와 둘이 '한 몸'이 되는 시원적 성사를 연결한다. 요한 바오로 2세는 여기서 위대한 유비 안에 놓인 우리 자신을 발견한다고 말한다. 유비를 통해 혼인의 성사성을 전제하며 재발견할 수 있기 때문이다. 혼인은 창조의 전 신비와 연결된 것으로, "인간의 '한 처음'부터 존재하는 성사"이다. 그러나 동시에, 그것은 "속량의 신비와 연결된 그리스도와 교회의 혼인적 사랑의 열매로 재발견된다." (TOB 102:1)

사도 바오로는 혼인의 본래적 의미를 토대로, 그리스도와 교회의 혼인적 결합의 측면에서 "성사"를 새롭게 다시 배워야 한다고 말한다. 삶과 일치를 위한 모범을 남자-여자의 원초적 일치만이 아니라 그리스도-교회의 일치에서 찾아야 함을 의미한다. 요한 바오로 2세의 언급에 따르면, "혼인은 본래적이고 지속적인 이미지를 갖는 성사로, 그리스도인들이 혼인 안에서 '몸의 속량'의 심오한 의미를 인식하고 '그리스도를 경외하는 마음으로'(에페 5:21) 일치하는 때에 다시 새롭게 된다." (TOB 102:3) 이는 단순히 추상적인 신학 개념이 아니다. 혼인 배우자들이 경험하고 살아야 하는 것이다. "그리스도를 경외하는 마음"으로 일치를 이루는 것은 남자-여자의 몸이 갖는 혼인적 의미로 인해 각인되어 계시된

"위대한 신비"를 향한 깊은 존경과 경탄을 의미한다.

그러나 이는 몸의 속량의 그 깊은 의미를 의식할 때만 가능하다는 교황의 말을 주목할 필요가 있다. 다시 말해, 그리스도의 죽음과 부활 안에 드러나는 성령의 선물을 의식해야만 한다. 또한, 몸-영혼의 통합된 인격에 생명을 주기 위해 그리스도의 생명과 사랑을 받아들여야 한다. 남자와 여자가 그리스도의 생명과 사랑을 받지 않는 한, 욕정의 왜곡은 그들의 몸 안에 새겨진 '위대한 신비'를 계속해서 은폐할 것이다. 음욕을 '그리스도와 함께 십자가에 못 박을 때'(갈라 5:24) 은총은 성사 안으로 그리고 성사를 통해 흘러나오며, 혼인한 부부는 욕정에서 벗어나 자유롭게 된다. 우리가 이 은총에 협력할수록 우리의 눈을 가리고 있는 비늘은 벗겨지게 될 것이다. 그리고 이때 비로소 우리는 그리스도 신비의 계시인 몸의 혼인적 의미와 참된 존엄을 보고 경험하고, 느낄 수 있게 될 것이다. 정확히 이런 식으로 우리는 성 바오로가 말한 "그리스도께 대한 경외"를 얻는다. 사실, 요한 바오로 2세는 대담하게 이 '그리스도께 대한 경외'를 영적으로 성숙한 형태의 남녀 간의 상호 이끌림일 뿐 다른 것이 아니라고 말한다. (TOB 117b:4 참조)

이는 진정한 부부 사랑에 의해 가능하다. 부부 사랑은 그 자체가 속량이다. "혼인에 대하여 사도 바오로가 보여주는 모습은 사랑의 속량적 차원과 혼인적 차원을 함께 가져 온다. 어떤 면에서는, 이들 두 가지 차원을 하나로 융합한다. 그리스도는 '그가 그녀를 위해 당신 자신을 바치셨기에' (에페 5:25) 교회의 배우자가 되었고, 신부인 교회와 혼인하였다. 성사로서의 혼인을 통해 사랑의 두 차원 즉, 속량적 차원과 혼인적 차원이 모두 혼인 배우자의 삶에 침투한다." (TOB 102:4) 요한 바오로 2세에 따르면, 몸의 혼인적 의미와 참된 경외는 이와 같은 방식으로 확인되고 "새롭게 창조된다." 동시에 남편과 아내는 혼인적이고 속량적인 사랑에 의해 "하느님 자신의 창조적 사랑에 참여한다. 인간은 하느님 모습으로 창조되었기 때문에 인격 간의 친교(*communion personarum*)인 특별한 일치에 참여할 수 있었다. 또한, 하느님과의 일치 자체가 즉, 창조적 사랑에 참여하는 것 자체가 자손 번성의 축복과 더불어 한 처음부터 축복이었다." (TOB 102:2)

인간 존재 이해하기

요한 바오로 2세는 몸의 혼인적 의미와 속량적 의미를 연결하는 것이 그리스도인의 혼인 소명에 있어 매우 중요하다고 말한다. 하지만 바오로 사도는 "이와 같이 두 의미를 연결하는 것은 혼인 소명뿐 아니라 세상적 존재로서 인간을 이해하는 인간에 대한 해석학에 있어서도 똑같이 중요하고 본질적"(TOB 102:5)이라고 덧붙인다. 이는 요한 바오로 2세의 몸의 신학의 논리적 전개를 따라가던 독자를 당혹스럽게 한 놀라운 말씀 중 하나이다. 요한 바오로 2세에 따르면, 인간이 이 세상에 실존한다는 의미가 바로 여기 에페소서 5장에 있다. 사도 바오로는 에페소서 5장에서, 둘이 "한 몸"이 됨(창 2:24)의 구절을 인용하며 몸의 혼인적 의미를 그리스도와 교회의 일치에 의해 계시되는 몸의 속량적 의미에 연결시키고 있다. 요한 바오로 2세에 따르면, "그리스도께서 교회와 이루는 일치의 '위대한 신비'는 '우리로 하여금' 몸의 혼인적 의미를 몸의 속량의 의미에 연결시킨다. 이 연결 안에서 배우자들은 '몸으로 존재함'의 의미 즉, 인간으로서 존재함의 의미를 찾을 수 있다." (TOB 102:5)

성(性)적 존재 즉, 남성과 여성으로의 창조는 생명의 의미와 관련한 많은 질문들과 복잡하게 뒤얽혀 있다. 요한 바오로 2세에 따르면 성적인 특성은 "인간 인격의 핵심적인 구조 안에 깊이 새겨져 있다." (TOB 102:6) 인격 간의 풍요로운 친교(communio peronarum)를 통하여 하느님께서 사랑하신 것처럼 서로 사랑함으로써 거룩한 신적 본성에 참여하라는 부르심은 한 처음부터 내려온 것이다. 인간의 실존이 갖는 가장 심오한 의미는 바로 인간은 영원한 사랑과 친교에 참여하기 위하여, 영원한 사랑이며 친교이신 하느님에 의하여 창조되었다는 사실이다. 그리고 이러한 인간 실존의 심오한 의미는 곧 몸의 혼인적 의미이다. 그럼에도 불구하고, 죄의 속량 없이는 결코 우리 실존의 의미를 실현할 수 없다. 그리스도와 교회의 일치가 바로 이러한 속량을 가능하게 하며 이것이 곧 몸의 속량적 의미이다. 그러므로 몸의 혼인적-속량적 의미 안에는 인간 실존이 갖는 의미의 핵심이 있다.

사랑을 한마디로 말한다면 인간의 기원이고 소명이며 운명이다. 사랑은 신적 신비 안에서 온전히 영적인 반면, 그 계시는 인간 인식 안에서 언제나 육화된 모습으로 드러난다. 사랑과 친교의 신비는 몸의 혼인적 의미 안에 처음부터 계시되어 있었다. 그러나 요한 바오로 2세에 따르면, 몸의 본래적 의미는 그리스도와 교회의 일치가 갖는 속량의 의미 안에서 "완성"된다. (TOB 102:8 참조) 그리스도는 혼인적-속량적 사랑을 선물로 주신다. 우리는 그것을 받기 위해 창조되었으나, 결코 강요받지 않는다. 만약 (우리가 개방에 대한 열망과 자유 자체가 거룩한 하느님의 선물이라는 사실을 기억하면서) 우리의 자유의지로 우리 자신을 그리스도의 선물에 개방한다면, 우리는 마치 신부처럼 우리 안에 그 선물을 잉태하게 될 것이다. 이때, 삶은 받은 선물에 대한 감사(eucharistia)가 되고, 우리는 세상 끝날까지 그 인격적 친교를 계속하고자 하는 열망을 경험하게 된다.

우주를 포함하는 부부 사랑

혼인적이고 속량적인 사랑을 통하여 계시되는 "위대한 신비"는 혼인과 동정생활의 소명 안에서 명확하게 드러난다. 그렇지만, 요한 바오로 2세는 몸의 혼인적이고 속량적인 의미가 모든 사람들의 다양한 삶의 모습에서 드러난다는 사실을 강조한다. 인간은 단지 하늘나라를 위한 동정생활과 혼인 안에서만 사는 것이 아니다. "인생에는 다양한 길과 상황이 있다. 예를 들면, 다양한 형태의 인간 고통 안에서, 인간의 탄생과 죽음 자체 안에서…" (TOB 102:8) 부부 사랑은 모든 인간 삶의 특징이다. 혼인은 인간 삶의 모든 것을 위한 패러다임을 제공한다. 어느 누구도 이 "위대한 신비"에서 배제될 수 없다. 이 위대한 신비는 "모든 인간 존재, 그리고 어떤 의미에서는 피조물 전체"(TOB 102:7)를 포함한다. 지금까지의 요한 바오로 2세의 말씀을 요약하면 다음과 같다. "교회와 그리스도의 새 계약을 통해 혼인은 우주를 포함하는 인간의 성사 안에 다시 새롭게 새겨진다." (TOB 102:8)

모든 인간은 예외 없이 그리스도와 교회의 일치라는 "위대한 신비" 에로의 부르심을 받는다. 혼인은 창조성사에 새겨졌었던 것과 마찬가지로 속량의 새로운 성사 안에 유기적으로 새겨진다. 이는 혼인 성사가 "아버지의 나라에서 최종적인 완성에 이르는"(TOB 102:8) 구원 과정에서 "생명을 주는 삶의 부분"으로 남아 있음을 의미한다.

위의 언급을 통하여 요한 바오로 2세는 창조와 속량 사이의 심원한 일치(혼인)를 다시 한 번 강조하고자 한다. 일치와 연속성이 갖는 심오함을 받아들인다면, 그 함의는 배가될 것이다. 우리는 본성(자연)과 은총 사이, 하느님과 인간 사이, 남자와 여자 사이, 그리고 인간과 피조물 사이의 심원하고도 시원적인 일치를 깨닫는다. 또한 이 모든 일치 즉, 이 혼인의 토대와 효능은, 육화하신 그리스도가 드러내는 신-인간 본성의 궁극적인 일치 및 궁극적 혼인으로부터 나온다는 사실을 깨닫는다. 그리스도께서는 "우주와 역사의 중심이시다."[58] 그리스도께서는 "인간을 바로 인간에게 완전히 드러내 보여 주시고 인간에게 그 지고의 소명을 밝혀 주신다."[59] 창조와 속량의 신비 사이에 심오한 연결이 있음을 받아들일 때에만, 남자와 여자인 인간 존재의 의미와 소명의 의미가 분명히 드러난다.

"'한 처음부터' 남자와 여자인 인간은, 속량의 실재를 통하여 창조 신비까지 거슬러 올라가 자기 실존의 의미와 인간성의 의미를 탐구해야 한다. 바로 거기에서, 인간은 몸의 의미 즉, 인간 인격의 남성성과 여성성의 의미에 대한 핵심적인 답을 발견할 수 있다."(TOB 102:8)고 교황은 말한다. 핵심적 답은 바로 그리스도이시다. 우리는 한 처음부터 남자와 여자로 창조되었으며 그리스도와의 친교를 준비하기 위하여 친교에로의 부르심을 받았다.

58 *Redemptor Hominis*, 1.

59 *Gaudium et Spes*, 22.

계약과 은총의 측면 – 요약

1. 제2부 제1장에서 요한 바오로 2세는 에페소서 5장의 의미를 부활시킴으로써 "(혼인)성사"의 신비가 갖는 계약, 은총의 측면을 고찰한다. 교황은 에페소서 5장이라는 "고전적"인 성경 말씀이 혼인 성사를 이해함에 있어서뿐만 아니라, 모든 그리스도의 신비와 인간 실존의 의미를 이해함에 있어 근본적으로 가장 중요하다는 사실을 증명하고자 한다.

2. 에페소서 5장의 혼인 신비에 대한 설명에서, 사도 바오로는 그리스도께서 자신을 인간에게 완전히 드러내 보이심을 통하여 인간의 소명을 인식하도록 하셨음을 보인다. 그러나 육화된 인격에 참여할 때에 비로소 인간은 자기 자신의 실존에 있어서 에페소서 5장이 갖는 중요성을 깨닫는다. 몸–영의 극단적인 이분법적 사고를 가지는 근대 합리주의는 에페소서 5장의 "위대한 신비"와 영원히 충돌한다.

3. 일반적으로 몸은 '비가시적인 것에 대한 가시적 표징'이라는 의미에서 "성사"로 정의된다. 몸은 그 성사성으로 인해 은총의 효과적인 표징이 된다. 즉, 몸은 '구원의 돌쩌귀'이다. 따라서, 하느님 나라를 위한 초월에 있어 몸은 결코 극복해야 하는 장애가 아니다. 몸, 성을 금기시할 필요도 없다. 에페소서 5장은 몸의 육체성과 부부 결합이 그리스도와 교회의 관계를 통해 보여주는 "위대한 신비"임을 확인한다.

4. 남편에게 아내의 "순종"을 권고하는 바오로 사도의 말씀은 오늘날의 관습에 도전한다. 그러나 이는 교회에 대한 그리스도의 사랑의 신비, "그리스도께서 우리를 사랑하신 것처럼 사랑하라."는 그리스도인의 소명을 주입하기 위함이다. 바오로 사도는 배우자들에게 "그리스도를 경외하는 마음으로 서로 순종하라."고 권고한다. 혼인 안에서 순종은 결코 일방적인 것이 아니다. 상호적인 그리스도 사랑을 모델로 하는 것이다.

5. “선물”의 패러다임이라는 관점에서 살펴볼 때, 배우자 상호간의 “순종”은 자기 자신을 상대에게 신실한 선물로 내어 줌을 의미한다. 다시 말해, 상호 순종이란 상호 자기 증여인 것이다. 혼인 유비에 따르면, 남편은 자기 증여에 있어 그리스도를 모상으로 해야 하며, 아내는 선물을 받고 자기 자신을 남편에게 다시 내어 줌에 있어 교회를 모상으로 해야 한다.

6. “그리스도께서 교회를 사랑하신 것처럼” 남편이 아내를 사랑할 때, 여기에 남성의 지배는 명백히 배제된다. 지배는 원죄로부터 나온 결과이다. 아내가 남편에게 ‘순종’하라는 말씀을 올바로 이해한다면 그것이 곧 사랑을 경험함에 있어서의 상징임을 알 수 있다. 특히, 아내의 순종이 그리스도에 대한 교회의 순종과 관련되어 있다는 사실에서 이는 명백히 사랑의 상징임이 더욱 확실해진다.

7. 혼인 유비는 양방향으로 진행된다. 혼인 유비를 통해 그리스도와 교회의 신비를 밝힌다. 동시에 교회와 그리스도의 관계는 혼인에 대한 본질적인 진리를 밝힌다. 혼인의 본질 자체가 그리스도의 신비를 담고 있기 때문이다. 그렇지 않다면 혼인 유비는 공허함으로 그칠 것이다.

8. 혼인 유비와 몸-머리 유비는 서로 밀접한 관련이 있다. 배우자는 서로 “한 몸”을 이룸으로써 마치 한 몸과 한 머리를 가진 것과 같은 “유기체”를 형성한다. 이처럼, 혼인 안에서 배우자는 “두 개의 주체성(bi-subjectivity)”을 유지하면서 동시에 “한 주체(one subject)”이다. 이것이 바로 사랑의 신비를 통한 둘 안에서 하나됨이다. 이때, 상대방의 “나”는 어떤 의미에서 내 자신이 된다. 그러한 의미에서 “육체적 사랑(cardinal love)”은 삼위일체의 모상성을 보여주며 아가페적인 언어로 표현될 수 있다.

9. 에페소서 5장은 그리스도의 자기 증여가 인간의 성화를 목적으로 하고 있음을 보인다. 그리스도는 “말씀과 함께 물로 씻어” 우리를 정화시키신다. 이는 세례성사에서의 “정화 예식(spousal bath)”을 가리킨다. 즉, 인간을 정화시켜 “주름이나 티 없는” 영예로운 신부가 될 수 있도록 하는 그리스도의 혼인적, 속량적

사랑을 의미한다.

10. 육체적 아름다움을 이용하여 신성함을 은유적으로 표현하고 있는 사도 바오로는 몸의 성사성에 대한 완전한 이해를 보인다. 바오로 사도에게 인간의 몸은 윤리, 영, 초자연적 질서의 특징을 가리키는 것이다. 그는 몸과 부부 결합(한 몸)의 유사성을 이용하여 성화의 신비, 그리스도의 속량의 신비, 하느님-인간 사이의 일치의 신비를 설명하고 있다.

11. 사랑은 남편으로 하여금 아내의 아름다움을 열망하고 감사하며 보살피도록 한다. "그리스도께서 교회를 사랑하시듯" 아내를 사랑하는 남편은 아내가 몸을 통하여 아름다움이 만개되고 빛을 발할 수 있도록 하는 즉, 그녀에게 선익이 되는 모든 것을 원한다. 아내의 티나 흉터에서조차 한 처음의 "울림"과 영원한 영광에 대한 희망을 본다. 그리스도께서는 죄로 인하여 티와 흉터로 뒤덮인 신부(교회)를 보시고 그 어떤 것보다 사랑하셨다.

12. 그리스도께서는 교회의 "양육(nourishment)"을 위하여 성체 안에서 자기 자신의 몸을 봉헌하신다. 에페소서 5장에서 우리는 성체가 부부 사랑 특히 "한 몸" 안에서 자기 증여를 의미하고 있다는 사실을 깨달을 수 있다.

13. 토마스 아퀴나스 이래, "성사"는 그리스도께서 정립하신 은총의 7성사로 이해되어왔다. 성사에 대한 고전적 이해 즉, 영원으로부터 하느님 안에 감추어진 신비의 계시이자 실현으로 이해하고자 하는 시도는 지난 세기에야 비로소 시작되었다. "성사"와 "신비"는 서로 관련되어 있으나 동의어가 아니다. 신비는 감추어진 것을 가리키며 성사는 드러낸 것을 가리킨다.

14. 성사를 통하여 계시되는 "위대한 신비"는 인간을 위한 하느님의 구원 계획이다. 어떤 의미에서 이는 거룩한 계시의 핵심주제이다. 바오로 사도는 "한 몸"의 일치를 통하여 배우자들은 한 처음부터 이미 "위대한 신비"에 참여하여 왔음을 보인다. 바오로 사도는 창2:24 의 말씀과 그리스도-교회의 일치를 연결한다. 이 연결은 에페소서 5장의 핵심으로, 이를 통해 옛 계약과 새 계약 사이의

연속성을 세운다.

15. 그리스도는 에페소서에서 선포한 "위대한 신비"의 중심에 계신다. 우리는 그리스도 안에서 "모든 영적 축복"을 받아온 존재이며 "이 세상 창조 이전부터" 이미 선택된 존재이다. 영원한 신비는 그리스도 안에서, 그리고 그리스도를 통하여 완성된다. 그리스도께서는 하느님 사랑의 신비를 계시하시며 당신 스스로 육화되신 혼인이시고, 윤리적 가르침이시며, 모든 것의 중심이시다.

16. "위대한 신비"는 선물의 형태로 완성된다. 즉, 그리스도께서 신부(교회)에게 자기 자신을 내어 줌으로써 완성된다. 신앙을 통하여 선물에 우리 자신을 개방하고 받아들일 때 비로소 우리는 사랑이자 친교이신 하느님의 영원한 신비에 참여한다.

17. 구약이 인간을 위한 하느님의 부부 사랑을 "절반만" 드러냈다면, 에페소서는 그 사랑의 의미를 전부 드러내고 있다. 바오로 사도에 따르면, 사랑이 계시되는 순간은 그리스도 이전에는 알려지지 않았던 새로운 순간이다. 이제 우리는 이사야 예언자가 이미 깨달은 사실 즉, "배우자"로서의 하느님과 "구원자"로서의 하느님 사이에 유사성이 있음을 알 수 있다. 그리스도께서 신부(교회)에 자신을 혼인 선물로 내어 주셨다는 것은 곧 구원 사업을 실현하셨다는 말이다.

18. 혼인 유비는 완전하게 충분하지는 않으나 성경에 등장하는 다른 유비와 달리 신비의 가장 중요한 특징(인간에 대한 하느님의 전적인 자기 증여의 측면)을 담고 있다. 하느님께서는 인간이 피조물로서의 한계를 가지고 있음을 고려하여 당신 자신이 줄 수 있는 모든 것을 그리스도를 통하여 인간에게 주신다. 혼인 유비는 은총의 근본적인 특징을 가장 생생하게 전달한다.

19. 성사는 표징을 통해 하느님의 거룩한 신비를 드러낸다. 표징은 신비를 선포할 뿐 아니라 인간 안에서 그 신비를 실현시킨다. 창 2:24의 부부 결합은 하느님의 거룩한 신비가 가시화되는 가장 오래된 방식에 대하여 말하고 있다. 반면, 그리스도와 교회의 일치는 때가 찼을 때의 거룩한 신비의 표징에 대하여 말한다.

바오로 사도의 공헌은 바로 이 두 표징을 하나의 "위대한 성사"로 결합시킨 데에 있다.

20. 부부 결합은 한 처음부터 이미 그리스도의 육화를 예시하고 있다. 유비적으로 그리스도-교회의 가시적 표징과 연결된다는 점에서, 혼인의 가시적 표징은 하느님의 영원한 계획을 역사 속에서 드러나게 함으로써 "모든 성사적 질서의 토대"가 된다.

21. 인간은 "세상 창조 이전에" 이미 그리스도 안에서 선택되었다. 따라서, 원초적 순수의 은총은 그리스도께서 몸으로 육화하시어 세상에 오심을 기대함과 동시에 이미 그리스도 안에서 완성되었다. 그리스도의 육화는 죄의 결과가 아니다. 그리스도 안에 하느님께서 인간을 위해 마련하신 영원한 계획은 어제, 오늘 그리고 영원히 같다. 속량은 원죄 이후 그리고 (확실히) 원죄에도 불구하고 인간을 위한 은총의 원천이 되었다.

22. 창 2:24은 "창조성사의 중심점"인 혼인을 시원적 성사로 제정한다. 모든 피조물은 어떤 식으로든 하느님의 신비를 가시화한다. 그러나 "창조성사"의 정점은 인간이다. 즉, 남자와 여자인 인간은 자기 자신을 신실한 선물로 내어 줌으로써 창조성사의 정점을 찍는다. 은총을 통해 몸의 혼인적 의미를 온전히 인식함으로써, 인간 안에 있는 선물의 내적 측면이 계시된다.

23. 시원적 성사는 초자연적 효력을 갖는다. 왜냐하면, 인간은 창조를 통해 이미 "그리스도 안에서 선택되었기" 때문이다. 따라서, 본래적인 "창조성사"의 효력은 그리스도로부터 온다고 말할 수 있다. 그리고 혼인은 출산을 통하여 창조를 수행하는 것을 목적으로 할 뿐만 아니라, 하느님의 영원한 계획(그리스도 안에서의 사랑과 선택)을 미래 세대까지 이어가도록 확장시킨다.

24. 죄의 유산은 원초적 일치에 대한 복된 경험을 희미하게 만들었다. 시원적 성사인 혼인의 초자연적 효력은 박탈당했지만, 그럼에도 불구하고 혼인은 죄의 대물림 상황에서도 언제나 성사의 예형 즉, 하느님의 영원한 계획을 실현시킬 수

있는 토대로서의 모습을 유지한다. 몸 안에서의 원초적 일치는 구원의 표징으로서의 명징성을 상실했음에도 불구하고 여전히 인간 역사를 형성한다.

25. "속량성사"는 그리스도 안에서 인간에게 내려진 새로운 은총 전체를 가리킨다. 바오로 사도는 "속량성사"와 창세기 2:24을 연결하여 속량성사가 시원적 성사와 같은 형태를 띠고 있음을 보인다. 창조와 속량성사는 각각 성사들의 표징 안에서 가시화되어 실현된다. 즉, 첫 아담과 하와의 일치를 통해 창조성사가 실현되며, 새 아담과 하와(그리스도와 교회)의 일치를 통해 속량성사가 실현된다. 사도 바오로는 두 표징을 하나의 "위대한 표징"으로 융합한다. 이 두 표징은 창조와 속량의 전체 사업을 가리킨다.

26. 그리스도와 교회의 혼인적 관계는 유비적인 의미에서 일치와 생명의 두 측면을 갖는다. 일치의 측면은 하와가 "알맞은 협조자"로서 남편을 완성시킨 것과 같이 교회가 신랑이신 그리스도의 선물을 수용하고 응답할 때 완성된다. 교회는 열매 맺음, 영적 모성성 안에서 생명의 측면을 드러낸다.

27. 사도 바오로는 혼인 배우자들 간의 원초적 일치와 그리스도-교회의 일치를 연결시킨다. 이는 단순한 은유적 사용이 아니라 시원적 성사가 정립한 구원의 진실한 회복을 의미한다. 다시 말해, 원죄로 인하여 상실하였던 시원적 성사의 은총이 이제 속량성사 안에서 다시 정립되는 것이다.

28. 어떤 측면에 있어, 그리스도께서는 창조의 혼인 일치와 똑같은 각인을 구원 경륜 안에 받아들인 것이라고 말할 수 있다. 따라서, 시원적 성사로서 혼인은 새로운 성사적 경륜의 구조에 수용되고 재 삽입된다. 혼인은 속량성사를 기원으로 하며 원형의 형태를 띤다. 모든 성사는 시원적 성사인 혼인 성사에서 그 원형을 찾는다.

29. 혼인은 몸의 속량에 의식적(양심적)으로 참여하라는 권고이다. 이와 같은 권고를 지키고자 하는 배우자들은 점진적으로 자신들의 본래적 존엄성을 다시 발견하고 회복하며 존엄성에 따라 살 수 있다. 이들은 매일 그리스도의 십자가

를 짊어짐으로써 원초적 일치의 조화, 평화, 행복을 실제로 경험할 수 있다.

30. 그리스도교의 에토스는 철학적으로 설명될 수 있으나 궁극적으로는 그리스도 안에서 속량의 은총을 사는 사람들에 한해서만 온전히 그 설명이 가능하다. 그리스도께서는 속량의 에토스를 인간의 마음, 양심, 시선, 행위에 양도한다. 거룩한 몸의 인격적 존엄성은 성 윤리를 포함한 윤리 전체의 기초를 이룬다. 성령에 따라서 살게 될 때 우리는 비로소 거룩한 인격의 존엄성을 의식할 수 있으며 존엄성을 모독하려 하지 않게 된다.

31. 창 2:24의 "한 몸"이 되라는 부르심과 『기쁨과 희망(*Gaudium et Spes*)』 24항의 가르침 (인간은 "자신을 신실한 선물로 내어 줌"으로써 자기 자신을 발견할 수 있음) 사이에는 심오한 관계가 있다. 욕정에 의한 이기적 만족과 자기-증여는 양립불가이다. 욕정이 마음과 열망을 왜곡시키듯이, "성령에 따라 사는 삶"은 남자와 여자로 하여금 육체적 일치 안에서 선물의 참된 자유를 찾을 수 있도록 한다.

32. "욕정에 불타는 것보다 혼인하는 것이 낫다."는 사도 바오로의 말씀은 결코 욕정의 탐닉을 정당화하는 말씀이 아니다. "불타는 것"은 무질서한 열정을 상징하며, "혼인하는 것"은 윤리적 질서와 속량의 에토스를 가리킨다. 혼인은 에로스와 에토스가 만나는 곳을 의미한다. 이곳은 마음의 순수가 열매를 맺는 곳이다.

33. "한 몸" 안에서의 상호 일치와 그에 따르는 쾌락은 혼인 성사의 특별한 은총을 받는 "성령에 따라 사는 삶"을 표현하는 것이다. 여기에서 참된 쾌락은 결코 이기적이지 않으며 그 자체로 폐쇄적이지도 않다. "성령에 따라 사는 삶"을 살기 위해 부부는 주님이시며 생명을 주시는 성령과의 일치에 자신을 개방해야만 한다.

34. 상호 일치를 통해 잉태된 모든 자녀는 창조 신비를 재 생산할 뿐만 아니라 속량의 희망을 선포한다. 부부성교에서 생명에 대한 개방은 이 세상의 한시적인

측면뿐만 아니라 하느님 나라의 영원한 측면을 갖는 우주이다. 자손 번성의 축복을 받은 남자와 여자는 "아버지에게서 온 것"과 "세상에서 온 것" 사이에서 선택을 해야 한다. "세상은 지나가고 세상의 욕망도 지나갑니다. 그러나 하느님의 뜻을 실천하는 사람은 영원히 남습니다." (1요한 1:17) (역자주: 1요한 2:17)

35. 에페소서 5장에서 배우자들은 남자와 여자의 원초적 일치뿐 아니라 그리스도와 교회의 일치의 모범을 따르도록 부름 받는다. 이와 같이, 혼인의 본래적 의미는 이미 전제되어 있으며 배우자가 의식적으로 몸의 속량을 경험하는 경우에 한하여 그 의미는 다시 발견된다. 참된 부부 사랑은 그 자체로 속량적이다. 바오로 사도는 부부 사랑의 두 측면인 혼인과 속량을 하나로 결합한다.

36. 몸의 혼인적 의미와 속량적 의미를 결합하는 것은 분명 혼인에 있어 매우 중요하다. 그러나 이와 더불어 이 세상에서의 인간 존재에 대한 의미를 이해하는 것 역시 중요하다. 인간은 하느님이 인간을 사랑하듯 사랑하라는 부르심을 받는다. 이것이 바로 몸의 혼인적 의미이다. 그러나 원죄 이후 인간이 실존적 의미를 실현하기 위해서는 죄의 속량이 필요하다. 그리스도와 교회의 일치는 바로 그 속량을 가능하게 한다. 이것이 바로 '몸의 속량적 의미'이다.

37. 우리는 속량의 실재를 통해 창조 신비에로 가까이 감으로써 비로소 인간 실존의 의미, 성의 의미, 혼인의 의미를 발견할 수 있다. 부부 사랑은 모든 인간 삶에서 나타난다. 교회와 그리스도의 일치를 통해 혼인은 우주를 포함하는 인간의 성사 안에 다시 새롭게 새겨진다.

제2장
표징의 차원

[사이클 5 – 혼인의 성사성]

제2부 제1장에서 우리는 "성사"가 갖는 계약과 은총의 차원(신적 차원)을 살펴보았다. 이제 제2부 제2장에서 "성사"의 표징의 차원(인간적 차원)을 살펴보고자 한다.

앞에서 교황 요한 바오로 2세는 이미 혼인의 본성을 성사적 표징이라고 말한 바 있다. 교황은 1983년 1월 5일부터 1984년 7월 4일까지[1] 총 16차례의 교리(TOB 103–117b)를 통해 표징의 "구조"를 심층 분석하며 완전한 정의를 내린다. 먼저 "몸의 언어"라는 개념과 그 필요성을 밝힌 뒤, 고유한 방식으로 몸의 언어를 말하는 성경 본문의 말씀인 아가서의 연인과 토빗기의 토비야와 사라의 혼인을 살펴본다. 그들은 "혼인의 성사적 표징을 이루는 데에서 각자 자신의 본분을 발견하며 표징의 형성에 참여한다." (TOB 116:5) 마지막으로, 교황은 에페소서 5장의 "위대한 신비"로 다시 돌아와 성사적 표징을 다시 한번 "명확히" 확

1 요한 바오로 2세의 몸에 대한 교리는 1983년 2월 구세주 구원 특별 희년의 선포로 중단되었다가 1984년 5월 23일 재개되었다.

인한다.

우리는 혼인 성사 표징의 구성 요소에 대한 교황의 가르침에서 수 세기에 걸친 신학적 논쟁에 대한 합리적 해결책을 발견할 수 있다. 혼인의 가시적인 실재(인간적 차원) 중 어떠한 것이 은총의 비가시적 신비(신적 차원)를 상징하고 성사적 효력을 발생하는가? 무엇이 혼인의 성사적 표징을 구성하는가에 대한 신학적 논쟁은 혼인이 전적으로 교회의 관할하에 있었던 10–11세기에 처음으로 전면에 등장한다.[2] 대부분의 신학자들과 교회 법학자들은 성 빅토르 후고의 입장을 따른다. 성 빅토르 후고는 혼인의 표징을 혼인 예식 중 혼인 동의 서약의 교환에 있는 것으로 보았다. 다른 신학자들은 혼인의 표징을 육체적 완성의 행위에서 찾았다. 그러나 후자의 관점은 다양한 이유들로 반대를 받았다. 예를 들면, 육체적 완성의 관점 하에서 마리아와 요셉의 동정적 혼인을 어떻게 설명할 것인가? 육체적 관계의 완성에 대한 강조를 반대하는 일부 학자들은 적어도 "의심의 해석학"과 그 해석학을 신봉하기 때문으로 보인다. 이러한 시선에서 성 행위는 결코 은총의 참여로 볼 수 없다.

몸의 속량이 갖는 실질적인 힘을 믿기에, 교황 요한 바오로 2세는 혼인의 성적 행위가 은총의 참여라는 사실에 한 점의 의심도 허락하지 않는다. 그에게는 부부의 성적 일치가 은총에의 참여라는 사실에 아무런

2 이 논생은 혼인의 해소불가성에 대한 실문과 밀접하게 연결 되어있다. 로마법은 상호 동의를 하는 순간을 "혼인 계약의 순간"으로 보았다. 그러나 10–11세기 그리스도교 선교지인 북유럽의 다양한 문화에서 혼인의 인정은 아버지가 신부를 남편에게 넘겨줄 때인 약혼의 순간이나 육체적인 완성의 순간이었다. 이러한 논쟁과 관련하여, 교황 알렉산더 3세는 동의의 순간에 혼인이 승인된다고 선포한다. 그러나 혼인은 육체적인 완성의 순간에 이를 때까지 혼인이 완선한 실재 인에 성립되었다고 할 수 없다. 그러므로 일부의 혼인에 있어, 교황 관면을 통해 성적 결합 이전에 혼인 해소가 가능할 수 있다. 교회법 1061, 1142. 그 외, 혼인에 관한 역사적 개요는 Peter J. Elliot, *What God Has Joined* (Homebush, Australia: St. Paul/Alba House, 1990), pp. 73–117 참조.

문제가 없다. 앞에서 이미 교황이 언급한 바와 같이, 하느님께서는 "한 몸"의 일치를 혼인 성사의 특별한 은총을 위한 수단 즉, 성령에 따르는 혼인 생활을 하기 위한 수단으로 삼고자 하셨다. (TOB 101:5–6 참조)

위의 말씀을 토대로 교황의 견해가 육체적 일치 행위에서 혼인의 표징을 찾았던 신학자들의 견해와 같다고 단순화할 수 있을까? 교황 요한 바오로 2세에게 혼인에서의 성적 결합은 혼인의 성사적 표징을 이해하기 위한 필수적인 부분이다. 그는 교리 전반에 걸쳐 다양한 방법을 통해 이 사실을 확인한 바 있다. 그러나 교황 요한 바오로 2세는 결코 단순한 편 가르기로 이 논쟁을 해결하지 않는다. 그는 자신만의 독창적 방법으로 사실상 양쪽의 입장이 모두 옳다는 것을 증명하고 있다. 이같이 혁신적 입장을 이해하는 핵심 열쇠는 풍요롭고 신비스러운 "몸의 언어"를 이해하는 데에서 찾을 수 있다.

1. "몸의 언어" 그리고 표징의 실재

말씀이 "사람이 되셨다"

모든 언어는 그 의미를 참되게 표현하기 위해서 만들어졌다. 몸에 대한 진리 그리고 몸의 혼인적 의미에 대한 요한 바오로 2세의 모든 가르침은 몸의 "언어"를 통해 표현된다. 교황 요한 바오로 2세에 따르면, 몸의 언어는 "침묵의 언어이다." (TOB 109:1 참조) 몸의 언어는 남자와 여자인 인간의 인격적 실존에 대한 가장 심오한 진리를 말한다. 또한 생명을 주는 인격들의 친교 안에서 하느님이 사랑하셨듯이 사랑에로 부르시는 그의 부르심에 대한 가장 깊은 진리를 말한다. 그리고 "어떤 면에서 인간은 몸 없이는 자신의 인격적 실존과 소명을 하나의 언어로 표현할 수 없다." (TOB 104:7) 한 처음부터 인간은 육체 안에서, 또 육체를 통해서 영적 실재들을 표현하도록 만들어졌다. 즉, "사랑, 선물, 충실함과 같이 영에 대한 가장 심원한 말은 '몸의 언어'를 필요로 한다. 몸의 언어 없이는 완전하게 표현될 수 없다. 혼인과 '하늘나라를 위한' 동정의 삶을 다루는 복음 말씀에서 이미 살펴본 바 있다." (TOB 104:7) 요한 바오로 2세의 사도적 권고에 따르면, 몸의 언어와 영의 언어를 분리시키는 것은 "자연과 인간 사이의 상호 행위에서 하느님의 창조를 침해하는 행위이며 영혼과 육체의 인격적 일치"[3]를 파괴하는 행위이다.

이와 같은 관점은 혼인의 성사적 표징의 구조를 결정하는 데 어떠한 영향을 끼치는가? 교황 요한 바오로 2세에 따르면, 혼인 서약의 교환은 지성과 의지 그리고 의식과 마음의 수준에 따라 영적 실재인 사랑, 증여, 충실함을 표현하는 것이다. (TOB 103:5 참조) 그러나 오직 몸만이 영적 실재를 가시화할 수 있다는 교황의 가르침에 따른다면, 혼인 서약을 하는 언어는 몸의 언어 없이는 결코 완전할 수 없다. 지성과 의지의 영적 표현은 그에 상응하는 육체적 표현이 있어야 하기 때문이다. 영적 표현에 상응하는 육체적인 표현은 무엇인가? 혼인을 통한 성관계이다.

부부 결합은 혼인 서약의 언어가 "몸이 되는 자리"이다. 배우자의 육체적 성교로써 표현되고 행해지는 "언어"는 혼인 서약의 언어이며 항상 그래야 한다. 교황 요한 바오로 2세는 다음과 같이 말한다. "'나는 당신을 나의 아내로 혹은 나의 남편으로 맞아들여'라는 혼인서약의 말은 오직 부부 결합에 의해 실현될 수 있다." 부부 결합을 통해, "우리는

3 *Familiaris Consortio*, 32.

혼인 서약의 언어[4]에 상응하는 실재로 넘어가게 된다. 혼인 서약의 언어와 몸의 언어 모두 성사적 표징의 구조에 있어 중요하다. … 그리고 이 표징을 통해 은총과 계약의 구원 실재가 표현되고 실현된다." (TOB 103:2, 3)

- 성 보나벤투라는 서약의 교환과 혼인의 육체적 결합의 상호관계에 대한 깊은 성찰을 한다. 보나벤투라의 가르침에 따르면, 혼인할 의지로 혼인에 동의하는 순간, 그들은 겟세마니에서 고뇌하시는 그리스도와 함께 있는 것이다. 왜냐하면, 그리스도께서 바로 그 곳에서 당신의 신부(교회)를 위해 "자기 자신을 바치시기로" 결심하셨기 때문이다. 육체적 결합의 순간에 부부는 십자가에 매달리신 그리스도와 함께 한다. 즉, 겟세마니에서 그리스도께서 당신 자신을 바치신 것처럼 부부는 그들의 몸을 통해 제대에 자신을 바치는 삶을 산다.[5]

교황 요한 바오로 2세는 다음과 같이 결론 맺는다. "성사적 표징은 혼인 서약이 의미하는 지향의 질서 안에서 이루어짐과 동시에 실재적 질서 안에서도 이루어진다." (TOB 103:3) 계속해서 교황은 신부와 신랑의 비유 말씀은 "그 자체로 혼인의 성사적 표징을 구성하지는 않는다."고 말한다. 왜냐하면, 남성성, 여성성과 연결된 몸의 의식(인식)에 상응하는 경우에 한하여 성사적 표징을 구성하기 때문이다. 여기에서 우리는 앞의 창세기 말씀의 모든 분석을 상기할 필요가 있다. 특히, "이 때문에 … 둘이 한 몸이 된다."는 창세기 2:24의 말씀에 따라, 창조주께서는 한 처음부터 부부 결합을 제정하셨음을 기억할 필요가 있다고 교황은 말한다. 교황은 성사적 표징의 구조가 본질적으로 "한 처음"과 같음을 확인한다. "혼인으로 한 몸을 이루게 될 남자와 여자가 인격 간의 혼

4 *CCC*, no. 1627 참조.

5 St. Bonaventure, "On the Integrity of Matrimony," *Breviloquium*, Part VI, chap.13 참조.

인적 일치의 토대로써 상호 자기 증여를 표현하는 것같이, 표징은 '몸의 언어'로 소통된다." (TOB 103:4) 혼인 서약의 교환을 통하여, 남자와 여자는 "창조의 신비 안에 세워진 영원한 진리에 따라 '한 몸'을 이루기 위한 준비가 되어있음을 표현한다." (TOB 103:3) 창조주께서 "한 처음에" 세우셨던 것과 같은 혼인만이 그리스도인의 소명에 상응하는 것이라고 하신 교황의 말씀을 기억해야 한다.

다시 말해, 혼인 서약의 교환은 서약의 내용 즉, "한 몸"을 이룰 준비를 표현하였다는 측면에서 성사적 표징이다. 그렇지만, "혼인 서약의 교환 그 자체는 혼인이 이루어질 것임을 보여주는 표지에 불과하다. 혼인이 일어날 것이라는 표지는 혼인의 정점인 육체적 결합과 구별되어야 한다. 혼인의 정점인 육체적 결합이 없다면, 혼인은 아직 그 완전한 실재를 완성한 것이 아니다." (TOB 103:2) 혼인에 동의하는 순간 계약이 이루어지며 이때, 혼인이 승인된다고 할 수 있다. 그러나 육체적 결합이 없다면 이는 결코 완전하게 구성된 혼인이라 할 수 없다.

형상과 질료의 상호작용

스콜라 철학의 전통에 따르면, 성사는 표현된 말("형상")과 물리적인 실재("질료")의 창조적인 상호작용에 의해 성립한다. (TOB 98:7 참조) 혼인 서약은 혼인의 성사의 "형상"이 되고 남편과 아내의 몸은 "질료"가 된다. 교황 요한 바오로 2세는 다음과 같이 말한다. "남자와 여자로서 서로 혼인 계약을 하는 순간 그들은 성사의 십전지기 됨과 동시에 성사 자체의 완전하고도 진성한 가시적 표징을 구성한다." (TOB 103:4)

혼인 서약의 언어는 남성성과 여성성 그리고 "한 몸"이 되라는 부르심을 통하여 "약속된 인간의 주제성"에 부합한다. 부부의 성관계 안에서 "형상"과 "질료"(혼인 서약과 몸)는 하나가 되며 하나의 동일한 성사적 신비의 표징이 된다. "이같이 몸의 언어는 영속적이며 언제나 새롭다. 이 '몸의 언어'는 인격들 간의 친교의 '기층(substratum)'이 될 뿐 아니라, 그러한 인격들의 친교를 구성하는 내용"이라고 교황은 말한다. (TOB 103:5) 물론, 혼인 안의 인격들의 친교는 단지 "한 몸" 안에 결합되는 구체적인 순간만을 가리키는 것이 아니다. 부부의 성관계는 혼인 생활의 전실재를 포함하고 보여주는 표징이다. "부부로서 남자와 여자는 그들의 삶 전체에 걸쳐 이 표징을 지니며, 죽기까지 그 표징으로 남는다." 부부로서 함께하는 삶의 첫 시작에 거행되는 "혼인 성사의 전례는 직접적으로는 성사 전례를 치르는 동안에, 그리고 간접적으로는 삶 전체를 통해 표징에 형상을 부여한다." (TOB 103:7)

전례적인 혼인 서약의 교환은 표징을 구성하는가? 남자와 여자 스스로가 혼인 성사의 표징을 구성하는가? 부부의 성관계가 표징을 구성하는가? 혼인한 생활 전체가 표징을 구성하는가? 이 질문에 대한 답은 모두 '그렇다!'이다. "죽기까지" 남자와 여자가 서로에게 주는 선물의 전실재가 바로 혼인의 비반복적인 표징이다. 그리고 교황 요한 바오로 2세는 이것을 "다양한(다층적인) 내용의 표징"(TOB 105:6)이라고 말한다. 우선, 전례 의식 안에서 서로 혼인에 동의함으로써 표징이 세워진다. 그리고 나서 부부의 성관계 안에서 그 표징은 체화(體化)되고 실현된다. 이때, 우리는 이것이 "단순히 즉각적, 일시적 표징이 아니라 유일하고 불가해소적인 혼인의 유대라는 영속적 결과를 생산해내는 미래 전망적인 표징"(TOB 105:6)임을 깨닫는다. 복합적인 내용 안에서, 혼인의 성사적 표징은 "그리스도를 통한 하느님 계약의 가시적이며 효과적인 표징이다. 즉, (1코린 7:7의 표현에 따르면) '고유한 은사'와 같은 은총의 표지로, 그러한 표징을 통해 그들의 일부가 된다." (TOB 103:6)

요약하자면, 혼인의 성사적 표징은 남자와 여자가 서로 취소불가한 자기 증여의 언어로 표현된다. 이러한 혼인의 성사적 표현은 "좋을 때나, 나쁠 때, 병들었을 때나, 건강할 때, … 나의 삶의 모든 날들에" 주어진 선물이다. 이는 영의 언어 즉, 마음, 의지, 그리고 지성의 언어이며, 영의 언어는 그에 상응하는 "몸의 언어"를 갖는다. 그리고 몸의 언어는 혼인 생활 전반에 걸쳐 표현되나 특별히 부부의 성관계의 행위 안에서 표현된다. 교황은 『가정교서(*Letter to Families*)』에서 다음과 같이 말씀하신다. "모든 혼인 생활은 선물이다. 배우자들이 사랑 안에서 서로 자기를 내어 줌으로써 '한 몸'이 되는 만남을 이룰 때에 가장 분명해진다."[6] "'몸의 언어'는 본질적으로 성사적 표징으로서 혼인의 구조 안에 내포된다." (TOB 104:1)라고 한 교황의 말씀을 다시 한 번 상기하게 한다. 몸이 인간 영혼의 가시적 표징인 것처럼 부부가 이룬 "한 몸"은 어떤 측면에서는 혼인의 "영혼"에 대한 가시적인 표징의 역할을 수행한다. 따라서, 혼인 생활 전체가 하나의 표징이라면 우리는 부부의 성관계가 그러한 표지의 "표징"이라고 말할 수 있다. "혼인적 일치의 표징이 성사로서의 혼인 표징이 된다."(TOB 108:5)라는 교황 말씀의 의미가 바로 이것이다.

"몸의 예언적 기능"

몸의 언어에 대한 교황 요한 바오로 2세의 말씀이 새로운 시각을 던져주고 있는 것은 사실이다. 하지만 교황은 이것이 오래된 성서적 전통을 가지고 있음을 지적한다. 이 전통은 창세기(특히 2:23-25)에서 시작되어 예언서들을 관통하고 종국에는 사도 바오로의 에페소인들에게 보내는 편지(5:21-33 참조)에서 결정적인 완성을 보인다. 교황 요한 바오로 2세는 표징의 차원에서 혼인을 이해하는 데 있어서 구약의 예언서들

---

6 *Letter to Families*, 12.

이 특별히 중요하다고 믿는다. 예언서의 본문에 따르면, 몸은 하느님께서 그의 백성을 위해 약속하신 사랑의 언어이다. 교황 요한 바오로 2세에 따르면, 이 전통에 기초하여 우리는 "'몸의 예언적 기능'을 구체화할 수 있다. 우리는 이 유비와 그에 대한 내용을 다른 말씀보다 특히 예언서 안에서 제대로 찾을 수 있기 때문이다. 예언서에서, '몸의 예언적 기능'은 정확히 '몸의 언어'를 의미한다." (TOB 104:1)

예언서에 등장한 유비는 두 단계로 구성됨을 알 수 있다. "첫 번째이자 기본적 단계에서 예언서들은 하느님과 이스라엘 사이에 성립된 혼인을 계약으로 묘사한다. 잠언 2:17; 말라 2:14에서 알 수 있듯이 우리는 혼인을 남편과 아내의 계약으로 이해할 수 있게 되었다." (TOB 104:2) 구약의 다른 말씀이 야훼를 절대적 주권의 주님으로 소개하는 경향을 보인다면, 예언서들은 하느님의 '주권'이 갖는 새롭고 "엄청난" 차원인 "혼인적 차원"을 첨가한다고 할 수 있다. 이와 같이 주권의 절대성은 사랑의 절대성이 된다." (TOB 104:3) 그러므로 예언서에서 계약의 위반은 최고의 입법자인 하느님의 법을 위반하는 것뿐만 아니라 하느님의 사랑에 대한 불신과 배반이다. 이 배반은 "심지어 아버지로서, 배우자로서, 그리고 주님으로서의 그의 심장을 향한 직격탄이다." (TOB 104:3)

이 유비가 갖는 기초적인 첫 단계는 두 번째 단계 즉, 몸의 언어를 계시한다. 만약 하느님의 약속된 사랑이 혼인적 사랑으로 나타난다면, 몸의 언어 역시 하느님의 약속된 사랑을 충실히 표현하지 않으면 안 된다. 그래서 몸의 언어는 예언자적으로 이해되어야 한다. 요한 바오로 2세는 다음과 같이 말한다. "'예언자'는 하느님께 받은 진리를 하느님의 이름으로, 그리고 어떤 면에서는 하느님의 권위로, 하느님을 대신해서 말하는 사람이다." (TOB 105:2) 바로 이것이 하느님께서 인간을 창조하신 목적이다. 한 처음부터 하느님께서는 당신 자신의 진리, 당신 자신의 생명과 사랑의 신비(친교의 신비)를 선포하기 위해 몸을 창조하셨다.

인간: 자기 자신의 언어의 창시자

그러나 교황 요한 바오로 2세는 수 차례에 걸쳐 몸 그 자체가 예언적 언어의 저자가 아님을 지적한다. "몸의 저자는 인간이다." (TOB 104:7; 105:2, 6 참조) 몸의 언어는 확실히 객관적 차원을 지닌다. 즉, 몸의 언어는 하느님께서 몸에 새겨 주신 의미를 가진다. 그러나 인간은 자기 자신의 주체로서 이 언어를 사용한다. 이와 같은 방식으로, 인간은 "자기 자신의 몸의 언어"에 대한 "저자"가 된다. 따라서, 몸에 대한 진리를 말하려 할 때, 인간은 자기 자신의 주체적인 언어가 객관적 의미에 상응함을 보증해야 한다.

여기서 우리는 인간을 위한 윤리의 토대를 볼 수 있다. 몸의 신학에 대한 교황의 가르침 전반에 걸쳐 교황은 현대 사회의 감수성과 조화를 이루는 입장을 보인다. 즉, 인간을 인격적 주체로 인식하고 있다. 이같이 교황은 다시 한번 "남자와 여자인 인간은 자기 결정력을 가진 의식적 주체이며, 이를 토대로 할 때에 인간이 '몸의 언어'에 대한 저자가 될 수 있음"(TOB 107:5)을 확인한다. 그렇지만 주체로서의 인간 해방은 객관적 실재로부터 독단적으로 분리됨으로써가 아니라 객관적 실재에 융합함으로써 온다. 객관적 실재란 인간에게 강요된 것이 아니라 신뢰와 자유로운 감망으로부터 온 것이기 때문이다. 인간은 주체로서 자기 자신을 객관적 실재에 속하게 한다. 자기 자신의 몸에 대한 언어를 만드는 "저자"인 인간이 선-악의 선택을 할 자유가 있다는 말은 무엇이 선이고 무엇이 악인지 결정할 권한이 있음을 의미하는 것이 아니다. 이는 "선악과"이다. 인간은 먹을 수 없으며 따 먹는 날 반드시 죽는다. (창세 2:17 참조) 인간이 객관적인 선으로부터 그 자신을 분리시키고 그 자신의 실재를 만들어 내기 위해 노력하는 그 순간이야말로 자기 자신의 주체성을 남용하는 순간이다. 또한, 창조주에 대한 믿음이 깨지는 순간이며 하느님과의 계약에 불충하게 되는 순간이다.

예언자들이 당신의 계약에 충실하신 하느님을 찬미하고 이스라엘의 불충을 "간음"으로 비난할 때 모두 몸의 언어를 사용했다는 것을 상기하라. 이러한 방식으로 예언자들은 서로 대립관계인 윤리적 선과 악에 대한 윤리적 범주를 세운다. (TOB 104:8 참조) 이는 남자와 여자의 일치와 직접적인 관련이 있다. 일치의 관계에서 "그 일치를 '말하는 것'이 바로 몸이다. 몸은 남성성과 여성성에 대하여 말하며, 인격적인 선물의 신비로운 언어를 말하고, … 충실성의 언어인 사랑의 언어를 말하며 배신의 언어 즉, '간음'의 언어를 말한다. (TOB 104:4)

이것은 모두 무엇을 의미하는가? 만약 자기 결정권을 가진 주체로서의 인간이 자기 몸의 언어의 저자라면, 그는 진리를 말할 수 있는 선택권을 갖는 것이다. 그러나, 거짓을 말하는 것을 선택할 수도 있다. 몸의 예언적 기능에 관련하여 우리는 성경에서 언제나 참된 예언자와 거짓 예언자를 구별하고 있음을 기억할 필요가 있다. (TOB 106:4 참조) 모든 언어에서 참과 거짓의 범주는 본질적이다. (TOB 104:8 참조) 인간은 누구나 몸으로 거짓을 말할 수도 있다는 사실을 인식하여야 한다. 성경은 유다의 입맞춤을 명백한 예로 제시하고 있다. 여기에서 입맞춤이라는 사랑의 표현은 오히려 배신의 행위가 되었다.

진리에 따라 "몸의 언어" 읽기

배우자가 혼인 서약을 교환할 때, 이 배우자의 혼인 서약 교환은 몸 언어의 본질적인 "진리"에 대한 명시적 확인이며 동시에 "거짓" 없음에 대한 묵시적 확인이다. 동의의 말을 교환함으로써 배우자는 성경의 원초적 의미("한 몸"을 이루는 일치)를 따르는 참된 예언자가 됨을 약속하는 것이다. 몸은 "부부 결합, 신의, 진실함을 통해" 진리를 말한다. 또는 몸은 "부부 결합, 신의, 진실함을 부정하는 모든 행위를 통해" 거짓을 말한다. (TOB 105:1) 이와 같은 방식으로 표징의 본질적인 진리는 부부행위의 혼인윤리와 유기적으로 연결되어 있다고 교황은 말한다. (TOB 105:6 참조) 부부의 일치가 "혼인의 참된 표징의 특성"(TOB 37:6)을 가지는가의 여부에 따라 부부의 혼인관계 즉, 성적 관계에 대한 선악을 말할 수 있음을 상기하라.

이 문맥 안에서, 교황 요한 바오로 2세는 혼인에 동의함은 곧 다음의 질문에 대한 긍정을 포함해야 한다는 사실을 특별히 상기시킨다. "두 분은 하느님께서 주실 자녀를 사랑으로 받아들이겠습니까?" 이 질문은 혼인 미사의 전례에 있어 본질적인 부분으로 주례 사제가 혼인할 예비 부부들에게 묻는 질문이다. 대답은 "네"이더라도 몸의 언어는 "아니오"일 경우, 이것이야 말로 혼인적 사랑, 신의, 진실함에 대한 구체적인 부정이 아니겠는가?

몸의 언어의 저자로서, 인간은 각 인격의 남성성과 여성성 안에 완전하게 새겨진 몸의 혼인적 의미를 다시 읽는 법을 배워야만 한다. "'진리에 따라' 올바르게 몸의 언어를 읽는 것은 진리(혼인성사는 가시적 표징)를 선포하는 데 필수적인 전제이다." (TOB 105:2) 그리고 "혼인 성사의 본질적인 요소는 진리에 따라 다시 읽는 '몸의 언어'이다." (TOB 104:9)

"'몸의 언어'를 통하여, … 부부는 혼인 성사의 집전자로서 서로에게 무엇을 말할지를 결정한다." (TOB 105:6) 그들은 몸의 언어를 통해 하느님으로부터 오는 진리를 선포할 뿐만 아니라, (교황 요한 바오로 2세에 따르면 어떤 면에서는) 하느님의 이름으로 이 진리를 선포한다. (TOB 105:2 참조) 동의의 순간이 혼인의 표징을 구성하고, 혼인 안에서의 육체적 결합의 순간은 그 표징을 실현한다. 이를 통하여 부부는 "본질적으로 예언자적 행위"를 이행한다. 그들은 이렇게 그리스도로부터 받은 교회의 예언자적 사명에 참여한다는 사실을 확실하게 한다. (TOB 105:2)

진리에 따라 몸의 언어를 말함으로써 부부는 어떤 면에서 "표징의 예언적 호소력과 성사적 힘을 끌어내는 원천에 이르게 된다." 교황은 여기서 잊어서는 안 되는 한 가지가 있음을 상기시킨다. "'몸의 언어'는 혼인의 집전자인 신랑 신부의 입에서 선언되기 이전에 (창세기의 한 처음부터 구약의 예언자들을 거쳐 에페소 신자들에게 보낸 서간의 원저자들에 이르기까지) 살아계신 하느님의 말씀으로부터 선포되었다." (TOB 105:4) 교황 요한 바오로 2세는 이같이 지속적인 '몸의 언어'는 그 자체로 창조와 속량의 신적이며 인간적 신비를 담지하고 있음을 다시 한 번 확인하고 있다. (TOB 105:4 참조)

"몸의 언어" 그리고 욕정에 대한 승리

혼인의 성사적 표징에 대한 질문은 "지극히 인간학적 특성"을 지닌다고 교황은 말한다. "우리는 그 문제를 신학적 인간학을 기초로 하여 성찰한다. 특히 우리가 '몸의 신학'이라고 정의한 것 위에 구축된다." (TOB 106:5) 따라서, 요한 바오로 2세가 제시하는 혼인의 성사적 표징에 대한 이해는 그의 신학적 인간학, 특히 인간에 대한 그의 해석을 확인하는 일이라고 할 수 있다.

하느님께서 한 처음부터 당신 자신의 신적 신비의 표징으로 인간-몸을 창조하셨기 때문에, 몸은 특히 "신학"으로 이해된다. 하느님께서는 남성성과 여성성이라는 성(sexuality) 안에서 몸을 창조하셨으며 "한 몸"을 이루라는 부르심으로서 몸을 창조하셨다. 그러나 원죄로 인하여 신적 신비의 표징인 몸의 진리를 알아보지 못하게 되었음을 우리는 잘 알고 있다. 욕정에 사로잡힌 인간은 성사적 표징으로서의 몸의 가치를 거의 알아보지 못한다. 그렇다면 욕정에 사로잡힌 인간이 과연 어떻게 몸의 언어를 "다시 읽게" 되는가? 정확하게 이 점에서 우리는 상충되며 조화될 수 없는 인간학의 분기점에 서 있는 우리 자신을 발견한다. 즉, 성령 안에서 다시 태어날 가능성을 열거나, 또는 되돌릴 수 없는 의심을 가지고 인간을 바라보는 것이다.

"진리에 따라" 몸의 언어를 다시 읽는 것은 욕정의 인간에게 주어진 임무이다. 그러나 인간이 과연 그 임무를 받아들일 것인가? 음욕에 사로잡혀 몸의 언어를 거짓으로 조작하지는 않는가? 이때, 교황은 다시 한 번 복음의 권능을 선포한다. 교황은 몸의 속량을 통해 죄로부터 인간을 구원하시는 그리스도, 그리스도 안에서의 정욕에 대한 승리를 강조한다. 교황은 "의심의 대가"에 대한 고찰을 다시 상기시킨다. 의심의 대가들은 인간이 음욕에 의해 결정되며 음욕 외에 다른 선택을 할 수 없다고 믿는다. 교황은 몸의 속량이 신적인 신비일 뿐 아니라, 그리스도 안에서 그리고 그리스도를 통하여 각 인간 안에 있는 인간적 실재임을 다시 한 번 강조한다. (TOB 107:2 참조) 그리스도께서는 산상 설교에서 음욕의 마음을 책망할 뿐 아니라, 무엇보다 구원의 에토스를 통해 마음 안의 음욕을 극복할 것을 요청하신다. 그리스도는 친절과 연민, 자비와 용서로 인간을 부르신다.

우리는 이미 예언서들에서 그 전조를 본다. 교황 요한 바오로 2세에 따르면, 특히 호세아는 "혼인 계약의 광채를 보여준다. 그 안에서 야훼는 민감한 신랑으로서 용서할 준비가 되어 있을 뿐 아니라 요구가 많고 엄격한 신랑이다." (TOB 104:5) 음욕에 대한 그리스도의 말씀은 실로 엄격하다. "그렇지만 우리가 이런 엄격성을 두려워해야 하는가, 아니면 오히려 구원 내용에 담긴 말씀의 힘을 확신해야 하는가?" (TOB 43:7) 이 말씀은 우리를 구원하기 위한 힘을 갖는다. 왜냐하면 그들에게 말씀하시는 분은 세상의 죄를 없애 주신 하느님의 어린양이시다. 욕정의 인간은 음욕에 지배될 필요가 없다. 만약 음욕에 지배된다면 "인간은 본질적으로 거짓이라는 비난을 받게 될 것이다." "결과적으로 그는 몸의 언어의 진리와 관련하여 자기 자신과 다른 사람들을 의심하는 형벌에 처해질 것이다. 육의 욕망으로 인해 오직 '고발' 당할 수 있을 뿐, 참으로 '부름 받은 사람'이 될 수 없을 것이다." (TOB 107:6) 그러나 인간은 (성사를 통한 은총이라고 해석하는)"성사적 해석학"에 따라 인간의 본질이 '고발당한 것'이 아니라 '부름 받은 존재'라는 결론에 이를 수 있다고 교황은 말한다. (TOB 107:6)

그렇지만, 교황 요한 바오로 2세는 "산상 설교 안에서 그리스도께서 선언하신 말씀에 대한 분석은 … 인간 '마음'이 육의 욕망으로 인하여 그리스도에 의해 '고발되고 처벌'되었으나 … 그에 앞서 무엇보다 '부르심'을 받았다는 사실을 확신하도록 이끈다." 여기서 우리는 복음의 인간학과 소위 의심의 대가를 가르는 분기점을 발견할 수 있다. 비록 "인간은 자연적으로 육의 인간이나, 동시에 '부르심'을 받은 인간이기도 하다. 인간은 몸의 속량을 통해 '부르심'을 받았다." (TOB 107:1–2) 교황은 욕정이 "진리에 따라 '몸의 언어'를 다시 읽는 능력을 파괴하지 않는다."고 주장한다. 사실, 그리스도의 몸 안에 계시된 복음과 새 계약의 빛에 비추어 볼 때 비로소 몸의 언어를 언제나 "더 성숙하고 더 완전한 방법으로" (TOB 107:3) 진리에 따라 다시 읽을 수 있게 된다. 따라서, 원죄의 유산에도 불구하고 남자와 여자는 욕망의 문제를 그리스도의 복음적 관점에서 신의와 진실됨(integrity)의 성사적 표징으로 구성할 수 있다. 그리고 남자와 여자는 "영구적인 표징(enduring sign)"으로써 "즐거울 때나 괴로울 때나, 병들거나 건강할 때에도 항상 신의를 지키고 일생 당신을 사랑하고 존경할 수 있다." (TOB 107:4)

부부가 혼인 서약을 교환하는 순간 영구적인 표징이 세워진다. 그렇지만 처음 세워진 이 표징은 "몸의 예언적 기능"으로, 계속적으로 실현되며 완성될 것이다. 부부의 몸은 부부 각자의 이름과 권위로 서로를 "위하여", 그리고 서로를 "대신하여" 계속 말할 것이다. 이와 같은 방식으로 부부는 몸의 언어 안에서, 그리고 몸의 언어를 통해서 혼인 소명에 합당한 "부부간의 대화(conjugal dialogue)"를 수행하게 될 것이며 (TOB 106:2 참조) 계속해서 혼인계약의 약속에 대한 헌신이나 헌신의 부족에 대하여 서로 얘기하게 될 것이다.

교황 요한 바오로 2세에 따르면, 배우자들은 몸의 언어를 기초로 인격의 친교를 통해 함께 하는 삶을 구성하라는 부르심을 받았다. 교황은 "진리에 따라 몸의 언어를 다시 읽어야 할 필요가 있다!" (TOB 106:2)고 말한다. 이와 같은 측면에서 교황 요한 바오로 2세는 배우자들이야말로 부부 행위의 원인이자 원저자라고 말한다. 여기에서 "부부 행위(conjugal act)"는 물론 부부의 성관계로서의 행위를 의미한다. 여기서 부부행위는 배우자들이 "혼인 성사의 집전자로서 서로에게 말하기로 한 몸의 언어 전체를 포함한다." (TOB 105:6) 교황에 따르면, 몸의 언어의 모든 의미는 혼인 동의 안에서 종합적으로 시작되며 "프로그램화"된다. 매일의 삶에서 배우자들은 그 프로그램으로부터 동일한 표징을 끌어낸다. 이로써 자기 자신과 자신의 삶 전반에 걸친 표징을 동일시한다. (TOB 106:3 참조) 배우자들의 행위, 특히 부부 결합의 행위 안에서, 혼인 동의에 대한 신의를 지켜 사랑과 신의가 깊어지기도 하지만 때로는 실패하여 정시 대상으로 전락하기도 한다.

여기에서 우리는 "진리에 따라 몸의 언어를 다시 읽는 것과 혼인 생활에서 몸의 언어를 사용한 결과 사이에 유기적 관계가 있음"(TOB 106:3)을 알 수 있다. 배우자들은 "'몸의 언어'를 올바르게 사용함으로써 혼인적이고 출산적인 사랑에 대한 증언 즉, '참된 예언자'에 합당하게 증언하라는 부르심을 받았다. 여기에 교회의 성사 안에서의 혼인 동의가 갖는 위대함과 올바른 의미가 있다." (TOB 106:4) 혼인 동의의 "위대함"은 정확히 "영원으로부터 하느님 안에 감추어진 신비"에 대한 예언적 증언이다. 이 신비는 삼위일체적 삶과 사랑의 신비로, 그리스도와 교회의 혼인적 일치를 통해 흐르며 남자와 여자의 구체적 삶에 도달하는 신비이다.

"참된 예언적 가치를 갖는 증언"이 가능한 이유는 (위에서 언급한 바와 같이) 혼인 안에 있는 신적 생명과 사랑 때문이다. 성령으로부터의 권능이 없다면, 배우자들은 욕정의 지배로부터 벗어날 수 없다. 욕정의 지배 하에서 몸의 언어를 읽고 말하는 배우자들은 본질적 오류를 자행하게 될 것이다. 여기에서 교황 요한 바오로 2세는 매우 강력한 복음의 기쁜 소식을 선포한다. "'몸의 언어'를 진리에 따라 다시 읽을 때 육의 욕망은 많은 '잘못'을 낳는다 … 그럼에도 불구하고, 속량의 에토스 안에는 언제나 '잘못'으로부터 '진리'로 나아갈 수 있는 가능성, 회심의 가능성, 죄로부터 성령에 따라 사는 삶의 표현인 정결(갈라 5:16 참조)로 나아갈 수 있는 가능성이 여전히 남아 있다." (TOB 107:3)

구체적으로, 원죄에서 정결로 가는 회심은 어떠한 결과를 가져오는가? "사랑이 인간적이면서 동시에 신적인 약속을 충실히 실현하려면 어떻게 사랑을 실천하여야 합니까? 여기에서 우리는 신비주의자들에게 잘 알려진 구약 성경의 아가서에서 으뜸가는 중요한 표지를 발견할 수 있습니다."[7]

2. 아가서

교황 요한 바오로 2세의 말에 따르면, "에로스는 지금까지뿐만 아니라 현재에도 그리고 앞으로도 문학 작품의 주제가 될 것이다. 에로스에 대한 문학적 서술은 성경에 … 아가서에 등장한다. … 문학, 예술, 인간 문화의 역사에서 이 주제는 가장 빈번하게 등장하는 주제이며 가장 중요한 주제라는 사실에 수목해야 한다." (TOB 63:3) 교황 요한 바오로 2세는 아가서에 등장하는 에로스를 바라봄에 있어 불편해하거나 기피하는 태도를 보이지 않는다. 교황은 아가서의 시에 등장하는 에로스에 대한 표현을 "인간적 재능의 가장 위대한 작업"(TOB 111:6)과 같다고 본다. 성경에서 에로스를 묘사하는 방식은 결코 놀라운 것이 아니다. 마니교주의적인 에토스로부터 자유롭게 될 때, 우리는 에로스가 "거룩함의 시원적이고 본질적인 표징"(TOB 109:2)임을 인식할 수 있다. 거룩함은 "인간이 몸을 통해, 보다 정확히 말하자면, '신실한 자기 증여의 선물'을 통해 자신을 깊이 있게 표현할 수 있도록 한다." 그리고 "남자와 여자로서 인간은 몸을 통해 자신이 거룩함의 주체임을 인지한다." (TOB 19:5)

그러므로, 많은 신비주의자들이 아가서를 선호하는 데에는 충분한 이유가 있다. 아가서에서 에로스를 표현한 시는 하느님의 사랑이 갖는 타오르는 열정을 표현하는 언어이다. 비록 완전하게 표현할 수는 없지만 성인들의 경험 안에서 볼 때, 가장 부족함이 덜한 언어이다. 그리고 아가

7 Pope Benedict XVI, *God Is Love*, 6

서의 시는 하느님과의 "혼인적 일치"로의 부르심에 대한 경험을 표현하는 언어이다. 교황 요한 바오로 2세는 아가서 본문에서 주옥 같은 보물들을 캐낸다.[8] 마이클 발트슈타인(Michael Waldstein)에 따르면, 이 부분은 교황의 교리 전체에 있어 "가장 중요한 부분 중 하나"이다.[9] 이에 대한 교황의 고찰을 살펴보기 위해 우리는 "무릎 꿇고 기도하며 신학하기"를 다시 한 번 기억할 필요가 있다. 에로스에 대한 사랑의 시는 오직 기도 안에서 '우리 마음 안의 노래'로 다시 울릴 수 있다.

교황에 따르면, 아가서는 인간 사랑에 대한 진리를 "가장 풍부하고 웅장하게" 묘사하고 있다. 따라서, 이 본문 말씀에 대한 주석은 다양한 형식으로 제공될 수 있다. 그러나 교황의 분석은 "정확한 의미에서 주석이라기보다는 혼인 성사에 대한 숙고의 일부"이다. 교황의 분석은 혼인의 가시적 표징이 몸의 언어를 올바르게 읽는 데에서 온다는 것을 보이기 위함이다. "이와 같은 목적을 가지고 고찰한다는 점에서 아가서는 매우 중요한 의미를 갖는다." (TOB 113:6) 사랑하는 연인의 사랑의 이중창(듀엣)을 살펴봄으로써 우리는 몸이 "말"뿐 아니라 "노래"도 한다는 사실을 알게 된다. 그 모든 노래들 중에서도 가장 위대한 노래(Song of Songs)를 한다는 사실을 알게 된다.

아가서 해석

아가서를 둘러싼 다양한 오해와 논란이 있다. 그렇다면 우리는 아가서를 어떻게 이해해야 할 것인가? 바오로 사도의 말씀으로부터 시작할

8 아가서에 대한 교황의 가르침은 수요 일반 알현에서 소개되지 않았다. 2006년 Michael Waldstein이 아가서에 대한 교황의 가르침을 영어로 번역함으로써 그 보물과 같은 가르침을 영어권에 소개를 할 수 있게 되었다. TOB 108–12 참조.

9 TOB, Introduction, p. 119 참조.

수 있다. “성경은 전부 하느님의 영감으로 쓰인 것으로, 가르치고 꾸짖고 바로잡고 의롭게 살도록 교육하는 데에 유익합니다.” (2티모 3:16) 불행하게도, 역사상 일부 교회 학자들은 성 바오로의 이 말씀이 아가서에 나오는 에로스에는 적용되지 않는다고 생각해 온 것 같다. 교황 요한 바오로 2세에 따르면, 많은 사람들의 눈에 아가서는 “불경스러운” 것으로 비쳐왔다. 그렇기에 “불경스러운” 아가서를 읽는 것은 자제되어야 하는 것이거나 심지어는 금기의 대상이었다. (TOB 108:2 참조) 이와 같은 관점들은 “의심의 해석”으로부터 나온 것으로 보인다. (TOB 46 참조) 그러나 에로스적 사랑에 대한 아가서의 거침없는 묘사는 그러한 의심의 해석을 해소하는 데에 가장 적합한 말씀이다. 아가서는 우리에게 원초적 선(善)이신 하느님의 전망으로 사랑하라고 가르친다. 위대한 신비가들은 이와 같은 사랑을 가지고 아가서로부터 영원한 영감을 끌어냈으며 그로 인해 거룩하고 에로스적 사랑을 담은 시가 교회 전례에 포함되기에 이른다. (TOB 108:2 참조) 의심의 해석이 아닌 신비 전통과 전례 전통은 아가서에 대한 교회의 참된 마음을 그대로 반영하고 있다는 사실을 이해해야 한다. 교회의 기도는 교회의 믿음을 그대로 반영하기 때문이다.

이 문제에 대하여 교황 요한 바오로 2세는 4개의 각주에서 다양한 학자들을 인용하며 가설을 논한다. 교황은 아가서를 오직 하느님의 “영적” 사랑의 알레고리즘으로 이해하면서 아가서를 그 핵심으로부터 분리시키려고 애쓰는 이들에 대하여 비판적인 태도를 보인다. 교황은 아가서를 “그 표현 방식상 단순하게 인간적 사랑의 노래로 이해해야 한다.”는 성경학자 J. 위낭드(J. Winandy)의 말을 인용하며, “이는 점차 많은 주석가들의 신념”을 보여주는 것이라고 말한다. (TOB 108. n. 95) 왜냐하면, “하느님이 창조하시고 은총을 내리신 인간 사랑은 영감을 받은 성경의 본문 주제가 될 수 있기 때문이다.” (TOB 108, n. 97) 교황은 A. 쇠

켈(Alonso-Schockel)의 견해에 동의하는 것처럼 보인다. 즉, "진정한 사랑을 잊어버린 사람들" 또는 "가식으로 그들을 돌처럼 굳게 만든 사람들"은 아가서를 올바로 이해하지 못했다. A. 쇠켈(Alonso-Schockel)은 다음과 같이 말한다. "배우자의 사랑을 신뢰하지 않는 사람, 몸에 대하여 용서를 청해야 하는 사람은 자신을 성장시키지 못한다. 반면에 인간적 사랑의 힘을 믿는 사람은 그 사랑 안에서 하느님의 계시를 발견할 수 있을 것이다." (TOB 108, n. 96)

여기서 육화된 실재, 성사적 실재의 가장 본질적 요소를 확인한다. 즉, 생명이신 하느님의 혼인적 사랑의 신비는 인간이 소유하는 "질료성"을 **통하여** 상호 소통된다. 결코 '질료성에도 **불구하고**' 소통되는 것이 아니다. 교황 요한 바오로 2세는 학자 A.M. 듀발(A.M Dubarle)의 입장을 제시하면서 다음과 같이 말한다. "충실하고도 행복한 인간적 사랑은 인간에게 신적 사랑의 특질들을 드러내 준다." D. 리즈(D. Lys)가 언급한 바와 같이, 이는 "아가서의 내용이 성적(sexual)인 동시에 신성(sacred)하다."는 것을 의미한다. 우리가 신성함을 무시한다면, 아가서의 시편들은 단지 세속의 성애 문학으로밖에 볼 수 없을 것이다. 반면에 성적인 측면을 무시한다면, 우리는 "알레고리즘"으로 떨어질 것이다. 아가서를 올바르게 읽으려면 성적인 측면과 신성함을 통합하여야만 한다." (TOB 108, n. 97)

몸을 통한 상호 매혹(Mutual Fascination)

요한 바오로 2세의 가르침에 대한 우리의 고찰을 통해서 알 수 있듯이 성적인 특성과 신성함을 통합하는 것은 아가서에 대한 올바른 해석에서만이 아니라 인간에 대한 올바른 정의에 있어서도 매우 중요하다. 성적인 측면과 신성함의 통합은 바로 몸(성적인 측면)의 신학(신성함)의 목표이다. 그러므로 아가서는 앞서 교황이 논의했던 모든 주제들을 다시 상기시키고 있음을 알 수 있다. 교황 요한 바오로 2세는 아가서 전체가 바리사이들과의 대화에서 그리스도께서 말씀하신 그 "한 처음"을 입증한다고 말한다. 그것은 창세기 2:23–25에서 이미 발견된 몸에 대한 최초의 표현이 가진 언어의 풍부함을 증명한다. (TOB 108:3 참조)

교황 요한 바오로 2세는 아담이 여자에게 매혹되던 순간을 아가서의 성경적 원형이라고 말한다. 교황은 또한 "창세기의 두 번째 장(23–25절)에서는 몇 개의 단순하고 필수적인 단어들로 표현되었던 것이 아가서에서는 완전한 대화로 발전되었다."(TOB 108:5)고 말한다. "아가서를 읽을 때, 아가서의 시 구절은 시적 감성으로 가득함에도 불구하고 단순하고 빈약한 표현으로 이루어진 창세기의 선언보다 더 약한 표현으로 보이기도 한다. 그러므로 창세기의 빈약함을 아가서의 풍부함으로 해석하는 동시에 창세기의 빈약함으로, 그리고 그 빈약함에 비추어 아가서의 풍부함을 해석해야 한다." (TOB 111:4)

아가서에서 연인은 창세기와 같은 감정을 이중창으로 주고 받으며 표현한다. 그 안에서 신랑의 말이 신부의 말과 서로 섞이게 된다. 아담이 했던 것과 비슷한 경이로움, 감탄 그리고 매혹은 "시의 시작부터 끝까지 평화롭고도 평탄한 물결로 흐른다." (TOB 108:5) 그리고 '한 처음'에서와 같이, "서로에 대한 경이로움과 감탄에 가득 찬 매혹의 출발점과 도착점은 직접 눈으로 드러나는 신랑과 신부의 여성성과 남성성이다." 몸은 인격을 드러내어 주며, 몸은 남자와 여자가 서로 사랑하도록 요청한다. 그러므로, 사랑에 대한 말은 "'몸'에 집중되어 있다." (TOB 108:6)

종종 외설적으로 간주되는 남성성 및 여성성 안에서의 인간 몸에 대한 매혹이 아가서에서는 "의롭게 살도록 교육하는 데에서"(2티모 3:16) 즉, 사랑으로 교육하는 데에서 유이한 수단이다. 욕정은 분명히 우리의 전망과 감정을 왜곡시켜왔다. 그러나 욕정의 왜곡을 넘어서서 우리 안의 인간적 갈망과 매혹을 깊게 살펴보면,[10] 우리는 이 같은 몸에 대한 이끌림(attraction to the body)이 하느님께서 주신 것임을 발견할 수 있다. 그것은 참 좋은 것이다. (창 1:31 참조)

물론, 통합적인 의미에서의 몸에 대한 이끌림은 항상 그 대상인 사람에 대한 것이어야 하며 항상 그 사람 자체에 대한 것이다. 이는 눈만이 아니라 마음으로 바라보는 상대방의 비전(전망)이다. 바라봄은 바라보는 이의 마음을 결정한다. 즉, 상대의 마음을 바라볼 것인지 아닌지를 결정한다. 마음이 순수할 때는 그의 바라봄도 순수한다. 마음이 순수할수록, 바라봄도 순수해진다. 마음의 순수함으로 바라볼수록, 단지 몸(body)만을 바라보는 것이 아니라 누군가(*some*body)를 바라보게 된다. 아가서의 연인들의 이중창에서, 연인들은 서로를 "바라볼(look)" 뿐 아니라 서로를 "본다(see)." 상대방의 몸에 대한 이끌림은 상대의 인격에 대한 이끌림이다. 상대방의 인격을 보는 경우에는 결코 이기적인 만족의 대상으로 상대를 사용할 수 없다. 직접적이고 즉각적으로 몸에 맴도는 이와 같은 이끌림은 오히려 마음의 내적 충동 안에서 사랑을 만들어낸다. (TOB 108:6 참조)

몸에로의 이끌림은 사랑으로 이어진다. 그러나 안타깝게도 욕정에 사로잡힌 인간에게 몸은 음욕을 만들어 내는 대상이 된다. 물론 속량의 선물로, 우리는 욕정의 지배를 극복할 수 있다. 그러나 이는 생생한 영적 투쟁 없이는 불가능하다. 교황 요한 바오로 2세에 따르면, 아가서에서 나오는 부부는 선악의 마음의 투쟁이 존재하지 않았던 이상적 세상에서 자기 자신을 표현한다. (TOB 115:2 참조) "아가서에 나오는 연인,

10 요한 바오로 2세의 가르침에 따르면, 마음의 유산은 "죄의 유산보다 깊다." 기쁜 소식은 "그리스도께서 인간의 삶 안에 가장 깊숙하게 남아 있는 이 유산을 다시 일으켜 세우고 실질적인 힘을 주시기 위해서 오셨다는 사실이다." (TOB 46:6)

부부의 말, 움직임, 태도 및 모든 외적 행위는 그들 마음의 내적 움직임에 상응하는 것이다." (TOB 108:4) 그리고 그들 마음의 움직임은 사랑에 의한 순결한 불길이다. 이것이 바로 욕정과의 싸움에서 이길 수 있도록 하는 사랑의 내적 힘과 진리가 아닌가? (TOB 115:2 참조) 사랑이 마음을 정화할수록 정욕이 우리를 속이는 일은 줄어들게 된다.

아름다움(美)의 경험

"게다가, 사랑은 아름다움에 대한 특별한 경험을 드러낸다. 그것은 가시적인 것에 초점을 맞출 뿐만 아니라, 동시에 한 인격의 전부를 포함한다." (TOB 108:6) 미에 대한 통합적인 이해는 항상 전인격을 포함한다. 연인은 크게 기뻐하면 외친다: "정녕 그대는 아름답구려, 나의 애인이여. 정녕 그대는 아름답구려. 너울 뒤로 얼보이는 그대의 두 눈은 비둘기라오. 그대의 머리채는 길앗 비탈을 내리닫는 염소 떼 같다오." (아가 4:1) 우리가 목자들이나 염소 몰이의 삶에 익숙하지 않기에, 이런 미에 대한 은유가 오늘날 우리를 놀라게 할지도 모른다는 것을 교황은 인정한다. 그럼에도 불구하고 "아가서의 시가 표현하는 것 그리고 표현된 단어가 갖는 힘은 계속해서 중요한 가치를 갖는다." (TOB 109:1) 오래된 것처럼 들리는 아가서의 은유는 가시적 세상에서 몸의 언어에 대한 지원과 확증이 얼마나 많이 필요한지를 잘 보여준다. (TOB 108:8 참조)

요한 바오로 2세가 말한 바와 같이 신랑은 이 "언어"를 마음과 눈을 모두 사용하며 다시 읽는다. (TOB 108:8 참조) 다시 말해, 신랑은 내적으로 그리고 외적으로 온전히 통합되어 있다. "바라봄"이 존재의 지향성을 결정한다면, 연인은 **선물**의 진리에 따라 살아감을 결정한다. 신랑은 여자를 선물로서 존중한다. 그러므로 신랑의 바라봄은 "신부인 여자로서의 '나' 전체"에 집중한다. 신랑은 그녀를 그녀 자신을 위해 창조된 인격체 즉, 하나의 주체로 본다. 그리고 그녀의 인격성은 "모든 여성적 특질을 통하여 남자에게 말을 한다. 이 말은 매혹, 이끌림으로 정의될 수 있는 마음의 상태를 불러 일으킨다." (TOB 108:8)

이런 방식으로 몸의 언어는 신랑이 하는 말 속에서 "풍성한 울림"을 발견한다. 신랑은 시적인 표현과 은유로 말하며, 이는 아름다움의 경험을 증거한다. 즉, "기쁨으로 가득 찬 사랑"을 증거한다. (TOB 108:8) 그러나 결국 연인의 은유는 부족하게 된다. 그 은유들을 뒤로 하고서 신랑은 "나의 애인이여, 그대의 모든 것이 아름다울 뿐 그대에게 흠이라고는 하나도 없구려."(아가 4:7)라고 말한다. "내게 문을 열어 주오," 신랑은 신부를 "완벽한 이여!"라고 부른다. (아가 5:2) 요한 바오로 2세의 말에 따르면, 신랑의 열망은 "사랑에서 태어난 것"으로, 몸의 언어를 기반으로 하고 있다. 이와 같은 신랑의 열망은 "통합된 아름다움, 티로부터 순결함을 추구하는 열망이며, (영혼과 몸의 통합된) 인간의 아름다움이 담지하고 있는 완벽함에 대한 추구이다." (TOB 112:3) 교황 요한 바오로 2세는 사랑이 남편으로 하여금 자기 아내의 아름다움을 열망하고 가꾸며 보살필 의무 즉, 아내에게 선한 모든 것을 갈망할 의무를 낳는다고 한다. 앞에서 이미 배운 바와 같이, 아내의 아름다움을 볼 수 있는 신랑의 능력은 그의 사랑에 대한 시험이자 척도이다.

요한 바오로 2세는 계속해서 다음과 같이 말한다. "['내게 문을 열어 주오, … 나의 완벽한 이여!']라고 한 신랑의 말은 '한 처음' 남자가 아직 알려지지 않은 존재인 여자를 찾고자 하는 첫 열망을 드러낸 때의 그 머나먼 울림과 같다. 그리고 그 울림은 에페소 교회 사람들에게서 즉, 교회의 신랑인 그리스도께서 '티' 없이 '거룩하며 흠 없는'(에페 5:27) 교회를 보고자 하는 열망에서 더 가깝게 울린다." (TOB 112:3) 다시 말해, 아가서에서 신랑은 그리스도와 같이 우리에게 두 가지 방향을 지시하고 있다. 한 처음의 과거 즉, 혼인적 사랑에 대한 하느님의 원초적 계획, 그리고 종말론적 미래 즉, 하느님의 어린양과의 혼인이 완성되는 시점이 그것이다. 이때, 신부는 영원히 완전해질 것이다. 신부는 광채로 빛나며 흠이나 티, 주름이 없게 될 것이다. (에페 5:27 참조) 하느님의 어린 양과의 혼인 잔치에서 우리는 성인들의 통공으로 인하여 모두가 참되고 통합된 아름다움을 가지고 있음을 보게 될 것이다. "모든 얼룩이 없어진" 아름다움이 될 것이며, "영혼과 몸의 아름다움"이 될 것이다. 모든 인간 존재는 이와 같이 눈부신 아름다움을 갖게 될 것이다. 이는 "얼굴을 맞대고 바라보게 될" 하느님의 아름다움으로, 흐릿하고 희미하게 비추는 아름다움이 결코 아니다.

"몸의 눈" 그리고 "마음의 눈"

통합적인 아름다움에 대한 이와 같은 전망은 "몸과 마음의 눈"으로 볼 수 있다. 아가서에서 신랑과 신부는 이같은 통합적 전망으로 서로를 바라본다. 교황에 따르면, 남자는 사랑하는 대상의 이끌림을 볼 때 "몸의 눈"을 더 사용하는 것처럼 보이며, 여자는 "마음의 눈"에 의해 사랑의 감정이 더 일어나는 것처럼 보인다. 즉, 신랑의 노래에서는 여성성을 가시적으로 표현하는 것이 두드러지는 반면, 신부의 경우 육체적으로 가까워지게 됨은 "친밀한 '마음의 언어'의 성장"을 가져온다. (TOB 111:2) 그러나 이와 같은 두 성향은 서로 상대 안에서 균형을 찾는다. 두 성향의 적절한 종합은 몸-인격인 상대방의 신비에 대하여 그리고 그 신비의 계시를 통한 사랑에 대하여 경이로움과 경탄을 표현하도록 이끈다. (TOB 109:1 참조)

이와 같이 아름다움에 대한 통합적 전망을 통해, 신랑과 신부는 "사랑하는 사람과의 관계에 존재하는 모든 것을 빛나게 하는 특별한 가치의 경험"(TOB 109:2)을 누릴 수 있다. 이를 통해, 우리는 남자를 위하여 존재하는 여자, 반대로 여자를 위하여 존재하는 남자의 의미를 이해할 수 있다. 교황에 따르면, 이는 몸의 신학과 혼인 성사의 표징 신학에 있어 본질적으로 중요하다. "남성인 '나' (또는 그 반대)를 위해 존재하는 여성인 '나'는 누구인가를 아는 것이 중요하다." (TOB 109:3)[11] 사랑하는 연인의 시적인 이중창을 통해 아가서는 남자와 여자가 "서로를 위해 존재한다."는 사실을 웅장하게 표현하고 있다. 교황은 아가서의 두 주제에 집중한다. 첫째 주제는 "형제애(오라버니-누이) 구조"라고 부를 수 있으며(TOB 110:5 참조), 둘째 주제는 "불가침성"이라고 부를 수 있다. (TOB 110:8 참조)

"나의 누이, 나의 신부"

아가서는 수차례에 걸쳐 신부를 "누이"라고 부른다. "나의 누이 나의 신부여, 그대는 내 마음을 사로 잡았소. 한 번의 눈짓으로, … 내 마음을 사로잡았소. 그대의 사랑이 얼마나 달콤한지! 나의 누이 나의 신부여!" (아가 4:9-10) 교황에 따르면, 이와 같은 표현은 단순히 그 호칭이 의미하는 것보다 훨씬 더 많은 것을 내포한다. 즉, 사랑이 상대방을 어떻게 드러내는지를 보인다. "여성인 '나'는 신랑에게 '누이'라는 호칭으로 드러난다는 사실이 특히 중요한 점을 시사한다." (TOB 109:4) 연인들의 말에는 "특정한 내용이 담겨 있다." (TOB 110:1) 연인들의 말을 통해 남자는 여자를 전유대상이 아니라 사랑받는 한 인격으로 보고 있음을 계시하는 것이다. 인격이 된다는 의미는 '주체가 됨'과 동시에 '관계 안의 존재'가 됨이다. (TOB 109:4) "누이"라는 단어가 바로 이 두 의미를 모두 내포하고 있다. 즉, '누이'라는 단어는 인간성을 남성성과 여성성이라는

11 이는 몸 신학과 성사 신학만이 아니라 인간의 삶 전반에 걸쳐 매우 중요하다. 인간 삶의 존엄성과 균형은 역사의 매 순간 그리고 전 세계에 걸쳐 남자를 위한 여자와 여자를 위한 남자에 의해 결정된다고 한 교황의 말씀을 상기할 필요가 있다. (TOB 43:7 참조)

두 가지 방식으로 육화하고 있음을 드러낼 뿐 아니라 서로 상호적 관계에 있음을 드러낸다.

"누이"라는 단어에서 남자는 오라버니로 이해될 수 있다. "아, 당신이 내 어머니의 젖을 함께 빨던 오라버니 같다면!" (아가 8:1) 교황은 서로를 누이와 오라버니로 인식하는 것이 남자에게는 하나의 시험과도 같다고 본다. (TOB 109:4) 왜냐하면, 남자는 이로 인하여 자신의 동기를 평가하게 되기 때문이다. 사랑과 음욕, 또는 신실한 자기 증여와 자기 만족 중 어떠한 것이 진정한 동기인가? 아가서에서 신랑은 이 시험을 받아들이며 즉각적으로 답을 한다. (TOB 109:4 참조) "우리 사랑을 방해하지도 깨우지도 말아 주오, 그 사랑이 원할 때까지." (아가 8:4) 더 나아가 신랑은 이렇게 말한다. "우리에게는 누이가 하나 있네, 조그만 누이. 아직 젖가슴도 없다네. 누가 구혼이라도 하는 날이면 우리 누이를 어떻게 해야 하나?" (아가 8:8) 교황은 신랑이 "오라비"가 되어 신부를 "누이"로 인식하는 시험을 수용한 증거가 바로 이 구절이라고 말한다.

"신랑의 말은 사랑하는 사람의 여성성을 재생산한다. 신랑의 말에 따르면 신부는 여전히 소녀기이다. ('우리에게는 조그만 누이가 하나 있네, 아직 젖가슴도 없다네.')" 신랑의 말은 "아무런 이기심 없는 부드러움으로 신부를 몸과 영혼을 가진 전체로서의 '나'"로 수용하고 있음을 보여준다. (TOB 110:2) "누이"에 대한 부드러움은 "누이"가 "신부"가 될 때 "신부"에 대한 부드러움과 같다. "누이"에서 "신부"로 가는 과정에서 그녀의 인격성, "누이"로서의 존엄성에 대한 신랑의 인식은 같다. 그리고 같아야 한다. 바로 여기에 "신부"라고 부르기에 앞서 "누이"라고 부르는 특별한 이유가 있는 것이다. 이는 신랑이 신부를 열망하는 방식(*modus operandi*)이 음욕이 아닌 사랑이어야 함을 나타낸다. 사랑은 "혼인을 통해 오라버니와 누이의 관계와 유사한 상호적인 관계"를 형성한다. 사실, "혼인을 통해, 남자와 여자는 특별한 방식으로 오라버니와 누이가 된다." (TOB 114:3) 남자와 여자는 혼인적 사랑에 뿌리를 둔 방식에 의해 오라버니와 누이가 된다.

"바로 이 때문에, 누이와 신부라는 두 표현 방식과 두 호칭은 하나의 접점에 수렴되는 것이다." 아가서에서 사용된 '누이'라는 표현은 '몸의 언어'에 속한다. 따라서 이 표현은 혼인적 사랑의 진리에 따라 다시 읽어야 한다." (TOB 109:6) 여자를 "누이-신부"라고 부르는 것은 몸의 언어가 "리비도"에 의해서만 결정되는 것이 아님을 보여준다. "리비도" 자체는 여자를 "누이"로 인식하지 못한다. "누이"로서의 인식이 부족하면, 여자를 "신부"로 제대로 인식할 수 없게 된다. 이때의 여자는 신랑에게 전유(專有)의 대상물이 될 뿐이다. 그러나 아가서에서 연인들은 참된 에로스가 전유(專有)와 이기적 만족을 목적으로 하지 않음을 명확히 증거하고 있다. 오히려 에로스 자체는 "상호적인 황홀경 안에서, 예전부터 그래왔듯이, 사랑 안에서 선과 아름다움을 표현하는 것이다 … '나의 누이, 나의 신부'라는 표현은 이와 같이 심오한 뜻에서 나온 것으로 오직 이와 같은 이해를 바탕으로 할 때에만 비로소 충분히 해석될 수 있다." (TOB 110:3)

강의와 세미나에서 "누이-신부"의 개념을 설명할 때 남자와 여자의 수용 태도에 큰 차이가 있음을 알 수 있었다. 이유가 무엇이든지 간에 대부분의 여자들은 남녀 관계에 대한 그녀들의 깊은 희망을 확인하는 개념으로써 누이-신부의 개념을 수용하는 것 같았다. 반면, 남자들의 경우 수용을 망설이는 듯 보였다. 잠재적 "섹스 파트너"를 "누이"로 간주하는 것은 남자들이 관계에서 바라는 바의 본질을 제거하는 것처럼 보이기 때문이다. "누이"를 대상으로 음욕을 품는 것에 대하여 남성은 반발한다. 바로 이것이 핵심이다! 남자는 신부를 대상으로 음욕을 품는 것에 대해서도 반발해야 한다. 여자들에게도 직면해야 하는 그들만의 왜곡된 음욕이 있다. 그러나 여자를 먼저 "누이"로 인식하는 것은 남자들이 왜곡된 음욕에 직면하도록 만들며, 이 왜곡의 뒤틀림을 "풀어냄"으로써 은총을 추구하도록 만든다. 또한, 나는 다음을 발견할 수 있었다. 오늘날의 대중 문화에서 "데이트"라는 개념은 즉석 로맨스에 대한 기대와 더불어 종종 즉각적인 성 행위에 대한 기대를 포함하는 개념으로, 남자와 여자의 관계가 갖는 "형제애(오라버니-누이) 구조"를 건너뛰고 생략하게 만든다는 사실이다. 남자와 여자가 한 번도 오라버니-누이로서 서로 사랑한 적이 없다면, 혼인적 사랑을 위한 타당한 토대가 없는 것이나 마찬가지이다. 그들은 음욕을 사랑으로 착각할 심각한 위험에 처해 있다. 여기에 혼인을 세우는 것은 사상누각(沙上樓閣)이나 다름없다.

평화를 가져오는 공통의 소속감

"형제애(오라버니-누이) 구조"는 남자와 여자의 공통적인 인간성과 소속감에 대한 이야기이다. "이는 마치 같은 가문으로부터 내려온 것과 같으며, 영아 때부터 같은 가문의 기억으로 연결된 것과 같다. 이처럼 남자와 여자는 마치 같은 어머니로부터 나온 오라버니와 누이와 같이 서로를 가깝게 느낀다." (TOB 110:1) 교황 요한 바오로 2세는 창세기에서 다음과 같이 묵상한 바가 있다. "남편과 아내가 되기 전, 남자와 여자는 먼저 같은 인류의 형제 자매로서 시작되는 창조의 신비로부터 나온다." (TOB 18:5) 첫 남자와 여자는 "아버지 창조주에 대한 공통의 소속감"을 가졌다. 이 공통의 소속감(같은 인류 안에서의 "형제-자매")에 대한 경험은 "인격의 친교를 위한 첫 토대"를 제공하였다. (TOB 110:3) 다시 말해, 일치의 인호적 경험(시원적 성사로서의 혼인 일치)은 오라버니와 누이로서 한 인류(즉 같은 아버지 아래에서의 아들과 딸)에서 비롯되는 원초적 경험을 토대로 한다.

요한 바오로 2세의 고찰에 따르면, 창세기로부터 시작된 이 주제는 "아가서에서 놀라울 정도로 경이롭게 발전되었다." (TOB 110:3) 창세기

2:23–25과 아가서는 한결같이 다음을 말한다. 즉, 진리에 따라 "몸의 언어"를 다시 읽기 위해 먼저 남자와 여자가 서로 같은 인류 안의 오라버니와 누이임을 인식하여야 한다는 것이다. 이러한 인식 없이 혼인 관계를 세울 때, 남자와 여자는 "시원적 성사"의 풍요로움으로부터 고립될 것이다. 여기에서 교황은 아가서에 대한 고찰이 혼인적 사랑을 신적 은총의 "표징"으로 이해하기 위한 것이라는 사실을 다시 한 번 강조한다. (TOB 110:3 참조) 이 표징은 시원적 성사의 진리에 따라 즉, 하느님께서 한 처음부터 남자와 여자를 위해 계획하신 진리에 따라 "몸의 언어"를 다시 읽음으로써 제정될 수 있으며 신적 은총으로 인간에게 전달될 수 있다. 아가서에서 연인들은 하느님께서 그들 몸에 새기셨던 원초적 "언어"를 놀라운 하모니를 이루며 성공적으로 서로에게 다시 읽어준다. 보다 정확히 말하자면, 노래해 준다.

교황은 연인들의 신실한 사랑이야말로 평안함 안에서 서로를 가깝게 느끼며 살게 하고, 상대가 자신을 부당하게 판단할지 모른다는 두려움으로부터 자유로운 삶을 살게 한다는 사실을 보여준다. 그들은 사랑을 부끄럽게 여기지 않는다. 사랑의 순결함에 확신이 있기 때문이다. "거리에서 당신을 만날 때 누구의 경멸도 받지 않고 나 당신에게 입 맞출 수 있으련만." (아가 8:4) (번역자 8:1) 이러한 경험에서, 깊은 내적 평온함이 올라온다. 이는 원초적 벌거벗음의 경험에서 "내적 평온함으로 바라봄"을 연상시킨다. "하지만 그이 앞에서는 화평을 청하는 여자랍니다." (아가 8:10) 인간 마음 깊은 곳에서 발견하는 평화이지만 이는 또한 "몸의 평화"이기도 하다는 사실을 교황은 지적한다. 교황은 이를 하느님의 모상인 남자와 여자가 신실한 자기 증여의 선물로 만날 때의 평화로 묘사한다. (TOB 110:2 참조) 이것이 바로 "나의 누이, 나의 신부"라는 말씀이 담지한 풍요로움이요, 도전이다.

“닫힌 정원, 봉해진 우물”

교황 요한 바오로 2세는 아가서의 두 번째 주제인 “불가침성”에 대하여 다음의 구절을 인용한다. “그대는 닫힌 정원, 나의 누이 나의 신부여. 그대는 닫힌 정원, 봉해진 우물.” (아가 4:12) 이와 같이 아름다운 시적 표현들 안에서 교황은 “언어의 아름다움만이 아니라 이 언어가 표현하는 진리의 아름다움”을 본다. 이 은유들은 여성의 신비가 갖는 또 다른 비전을 드러냄으로써 “누이”라는 호칭으로 나타내고자 한 바를 확인할 뿐만 아니라 그것을 더 능가하고 있다. (TOB 110:6 참조)

교황에 따르면, “한 처음부터” 여성성은 창세기 특히 창 2:24의 “한 몸”과 창 4:1의 “앎”에서 말한 “일치”의 신비를 결정한다고 말한다. 여기에서 교황은 여자 없이는 결코 일치를 이룰 수 없다는 사실과 함께, 여성의 몸이 일치의 신비를 “더 많이 말하고 드러내고 있다.”고 말하는 듯 보인다. 일치와 출산의 신비가 갖는 “신학 전체의 깊이”를 표현하는 것은 여자이다. (TOB 21:6 참조) 교황 요한 바오로 2세에 따르면, 아가서에서 우리는 일치의 “문턱”에 서 있는 우리 자신을 볼 수 있다. (TOB 110:8 참조) 즉, 일치의 신비로 들어가는 경계에 서 있는 것이다. “닫힌 정원”과 “봉해진 우물”의 은유는 남자와 여자의 일치에 대한 표현으로 특히 “여자”의 신비를 이해할 수 있도록 한다. (TOB 110:7 참조)

우리는 이 표현이 매우 고귀한 가치를 가지고 있음을 알 수 있다. 교황에 따르면, 이 표현은 연인의 일치가 가지는 심오한 측면과 의미를 전달한다는 점에서 특히 중요하다. “은유적이고 시적인 언어야말로 이 영역에 있어 가장 정확하고 타당한 표현 방법이다.” (TOB 110:8) “닫힌 정원”과 “봉해진 우물”이라는 은유는 모두 여성성이 갖는 전 인격적 존엄성을 표현한다. 인격을 표현하는 몸이라는 점에서 여자의 몸이 갖는 신비에 대한 깊은 존중을 표현한 것이다. 두 은유는 다음을 드러낸다.

> 여성인 "나"의 전 구조 안에 가장 깊숙이 감춰져 있는 것처럼 보이는 것을 표현한다. 이것은 여성성이 갖는 오롯이 인격적인 신비를 구성하는 것이다… "닫힌 정원"과 "봉해진 우물"이라는 두 은유는 여성성이 갖는 전 인격적 존엄성을 표현하다고 말할 수 있다. 이때, 여성성은 자기소유의 인격적 구조에 속한 것으로, 인격적 선물의 형이상학적 깊이만이 아니라 선물의 본질적인 진정성을 결정한다. (TOB 110:7)

여기에서 "자기소유의 인격적 구조"라 함은 "닫힌 정원"을 여는 열쇠를 여자가 가지고 있다는 의미이다. 여자는 자신의 의지로 선택하는 자기 자신이며 그 자체로 결코 침해될 수 없는 존재이다. 여자는 자기 자신 전체를 소유하며 그 자체로 그녀의 연인 앞에 선다.

교황 요한 바오로 2세는 다음과 같이 표현한다. "신부는 여성성의 신비에 대한 주인으로서, 자기 자신을 남자의 눈앞에 내어 놓는다." (TOB 110:7) 이를 인식한 연인은 그녀를 "취하거나", "붙잡을 수" 없음을 안다. 친교의 일치(*communion personarum*) 안에 살기 위한 전제는 바로 선물의 자유이다. 진리에 따라 몸의 언어를 다시 읽는 것은 인격의 내적 불가침성을 발견하는 것을 동반하기 때문이다. (TOB 110:8 참조) 따라서 진리에 따라 몸의 언어를 다시 읽지 못하여 음욕에 사로잡히게 된다면, 인격의 신비를 침해하는 것은 불가피하게 될 것이다. 주어지지 않았는데도 취할 것이기 때문이다. 즉, 타인의 인격을 지배하는 주인이 되는 것이기 때문이다. 그러나 인격-인간이라 함은 자기 자신이 스스로 주인이 됨을 의미한다. 인격의 존엄성은 바로 그러한 주체성을 전제로 한다. "과거에도 그래왔듯이 이러한 내적 필요성, 이러한 사랑의 역동성 안에서 분명히 드러나는 것은 다른 인격을 전유하거나 지배하는 것이 불가능하다는 사실이다. 인격은 전유와 지배, 소유와 만족의 모든 척도 위에 존재한다." (TOB 113:3) 그것이 생각이든 행위이든 간에 만약 "닫힌 정원"에 쳐들어가거나, 그녀를 속여 닫힌 정원의 열쇠를 내놓게 만든다면, 그것은 그녀에 대한 사랑이 아니라 그녀를 유린한 것이며 강간한 것이다.

여자를 "닫힌 정원"과 "봉해진 우물"이라 선언한 것은 남자의 자기 증여가 가지는 신실함을 보여준다. 여기에서 남자는 문을 두드려 문을 열어줄 것을 청할 수 있으나 부수고 쳐들어갈 수 없다. 그는 자신을 여자에게 선물로 제공하며, 자신을 그녀의 손에 그리고 그녀의 자유에 맡긴다. 남자는 먼저 선물을 그녀에게 건네며 자신의 열망을 명백히 한다. "내게 문을 열어 주오, 나의 누이 나의 애인, 나의 비둘기, 나의 티 없는 이여!"(아가 5:2) 그리고 그녀는 그가 문을 두드리는 소리를 듣는다. "나는 잠들었지만 내 마음은 깨어 있었지요. 들어 보셔요, 내 연인이 문을 두드려요." (아가 5:2) 그러나 그는 그녀를 "자기 자신의 신비의 주인(master of her own mystery)"[12]으로 온전히 존중한다. 그리고 그녀의 "네." 즉 온전히 자유롭고 어떠한 강압도 없는 "네."가 있을 때만 "자기 손을 문빗장에"(아가 5:4) 얹는다. 실로 신부는 신랑의 "갈망"이 그녀 자신–단지 그녀의 몸만이 아니라 그녀의 여성적인 인격 전체–을 향한 것임을 알기에, 그녀는 그녀 자신을 선물로 내어주려고 그를 만나러 간다. 전적인 자유 안에서, 그녀는 그에게 자신을 내어 준다. 닫힌 정원을 그에게 열어주며 그의 것으로 만든다. "일어라, 북새바람아! 오너라, 마파람아! 불어라, 내 정원에, 온갖 향료들이 흘러내리게! 나의 연인이 자기 정원으로 와서 이 맛깔스러운 과일들을 따 먹을 수 있도록!" (아가 4:16)

사랑의 대화 안에서, "'닫힌 정원'이 신랑의 몸과 영혼 앞에서 열리

12 흥미롭게도, master of her own mystery을 약자로 표현하게 되면 m.o.m 이다. 남자는 여자를 "엄마(mom)"로 존중해야 한다는 것을 알 수 있다.

게 된다." (TOB 111:4) 그리고 그는 깊은 존경과 경이로움을 가지며, "서로 존중함 안에서 서로에게 종속됨을 통해" 드러난 그녀의 신비를 지킨다. 이때 신비의 주인은 여전히 그녀 자신이다. 선택의 자유 안에서 그리고 선물의 자유 안에서 그녀는 그에게 문을 연다. 그녀는 그리고 그녀만이 자신의 신비를 드러낼 수 있다. 아가서에서 신랑은 이 신비를 온전히 알게 된다. 그는 결코 그녀의 선물을 착취하지 않을 것이다. 신랑은 부드럽게 그녀에게 다가서서 그녀의 신뢰가 헛되지 않음을 확신시키고자 한다. 그녀의 선물에 기뻐하는 그는 그녀가 열어준 정원에 대하여 계속해서 경이로움을 표현한다. "나의 누이 나의 신부여, 나의 정원으로 내가 왔소. 내 몰약과 발삼을 거두고 꿀이 든 내 꿀송이를 먹고 젖과 함께 내 포도주를 마신다오." (아가 5:1)

오 거룩한 열망을 만족시킨 기쁨! 그것이 바로 거룩함이다. "성경의 정경에 들어있는 문헌에 현존하는 이 요소들은 그와 관련된 '몸의 언어'가 거룩함에 대한 시원적이고 본질적인 표징을 포함하고 있음을 보여준다." (TOB 109:2) 아가서에 등장하는 에로스에 대한 대담한 구절들을 살펴보면 곳곳이 관능성의 향기로 넘치나, 여전히 경건함이 드리워져 있음을 알 수 있다. 이 구절들은 "참된 사랑"의 신비를 드러낸다. (TOB 110:9) 참된 사랑은 거룩함이다. 아가서에 의해 우리에게 개방된 이 거룩함의 문턱을 통과하기 위해 우리는 모든 의심을 버려야 한다. 천사주의나 애니멀리즘을 포함해 성(sexuality)을 경시하는 모든 태도는 십자가에 못박아야 한다. 우리 자신의 욕망에 대한 두려움 역시 하느님 신비에 따른 정화의 불길에 내어 놓아야 한다. 우리가 감내해야 하는 고통, 하느님 신비로 "넘어가기 위해 참아야 하는 십자가의 고통은 가치로운 일이다." 이 문턱을 통과하면 "신비가들이 '부부 결합'으로 체험하는 형언할 수 없는 기쁨"[13]이 있기 때문이다.

모든 그리스도인들은 "닫힌 정원"에 들어가야하는 소명을 가지고 있다는 것에 대하여, 세인트 루이스의 드 몬포트(St. Louis de Montfort)는 다음과 같이 말한다. "죄인인 우리가 그와 같이 거룩한 곳에 들어가기 위해 필요한 자유, 능력, 빛을 갖는다는 것이 얼마나 어려운 일인가."[14] 그는 계속해서 말한다. "대부분의 사람들은 문턱에 걸려 더 이상 나아가지 못하게 될 것이며, 몇몇 사람들만이 문턱을 넘어 한 걸음 더 나아가 그 안으로 들어가게 될 것이다. 누가 그 한 걸음을 더 나아갈 것인가? 누가 두 번째, 세 번째 걸음을 내디딜 것인가? 그리고 누가 과연 그 안에서 영원히 머물 것인가? 예수 그리스도의 성령에 의해 비밀이 계시된 자만이 가능하다."[15] 드 몬포트(De Montfort)를 일종의 영지주의("비밀스러운 지식")로 비난하지 않으려면, 성경 전반에 걸쳐 그가 속삭이는 "비밀"이 "들을 귀가 있는" 모든 사람들에게 전해짐을 인식할 필요가 있다. 특히 아가서에서 말이다. 드 몬포트(De Montfort)는 다른 저서에서 다음과 같이 적고 있다.

성령께서 그 비밀을 드러내 보인 영혼은 참으로 다행이며 놀라울 정도로 행복하다. 중개자이신 예수께서 "닫힌 정원"을 그 영혼에게 열어 주신다. 그리스도께서 "봉해진 우물"로부터 은총의 살아 있는 물을 마시게 허락하신다! 그 영혼은 가장 영광스러운 정원에서 하느님을 발견하게 될 것이다. 영원히 거룩하시며 높이 계신 하느님께서 당신 자신을 낮추어 연약한 영혼에 맞추고 계시는 모습을 보게 될 것이다.[16]

오, 영광스러운 하느님, 겸양의 모습이여! 하느님께서는 우리 인간의 단계 즉, 마리아의 자궁이라는 "정원"에 직접 내려 오신다. 드 몬포트(De Montfort)에 의하면, 바로 이곳에서 우리가 하느님을 만나고 하느님께서 우리를 만난다.

13 John Paul II, *Novo Millennio Inuente*, 33.

14 *True Devotion to be Blessed Virgin* (Bay Shore, NY: Montfort Publications, 1993), p. 263.

15 Ibid., p. 119.

16 *The Secret of Mary* (Bay Shore, NY: Montfort Publications, 1998), p. 17.

거룩한 신적 신비에 "들어감"은 "'나를 사랑하는 사람은 내 아버지께 사랑을 받을 것이다. 나도 또한 그를 사랑하고 그에게 나를 나타내 보이겠다.'(요한 14:21)고 하신 그리스도의 약속에 대한 생생한 체험"이다. 교황은 계속해서 다음과 같이 말한다. "[이 신비에 들어감은] 전적인 은총으로 지탱되는 여정이지만, 동시에 열성을 다하는 영적 노력을 요구하며, 고통스러운 정화('어둔 밤')와 무관하지 않습니다. 그러나 이는 갖가지 가능한 방법들을 통하여 말할 수 없는 기쁨으로 이끌어 줍니다. 이 기쁨은 신비가들이 '부부 결합'으로 체험하는 것입니다. 훌륭한 본보기가 많이 있지만 그 가운데에서도 우리는 십자가의 성 요한과 아빌라의 성녀 데레사의 가르침을 잊을 수 없습니다."[17]

신부의 "불가침성": 서로에게 속함

아가서에서 선포된 바와 같이, 참된 사랑은 신비를 훼손함 없이 인격의 신비에 근접함을 말한다. (TOB 111:1 참조) 아가서에서 여자는 "남자-신랑의 가장 깊은 체험 안에서 결코 훼손되지 않는 신부-누이이며 자신의 여성성이 지닌 내밀한 신비의 주인이다." (TOB 111:6) 이와 같이 "훼손되지 않음" 안에서, 우리는 아가서의 연인들이 서로의 혼인적 행위를 통해 결합을 이루고 있음을 알 수 있다." 그리고 "어느 의미에서는 원초적인 동정의 가치를 다시 살고 있다." (TOB 10:2) 사랑이 아닌 욕정은 인격을 훼손한다. 사랑이 아닌 욕정은 남자와 여자의 "원초적 동정의 가치"를 박탈한다. "사랑"이 상대방을 훼손한다면 즉, 인격의 "동정적 가치"를 공격한다면, 그것은 사랑이 아니며 결코 사랑이라 부를 수 없다. 사랑을 위장한 음욕이다.

음욕은 상대를 취하고 소유하려 애쓴다. 그러나 진정한 사랑은 "배우자들의 상호 속함에 대한 심오한 진리를 표현한다." (TOB 110:8) 교

17 *Novo Millennio Inuente*, 33.

황 요한 바오로 2세에 따르면, 아가서의 연인들은 서로에게 "속함(소속)"과 서로에게 "운명지어짐"을 알고 있다. "나의 연인은 나의 것, 나는 그 이의 것." (아가 2:16) 그러나 교황이 예전에 말했던 "소속의 인격적 유비(personal analogy of belonging)"를 상기해 보라. 진정한 사랑의 언어에서 배우자들이 서로에게 "속함"을 말할 때, 그것은 "상호 교환적인 증여를 암시하며 선물의 동등한 균형을 의미한다 … 그 안에서 상호 인격들의 친교(*communio personarum*)가 이루어진다." (TOB 33:4) 요한 바오로 2세가 진술하고 있듯이, "'나의 연인이 나에게 속한다.'라고 신부가 말할 때, 이는 '나를 맡기는 상대방이 바로 그 남자이다.'이며, 그래서 '나는 그이에게 속한다.'(아가 2:16)고 말하는 것이다. (TOB 110:9) 교황에 따르면, '나의', '나의 것'이라는 단어는 인격의 내적 진리에 따라 자신을 내맡기는 것을 확인하는 표현이다. 그러므로 무엇보다도 서로에게 "속함"과 "맡김"의 행위는 남성적 열망으로부터 생성되는 것으로 보인다고 교황은 말한다. 그러나 신부는 신랑과 같은 열망을 가지며 그의 순결을 인식함에 따라 신랑의 열망을 믿고 받아들인다. (TOB 113:1 참조)

남자와 여자의 상호 "운명지어져 있음" 안에서 우리는 그리스도 안에 운명 지어져 있는 우리 존재의 표징도 볼 수 있다. (에페 1:4 참조) 마찬가지로 그리스도인들이 그리스도에 "속함"이라고 말할 때, 이는 그리스도가 "소유권"을 가진다는 의미가 아니다. 하느님께서 그의 피조물에 대한 "소유권"을 가질 수도 있으나, 여기에는 인간에 대한 "신적 존중"의 신비가 있다. 그렇기에 소유권을 주장하지 않는다. 하느님은 우리를 그의 신부로서 그리고 "우리 자신의 신비에 대한 주인으로서" 존중하신다. 카를 보이티야 추기경은 다음에서 명백히 이를 밝히고 있다.

어느 누구도 인간을 목적 달성을 위한 수단으로 사용할 수 없다. 어떠한 인간도, 하느님이나 창조주조차도 그러할 권리가 없다. 이는 하느님에게 있어 결코 의심의 여지가 없는 확실한 문제이다. 하느님께서 인간에게 지성과 자유의 본성을 주심으로써 스스로 행동 목적을 결정할 수 있도록 하셨고 타인의 목적을 위한 맹목적 도구로 사용되지 않도록 정하셨기 때문이다. 그러므로 하느님께서 직접 인간에게 어떠한 목적을 지시하고자 한다면, 먼저 인간으로 하여금 그 목적을 알도록 하시고 인간 스스로 결정을 하여 독립적으로 목적을 향해 노력할 수 있도록 하신다. 여기에 가장 중요한 점이 있다. 즉, 하느님께서 인간으로 하여금 초자연적 목적을 알도록 하시지만, 그 목적을 향해 노력하겠다는 결정과 그 과정의 선택은 전적으로 인간의 자유의지에 달려있다는 사실이다. 하느님께서는 인간의 자유의지에 반하여 인간을 속량하지 않으신다.[18]

관능성(Sensuality)과 영성(Spirituality)

아가서에서 말하는 참된 사랑은 진리에 따라 몸의 언어를 다시 읽기이다. 요한 바오로 2세는 혼인 안에서 커져가는 참된 사랑을 드러내는 연인들의 이중창을 담은 아가서의 구절들을 열거한다. 그 예로, "젊은이들 사이에 있는 나의 연인은 숲 속 나무들 사이의 사과나무 같답니다. 그 이의 그늘에 앉는 것이 나의 간절한 소망. 그 이의 열매는 내 입에 달콤하답니다." (아가 2:3)[19] "남성적 에로스"(TOB 111:4)는 그 자체로 다음과 같이 표현된다. "그대의 둥근 허벅지는 목걸이처럼 예술가의 작품이라오. 그대의 배꼽은 동그란 잔, 향긋한 술이 떨어지지 않으리라…. 그대의 젖가슴은 야자 송이 같구려. 그대의 젖가슴은 포도송이, 그대 코의 숨결은 사과, 그대의 입은 좋은 포도주 같아라. 그래요, 나는 나의

18 *Love and Responsibility*, p. 27.

19 이 구절과 창세기의 하와의 원죄를 묘사한 구절이 역-평행적임을 인식할 수 있다. 하와와 아가서의 신부 모두는 열매를 바라고 그 안에서 기쁨을 찾는다. 그러나 차이는 그 열매를 취하는 방법에 있다. 하와는 "취했고" 아가서의 신부는 "받았다." 부정의 패러다임을 수용하게 된 하와는 천상의 신랑(야훼)의 선물에 의심을 품고 주어지지 않은 것을 취했다. 반면에, 아가서의 신부는 선물의 패러다임 안에 살며 자신을 열고 신랑의 "열매"를 받는다. 신랑은 그녀에게 자유로이 이 열매를 선사한다.

연인에게 곧바로 흘러가는, 잠자는 이들의 입술로 흘러드는 포도주랍니다." (아가 7:1–2, 8–9) (번역자 7:2–3, 8–10)

신랑의 말은 "여성적 아름다움의 시적 표현일 뿐만 아니라, … 선물과 자기 증여에 대한 말이기도 하다. 그 말에서 우리는 언제나 시원적 성사의 표징을 구성한 창세기의 아주 오래된 말씀(창 2:23)의 울림을 듣게 된다." (TOB 111:4) 이같이, 연인들은 서로를 선물로 발견하며 서로를 선물로 "맛본다." "'몸의 언어'는 감각에 대하여 말하고 있다. 연인들을 결합하는 사랑은 본성상 영적인 동시에 관능적이다." (TOB 111:5) 다시 말해, 영적인 사랑은 몸과 통합되어 있으며 몸에 뿌리를 두고 있다. 즉, 그들의 성(sexuality)과 관능성에 뿌리를 두고 통합되어 있다. 따라서 참된 사랑에 대한 마음을 갈망하는 것은 몸이 감각에 대한 갈망으로, 이는 욕정으로 인해 분리되지 않는다.

아가서의 에로스적인 시는 음식, 향기, 그리고 냄새를 맡고 맛을 음미하고 먹고 마시는 등의 표현으로 가득 차 있다. (예: 아가 1:12–14; 2:3–6; 4:10–5:1) 이는 혼인적 사랑과 냄새 맡기, 음미하기, 먹기, 마시기 안에 존재하는 심오한 상호 연관성을 드러낸다. 이 감각들(사실 모든 감각들)이야말로 에로스와 밀접한 관련이 있지 않는가? 연인들의 격정적인 키스에 대해 "너를 음미하고 흠뻑 먹고 마시고 싶다."는 표현 외에 달리 무엇이라고 말할 수 있을까? 몸의 향기가 남자와 여자를 사랑에 빠지도록 자극하지 않는가? 아마도 우리는 감각들에 대하여 의심의 눈초리로 바라볼 수 있을 것이다. 감각이 종종 욕정을 불러일으키기 때문이다. 그러나 성령의 생기로 사는 남자와 여자에게 있어서 감각은 사랑을 나누도록 부추길 뿐이다. 그렇다. 우리의 모든 감각은 사랑을 할 수 있도록 하느님께서 창조해 주신 것이다! 이것이 바로 육화의 실재, 그리고 성사의 실재가 가지는 본성이다. 혼인적 사랑과 냄새 맡기, 맛보기, 먹고 마시는 것 사이의 상호관계는 성찬 전례에서 완전히 계시된다. 이 세상의 다른 어떠한 만남보다도 바로 여기에 그리스도께서 우리를 초대하시며 우리로 하여금 그리스도의 선하심을 "맛보고 알 수 있도록" 하신다. (시편 34:8 참조) 향, 오일, 초 이 모두는 신랑-신부의 일치의 감각적 경험을 돕는다. 그리스도와 교회의 혼인이 어떻게 성사적으로 완성되는가? 천상의 신랑이 갖는 가장 깊은 열망이란 바로 신부인 우리가 그의 살을 먹고 그의 피를 마시는 것이다. 경탄할 일이 아닌가!

사랑은 "죽음처럼 강하다"

이와 같은 방식으로 "진리에 따라 몸의 혼인적 의미를 다시 읽는 것이 완성된다. 왜냐하면, 남자와 여자는 공동으로 상호 자기 증여의 표징을 세워야 하기 때문이다. 그 표징은 그들 삶 전체에 인장을 새긴다." (TOB 111:5) 부부 결합의 순간은 구체적인 순간이다. 이때, 혼인 결합은 절대적이며 해소 불가하게 된다. 죽음 외에는 어떠한 것도 이 혼인 결합을 분리할 수 없다. 진리에 따라 몸의 언어를 다시 읽기 위해, 남자와 여자는 부부 결합이 "나는 죽을 때까지 온전히 너의 것이며, 죽음이 갈라놓을 때가지 나는 너에게 그리고 너는 나에게 속해 있음"을 선포한다는 사실을 인식해야 한다. 아가서에서 신부는 이 사실을 다음과 같이 확인하고 있다. "인장처럼 나를 당신의 가슴에 지니셔요. … 사랑은 죽음처럼 강하고 … 그 열기는 불의 열기. 더할 나위 없이 격렬한 불길이랍니다. 큰 물도 사랑을 끌 수 없고 강물도 휩쓸어 가지 못한답니다. 누가 사랑을 사려고 제집의 온 재산을 내놓는다 해도 사람들이 그를 경멸할 뿐이랍니다." (아가 8:6-7)

교황 요한 바오로 2세의 말씀처럼, 아가서의 이 말씀은 우리를 사랑 선포의 "정점"으로 이끈다. 이 말씀은 아가서의 마지막 화음 즉, "'몸의 언어' 안에서의 마지막 화음"을 보여주는 듯하다. 우리가 "사랑은 죽음처럼 강하다."는 구절을 읽을 때, "'닫힌 정원'과 '봉인된 우물'의 은유로 시작된 아가서의 모든 말씀이 화려하게 장식되어 마무리된다." (TOB

111:6) 이 구절과 더불어 우리는 여성적 "타자성"을 상대로 남자가 자기 자신을 내어 놓을 때, 결코 피상적이지 않았음을 기억할 필요가 있다. 그는 죽을 때까지만이 아니라 심지어 죽음을 넘어서까지 여인의 전 신비에 의해 매료되고 매혹되었으며, 여성의 인격적 존엄성을 보호할 준비가 되어 있고, 그녀를 인격적 존재로, 누이로, 그리고 신부로 존중할 열망에 가득 차 있는 자신을 내어 놓았다.

여기에서 우리는 여자가 어떠한 훼손 없이 "닫힌 정원"을 연인에게 여는 경우는 그가 전 삶을 그녀에게 헌신할 의지와 준비가 되었다는 확신, 죽음처럼 강한 그의 사랑에 대한 확신, 그리고 가슴에 인장을 새겨 놓았음에 대한 확신이 있을 때라는 사실을 알 수 있다. 아가서에 나오는 신부는 그녀의 연인이 내어주는 선물의 신실함에 대한 확신이 있다. "아가서의 신부가 '나를 당신의 가슴에 인장처럼 지니세요.'라고 할 때, 혼인적 사랑이 지니는 전체의 구조는 그 자체로 상호 인격적인 구조를 완성한다." (TOB 111:6) 다시 말해, 신부는 자기 자신을 신랑에게 선물로 내어줌으로써 응답한다. 닫힌 정원의 문을 신랑에게 열어줌으로써, "사랑의 상호 인격적인 내적 구조"가 그 연인들을 에워싸는 것이다. 이제 연인들은 신부의 정원 안에서 봉쇄된다.

이는 마치 부부 사랑에 있어서 본질적인 독점성과 배우자의 신의(정절)를 말하는 것처럼 보인다. 교황 요한 바오로 2세는 다음과 같이 말한다. "부부 사랑의 진리에 따라 '몸의 언어'를 다시 읽음으로써 태어난 항구적 성사의 가시적 표징은 독점적이고 일생을 다 바친 헌신 안에서 성숙하게 된다." (TOB 111:6) 그리스도의 교회에 대한 사랑의 신비를 실제로 참되게 보여주는 혼인 성사의 힘은 바로 "마지막까지" 몸의 언어를 진리에 따라 읽고자 하는 이 같은 헌신에서 볼 수 있다. 왜냐하면, 그리스도께서는 "끝까지"(요한 13:1) 그리고 "다 이루어졌다."(요한 19.30)고 말씀하시면서 숨을 거두실 때까지 신부에게 헌신하셨기 때문이다.

에로스와 아가페

요한 바오로 2세는 아가서 분석의 결론으로 에로스(인간적 사랑)와 아가페(신적, 거룩한 사랑)의 관계를 고찰한다.[20] 교황에 따르면, "아가서의 구절들은 온전한 진정성을 가지고 에로스의 인간적 얼굴, 주체적 역동성 및 그 한계와 끝을 재생산하고 있다." (TOB 112:1) "사랑의 열기는 불의 열기. 더할 나위 없이 격렬한 불길이랍니다." 아가 8:6에서와 같이, 에로스는 아가페의 불에 자신을 개방함으로써만 한계를 극복할 수 있다. 에로스가 "인간적 얼굴"을 가졌다면, 아가페는 신적인 얼굴을 갖는다. 사랑의 두 다른 얼굴은 그리스도 안에서 만난다. 왜냐하면 그리스도께서는 "하느님의 인간적 얼굴이자 인간의 신적 얼굴이기 때문이다."[21] 이와 같이 놀라운 진리를 토대로 우리는 그리스도를 하느님의 에로스이자 인간의 아가페라고 묘사할 수도 있다. 신랑이신 그리스도의 사랑 안에서 사랑의 두 다른 얼굴이 하나의 "위대한 신비"[22]가 된다.

앞의 가르침에서 교황은 "에로스"를 음욕으로 오염시켜서는 안 된다고 말한 바 있다. 음욕은 에로스에 반하는 것이다. 올바른 지향 안에서 에로스는 진, 선, 미에 대한 마음의 지향이다. 이러한 에로스를 경험하기 위해서 우선 에로스는 자신을 아가페에 열어 놓아야 한다. 아가서의

---

20 에로스와 아가페의 관계에 대한 상세한 고찰은 베네딕도 16세의 『*God is Love*(하느님은 사랑이십니다)』 참조. 그 외, *The Way of Love: Reflections on Pope Benedict's Encyclical* Deus Caritas Est (Ignatius Press, 2006); Christopher West, *The Love That Satisfies: Reflections on Eros and Agape* (Ascension Press, 2007) 참조.

21 John Paul II, *Ecclessia in America*, p. 67.

22 Pope Benedict XVI, "하느님께서는 사랑하시며, 그분의 사랑은 분명히 에로스라 할 수 있지만, 또한 전적으로 아가페이기도 합니다." (*God is Love*, 9)

구절들 안에서 우리는 아가페에 개방된 에로스를 목격한 바 있다. “아가서의 후렴구는 연인들이 동경에 차 서로를 탐색하고 재발견하고 있음을 자주 묘사하고 있다. 이는 그들에게 기쁨과 평온을 가져다 주는 동시에 서로 새롭게 지속적으로 탐색하도록 인도한다.” (TOB 112:1) 교황 요한 바오로 2세에 따르면, 서로를 탐색하고 서로에게 도달함 안에서 “그들은 끊임없이 무엇에로 향하려고 한다.” (TOB 112:1) 이들의 이중창은 에로스로의 부르심에 대하여 응답할 준비가 되어있음을 보여준다. 그러나 이는 또한 그들이 무엇인가를 더 열망하고 있음을 시사한다. “더 열망하는 그 무엇인가”가 바로 아가페이다.

“긴장과 탐색”(TOB 112:2)은 아가서의 다음 구절에서 완전하게 표현된다. “나는 잠자리에서 밤새도록 내가 사랑하는 이를 찾아다녔네. 그이를 찾으려 하였건만 찾아내지 못하였다네. ‘나 일어나 성읍을 돌아다니리라. … 내가 사랑하는 이를 찾으리라.” (아가 3:1–2) 여기에서 우리는 “인간적 에로스가 결코 만족되지 않는 탐색에서조차 사랑의 얼굴이 드러남”(TOB 112:4)을 볼 수 있다. 이와 같은 마음의 동요(restlessness)는 아가서의 구절 전반을 통해 나타난다. “나의 연인에게 문을 열어 주었네. 그러나 나의 연인은 몸을 돌려 가 버렸다네. 그이가 떠나버려 나는 넋이 나갔네. 그이를 찾으려 하였건만 찾아내지 못하고 그이를 불렀건만 대답이 없었네. … 내가 사랑 때문에 앓고 있다고.” (아가 5:6, 8) 교황 요한 바오로 2세는 그러한 마음의 동요가 에로스의 본성 중 한 부분인가라는 질문을 던진다. 그리고 나서, 이는 “마음의 동요를 극복하고 한계를 넘어서기 위해서 에로스가 필요하다는 사실을 보여주고 있다.” (TOB 113:2)고 말한다. 참된 사랑은 마음의 동요의 한계를 극복하기 위해서 몸의 언어를 최대한 사용하도록 한다. (TOB 113:3 참조)

몸의 언어의 한계

에로스의 한계는 무엇인가? 교황 요한 바오로 2세는 (1) 몸의 유약함, (2) 죽음, 그리고 (3) 시기라고 한다. 각각의 한계와 극복방법에 대하여 살펴보자.

(1) 몸의 유약함. 아가서에서 신부는 "사랑 때문에 앓고 있다."고 말한다. 교황은 이 구절을 신부가 자신의 연약함, 자신의 약함을 증언하는 것이라고 본다. 본문 앞에서 교황은 몸이 없다면 인간은 결코 사랑을 완전하게 표현할 수 없다고 말하였다. (TOB 104:7 참조) 이제, 교황은 다음과 같이 말한다. 연약한 몸의 제한성을 생각해볼 때 "사랑(여기에서는 사랑의 신적 측면을 의미하는 것으로 보인다)은 몸이 표현할 수 있는 것보다 더 큰 것"(TOB 112:5)이다. 마지막 분석에서, 교황은 사랑의 무한함이란 몸의 유한함에 비하여 대단히 거대한 것이어서 그것을 받아들이는 몸은 "부서지거나", 더 정확히 말하자면, "폭발하게" 될 것이라고 말한다. 즉, 무한한 사랑은 필연적으로 유한한 몸에 상처를 입힌다. 그리스도를 통하여 이미 본 바와 같이, 그 상처는 치명적인 상처이다.

예수의 수난과 죽음은 무엇인가? 이는 그리스도의 몸을 향해 인간과 사탄이 던진 모든 미움이다. 이러한 의미에서 주님의 수난과 죽음은 "밖에서" 온다. 그러나 주님의 수난과 죽음은 신적 사랑이 인간 몸 안에서 가시적으로 "폭발"한 것이 아닌가? 그리스도의 상처 즉, 피땀, 채찍질로 찢겨 나간 몸, 가시, 못, 검이 관통한 육신과 같은 그리스도의 상처는 "밖에서" 가해진 증오의 상처일 뿐 아니라 안으로부터 표현된 사랑의 상처이지 않는가? 그의 뛰는 심장 안에 "담겨 있는" 것은 인간의 몸으로는 담을 수 없는 것이었다. 그것은 바로 삼위일체 하느님의 무한한 사랑이다. 바로 그 사랑이 그리스도의 이마에 흐르는 피땀과 여기 저기 찔린 상처가 되었고, 손과 발을 못 박아서 마침내 심장을 터뜨려 피와 물이 뿜어져 나오게 한 것 아닌가? 삼위일체 하느님의 영원한 사랑이 인간의 몸에서 "폭발"한 것 아닌가?

마리아는 어떠한가? 그녀의 유한한 몸은 하느님의 "무한한" 사랑을 "담고있다." 온 우주로도 담을 수 없는 하느님이 그녀의 몸에 들어왔다. 그 때문에 그녀의 마음(영혼) 역시 칼에 찔렸다. (루카 2:35 참조) 예수와 마리아처럼, 그리스도의 영광을 드러내기 위해서는 나의 육신의 고난을 통해 그리스도의 고난에 참여함으로써 (콜로 1:24) 신적 신비 안으로 "넘어가야 한다." 이를 받아들이는 사람들은 모두 "자신의 십자가를 지고 그리스도를 따르는 사람들"이다. 이들의 심장 역시 칼에 찔리게 될 것이다. 바로 여기에서 베르니니의 유명한 동상인 "데레사의 환희(The Ecstasy of St. Teresa)"를 떠올리는 것은 당연하지 않는가? 베르니니의 완벽한 조각으로 탄생한 테레사 성녀의 얼굴이야말로 요한 바오로 2세가 말한 "예수님의 십자가 경험과 같은 기쁨과 고통의 역설"[23]을 맛 본 성녀의 이야기를 잘 보여준다고 할 수 있다.

그렇다면 배우자가 몸의 약함을 극복하는 방법은 무엇인가? 사랑의 세상석 상처를 수용함으로써 몸은 다른 차원의 사랑으로 "넘어간다." 이 썩는 몸이 불멸의 옷을 입게 된다. (1코린 15:54 참조) 이와 같은 방식으로 몸의 약함은 그 자체로 "몸의 언어"가 된다. (TOB 112:5 참조) 인간이 몸의 약함 즉, 하느님의 완전한 사랑을 표현할 수 있는 능력의 부족함을 겸손되이 수용할 때, 약함은 그 자체로써 사랑을 표현하는 몸의 능력이 된다. "내가 약할 때에 오히려 강하기 때문입니다." (2코린 12:10)

(2) 죽음. "사랑은 죽음처럼 강하다." (아가 8:6) 교황에 따르면, 이 구절은 남녀의 사랑의 일치를 가져오는 에로스의 권능과 힘을 표현하는 것이다. "사랑은 죽음처럼 강하다."는 구절은 이 심오한 일치로부터 나온다. (TOB 112:5 참조) 그러나 이 구절은 "몸의 언어"로 표현된 사랑이 죽음에 의해 결정적으로 제한된다는 의미를 간접적으로 내포하고 있다. (TOB 112:5 참조) 혼인 자체는 죽음으로써 끝나는 서약이다. 에로스는 죽음을 넘어설 수 있는가? "몸의 언어"는 무덤의 "힘"을 극복할 수 있는가?

23 *Novo Millennio Inuente*, 27.

교황의 가르침에 따르면, "인간에게 있어서 몸의 의미에 대한 의식은 … 죽음에 대한 의식과 접촉하게 된다. … 하지만, 인간의 역사에서 생명은 언제나 냉혹한 죽음과 새롭게 투쟁하며… 항상 극복한다." (TOB 22:7) 여기에서, 교황은 몸 안에 죽음의 전망을 감출 때, 사랑은 결코 죽음에 굴복하려 하지 않는다는 점을 지적한다. "실제로 우리가 아가서에서 읽은 바와 같이, 사랑은 '큰 물로도 끌 수 없고', '강물도 휩쓸어가지 못하는', '더할 나위 없는 격렬한 불길'(아가 8:6–7)이다." 교황에 따르면, 이 구절은 세계의 어떠한 문학보다도 가장 "적절하고 아름다운 표현"(TOB 113:1)이다. "주님의 불길"에 즉, 아가페에 문을 열 때, 에로스는 강물도 휩쓸지 못하며 죽음도 정복할 수 없다. 에로스가 아가페의 불길에 싸일 때, "승리가 죽음을 삼킨다." (1코린 15:54) 그리고 "사랑은 언제까지나 스러지지 않는다." (1코린 13:8) 제3절 토비야와 사랑의 혼인에서 이를 명확히 확인할 수 있다.

(3) 시기. "사랑은 죽음처럼 강하다."를 담고 있는 구절의 후반부는 "정열이 저승처럼 억세다."로 끝난다. (아가 8:6) 어떠한 면에서, 시기(정열)는 "사랑의 독점성과 분리불가성"을 확인한다. "그럼에도 불구하고 부정하기 어려운 것은 시기(정열)가 여전히 사랑의 또 다른 제한 즉, 영적 본성의 한계를 드러낸다는 점이다." (TOB 113:1) 시기는 신뢰의 부족, 자유의 부족, 인격의 존엄성에 상응하지 않는 소유욕을 드러낸다. 어떠한 측면에서 "나의 연인은 나의 것, 나는 그 이의 것"(아가 2:16)의 말처럼, 배우자는 서로에게 "속한다." 그러나 이는 시기심 많은 타인의 "소유"로 해석해서는 안된다, 참된 사랑은 연인들에게 서로 속함에서 한 발자국 더 나아가, 언제나 새롭고 성숙한 형태의 사랑을 찾도록 요구한다." (TOB 113:2) 참된 사랑은 "타인의 인격을 전유하고 소유하는 것이 불가능함"(TOB 113:3)을 인식한다. 그러나 문제는 에로스는 그 자체로

"시기심의 요구를 이겨낼 수 없다."(TOB 113:1)는 데에 있다.

에로스적 열망을 그 자체로 방치해 두어서는 안 된다. 아가페에 문을 개방함으로써, 에로스는 시기를 극복할 수 있다. 그리스도의 죽음과 부활 안에서 사도 바오르는 "사랑은 참고 기다립니다. 사랑은 시기하지 않습니다."(1코린 13:4)라고 선포한다. "인간적 에로스가 자체의 지평을 닫아 버리는 곳"에서 사도 바오로는 우리에게 "다른 언어를 말하고 있는 사랑의 또 다른 지평"을 열어준다. 이 사랑은 "인격의 또 다른 차원으로부터 나온 것"으로 보이며 또한 우리를 "또 다른 친교"로 초대한다. (TOB 113:5) "이 사랑은 '아가페'라고 불리어 왔다. 아가페는 에로스를 일으키며 동시에 에로스를 정화한다." (TOB, p. 591)[24]

표징과 실재

에로스의 한계와 그 한계를 극복할 수 있게 하는 아가페의 권능을 살펴봄으로써 우리는 진리에 따라 "몸의 언어"를 읽는다는 것의 의미를 더 심도 있게 알 수 있다. 몸이 에로스적 언어에 한계가 있다는 것은 맞는 말이다. 그렇다고 해서 배우자가 그 한계에 묶여 있다고 말할 수는 없다. 에로스적 열망은 아가페의 영원한 불길에 스스로 문을 열어야 한다. 이때, 남자와 여자는 비로소 진리에 따라 부부 사랑의 표징을 세울 수 있다. "표징"의 인간적 실재가 "계약과 은총"의 신적 실재를 표현한다면, 에로스는 아가페를 표현해야 한다. 이와 같은 방식으로 배우자들은 "인격간 상호 자기-증여의 선물의 핵심을 완성하는 것에 도달할 수 있다." (TOB 113:3)

24 1984, June, 6 수요교리 말씀의 인용이다. 발트슈타인(Waldstein) 번역본에서 따로 번호를 붙이지 않았기 때문에 페이지 번호로 각주를 표시한다.

아가서에서 아름답고 경이로운 표현으로 묘사한 혼인적 일치의 성사적 신비는 여전히 거룩한 신적 실재의 표징 그 자체이다. 배우자가 에로스-아가페를 세속적으로 표현하는 수단으로부터 "벗어나기 위해서" 문을 열 때에만 비로소 그들은 인격간 상호 자기-증여의 선물의 핵심에 도달할 수 있다. (TOB 113:3 참조) 인격간 상호 자기-증여 선물의 궁극적 실재는 세 위격 안에서의 관계 외에 다른 것이 될 수 없다. 삼위의 친교만이 세상의 삶에서 계속적으로 추구하나 결코 만족될 수 없는 이 열망을 만족시킬 수 있기 때문이다. 요약하자면, 에로스가 신적 친교를 세상에 드러내는 표징이 되기 위해서는 몸의 언어가 전례의 언어가 되어야 한다는 사실을 우리는 깨닫게 된다. 전례 안에서 비로소 신과 인간, 하늘과 땅의 "입맞춤(만남)"이 이루어지기 때문이다.

3. "몸의 언어"가 전례 언어가 될 때 (토빗기에 대한 숙고)

제2장 제2부에서(TOB 114-117b) 교황은 진리에 따라 몸의 언어를 다시 읽을 때 비로소 혼인 성사 표징을 구성한다는 점에서 몸의 언어는 교회 전례의 표현이 되어야 한다고 말한다. 다시 말해, 배우자의 삶과 사랑(또는 삶과 사랑에 대한 위협을 극복하기 위해서는)은 성부에 대한 교회 기도의 일부가 되어야 한다. 이로써 우리는 교회를 향한 그리스도 사랑의 "위대한 신비"에 들어갈 수 있다. 혼인 생활은 실제로 그리고 반드시 전례적이어야 한다. 교황은 "혼인 성사의 표징에 속하는 전례적 측면이 …표징을 정의하는 데 있어 매우 중요한 역할을 한다." (TOB 115:4)

"아가서에서 살펴본 바와 같이, 인간 마음의 진리에 따라 '몸의 언어'를 다시 읽음으로써 그 자체로 전례적 차원이 형성된다. 동시에 전례적 차원은 '몸의 언어'를 인간의 통합적 진리에 따라 살아계신 하느님의 말씀으로 다시 읽어내고자 하는 것이다. 이것이 바로 토빗기에 나오는 배우자들의 기도이다." (TOB 115:4) 토빗기에 나오는 토비야와 사라의 혼인, 특히 그들의 기도를 살펴본 뒤, 교황은 에페소서 5장의 "전형적인" 본문으로 다시 돌아가 혼인 생활과 전례적 삶의 신비로운 관련성을 확인한다.

어떤 의미에서 이 숙고는 요한 바오로 2세의 가르침의 정점 즉, 성사적 표징으로서의 부부 사랑이 갖는 "위대함, 하느님을 닮음"으로 이끈다. 바로 여기에서 우리는 문턱을 넘어 성(性)과 거룩함의 가장 심오한 통합으로 들어간다. 혼인 생활이 어떻게 "전례적" 삶인가를 이해하기 위해 우선 "전례"에 대한 고찰을 시작한다.

혼인 생활과 전례적 삶

가톨릭 교회 교리서에 따르면, 그리스도교 전통에서 "전례(典禮)라는 말은 본래 하느님의 백성이 '하느님의 일'에 참여함"[25]을 의미한다. 하느님의 일이란 예수 그리스도의 죽음과 부활을 통해 성취된 인간의 속량에 대한 "위대한 신비"를 가리킨다. 혼인 생활이 전례적 삶이라고 할 때, 이는 바로 "위대한 신비"에 참여하는 것을 말한다. 따라서, 남자와 여자가 혼인을 통해 일치를 이루는 것은 속량의 살아있는 표징 즉, 그리스도의 죽음과 부활을 통해 속량이 일어남을 알리는 항구적 표지로서 세상을 성화함을 의미하다 "교회는 전례에서 바로 그러한 그리스도의 파스카 신비를 거행하고 선포한다. 이는 신자들로 하여금 세상에서 이 신비로 살아가고 이 신비를 증언하게 하려는 것이다."[26] 배우자들은 각

25 *CCC*, no. 1069.

26 *CCC*, no. 1068.

자 남자와 여자의 몸에 새겨진 하느님의 언어에 따라 신의를 지키며 살아감으로써 이 신비를 증언한다.

또한 가톨릭 교회 교리서는 전례를 교회의 "하느님에 대한 예배의 거행"일 뿐 아니라 "성령 안에서 성부께 드리는 그리스도의 기도에 참여하는 것"[27]이라고 한다. 그렇기 때문에 전례는 혼인 생활이기도 하다. 하느님께서 계획하신 "위대한 신비"에 따라 살 때, 혼인결합 자체는 심오한 기도가 될 뿐 아니라, 생명과 사랑을 선물로 내어 주신 하느님께 드리는 감사의 행위로써 성체적이 된다. 유비에 따르면, 혼인결합을 위한 침대는 배우자들의 몸을 하느님 마음에 드는 거룩한 산 제물로 바치는 제대가 된다. 따라서 혼인 결합은 배우자들에게 있어 예배의 영적 행위라고 할 수 있다. (로마 12:1 참조)

전례는 "주님의 모습을 따라 교회가 시종이 되어 거행되는 복음선포와 사랑의 실천"[28]을 가리킨다. 혼인 생활도 그러하다. 혼인 생활은 그리스도께서 교회를 사랑하는 모습을 따라 사는 "몸의 복음"에 대한 심오한 선포의 연속이다. 가톨릭 교회 교리서는 제2차 바티칸 공의회 문헌(전례헌장)을 인용하며 다음과 같이 말한다. "전례는 당연히 예수 그리스도의 사제직을 수행하는 것이다. 전례 안에서 인간의 성화가 감각적인 표징들로 드러나고 각기 그 고유한 방법으로 실현된다."[29] 혼인 생활 안에서, 배우자의 성화는 매일의 삶과 한 몸의 일치라는 고유한 방법을 통해 실현된다. 이와 같이 "보이는 것에서 보이지 않는 것으로, 상징에서 상징하는 실재로, '성사'에서 '신비'로 진행하는"[30] 혼인적-전례적 가

27 *CCC*, nos. 1070, 1073.

28 *CCC*, no. 1070.

29 *CCC*, no. 1070.

30 *CCC*, no. 1075.

르침을 통하여 배우자들은 계속해서 그리스도의 신비로 인도된다.

혼인 생활이 곧 전례적 삶이라는 가르침은 교회의 전례적 삶 전체가 성사를 구심점으로 이루어진다는 점에서 결코 놀라운 일이 아니다.[31] 혼인은 성사일 뿐 아니라 어떤 의미에서는 모든 성사의 원형이자 모범이기 때문이다. 따라서, 혼인 생활은 전례적이다. 혼인 유비를 다른 각도에서 살펴볼 때, 우리는 교회의 전례적 삶이 혼인적임을 깨닫는다. 본문의 제목이 가리키는 바와 같이, 교황 요한 바오로 2세는 "몸의 언어"가 어떻게 전례의 언어를 토대로 하는지에 대하여 말씀하시고자 한다. 그러나 교황은 이와 더불어 전례의 언어가 "몸의 언어"를 모델로 하고 있음도 피력하고자 하신다. (TOB 117:6 참조) 가톨릭 교회 교리서는 다음과 같이 적고 있다. "그리스도인의 삶 전체에는 부부애의 표상인 그리스도와 교회의 사랑이 깃들어 있다."[32] 이 유비에 따라, 교회의 전례적 삶은 교회가 그리스도와 부부의 일치라는 "위대한 신비"에 들어가는 것이라고 할 수 있다. 바로 여기에서 신부인 교회는 신랑인 그리스도의 혼인적 사랑을 영원토록 받으며(fiat) 그리스도의 위대한 선물에 대하여 쉼 없는 찬양과 감사(magnificat)를 드리는 것이다.

토비야와 사라의 혼인

요한 바오로 2세는 토빗기에서 토비야와 사라의 혼인을 통하여 진리에 따라 다시 읽는 "몸의 언어"가 어떻게 혼인의 성사적 표징을 구성하는지를 다시 한 번 살펴본다. "토빗기와 아가서 또는 예언서의 비교분석에서 우리가 조사하는 본문이 과연 이 '몸의 언어'를 말하고 있는가에

31 *CCC*, no. 1113 참조.

32 *CCC*, no. 1617.

대하여 질문하는 것은 당연한 일이다. 아가서는 배우자들의 눈과 마음으로 다시 읽힌 '몸의 언어'가 가지는 풍요로움을 우리에게 보여준다. 토빗기 본문은 극단적으로 절제되고 소박한 문장으로 구성되어 있으므로 아가서와 같은 풍요로운 시각에는 못 미친다." (TOB 115:1) 그러나 절제와 소박함 안에서 몸의 신학의 주된 주제가 풍요롭고 집약적으로 확인되고 있음을 깨닫는다.

토비야가 사라와 혼인을 하기 전, 사라는 이미 7명의 다른 남자와 혼인을 혼인을 하였는데, 첫날 밤을 치르기 전 마귀(사악한 영인 아스모데오) 때문에 모두 신방에서 죽었다. (토빗 6:13–14 참조) 여기에서 토비야의 입장을 살펴보자. 라파엘 천사는 토비야에게 사라와 결혼하라고 한다. 요한 바오로 2세는 여기에서 토비야가 두려워할 충분한 이유가 있다고 본다. (TOB 114:5 참조) 사라의 아버지는 토비야 역시 혼인 날 죽을 것이라고 믿고 이미 그의 무덤을 파고 있었다. (토빗 8:9 참조)

토비야가 사라를 아내로 맞는 것을 주저하자(토빗 6:14 참조, 번역자 토빗 6:15), 라파엘 천사는 이렇게 말한다. "그러니 이제 형제여, 내 말을 들으시오. 마귀는 걱정하지 말고 그 여자를 아내로 맞아들이시오. 나는 그 여자가 오늘 밤으로 그대의 아내가 되리라는 것을 알고 있소. … 여자는 세상이 생기기 전부터 그대의 아내로 정해졌소. 그대가 이렇게 그 여자를 구해 내면 그 여자는 그대를 따라나설 것이오. 그대가 그 여자에게서 자녀들을 얻고 그들이 그대에게 동기들처럼 되리라고 나는 생각하오. 그러니 걱정하지 마시오." (토빗 6:15, 17) (번역자: 토빗 6:16, 18)

삶 또는 죽음의 시험으로서의 사랑

여기에서 우리는 선과 악의 위대한 영적 투쟁의 모든 요소를 볼 수 있다. 삶과 죽음, 하느님의 영원한 구원 의지와 인간의 두려움에 찬 저항, 사랑과 사랑에 반대되는 모든 것들이 바로 그것이다. 마귀, 죽음, 두려움을 극복하고 생명과 사랑이 승리하도록 계획하신 하느님의 구원 계획에 어떻게 하면 들어갈 수 있을까? 전례의 "위대한 신비"에 들어감으로써만 가능하다. 요한 바오로 2세는 다음과 같이 말한다. "사실 모든 것은 혼인하는 밤에 일어난다." (TOB 114:8) "위대한 신비"의 경우 남자와 여자가 "한 몸" 안에서의 일치에 집중하는 것처럼, "위대한 투쟁" 역시 그러하다. "둘이 하나가 됨" 안에서 "배우자의 선택과 행위는 인간 실존의 무게 전체를 짊어진다." (TOB 115:3)

다소 무거운 주제일 수 있지만 그리 놀라운 일은 아니다. 몸의 신학 연구 처음부터 지금까지 우리는 인간 실존의 무게가 남사와 여자의 일치에 달려있음을 살펴 보았다. 창세기 첫 장에서 성(sexuality)과 출산은 선–악, 생명–죽음의 위대한 투쟁과 밀접하게 관련되어 있음을 드러낸다. "그렇기 때문에" 교황은 "남편과 아내로 결합할 때, 그들은 선악의 투쟁의 힘에 놓여 있는 자신들을 발견해야 한다."(TOB 115:2)고 말한다. 남편과 아내는 이처럼 그들 몸 안에서 위대한 영적 투쟁을 사는 것이다. 우리는 이 사실을 토비야와 사라의 예에서 생생하게 볼 수 있다. 토비야와 사라의 혼인 첫 순간부터 그들의 사랑은 이미 삶과 죽음의 시험에 직면해야만 했다. "아가서에서 나온 '죽음처럼 강한 사랑'에 대한 말은 … 토빗기에서는 실제적인 시험의 성격을 띤다." (TOB 114:6)

아가서에서 우리는 사랑의 대화를 통해 신정한 감수성, 애정, 에로스적 갈망을 표현한 "몸의 언어"를 다시 읽는 배우자들을 볼 수 있다. 또한 아가페에로 개방됨으로써 에로스가 자체의 한계를 어떻게 극복하는지도 살펴 볼 수 있다. 그러나 토빗기에서는 "삶과 죽음의 시험과 결합된 '한계'의 비참한 상황이 배우자들의 사랑 어린 대화를 침묵하게 만든다." (TOB 115:3) 아가서에서, 배우자들은 상호 이끌림, 기쁨, 쾌락을 몸의 언어를 읽음으로써 경험한다. 반면 토빗기에서 토비야와 사라는 "삶과 죽음의 시험이라는 시금석도 '몸의 언어'를 구성하는 일부"라는 사실을 깨닫는다. (TOB 115:3) "부부 결합의 표징 안에서, … 몸은 그 자체로 삶과 죽음의 신비를 통해 표현된다." (TOB 115:3)[33]

인간의 몸이 썩는 것은 피할 수 없다("너는 먼지로 돌아가리라", 창 3:19)는 점에서 "죽음"은 어떤 의미에서는 몸의 "언어"의 마지막 말이 아닐까? 혼인 날 이 사실을 상기하는 부부는 거의 없다. 아마도 절대 생각하지 못하는 일일 것이다. 그러나 토비야와 사라는 혼인의 첫 시작에서부터 "죽음"에 직면해야 했다. 교황은 묻는다. 그들의 사랑이 얼마나 깊어지겠는가? (TOB 115:3) 우리는 여기서 이렇게 질문을 할 수 있다. 죽음을 직면하고 극복하기 위해 얼마나 깊은 사랑이 필요한가?

토비야와 사라의 기도

사랑을 통해 죽음을 극복하려면 라파엘의 지시에 따라야 한다는 사실을 토비야는 안다. 라파엘 천사는 토비야에게 마귀의 손아귀에서 벗어날 수 있는 다양한 방법을 권했다. 하지만 그 무엇보다 기도하도록 권했다. (TOB 114:7 참조) 라파엘 천사가 말했다. "그대가 신방에 들어서서 … 그 여자와 동침하려고 할 때, 먼저 둘이서 함께 일어나 하늘의 주님께 기도하며 그대들에게 자비와 구원을 베풀어 주십사고 간청하시오." (토빗 6:16–17) (번역주: 토빗 6:17–18)

"이 약속으로, 토비야와 사라는 혼인 첫날 밤 그들을 기다리고 있는

33 불어는 오르가즘을 통상 la petite mort(작은 죽음)이라고 표현한다. 삶과 죽음의 관련성을 잘 인식하는 표현으로 보인다.

삶과 죽음의 시험을 좀 더 쉽게 직면할 수 있었다." (TOB 114:8) 토빗기에서는 아가서에서 나오는 배우자 간의 사랑의 대화나 이중창을 찾아볼 수 없다. 대신, 토비야와 사라는 "함께 제창하기로 결정한다. 이 제창은 정확히 말하면 기도이다. 기도인 이 제창안에서 큰 시험을 앞둔 남자와 여자는 마음의 친교를 통해서만이 아니라 서로 상호 일치를 통해서 결합한다." (TOB 115:4) 하느님 은총의 도우심으로 위대한 시련을 직면하고 극복해야 한다는 공통의 목적을 가지고 간절히 함께 기도를 드리는 것만큼 혼인적 일치를 더욱 공고히 하는 것은 없다. 토비야와 사라의 사례는 혼인 생활에서 기도로 극복할 수 없는 시련은 없다는 사실을 증거한다. 심지어 죽음조차도 말이다. 토비야와 사라의 기도는 "새 배우자들이 시험에 직면할 때에 하는 유일한 말"(TOB 115:5)이 된다. 토빗기는 다음과 같이 적고 있다.

> 부모가 방에서 나가 문을 닫자 토비야는 침상에서 일어나 사라에게 말하였다. "여보, 일어나구려. 우리 주님께 기도하며 우리에게 자비와 구원을 베풀어 주십사고 간청합시다." 사라가 일어나자 그들은 기도하며 자기들에게 구원이 이루어지기를 간청하였다. 토비야는 이렇게 기도하기 시작하였다. "저희 조상들의 하느님, 찬미 받으소서. 당신의 이름은 대대로 영원히 찬미 받으소서. 하늘과 당신의 모든 조물이 당신을 영원히 찬미하게 하소서. 당신께서는 아담을 만드시고 그의 협력자며 협조자로 아내 하와도 만들어 주셨습니다. 그 둘에게서 인류가 나왔습니다. 당신께서는 '사람이 혼자 있는 것이 좋지 않으니 그와 닮은 협력자를 우리가 만들어 주자.' 하셨습니다. 이제 저는 욕정이 아니라 진실한 마음으로 저의 이 친속 누이를 아내로 맞아들입니다. 저와 이 여자가 자비를 얻어 함께 해로하도록 허락해 주십시오." 그들은 "아멘, 아멘." 하고 함께 말하였다. (토빗 8:4-8)

토빗기의 기도는 “몸의 신학의 본질적 주제가 ‘몸의 언어’”임을 드러낸다. (TOB 116:4) 그리스도께서 바리사이인들을 가르치시는 것과 같이, 토비야와 사라는 혼인에 대한 하느님의 원초적 계획에 그들 마음을 정초시킨다. 토비야가 자신의 신부를 아가서에서 부르는 호칭인 “누이”라 한 것에 주목하라. 또한 토비야가 “욕정”과 “신실한 자기 증여”를 비교하고 있음을 주목하라. 토비야는 사라와 평생을 해로하고자 한다는 사실을 기억하라. “그러므로 하느님께서 맺어 주신 것을 사람이 갈라놓아서는 안 된다.” (마태 19:6) 자신의 힘으로는 이 숭고한 부르심을 살 수 없다는 것을 토비야가 알고 있음을 주목하라. 토비야와 사라는 하느님의 사랑을 절실히 필요로 한다. 죽음과 음욕에 대한 마귀의 계획을 극복하여 사랑과 생명의 하느님 계획을 살기 위해, 그들에게는 하느님 은총의 힘이 필요하다.

“혼인 성사에 고유한 전례적 측면은 이 기도를 통해 ‘몸의 언어’의 지평을 요약하고 있다.” (TOB 114:8) 기도는 바로 전례, 하느님 예배, 그리고 인간 성화에 들어옴 그 자체이다. 이는 “한 몸” 안에서 이루는 혼인적 결합을 위한 만반의 준비이다. 이 극적인 순간, 토비야와 사라의 마음은 중요한 선택을 한다. 사랑과 정욕 중의 선택이란 추상적인 방식이 아니라 실제에 있어서의 선-악, 삶-죽음 사이의 선택이다. 이 순간 그들의 행위는 “전체 삶에 있어서 좋은 운명과 나쁜 운명”을 결정하게 될 것이다. (TOB 115:5)

일반적인 남자와 여자는 (대부분의 혼인 부부들은) 성에 대한 선택 그리고 성적 결합에 접근하는 자신의 마음가짐이 얼마나 중요한 결과를 가져오는지를 잘 이해하지 못하는 듯 보인다. 그러나 바로 이러한 성에 대한 선택과 마음가짐이야 말로 부부의 삶 전체에서 “좋은 운명과 나쁜 운명”을 측정하거나 예측할 수 있는 지표이다. 사실 혼인에 있어서의 어려움이 몸의 언어를 진리에 따라 읽지 못함에서 비롯된 것이라는 사실을 (간접적으로 또는 직접적으로) 발견하기는 매우 어렵다. 카롤 보이티야 추기경은 이 문제를 『사랑과 책임(*Love and Responsibility*)』에서 다루며 다음과 같이 말한다. "각각의 특정한 성 행위 안에서 인격 간의 영원한 일치의 실현은(또는, 우리는 이를 진리에 따라 몸이 언어를 다시 읽는 것으로도 표현할 수 있다) 모든 혼인에 있어 내적인 문제를 나타낸다."[34] 비록 많은 실패를 했지만, 희망이 없는 것은 아니다. 토비아와 사라처럼 우리는 항상 하느님의 사랑을 간구할 수 있기 때문이다.

사랑은 승리한다. 왜냐하면 기도하기 때문이다

토비야와 사라는 "악마의 편에서 자기들을 위협하는 악이 고통으로, 또는 자신 중 하나의 생명을 파괴한 죽음으로 자신을 공격할 수 있음을 자각한다. 그러나 몸을 죽이려고 위협하는 악을 물리치기 위해서, 그들은 사악한 영이 영혼에 접근하는 것을 막아야 하며 그 영향으로부터 내적으로 자유로워져야 한다." (TOB 115:5)

사악한 영의 영향에 대한 숙고를 위해 우리는 "한 처음"을 되돌아 보아야 한다. 첫 남자와 여자가 하느님의 진리를 거짓과 바꿨던 한 처음에, 남자와 여자는 "하느님과의 계약의 인간"이 아니라 "욕정의 인간"이 되었다. 이때, 에로스는 에토스와 단절되고 그 이후 남자와 여자는 몸의 "혼인적 의미"를 표현하기 위하여 고군분투하여 왔다. 그러나 우리에게 기쁜 소식이 있음을 잊지 말자! "'몸의 언어'를 다시 읽는 데 있어서 욕정으로 인하여 오류가 생김에도 불구하고, 속량의 에토스로 인하여 우리에게는 '오류'를 '진리'로 바꿀 수 있는 가능성 즉, 죄로부터 성령의 인도에 따라 사는 삶(갈라 5:16 참조)인 정결로 회심을 할 가능성이 언제나 있다." (TOB 107:3)

34 *Love and Responsibility*, p 225.

에토스와 단절된 에로스는 치명적이다. 이는 사라와 혼인했던 7명의 남편들에게서 극적으로 잘 드러난다. 그러나 사라에 대한 토비야의 사랑은 병든 에로스의 형태가 아니다. 토비야의 "사랑은 참된 가치에 대한 의지와 선택에 의해 즉, 에토스에 의해 확증되고 유효하게 되었다." (TOB 115:1) 에로스와 에토스는 "인간 마음 속에서 만나게 되고 이 만남에서 열매 맺도록 부르심 받았다." (TOB 47:5) 토비야의 기도는 전례적 실재로써 토비야의 마음 안에서 에로스와 에토스가 만나고 있음을 드러내며, 이는 실로 풍부한 열매를 맺는다. 그들의 사랑이 승리할 것을 확신하게 만들며, "주저함 없이 삶과 죽음의 시험에 직면"하도록 한다. 이 시험을 통해 "삶은 승리한다. 왜냐하면, 기도의 뒷받침으로 혼인 첫날밤은 죽음보다 사랑이 강함을 드러냈기 때문이다." 사랑은 "승리한다. 왜냐하면 기도하기 때문이다." (TOB pp. 597, 601)[35] 신방 안에서 토비야와 사라는 "몸의 언어"를 한 목소리의 기도로 바꾼다. "사라는 그와 함께 '아멘' 하고 응답하였다." (토빗 8:8) 한 목소리, 제창의 기도 행위는 "토비야와 사라가 함께 '한계 상황'을 넘어서도록 하였다. 둘이 하나됨 안에서 살아 계신 하느님께 온전히 자신을 개방함으로써, 악과 죽음의 위협을 극복하게 한 것이다." (TOB 115:6)

그 선(善)이 이길 수 있다

이 모든 논의가 시급한 문제인 피임에 대한 교회 가르침을 이해하기 위한 준비였음을 기억하라. 배우자들은 살아 계신 하느님의 현존에 자신들의 일치를 온전히 개방함으로써 악과 죽음의 위협을 극복할 수 있다. 하느님께서는 당신 자신을 "사랑", "아버지", "친교", "주님이시며 생

35 1984년 6월 27일 교리에서 인용하였으나 번호가 매겨지지 않았기에 페이지를 적음. TOB 114:6 참조.

명을 주신 분"으로 드러내신다. 또한 하느님 당신께서 직접 몸의 신학적 언어로 쓰신 "말씀"이시다. 그러나 창세기 첫 장에서 보고 토빗기에서 확인한 바와 같이, 이 언어 안에 "죽음"을 써 넣고자 하는 "반-복음(말씀)"의 개입이 있다.

토비야가 사라를 아내로 맞아들이는데 "두려워할 마땅한 이유가 있었다."고 할 때, 교황은 다음과 같이 말한다. "사랑에는 두려움이 없습니다. 완전한 사랑은 두려움을 쫓아냅니다." (1요한 4:18) "두려워하지 말라."는 말씀을 반복하며 모든 남자와 여자는 완벽한 사랑을 받아들여야 한다는 사실을 강조하는 교황은 다음과 같이 선포한다. "사랑의 진리와 그 힘은 인간의 내부와 그 주변에서 투쟁하고 있는 선과 악의 세력들 가운데에 놓임으로써 명백히 드러난다. 사랑은 선의 승리를 확신하며 그 선이 이길 수 있도록 모든 준비를 하고 있기 때문이다." (TOB 115:2) 악에 대한 선의 승리를 위해, 욕정에 대한 사랑의 승리를 위해, 그리고 죽음에 대한 생명의 승리를 위해 희생이 필요하다 이와 같이, 참된 사랑을 위한 희생만큼 위대한 희생은 없다. 고통 역시 마찬가지이다. 십자가가 그 증거이며 그리스도의 교회에 대한 혼인적 사랑이 그 증거이다. 또한 남편과 아내가 함께 온전히 참여하도록 부르심 받은 참된 사랑이 그 증거이다. 『인간 생명(*Humanae Vitae*)』 회칙의 가르침이 배우자에게 무엇을 요청하는지에 대하여 다음 장에서 살펴보고자 한다.

배우자들의 "혼인 신경(Conjugal Creed)"

교회 전례에 있어서 가장 중요한 순간 중 하나가 바로 사도신경의 신앙 고백 순간이다. 사도 신경은 단 몇 마디의 말로 구약과 신약의 핵심을 모두 담고 있다.[36] 신앙을 가지고 신경을 외우는 것은 성부, 성자, 성령과 친교의 일치를 이루는 것이며, 온 교회와의 일치를 이루는 것이다.[37] 신앙을 가지고 신경을 외우는 것은 그리스도와 교회의 혼인적 일치의 "위대한 신비" 안에 들어가는 것이다.

토비야와 사라는 몸의 언어로 전례 언어를 표현한다. 그들의 기도는 "혼인 신경(conjugal creed)"의 고백이다. (TOB 116:2 참조) 앞에서 살펴본 바와 같이, 혼인 신경은 단 몇 마디로 구약과 신약에 집약된 몸의 신학의 전 진리를 담고 있다. 이 혼인 신경은 새 배우자들의 마음속 깊은 곳에 있는 사랑에서 나온 것으로, 생명을 주는 몸의 언어로 표현된다. 그렇기 때문에 이 "신경"은 마음에 음욕을 넣고 몸에 죽음을 넣고자 하는 악마의 계획에 대한 확실한 해독제로 작용한다. 신경의 각 부분을 구체적으로 살펴봄으로써 우리는 마음에 들어오려는 악의 영을 막고 몸을 죽이려고 위협하는 악마를 쫓아내기 위한 방법을 찾을 수 있다. (TOB 115:5 참조)

창세기에서 뱀은 첫 배우자들에게 하느님의 자비를 의심하도록 부추김으로써 하느님의 본성을 왜곡시키려고 한다. "하느님께서 ~라고 하셨다는데 정말이냐?" (창 3:1) 하느님의 이름에 대한 이와 같은 직접적인 공격(유혹)을 막기 위해, 토비야와 사라는 찬양과 감사로 그들의 기도를 시작한다. "저희 조상들의 하느님, 찬미 받으소서. 당신의 이름은 대대로 영원히 찬미 받으소서. 하늘과 당신의 모든 조물이 당신을 영원히 찬미하게 하소서." (토빗 8:5) 교황에 따르면, 토비야와 사라는 어떤 측면에서는 모든 피조물을 대신하여 말하고 있다. 이 광활한, 그래서 "우

36 *CCC*, no. 186 참조.

37 *CCC*, no. 197 참조.

주적"이라고 할 수 있는 환경에서, 둘은 하느님께서 남자와 여자로 그들을 창조하셨음을 기억하고 감사드린다. (TOB 116:1 참조) "당신께서는 아담을 만드시고 그의 협력자이며 협조자로 아내 하와도 만들어 주셨습니다. 그 둘에게서 인류가 나왔습니다. 당신께서는 '사람이 혼자 있는 것이 좋지 않으니 그와 닮은 협력자를 우리가 만들어 주자.' 하셨습니다." (토빗 8:6)

교황은 여기에서 한 처음부터 남자와 여자를 위해 마련해 놓으신 하느님 계획의 진리가 토비야와 사라의 "종교 의식"의 핵심이라고 말한다. 사실, 이는 "혼인 '신경'의 정수"(TOB 116:2)를 구성한다. 교황에 따르면 토비야와 사라의 기도는 그들의 창조 이야기를 가리킨다. (TOB 116:1 참조) 토비야와 사라는 창세기의 말씀으로 그들 마음 안의 열망을 온전히 표현한다. 그들은 "창조된 인간의 가장 첫 순간으로 거슬러 올라가는 연결 고리에서 새로운 고리가 시작되기를 열망한다." 부부 결합을 통해 일치를 이루기 직전 바로 그 순간에 "그들은 자신의 신분에 고유한 '몸의 언어'를 신적 원천 안에서 함께 다시 발견하는 데 온 힘을 쏟는다." (TOB 116:2) 이와 같은 방식으로, 혼인 신경은 악의 영이 그들 마음에 주입하려고 한 음욕을 극복하기 위한 구체적인 해독제(해결수단)가 된다. 역사적 인간이 음욕에 의해 왜곡될 때, 토비야와 사라는 "한 처음부터 그렇게 된 것이 아니라는 사실"(마태 19:8)을 깨닫는다.

토비야와 사라는 "이 소명의 거룩함을 신앙의 눈으로 바라본다." (TOB 116:4) 그러나, 이는 결코 "자동적으로" 주어진 거룩함이 아니다. 죄에 빠진 인간으로서 갓 혼인한 부부인 토비야와 사라는 교황이 말씀하신 "완전한 정화가 필요함"을 느낀다. 토비야는 자신의 순수한 의도를 다음과 같이 표현하고 있다. "이제 저는 욕정이 아니라 진실한 마음으로 저의 이 친족 누이를 아내로 맞아들입니다." 그리고 다시 토비야는 하느님의 도움 없이는 결코 이를 수행할 수 없음도 깨닫는다. "저와 이 여자가 자비를 얻도록 허락해 주십시오 … 그리고 사라는 그와 함께 '아멘'하고 응답하였다." (토빗 8:7-8) 바로 여기에서 우리는 "정화의 순간"을 본다. "한 몸"이 됨으로써 계약의 성사적 표징을 참되게 드러내기 위해서, 배우자들은 "정화의 순간"에 스스로를 내어 놓아야 한다. 부부의 성적결합은 "자체의 내적 진리에 따라 몸의 혼인적 의미를 재현함으로써 인격의 상호 친교를 이루는 데 이바지한다." (TOB 116:3)

"욕정 때문이 아니다."고 한 토비야의 말은 우리가 "욕정의 인간"에 대하여 지금까지 배운 모든 통합적 문맥과 속량의 에토스 안에서 이해해야 한다. "그리스도교적 에토스는 창조자의 원초적 계획에 따라 … 몸과 성의 가치를 표현하고 실현하기 위해서 인간 인격의 의식과 태도가 변화되어야 함을 특징"(TOB 45:3)으로 하고 있다는 사실을 상기하라. 교황에 따르면, 이것이 바로 "몸의 언어"가 전례의 언어가 되는 방식이다. 그리고 그것은 "가능한 한 가장 심오하게 확립되어 있어야 한다. 다시 말해 '한 처음'의 신비 속에 깊이 고정되어 있어야 한다." (TOB 116:2) 여기에서 토비야와 사라의 기도 즉, 그들의 혼인 신경은 "어떤 의미에서 전례의 가장 심오한 모델"이 되며 악한 영의 계획에 대한 확실한 해독제가 된다. 전례의 기도는 "계약과 은총의 원천에서 나온 권능의 말"이기 때문이다. 이 은총은 "우리를 악에서 자유롭게 하고 정화하는 힘"이다. 이 전례 언어를 통해 "남자와 여자의 일치 안에서 수립된 혼인의 성사적 표징은 인간의 내적 진리에 따라 다시 읽는 '몸의 언어'를 기초로 한다." (TOB 115:6)

전례의 힘이야말로 배우자들이 음욕의 유혹을 극복하여 "참된 예언자"가 되도록 하는 것이다. 성사의 집행자로서 (성사의 집행은 분명 전례적 행위이다!) 배우자는 하느님 당신이 원천이신 "신비"를 표현하며 그 신비를 낳는다. (TOB 116:4 참조) 하느님께서는 당신 자신을 사랑의 선물로 내어 주시는 분 즉, 영원한 선물의 교환이라는 점이 바로 그 신비이다. 또한, 영원한 사랑의 교환이신 성부께서 이 영원한 계약을 인간에게 확대시키심으로써 우리를 그 사랑에 참여하도록 하셨다는 것이 복음의 기쁜 소식이다.[38] "혼인 계약은 영원한 사랑이신 하느님의 모습을 원천으로 한다." 혼인 계약은 "인간, 인류와 하느님이 맺은 계약의 시원적 성사"(TOB 116:4)이다.

그러므로, 토비야의 사라에 대한 사랑은 그리스도의 교회에 대한 사랑과 같다. 그리스도께서는 십자가 위에서 즉, "혼인 침대"에서 죽음에 직면하셨고, 교회에 대한 그리스도의 사랑이 정점에 이르러 새 생명으로 부활하심으로써 죽음을 이기셨다. 토비야 또한 혼인 침대 위에서 죽음에 직면하였으며 그리스도의 희생적 사랑으로부터 영감을 받아 죽음을 이겨냈다. 7명의 남자들은 죽음에 굴복하였으나, 토비야는 혼인의 완성에 이르렀으며 죽음을 이겨내고 살았다! 하느님께서 마련하신 혼인 계획이 우리의 "혼인 서약"이 될 때, 죽음은 결코 승리할 수 없다. 삶(생명)이 굴복하기를 거부하기 때문이다. 그들을 "한 몸"으로 결합시키는 에로스-아가페적 사랑 때문에, 토비야와 사라는 생명의 하느님을 증거한다. 그들의 결합은 기쁘게 다음을 선포한다. "죽음아, 너의 승리가 어디 있느냐? 죽음아, 너의 독침이 어디 있느냐?" (1코린 15:55)

에페소서 5장: 전례의 언어가 "몸의 언어"가 되다

제2부 제1장에서 하느님과의 계약과 은총이라는 측면에서 "성사"를 이해하기 위하여 교황은 많은 시간을 할애하여 에페소서 5장을 검토한 바 있다. 제2부 제2장의 마지막 두 교리(TOB 117-117b)에서, 교황은 에

38 *CCC*, no. 221 참조.

페소서의 "고전적인" 말씀으로 돌아가 성사의 본성 중 인간적 측면에서의 표징을 살펴본다.

혼인 성사의 표징이 진리에 따라 다시 읽는 "몸의 언어"를 토대로 한다고 할 때, 사랑의 진리에 따라 다시 읽는 이 표징을 가장 "명확히" 표현한 것이 바로 에페소서 5장이라고 교황은 말한다. 우리는 "한 몸"의 결합을 그리스도와 교회의 사랑을 선포하고 표현하는 "위대한 신비"로 읽는다. 아가서가 "주관적 의미에서 아주 풍부한 '몸의 언어'를 포함"하는 반면, 에페소서 5장은 "전체적으로 몸의 언어에 대한 '객관적인' 확증 즉, 견고하고 완전한 확증을 포함한다." (TOB 117:2)

에페소서의 저자는 "무엇보다도 먼저 오래된 원초적 성경 말씀 즉, '둘이 한 몸이 됨'(창 2:24)을 주석하고 그 표현으로부터 성사적 표징의 본성을 찾는다." 이전의 에페소서 본문 분석으로부터 우리가 명확히 알 수 있는 것은 일치의 "한 몸"이라는 표징은 "인격주의적"(TOB 117:3)으로 이해되어야 한다는 사실이다. 즉, 객관적이고 외적인 기준만으로 성적 행위의 선(善) 여부를 결정할 수 없다. 인간의 행위가 객관적 성윤리에 부합한다는 것으로는 충분치 않다. 인간의 에토스 즉, 가치의 내적 세계 또한 인격의 참된 존엄성과 사랑의 참된 의미에 상응해야 한다. 예를 들어, 남자와 여자가 결혼하였다는 사실만으로는 그들의 성 행위가 선(善)임을 보증할 수 없다. 배우자의 성 행위는 객관적으로뿐만 아니라 주관적으로도 혼인 서약의 진리를 표현해야 한다.

아가서의 연인과 토빗기의 토비야와 사라의 혼인에서, 우리는 진리에 따라 몸의 언어를 다시 읽는 배우자들을 발견할 수 있다. 이 두 부부 모두 혼인 성사의 표징이 갖는 가장 심오한 의미를 증거한다. 그들은 이 표징의 의미를 객관적으로 이해할 뿐만 아니라 주관적으로 열망하고 있다. 마음 안으로부터 열망하는 것이다. 객관적 실재와 주관적 경험이 깊숙이 통합될 때, 배우자들은 몸의 언어의 참 뜻을 경험한다. 그리고 몸의 언어를 전례의 언어로 경험한다. (TOB 116:5 참조)

혼인의 성사적 표징은 전례적 언어와 전례 의식을 토대로 세워진다. (TOB 117:5 참조) 통상 혼인 성사는 성찬의 전례 즉, 미사를 통한다. 여기에서 전례 의식 안에서의 연결 고리(에페소서 5장에서 말하는 혼인 일치와 그리스도–교회 일치의 연결고리)를 생생하게 볼 수 있다. 여기에서 우리는 전례 자체가 "이 두 표징을 하나로 연결하며, 이로써 이 두 표징이 하나의 위대한 표징 즉, 하나의 위대한 성사가 됨"(TOB 95b:7)을 생생하게 볼 수 있다. 풍부한 교회 전례는 "무엇보다도 먼저 어떻게 그 표징 안에서 계약과 은총의 차원이 실현되는지를 밝힌다." (TOB 117:5) 그것은 혼인일치를 통해 실현된다. 그리스도와 교회의 일치가 이제 남자와 여자, 남편과 아내의 일치가 되는 것이다.

이로써 우리는 혼인의 전례적 신비의 "명확한 성경적 모델"을 에페소서 5장에서 찾을 수 있음을 알게 되었다. (TOB 117:5 참조) 이 성경적 모델을 통하여, 우리는 "몸의 언어"가 어떻게 전례의 언어에 기초를 두고 있는지를 더욱 명확히 알 수 있다. 그러나 반대로 생각해보면, 이로써 우리는 "전례적 언어가 몸의 언어를 형성하는 방식"도 알 수 있다. (TOB 117:6) 혼인 유비는 양 방향으로 작용하기 때문이다. (TOB 90:4 참조) 에페소서 5장의 "핵심적인" 본문 말씀(에페소서 저자가 혼인 일치와 그리스도 교회 일치를 연결하는 5:31–32의 말씀)을 통하여, 우리는 혼인 성사를 그리스도와 교회의 성사로, 성체 성사를 신랑과 신부의 성사로 인식한다.[39]

교황은 에페소서 5장에서 말하는 그리스도교의 혼인 양식에서 과

39 *Mulieris Dignitatem*, 26 참조.

연 교회의 전례 언어와 예식이 몸의 언어와 혼인 사랑을 토대로 형성되었는지를 볼 수 있는가라는 질문을 던진다. (TOB 117:6 참조)[40] 그리스도교의 혼인 양식은 "그리스도를 경외하는 마음으로 서로 복종하는 것"이다. 남편은 "그리스도께서 교회를 사랑하는 것처럼" 아내를 사랑해야 한다. "자신의 몸처럼" 아내를 사랑해야 하며, 그리스도께서 교회를 위하여 하신 것처럼 아내를 섬기고 보살펴야 한다. 그리고 아내는 교회가 그리스도의 사랑을 받고 응답한 것처럼 남편의 사랑을 받고 응답해야 한다. 요한 바오로 2세에 따르면, 이와 같은 혼인적 일치에 대한 인격적인 긍정은 몸의 언어가 갖는 "절대적 의미"를 드러낸다. 남자와 여자는 에페소서 5장에 나타난 "위대한 신비"를 통해서만 그 의미에 도달할 수 있다. (TOB 117:6 참조)

성사적 표징—신비와 에토스

교황에 따르면, 에페소서 5장 본문은 "우리를 '신비적'이라고 부를 수 있는 '몸의 언어'의 차원으로 이끈다." (TOB 117b:1) 사도 바오로는 "위대한 신비"를 그리스도와 교회의 일치라고 말한다. 그럼에도 불구하고, 바오로 사도는 여기에서 멈추지 않고 이 신비적 유비를 혼인의 성사적 표징에까지 확대시킨다. 그리고 "혼인적 일치와 사랑의 진리에 따라 다시 읽는 '몸의 언어'로 확대시킨다." (TOB 117b:1) "진리에 따라 다시 읽는 '몸의 언어'를 토대로 남자와 여자의 혼인계약을 신비의 차원으로 고양시킴과 동시에 '몸의 언어'로 혼인 계약을 신비의 차원에서 실현되도록 하

40 가장 명백한 예는 부활성야 미사의 성수대(聖水臺) 축복이다. 부활 초를 성수대에 담그며 "성부와 성자와 성령의 이름으로"라고 할 때, 이는 교회의 자궁에 잉태된 천상의 신랑을 상징한다. 많은 자손이 교회로부터, 즉 남편의 정자가 아니라 하느님으로부터(요한 1:13 참조) 태어나게 될 것임을 상징하는 것이다. 성체 성사의 경우, 서방의 옥좌를 덮는 덮개(baldacchino)와 동방의 이콘을 덮은 스크린(icon screen)은 사제가 교회를 위하여 "자신의 몸을 포기하기 위해" 신방에 들어감을 가리킨다.

는 것이 바로 전례이다. 혼인성사의 표징이 말하는 바가 바로 이것이다." (TOB 117b:2)

"위대한 신비"에 대한 에페소서 5장 본문은 마니교적 요소와 몸의 비인격적 시각으로부터 우리의 사고를 자유롭게 한다. 동시에 "혼인의 성사적 표징 안에 담긴 몸의 언어를 실질적인 거룩함에 더 가깝게 한다." (TOB 117b:2) 부부 결합 안에서 일치를 이룰 때, 혼인적 사랑의 위대한 표징은 개인적인 측면에서의 상호 인격성을 표현한다. 뿐만 아니라 창조와 속량의 측면 즉, 하느님과의 계약과 은총의 측면에 깊이 뿌리내린 거룩하고 성사적인 실재도 표현한다. 교황은 다음과 같이 말한다. "이와 같은 방식으로, 전례적 언어는 '몸의 언어'를 통하여 남자와 여자 모두에게 사랑, 정절, 신의의 의미와 몸의 언어 안에서 혼인이 갖는 일치와 불가해소(不可解消性)의 의미를 부여한다. 전례적 언어는 남자와 여자에게 인격 간의 친교와 인격의 '거룩함(sacrum)'을 의무로 부과한다. 마찬가지로 '몸의 언어' 안에서의 남성성과 여성성을 의무로 부과한다." (TOB 117b:2) 혼인 생활 전반에 걸쳐 표현되며 "한 몸"을 이룸으로써 완성되는 몸의 언어는 거룩하다. 신성한 것이며 신비로울 뿐 아니라 전례적인 것이다.

상기한 사실들을 깊이 생각하면 할수록 몸에 대한 의문을 멈출 수 없음을 발견하게 된다. 몸과 성은 어떤 측면에서는 본래적으로 죄에 물들어 있는 것(마니교)이라는 생각을 떨칠 수 없다. 몸이 영성적 삶으로 나아가는 데 가장 본래적인 장애물이라고 간주하는 이분법적 오류에서 벗어나기 어렵다. 그러나 우리는 남자와 여자의 몸이 진 삶에 있어서, 특히 혼인 생활에 있어서 성령의 도구임을 깨달아야 한다. 몸은 성령이 은총으로 가득 차서 창조되었다. 원죄에 의해 은총을 잃었음에도 불구하고 우리는 성사를 통해 다시 이와 같은 은총을 받을 수 있다. 교황은 다음과 같이 말한다. "성사는 인간이 지닌 인간성의 지형에 거룩함을 불어넣는다. 즉, 영혼과 몸, 인격적 주체인 남성성과 여성성에 거룩함의 권능을 가지고 침투한다." (TOB 117b:2)

이는 결코 추상적인 신학 개념이 아니다. 교황은 주체성의 깊은 내면에서 직접 이를 경험할 수 있다고 한다. 이 모든 것이 우리 몸에 표현되어 있으며 전례의 언어를 통해 나타날 수 있다고 교황은 말한다. 혼인을 교회의 전례적 삶의 중요한 부분으로 이해할 때, 배우자들은 하느님께서 계획하신 대로 거룩함의 소명으로서 혼인의 성사를 살아갈 힘을 얻게 된다. 그들은 "한 몸"을 이루는 순간만이 아니라 "전례적 언어의 끊임없는 계속성 안에서"(TOB 117b:3) 즉, 배우자로서 일상을 살아가면서 행하는 모든 행위와 의무의 연속성 안에서 몸의 진정한 언어를 경험하고 표현하는 것이다.

하느님의 은총으로 배우자가 혼인적 결합 안에서 몸의 전례적 언어를 말하고자 노력한다면, 배우자간에 이루어지는 모든 혼인적 대화의 조화로운 앙상블은 저절로 이어지게 된다. 진정한 몸의 언어로 사는 것이 삶의 양식이 되고 전례 생활의 양식이 되며 기도의 삶이 된다. 모든 희생, 기저귀 갈기, 식사 준비, 출퇴근길 등 일상에서의 의무와 책임 수행은 신실한 선물의 연속 즉, 몸의 혼인적 일치 안에서 무조건적인 "네."의 응답으로 이해되고 살아가게 된다. 좋을 때나 나쁠 때나 아플 때나 건강할 때나, 이 모든 것은 교회 전례의 계속적 참여로써 하느님에 대한 봉헌이 되며 가족과 세상의 성화에 대한 공헌이다.[41] 이와 같이, 요한 바오로 2세는 "전례적 언어가 '몸의 언어'가 됨"을 확인하고 있다. 삶의 모든 행위와 의무는 "혼인의 '영성' 즉, '에토스'를 형성"(TOB 117b:3) 하는데 기여한다.

---

41 *CCC*, nos. 1368, 2031 참조.

영적으로 성숙한 성적 이끌림

인격 및 인격 간의 친교에 있어서 몸의 거룩함과 혼인적 일치의 심오한 의미를 토대로 '에토스'의 본질과 혼인생활의 '영성'을 구성하여야 한다. "그리스도를 경외하듯 서로 순종하라."(에페 5,21)는 사도 바오로의 권고는 배우자들에게 이를 요구한다. 사실, 바오로 사도의 그리스도를 경외한다는 의미는 "남성성에 대하여 여자가 갖는 (반대로 여성성에 대하여 남자가 갖는) 영적으로 성숙한 형태의 상호 이끌림"(TOB 117b:4)을 말한다. 성숙한 성적 이끌림은 하느님께서 남성과 여성의 몸이 갖는 아름다움을 통해 계시하신 신비에 대한 깊은 경외와 경탄이다. 교황에 따르면, 이는 창세기(창 2:23-25)에서 언급된 것과 같은 성적 매혹이자 이끌림으로, 아가서 전반에 걸쳐 "큰 강줄기처럼" 흐르고 있다. 이와 같은 성적 이끌림은 토비야와 사라의 이야기에서 집중적으로 표현된다. 교황에 따르면, 영적으로 성숙한 성적 이끌림은 성령의 7가지 은사 중 하나인 경외의 선물 즉, 거룩한 신비에 대한 경외와 경탄의 선물로부터 맺어진 결실이다. (TOB 117b:4 참조)

정결한 삶은 에로스의 열망을 없애는 삶을 의미하는 것이 아니다. 이는 아가페의 불길과 영감에 에로스를 개방함으로써 자신들의 사랑, 애정, 혼인적 일치의 모습이 그리스도와 교회의 모습이 됨을 의미한다. 정결은 결코 이성 간의 사랑을 고갈시키지 않는다. 오히려 아가페의 불길을 통해 그 경험을 "영적으로 보다 열정적이고 풍요롭게 만든다." (TOB 128:3) 교황 요한 바오로 2세는 이 성적 매혹, 이끌림-열망에 대한 풍요롭고 성숙한 경험을 성령의 선물이라고 말한다. 에페소서는 "혼인 관계에 있어 '경외심'에 대한 열망을 불러일으킴으로써, 부부들에게 정결한 삶을 덕으로, 그리고 선물로 살도록 권고한다." (TOB 117b:5) 육의 욕정에 저항할 수 있는 우리의 모든 능력을 발휘하여 정결의 덕을 성숙시켜야 한다.

그러나 에페소서에서 말하는 영적으로 성숙한 성적 이끌림은 인간의 덕일 뿐만 아니라 하느님의 선물이다. 우리 몸에 살고 계신 성령의 은총에 의한 선물이다.[42]

욕정을 멀리하고 "성령에 따라" 살면 살수록, 우리 마음의 열망은 몸의 진리, 존엄성, 신성함에 일치하게 되며 친교로의 초대에 부응하게 된다. 교황은 다음과 같이 말한다. "남자와 여자가 욕정에서 벗어나게 되면, 그들은 참된 몸의 혼인적 의미 안에서 선물의 자유를 찾게 된다." 이와 같은 방식을 통해, 남자와 여자는 몸의 신비한 언어를 "지금까지 알려지지 않은 가장 깊고, 단순하고, 아름다운 방식으로"(TOB 117b:5) 경험한다. 이 말씀은 독신 서원을 한 교황으로서의 말씀일 뿐만 아니라 혼인 부부들을 가까이에서 깊이 있게 연구하여 온 사목자로서의 계속적인 관찰에 의하여 확인된 것이다.

교황은 이것이야말로 혼인의 성사적 표징이 갖는 본질적 의미라고 결론 내린다. "이처럼 남자와 여자는 몸의 언어를 통하여 이 신비의 빛을 만난다." 교황에 따르면, 속량의 에토스를 통해 배우자는 "전례 언어로 표현되는 진리와 아름다움의 빛"을 자신들의 실질적인 삶 안에서의 "사랑, 신의, 혼인적 정직함"으로 전환할 수 있게 된다. (TOB 117b:6) 속량의 선물을 통해 남자와 여자는 "한 처음에" 그러하였듯이 하느님의 창조 사랑의 가시적 표징이 되라는 부르심을 받았다. "에페소서 5장은 이와 같은 표징의 "위대한 신비"에 대하여 전부 적고 있으나 그 뿌리는 하느님의 모상에 따라 남자와 여자를 창조한 신비에 두고 있다." (TOB 117b:3)

죄의 속량을 받은 남자와 여자가 "한 몸"을 이룰 때, 하느님 창조사

42 *CCC*, nos. 1810, 1811, 2345 참조.

랑의 가시적 표징이 되라는 부르심을 받는다. 이때, 출산할 수 있는 능력을 없앤다면 이 표징에 어떠한 일이 발생하게 되는 것인가? 아가서의 연인이 사랑의 진정한 표징을 사는 기쁨을 선포하고, 토비야와 사라가 삶과 죽음의 시험에 당면하여 표징의 진리를 다시 한 번 선포하는 바로 이때, 이와 같은 일이 생긴다는 것은 『인간생명(*Humanae Vitae*)』 회칙의 가르침에 어떠한 의미를 가져오게 되는 것인가? 요한 바오로 2세는 마지막 장에서 이에 대한 답을 제공한다.

표징의 차원 – 요약

1. 제2부 제2장에서 교황은 "인간적 차원에서의 (혼인) 성사의 신비"를 다룬다. 혼인 서약은 이 표징에 대한 의지적 표현이다. 그러나 이와 같은 영적인 말(혼인 서약)은 그에 상응하는 "몸의 언어"를 요구한다. 혼인 서약은 부부 결합에 의해서만 실현될 수 있으며 이로써 혼인의 실재가 완성된다. 그러므로 혼인 서약과 부부 결합 모두 혼인의 성사적 표징으로서 중요하다.

2. 혼인의 성사적 표징은 우선 배우자 상호간의 동의를 교환하는 전례 의식에 의해서 세워진다. 이어 부부 결합에 의해 완성된다. 따라서, 성사적 표징은 남자와 여자의 해소불가한 결합 안에서 혼인 전반에 걸쳐 지속된다.

3. 몸의 언어는 생명과 사랑에 대한 하느님 신비를 선포하기 때문에, 우리는 이를 "몸의 예언적 기능"이라고 말할 수 있다. 인간은 주체적 인격으로 이 언어의 저자가 된다. 자신의 몸으로 진리를 말하거나 거짓을 말하는 것은 자신의 선택이다. "예언적"인 몸을 가진 우리는 참된 예언과 거짓 예언을 구별하는 데에 주의를 기울여야 한다.

4. 부부는 진리에 따라 몸의 언어를 다시 읽고 "말하기"를 배워야 한다. 혼인 성사의 표징에 있어 본질은 진리에 따라 몸의 언어를 말하는 것이다. 혼인 전례의식에서 사제는 예비부부에게 하느님께서 주시는 사랑스러운 자녀를 받을 것인가라고 묻는다. 동의로써의 "네."가 아니라 "아니오."로 답한다면, 이는 성사적 표징을 기만하는 것이다.

5. 몸의 언어가 갖는 모든 의미는 혼인 서약의 동의에 잘 집약되어 있다. 일상의 생활에서 부부는 자신과 표징을 일치시키는 삶을 통해 혼인 성사의 표징을 끌어내야 한다. 혼인 생활 전체에 있어서, 특히 부부 결합에서 혼인에 대한 원초적 동의를 지킬 때, 부부의 사랑과 정절은 깊어지지만, 그렇지 못할 경우 그들의 사랑과 정절은 약화된다.

6. 진리에 따라 몸의 언어를 다시 읽는 것은 욕정의 인간에게 주어진 의무이다. 몸의 언어를 다시 읽을 때 욕정으로 인해 많은 "오류"를 범하고 그에 따라 죄를 짓게 된다. 그렇다고 하더라도 인간은 욕정에 의해 결정되지 않는다. 속량의 에토스에 의해 "오류"에서 "진리"로 나아갈 가능성이 있기 때문이다. 즉, 인간에게는 성령에 따라 살아감으로써 죄로부터 회심하여 정절의 삶을 살 가능성이 있다.

7. 아가서의 에로스적인 본문들은 진리에 따라 읽는 몸의 언어를 풍요롭게 표현하고 확인한다. 교황은 아가서를 단순히 "영적"인 유비로만 치부하는 주석학자들을 비판한다. 아가서가 에로스에 대한 심오한 확인을 담고 있기 때문에('에로스를 담고 있음에도 불구하고'가 아니라) 우리는 하느님의 계시를 식별할 수 있는 것이다. 연인들이 몸을 통해 느끼는 상호 이끌림 안에서 우리는 하느님의 보이지 않는 신비가 혼인적 사랑의 "표징"으로 가시화 됨을 볼 수 있다.

8. 창세기의 "이는 내 뼈에서 나온 뼈요, 내 살에서 나온 살"이라는 이 짧은 몇 마디의 표현이 아가서에서는 완성된 대화로 발전한다. 아담과 하와가 서로에게서 원초적으로 발견했던 경탄과 매혹은 이제 아가서 전반에 걸쳐 평화롭고 잔잔한 파도처럼 흐르고 있다. 아가서는 여성성과 남성성을 가진 인간 몸에 대한 매혹을 참된 사랑, 의로움 안에서의 훈련을 위한 수단으로 묘사한다.

9. 신부의 가시적인 여성성에 매혹된 신랑은 몸의 언어를 통한 사랑에서 비롯된 열망을 드러낸다. 이는 완전한 아름다움 즉, 모든 더러움에서 자유로운 몸과 영혼의 아름다움을 추구하는 열망이다. 이는 몸만이 아니라 여성의 전 인격인 누군가의 몸에 대한 감사이며 사랑이다. 신랑과 신부 모두 몸의 눈과 마음의 눈으로 서로를 바라본다.

10. 신랑은 사랑하는 여인을 "신부"라고 부르기에 앞서 "누이"라고 부른다. "누이"라는 호칭을 통해 신랑은 신부와 함께 공통의 인성을 가지고 있음을 말하고자 한다. 어떤 의미에서 신랑은 자신이 사랑하는 여성성을 가진 인격의 전 역사를 재생산한다고도 할 수 있다. "누이"라는 호칭은 그녀를 향한 남지의 열

망이 사심 없는 신실한 자기 증여임을 드러낸다. 서로를 "누이", "오라버니"로 인식하지 않는 한, 연인들은 남편과 아내로서 서로를 진실되게 사랑할 수 없을 것이다.

11. 신랑과 신부의 사랑은 창세기에 등장하는 시원적 성사까지 거슬러 올라가기 때문에, 아가서에 등장하는 연인들은 "공통의 소속감"을 경험한다. 아가서의 연인들 역시 하늘에 계신 성부의 자녀로 같은 인성을 공유하기 때문이다. 이 공통의 소속감은 아담과 하와가 한 처음에 경험했던 "평화롭고 내면적인 시선"과 같은 평화를 경험할 수 있도록 한다.

12. "닫힌 정원"과 "봉해진 우물"의 표현은 우리를 성적 일치의 문턱으로 인도하며 "여성"의 신비, 특히 감춰진 신비에 대한 이해를 돕는다. 이 은유적 표현들은 여성의 인격적 존엄성을 완전하게 표현하고 있다. 즉, 여성은 자신이 "자기 신비의 주인"임을 드러낸다. 남자는 여자를 취하거나 소유할 수 없다는 사실을 안다. 남자는 선물의 자유를 믿어야 한다.

13. 신부는 믿고 순종하는 자유를 가지고서 자신의 "닫힌 정원"을 신랑의 눈과 마음 앞에서 개방한다. 신랑은 이 정원 들어가며 기뻐한다. 왜냐하면, 신랑의 순수한 의도로 신부의 닫힌 정원(인격)이 "훼손되지 않았기 때문이다." 진정한 혼인적 사랑은 영적이며 동시에 관능적이어야 한다. 참된 혼인적 사랑은 신부가 가지는 인격의 신비로 신랑을 인도한다. 이때 신부의 인격은 결코 침해되지 않는다.

14. "사랑은 죽음처럼 강하다."는 말씀으로 사랑에 대한 아가서의 선포는 정점에 다다른다. 이때, 연인들 간의 몸의 언어 안에서의 최종적인 조화가 일어난다. 이 말씀은 부부 사랑이 그 자체로 참되기 위해서는 죽음까지 계속되어야 한다는 사실을 잘 보여준다. 신부만이 자신의 "닫힌 정원"을 열 수 있다. 신랑이 생애 마지막까지 매일의 삶에서 서약을 지킬 때, 신부의 정원은 훼손되지 않고 보존될 것이다.

15. "끊임없이 추구하지만 결코 만족하지 못하는" 사랑으로 인한 마음의 동요는 에로스와 아가페의 통합에 대한 욕구가 본성적으로 존재함을 말해 준다. 에로스는 육체적인 연약함, 죽음에 대한 예견, 시기(질투)에 의해 약화되는 본성을 가지고 있다. 반면, 아가페는 약함 안에서 강해지는 사랑, 죽음을 극복하는 사랑, 그리고 질투하지 않는 사랑을 보여준다. 아가페가 에로스를 정화할 때에 비로소 배우자는 자신을 온전히 내어주는 사랑(self-giving love)의 정점에 도달할 수 있다.

16. 혼인 생활에 반(反)하는 모든 위협을 극복하기 위해서는 혼인적 사랑은 성부를 향한 교회의 기도가 되어야 한다. 이때 우리는 교회에 대한 그리스도 사랑의 "위대한 신비"로 인도된다. 즉, 혼인 생활은 전례적인 삶이어야 한다. 남자와 여자가 속량의 에토스를 통해 하느님의 원초적 계획을 회복함에 따라, 혼인적 사랑과 혼인 삶은 전례적(기도, 예배, 성화의 효과적 행위)이 된다.

17. 아가서에 등장하는 배우자들은 몸의 언어를 통해 기쁨과 즐거움을 경험한다. 반면에, 토빗기의 토비야와 사라는 몸의 언어가 삶과 죽음의 시험을 표현하고 있다는 사실을 인식한다. 토비야와 사라의 혼인에서 우리는 혼인적 결합을 하는 때가 곧 선-악, 삶-죽음, 사랑-반대 사이의 위대한 투쟁 한가운데 놓인 자신을 발견하는 순간임을 알 수 있다.

18. 토비야의 기도는 사라에 대한 욕정으로부터 나온 것이 아니다. 하느님의 원초적 계획에 따라 사라에게 신실한 선물이 되고자 하는 마음에서 나온 것이다. 토비야와 사라는 하느님 은총과 자비로의 부르심 안에서 삶과 죽음의 시험에 직면하며 기도의 도움으로 사랑이 "죽음보다 강함"을 드러낸다. 이와 같이 "한 몸"의 일치는 생명(삶)의 하느님을 증거한다.

19. 토비아와 사라의 기도로 몸의 언어는 전례적임이 드러난다. 그들의 기도는 "혼인 신경"의 고백이다. 그들의 기도는 악마의 사악한 계획에 대한 구체적인 해독제를 제공한다. 왜냐하면, 전례적 기도는 권능을 가진 말씀으로 하느님의 게

약과 은총의 신비로부터 나오기 때문이다. 이 권능은 혼인적 사랑과 일치의 원초적 에토스를 회복시킨다.

20. 에페소서 5장은 에로스-아가페 사랑의 완전한 진리에 따라 다시 읽는 혼인 성사의 표징을 정확히 표현한다. 여기에서 우리는 '한 몸'의 일치를 그리스도의 교회에 대한 사랑인 "위대한 신비"라고 읽을 수 있다. 에페소서 5장에서 우리는 지금까지 우리가 배워온 몸의 '언어'의 참된 의미 즉, 완전한 인격주의적 방식에 의해 제시되는 몸의 언어의 참된 의미를 확인하고 더욱 공고히 할 수 있다.

21. 에페소서 5장의 유비는 양 방향으로 모두 해석이 가능하다. 따라서, 혼인 생활이 전례적 삶이라고 말할 수 있을 뿐만 아니라, 전례적 삶이 배우자의 사랑을 모델로 한다고도 할 수 있다. 즉, 혼인을 그리스도-교회의 성사로 인식할 수 있을 뿐만 아니라 그리스도-교회의 성사(성체 성사)를 신랑-신부의 일치로 인식할 수 있다.

22. 에페소서 5장은 우리를 몸의 언어의 "신비"와 "전례" 차원으로 인도한다. 무엇보다도 전례적 삶은 성사의 거행을 포함한다. 혼인은 성사 중의 하나일 뿐만 아니라 모든 성사의 원형이라고 할 수 있다. 성사는 몸-영혼, 남자-여자의 인격에 거룩한 권능을 가지고 침투한다.

23. 혼인 생활의 에토스와 영성(spirituality)은 "그리스도를 경외함"에 의해 형성된다. 사도 바오로는 혼인 부부들에게 경외함을 가지라고 권고한다. 경외함은 성적 매혹-이끌림의 성숙한 형태이다. 경외함은 성령의 선물로서 남자와 여자를 자유롭게 하여, 욕정에 사로잡힌 남자와 여자에게 알려지지 않은 심오하고 단순하며 아름다운 몸의 언어를 경험하게 한다. 경외함을 통해 배우자들은 영원한 사랑이신 창조주 하느님의 참된 성사적 표징이 될 수 있다.

제3장
그분께서 삶(생명)의 법을 유산으로 주셨다

[사이클 6 – 사랑과 결실: 『인간 생명(Humanae Vitae)』 회칙에 대한 숙고]

교황 요한 바오로 2세는 "지금까지 진행된 하느님 계획 안에서의 인간 사랑에 대한 고찰에서 혼인 및 가정 윤리의 구체적 적용 사례를 살펴보지 않으면 어떤 의미에서는 불완전한 연구로 남게 될 것이다."(TOB 118:1)라고 말씀하신다. 교황께서 말씀하신 구체적 적용의 사례는 출산조절이다. 1984년 7월 11일부터 1984년 11월 21일까지 총 15차례에 걸친 수요교리(TOB 118–32)에서, 교황은 바오로 6세의 『인간 생명(*Humanae Vitae*)』 회칙에 지금까지의 가르침을 적용한다. 교황의 이러한 시도를 통하여 "지금까지 걸어온 우리의 긴 여정은 이제 결론에 이르게 될 것이다." (TOB 118:1)

사실 지금까지 우리는 긴 여정을 걸었다. 지금까지의 모든 여정은 이 결론으로 이끌기 위한 노력이기도 하다. 몸의 신학에서의 모든 가르침을 "『인간 생명(*Humanae Vitae*)』 회칙에 대한 광범위한 주석"(TOB 133:2)으로 바라보는 교황의 말씀을 상기하라. 이 회칙에서 나온 질문들이

"몸에 대한 우리의 고찰 즉, 몸의 신학 전반을 관통하고 있다."고 교황은 말한다. 그러므로, "회칙에 대한 숙고의 장이 몸의 신학의 마지막 장인 것은 결코 인위적이 아니라 유기적으로 전체와 조화를 이루는 자연스러운 것이다." (TOB 133:4) 교황은 『인간 생명(*Humanae Vitae)*』 회칙에 대한 고찰을 다음과 같이 말한다. "사실, 나에게 있어 앞으로 몇 주에 걸쳐 다룰 이 주제는 내가 지금까지 설명한 것의 정점이라고 생각한다."

원래, 교황의 몸의 신학은 바로 이 회칙에 대한 그릇된 비판을 바로 잡기 위해서 시작되었다. 요한 바오로 2세는 교황 선출 직후의 첫 사도적 계획으로 몸에 대한 신학적 고찰을 선택한다. 왜냐하면, 『인간 생명(*Humanae Vitae)*』 회칙의 가르침에 대한 바른 이해와 수용 없이는 결코 사랑과 생명의 문화를 세울 수 없음을 깨달았기 때문이다. 또한 『인간 생명(*Humanae Vitae)*』 회칙에 담긴 중요한 가르침을 올바로 이해하기 위해 "인간에 대한 통합적 전망"이 전제되어야 함을 인식했기 때문이다. 전임 교황인 바오로 6세는 다음과 같이 말한다. "자녀 출산에 관한 문제는 다른 문제와 마찬가지로, … 부분적 관점에서 벗어나 인간 전체와 인간이 맡은 임무 전체를 감안해서 관찰해야 할 것이다. 인간의 임무는 자연적, 현세적인 것에만 관계되는 것이 아니라, 초자연적이며 영원한 것에도 관계되는 것이다."[1] 프롤로그에서 이미 언급한 바 있듯이, 이는 몸의 신학(TOB)의 목적이다. 몸의 신학의 기초인 인간과 혼인적 일치에 대한 온전히 성경적-신학적-성사적-인격주의적 전망은 피임의 비도덕성에 대한 교회 가르침을 새롭고 설득력 있게 제시한다. 또한 이러한 전망은 신적 계시 자체에 대한 가장 확실한 토대이다. (TOB 119:4; 133:3 참조)

---

1 *Humanae Vitae*, 7.

『인간 생명(*Humanae Vitae*)』 회칙 안에는 많은 중요한 문제가 담겨 있다. 발트슈타인(Waldstein)에 따르면, "우리 시대의 근본적인 문제들인 몸, 사랑, 본성, 신학, 진보의 의미에 대한 문제들은 모두 하나의 단단한 매듭으로 엮어 있다." 이 때문에, "요한 바오로 2세는 『인간 생명(*Humanae Vitae*)』 회칙의 가르침을 특별한 윤리적 금지 규정으로 보는 것이 아니라, 창조주께서 인간에게 허락하신 유산으로 삶 전체의 형성과 밀접하게 관련된 것으로 본다."[2] "고귀한 유산"은 이번 장의 제목인 "그분께서 삶(생명)의 법을 유산으로 주셨다."를 떠올리게 한다. 많은 사람들은 성윤리에 대한 교회 가르침을 죄에 대한 단죄로 이해한다. 그러나 요한 바오로 2세는 『인간 생명(*Humanae Vitae*)』 회칙에 대한 고찰을 통하여 교회의 성 윤리를 "성사"의 틀 안에서 죄의 속량과 관련하여 이해하며, 이로써 우리 마음의 유산이 "원죄보다 더 깊다."는 사실을 상기시킨다. 삶에 대한 하느님의 법은 "가장 깊은 유산을 다시 일으켜 세우며 인간 삶 안에서 실질적인 권능을 발휘한다." (TOB 46:6)

우리가 이 "권능"으로 생명력을 얻게 될수록, 우리는 『인간 생명(*Humanae Vitae*)』 회칙이 얼마나 고귀한 유산인지를 알 수 있게 된다. 따라서, 이번 사이클에서 교황 요한 바오로 2세는 "윤리적 문제(The Ethical Problem)"인 교회의 도덕 규범에 대해 설득력 있는 이해를 구한다. "혼인 영성에 대한 개요"를 제목으로 하는 제2절에서 교황은 도덕규범에 따라 사는 것이 그리스도로부터 나온 이 권능을 통해 가능한 뿐 아니라 그러한 삶이 곧 기쁨임을 증서하고자 한다.

카롤 보이티야 주기경은 *Sources of Renewal*이라는 저서에서, "그리스도인으로서의 삶을 살아가는 데에 가장 중요한 문제는 신앙과 도덕의

2 발트슈타인(Waldstein), Introduction, TOB, pp. 107, 109.

연결이다."라고 말한다. 다시 말해, "그리스도교 도덕의 모든 측면 즉, 도덕 규범만이 아니라 에토스의 측면 모두를 이해하는 것"은 오직 "구원자이신 그리스도의 사제직과 왕직에 참여하는 것을 통해서만 가능하다."는 사실을 발견한다. 그러므로 그리스도교의 도덕은 "사제직에 맞는 희생과 왕직의 요소인 승리(자기 자신과 자연 세계에 대한 인간 지배)의 결합이다. 이 두 요소가 바로 그리스도교 도덕의 뿌리를 구성한다."[3] 왜냐하면, 희생과 승리를 통해 그리스도의 사랑의 신비가 갖는 중심인 죽음과 부활에 가까이 다가가기 때문이다. 참된 혼인적 사랑의 전제 조건인 희생을 감수하는 사람들만이 몸의 구원을 통해 오는 정욕에 대한 승리를 맛보게 될 것이다. 오직 이와 같은 승리와 희생을 통해서만 남자와 여자의 일치가 하느님 사랑에 대한 명백한 표징으로 빛난다. 이것이 『인간 생명(*Humanae Vitae*)』 회칙의 가르침에서 보호하고자 하는 '하느님 사랑의 명백한 표징으로서의 혼인적 사랑의 가치'이다.

혼인적 사랑의 원천은 하느님이시다. 그분께서는 당신 자신을 우리에게 "사랑"으로, 그리고 "아버지"로 드러내 보이셨다.[4] 카롤 보이티야 추기경은 바오로 6세의 회칙을 "기본적으로 한 문제에 대한 응답"이라고 보았다. 그 문제는 바로 "영원한 사랑이신 하느님의 계획을 찾기 위해서 혼인적 사랑은 어떠한 모습을 해야 하는가? 혼인적 사랑이 '사랑'이시며 '아버지'이신 하느님의 모습을 보이기 위하여 어떠한 조건 하에 있어야 하는가?"이다. 카롤 보이티야 추기경에 따르면, 이것이 바로 "문제의 핵심"이다. 그리고 이는 "전체 회칙과 회칙에 담긴 혼인적 사랑에 대한 가르침을 고려할 때 우리가 기준으로 삼아야 하는 핵심이다."[5]

3 *Sources of Renewal*, p. 99 강조.

4 *Humanae Vitae, 8.*

5 "The Teaching of the encyclical *Humanae Vitae* on Love," *Person and Community*, pp. 303, 304.

1. 윤리적 문제

도덕규범과 진리에 따른 "몸의 언어"

교황 요한 바오로 2세는 교리 전반에 걸쳐 인간의 주체성을 강조하며, 성윤리에 대한 교회의 가르침이 현대 사회의 남자와 여자의 사고방식과 조화를 이루지 못한다면 사실상 그 설명이 불가능하다고 말한다. 『인간 생명(*Humanae Vitae*)』 회칙은 "주체성에로의 전환"을 보이는 근대 철학의 접근 방식으로, 혼인생활과 혼인 윤리를 끌어내고자 한 교회 교도권의 첫 문헌들 중 하나이다. 제2차 바티칸 공의회 교부들은 혼인 및 가정 윤리에서의 인간 주체성에 대하여 심도 깊은 분석이 필요함을 인지한다. (TOB 129:3 참조) 따라서, 제2차 바티칸 공의회는 혼인에 대한 교회 가르침에 인격주의적 언어를 접목시킨다.[6] 심지어 제2차 바티칸 공의회 이전 비오 11세의 『정결한 혼인(*Casti Connubii*, 1930년)』[7]에서도 이와 같은 인격주의에 대한 씨앗을 발견할 수 있다. 그러나 『인간 생명(*Humanae Vitae*)』 회칙은 가르침의 전반적인 부분에서 인격주의적 용어를 사용하고자 한 교도권의 첫 문헌이다.

전임 교황인 바오로 6세의 『인간 생명』 회칙의 문장들을 살펴보면 한 폴란드 성직자(카롤 보이티야 추기경)의 지대한 영향을 볼 수 있다. 역사가와 교회 주석가들은 카롤 보이티야 추기경을 『인간 생명(*Humanae Vitae*)』 회칙의 주요 공헌자로 본다. 반면, 요한 바오로 2세 교황의 전기작가인 죠지 웨이겔(George Weigel)은 카롤 보이티야 추기경이 회칙 마련에 공헌한 부분을 인정하기는 하나, 카롤 보이티야 추기경이 바오로 6세에게 제안한 풍부한 인격주의적 내용이 회칙에 온전히 도입되지는 않았다는 점을 언급한다. 웨

6 *Gaudium et Spes*, 47–52 참조.

7 예: *Casti Connubii*, par. 24 참조.

이겔(Weigel)은 만약 바오로 6세가 카롤 보이티야 추기경의 제안에 좀 더 세심한 주의를 기울였다면 『인간 생명』 회칙이 독자들에게 더 잘 이해되었을 것이라고 말한다.[8] 하지만 처음에 『인간 생명(*Humanae Vitae*)』 회칙이 일부 독자들에게 받아들여지기 어려웠던 이유는 충분한 논의가 부족했기 때문이 아니라 회칙의 결론 때문인 것으로 보인다.

『인간 생명(*Humanae Vitae*)』 회칙은 모든 "부부결합은 인간 생명을 출산하는 자연적 능력에 어떠한 장애도 없어야 한다."[9]라는 보편 교회의 항구적 가르침을 재확인 한다. 여기에 새로울 것은 없다. 다만 이 회칙의 기초가 "일치의 의의와 출산의 의의를 결부시키는 불가분의 연관성에 바탕을 둔다는 점에서 새롭다고 할 수 있다. 이 두 가지 의의는 모두 부부 행위 속에 내포되어 있으며 하느님께서 제정하신 것이므로 인간이 고의로 이것을 파괴할 수는 없다."[10] 요한 바오로 2세 교황은 회칙 전체를 분석하기보다는 혼인의 두 가지 의미인 일치와 출산의 불가분성에 초점을 맞추고 있다.

교회 가르침을 옹호하기 위한 새로운 접근 방법의 기초는 주체에로의 방향전환이다. 행위의 "목적"이 아니라 "의미"에 초점을 둔다는 것은 행위를 수행하는 사람의 내면적 시각으로부터 성적 행위를 평가하는 것을 의미한다. 추기경 재임 당시의 에세이에서 카롤 보이티야 추기경은 "『인간 생명(*Humanae Vitae*)』 회칙 중 이 부분을 읽을 때, '본성(nature) 신학'에서 '인격(person) 신학"으로의 의미 있는 전환을 발견할 수 있다."고

8 *Witness to Hope*, pp. 209–10 참조.

9 *Humanae Vitae*, 11. 이 문장에 대한 번역은 다소 불충분하다. "각각의 그리고 모든 혼인 행위는 생명의 전달(transmission of life) 에 대하여 열려 있어야 한다."

10 *Ibid.*, 12.

말씀하신다.[11] 회칙의 목적은 "인격"으로부터 "본성"을 분리하려는 것이 아니라, 그 둘을 보다 깊고 유기적인 방식으로 연계하는 것이다.[12] 인격 신학의 본질에 따르면, 혼인적 행위의 "의미"에 중점을 두는 것이 곧 인간이 마음대로 자신의 행동에 의미를 부여할 자유가 있다는 의미로 직결되지 않는다. 바오로 6세는 "주관주의"의 함정에서 벗어나기 위해 주체성에로의 방향전환과 객관적 실재를 연결시킨다. 성행위가 갖는 두 가지 의미의 기초는 행동의 "내적 구조(innermost structure)"와 남자와 여자의 "실제 본성"이다.[13] "내적 구조" 및 행위에 참여하는 인간의 "실제 본성"에 근거할 때, 성행위는 "남편과 아내가 가장 친밀하게 일치하는 행위"로 볼 뿐만 아니라 동시에 "새로운 생명을 탄생시킬 수 있는 행위"로도 볼 수 있다. 성행위의 이 두 가지 의미가 하느님께서 계획하신 행동의 본질로써 매우 중요하다는 사실은 논리적으로 타당하다. 따라서 행위의 두 가지 의미가 행위 당사자인 두 주체들 간의 통합에 본질적이라는 것 역시 논리적 결과이다. 하지만 대부분의 근대적 사상에서는 본성과 인격, 몸과 영을 분리하는 시각을 가지고 있으며, 몸의 신학은 바로 이러한 사조의 문제점을 지적하고 있다. (TOB 118:6 참조)

교황은 여기에서 도덕이란 "행위"에 대한 단순한 추상적 평가가 아니라 행위하는 사람의 인격과 그 인격의 존엄성을 토대로 평가하여야 한다고 주장한다.[14] 사실 인격만이 윤리의 대상일 수 있다. 성윤리를 평가한다는 것은 우리가 "몸의 언어"를 진리에 비추어 읽는 것을 말한다.

11 "The Teaching of the Encyclical *Humanae Vitae* on Love," *Person and Community*, p. 308.

12 "본성(nature)"과 "인격(person)"의 연결에 대한 자세한 논의는 발트슈타인(Waldstein)의 Introduction을 참조하기 바란다. TOB, pp. 60, 94–99.

13 *Humanae Vitae*, 12.

14 윤리를 다루는 가톨릭 교회 교리서의 첫 문장이 "그리스도인이여, 그대의 품위를 깨달으십시오."라고 시작한 것은 매우 중요하다. (*CCC*, no. 1691)

(TOB 118:6 참조) 따라서 부부성교(결합)의 두 의미 즉, 일치와 출산의 분리불가능성은 "혼인을 성사적 표징으로 바라보는 우리의 시각과 밀접하게 관련이 있다." (TOB 118:3) 성사적 표징은 제대 앞에서 자유롭게 고백한 맹세(정절에 대한 서약, 영원성에 대한 서약, 자녀에 대한 열린 마음에 대한 서약 등)의 충실하고도 계속적인 육화를 기반으로 한다. "사실 남자와 여자가 '죽을 때까지' 혼인 생활 안에서 살겠다고 서약한다는 것은 매일의 부부 생활 안에서 서로에게 자신을 선물로 주었던 그 표징을 가지고 계속적인 응답을 해야 함을 의미한다." (TOB 118:4)

표징(Sign)과 반대-표징(Countersign)

모든 혼인 부부들의 삶이 성사적 표징을 드러낸다고 할 때, 특별한 방식으로 그 표징을 나타내고 갱신하여 완성하는 순간이 있다. 바로 부부 결합의 순간이다. "혼인적 일치의 표징은 … 성사적 표징이 된다." (TOB 108:5) 여기에서 배우자들은 제대에서 하였던 혼인 서약을 자신의 몸을 가지고 서약하고 갱신하라는 부르심을 받는다. 교황은 다음과 같이 강조한다. "바로 그 순간, 그 풍요로운 순간, '몸의 언어'가 진리에 따라 다시 읽혀진다는 점에서 이는 특히 중요하다. 몸의 언어로 다시 읽는다는 것은 진리에 따른 행위와 윤리규범 및 가치에 따른 행위를 하기 위한 필수 불가결한 조건이다." (TOB 118:4) "가치"와 "윤리규범"이라는 단어에 주목하라. 교황은 교회가 바오로 6세의 『인간 생명(*Humanae Vitae*)』 회칙을 통해 객관적 윤리 규범을 상기시키는 동시에 주관적 가치와 토대를 증거하고자 한다는 사실에 주목한다. (TOB 118:5 참조) 몸의 신학에서 교황은 성사적 표징의 측면에서 윤리의 객관적 진리와 주관적 가치의 토대를 마련한다. 즉, 몸의 객관적 언어와 그것을 "진리에 따라 주관적으로 다시 읽는" 하나의 큰 틀을 마련한다.

수차례에 걸쳐 교황이 언급하였던 문장을 다시 한번 상기해보자. "성관계에서 윤리적 선과 악을 말할 때의 기준은 혼인적 일치가 진정한 표징의 성격을 가지는가"(TOB 37:6)의 여부이다. 요한 바오로 2세는 다음과 같이 말한다. "'몸의 언어'는 성사적 진리를 확실하게 드러내야 한다. 하느님 사랑의 영원한 계획 즉, '하느님 안에 감추어진 신비(*Sacramentum absconditum in Deo*)에 참여함으로써, 몸의 언어는 실로 '몸의 예언'이 된다." (TOB 123:3) 다시 말해 혼인생활 전반에 걸쳐 특히 혼인적 행위에 있어서의 몸의 언어는 하느님께서 마련하신 생명과 사랑의 신비를 선포할 뿐 아니라 배우자들이 직접 그 신비에 참여하도록 한다. 바로 이러한 측면에서 메리 루소(Mary Rousseau) 교수가 표현한 바와 같이, 윤리적으로 옳은 성적 행동은 "성사적 효력이 있는" 성 행위를 다르게 표현한 것이라고 할 수 있다.[15] 발트슈타인(Waldstein)에 따르면, "교황 요한 바오로 2세가 몸의 신학에서 다루고자 하는 가르침의 모든 핵심은 몸의 혼인적 의미와 자기 증여의 연결, 그리고 삼위일체적 삶의 성사적 효력을 몸의 혼인적 의미로 사는 것에 있다고 할 수 있다."[16]

그러나, 성사적 효력이 있는 표징이 되기 위해서 그 표징은 드러내고자 하는 영적 실재를 정확히 상징하여야 한다. 남편과 아내가 "한 몸"을 이루는 것은 그리스도와 교회의 일치의 표정과 마찬가지로 (에페 5:31-32 참조) "창조와 속량의 전체 작업"을 상징한다. (TOB 97:5) 영원으로부터 하느님 안에 감추어진 삼위일체 신비의 표징이다. (TOB 19:4-5 참주) 영원한 생명을 주는 사랑과 친교의 신비이다. 사랑과 친교의 신비 안에서 인간은 그리스도와 교회의 일치(생명을 주고 생명을 완성시키는 일치)

---

15 Mary Rousseau, "Eucharist and Gender," *Catholic Dossier* (September/October, 1996): pp. 19-23 참조. 이는 성 윤리 및 사제 서품에 대한 성사적 효력을 심층 고찰한 논문이다.

16 발트슈타인(Waldstein), Introduction, TOB, p. 121.

를 이루는 위대한 신비에 참여하도록 부르심 받는다. (요한 10:10 참조) 그렇다면 이와 같은 성사적 의미와 피임 즉, 배우자 스스로 자신의 출산능력을 기만하는 성행위는 어떠한 관계인가? 우리는 인간 이성 등 자연법만을 근거로 피임에 반대할 수도 있다. 그러나 교황은 피임의 비윤리성에 대한 신학적 이유로 피임이 갖는 근본적 신성모독성을 든다. 피임은 표징에 조작을 가함으로써 "위대한 신비(위대한 성사)"를 모독한다.[17] 성 행위의 성사성이라는 측면에서, 배우자는 "사랑과 생명의 증거자로서 전 인류를 위하여 거룩하고 근본적인 사명을 갖는다. 그러나 피임의 예에서와 같이 혼인적 사랑을 조작한다면, 소통은 무너지고 사명은 파괴되는 것이다."[18]

크리스토퍼 데릭(Christopher Derrick)은 자신의 저서 *Sex & Sacredness*(*A Catholic Homage to Venus*)에서, 신성모독과 거룩함의 두 측면에서 성윤리를 논의한다. 그는 교황의 몸의 신학을 빌려 논리적 결론을 내린다. "신성모독"은 성전 앞에서 찾을 수 있는 것(*pro fanum*)이므로 성전 바깥의 종교적 중요성의 결여는 신성 모독이다. 이에 비해 신성함은 종교적 중요성을 갖는 것을 의미한다." 교회가 보는 바와 같이 성은 지극히 신성하다. "'성사'라는 단어가 이 두 측면의 연관성을 의미한 것이라면, 그 상징은 실질적인 것이어야 한다. 즉, 하느님께서 부부의 침실에 현존하여 계시고 침실에서 일어나는 일에 깊숙이 개입하신다. 하느님은 행위가 일어나는 그곳에 계시며, 이에 따라 우리는 그분과 함께 연결되어 있다." 교회가 성적인 죄에 대하여 지나치게 엄격하다는 인식에 대하여, 데릭(Derrick)은 이 많은 죄들 중 하나를 저지를 유혹을 쉽게 느끼게 될 것이라고 말한다. "그러나 사탄주의나 악마 숭배의식에 빠지지 않는 한, 성적인 죄 중 우리를 계속해서 강력하게 유혹하고 신성모독의 죄에 빠지게 하는 죄는 오직 하나이다." 데릭(Derrick)은 그것을 피임이라고 믿는다. 우리는 십자가를 피하기 위해 창조와 사랑

17 *CCC*, no. 2120 참조.

18 Homily on the Feast of the Holy Family, December 30, 1988.

을 분리하는 방법을 택할 것이다."

피임을 통한 성교는 여전히 신학적 의미를 가질 것이다. 그러나 이는 그리스도인의 신학적 의의가 아니라 마니교적인 의의일 것이다: 피임 성교는 그리스도에 대한 신앙이 아니다. 이는 하느님 사랑과 험난한 세상을 직접 연결할 가능성을 부인한 사람들에 의한 신앙에 불과하다. 이때 우리가 섬기는 여성성의 대명사인 비너스는 이단 또는 그보다 더한 의미에서의 사탄이 될 것이다.[19]

성적 일치는 생물학적 과정일 뿐 아니라 신학적 과정이기도 하다. 우리 몸에 새겨진 하느님의 거룩한 말씀을 (피임을 통해) 거스른다면, 이는 우리의 몸을 창조하시고 구원하신 하느님의 위대한 신비에 반하는 것이다. 혼인 배우자 간의 성사적 상징 안에 고의로 또는 부지불식간에 피임을 개입시킨다는 것은 창조와 구원의 위대한 신비에 대한 "반대-표징(counter-sign)"이다. 피임을 염두에 둔 배우자 간의 일치는 하느님 창조와 구원 사랑에 대한 즉각적인 거부이다. 몸의 객관적 언어는 배우자를 고의로 또는 부지불식간에 '거짓 예언자'로 만들게 된다. 피임을 통한 성교에서 행하는 몸의 언어는 신성 모독에 가깝다. 상징적 말씀이 아니라 사탄에 의한 반(反) 말씀(anti-Word)이다.

이상은 몸의 신학의 논리적, 윤리적, 실제적, 사목적 결론이다. 성경에 나타난 우리의 위대함을 즉, 하느님의 모상을 닮은 존엄한 존재로서의 우리의 모습을 받아들이고자 할 때, 우리는 인간 존엄성에 필요한 요구를 수용하여야 한다. 즉, 한 몸의 위대한 신비를 이해하고자 하는 사람들에게 피임은 생각할 수도 없는 것이다. 교황은 다음과 같이 말한

19 *Sex and Sacredness*, pp. 23, 97, 99, 100.

다. “혼인한 부부는 창조와 구원의 거룩한 신비의 표징을 침해하고 타락시키지 않기 위해 항상 ‘구원적 경외심’을 가져야 한다.” (TOB 131:5) 모든 인간은 이 신비를 자신의 몸을 통해 선포한다. 우리 자신이 되기 위해, 우리는 “진리에 따라” 하느님께서 주신 이 거룩한 몸의 언어를 읽는 방법을 배워야 한다. 교황은 “여기에서 다루는 것은 먼저 존재론적 차원인 ‘내밀한 구조’에서의 진리이고 다음으로 그 결과로서의 주체적이고 심리적 차원인 ‘의미’에서의 진리”(TOB 118:6)라고 말한다. 여기에서 교황은 객관적 실재의 우선성을 강조하며 주관적 경험과의 연관성을 제시한다. 이 연관성을 통하여, 『인간 생명(*Humanae Vitae*)』 회칙은 윤리 규범이 단순히 “외부로부터” 부과된 것이 아니라, 인간의 “내부로부터” 솟아오르는 것임을 증거하고자 한다. 윤리 규범은 인간에 대한 가장 심오한 진리이므로 가장 심오한 열망과 일치하는 것이다.[20]

윤리 규범은 공허한 것이 아님을 상기하라. 우리가 몸의 객관적 진리를 읽는 방법을 배울 때, 이 진리는 인격의 의식(주관적 차원)으로 들어와 그곳에서 안식을 찾는다. 우리는 진리를 위하여 창조된 피조물이다. 정직한 인격은 진리를 찾는 순간 그 진리를 알아 본다. 바오로 6세 교황은 인간의 선 의지에 대한 신뢰를 다음과 같이 증거하고 있다. “이런 교리가 얼마나 인간다운 것인지는 오늘날의 모든 사람들이 가장 쉽게 이해할 수 있으리라고 믿는 바이다.”[21] 요한 바오로 2세 교황은 이 교리가 우리에게 주어진 성경을 원천으로 하는 모든 전승과 심오한 일치를 이

---

20 『인간 생명』 회칙이 성공적으로 이 사실을 보여주지 못하고 있다고 생각하는 사람들이 많을 수 있다. 바오로 6세 교황께서 제시한 인격주의 접근 방법이 획기적임에도 불구하고 개선점이 필요하다는 점을 지적하는 것은 결코 부당한 평가가 아닐 것이다. 요한 바오로 2세의 몸의 신학(TOB)은 바로 이점에서 바오로 6세의 부족한 부분을 풍요롭게 보완하고 있다고 할 수 있다. 몸의 신학(TOB)은 『인간생명』 회칙의 가르침을 올바르게 해석할 수 있도록 보다 풍요롭고 심화된 인격주의를 제시하고 있기 때문이다.

21 *Humanae Vitae*, 12.

루고 있음을 볼 수 있어야 한다고 말한다. (TOB 119:4 참조)

규범의 올바름과 실천 가능성

교황은 『인간 생명(*Humanae Vitae*)』 회칙의 가르침을 성경 안에서 글자 그대로 찾을 수 있는 것이 아님을 직시한다.[22] 그럼에도 불구하고 교황은 성경에서, 구체적으로 "성경적 인간학"에서 『인간 생명(*Humanae Vitae*)』 회칙의 근간이 되는 기초를 발견한다. 일부 학자들은 성경이 피임에 대하여 어떠한 언급도 하지 않는다고 주장하기도 하지만, 『인간 생명(*Humanae Vitae*)』 회칙의 근간을 성경에 따른 "몸의 신학"에서 찾는 것은 "전적으로 합리적"이라고 교황은 말한다. (TOB 119:4) 특히 성경 전반에 걸쳐 우리는 『인간 생명(*Humanae Vitae*)』 회칙이 자연 도덕률뿐만 아니라 "하느님께서 계시하신 도덕률"에도 속한다는 것을 깨닫게 된다. (TOB 119:4) 이것이 바로 '속량의 에토스'의 중요한 본질이다. "이와 같은 '에토스'를 기반으로 한 자연법 규범은 새로운 표현일 뿐 아니라 복음 말씀, 성령의 정화와 조력 안에서 인간학적이며 윤리적인 근간이 된다." (TOB 119:5)

다시 말해, 피임의 비윤리성은 인간으로부터 온 가르침이 아니라 하느님이 주신 가르침이며 계시에 의한 가르침이다. 따라서 교도권의 가르침에 따르면, 피임에 대한 교회의 가르침은 "명확한 규칙으로 어떠한 변경을 기하여서도 안된다."[23] 변경할 수 없으며 신학적 논의 대상이 되어서도 안된다. 뿐만 아니라, 본 가르침은 자연법 규범이므로 교회 구성원

22 피임 금지 규정이 성경에 직접 등장하는 경우를 "그것을 바닥에 쏟아 버리곤 하였다." (창 38:8-10)는 오난의 예에서 찾을 수 있다고 주장한다. 성경에 근거하여 피임을 반대하는 프로테스탄트의 입장에 대한 참조 문헌은 다음과 같다. Charles D. Provan, The Bible and Birth Control (Monongahela, PA: Zimmer Printing, 1989)

23 *Vademecum for Confessors Concerning Some Aspects of the Morality of Conjugal Life*, 4.

만이 아니라 온 세상의 남자와 여자 모두에 해당한다. 특히 교회가 이 자연법을 증거하여야 한다. 교황은 "모든 신자들과 특히 모든 신학자들이 피임에 대한 교회 가르침을 이러한 맥락에서 다시 읽고 깊은 이해를 하여야 한다."(TOB 119:5)고 말한다. 그는 몸의 신학 강론이 바로 이와 같은 다시 읽기 노력의 일환이라고 덧붙인다.

공의회 가르침의 발전

많은 사람들은 『인간 생명(*Humanae Vitae*)』 회칙을 제2차 바티칸 공의회의 미래 지향적인 가르침으로부터의 퇴보라고 비판한다. 그러나 제2차 바티칸 공의회는 피임의 비윤리성에 대한 교회의 항구적인 입장을 강력하게 재확인하고 있음을 기억해야 한다. 이러한 측면에서, 제2차 바티칸 공의회는 현대 교도권의 가장 권위있는 문헌들 일부를 인용하고 있다. 대표적인 것이 비오 11세의 『정결한 혼인에 관하여(*Casti Connubii*)』 회칙이다.[24]

『기쁨과 희망(Gaudium et Spes)』 51항 주석 14는 왜 많은 사람들이 교회의 가르침이 바뀔 것이라고 기대했는지에 대한 이유를 부분적으로 설명하고 있다. 공의회 교부들의 증언에 따르면, 공의회는 "추가적으로 더 조심스러운 조사가 필요한 문제"에 대한 결정을 보류하였다. "더 깊은 연구를 요한 문제들은 교황의 명령으로 인구·가정·출산 연구위원회에 맡겼으며, 위원회가 그 임무를 완수한 다음에 교황이 판단하기로 되어 있었다." 문제는 피임약 사용에 대한 것이었다. 잘못된 자연법적 논쟁에 따르면 피임의 비윤리성을 오직 정자의 물리적 억압(장벽, 제거)에서 찾기 때문에 피임약에 반대할 근거가 없게 된다. 따라서, 피임약에 대하여 새로운 논의가 필요하게 되었다. 윤리신학적 측면에서 자연법의 물리적(physicalistic) 해석이 아니라 인격주의적 해석을 통한 새로운 논의가 필요하게 되었다. 이 작업은 추기경

---

24 *Gaudium et Spes*, 51, n. 14 참조.

카롤 보이티야 추기경의 주도하에 이미 루블린 대학에서 진행되고 있었다. 루블린 대학의 연구에서 이루어진 윤리 규범(도덕률)의 인격주의적 이해에 따르면 피임약이 비윤리적이라는 사실에는 의문의 여지가 없었다. 그러나 공의회는 피임약에 대한 불확실한 입장을 암묵적으로 인정함에 따라 교회가 피임에 대한 가르침을 변경할지도 모른다는 기대를 하게 된 것이다. 소문에 따르면, 실제로 교황 위원회는 바오로 6세의 결정에 의견이 나뉘었다고 한다. 다수설은 피임약을 옹호하였을 뿐 아니라 피임에 대한 교회 가르침의 완전한 변화에 찬성하였다. 따라서 "다수설 보고서(Majority Report)"가 언론에 흘러 들어가게 되었고 가톨릭의 180도 방향 전환이 임박했다는 근거 없는 소문에 불을 붙이게 된 것이다. 그러므로 바오로 6세가 성령의 인도 하에 "소수설 보고서(Minority Report)"를 채택하여 인간 생명 회칙을 발표하였을 때, 엄청난 반대의 소리가 날 것이라는 사실은 이미 예견된 결과였다.

피임에 대하여 가장 빈번하게 등장하는 문제는 바로 출산을 원치 않을 때 과연 상대방에 대한 사랑을 발전시킬 수 있는가에 대한 것이다. 이 문제에 대한 논쟁을 염두에 둔 교황은 공의회의 문헌에서 "부부의 사랑과 생명 전달에 대한 하느님의 법은 상호 충돌하지 않는다."[25]는 것을 강조한다. 사실 성행위의 일치와 출산적 의미가 결코 분리될 수 없음을 감안할 때, 부부가 이 중 하나를 어긴다면 그 나머지도 어기는 것과 같다.

"한 몸"의 결합은 영원으로부터 하느님 안에 감추어진 신비의 표징이 되어야 한다. 즉, 하느님의 영원한 생명과 사랑의 신비 그리고 그리스도를 통하여 생명과 사랑에 우리를 참여하도록 하신 하느님 계획의 신비에 대한 표징이어야 한다. 그러나 남자와 여자가 하느님 계획의 원초적 전망으로부터 분리될 때, 그들은 혼인적 일치가 쾌락을 함께 나누는 경험에 대한 단순한 열망이 아니라 그 열망을 넘어서는 어떠한 "표징"이라

25 *Gaudium et Spes*, 51.

는 사실을 인식하지 못하게 된다. 물론 이러한 성교를 "사랑"이라고 부르고 싶어할 것이다. 그러나 실재에 있어서 그들이 "사랑"이라고 부르는 성교는 "엄격히 말해 정욕에서 비롯된 것으로, 사랑과는 정반대의 모습이다. 타인의 인격을 '이용'하는 모습으로 나타나는 것이다."[26] 남자와 여자가 자신의 존엄성과 숭고한 부르심으로부터 멀어지게 되면 정욕에서 비롯된 "사랑"은 아무런 문제가 없어 보인다. 안타깝게도, 그들에게는 그러한 사랑만이 전부가 될 것이다. 이러한 배우자들도 혼인 생활에서 자녀를 열망할 수 있다. 그러나, 이들은 자신들이 원하는 자녀 수를 충족하게 되면, 그 즉시 피임(심지어 불임수술)을 "원치 않는 임신"을 막고 두려움 없이 "사랑"을 지속할 수 있는 가장 간편하고 필수적인 수단으로 간주한다.[27] 이들이 가톨릭 신자라면, 아마도 교회 가르침을 "시대착오적"이고 실제적이지 않으며 "사목적"이지 않은 가르침이라고 치부할 것이다.

진정한 사목적 배려

요한 바오로 2세는 이와 같은 비난에 대하여 사목적 배려의 참된 본질을 정의함으로써 응답한다. "사목적 배려"란, "인간의 참된 선을 찾고 인간 인격 안에 하느님께서 새겨 넣으신 가치를 높이도록 하는 것"을 의미한다. 이 측면에는, 사실상 "이해의 규칙(rule of understanding)"이 존재한다. 그렇다고 해서 인간의 참된 존엄성이 희석된다는 의미는 아니다.

26 *Love and Responsibility,* p. 167.

27 William E. May 박사는 피임과 낙태 옹호론자들의 "원치 않은 임신으로 아이가 태어나서는 안 된다!"는 구호에 대하여, 그리스도의 이름으로 선포된 교회의 가르침에 따른 진리는 "어떠한 사람도 원치 않는 존재가 되어서는 안 된다" 라고 말한다. (*The John Paul II Institute 1993-1995 Academic Catalogue*, p. 41 참조). 세속적 인본주의와 그리스도교적 인본주의의 차이점이 바로 여기에서 드러난다고 할 수 있다.

대신, 이 규칙은 "인간 인격에 대한 유일하고 참된 선만이 하느님의 계획을 실행한다는 확실성 안에서, 인간 사랑에 대한 하느님의 계획을 명확히 발견하는 것을 목적으로 한다." (TOB 120:6)

요한 바오로 2세에 따르면, 『인간 생명(*Humanae Vitae*)』 회칙이 구체적 삶에 존재하는 어려움을 충분히 고려하지 못한다고 믿는 사람들은 이 회칙이 나오게 된 배경인 사목적 관심으로서의 배려를 충분히 이해하지 못한 자들인 것이다. (TOB 120:6 참조) 바오로 6세는 회칙을 통하여 현대 사회의 남녀가 겪고 있는 실질적인 문제들, 그리고 중요한 모든 문제들에 대하여 충분히 배려할뿐 아니라 침묵하지 않을 것임을 확실히 밝히고 있다. 바오로 6세는 이 회칙이 많은 사람들에게는 지키기 "매우 어렵고" "불가능한" 가르침으로 느껴질 수 있다는 점을 인식한다. 바오로 6세는 "인간의 선한 의지를 비추어 주고 강하게 해주는 하느님의 은총을 힘입지 않고서는" 남자와 여자는 이 가르침을 지킬 수 없다고 말한다.[28] 하느님께서 우리에게 요구를 하실 때, 하느님께서는 이 요청과 동시에 당신의 요청을 충족시킬 뿐만 아니라 넘쳐 흐르도록 완성시키는데 필요한 은총을 허락하신다. 그러므로 『인간 생명(*Humanae Vitae*)』 회칙은 윤리 규범을 재확인하는 것일 뿐만 아니라, "규범적 차원"을 넘어선 "사목적 차원"을 포함하고 있는 것이다. 즉, 복음의 요구에 따라 살 수 있는 실질적인 가능성을 지속할 뿐만 아니라 그 가능성을 증거하는 것을 목적으로 한다. (TOB 122:4 참조)

교황 요한 바오로 2세는 『인간 생명(*Humanae Vitae*)』 회칙을 올바르게 이해하기 위해, 성경에 따른 몸의 신학 관점에서 "규범적 차원"(윤리규범의 원칙에 대한 확인)과 "사목적 차원"(윤리 규범 실현 가능성)을 모두 살

---

28 *Humanae Vitae*, 3, 20, 25 참조.

펴보아야 한다고 말한다. (TOB 122:4 참조) 그리스도의 말씀을 토대로 세워진 몸의 신학(TOB)의 교리에 대하여 교황은 다음과 같이 말한다. "몸의 신학은 단순히 이론이 아니라 오히려 몸에 대한 구체적이며 복음적인 그리스도교의 교육학이다." (TOB 122:5) 몸의 신학은 인간 존재의 의미에서 살펴본 교육이며 가장 적합한 교육 방법이다. (TOB 59:3 참조)

교황 요한 바오로 2세에 따르면, 몸의 신학의 중요성은 그 원천인 성경, 특히 복음과 그리스도 말씀에서 나온다. 복음은 구원의 메시지이다. "즉, 미래 세상에 대한 희망의 전망 속에서 … 인간의 참된 선익이 되는 것이 무엇인지를 밝히는 구원의 메시지이다." (TOB 122:5) 이것이 바로 『인간 생명(*Humanae Vitae*)』 회칙이 선포하는 바이다. 회칙은 "인간이 남자와 여자로서 즉, 인격으로서의 참된 선익"이 무엇인지를 가리킨다. (TOB 122:5) 회칙은 혼인 배우자의 사랑이 인간 생명의 선물을 받고 신적 생명(영원한 생명)의 선물을 받기 위하여 어떠한 모습을 취해야 하는지를 선포한다. 그렇게 함으로써, 산아조절 문제가 어떻게 진정한 인간 존엄성에 따른 방식으로 해결될 수 있는지를 보여주며, 성 관계가 어떻게 영원한 생명을 위한 참된 준비 방법이 될 수 있는지를 보여준다.

바오로 6세의 선택은 복음의 권능과 말씀의 힘을 믿는가에 대한 선택이었다. 참된 사랑 안에서 참된 사목적 배려를 위한 일은 과연 무엇인가? 바오로 6세는 회칙에서 다음과 같이 말한다. "영혼들에 대한 사랑의 최고 형태로 구성된 그리스도의 구원의 가르침을 절대로 손상시키지 말아야 한다."[29] 『인간 생명(*Humanae Vitae*)』 회칙은 실로 남자와 여자가 자신의 "위대함"을 받아들이라는 부르심이다. 하느님의 모습과 닮게 창조되었으며 예수 그리스도를 통해 속량된 인간이 무엇인지에 대한 완전

29 *Humanae Vitae*, 29.

한 진리를 받아들이라는 부르심인 것이다. 과연 이것이 사목적이지 않을 수 있겠는가? 실제적이지 않을 수 있겠는가? "구체적 가능성"을 위해 조정되어야 할 이상적인 것으로만 치부하겠는가? 우리는 이 질문들에 대한 요한 바오로 2세의 응답을 이미 들었다.

> 그렇다면, 도대체 '인간의 구체적인 가능성들'은 무엇이고, 그 인간은 또 어떤 인간을 말합니까? 욕망에 지배되는 인간입니까? 아니면 그리스도께서 구속하신 인간입니까? 그리스도의 구속의 실재, 바로 이것입니다. 그리스도께서 우리를 구속하셨습니다! 이 말은 바로 그리스도께서 우리에게 우리 존재의 진리 전체를 실현할 수 있는 가능성을 주셨다는 뜻입니다. 그분은 욕망의 지배로부터 우리의 자유를 해방시키셨습니다. 그러므로 구속된 인간이 아직도 죄를 짓는다면 그것은 그리스도의 구속 행위가 불완전해서가 아니라 구속 행위로부터 흘러나오는 은총에 인간 의지가 제대로 응답하지 않기 때문입니다. 하느님의 명령은 물론 인간의 능력에 비추어 알맞게 이루어집니다. 그렇지만 그 능력이라는 것은 성령께서 인간에게 주신 능력을 말합니다. 비록 그가 죄에 떨어졌을지라도 항상 용서받을 수 있고 성령의 현존을 누릴 수 있는 인간의 능력 말입니다.[30]

『인간 생명(*Humanae Vitae*)』 회칙은 속량의 실질적인 권능을 믿으라는 부르심이다. 우리의 깊숙한 내면에 새겨진 하느님의 원초적 계획의 "울림"에 귀 기울여 정욕을 즐기는 것이 정상적이라고 보는 관점을 거부하라는 관점의 전환에 대한 요청이다. 그렇다. 『인간 생명(*Humanae Vitae*)』 회칙은 때때로 억압으로 비춰졌지만 이는 사실 해방으로의 부르심이다. 사랑의 참된 자유 안에 살도록 부르시는 초대이다. 하느님께서는 당신

30 *Veritatis Splendor*, 103.

자신을 우리에게 선물로 주셨으며 그 선물에 대한 응답으로 우리 역시 우리 자신을 아낌없이 내어주기를 청하신다.

책임 있는 부모

교회 가르침의 참된 의미를 깨닫는 사람들이라면, 피임을 반대하는 교회의 입장이 출산 계획(출산 아이의 수 조절)을 온전히 "운"에 맡기라는 의미가 아님을 깨닫는다. 제2차 바티칸 공의회와 『인간 생명(*Humanae Vitae*)』 회칙의 가르침은 배우자들의 책임 있는 사랑 그리고 책임감 있는 부모됨을 강조한다.

교황의 말씀에 따르면, "부모의 책임 수행은 '올바른 가치 질서 안에서 하느님과 자신들과 가족들과 인간 사회에 대한 부부의 의무'(HV 10)를 지키는 것이다. 그러므로 부모의 책임 수행에 있어 배우자는 '완전히 독단적으로' 할 수 있는 것이 아니라, 오직 하느님의 창조 계획에 순응함으로써 가능한 것이다. (HV 10)" (TOB 121:6) 즉, 남편과 아내는 가족의 수를 결정하는 데에 하느님의 계획을 식별할 성숙한 능력을 가져야 한다. 이러한 측면에서 사제 또는 영적 지도자와의 상담은 배우자들에 도움을 줄 수 있다. 그러나 교회는 "이러한 판단은 부부 자신이 궁극적으로 하느님 앞에서 내려야 한다."고 가르친다.[31] 다른 누구도 이들을 대신하여 결정할 수 없다. 그러므로 "이 시점에서 '책임 있는 부모(어머니와 아버지)'의 윤리적 성격을 결정하는 것은 매우 중요하다." (TOB 121:2)

공의회는 출산에 대한 가르침을 다음과 같이 한정하여 제시한다. 남편과 아내는 "자기 자신들의 선(행복)과 아울러 이미 태어났거나 앞으로 태어날 자녀들의 선(행복)을 고려해야 한다." 또한, "시대의 상황과 더

31 *Gaudium et Spes*, 50 강조

불어 물질적이고 영적인 측면에서 자신이 처한 상황의 표징을 읽어야 한다." 그리고 "가족, 사회, 교회의 선을 고려하여야 한다."[32] 이에 대한 충분한 심사숙고 후 부부는 대가족을 선택하거나 가족의 수를 제한하겠다는 결정을 할 수 있다. 교회는 부부 결합의 의미를 존중하는 부부 즉, 몸의 언어를 거짓되게 하지 않는 부부를 모두 책임 있는 부모됨이라고 가르친다.[33]

'가톨릭 교회는 혼인 배우자가 육체적으로 가능한 한 많은 자녀를 출산하도록 가르친다.'는 잘못된 인식이 있다. 교회는 특히 오늘날 우리 시대에 있어서 부부가 임신을 피하는 정당한 이유가 있다는 점을 인정하고 있다. 『인간 생명(*Humanae Vitae*)』 회칙은 피임을 사용하는 배우자들이 임신을 피하는 "합리적인 이유"가 있을 수 있음을 인정한다. 그러나 교황은 목적이 수단을 정당화하지 않는다는 점을 지적한다. 피임은 혼인적 사랑이 갖는 성사적 표징에 대한 심각한 침해이다. 교황은 다음과 같이 말한다:

> 부부의 사랑과 생명 전달의 책임을 조화시키는 행동 방식의 도덕성은 순수한 의향이나 동기 평가에만 달린 것이 아니다. 그 도덕성은 인간의 본성과 그 행위의 본질에서 이끌어 낸 객관적 기준, 곧 참사랑이라는 맥락 안에서 상호 증여와 인간 출산의 온전한 의미를 보전하는 그러한 기준으로 결정되어야 한다. 이것은 부부가 순수한 마음으로 정덕을 닦지 않으면 이루어질 수 없다.[34]

"혼인 윤리와 관련된 원칙은 '부부행위가 지닌 내밀한 구조'와 '부부

32 Ibid.

33 *Humanae Vitae*, 10 참조.

34 *Gaudium et Spes*, 51.

행위의 두 의미가 지닌 분리불가능성' 안에서 하느님의 계획을 충실히 드러내야 한다." (TOB 121:6) 그렇다면, 임신을 피할 정당한 이유가 있는 부부가 "부부행위의 내밀한 구조"와 "부부행위의 출산과 일치의 분리불가능성"을 침해하지 않고 임신을 피할 수 있는 방법은 무엇인가? 이 문제에 답하기 위해, 피임행위의 본질적 악에 대한 명확한 설명이 필요하다.

몸의 언어의 진리 그리고 피임에 있어서의 본질적 악

요한 바오로 2세의 몸의 신학(TOB)에서 배운 바에 따르면, "한 몸"으로 결합함이 존재하는 이유는 하느님의 사랑과 친교의 모상에 따라 참된 인격 간의 친교를 이루기 위함이다. 가톨릭 교회 교리서에 따르면, "거룩하신 삼위의 일치는 모든 관계의 진실성의 근원이며 기준이다."[35] 이를 토대로, 부부가 피임 성교를 할 때 즉, 성교를 하나 그 행위에 있어 의도적으로 출산 가능성을 왜곡할 때, 이는 혼인 성교의 일치 안에 있는 거룩한 모상을 부정하는 것이라는 사실을 쉽게 알 수 있다. 요한 바오로 2세에 따르면, 부부의 피임 성교는 몸의 일치일 수는 있으나 인격의 진정한 친교를 이루는 데 실패하는 것을 말한다. (TOB 123:7 참조) 사실 피임은 배우자들의 몸-영의 결합의 결별과 분리를 가져오는 것이다. 이를 통해 "본성과 인격의 가장 심오한 상호작용의 단계에서 하느님의 창조 사업 자체를 공격하는 것이다."[36] 피임 성교가 타인에 대한 사랑의 표현이라고 주장한다면, 그것은 영혼이 분리된(dis-embodied) 육체로서의 타자일 것이다. 이는 자기 자신(그녀 또는 그)을 위한 인격적 사랑이 아니다. 하느님께서 완전하고 통합적인 진리 안에서 남성성과 여성성을 가지고 창조하신 인격에 대한 사랑이 아니다. 피임을 한다는 의미

35 *CCC*, no. 2845.

36 *Familiaris Consortio*, 32.

는 곧 하느님의 인간-인격의 창조 방식을 암묵적으로(또는 명백하게) 거부하는 것이다. 요약하자면, '"나는 당신을 사랑하지만, 당신의 출산 가능성은 사랑하지 않아요!"라는 의미이다. 이는 하느님께서 새겨 주신 몸과 영의 일치를 거부하는 것이다. 결과적으로 피임 성교는 부부행위의 일치에서 출산을 공격함으로써, 더 이상 "사랑의 행위이기를 멈추게 된다." (TOB 123:6)

진리와 사랑은 함께 공존한다. "부부의 동의로 이루어지고, 부부 결합에 의해 완성되는 성사의 집행자로서 남자와 여자는 몸에 대한 고유한 진리 선체를 통하여 자기 몸의 신비스러운 '언어'를 표현하라는 부르심을 받는다." 교황은 성직 사랑에 대한 가장 생생한 이미지를 다음과 같이 표현한다: "몸짓과 반응으로, 다양하고 역동적인 방법으로, 상호작용에 의하여, 긴장함과 즐거움 등 모든 수단을 동원하여, 인간-인격은 '이야기 한다.' 이 모든 행위의 직접적 원천은 남성성과 여성성을 표출하는 몸이자, 작용과 상호작용을 보여주는 몸이다." (TOB 123:4)

몸-인격이 말하는 것은 무엇인가? 몸의 예언적 기능에 대한 교황의 가르침을 토대로 우리는 다음과 같은 결론을 내릴 수 있다. 남편이 아내를 "그리스도가 교회를 사랑하듯이" 사랑한다면, 남편은 '이는 당신을 위하여 내어 주는 내 몸'(루카 22:19)이라고 말하는 것이 된다." 만약 아내가 남편의 사랑에 대하여 "교회가 그리스도의 사랑에 응답하듯이" 응답한다면, 이는 아내가 (교회가 말하는 것과 같이) "당신 말씀이 제게 이루어지기 바랍니다.(루카 1:38)"라고 답하는 것이 된다. 이와 같이 예언적 언어를 말함으로써 배우자는 그리스도와 교회의 일치라는 진정한 모상에 따라 서로에게 충실하게 그리고 계속적으로 성사를 집행한다. "한 몸"의 결합을 통해 남자와 여자는 가장 깊고 심오한 표현 방법으로 자신을 상대방에 표현한다. 즉, "남자와 여자는 "참된 전인격의 진리를 통하여 자기 자신을 표현한다." (TOB 123:4) 부부가 경험하는 그 모든 역동적인 긴장과 기쁨은 그리스도께서 사랑하는 것처럼 우리가 사랑할 때(요한 15:11 참조) 그리스도께서 약속하신 그 기쁨에 참여하는 것이다. 사실 이와 같은 긴장과 기쁨의 역동성은 성령이 일하시는 매개이자 수단이며 거룩한 삶에로의 동참이고 혼인 성사의 은총에 대한 경험이다.

그러나 여기에 피임을 삽입한다고 생각해 보자. 이는 모든 것을 바꾼다. 자신을 진실한 선물로 내어주는 것은 사라지고, 사랑의 결실이 아니라 "긴장과 기쁨의 역동성" 자체가 목적이 된다. 마지막으로, 피임 성교는 결국 서로가 또는 적어도 한쪽에서 상대방을 이용하는 것이며 자기이익을 추구하는 행위에 지나지 않게 된다. 이러한 측면에서 피임 성교는 배우자의 사랑과 자기 증여의 행동이 아니라 상호 자위행위에 더 가깝다.

성적 결합을 불임으로 만드는 것은 몸의 성사적 언어를 뒤흔든다. 다시 말해, 남편은 자신의 (선물의) 잠재력을 내어주는 것을 거부하고, 이렇게 선포하는 것과 같다: "이는 너에게 주어지지 않은 나의 몸이다." 그리고 아내는 여성의 자궁이 갖는 결실의 의미를 부인하고, 다음과 같이 선포하는 것과 같다: "당신의 말씀이 제게 그대로 이루어지지 않게 하소서." 위대한 신비에 의한 "진리의 순간", 바로 그 순간에 진리가 거짓으로 변한다. 그리고 그리스도와 교회의 일치를 본받는 것과 동떨어지는 것이다. 따라서, 어떠한 의미에서 피임 성교는 위대한 신비의 "반대-표징"이 된다. 그렇기 때문에 우리는 이를 "반대-성사(anti-sacrament)"라고도 부른다.

이것이야말로 한 처음 사탄이 의도한 목적이 아닐까? 거짓의 아버지인 사탄은 우리가 그러한 거짓 언어를 사용하기를 원한다. 사탄은 우리가 우리의 몸에 새겨진 복음 말씀(자기 증여)에 반하여 자기만족을 하는 반(反) 말씀(anti-word)이 되기를 바란다. 우리가 우리의 몸을 가지고 거짓말을 하기를 바라는 것이다. 교황은 다음과 같이 말한다. "부부 성교(결합)의 내적 질서의 파괴(피임)는 인간-인격의 내면적 질서의 파괴에서 비롯되기 때문에 피임행위는 본질적 악을 구성하는 것이다." (TOB 123:7) 교황은 그렇기 때문에 혼인 성사의 "표징"에 대한 성찰이 "피임 성교의 해석에 있어서 특히 중요하다."고 말한다. (TOB 123:8)

"The Church: a Bride Adorned for Her Husband"라는 제목의 강연에서 교황은 신랑으로서 그리스도가 갖는 성경적, 여성적 모습과 '바빌론'과 '대탕녀(묵시17:1, 5)'에 나오는 적대적이고 광란에 사로잡힌 여성의 모습을 비교한다. 교황은 양자의 큰 차이를 다음과 같이 비교한다. "그리스도의 신부(교회)는 항상 하느님의 자식들 즉, 천국 명부에 이름을 올릴 첫배들을 출산함으로써 내면의 결실을 맺는 은총을 받는다." 따라서 성령(생명을 주신 분, 하느님)과의 일치 안에서 신부는 "오십시오, 주 예수님!"(묵시 22:20)이라고 외친다. 이에 반해, 바빌론의 "대탕녀"는 "죽음과 내면의 불모지"를 구현하는 사람이다. 요한 바오로 2세의 몸의 신학 교리를 통하여 몸이 갖는 상징적 언어를 이해함으로써, 우리는 묵시록에 나오는 인물 중 어떠한 인물이 피임 성교를 상징하는지에 대하여 물어볼 수 있다. 생명을 주는 그리스도의 신부인가? 아니면 불모지(불임)를 선택한 간음한 여인인가?

묵시록의 대탕녀 이미지가 피임을 선택한 신부에 더 가깝다고 할 때, 피임을 선택한 신랑은 어떠한가? 이와 같은 측면에서 우리는 실재를 해석하는 교황의 "핵심 열쇠"를 떠올려 볼 수 있다. "원죄는 … 부성(父性)을 파괴하고자 한다."[37] 피임이야말로 그러한 시도가 아닌가? "생명을 전해 줄 소명을 받고 있는 부부는 하느님의 창조 능력과 부성(父性)에 참여한다." 사실, "거룩한 하느님의 부성(父性)은 인간이 지닌 부성의 근원이다."[38] 여기에서

37 *Crossing the Threshold of Hope*, p. 228.

38 *CCC*, nos. 2214, 2367.

다음과 같은 질문이 제기된다. 의도적 피임 성교 행위가 "사랑"이시며 "아버지"로서의 자신의 모습을 계시하는 하느님의 영원한 신비를 닮은 모습이라고 할 수 있는가? 또한 그러한 신비를 이 세상에 전할 수 있는가?

충분히 합당한 이유로 임신을 피하려는 열망이 생긴 경우, 그 열망 자체가 피임 성교를 죄에 물들게 하는 것이 아니다. 결실을 맺을 가능성이 있는 결합을 불임이 되게 만드는 구체적인 선택이 바로 피임 성교를 죄에 물들게 하는 것이다. 그 선택에 의해 성사적 표징의 "경륜"에 극단적인 결과를 가져옴으로써 행위의 상징적 의미를 전적으로 변화시키며 부정하기 때문이다. 합당한 이유가 있는 경우, 부부는 결실을 맺을 가능성이 있는 성적 결합행위를 불임으로 만드는 행위 없이도 즉, 행위의 성사적 의미를 왜곡하거나 타락시키지 않고도 임신을 피할 수 있다. 다음에서 윤리적으로 타당한 방법에 대하여 논하고자 한다.

윤리적으로 타당한 출산 조절

진리에 따라 몸의 언어를 이해하고 이 언어를 충실히 표현하는 데 헌신한 부부가 있다고 가정하자. 그러나 이 부부에게는 자녀를 임신해서는 안 되는 충분한 사유가 있다고 가정해 보자. 이 부부가 하느님께서 주신 일치의 "언어"를 침해하지 않는 방법이란 무엇일까? 힌트는 여러분이 바로 지금 하고 있는 일이라고 나는 생각한다. 그것은 바로 절제이다.

혼인성교는 진실된 몸의 언어로 하여야 한다. 혼인성사의 제대 위에서 자유의사에 따라 정절을 지키며 백년해로하겠다는 약속과 자녀 출산에 대한 개방성을 지키겠다는 서약은 몸을 통해 갱신되어야 한다. 그러나 부부는 항상 성교하여야 할 의무가 있는 것이 아니다. 실제 삶에서, 부부 결합에 대한 강렬한 열망이 있을 때조차도, 사랑은 절제를 요구하기도 한다. 배우자가 아플 때, 자녀 출산 직후, 또는 임신을 피해야 할 심각한 이유가 있는 때 등이 그것이다. 이 많은 경우들에 있어 사랑은 절제를 요구한다. 만약 이와 같은 경우에 절제하지 않는다면, 그 사람의 사랑은 의심스러운 것이다.

타당한 사유로 임신을 피하기 위해 성교를 삼가는 것 자체는 "표징"으로서의 혼인성교의 진리를 침해하는 것이 아니다. 능동적이고 직접적인 침해는 부부가 성교를 하며 그 의미를 왜곡할 때 일어난다. 임신을 원치 않아 자제하던 부부가 자연적으로 피임이 가능한 특정한 날을 발견하는 경우를 생각해 보자. 그 경우 과연 부부는 성교를 함으로써 혼인적 일치의 표징을 객관적으로 침해하는 행동을 할까? 아니면 피임을 할까? 다시 말해, 그들은 혼인성교행위가 갖는 임신 가능성을 막기 위한 행위를 할까?

여기에 바로 인공 피임과 자연출산조절법의 윤리적 차이가 있다. 즉, 『인간 생명(*Humanae Vitae*)』 회칙은 "혼인한 부부가 타당한 이유로 임신을 피하는 데에 확실히 동의한 경우"를 인정한다. 바오로 6세는 심지어 "자녀가 태어나지 않으리라는 확신을 가지는 경우"에 대하여서도 말한다.[39] 그러나 한쪽은 하느님의 행위이나, 다른 쪽은 하느님의 창조 계획을 저지할 목적으로 자신들이 직접 그 힘을 행사하는 경우이다.

두 가지 경우의 윤리적 차이가 사소하다고 생각한다면, 다음의 질문에 대한 답을 할 필요가 있다. 자연사와 안락사의 윤리적 차이는 무엇인가? 결과는 같다. 죽음이다. 그러나 하나는 "하느님의 행위"이고, 다른 하나는 인간이 스스로 생명의 힘을 취하는 것이다. 다른 강연에서 교황 요한 바오로 2세는 다음과 같이 말한다. "피임은 어떠한 이유로도 결코

39 *Humanae Vitae*, 16.

정당화될 수 없는 심각한 불법이다. 피임을 정당하다고 생각하거나 말한다면 이는 곧 하느님을 하느님으로서 인식하지 않는 것이 합법이라고 주장하는 것과 같다."[40]

하느님을 하느님으로 인식하는 혼인 배우자들은 생명의 원천의 주인은 자신들이 아니며 자신들은 오직 하느님의 계획을 실천하는 봉사자임을 깨닫는다.[41] 창조주이신 하느님께서는 혼인한 부부의 자손 번성을 요청한다. (창 1:28 참조) 그러나 때때로 이들 부부에게 출산 거부(anti-procreative)에 대한 정당한 이유가 있을 수 있으나 이때의 출산 거부(anti-procreative)는 부부 사랑의 가장 중요한 본질을 침해하는 것이다. 반면, 자연출산조절법을 통해 성교를 자제함으로써 출산을 제한하는 것은 비-출산(non-procreative)행위이다. 『인간 생명(*Humanae Vitae*)』 회칙은 부부에게 "도덕률을 거스르는 일이 없이 산아를 조절하는 것은 정당하다."[42]고 말한다. 그러나 인공피임은 출산 거부(anti-procreative) 행위이다. 자연출산조절법은 인간 인격의 본성과 혼인적 사랑의 본질을 조화롭게 하는 것인 반면, 인공피임은 이를 심각하게 침해하는 것이다.

"자연"가족계획법 (NFP, Natural Family Planning)은 인간-인격의 본질 및 혼인성교의 본질에 부합하는 방법이다. NFP가 윤리적으로 수용 가능한 이유는 "인공"이 아니기 때문에 수용가능한 것이 아니라 피임이 아니기 때문이다. NFP를 통해 산아 제한을 하는 배우자들은 출산 가능성을 저해하는 행위를 결코 하지 않는다. 즉, 성교의 "표징"의 가치가 객관적으로 유지된다. 인공 피임이 비윤리적인 이유는 "인공"이기 때문이 아니라 객관적으로 표징을 위반하는 행위 자체인 "피임"이기 때문이다. "인공"이라는 단어의 사용은 개념 혼동만 가져오므로 '인공'이란 단어를 빼야 한다고 생각한

40 *L'Osservatore Romano*, October 10, 1983, p. 7.

41 *Humanae Vitae*, 13 참조.

42 Ibid., 16.

다. 가장 혼란스러운 것은 "인공 피임"이라는 단어의 사용이다. 왜냐하면, 이 단어를 사용함으로써 NFP는 "자연 피임"을 암시하는 것처럼 보이기 때문이다. 그러나 NFP는 결코 피임이 아니다. 이는 매우 중요한 차이이다.

인격에 대한 양립불가한 두 견해

일부 학자들은 교회의 가르침이 윤리를 생물학적 법칙으로 전락시켰다고 하여 교회의 가르침에 반대하기도 한다. 자연법에 대한 잘못된 비인격적인 해석에 따르면 그러한 반론이 나올 수 있다. 그러나 산아제한에 대한 교회 가르침을 반대하며 이를 "생물학주의(biologism)"라고 비난하는 입장의 이면에는 인간에 대한 몸-영의 이분법적 시각이 감춰져 있다.

『가정 공동체(*Familiaris Consortio*)』에 따르면 "피임과 자연주기의 리듬에 맡기는 것 사이에는 우리가 흔히 생각하는 것보다 더 인간학적이고 윤리적인 차이가 있다. 인격과 성(性)에 대한 양립불가한 두 가지 분석에서 나타난다."[43] 몸(생식력)은 사람(인격)의 중요한 부분이므로 자기 증여의 사랑에서도 필수적이라는 견해가 있는가 하면, 몸이란 지배하여야 할 형이하학적인 "본성"을 구성하는 일부일 뿐이라는 견해가 있다. 후자의 견해에 따르면, 인간의 몸과 생식력을 똑같이 지배하는 대상으로 보는 것에는 아무런 윤리적 문제도 일어나지 않는다. 오히려 생산과정을 "인간화(humanize)"하기 위해서 몸의 지배가 필요하다고 본다.[44] 그러나

43 *Familiaris Consortio*, 32.

44 교황 산아제한 위원회(Papal Birth Control Commission)"가 "다수설 보고서(Majority Report)"라고 명명한 보고서에서 사용한 용어가 바로 "인간화(humanize)"이다. 다수설 보고서는 피임을 정당화하기 위해, "인간화 할 의무가 본성 안에 주어져 있다"고 말한다. 왜냐하면, 인간은 기술을 사용하여 육체적 본성에 의해 주어진 인간의 조건을 통제하는 것을 본성으로 하기 때문이다." 반면에, 출산 과정은 "인간화" 될 필요가 없다. 이미 온전한 인간이기 때문이다! Francis Bacon과 Rene Descartes를 기원으로 하는 이분법적 견해에 대한 자세한 논의는 발트

이와 같은 언어는 인간에 있어 육체(몸)과 인격의 철저한 분리를 드러낸다.

"현대 과학의 전반적인 발전은 인간을 육체적인 것과 정신적인 것으로 구분함을 기반으로 한다."(TOB 59:3)라는 교황의 말을 인용한 적이 있다. 『가정교서(*Letter to Families*)』에서 교황은 다음과 같이 적고 있다. "영과 몸의 분리는 인간의 몸을 하느님 모상으로서 보는 것이 아니라 자연 세계의 다른 피조물들의 몸과 유사한 것으로 보는 경향으로 소비재를 만들 때 필요한 원자재로서 몸을 인식하는 경향으로 발전되어 왔다. 우리는 우리의 기호대로 토마토와 소의 유전자 조작을 한다. 우리 몸 역시 유전 조작의 대상이 안 되리라는 법이 있을까? 인간 몸이 동물의 몸처럼 원자재로 사용된다면 우리는 끔찍한 윤리적 실패를 맛보게 될 것이다."[45]

『인간 생명(*Humanae Vitae*)』 회칙은 "생물학적 법칙이 … 인간 인격과 관계되어 있음"을 계속적으로 상기시킨다.[46] 따라서 몸을 조작한다는 것은 생물학적 법칙(생명활동의 법칙)뿐만 아니라 몸-영의 일치를 이루는 인간 인격을 조작하는 것과 같다. 혼인적 사랑, 책임 있는 부모됨을 위하여 배우자는 생물학과 인격 간의 조화를 수용해야 한다. 출산 규제라는 중요한 문제와 관련하여 "자연의 힘"을 지배함으로써 인간의 본성과 인격의 중요한 부분을 지우는 행위는 결코 용납되어서는 안 된다. 허용 가능한 유일한 '지배'는 자신의 욕망과 욕구의 자기 통제(self-control)를 통한 지배이다. 불행히도 현대 사회에서 인간은 욕구와 욕망의 지배를 육체의 지배로 잘못 이해하는 경향이 있다. 인간은 의약과 기술을 이용하여 생물학을 지배하고자 한다. 이는 영적인 의무와 도덕적 의무에 필

슈타인(Waldstein), introduction(TOB, pp. 36-44, 99-105)을 참조하기 바란다.

45 *Letter to Families*, 19.

46 *Humanae Vitae*, 10.

요한 절제(금욕)를 피하기 위한 시도이다.

사실 피임에 대한 교회 가르침의 핵심은 바로 본성의 지배와 자기 지배(self–mastery) 간의 균형 잡힌 관계를 유지해야 한다는 것이다.(TOB 123:1 참조) 자기 지배가 없는 남자와 여자는 사랑이 아닌 조작을 위해 지성을 이용한다. 사랑 없는 지성의 사용은 인간으로서 당연히 해야 하는 일이 아니다. 인간으로 하여금 지성이 할 수 있는 일에만 집중하게 하고 거기에서만 기쁨을 찾게 만들기 때문이다. 인간은 사랑 어린 보호와 존중심을 가지고 자기 자신과 피조물과의 관계를 형성하여야 한다. 이기적인 의지로 지배와 통제를 해서는 안 된다. 그러므로 창조에 대한 인간의 합당한 지배는 언제나 자기 지배의 올바른 이해와 경험으로부터 출발해야 한다. 따라서, 성 생활에 있어 선을 선택할 자유가 있는지의 여부는 창조에 대한 인간의 지배 방식을 드러낼 것이다. 창세기 본문을 고찰하며 이미 밝힌 바 있듯이, 남녀의 친교와 인간의 세상에 대한 지배 사이에는 상호 밀접한 관련이 있다.

자기 지배 및 선물로서의 자유

바오로 6세에 따르면, 인간은 "자연의 힘을 지배하고 합리적으로 조정하는 데에 놀라운 발전을 이룩하였고, 인간 생활 전체에 걸쳐 이 지배권을 행사하려 하며, 인간의 육체와 심리 생활과 사회 생활과 생명 전달을 규제하는 법칙에까지 이 지배권을 행사하려 한다."[47] 그러나 요한 바오로 2세 교황에 따르면, 피임을 통해 출산의 자연적인 과정을 지배하는 것은 "자기 지배의 고유한 방법을 가지는 인간 인격을 위협하는 것이다." (TOB 123:1) 자기 지배(self–mastery)는 주체로서의 인격을 구성하는 근

47 *Humanae Vitae*, 2.

본적인 구성요소이다. 이러한 측면에서 자기 지배를 실행하는 것은 출산 규제의 "자연스러운" 방법이다. 인간에게 있어 자신의 욕구와 욕망을 통제하는 것은 자연스러운 일이기 때문이다. 그러나 피임에 의지한다는 것은 "인간이 가지는 인격의 구성적 측면을 파괴하고, 주체성을 약탈함으로써, 인간을 조작의 대상으로 전락시킨다." (TOB 123:1)

다시 말해, 인간 존엄성을 유지할 수 있는 유일한 "출산 조절" 방법은 자기 지배밖에 없다. 애완 동물의 난소를 제거하거나 거세를 하는 이유는 무엇인가? 애완 동물은 짝짓기 충동을 거부할 수 없기 때문이다. 하지만 우리는 그 충동을 거부할 수 있다. 만약 우리가 그러한 충동을 거부할 수 없다면, 우리는 하느님 앞에 우리의 시원적 고독을 부인하는 것이 될 뿐 아니라 우리가 동물과 다른 점을 부인하는 것이 된다. 교황은 "인간이 인격인 이유는 정확히 그가 자기 자신을 소유하며 자기를 지배하기 때문이다. 자기 자신이 주인인 한 그는 타인에게 '자신을 내어줄 수 있다.' 바로 인간에게 자유를 선물로 주셨다는 차원은 '몸의 언어'에 있어 가장 본질적이며 결정적 차원이다. 몸의 언어를 통해 남자와 여자는 부부 결합 안에서 상호적으로 자기 자신을 표현할 수 있다." (TOB 123:5)[48]

자기 지배가 없다면 타인에게 자신을 진정한 선물로 내주는 행위는 일어나지 않는다. 오직 동물의 짝짓기와 같은 행위만이 일어날 뿐이다. 다시 말해, 성교에 대하여 "아니오."라고 할 수 없다면, 그가 대답한 "네."는 아무런 의미가 없는 공허한 답일 뿐이다. 이때의 인간은 동물과 다를 바 없으며 그는 사랑을 표현할 수도 없다. 할 수 있는 일은 오직 욕정을 충족시키는 것 뿐이다. 자기 자신의 주인이 되는 것에 실패한 사

48 *CCC*, no. 2339 참조.

람 즉, 욕구와 욕정을 통제하는 데 실패한 사람은 욕정을 충족하기 위하여 타인을 지배하는 결과에 빠질 수밖에 없다. 이때, 사랑이 아니라 조작이 그 자리를 차지하게 된다.

이러한 측면에서 잘 알려지지 않은 사실을 짚고 넘어갈 필요가 있다. 피임은 임신을 피하기 위하여 발명된 것이 아니다. 우리는 이미 임신을 피할 수 있는 완벽하고 안전하며 신뢰할 수 있는 방법을 가지고 있기 때문이다. 그것은 바로 절제다. 여기에서 확실하게 알 수 있는 것은 피임에는 다른 궁극적 동기가 있다는 점이다. 그것은 바로 필요는 발명의 어머니라는 측면에서 "필요" 즉, 피임을 발명하게 만든 필요이다. 피임은 아무런 제약 없이 성적 본능에 탐닉하고자 하는 욕망에서 비롯된 필요로부터 나온 것이다. 피임에 대한 필요의 원천은 욕정인 것이다.

이와 같이, 요한 바오로 2세의 『인간 생명(*Humanae Vitae*)』 회칙에 대한 옹호는 에덴 동산에서 그 근원을 찾고 있음을 알 수 있다. (자기 증여의 사랑을 할 자유를 가진 주체인) 인간이 하느님의 모습을 닮는 원동력은 바로 인간의 시원적 고독, 일치, 벌거벗음이다. 이것이야말로 인간에 대한 "완전한 진리"이며 자신의 모습을 지키기 위하여 선포하여야 할 진리이다. 피임은 바로 이러한 진리의 근간을 공격한다.

책임 있는 부모됨에 대한 교회 선언은 피임에 대한 교회의 가르침을 받아들이는 사람들에게 결핍된 부분의 균형을 맞춘 것이다. 일반적으로 피임에 대한 태도는 "정신적 충돌"의 양 극단으로 나타난다. 임신을 피하기 위해 필요한 이유는 최소한으로 해야 한다고 보는 입장과 생사가 달린 문제가 아니라면 부부에게는 출산할 의무가 있다고 입장이 그것이다. 전자의 경우 이기심에서 출산을 피한다는 것이 문제가 된다.[49] 후자의 경우도 전자와 동

49 *CCC*, no. 2368 참조.

일하지는 않지만 여전히 이기심의 또 다른 형태라는 것이 문제이다. 대가족을 구성한다는 것은 종종 충분한 고려를 통한 이타적인 내어줌의 결과인 경우가 많다. 그러나 때로는 대가족을 구성한다는 것이 성교를 절제하지 못하는 자유의지 부족의 결과일 수도 있다. 자기 지배는 참된 혼인적 사랑을 구성하는 데 있어 절대적인 필수조건이다. 주기적으로 절제하는 것이 혼인적 사랑을 돕기 때문이다. 즉, "아니오."라고 거절할 수 있는 자유는 부부간의 '네.'라는 답의 진정성을 증명한다. 따라서 임신을 피할 정당한 이유가 없다고 결론을 내린 부부라 하더라도, 자기 증여 안에서의 진정한 자유를 위해서 부부는 주기적으로 절제해야 한다. "책임 있는" 부모가 되는 순간이 바로 이때이다. 가임 기간 동안 성교하지 않겠다는 선택의 순간이야말로 이기심에서 자유로워지는 순간이며 바로 그 순간이 "책임 있는" 부모가 되는 순간이다.

자연출산조절(Natural Fertility Regulation)의 완전한 전망

자연출산조절(natural fertility regulation)이 인공피임법과 실제적으로 어떻게 다른지를 이해하려면, 먼저 인간의 소명에 대한 완전한 전망을 지녀야 한다. 남자와 여자로써 하느님의 표상 안에 창조된 인격적 존재인 인간에 대하여 알아야 한다. "그 자신의 목적을 위해" 창조된 주체로서 자신을 "온전히 증여할 때만이" 스스로를 발견할 수 있는 인간이 누구인지 이해해야 한다. 『인간 생명(*Humanae Vitae*)』 회칙은 바로 이와 같은 인간학적 진리를 보호하기 위하여 존재한다. 인공 피임은 인간이 하느님을 닮은 모습으로 창조되었다는 진리를 직접적으로 공격한다. 인공피임은 인간의 주체성과 신실한 자기 증여로의 부르심을 공격한다. 그렇다. 인공 피임에 대한 논쟁은 인간의 정체성에 대한 논쟁과 직결된다. 인공피임은 인간성에 대한 배신이기 때문이다.

요한 바오로 2세 교황은 『인간 생명(*Humanae Vitae*)』 회칙과 관련된 모든 질문이 인간의 주체성 자체에 대한 질문임을 강조한다. (TOB 129:3 참조) 『인간 생명(*Humanae Vitae*)』 회칙을 잘못 이해하는 사람들은 "책임 있는 부모됨"을 단순히 "생물학적 수태 주기"로 환원시켜 바라보기 쉽다. 교황 요한 바오로 2세는 "회칙의 저자는 환원적인 해석 또는 부분적 해석의 모든 형식을 강하게 부정하고 반대하며, 완전한 지향을 다시 제시하고 있다."(TOB 126:3)고 단언한다.

출산(산아)조절에 대한 문제를 이와 같은 "본질적 이해" 즉, 인간 인격의 육화된 주체성에 대한 이해를 토대로 바라볼 때, 우리는 이 문제가 "생물학보다는 심리학에 속하며, 생물학과 심리학보다는 혼인과 가정의 영성적 범주로 넘어가는 질문"임을 인식할 수 있게 된다." (TOB 129:3) 또한 이 문제는 종교와 몸 안에서 하느님의 계시를 탐구하는 신학의 범주 안으로 나아가는 질문이다. 요한 바오로 2세는 이러한 이해가 부족한 경우 자연출산조절법은 종종 윤리적인 면과 분리된 기능적이거나 공리주의적인 방식으로 취급되기 때문에 "사람들은 자연출산조절법이 여타의 다른 출산 조절 '방법'과 차이가 있음을 발견할 수 없으며… 단지 오직 피임의 다른 형태로만 인식할 뿐이다."(TOB 125:4)고 말한다.

이러한 상황이란 곧, 자연출산조절법의 "자연성(naturalness)"을 단지 생물학적인 수준에서만 보는 경우를 말한다. 그러나 본질적 관점의 인식은 이 '자연성'을 인격적 수준에서 바라본다. 따라서, 거기엔 생물학적인 법칙의 기계적인 적용이 없다. "'생식 주기'에 대한 지식(비록 필수 불가결한 지식이라고 할지라도) 그 자체는 자신을 타인에게 증여하기 위해 필요한 선물로서의 내면적 자유를 창출하지는 못한다." (TOB 130:4) 자연출산조절법에 대한 『인간 생명(*Humanae Vitae*)』 회칙의 본질적 관점이 갖는 핵심은 바로 이러한 내면적 자유를 회복하라는 부르심이다.

자연법의 인격주의적 해석

선물의 내적 자유로 자유롭게 된 상태가 인간의 본성적인 상태다. 이는 인간의 '시원적' 상태였다. 이 자유를 다시 회복하라는 부르심 즉, 『인간 생명(*Humanae Vitae*)』 회칙에 내재된 이와 같은 부르심은 또한 요한 바오로 2세의 자연법에 대한 인격주의적인 이해에 내재되어 있다.[50]

자연법은 종종 '자연의 법칙들'과 혼돈되어 사용된다. 자연의 법칙들(The laws of nature)은 비이성적인 존재를 지배하는 법칙이다, 반면, 자연법(natural law)은 신법에 대한 인간의 이성적인 참여와 관련된 것이다.[51] 따라서 자연법의 규정으로서 『인간 생명(*Humanae Vitae*)』 회칙의 가르침을 논의할 때, "우리는 출산의 장(場)에서의 '자연의 질서'를 '자연법'으로 이해한다. 그것을 올바른 이성이라고 이해하기 때문이다." (TOB 124:6) 교황은 자연법의 객관적 진리를 현대 사회에 있어서의 "주체에로의 전환"과 연결하며 다음과 같이 강조한다. "자연법은 인간을 인간 실존의 '자연적' 측면 뿐만 아니라, 인격적 주체성이라는 본질적 측면에서 바라본다." (TOB 123:3) 자연법의 질서는 "인간 인격을 위하여 창조주께서 마련하신 계획의 표현"이다. 따라서 자연출산조절법에 드러난 덕은 "비인격적인 '자연법'을 향한 충실성에 의해 결정되는 것으로 이해하기보다는, 이 법에 드러나는 질서의 원천이며 주인이신 창조주-인격(to the Creator-Person)을 향한 충실성에 의해 결정되는 것으로 이해해야 한다." (TOB 124:6)

50 *CCC*, nos. 1954–60 참조.

51 *CCC*, no. 1955 참조.

비록 요한 바오로 2세가 명백히 말하지 않았지만, 우리는 여기에서 자연법과 몸의 성사성의 연결 지점을 볼 수 있다. 몸은 인간을 위하여 마련하신 하느님의 신비와 계획을 드러낸다. 따라서, 우리 몸이 비인격적이라면, 우리 몸에 각인된 하느님의 계획도 비인격적인 것이 된다. 그러나 몸은 인격의 "성사"이다. 더구나 그리스도 안에서 인간의 몸은 말씀이신 성자의 거룩한 인격의 성사다. 따라서 몸의 신학(TOB)의 관점에서 볼 때, 자연법은 결코 비인격적인 어떤 것이 아니다. 자연법은 선물의 법칙이다. 그것은 인격들에게 주신 선물인 자유의 법칙이다. 다시 말해, 인격적 하느님께서 우리 인격 안에 새겨 넣으신 생명을 주시는 사랑의 법칙이다. 이를 통해 우리는 하느님과의 인격적 친교에 참여하는 것이다. 이처럼 요한 바오로 2세는 자연법을 창조자의 계획에서 분리하여 단순히 생물학적 규칙성으로 환원하는 것이야말로 『인간 생명(*Humanae Vitae*)』 회칙의 참된 가르침을 왜곡시키는 것이라고 단언한다. (TOB 124:6 참조) 따라서 자연법에 따른 출산조절은 일부의 잘못된 이해에서 주장하는 바와 같이 "윤리를 생물학화(biologizing ethics)" 즉, "윤리학을 생물학으로 환원"시키는 것이 아니라고 교황은 역설한다. "이 문제는 인간 인격의 참된 선과 인격의 존엄성에 따른 방법이 무엇인가?에 대한 질문이다." (TOB 125:2)

출산에 대한 태도

자연출산조절법의 본질적인 목적은 가족과 출산에 대한 배우자들의 긍정적인 태도를 전제로 한다. 즉, "산아 조절의 정당한 방법은 무엇보다 먼저 생명과 가정의 참된 가치를 인정하고 존중할 것을 부부에게 요구한다." (HV 21) (TOB 124:3) 인공피임의 문화에서, 아이들은 종종 품어 안아야 할 축복이라기보다 피해야 할 부담스러운 짐으로 간주된다. 이 같은 상태에서 혼인 생활에 들어선 부부는 자녀를 "원하는 때"까지 갖지 않겠다는 태도를 보인다. 이런 태도를 갖는 부부가 "원하지 않는" 자녀를 피하기 위해 가장 편리한 방법을 찾게 될 것임은 쉽게 짐작할 수 있다.

이러한 부부가 임신을 피하는 자연출산조절법을 사용하기로 결정했다고 가정해 보자. 이는『인간 생명』회칙의 책임 있는 부모됨이 갖는 본질적 전망에 따른 결정이 아니다. 비록 그것이 부부성교(결합)의 표징이 갖는 객관적인 가치를 침해하는 것은 아니라 할지라도 그 표징을 주관적으로 침해한 것이기 때문이다. 그들은 "마음으로" 그 표징을 침해하였다. 교황은 다음과 같이 명시하고 있다. "직접적인 동기와 관련하여,『인간 생명』회칙은 '부부의 육체적 또는 심리적 이유이든, 또는 외적 환경의 이유이든, 다음 출산과 사이에 간격을 두어야 할 정당한 이유'(HV 16)가 있어야 함을 전제로 한다." (TOB 124:5) 교황은 다음과 같이 결론을 맺는다. "부부 공동 생활에서 '불임기'를 이용한 피임이 정당한 이유 없이 단순히 출산을 피하기 위함이 될 경우, 이는 남용의 원천이 될 수 있다. 윤리적으로 정당하지 못한 태도로 사용하기 때문이다." (TOB 125:3)

"『인간 생명』회칙은 높은 윤리적 가치의 표현으로 '책임 있는 부모됨'을 제시한다. 자녀를 제한하거나 배제하는 것을 목적으로 수행하는 일방적 방법이 아니다. 이는 더 많은 자녀를 환영하는 태도를 의미하기도 한다." (TOB 125:3) 자연출산조절법의 본질적인 관점은 어떤 특정한 분야에 있어서의 '행동양식'만을 나타내는 것이 아니다. 이는 배우자의 윤리적인 성숙을 기초로 한 태도와 관련된 것이다. 요한 바오로 2세는 윤리적으로 성숙한 태도는 성서적 용어로 "성령에 따라 사는 삶"으로 묘사될 수 있다고 말한다. (TOB 124:6 참조) 인공피임과 주기적인 금욕의 차이를 혼동하는 것은 도덕적인 성숙도가 부족하기 때문이라고 교황은 덧붙인다. 여기에 몸의 신학을 몸의 교육학으로 이해하는 것이 왜 중요한지가 잘 드러난다. 몸의 진리에 따른 가르침, 그리고 신-인간(아가페-에로스)의 몸의 언어에 따른 가르침은 남자와 여자 안에 이와 같은 도덕적 성숙함을 양육한다.

■ 앞서 언급한 자연사-안락사의 구별은 자연출산조절법의 본질적인 의도에 윤리적으로 성숙한 태도가 수반되어야 하는 이유를 설명한다. 다른 이들을 향한 우리의 자연적인 태도는 그들의 생명과 건강을 바라는 마음이어야 한다. 그러나 때로는 그 사람의 내세를 바라는 것이 하느님을 위한 올바른 열망이 될 수 도 있다. 예를 들어, 한 연로한 친척이 나이와 질병으로 큰 고통에 있다고 가정하자. 그의 죽음을 바라는 것이 고귀한 지향일 수 있다. 사랑하는 사람과 고통을 함께 하면서 다른 한편으로 그의 자연적인 죽음을 기다리는 상황이 있을 수 있다. 이와 같은 상황에서 그의 죽음이 닥쳐왔을 때 그의 죽음을 비난하는 것이 아니라 오히려 감사할 수도 있다. 이것은 자연적 출산조절법의 올바른 열망과 유사하다. 올바른 열망은 자연적인 불임기까지 성교를 참고 기다리며 하느님께서 불임기를 주셨음에 기뻐하는 것이다. 그러나 다시 연로하신 친척으로 돌아가서 보자. 그 연로하신 친척의 고통을 참을 수 없어서 당신의 손으로 그를 죽여 생명을 빼앗는다면 그것은 전혀 다른 문제가 된다. 이것은 금욕(절제)을 참을 수 없어서 불임 수술을 하는 경우와 유사하다. 이 유비를 더 발전시켜 보면, 친척의 죽음을 갈망하는 것이 올바르지 않을 가능성도 있다. 그에 대한 증오로 그가 죽기를 바라는 마음을 품을 수 있다. 내가 죽이지 않고 그가 자연사를 했다고 할 때, 그의 죽음을 기뻐하는 나의 마음은 비난 받을 것이다. 옳지 않은 열망을 가지고 자연출산조절법을 활용하는 부부의 예와 유사한 경우이다. 이들이 불임기를 기뻐하는 것은 비난 받을 것이다. 왜냐하면, 이기적인 만족, 자녀를 원치 않는 마음이 그 동기가 되었기 때문이다.

그렇기 때문에 "윤리적으로 옳은 출산 조절이라는 개념은 '몸의 언어'를 진리에 따라 다시 읽는 것이다." 교황은 다음과 같이 말한다. "우리는 남성성과 여성성의 외부적 표현 전체로서만이 아니라, 유기체인 몸의 내부 구조를 통해서도 '몸이 이야기'하고 있다는 점을 기억해야 한다." 인간의 몸-인격(body-person)에서 가장 확실한 "내부 구조"는 아마도 남자와 여자의 생식력과 새 생명의 잉태를 준비하는 여성의 자궁일 것이다. "이 모두는 '몸의 결합' 안에서 친교로 부르심 받은 남편과 아내의 언어 안에서 가장 알맞은 자리를 찾아야 한다." (TOB 125:1)

이러한 방식으로 교황은 몸의 신학이 몸의 교육학이 되며, "가정의 신학(theology of the family)"으로 나아간다는 사실을 고찰하고 있다. 다시 말해, 우리가 몸의 의미를 신학적으로 이해할 때, 우리는 몸이 지닌 잠재적 출산력(가정의 시작과 확장의 잠재력)이 하느님의 창조적 사랑을 닮고 그 안에 참여하는 데 가장 중요한 본질임을 알게 된다. 그러므로, 가정의 신학은 몸의 신학으로부터 직접 흘러나온다. (TOB 124:3 참조)

2. 혼인 영성의 개요

성사적 "축성(Consecration)"에서 흘러나오는 힘

교황은 『인간 생명(*Humanae Vitae*)』 회칙에 대한 고찰과 더불어, 남자와 여자가 이 법을 따르고 기쁘게 완성할 수 있도록 하는 속량의 힘에 대하여 언급한다. 우리는 교황이 몸의 신학 교리 전반에 걸쳐 이와 같은 방식으로 설명하심을 알 수 있다. 교황은 언제나 그리스도의 에토스의 측면에서 윤리를 제시하고 있다. 교황은 언제나 은총의 힘이라는 측면에서 법을 말씀하신다. 여기에서도 『인간 생명』 회칙의 규범적 측면을 "혼인 영성"의 사목적 차원에서 설명하신다.

교황에 따르면, 『인간 생명』 회칙이 확인한 규범의 실행 가능성은 혼인 영성의 영역에서 가장 본질적이면서 가장 시급한 문제 중 하나이다." (TOB 129:2) 실행 가능성을 알기 위해, 우리는 '정결(purity)'에 대한 모든 가르침을 성령에 따른 삶(갈라 5:25 참조)으로 이해해야 한다. (TOB 124:4; 51–57 참조) 혼인 영성은 성령의 힘에 자신을 개방하겠다는 배우자의 서약이다. 즉, 자신의 몸(그리고 둘이 하나가 되는 '한 몸')을 성령을 향해 열 때, 성령은 배우자들이 자신의 몸과 부부성교(결합)가 갖는 참된 의미를 이해할 수 있도록 영감을 주며, 나아가 그들이 받은 위대하고 고귀한 소명에 따라 살 수 있도록 인도한다. 요한 바오로 2세가 교리 전체에 걸쳐 발전시키고자 한 개념들에서 알 수 있듯이 교황은 '몸의 신학'에 대한 교육("신학-교육학")이 "그 자체로 이미 혼인 영성의 핵심 본질을 형성하고 있다."(TOB 126:2)고 말한다.

그리스도교적 현실주의

많은 사람들은 인간의 나약함을 이유로 『인간 생명』 회칙을 실현 불가능한 가르침으로 본다. 바오로 6세는 그의 독자들이 그리스도의 충실한 증인으로서, 약함 안에서도 완전하게 만드시는 하느님의 권능(2코린 12:9 참조)을 재확인하길 바란다. 바오로 6세는 혼인 성사를 통해서 부부는 "자기 임무를 충실히 이행하고 고유의 성소를 완전히 따르며, 고유한 방법으로 세상에 그리스도를 증거하기 위하여, 혼인성사로 견고하게 되는 것이니, 말하자면 축성되는 것이다."[52]라고 말씀하신다. 견고하게 되는 "힘"과 "축성"은 바로 "성령에 의해 마음 속에 심어진 사랑, '마음속에 부어진' 사랑"(TOB 126:5)을 말한다. 『인간 생명(*Humanae Vitae*)』 회칙에 나타난 혼인 영성에 대한 본문의 말씀은 참된 그리스도인

52 *Humanae Vitae*, 25.

으로서 혼인 생활을 증거하는 것이 살아있는 가능성이 되도록 하는 "권능"에 대한 것이다.

『인간 생명(*Humanae Vitae*)』 회칙은 명백히 인간의 약함을 인정한다. 그러나 그 약함을 토대로 결론을 이끌어 내지는 않는다. 약함을 토대로 결론을 이끌어 낸다면 십자가의 힘은 공허하게 될 것이며, 그리스도인의 생명의 피를 모두 고갈시킬 것이다. 『인간 생명(*Humane Vitae*)』 회칙은 그리스도의 죽음과 부활을 통하여 우리 마음에 부어 주신 하느님의 권능을 토대로 결론을 이끌어낸다. 이것이 바로 참된 그리스도교적 현실주의이다. 요한 바오로 2세 교황에 따르면, 『인간 생명(*Humane Vitae*)』 회칙은 혼인 생활의 모든 측면을 이와 같은 현실주의로 바라본다고 한다. (TOB 127:4) (번역자주: TOB 126:4) 『인간 생명(*Humane Vitae*)』 회칙은 유대인에게는 걸림돌이며 이방인에게는 어리석음으로 간주되는 십자가에 매달리신 그리스도에 대한 가르침이다. 그러나 하느님께서 부르시는 이들에게는 『인간 생명(*Humanae Vitae*)』 회칙은 하느님의 지혜와 권능에 대한 선포이다. (1코린 1:23–24) 『인간 생명(*Humanae Vitae*)』 회칙은 그리스도를 따르는 사람들로 하여금 그들의 십자가를 지고 구원을 위한 좁은 길을 가라는 초대이다. (마태 7:14 참조)

남자와 여자가 자기 자신에 의존하면서 『인간 생명』 회칙에서 선포한 가르침대로 살 수 있을까? 인간의 나약함을 현실적으로 분석할 때, "아니요."라는 답을 하게 된다. 그렇다면 누구에게 이 가르침이 주어진 것일까? 자신의 나약함에 빠져 있는 남자와 여자에게 주어진 것인가? 아니면 예수 그리스도가 사랑한 것같이 사랑함으로써 자유롭게 된 남자와 여자에게 주어진 것인가? "한 몸"의 일치에 대한 논쟁에서 말씀하신 것처럼, 그리스도는 "사람에게는 그것이 불가능하지만 하느님께는 모든 것이 가능하다."(마태 19:26)고 말씀하신다. 바오로 6세와 요한 바오로 2

세가 강조한 바와 같이, 교회는 하느님 율법의 요구를 정하여 남자와 여자로 하여금 자신의 힘으로 이를 수행하도록 맡겼을 뿐만 아니라, "신법의 불가침적 조건을 가르침으로써 구원을 전하고 성사를 통한 은총의 길을 열어준다. 이로써 사람은 새로이 창조되어 '사랑과 진정한 자유로 창조주와 구세주의 계획에 순응하며, 그리스도의 멍에가 가벼움을 발견하게 된다.' (HV 25)" (TOB 126:1)

이는 앞에서 살펴본 속량의 에토스와 가장 밀접한 관련이 있음을 알 수 있다. 『인간 생명(*Humanae Vitae*)』 회칙의 가르침은 궁극적으로 믿음에 관한 질문이다. 우리는 하느님의 선물을 믿는가? 우리가 하느님의 시원적 계획에 따라 살아가도록 그리스도께서 우리에게 힘을 주셨으며 우리를 죄로부터 자유롭게 하시기 위해 그리스도께서 죽으셨다가 부활하셨음을 믿는가? 우리는 성령이신 하느님의 크신 힘과 사랑이 우리의 마음 안에 부어졌음을 믿는가? 오늘날의 남자와 여자, 남편과 아내에게 이보다 더 중요한 질문은 없다. 교회의 가르침인 『인간 생명(*Humanae Vitae*)』 회칙의 가르침에 흠집을 내는 것은 남자와 여자를 거룩함으로 부르는 교회 즉, 예수 그리스도의 복음을 믿으라고 부르시는 교회에 대한 흠집이다.

요한 바오로 2세가 내린 신앙의 정의를 생각해 보자. "신앙은, 그 가장 깊은 본질에서, 인간의 마음을 선물 앞에 열어놓는 일 즉, 성령 안에서 이루어지는 하느님의 자기 전달 앞에 마음을 활짝 열어놓는 일을 뜻합니다."[53] 이 같은 믿음 없이는 진정한 혼인의 영성을 사는 것이 불가능하다. 진정한 혼인 영성 없이는 『인간 생명』의 가르침을 사는 것이 불가능하다. 그러나 이와 같은 믿음과 함께한다면 남자와 여자는 산도 옮길

53 *Dominum et Vivificantem*, 51.

수 있고(마태 17:20 참조), 물 위를 걸을 수 있으며(마태 14:29 참조) "한 처음에" 설정한 혼인적 사랑(Marital Love)인 하느님의 계획을 살 수 있다. (마태 19:8 참조)

혼인 영성의 무류적 수단

『인간 생명(*Humanae Vitae*)』 회칙은 부부가 살아야 하는 혼인 영성의 길을 보여준다. 부부는 이 "좁은 문"을 거쳐 "험한 길"을 따라 걸어야 한다고 바오로 6세는 말한다. 그러나 그리스도인들에게 있어 이 길은 영원한 생명으로 이끄는 길이다.[54] 교황 요한 바오로 2세는 비록 그 문이 좁다고 하더라도, 그 문은 다가올 삶을 인식하게 함으로써 부부가 가야 할 길을 인도하는 "권능의 넓은 지평"을 열게 된다고 말한다. 『인간 생명(*Humanae Vitae*)』 회칙은 "결혼한 부부가 기도 안에서 하느님께 본질적 '권능'과 '신적 도움'을 구하는 방법에 대하여 가르친다. 또한, 어떻게 그들이 영원한 생명의 샘인 성체성사로부터 은총과 사랑을 끌어올려야 하는지에 대하여서도 가르친다. 그리고 고백 성사 안에서 '겸손한 인내'로 잘못과 죄를 어떻게 극복하는지에 대하여서도 가르친다." 요한 바오로 2세 교황은 기도와 성사, 특별히 성체와 고백성사는 혼인생활과 가정 생활 안에서 그리스도인의 영성을 양성하기 위한 "무류적이며 필수불가결한(infallible and indispensable)" 수단이라고 강조한다. "이러한 수단을 통하여, 영적으로 창조적인 사랑의 본질적인 '권능'이 인간 마음에 도달하고 동시에 남성성과 여성성으로 나타나는 그들의 몸에 다다르게 된다." (TOB 126:5)

요약하면, 몸의 신학을 살기 위한 세 가지 "프로그램"은 (1) 기도, (2)

---

54 *Humanae Vitae*, 25.

성체 성사, (3) 고백성사이다. 그리고 이는 그리스도인으로서의 삶을 살기 위한 "프로그램"이기도 하다. 몸의 신학에 따른 삶을 사는 것은 그리스도인으로서의 삶을 온전히 살아내는 것, 그 이상도 그 이하도 아니기 때문이다. 남성성, 여성성의 진리를 살기 위한 무류적이며 필수불가결한 수단을 구체적으로 살펴보자.

(1) 기도: 그리스도인들은 교회를 위한 그리스도의 혼인적 사랑인 "위대한 신비" 안에서 살라는 부르심을 받는다. "참 하느님과 맺는 생생하고 인격적인 관계 안에서 이 신비로 살아가야 하는 것이…바로 기도이다."[55] "우리는 우리의 가면을 벗어 버리고 우리를 사랑하시는 주님께 우리의 마음을 돌려, 정화되고 변화되어야 할 세물로 우리 자신을 그분께 맡겨 드리는 것이다."[56] 요한 바오로 2세의 다음과 같은 말씀을 앞에서 이미 인용한 바 있다.

> 교회의 위대한 신비주의 전통은 … 참된 사랑의 대화인 기도가 어디까지 발전할 수 있는지를 보여 줍니다. 곧, 우리는 기도를 통하여, 하느님의 사랑을 받으시는 성자께 온전히 속하게 되고, 성령의 이끄심에 따라 움직이며, 성부의 품안에서 자녀로 쉴 수 있습니다. 이는 "나를 사랑하는 사람은 내 아버지께 사랑을 받을 것이다. 나도 또한 그를 사랑하고 그에게 나를 나타내 보이겠다." (요한 14:21) 하신 그리스도의 약속에 대한 생생한 체험입니다. 기도의 체험은 전적인 은총으로 지탱되는 여정이지만, 동시에 열성을 다하는 영적 노력을 요구하며, 고통스러운 정화('어둔 밤')와 무관하지 않습니다. 그러나 기도는 갖가지 가능한 방법들을 통하여 말할 수 없는 기쁨으로 이끌어 줍니다. 이 기쁨은 신비가들

55 *CCC*, no. 2558.

56 *CCC*, no. 2711.

> 이 '부부 결합'으로 체험하는 것입니다. 훌륭한 본보기가 많이 있지만 그 가운데에서도 우리는 십자가의 성 요한과 아빌라의 성녀 데레사의 가르침을 잊을 수 없습니다.[57]

"말할 수 없는 기쁨"은 기도를 하는 사람들 모두에게 주어진 약속이다. 하느님과의 "혼인적 일치" 안에 사는 사람은 타인과의 참된 "혼인적 일치"의 삶을 살 수 있다.

(2) 성체성사: 성체를 모시고 성체 성사에 대한 신앙으로 산다는 것은 몸의 신학에서 우리가 지금까지 배운 모든 것을 받아들이고 살아간다는 의미이다. 신랑과 신부의 거룩하고 신성한 사랑의 절정 안에서, 교회와 교회에 속한 모든 구성원들은 거룩한 삶으로 채워지며 "잉태된다." 에프렘 성인은 이 빵을 "먹는 사람은 불과 성령을 먹는 것입니다."라고 말씀하신다.[58] 여기에서 우리는 그리스도께서 우리의 속량을 위해 주신 모든 "위대한 신비"를 받는다. 교황은 『교회는 성체성사로 산다(*Ecclesia de Eucharistia*)』에서 성체 성사에 대하여 다음과 같이 말씀하신다. "우리는 성체성사 안에서 예수님과 그분의 구원의 희생 제사, 그분의 부활, 성령의 은사, 성부께 대한 흠숭과 순명과 사랑을 깨닫습니다. 우리가 성체성사를 경시한다면 우리의 결함을 어떻게 극복할 수 있겠습니까?"[59]

(3) 고백성사: 고백 성사 안에서 모든 죄와 흠결을 정기적으로 고백하는 것은 티, 주름, 흠결 없이(에페 5:26-27) 거룩하게 되기 위한 필수 요건이다. "정기적으로 소죄를 고백하는 것은 양심을 기르고, 나쁜 성향과 싸우며, 그리스도를 통해 치유 받고, 성령의 생명 안에서 성장하도

---

57 *Novo Millennio Inuente,* 33.

58 John Paul II, *Ecclesia de Eucharistia,* 17 참조.

59 John Paul II, *Ecclesia de Eucharistia,* 60.

록 도와주기 때문이다."[60] 이같이 자비로운 고백성사 안에서 우리는 죄의 용서를 통해 하느님과 화해를 할 뿐만 아니라, "그리스도인의 영적 싸움을 위한 힘을 증대"[61]시킬 수 있다.

거룩함: 신실한 자기 증여의 선물에 담겨있는 논리

인간이 "자기 자신을 아낌없이 내어 주지 않으면 자신을 완전히 발견할 수 없다."[62] 인간은 성사를 통해 흐르는 은총의 힘 없이 결코 자신을 완전히 발견할 수 없다. "성사는 … 몸과 영, 인격주체의 남성성과 여성성 안에 거룩함의 권능을 가지고 스며든다." (TOB 117b:2) 거룩함은 "인간이 자기 자신의 몸으로… 정확히 말하자면, '신실한 자기 증여'를 통해 스스로를 표현하도록 하는 것이다." (TOB 19:5)

요한 바오로 2세는 『가정 교서(*Letter to Families*)』에서 다음과 같이 적고 있다. "남자와 여자가 혼인을 통해 서로 '한 몸'의 일치 안에서 주고 받게 될 때, 신실한 선물로서의 상호 자기 증여는 혼인 생활의 일부가 된다. 그러나 그러한 상호 자기 증여가 없을 때, 그 혼인은 공허하게 될 것이다."[63] 다시 말하자면, 혼인 사랑이 계시하는 표징의 정점인 부부 결합으로 서로가 신실하게 살 때, 부부성교(결합)는 부부의 혼인 생활 전체에서 열매 맺게 될 것이다. 바꿔 말하면, 혼인 생활 전체가 신실할 때, 혼인 생활은 부부성교(결합)의 신실한 표현 안에서 열매를 맺게 될 것이다. 반대로, 성적 결합이 참된 사랑의 반대표징이 되는 경우, 부부 결합은 혼인 생활의 전실재를 침해하게 된다. 그리고 혼인 삶 전체가

60 *CCC*, no. 1458.

61 *CCC*, no. 1496.

62 *Gaudium et Spes*, 24.

63 *Letter to Families*, 11.

상호 사랑의 서약이 부족함을 드러낼 때, 그때의 성적 결합은 참된 사랑의 반대 표징을 드러낸다. 사실상, 그러한 성적 결합은 본질적으로 부정한 것이다.

우리는 여기에서 다시 한 번 성체성사와의 유사성을 보게 된다. 만일 우리가 그리스도의 몸을 가치 있게 받을 때, 우리의 친교는 우리 삶 전체에서 결실을 맺을 것이다. 다시 말해서, 만일 우리가 그리스도인의 삶을 충실하게 살아갈 때, 우리는 성체성사 안에서 그리스도의 몸을 가치 있게 수용하려고 노력할 것이다. 만일 우리가 그리스도의 몸을 하찮은 것으로 받는다면, 그것은 그리스도인으로서 살아가는 우리의 삶 전체에 영향을 미칠 것이다. 사실상, 자신의 판단에 따라 부당하게 주님의 빵을 먹고 마시는 사람은(1코린 13:27–29)(번역자: 1코린 11:27–29) 그리스도와의 일치를 욕되게 한다. 만약 우리의 삶이 그리스도에 대한 헌신을 보여주지 못한다면, 성체 성사 안에서 그리스도의 몸을 받아 모시는 것은 부당한 일이다. 그러나 우리는 성사의 은총, 특히 고백 성사의 은총을 통해 이 모든 잘못을 용서 받고 하느님과 화해를 이룰 수 있게 된다.

마지막으로, 남자와 여자는 거룩함과 배반 중 하나를 선택을 할 수 있다. 부부도 부부 결합 안에서 거룩함과 배반 중 하나를 선택해야 한다. 하느님께서는 우리가 당신 계획에 따라 혼인 서약에 참여해야 한다고 강요하지 않으신다. 하느님께서는 창조를 통해 계획을 마련하셨으며, 그리스도와 교회의 가르침 안에서 그 계획을 확인하신다. 하느님께서는 초대에 응답할 수 있는 은총, 그리고 하늘나라의 율법을 완성할 수 있는 은총을 우리에게 허락하신다. 그러나 결코 우리 의지를 강요하지 않으신다. 우리 자신의 자유에 맡기신다. 요한 바오로 2세에 따르면, 하느님께서는 "(당신) 사랑의 영원한 계획에 대한 증거자이자 해석자"(TOB 123:3)가 되라고 남편과 아내를 부르신다. 이는 인간에 대한 하느님의 놀라운 위탁 행위를 가리킨다. 하느님께서 인간의 손에 당신 자신의 시원적 신비를 쥐어 주시고 "가자."라고 말씀하신다. 따라서, 모든 부부는 '한 처음부터' 둘이 '한 몸'을 이루는 표징 안에 세워진 "성사의 집행자"로서 이 신비를 해석해야 한다. (TOB 123:3)

하느님께서 왜 인간을 위해 당신 자신을 모두 내어주는 신뢰를 주신 것일까? 하느님께서는 우리가 당신 계획에 불충할 것을 알고 계신다. 그렇다. 그러나 하느님께서는 우리 안에 있는 "한 처음의 축복"의 불꽃이 욕정의 왜곡에도 불구하고 여전히 남아있다는 사실 또한 알고 계신다. 그러므로 하느님께서는 언제나 그 불꽃이 활활 타는 불길로 점화되는 방법이 무엇인지를 찾고 계신다. "신실한 자기 증여"는 참된 인간성을 "되살리는" 유일한 방법이다. 인간이 하느님의 신뢰를 이용할 것이라는 사실을 알면서도, 하느님을 피하고 심지어 십자가에 매달 것을 알면서도 하느님께서는 당신 자신을 전적으로 인간에게 맡기는 위험을 기꺼이 감수하신다. 혹자는 이렇게 물을 것이다. "왜 하느님께서는 당신의 계획을 망칠 가능성까지 우리에게 주신 것일까?" 여기에서 우리는 인간이 가지는 자유에 대하여 잠시 묵상해 보아야 한다. 우리가 하느님의 계획을 거스르는(비틀고, 왜곡하고 비방하는) 능력이 없었다면, 우리에게는 하느님의 계획에 참여할 수 있는 능력 또한 없을 것이다. 사랑을 사랑으로 응답하기 위해, 그 사랑은 자유로워야 한다. 다시 말해, 앞에서 이미 논의 한 바와 같이, 죄의 가능성이 없다면 사랑의 가능성도 없다

그러나 우리가 죄를 지었음에도 불구하고 하느님께서는 계속해서 우리의 회개 가능성을 보신다. 부부가 탐욕스럽게 반복적으로 죄를 지었음에도 불구하고, 기도와 성사라는 '무류적이고 필수불가결한 수단'을 통하여 하느님의 사랑과 자비는 영적-성적 존재인 부부에 부어진다. 이 수단들을 통해, "부부는 '표징의 진리'에 따른 부부 공동체 삶 전체를 이

룰 수 있다. "『인간 생명(*Humanae Vitae*)』 회칙의 핵심이 보여주는 바와 같이(HV 12), 그러한 진리를 통해 혼인은 성사적 존엄성 안에서 제정된다." (TOB 126:5)

혼인 생활에서의 부부 결합의 역할

1984년 10월 10일 수요교리에서(TOB 127), 요한 바오로 2세 교황은 다시 한 번 지속적인 신학적 쟁점의 해결책을 제시하는 것처럼 보인다. 이 수요교리는 혼인 생활에 있어서의 부부 결합의 역할을 다룬다. 이 문제에 대한 교황의 공헌이 얼마나 중요한지를 깨닫기 위하여 배경지식이 필요하다.

요한 바오로 2세에 따르면, 성령에 의해(인격이시며 사랑이신 하느님에 의해)[64] 영감을 받은 부부의 결합은 배우자와 부모됨의 영성에 있어 핵심적 요소이다. (TOB 127:5 참조) 이는 매우 분명한 결과처럼 보인다. 그러나 실제로 이런 가르침은 20세기 인격주의에 영향을 받은 가톨릭 신학과 교도권의 가르침에서는 새로운 강조점이다. 오늘날의 시각에서 바라볼 때, 혼인에 관한 전통 신학과 교도권적인 이해는 혼인 생활에서 사랑으로서의 부부 결합의 중요성이 덜 강조된 것으로 보여진다. 일부 신학자들의 결혼에 관한 견해를 살펴보면 사랑으로서의 부부 결합을 강조하는 것에 대하여 의심스러운 시각을 보이기도 하였다. 이는 '신학을 연구하는' 전통적인 방법에 기인한 것으로 보여진다. 혼인 안에서 삶과 경험을 통한 사랑은 기본적으로 내면적 실재(interior reality)이다. 혼인의 객관적 분석은 그 자체로 중요하기는 하지만 사랑의 주관적 차원을 이

64 *Dominum et Vivificantem*, 10 참조.

해하지 못한다. 객관적 분석을 취하는 전통적인 방법은 혼인의 구체적인 목적과 그 목적의 서열에 초점을 맞추었다. 따라서, 자녀 출산이 일차적 목적이었으며 부부 상호협조와 욕정을 해결하기 위한 치유책으로서의 혼인이 두 번째 초점이 되었다.

논쟁의 양극단

현대 사회가 주체성, 의식에 더욱 관심을 가지게 되면서 혼인 신학 역시 사랑의 내면적 차원과 더욱 긴밀한 통합을 이루어야 할 필요성을 가지게 되었다. 요한 바오로 2세는 이러한 시대적 필요에 동의한 신학자 중 한 명일 뿐 아니라, 이러한 필요를 반영하여 혼인신학을 성공적으로 발전시킨 핵심적인 신학자 중 한 사람이다. 이미 인용한 바와 같이, 이러한 내면적 관점을 고려하지 않는다면 우리는 "살아 있는 주체로서의 인간–인격이 아니라 추상적인 개념에 대한 숙고"만을 하게 될 것이다. (TOB 4, n. 8) 몸에 대한 교황의 가르침은 그 시작에서부터, "인격의 주체성이라는 측면이 신학적 해석학의 필수불가결한 요소임을 체계적인 방법"으로 드러내고자 한다. (TOB 60:1) 교황은 성경 본문을 통하여 의식과 경험에 침투하고 있는 주체성을 설명한다. 그리고 교황은 "신학적 측면에서 고려되고 숙고될 필요가 있다."고 교황은 말한다. (TOB 60:1) 특히 이는 혼인 및 성에 대한 신학에 있어서 더욱 그러하다.

카롤 보이티야 추기경의 몸의 신학 연구 이전부터 20세기는 이미 주체성에 대한 놀라운 발전을 보였다.[65] 그러나 혼인에 대한 전통적인 해

65 예를 들면, Dietrich von Hildebrand의 저서 *Marriage* (1929년 독일어 원본인 *Die Ehe* 출판)은 혼인의 1차적 의미로서의 혼인적 사랑을 대담한 톤으로 강조함으로써 출산을 1차적 목적으로 보는 태도와 구별된 모습을 보였다. 영역본 제목은 다음과 같다. *Marriage: The Mystery of Faithful Love* (Manchester, NH: Sophia Institute Press, 1991).

석과 근대적 감수성의 접목 과정은 필수적으로 성장통을 겪을 수밖에 없었다. 일부 학자들은 혼인의 전통적 목적에 있어서 부부결합과 "상호 협조"를 동일한 것으로 간주하였다. 이러한 해석은 오류적일 뿐만 아니라 "일차적 목적"인 출산과 "이차적 목적"인 혼인적 사랑(부부결합) 사이에 불필요한 "힘겨루기"를 낳았다. 따라서 이 입장에 반대하는 학자들은 이 같은 혼인 목적의 위계적 도식을 버리고 사랑을 최우선으로 두었다. 그러나 이와 같은 태도는 혼인적 사랑(부부결합)을 해석하는 데 객관적 선과 혼인의 목적을 분리시키는 오류로 이어질 수 있다는 위험을 낳는다. 실제로 많은 신학자들이 그러한 오류를 범하였다.

이러한 오류 발생을 예측한 일부 신학자들은 혼인에 대한 전통적인 교회 가르침에 혼인적 사랑을 편입시키는 것을 주저하는 태도를 보였다. 주체성을 강조하는 것이 혼인의 객관적 의미를 상대적으로 평가 절하하는 위험을 낳을 수 있다고 보았기 때문이다. 궁극적으로 위에서 언급한 바와 같은 극단적인 두 태도는 혼인의 객관적 차원과 주관적 차원을 연결하지 못함에서 비롯된 것이다. 바로 여기에 요한 바오로 2세의 철학 연구의 가치와 중요성이 있다. 왜냐하면, 교황은 형이상학과 현상학(객관성과 주관성)을 창의적으로 연결하면서 이 문제를 바라보았기 때문이다. 근대적 감수성을 토대로 할 뿐만 아니라 성경과 가르멜 전통에 뿌리를 둠으로써 상대적으로 간결하고 더 필요한 해결책이 등장하게 된 것이다.

참된 사랑은 진실을 두고 함께 기뻐한다

사랑에 대한 다음의 정의에서 교황이 객관적 진실과 주관성을 어떻게 연결하는지를 주목하라. 주관적 관점에서 사랑은 힘이다. "사랑은 창조와 속량의 신비 안에서 하느님의 사랑에 참여하도록 인간에게 주어진

'힘'이다." (TOB 127:1) 다른 말로, 사랑은 견고한 닻(anchor)을 가진다. 동시에 사랑은 객관적인 기준을 갖는다. 사랑의 객관적 기준은 바로 궁극적인 진리이신 하느님 자체이다. 왜냐하면 하느님은 사랑이기 때문이다. (1요한 4:8)

교황은 계속해서 사도 바오로의 말씀을 인용하면서, 참된 사랑은 "진실 안에서 함께 기뻐하는 사랑"(1코린 13:6) 이라고 한다. "참된 사랑 안에서 모든 참된 가치가 가지는 영적 기쁨이 표현된다. 이는 창조주이신 하느님께서 한 처음에 창조된 것을 보고 '참 좋았다'(창 1:31)고 하신 기쁨과 비슷한 것이다." (TOB 127:1) 원죄 이전에 인간에게 주체성은 완전히 객관적이었다. 남자와 여자가 하느님으로부터 멀어지면서 사랑은 상대화된다. 그러나 하느님으로부터 단절된 사랑은 결코 사랑이 아니다. 오직 욕정의 허상일 뿐이다. 이러한 허상은 "하느님 아버지의 것"이 아니라 "세상의 것"이다. (1요한 2:16) 따라서 사랑은 "선의 충만함에 전적으로 정향되어 있다. 그 때문에 사랑은 모든 진실한 선을 향하는 것이다." (TOB 127:2)

진실한 사랑은 가능한 것일까? 아니면 단순히 죄 때문에 사랑의 허상에 "붙들려" 있는 것은 아닐까? 만일 우리가 순수하지 않은 사랑에 붙들려 있다면, 혼인은 오직 둘 중 하나로 이해될 수밖에 없다. 객관적 선에서 분리된 "사랑"의 주관주의로 이해되거나 또는 사랑이 없는 추상적 원리로 이해되는 것이 바로 그것이다. 그러나 요한 바오로 2세 교황은 우리가 부정함에 붙들려 있지 않다는 사실을 반복해서 강조한다. 몸의 속량으로부터 흘러나오는 새로운 에토스는 실재이다. 즉, 인간은 부르심을 받았음을 느껴야 하는 실재이다. 이는 "사랑의 주관적 측면"이 점차 "깊숙한 속까지 객관적"으로 되어갈 수 있다는 의미이다. (TOB 19:1 참조)

다시 말해서, 참된 혼인적 사랑을 강조한다고 해서 혼인의 목적을 포기한다는 의미가 아니다. 오히려 혼인을 충만하게 한다는 뜻이다. 또한 혼인의 목적을 유지하는 것이 혼인적 사랑에 대한 강조를 침해하는 것이 아니라는 뜻이다. 즉, 이는 혼인적 사랑의 충만함으로의 부르심이다. 왜냐하면, 사랑만이 "진리에 따라서 부부행위에 적절한 내용과 가치를 부여할 수 있기 때문이다." (TOB 127:3)

혼인의 목적을 완성하는 혼인적 사랑(부부 결합, Conjugal Love)

따라서, 혼인 생활에 있어 부부 결합의 올바른 역할을 고찰하면서, 우리는 부부 결합이 혼인의 목적이 아니라 혼인의 내적 형식인 "영혼(soul)"임을 알게 되었다. 부부 결합을 통해 혼인의 목적과 행동이 통합되기 때문이다. 다시 말해서, 혼인의 목적은 곧 혼인적 사랑의 목적이기도 하다. 제2차 바티칸 공의회 교부들은 다음을 선포하며 이 사실을 명확히 하고 있다. "혼인과 혼인적 사랑(부부결합)은 본성상 자녀의 출산과 교육을 지향한다."[66]

요한 바오로 2세는 『기쁨과 희망(*Gaudium et Spes*)』이나 『인간 생명(*Humanae Vitae*)』 회칙이 '혼인 목적의 서열(순위)'이라는 용어를 사용하지 않는다는 점에 주목한다. 그럼에도 불구하고 교황은 두 문헌이 "전통적 표현이 언급하는 바를 다루고 있다."고 말한다. 혼인의 객관적 목적과 배우자의 주체성(주관성)을 연결함으로써, 이 두 문헌의 윤리 질서는 "혼인적 사랑에 대한 언급에 있어서는 동일함"을 명확히 한다. (TOB 127:3) 이와 같은 방식으로, 두 문헌은 윤리의 객관화 뿐만 아니라 사랑의 주

66 *Gaudium et Spes,* 50 강조. 혼인적 사랑의 역할에 대한 논의는 Ramon Garcia de Haro의 *Marriage and the Family in the Documents of the Magisterium* (San Francisco: Ignatius Press. 1993), pp. 200, 234, 244 등 참조. Buttiglione, *Karol Wojtyla: The Thought of the Man Who Became Pope John Paul II*, pp 98–99 참조.

관화라는 위험을 피한다. 그러나 일부 학자들이 생각하는 것처럼 혼인 목적에 대한 전통적인 가르침이 불필요하다는 의미가 아니다. 요한 바오로 2세는 다음과 같이 말한다. "이러한 쇄신된 방향에서 볼 때, 혼인의 목적(목적에 있어서의 서열순위)에 대한 전통적인 가르침은 부부의 내적 삶의 관점에서 그리고 혼인과 가정의 영성의 관점에서 확인되고 심화된다." (TOB 127:3)

여기에서 우리는 그리스도의 말씀과의 유사성을 볼 수 있다. "내가 율법이나 예언서를 폐지하러 온 줄로 생각하지 마라. 폐지하러 온 것이 아니라 오히려 완성하러 왔다." (마태 5:17) 어떻게 율법이 완성될까? 정확히 말하자면, 사랑을 통해서이다. 즉, 성령 안에서 사는 삶을 통해서이다. 사도 바오로가 "사랑은 이웃에게 악을 저지르지 않습니다. 그러므로 사랑이 율법의 완성입니다."(로마 13:10)라고 말하는 것과 같다. 이것이 바로 진정한 혼인 영성이다. 성령 안에서의 삶을 통해 사랑이 주관적으로 생기를 띠게 되면서 혼인의 객관적인 목적이 완성되는 것이다. 이것이 바로 부부 생활에 있어서 혼인적 사랑(부부 결합)이 수행하는 역할이다.

절제(Continence)의 덕에 대한 분석

우리는 사랑을 단순히 혼인의 목적이라고 단정짓는 대신, 요한 바오로 2세의 표현대로 "혼인 서약의 근본적인 영적 힘으로 마음에 부어진 것"(로마 5:5 참소)으로 이해한다. (TOB 127:4) 따라서, 혼인적 사랑(부부 결합)은 배우자 상호간의 참된 친교와 부모됨의 가치를 보호함으로써 혼인 목적의 완성을 지향하고 있다. 교황은 다음과 같이 결론 내린다. "신학적이고 윤리적 관점에서 바라볼 때, 사랑의 힘은 자녀출산과 일치라는 두 가지 의미를 하나로 옴바르게 결합하는 부부 결합의 사랑 안에서 표현된다." (TOB 127:4) 교황의 이 결론은 『인간 생명(*Humanae Vitae*)』의칙에 대한 논쟁의 핵심으로 이끈다. 이 회칙에 대한 논쟁은 사실 인간 사랑의 의미에 대한 논쟁이다. 따라서 회칙의 제목에서 말하는 바와 같이, 이 논쟁은 곧 인간 생명의 의미에 대한 논쟁이다.

요한 바오로 2세는 『인간 생명(*Humanae Vitae*)』 회칙이 배우자 간 사랑 표현의 기회를 박탈한다는 비판이 가장 빈번하게 제기된다고 말한다. (TOB 127:4) 그렇다면, 우리가 여기에 말하고 있는 사랑은 어떤 것인가? 교황에 따르면, 진정한 사랑은 무엇보다도 이론만이 아니라 실천에 있어서 모순을 없앤다. (TOB 127:4) 다시 말해서, 성령께서 주신 생명과 사랑으로 새 삶을 얻게 된 사람들은, "생명 전달에 관한 하느님 법과 진정한 부부 사랑을 보장하는 하느님 법 사이에 실제로 모순이 있을 수 없음"을 내적으로 인식한다.[67] 사실, 이들은 『인간 생명(*Humanae Vitae*)』 회칙의 가르침이 적합한 수단 즉, 배우자가 "한 몸"을 이룰 때 값싼 위조가 아니라 참된 사랑이 될 수 있도록 보장하는 수단을 제시하고 있음을 깨닫는다.

여기에서 "모순"은 '피임'을 말한다. 피임은 생명을 주는 하느님 사랑의 신비에 대한 참여라는 부부성교(결합)의 정의에 대한 정면 도전이다. 교황은 피임에 대한 교회 가르침에는 "모순"이 있는 것이 아니라 "어려움"이 있을 뿐이라고 말한다.

> 이 어려움은 사랑의 힘이 욕정에 시달린 인간 안에 심어졌다는 사실에서 비롯된다. 인간 주체 안에서 사랑은 삼중의 욕망(1 요한 2:16 참조)에 맞서 싸운다. 특히 "몸의 언어"의 진리를 왜곡하는 육의 욕정에 대항한다. 그렇기 때문에 사랑은 또한 욕정을 극복하지 않고는 깨달을 수 없다. (TOB 127:4)

67 *Gaudium et Spes*, 51.

교황 요한 바오로 2세는 상대에 대한 "사랑" 표현을 이유로 피임을 정당화하려는 사람들이 사실상 자신도 모르는 사이에 사랑과 욕정을 혼동하고 있다고 말한다. 사랑은 그릇된 정의를 정당화하지 않는다. 어떠한 대가(고통)를 치르더라도 "진리를 두고 기뻐한다." (1코린 13:6) 그러나 욕정은 성적 결합의 진리가 생명을 주시는 하느님 사랑의 성사적 표징이라는 사실에는 아무런 관심이 없다. 욕정은 그 자신의 만족을 추구하고 진정한 사랑의 대가를 "두려워한다." 우리가 앞에서 보았듯이, 피임은 임신을 막기 위해 만들어진 것이 아니었다. 궁극적으로 피임은 금욕(절제)의 요건인 희생을 피하기 위한 수단이었다. 따라서 피임은 자기 통제의 본래적 어려움을 피하기 위한 매력적인 선택처럼 보일 수 있다. 그러나 자기 자신이 스스로 주인이 되지 못하는 경우 그는 결코 타인에게 자신을 참된 선물로 내어줄 수 없다. 그리고 이와 같은 성적 결합 안에서는 사랑을 표현하는 것 역시 불가능하다.

정확히 이 순간 즉, 참된 사랑의 측면에서 "어려움"을 겪는 순간 남자와 여자는 결정을 해야만 한다. 즉, 어떤 힘에 자신을 내맡길지를 결정해야 한다. 사랑이냐 욕정이냐? 진리이냐 거짓이냐? 이 결정에는 많은 위험 요소가 있다. 토비야와 사라의 이야기가 매우 잘 보여주듯이, 그것은 삶과 죽음에 대한 시험이다. 앞에서도 언급되었듯이 정확히 이 결정에서 남자와 여자의 선택과 그에 따른 행위는 "인간 존재의 모든 무게를 담고 있다." (TOB 115.3) 정확히 이 결정 안에서 "남편과 아내는 선과 악이 서로 싸우고 경쟁하는 상황 위에 자기 자신이 놓여 있음을 발견한다." 그러나 사랑하는 이들은 두려워하지 않는다. "사랑의 이 고유한 진리와 충만한 힘은 인간이 자기 자신의 내면과 그 주변에서 싸우는 선과 악의 세력 가운데 놓일 때 그 역량을 드러낸다. 왜냐하면, 사랑은 선의 승리를 확신하며 선이 이길 수 있도록 모든 것을 준비하기 때문이

다.” (TOB 115:2)

진정한 혼인적 사랑은 “남편들이여, 그리스도께서 교회를 사랑하셨듯이 너의 아내들을 사랑하여라!”는 진리를 위해 고통을 겪는 것, 심지어는 죽는 것을 더 선호하게 만든다. 욕정의 힘은 ‘몸의 언어’를 진리로부터 분리시키려 하지만, 사랑의 힘은 진리 안에서 언제나 ‘몸의 언어’를 다시 강화시킨다. 이로써 몸의 속량에 대한 신비는 부부 결합에서 열매 맺을 수 있다. (TOB 127:1 참조) 여기에서 몸의 속량이 낳는 열매는 정확히 금욕(절제)의 덕을 계속 강화시킴으로써 욕정으로부터 자유롭게 되는 것을 말한다. 요한 바오로 2세에 따르면, 금욕(절제)의 덕은 매우 중요하다. 이에 대한 정확한 이해가 없다면 우리는 “도덕적 진리의 핵심에 도달하지 못할 뿐 아니라 『인간 생명(*Humanae Vitae*)』 회칙이 제시한 문제에 대한 인간학적 진리의 핵심에도 도달하지 못할 것이다.” (TOB 125:5)

영속적인 도덕적 태도로서의 절제(Continence)

교황 요한 바오로 2세에 따르면, 부부 영성의 핵심적 요소인 사랑은 그 본성상 자기 지배로 나타나는 정절과 연관되어 있다. 그러한 자기 지배는 금욕(절제)(TOB 127:5 참조)으로도 알려져 있다. 위에서 언급했듯이, 그 자신의 주인이 되는 사람만이 자기 자신을 선물로 줄 수 있다. 다시 말해, 금욕(절제)하는 사람만이 진정한 사랑을 할 수 있다.

자연출산조절법과 관련하여 우리는 “주기적 금욕(절제)”의 실천에 대하여 말한다. 그렇지만 요한 바오로 2세는 주기적 절제가 단지 일시적 “기법(technique)”으로 이해되어서는 안 된다고 말한다. 정확히 말해서, “금욕(절제)은 그 자체로 명백하고 영속적인 도덕적 태도이며 덕이다. 따라서 행동이 금욕(절제)에 따를 때, 그 행동 양식은 덕이 된다.” (TOB 124:4) 다시 말해. 임신을 피해야 할 충분한 이유가 있을 때 자유의지로 부부 결합을 절제하는 것은 덕의 행위를 구성한다. 뿐만 아니라, 이와 같은 절제 행위는 부부가 욕정을 탐닉하는 것이 아니라 참된 사랑의 행위에서 "한 몸"을 이룰 수 있도록 보장하는 자유를 성장시킨다. 이와 같이 우리는 절제의 역할이 단지 혼인 성교가 가지는 출산적 의미를 보호하는 것뿐만 아니라 결합(일치)의 의미를 보장하고 있음을 알게 된다. 왜 그러한가?

요한 바오로 2세는 금욕이 더 보편적 덕인 절제의 일부임을 상기시킨다. (TOB 128:1). 안타깝게도, 그 두 용어 모두 "'아니오.'라고 말하는 것" 즉, 부정적인 뉘앙스를 가지는 경향을 보인다. 금욕(절제)은 확실히 음욕에 대하여 "'아니오'라고 말하는 것"과 관련되어 있다. 요한 바오로 2세에 따르면, "금욕(절제)의 덕은 육의 정욕에 '반대'하는 것이라는 신념은 옳지만 전적으로 완전한 것은 아니다." (TOB 128:2) 금욕(절제)은 따로 고립된 행동이 아니라 항상 관계 안에서 신중함이나 정의, 용기와 같은 다른 덕들과 함께, 무엇보다도 자비와 함께 행동한다고 교황은 말한다. 그리고 금욕(절제)은 '절제'하기 위한 능력('부정적인 정의')을 가리키는 것일 뿐만 아니라 성적 흥분과 감정이라는 각각의 반응을 그 내용과 특성에 따라 맞추어 나갈 수 있는 자기 지배 능력('긍정적 정의')을 말한다." (TOB 129:5) 덕이 있는 인간은 자기 자신의 열정에 대하여 폭군처럼 행동하지 않는다. 덕이 있는 인간은 "자신의 감각적, 영적인 모든 능력을 다해서 선을 향해 나아간다."[68]

요한 바오로 2세가 금욕(절제)의 덕에 대하여 말씀하실 때, 우리는 교황께서 토미스 아퀴나스와 다른 의미로 이 용어를 사용하심을 인식해야 한다. 토마스 아퀴나스 성인은 아리스토텔레스의 가르침을 토대로 한 "금욕(절

68 *CCC*, no. 1803.

제)"의 개념을 사용하였다. 즉, 윤리적 발전의 불완전한 상태를 가리켜 "절제(Continence)"이라는 단어를 사용하였다. 이와 같은 관점에서 "금욕(절제)"하는 사람은 의지의 힘을 통해서만 즉, 무질서한 정열에 반하는 행위를 통해서만 죄로부터 멀리할 수 있다. 그러나 참된 덕은 힘들이지 않고 선을 선택하는 기쁨이다. 그 열정이 선을 지향하고 있기 때문이다. 가톨릭 교회 교리서에 따르면, "인간의 덕은 우리의 감정을 바로잡고 … 덕은 도덕적으로 선한 삶을 용이하게 하며 자제와 기쁨을 준다."[69]

토마스 아퀴나스는 『신학대전(*Summa*)』에서 다음과 같이 적고 있다.

금욕(절제)은 덕이 되기에 부족하다. 윤리적 문제에 대하여 지성적 덕은 목적에 대한 올바른 열망을 전제한다. 그러나 금욕(절제)에는 이와 같은 것이 부족하다…. 따라서, 아무리 이성적 능력이 완전하다고 할지라도, 이성적 능력에 의해 움직이는 감각적 능력이 불완전하다면, 결과로서의 행위는 불완전하게 될 것이다. 결과적으로 그 행위에 대한 원칙은 덕이 되지 못할 것이다. 이 때문에, 아리스토텔레스가 주장한 바와 같이 금욕(절제), 쾌락의 자제, 고통에 대한 인내는 덕이 아니며 덕에 못 미치는 것이다. (Ethics, vii, 1, 9)[70]

앞에서 살펴본 두 주교와 창녀의 이야기는 토마스 아퀴나스의 "금욕(절제)"과 "덕"의 차이를 잘 드러낸다. 얼굴을 돌려 시선을 피한 주교는 금욕(절제)을 하였고, 똑바로 쳐다본 주교는 덕스러운 행위를 한 것이다. 용어의 사용이 다르기는 하나, 교황은 토마스가 사용하는 "금욕(절제)"과 "덕"의 구분을 발전시켜 단순히 윤리를 따르는 사람과 속량의 에토스로 살아가는 사람을 구별한다. 전자는 정결의 "부정적" 양식을 후자는 "긍정적" 양식을 실행하는 사람이다.

69 *CCC,* no. 1804.

70 *Summa, Prima Secundae,* q. 58, a. 3, ad 2.

금욕(절제)을 다른 덕과의 관계 안에서 성숙한 의미의 덕으로 이해할 때, 남자와 여자는 점차 하느님께서 본래 계획하신 성적 열망을 경험할 수 있다. 즉, 사랑의 참된 의미와 몸의 혼인적 의미에 따라 자신을 신실한 선물로 상대방에게 내어주고자 하는 열망으로서의 금욕(절제)을 경험한다. 금욕(절제)의 덕이 남자와 여자의 관계에 있어서 중요한 것은 바로 이 때문이다. 이와 같은 덕이 없을 때, 남자와 여자는 욕정의 파도에 휩쓸리게 된다. 대개 남자와 여자는 이와 같은 욕정을 사랑이라고 부르는 비극적 실수를 저지르게 된다. 앞에서 언급한 바와 같이, 혼인이 비극적 실수를 토대로 세워진다면, 그 혼인은 사상누각과 같을 것이다.

몸의 고귀한 가치를 보존하는 금욕(절제)

두 번째 사이클에서 논의되었듯이, 욕정은 인간 안에서 꺼지지 않는 불처럼 계속 타오르는 경향이 있다. "욕정은 인간의 감각을 공략하고 몸의 흥분을 불러일으키며 감정의 개입을 유도하고 특히 인간의 마음을 사로잡는다." (TOB 39:2) 또한 "외적 인간(outer man)"을 "내적 인간(inner man)"으로 환원시켜 침묵에 떨어지게 한다. 다시 말해, 격정은 만족을 목적으로 하기 때문에, "양심의 소리에 귀 기울이지 않고 양심의 소리를 묵살하게 만든다." (TOB 39:2) 욕정에 대한 끝없는 탐닉에 빠진 사람들은 몸의 복음을 알아보지 못한다. 만약 남자와 여자가 성적 갈망의 경험을 진리에 따라 행동하고자 한다면 즉, 몸을 하느님 신비의 표징으로 바라보고 경험하고자 한다면, 그들은 욕정의 충동과 열망을 점진적으로 정복해야만 할 것이다.

요한 바오로 2세에 따르면, "부부의 순결(보편적 의미에서 '정질')은 먼저 육의 욕정에 저항하기 위한 능력으로 드러나게 된다." 육의 욕정을 정복하면 할수록, 순결은 점차 "정욕에 빠진 자들은 알고 알 수 없는 '몸의 언어'가 갖는 참된 의미를 이해하고 사랑하며 실현하는 독자적인 능력으로 자신을 드러낸다." (TOB 128:3) "자기 지배는 길고 힘든 작업이다. 누구도 한 번 그것을 얻었다고 해서 영원할 것이라고 생각해서는 결코 안된다. 그것은 삶의 모든 단계에서 새롭게 갱신하고자 하는 노력을 전제로 한다. 자제력을 얻으려면 상당한 기간이 필요하다. 한 번에 결정적으로 이 덕을 이루었다고 생각해서는 결코 안된다. 자제력은 인생의 모든 시기마다 다시 시작하는 노력을 요구한다."[71] 만약 남자와 여자가 자기 지배를 얻고자 한다면, 그들은 "의지, 느낌, 그리고 감정의 자기 통제(self-control) 능력이 고양될 수 있도록 점진적인 교육에 헌신해야 한다." 교황에 따르면, 자기 지배를 발달시키기 위한 상대적으로 쉬운 단순한 방식은 바로 내적인 결정을 실천에 옮기는 것이다. (TOB 128:1) 교황의 현명한 사목적 조언에 주목하라. 사실, 교황은 다음과 같이 말씀하신 것이다. 만약 네가 성숙한 금욕(절제)의 덕을 경험하고자 한다면, 너는 네 자신을 인내해야 하고 작은 것부터 시작해야 한다. 이것은 마치 무거운 짐을 들어 올리는 것과 비슷하다. 처음부터 350파운드 역기를 들어 올릴 수는 없다. 그렇지만 만약 자신의 능력을 사실적으로 평가하고 점진적인 훈련 계획에 따라 실천한다면, 그는 날마다 자신의 힘을 강화할 수 있을 것이다. 그리고 한때는 전혀 불가능했던 것을 마침내 현실화할 수 있을 것이다.

물론, 덕을 강화하는 과정은 역도 선수가 역기를 드는 것과 다르다. 덕의 강화는 우리의 본성적인 능력에만 맡겨진 것이 아니다. 금욕(절제)은 인간의 덕일 뿐만 아니라 심지어 신적 선물이기도 하다. 우리의 몸 안에 내재하시는 성령의 선물인 것이다. 은총의 초자연적 선물은 그 은총에 우리 자신을 맡길 때 우리를 돕는다. 성 아우구스티누스의 설명에

71 *CCC*, no. 2342.

따르면, 금욕(절제)은 우리의 노력과 함께 기도를 필요로 한다. "저는 제 자신의 힘으로 정결한 사람이 될 수 있다고 믿고 있었습니다. … 도대체 저는 몰랐습니다. 저는 주님께서 주시지 않으면 아무도 정결할 수 없다는 것을 알지 못할 만큼 어리석었습니다. 그런데 만일 제가 제 마음속의 탄식으로 주님의 귀에 호소하고, 굳센 믿음으로 제 염려를 주님께 맡겨 드렸더라면 분명히 주님께서는 그것을 주셨을 것입니다."[72]

교황은 덕의 계속적인 성장에 기꺼이 헌신하기 위해서는 하느님의 법에 내포된 가치를 명확히 인식하는 것이 전제되어야 한다고 말한다. (TOB 128:1 참조) 이는 몸, 성의 인격적이고 성사적인 가치들이다. 참된 덕을 실천하기 위해서는 이러한 가치가 그의 의지의 기초가 되어야 한다. 쟁기를 잡았다면 결코 뒤를 돌아보아서는 안 된다. (루카 9:62 참조) 음욕에 빠지는 것보다 차라리 순교자로서의 죽음을 선호해야 한다. 낙태의 예처럼 음욕을 만족시키기 위해 살인을 선택하는 사람들이 있을 수 있다. 그러나 그리스도인들은 음욕에 굴복하는 것보다 차라리 죽음을 택해야 한다. 만약 죽음 대신 음욕을 택한다면, 그는 아직 정욕을 온전히 극복할 준비가 되어 있지 않은 것이다. 요한 바오로 2세에 따르면 "덕에 대하여 굳은 신념이 생기기 위한 전제 조건은 의지적인 성향이다. 의지적 성향이 수반되는 경우에 한하여 자기 지배의 덕에 대한 견고한 확신이 생긴다." (TOB 128:1)

자제력이 있는 인간은 무엇과도 비길 데 없는 고귀한 '성'의 가치를 보존하고 음욕의 왜곡으로부터 성의 가치를 보호하기 위하여, "통제(control)"하는 훈련을 한다. 이것이 금욕(절제)이 본질적인 핵심이다. 성에 대한 두려움이나 성을 폄하하는 태도로 성의 '통제'에 대하여 말한다

72 CCC, no. 2520 인용문.

면, 이는 결코 덕으로서 금욕(절제)이라고 말할 수 없다. 그것은 마니교적인 반대–가치의 수용을 의미하는 것이다. 고상한 척 하거나 억누르는 것이 덕으로 위장될 수 있지만 실제로는 덕의 부족을 나타낸다.[73]사실 이와 같이 위장된 덕의 근원에서 우리는 종종 생명, 삶의 의미를 거스르는 "의심의 해석"을 발견한다. 이러한 의심의 해석은 성적인 모든 것을 억압하거나, 욕정에 대한 탐닉으로 이끈다. 이 경우, 사람들은 "사랑으로부터 샘솟는 심오한 가치를 알아보지 못하고 둔감해지거나" 정욕의 지배에 놓이게 된다. (TOB 128:2)

이에 대하여 앞에서 언급한 바와 같이, 음욕, 의심, 마니교주의적인 반(反)가치에 굴복한 사람들은 자기 자신의 마음에서 가장 내밀한 기층에 한 처음 하느님께서 마련하신 원초적 기쁨의 '울림'이 있음을 알지 못한다. 그렇지만 "속량의 에토스"로부터 참된 정결이 흘러나온다. 이 에토스는 마음의 가장 내밀한 기층과 밀접하게 연합되어 있다. 마음의 가장 내밀한 기층을 통하여 우리는 몸의 혼인적 의미의 가치를 깨달을 수 있다. 이 기층의 울림을 통해, 우리는 우리의 몸에서 "명백한 표징"의 가치를 볼 수 있다. 이 표징은 친교의 선물, 즉 하느님의 모습과 닮은 신비적 실재를 계시한다. (TOB 49:5 참조) 자기 지배의 동기가 이 가치와 일치될 경우에 한하여, 우리는 금욕(절제)을 덕으로, 그리고 "성령에 따른 삶"에 대한 참여로 이야기 할 수 있다.

부부 결합을 정화하고 심화하는 금욕(절제)

남자와 여자의 관계에서 어떠한 결실을 맺는지에 따라 참된 금욕(절제)과 억압적 금욕(절제)을 구별할 수 있다. 예를 들면, 자기 통제 훈련

73 *Love and Responsibility*, p. 188 참조.

이 몸의 혼인적 의미에 내재된 더 심오하고 성숙한 가치로 자기 자신을 개방하게 하는가? 자기 통제 훈련이 선물의 참다운 자유를 경험하도록 이끄는가? 또는, 자기 통제 훈련이 서로에 대한 애정을 감소시키며 오히려 긴장과 충돌을 증가시키는가?

만약 자기 통제가 오히려 긴장과 충돌의 결과를 낳는다면, 해결책은 자기 통제를 포기하는 것이 아니다. 자기 통제를 포기하면 욕정의 무절제한 탐닉을 정당화하게 될 것이며 결국 충돌이 더 악화될 것이기 때문이다. 진정한 해결책은 참된 덕으로 이끄는 회심에 마음을 여는 것이어야 한다. 덕으로서의 금욕(절제)을 실행하는 것은 남자와 여자의 관계를 더 빈곤하게 하지 않는다. 오히려 반대이다! 교황의 표현에 따르면, 진정한 덕으로서의 금욕(절제)은 "부부의 대화가 정화되고 깊어지며 동시에 단순하게 됨으로써 점차 더 풍요롭게 된다." 따라서 애정 표현은 위축되지 않는다. 금욕(절제)의 덕은 "실제로 그들을 더욱 영적으로 강렬하게 만든다." (TOB 128:3)

참된 금욕(절제)이 성적 이끌림을 억압하지는 않는다. 덕이 성숙해짐으로써, 금욕(절제)을 통해 정화된 남자와 여자는 성적 이끌림의 삶을 살게 된다. 이와 같이 정화된 성적 이끌림으로부터 순수하고, 깊고, 단순하고, 영적으로 강렬한 경험이 직접 흘러나오게 된다. 이러한 성적 이끌림은 바오로 사도가 "그리스도를 경외하는 마음으로"(에페 5:21) 상대방에 순종해야 한다고 말씀하실 때의 바로 그 이끌림이다. 요한 바오로 2세에 따르면, 이러한 "상호간의 순종"은 참된 몸의 언어에 대하여 부부가 서로 나누는 배려를 상징한다. 그리고 "그리스도를 경외하는 마음으로" 순종함은 성령의 은사인 "주님에 대한 경외"를 가리킨다. 이 경외심은 금욕(절제)의 덕을 수반한다. (TOB 128:1 참조) 우리는 이미 신앙의 선물로 주님에 대한 경건한 "두려움", "경외심"을 묘사해왔다. 진정한 혼인적 사랑은 이와 같이 "그리스도를 경외함"에 따라 한층 더 성숙된다. 요한 바오로 2세는 그러한 경외심이 남자와 여자의 "내적인 공간(inner room)"을 더욱 활짝 열어 젖혀, 몸의 혼인적 의미와 참된 자유의 가장 심오하고 성숙한 가치에 대한 감수성을 더욱 키우게 될 것이라고 말한다. (TOB 128:3 참조)

남편과 아내가 서로의 몸을 하느님 신비의 표징으로 이해할 때, 그리고 육화된 부부 결합이 그리스도와 교회의 결합의 "위대한 신비"의 표징임을 알게 될 때 (다시 말해서, 몸의 신학이 단지 개념에 머무는 것이 아니라 경험임을 알게 될 때), 그때의 성적 이끌림은 앞에서 요한 바오로 2세가 말씀하시듯이 가장 순수하고, 가장 단순하고, 가장 깊은, 그리고 가장 강렬한 특성을 취한다. 요한 바오로 2세는 정확히 바로 "이러한 내적인 성숙"을 통해 "부부 결합은 잠재적 출산의 의미로써의 고유한 중요성과 존엄성을 얻는다."고 말한다. (TOB 128:5)

더욱이 부부 결합만이 완전하고 영광스러운 의미를 취하는 것은 아니다. 부부의 혼인 정결(conjugal chastity)에 대한 인식 및 경험 또한 혼인의 깊은 친교의 삶을 표현할 수 있는 모든 다른 "애정 표현"이 가능함을 드러낸다. 부부의 육체적 관계가 부부 사랑의 완성된 표현이기는 하지만, 다른 애정 표현들 또한 "남성성과 여성성의 주체적인 풍요로움에 비례하여" 그들의 가장 순결하고, 단순하고, 깊은, 그리고 가장 강렬한 특성을 드러낸다. (TOB 128:5) 예를 들어, 혼인 생활 안에서 성숙한 성적 절제를 경험하는 수많은 아내들은 이기적인 만족을 목적으로 한 것이 아닌 남편의 입맞춤, 포옹, 부드러운 터치에 대한 기쁨을 말한다. 덕스러운 남편은 결코 "무언가를 취하려고" 하지 않는다. 이와 같은 남편의 애정표현은 다른 동기를 가지고 있지 않다.

조화, 평화, 신실한 애정, 그리고 영적으로 강렬한 친교 등, 이 모두가 금욕(절제)의 덕의 열매들이다.[74] "이런 식으로 혼인 정결의 본질적 성격도 혼인 성사의 '축성'을 통해 부부의 마음에 부어진 사랑의 '힘'과 유기적으로 연결되어 있음이 명백하게 된다." (TOB 128:3) 하느님께서 주신 "사랑의 힘"으로 살아갈 때 즉, 성사의 축성을 살아갈 때, 비로소 혼인이 제 역할을 하는 것이다! 이전의 이미지를 사용하자면, 타이어에 얼마나 공기를 주입하느냐에 따라 우리는 제대로 된 자동차를 경험하게 된다. 타이어가 제대로 작동하기 때문이다! 한 번 주입된 공기가 영원하다는 말은 아니다. 모든 자동차(혼인)는 정기적인 유지 보수가 필요하다. 길 위에는 많은 장애물이 있으며, 알지 못하는 사이에 못에 찔려 타이어 바람이 빠질 수도 있다. 기도, 성체 성사, 고백 성사를 통하여 헌신하는 삶을 사는 부부는 어떠한 시련이 닥쳐도 이와 같은 전망을 잃지 않게 될 것이다.

금욕(절제): 성적 흥분과 감정

요한 바오로 2세가 금욕(절제)의 덕인 혼인 정결의 조화로운 삶을 칭송하는 것에 대하여 자신의 경험을 토대로 금욕(절제)이 먼저 자기 내부에서, 그 다음엔 혼인 배우자와의 공동의 삶 안에서 더 빈번한 충돌을 일으킬 것이라 반박할 수도 있다. 그러나 그들의 금욕(절제) 경험은 과연 본질적인 측면에서 참된 덕의 경험인가? 과연 "억제"로서의 금욕(절제)의 문턱을 넘어서 선물이 내적 자유로서의 금욕(절제)으로 건너갔는가?

74 *Humanae Vitae*, 21 참조. 바오로 6세는 혼인과 가정생활에 있어서 금욕(절제)의 "유익한 영향"에 대하여 설명한다. 사제의 덕을 수련하는 사람들은 바오로 6세가 하신 말씀의 정확한 뜻을 알 수 있다.

요한 바오로 2세는 "금욕(절제)이 내적 긴장을 야기하므로 우리는 이로부터 자유로워져야 한다고 생각하는 경우가 종종 있다."고 말한다. 그러나 교황은 즉시, "우리가 해온 분석에 의하면… 오히려 완전하게 이해된 금욕(절제)이야말로 그러한 긴장으로부터 인간을 자유롭게 하는 유일한 방법"임을 강조한다. (TOB 129:1) 여기에서 "긴장"은 주로 발산을 추구하는 억압된 성적 에너지로 이해된다. 이와 같은 문맥에서 요한 바오로 2세는 "감정(Emotion)"과 성적 "흥분"을 구분하여 말씀하신다. "성적 흥분은 우선 몸에서 일어나는 성적 현상이다. 성 행위를 통해 발산되는 것을 추구한다. 반면에 감정은 남성성 또는 여성성을 가진 인간-인격의 전 실재에 의해서 자극되는 것이다. 따라서, 직접적으로 성 행위를 겨냥하기보다는 다른 "애정 표현"을 지향한다. (TOB 129:4, 6 참조)

■ 이와 같은 정의에 따르면, 경향상 대부분의 남자들은 "성적 흥분"을 지향하는 반면, 대부분의 여자들은 "감정"을 지향한다는 사실을 쉽게 알 수 있다. 성적 흥분과 감정은 모두 욕정으로 표현되어, 이기적 만족을 취하도록 이끌 수 있다. 그러나 성적 흥분과 감정은 또한 원초적 사랑과 속량으로 표현되어, 남자와 여자가 서로를 열고 인격 간의 진정한 친교를 하도록 이끌 수도 있다. 『사랑과 책임(Love and Responsibility)』에서, 카롤 보이티야 추기경은 그러한 성적 흥분과 감정을 사랑을 위한 "정제되지 않은 원재료"라고 묘사한다. 그러나 정제되지 않은 원재료를 "완성된 형태"로 간주하는 것은 잘못이다. 원죄 이후, 성적 흥분과 감정은 종종 (자기 증여라는 사랑의 본성에 반하여) 공리적인 관점에서 표현된다.[75]

만약, 금욕(절제)을 단순히 성적 흥분과 감정을 "억제"하는 수단으로만 이해한다면, 그러한 금욕(절제)은 앞서 말한 바와 같이 우리가 자유

75 *Love and Responsibility*, p. 139 참조.

로워져야 하는 내적 긴장으로 나타날 것이다. 물론 여기에서 자유는 아무런 제약 없는 긴장 완화에 의해 가능하다. 이런 패러다임 안에서 사람들은 금욕(절제)을 자유의 적으로 본다. 그러나 아무런 제약 없이 자신의 열망에 탐닉하는 것이 자유를 노예화하는 것인가? 만약 그렇다면, 이를 자유롭다고 하겠는가 아니면 사슬에 묶였다고 하겠는가? 그리고 그런 통제할 수 없는 열망은 사랑인가 아니면 음욕인가? 단순히 성적 흥분과 감정이 있다고 해서 사랑이라고 할 수는 없다. 사실, "성적 흥분과 감정이 올바른 힘으로 함께 결합되어 있지 않는 한, 이때의 성적 흥분과 감정은 사랑을 성취하는 것이 아니라 그 반대의 결과를 낳게 될 것이다."[76]

"자유가 '육에 따라 살기 위한 핑계가 되어 버릴 때', 오히려 자유를 성취하지 못한다."(TOB 53:3)는 교황의 말씀을 상기하라. 본질적으로 금욕(절제)으로부터 "자유로워지기"를 원하는 사람은 자유로부터 자유로워지기를 원한다. 그렇게 함으로써 아무런 제약 없이 정욕에 대한 속박을 받아들일 수 있기 때문이다. 진정한 덕으로서의 금욕(절제)은 패러다임의 근본적인 전환을 요청한다. 즉, 그리스도께서 우리를 자유롭게 하시는 바로 그 자유에로 우리를 부른다. (갈라 5장 참조) 이것이 바로 속량의 에토스가 말하는 자유이다. 이는 우리를 자유롭게 하여 신실한 자기 증여가 되도록 하는 자유이다. 교황은 금욕(절제)의 덕이 "육체적이고 감각적인 반응을 '억제'할 능력을 가리킬 뿐 아니라 인간 인격의 감각적이고 감정적인 영역 전체를 통제하고 안내하는 능력을 가리킨다."고 반복해서 말씀하신다. 그러므로, 금욕(절제)은 "성적 흥분이 올바르게 발전해 나갈 수 있도록 지시하는 능력이며, 감정이 '순수한' 그리고 어느 의미에서는 '사심 없는' 성격을 심화하고 내적으로 강화할 수 있도록 조

76 *Ibid.*, p. 146.

종하는 역량을 가리킨다." (TOB 130:1)

사심 없는 열망은 사랑에 관심이 있지, 자신의 만족에 관심이 있는 것이 아니다. 금욕(절제)의 성숙한 단계를 경험하면 할수록 우리는 내적 "긴장"으로부터 진정으로 자유로워진다. 그리고 우리가 이런 내적 긴장으로부터 자유로워지는 경우에 한하여, 우리는 다른 인격에게 진정한 선물이 될 수 있다. 정확하게 그런 자유를 통해 우리는 앞서 언급한 "성숙한 자발성(Mature spontaneity)"과 "숭고한 기쁨"을 발견하고 경험한다. (TOB 48:4–5 참조)

성적 흥분과 감정의 균형

교황은 성적 흥분과 감정을 구별하지만 이 둘이 서로 반대되는 개념이 아님을 명백히 한다. 다만, 구분을 통하여 성적인 몸–영혼으로 구성된 인간 인격이 주체로서 갖는 풍요로움을 증명한다. 금욕(절제)의 덕을 통해 성적 흥분과 감정은 균형을 이루며, 이로써 같은 경험 내에서 성적 흥분과 감정은 두 개의 다른 경험 요소로 나타나게 된다. (TOB 129:5 참조) 금욕(절제)의 덕을 인지한 상황에서의 성적 흥분은 단순한 육체적 자극에 의한 것이기보다는 인격의 표현으로써의 육체적 자극이다. 따라서 금욕(절제)의 덕을 인지한 부부 결합은 단순하게 감각적인 것이 아니라, "감정의 특별한 강화"를 포함하는 것이다. 이때의 부부 결합은 인격 간의 참된 친교로, 육체적으로 뿐만 아니라 정신적으로도 강렬한 경험이다. 요한 바오로 2세는 "그렇지 않으면 안 된다."고 덧붙인다. (TOB 130:2)

자제하지 못하는 부부 결합 행위 역시 육체적으로 그리고 감정적으로 강렬한 경험이 될 수 있다. 이 경험은 친교에로의 부르심과 인격들의 육화된 진리에 뿌리를 내리고 있지 않다. 이 행위는 얼핏 사랑을 내비칠 수 있을지 모르나, 사랑의 진리와 몸의 혼인적 의미에 의해 계시된 친교와는 통합될 수 없다. 그러므로 자제하지 못하는 부부 결합은 욕정의 탐닉이 아니라고 할 수 없다. 요한 바오로 2세는 우리에게 다음을 상기하라고 말씀하신다. "몸의 혼인적 의미는 왜곡되어 오고 있다. 그리고 왜곡의 근원에는 욕정이 자리한다." 반면에, 성숙한 금욕(절제)의 덕은 "몸의 혼인적 의미의 '순수한' 측면을 점진적으로 드러낸다. 이와 같이, 금욕(절제)은 남자와 여자의 인격적 친교를 발전시킨다. 이 친교는 욕정만으로는 결코 형성되거나 발전될 수 없는 친교이다." 그리고 교황은 다음을 덧붙인다. "『인간 생명(*Humanae Vitae*)』 회칙은 정확히 이점을 단언하고 있다." (TOB 130:5)

선물로서의 경외심(Reverence)

1984년 11월14일 수요교리에서(TOB 131), 교황은 진정한 혼인 영성의 핵심 개념을 다시 한 번 검토하며 고찰의 결말 부분으로 우리를 인도하신다. 1984년 11월 21일에 진행된 수요교리(TOB 132)는 『인간 생명(*Humanae Vitae*)』 회칙에 대한 주석의 정점을 향하여 우리를 준비시키는 듯하다.

요한 바오로 2세는 『인간 생명(*Humanae Vitae*)』 회칙의 가르침에서 알 수 있듯이 혼인 생활의 영성에 있어서 가장 근본적인 요소가 성령을 통해 부부의 마음에 부어지는 사랑(로마 5:5 참조)임을 상기시킨다. 그들 자신의 성사를 통해, 부부는 특별한 "축성"과 함께 신적 선물을 받는다. 이 사랑의 본질적인 요소는 "부부의 정결(conjugal chastity)"이다. 부부의 정결은 금욕(절제) 자체로 드러나며 혼인 생활의 내적 질서를 실현한다." (TOB 131:1) 그렇다면 무엇이 혼인 생활의 내적 질서인가? 그것은 산상수훈에서 그리스도께서 말씀하신 마음의 순결임이 명백하다. "성령 안의 삶"의 열매로서 순결은 마음의 내적 실재와 (몸의 혼인적 의미의) 객관적 진리를 일치시킨다. 이 "내적 질서"를 통하여 남자와 여자는 혼인 생활에서 서로 자기 자신을 선물로 내어주며 진정한 인격적 친교를 세울 수 있게 된다. 정결이 "혼인 영성의 중심"에 있는 이유가 바로 이 때문이다. (TOB 131:2 참조) 성적 흥분과 감정이 진정한 인격적 친교를 지향하도록 지시하는 것은 바로 이러한 정결의 덕 때문이다.

"정결은 마음의 질서에 따라 사는 것을 의미한다."고 교황은 말씀하신다. 마음의 내적 질서를 통해 각각에 맞는 애정이 발전하게 된다. "이와 같이, 혼인 정결은 '성령에 따른 삶'(갈라 5:25 참조)으로 확인된다." (TOB 131:1) 우리가 앞에서 확인했듯이, 그리스도인의 정결은 이미 사랑에 의해 형성된 도덕적 덕일 뿐만 아니라, 무엇보다도 하느님으로부터 받은 성령의 선물로서의 경외심과 연결된 덕으로 이해해야 한다. (TOB 131:2) 요한 바오로 2세는 이 "경외심"을 경건함의 선물로 정의하며, 혼인 부부에 대한 에페소서의 권고 말씀인 "그리스도를 경외하는 마음으로 서로에게 순종하십시오."(에페 5:21)를 상기시킨다. 그리스도의 신비에 대한 경외심을 통해, "한 몸을 이루는 혼인적 일치는 '성령에 따른 삶' 안에서 인간적으로 성숙한 형식을 발견하게 된다." (TOB 131:6) 교황이 강조한 바와 같이, "(성경의 가장 오래된 표현에 따르면) 이 '둘'이 '한 몸'(창 2:24)을 이룰 때, 성령에 의하지 않고서는 결코 참된 인격적 친교(*communion personarum*)를 실현할 수 없다. 성령만이 인간의 영이 가지는 힘을 정화하고, 생기를 불어넣으며, 강화시킬 뿐 아니라 완전하게 하기 때문이다." (TOB 131:3) 다시 말해, 부부는 성령의 거룩한 선물 없이는 결코 부부 결합을 통해 사랑의 진리를 말할 수 없다.

요한 바오로 2세의 이와 같은 말씀에서, 우리는 부부 결합이 혼인 당사자 간의 일치뿐만 아니라 부부와 하느님의 일치를 의미하고 있음을 생생하게 볼 수 있다. 교황에 따르면, 사실 부부의 성적 일치는 하느님과의 일치 안에서 삼위일체적 삶의 표현으로 이루어질 때 비로소 참된 인격적 친교가 된다. 이것이 바로 성령에 따른 삶이다. 본성과 은총은 두 개의 층으로 나뉘어 존재하는 것이 아니다. 부부 결합의 "본성"은 은총의 가득참이다. 즉, 하느님의 신비 그리고 삼위일체 하느님의 내적 삶을 성사적으로 표현한 것이 바로 부부성교(결합)의 "본성"이다.

"한 처음부터" 내려온 혼인 영성

"혼인 영성의 본실적 계보는 '한 처음부터' 성경적 진리로 새겨진 것에서 시작된다. 혼인 영성은 '한 처음부터' 성령의 선물에 열려 있다." (TOB 131:3) 창조의 원초적 은총을 인간 "영화(靈化, spiritualization)"의 특별한 상태로 묘사했던 것을 상기하라. 피조물인 첫 남자와 여자의 친교는 영화를 통해 어떤 의미에서 하느님과의 친교에 참여하게 된다. 하느님이 사랑하시듯이 서로 사랑하는 즉, 그들의 육에 불어넣어진 성령의 "숨"에 따라 (창 2:7 참조) 사랑하는 것을 통해, 첫 남자와 여자는 부끄러움 없는 기쁨(창 2:25 참조)을 경험할 수 있었다.

이 원초적 벌거벗음의 경험으로 남자와 여자는 자신의 몸을 창조 신비의 유효한 표징으로 이해하고 살았다. 부끄러움이 들어오게 되면서, 원초적 은총을 잃게 되었으며 이로써 몸을 신비의 표징으로 이해하는 방식 역시 잃어 버리게 되었다. 그러나 복음의 기쁜 소식에 따르면, 그리스도의 죽음과 부활로써 속량의 "새로운 은총"은 하느님께서 마련하신 몸에 대한 원초적 계획, 그리고 '한 몸'을 이루는 혼인의 친교에 대한 원초적인 계획을 다시 회복한다. 이 새로운 은총을 통해서, 몸(그리고 몸의 인격적 결합)은 표징의 효력을 회복한다.

따라서, 남편과 아내가 자기 자신을 경외심에 대한 선물로 내어 놓을 때, 성령은 그들 안에 하느님의 지혜와 사랑의 모습을 보여주는 창조된 모든 것들에 대한 영적 감수성을 불어넣으신다. 교황에 따르면, "혼인 소명을 사는 혼인 생활에서 남편과 아내는 창조 신비와 구원 신비의 표징을 보여주는 모든 것에 대한 독자적인 감수성을 회복한다." (TOB 131:4) 부부가 이와 같이 혼인적 결합이 선포하고 계시하는 "위대한 신비"를 인식할 때, 이 독자적 감수성은 혼인 배우자 안에 혼인 성교의 분리 불가한 두 의미에 대한 심오한 경외심을 불어넣는다. 남성성과 여성성에 내재되어 있는 인격적 존엄성을 인식할 때, 그 경외심은 더 발전한다. 몸에 이미 새겨져 있으며 혼인 성교를 통해 "표현되어 나오는" 것이 바로 새 생명의 힘이다. 이는 생물학적인 실재일 뿐만 아니라 인격적이며 신학적인 실재이다. 즉, "창조 신비와 구원 신비의 표징"이라고 교황은 말씀하신다. 따라서, 배우자 서로를 향한 경외심과 혼인 결합에 대한 경외심을 인식하는 것은 "혼인적 사랑(부부 결합)으로부터 선물로 주어지는 새 생명의 인격적 존엄성과 분리 불가의 관계이다." (TOB 131:4)

혼인 부부는 성령의 감화로 부부 결합의 일치와 출산의 분리 불가능성에 대한 깊은 경외심이 자신들 안에서 차오름을 느끼게 된다. 이것은 "외부로부터" 강요된 것이 아니다. 이때, 부부는 몸과 부부 결합을 하느님의 본질적인 선(original good)으로 바라볼 수 있게 됨에 따라, "그들 안에는 이제 부부 결합(성교)의 본질적 가치에 대한 존중으로 가득 차게 된다."고 요한 바오로 2세는 말씀하신다. (TOB 131:5)

부부가 성적 결합에 대한 하느님의 영광스러운 계획을 내면화할 때, 그들은 "구원적 두려움(salvific fear)"을 경험하게 된다. 즉, "피임이 창조와 속량의 신적 신비의 표징을 침해하고 모독하는 것에 대한 두려움을 경험한다." (TOB 131:5)[77] 물론, 그들은 두려움 속에 살지는 않는다. 대신 그리스도가 사랑하셨듯이 서로 사랑하면서, 그리스도께서 약속하셨던 영원한 기쁨을 맛본다. (요한 15:11 참조) 몸의 언어에 충실하기 위한 희생을 기꺼이 감수할수록 한 처음의 지복직관의 경험을 다시 재현할 수 있다. 몸-인격을 신실한 선물로 상대에게 내어 줌을 통하여, 부부는 자기 자신의 존재의 의미와 실존의 의미를 성취하게 된다.

이와 같은 방식으로 혼인의 성사성과 몸의 복음은 종교적인 개념이 될 뿐만 아니라 살아있는 경험이 된다. 또한 이와 같은 방식으로 혼인 배우자는 신비의 실재, 전례의 실재, 그리고 교회에 대한 그리스도의 사랑, 더 나아가 삼위일체의 내적 삶의 "위대한 신비"를 여는 창구로 부부 결합(혼인적 일치)을 경험하게 된다. 이때, 부부 결합에서 드러나는 명백한 모순은 "사라지게 되며" 욕정으로부터 일어난 어려움은 줄어든다. 과연 이 지점까지 도달할 수 있을까? 할 수 있다. 단, 자기 자신의 힘에만 의존하지 않고 그리스도와 함께 죽기를 바랄 때, 성령의 선물의 힘에 의해 가능하다.

혼인적 행위(부부 결합)의 예외적 의미

1984년 11월 21일 수요교리(TOB 132)에서, 요한 바오로 2세 교황은 『인간 생명(*Humanae Vitae*)』 회칙의 가르침에 함축된 혼인 영성에 대한 분석의 정점을 보여주신다. 이 마지막 성찰에서 보여주신 배우자들이 내적 삶을 꿰뚫는 교황의 명료한 통찰에 놀라지 않을 수 없다. 교황은 혼인 배우자들이 갈망, 열망 안으로 들어가 남편과 아내가 어떻게 참된 부부생활의 실현을 이룰 수 있는지를 보여주신다. 그 과정에서 교황은

77 *CCC*, no. 1432 참조.

피임성교가 남자와 여자들이 갈망하는 참된 사랑과 긍정에 반대되는 것임을 증거를 들어가며 보여주신다.

수요교리에서 언급하신 창세기에 대한 말씀처럼 몸의 혼인적 의미는 선물이 되라는 부르심과, "인격의 긍정(affirmation of the person)"을 위한 내어놓음이다. 인격의 긍정이란 "창조주께서 그(그녀)를 위하여 남자에게는 여자, 여자에게는 남자의 몸으로 창조하였음을 인식하고 살아가는 것을 의미한다." 여기에서 타인은 "고유하고도 반복 불가능하며, 영원한 사랑이신 하느님께서 선택한 사람이다." (TOB 15:4) 처음 이것을 읽을 때 우리는 다음과 같이 질문하게 된다. 자기 존재 깊은 곳에서 그러한 긍정을 간절히 바라지 않는 사람이 있는가? 남자와 여자가 상호 관계성 안에서 그리고 모든 "애정의 표현" 안에서 찾고 있는 것이 바로 이것이 아닌가? 긍정 받기를 원하는 모습이란 고유함과 반복 불가능성 안에서 하느님께서 창조하신 그대로의 모습이지 않을까? 인간 마음의 깊은 곳에서, 어느 누구도 자신이 다른 누군가의 만족을 위한 대상으로 취급되는 것을 원하지 않는다. 남자와 여자는 자기 자신을 위하여 신실하게, 사심 없이 사랑 받기를 원한다.

요한 바오로 2세에 따르면, 그러한 사랑은 "오직 여자인 '나'와 남자인 '나'가 공동의 삶 안에서(혼인 생활 안에서) 서로의 인격적 존엄성을 깊이 이해할 때 실현될 수 있다. 이와 같은 영적인 이해는 하느님께서 하신 일에 대한 경외심을 촉구하는 성령께서 주시는 선물의 근본적인 열매이다. 이 같은 이해를 통해서 "부부 결합의 안정성을 이루는 모든 '애정 표현'이 참된 몸의 혼인적 의미를 이끌어낸다." (TOB 132:4) 몸의 혼인적 의미는 선물의 주고 받음이다. 이를 통해 혼인 안에서 남자와 여자가 갈망하는 사랑과 인격의 긍정이 가능하게 된다. 그리고 그것은 하느님께서 하신 일에 대한 타협불가한 경외심이다. 이 경외심으로 사랑과 인격의 긍정이 보장된다. 교황에 따르면, "그러한 경외심은 선물의 자유 안에 내면적 공간을 창조하며 이를 확장시킨다. 이 내면적 공간 안에서 남성성과 여성성 즉, 몸의 혼인적 의미가 온전히 드러나게 된다." (TOB 132:3)

욕정의 내적 지배는 선물로서의 자유를 가로막는 주된 장애물이 된다. 욕정은 또 다른 "나"인 타인을 '자기 자신을 위해 창조된 인격'으로 축복하지 않는다. 대신, 욕정은 타인을 쾌락의 대상으로 본다. (TOB 132:3 참조). 단지 욕망을 만족시킬 목적이라면, 이 목적을 수행할 방식(그리고 대상인 타인은)은 수도 없이 많을 것이다. 욕정의 대상인 인격은 점차 상대방의 감정을 깨닫는다. "너는 **나를** 필요로 하지 않는다. 너는 나를 있는 그대로의 인격으로 갈망하지 않는다. 너는 나를 단지 만족의 수단으로 갈망한다." 따라서, 고유하고 반복 불가한 인격으로서 사랑 받고 긍정 받는다고 느끼지 못한다. 욕정으로 대상화된 이들은 무의미하고도 대체 가능한 일회용품으로 사용되고 있다고 느낀다.

요한 바오로 2세가 말씀하신 바와 같이, 혼인 생활 안에서 하느님께서 하신 일을 존중하는 태도를 갖는 것이 "얼마나 중요한지"가 바로 여기에서 드러난다. (TOB 132:4 참조) 남자와 여자가 하느님의 전망에 따라 본질적 선을 회복할 때, 그들은 상대방에게서 드러나는 하느님의 신비에 대하여 "경외심"을 가지고 바라볼 수 있다. 다시 말해, 남자와 여자가 몸을 신학으로 이해할 때, 그들은 "남성성과 여성성이 지닌 '가시적인' 아름다움과 '비가시적인' 아름다움에 대한 깊은 만족과, 경탄, 그리고 사심 없는 관심을 가질 수 있는 능력을" 얻게 된다. 그들은 "'타인'을 사심 없는 선물로 이해하며 이에 깊이 감사하게 된다." (TOB 132:4)

내적으로 욕정의 속박에 묶여 있을 때 그 속박으로부터 남자와 여자를 자유롭게 해주는 것이 바로 이러한 "경외심"이다. 경외심과 존중은 또 다른 "나"인 타인을 단순히 쾌락의 대상으로 축소시키는 모든 것으로부터 나를 자유롭게 해주며, 그 안에서 선물의 자유를 더욱 강화시킨다. 남자와 여자가 경외심과 내적 자유를 가지고 살아갈 때, 그들의 모든 애정 표현은 "각자 안에서 '깊이 뿌리 내린 평화'를 보호하며… 어떤 의미에서 그것은 정결의 내적 반향이라고 할 수 있다." (TOB 132:5)

혼인의 내적 조화

정결은 "부정적인" 덕이 아니다.[78] 그것은 "무엇보다도 긍정적이며 창조적이다." 정결은 한 처음의 "내적 바라봄의 평화"를 상기시키는 깊은 평화로써 남자와 여자의 마음 안에서 울린다. 자신이 사랑받음을 알 때 온전한 평화를 누린다. 거부에 대한 두려움이 없이 자기 자신일 수가 있는 것이다. 이때 인간은 부끄러움 없이 벌거벗을 수 있다. 그러한 평화는 인격 간의 풍부한 친밀함을 창조한다.

이것이 바로 진정한 정결의 열매이다. 정결은 "혼인의 내적 조화를 가능하게 한다." "부부가 '몸의 언어'가 지닌 내적 진리 안에서 함께 살고 있기 때문이다." (TOB 132:6) 정결은 몸을 금기시 하지 않는다. 혼인에서 정결이란 "남성성과 여성성을 지닌 인격에 대하여 깊고 포괄적인 관심을 기울이는 것이다." 그러한 관심은 인격에 대한 깊은 긍정을 가져오며, "따라서 인격들 간의 친교에 적합한 내적 분위기를 창조한다." (TOB 132:5) 부부가 스스로 자신을 "성령 안의 삶"에 개방할 때, 정결은 진정한 자유를 가져온다. 그리스도께서 자유롭게 한 그 자유를 맛본다. 그

78 *Love and Responsibility*, p. 171.

리고 그들의 모든 애정 표현은 친교를 통하여 참된 의미를 얻는다.

결혼 생활에서 애정 표현은 분명히 중요하다. 그러나 그 중에서도 "성령 안에" 살아가는 배우자들은 "결혼 생활 전체에서", "적어도 잠재적으로는 몸의 혼인적 의미가 출산과 연결되어 있다는 사실에서 부부성교(결합) 행위"가 가지는 특별한 중요성을 깨닫는다. 교황은 다음과 같이 말씀하신다.

> "결혼한 부부의 영적 생활에는 성령의 선물, 특히 하느님께서 하신 모든 일에 대한 경외심이 작용하고 있다. …이 선물은 사랑, 정결과 결합되어 모든 '애정 표현' 가운데서, 부부성교(결합) 행위가 지닌 유일하고 예외적인 중요성을 이해하도록 이끈다. 그 중요성이란 부부 결합행위가 존엄하다는 것이며, 그 결과 발생하는 진지한 책임감과 결부되어 있다는 사실이다." (TOB 132:1–2)

사실상, 요한 바오로 2세는 성행위가 지닌 존엄성을 인식하고 보호하는 것이 혼인 영성의 특별한 목적이라고 결론 내린다. 교황에 따르면, "혼인 정결의 덕, 그리고 하느님으로부터 온 것에 대한 경외심이라는 선물은 부부 성교 행위와 '애정 표현'의 특별한 존엄성을 보호하기 위하여 혼인 영성을 형성한다. 그러한 행위(애정표현) 속에서 '몸의 언어'가 담지한 진리는 출산의 잠재성을 보호함으로써만 표현될 수 있다." (TOB 132:2)

참된 혼인 영성에 대한 반대

이제 우리는 참된 혼인 영성에 있어서 『인간 생명(*Humanae Vitae*)』 회칙이 중요하다는 요한 바오로 2세의 궁극적 결론에 다가서고 있다. 진정한 혼인 영성이 없다면 우리는 남성과 여성으로서의 인간이 누구인지,

인간이 무엇을 의미하는지를 알 수 없다는 것을 명심하라. 혼인에 대한 올바른 이해 없이 우리는 결코 정합적 인간학을 가질 수 없다. "남자와 여자는 혼인을 위해서 창조" 되었기 때문이다. (TOB 18:5)

위에서 진술한 바와 같이, "성령 안의 삶"은 부부 결합 행위가 갖는 "유일하고도 예외적인 중요성"을 이해하도록 한다. "그러므로 혼인 영성의 반대는 어떤 의미에서는 피임 행위와 피임 심리와 연결된 주체적 이해의 부족으로 이루어진다."고 교황은 결론 내린다. (TOB 132:2) 교황의 방대한 사목계획인 수요교리는 피임 성교가 어떤 의미에서 "혼인 영성의 반대(anti–thesis)"임을 입증한다는 결론으로 우리를 이끈다.

한 처음부터 하느님께서는 인간을 남자와 여자로 창조하시고, 생명을 주는 사랑과 친교라는 그분의 보이지 않는 신비를 가시화 하기 위하여 "열매를 맺고 번성하라."고 부르셨다. 그러나 이 시원적 성사는 신비로서의 모습을 가졌을 뿐 아니라 초자연적으로도 효능이 있었다. 다시 말해, 남자와 여자는 생명을 긍정하는 친교를 통해서 "한 처음부터" 하느님의 영원한 친교에 실제로 참여했다. 이것이 바로 몸의 언어가 전하는 하느님의 말씀이다. 그러나 하느님과 인간의 적인 반(反) 말씀(anti–Word)은 하느님의 생명을 주는 친교에 인간의 참여를 방해하고자 한다. 그러므로 사탄은, "'한 처음부터' 남자와 여자가 이룬 일치의 핵심을 정면으로 공격한다." (TOB 20:1) 성령에 관한 회칙에서 요한 바오로 2세가 말씀하시듯이, 사탄은 "창조적인 사랑을 왜곡하고자 한다."[79] "이것은 참으로 현실을 해석하는 핵심 열쇠이다. 원죄는 부성애를 파괴하려

79 *Dominum et Vivificantem*, 37.

는 시도를 말한다."[80] 이것이 바로 피임 성교의 결과가 아닌가?

혼인적 일치는 "창조적인 사랑"을 증거한다. 요한 바오로 2세가 『여성의 존엄(*Mulieris Dignitatem*)』 교서에서 말씀하시듯이, 새로운 생명이 잉태되는 매 순간 남자와 여자는 "한 분이시며 삼위이신 하느님의 내재적 생명에 속하는 영원한 생성(生成)의 신비에 참여한다." 사실상, "창조된 세계에서의 모든 '생성'은 "하느님의 내적 삶에 속한" 이 절대적이고 창조되지 않은 모델에 맞추어 비슷하게 이루어져야 한다."[81]

"거룩하신 삼위의 일치는 모든 관계의 진실성의 근원이며 기준이다."[82] 진정한 혼인 영성은 배우자들로 하여금 성령의 감화(in-spiration)로 자신들의 몸을 개방하여 하느님의 내적 생명을 본받고 그 생명에 참여할 것을 요청한다. 여기에 피임을 대입해보면, 피임은 배우자의 육체가 성령의 현존에 "닫혀"있는 것임을 알 수 있다. "생명을 주시는 생명의 주인"께 닫혀 있는 것이다. 바로 이러한 이유로 피임 행위와 피임 심리는 참된 혼인 영성에 대한 반대(antithesis)가 되는 것이다.

강연회에 참석한 한 여성의 다음과 같은 질문은 성령의 현존에 "닫혀" 있음을 보여주는 대표적인 예이다. 성령이 혼인 성교, 피임에 있어서의 역할에 대하여 그녀는 이렇게 질문하였다. "만약 내가 남편과 섹스를 하고 싶기는 하지만, 성령이 함께 하는 것을 원하지 않을 경우에는 어떻게 되나요?" 이 질문이야 말로 정확히 피임의 언어라 할 수 있다. 혼인 생활 그 중에서도, 특히 부부 결합은 전례적이어야 한다. 가톨릭 교회 교리서에 따르면, "모든 전례 행위에서 성령의 사명은 우리가 그리스도와 친교를 이루어 그리스도의 신비체가 되도록 하는 것이다. 성령께서는 … 친교의 성령께

80 *Crossing the Threshold of Hope*, p. 228.

81 *Mulieris Dignitatem*, 8, 18.

82 *CCC*, no. 2845.

서는 … 전례에서 맺는 성령의 열매는 거룩하신 삼위와 이루는 친교, 형제(이 경우 부부)와 이루는 친교와 떼어 생각할 수 없다."[83]

피임을 할 경우, 부부는 일종의 "반(反) 성령청원기도 (anti–epiclesis)"를 하고 있는 것이다. 성령 청원 기도는 모든 성사적 전례적 기념과 더불어 특히 성체 성사 거행의 핵심이다.[84] "성령의 힘으로 이 거룩한 예물을 거룩하게 하시어, 우리 주 예수 그리스도의 몸과 피가 되게 하소서." 만약 사제가 "신랑의 성사요 신부의 성사"[85]인 성체 성사를 거행하면서 "성령의 힘이 이 예물을 거룩하게 하지 않으시어…"라고 한다면 이는 심각한 신성모독이 될 것이다. 어떤 의미에서, 부부 결합에서 피임을 하는 것은 이와 같은 반(反) 성령청원기도라고 할 수 있다. 이는 부부 상호간에 그리고 삼위일체이신 하느님과의 친교를 모독하는 것이며 무효화하는 것이다. 피임 성교는 "언제나 살아 계시며 생명을 주시는 그리스도의 몸에서 '나오는 힘'"을 고갈시키는 행위이다.[86] 만약 부부들이 이 사실을 알았다면 과연 그 같은 선택을 계속할 수 있을까? 대부분의 부부들은 자신들이 "해야 하는 일을 알지 못함"에서 피임 성교를 하는 것으로 보인다.

자연출산조절법을 실천하는 부부도 성령에 닫혀 있을 수 있지 않는가?라고 반박할 수 있다. 그럴 수도 있다. 그러나 반드시 그렇지는 않다. 사제와 성체 성사의 예로 다시 돌아가보자. 사제는 정당한 이유를 가지고서 특정일의 미사를 거행하지 않을 수 있다. 여기에는 아무런 문제가 없다. 또한 마지못해서 미사를 거행하는 경우에도 문제는 없다. 그러나 사제는 다른 이유로도 미사를 거행하지 않을 수 있다. 즉, 사제가 됨에 따른 요청을 경멸하거나, 하느님께 분노를 느껴서, 또는 교회 신자들에게 분노를 느껴서 미사를 집전하지 않을 수 있다. 이와 같은 이유가 바로 성령에 닫혀 있음의 예라고 할 수 있다. 즉, 부부가 아이를 경멸하기 때문에 아이를 갖지 않기로 한다면, 이 부부는 성령에 닫혀 있다고 할 수 있다. 부부 결합을 함에 있어 성령에 닫혀 있는지 또는 열려 있는지를 결정하는 기준이 바로 이

83 *CCC*, no. 1108.

84 *CCC*, nos. 1105, 1106, 1624.

85 *Mulieris Dignitatem*, 26.

86 *CCC*, no. 1116.

것이다. 한 몸을 이루는 부부 결합을 함에 있어 "오소서, 성령이여, 당신의 뜻이라면 생명을 잉태하게 하소서"라는 기도를 하는가? 자연출산조절법을 실천하는 부부에게 이 기도를 하는 것은 아무런 어려운 일이 아니다. 사실 그들은 합당한 이유로 아이를 임신하는 것이 하느님의 뜻이 아니길 바랄 수 있다. 또는 생물학적으로 불가능할 수도 있다. 그러나 그들은 이 모두를 성령의 손에 전적으로 맡기는 데 동의하고 있다.

성적 일치(부부 결합)의 윤리적, 인격적, 신앙적 내용

"다른 모든 것들에 덧붙여," 피임 행위와 그 심리는 "인간-인격의 내면 문화의 관점에서도 엄청난 해를 끼친다."고 요한 바오로 2세는 말한다. (TOB 132:2) 피임을 하는 경우, 부부는 부지불식간에 자기 자신을 혼인적 사랑(부부결합)의 원천으로부터 단절시키기 때문이다. 부부 결합이 결혼생활 전체에 대한 표징이자 영감이기 때문에, 그들의 일치(결합)를 불모로 만드는 배우자들은 불가피하게도 그들의 관계 전체를 약화시키며 품격을 떨어뜨린다. 피임 성교를 하는 매 순간 그들의 결혼 유대가 완성되고 강화되기보다는 그들이 제대에서 했던 혼인 서약에 불충하게 되기 때문이다. 남자와 여자가 계속적으로 자신들의 혼인 서약에 불충실하다면, 과연 그 혼인을 건강하다고 할 수 있을까?

혼인한 부부들은 합당한 의미가 고갈된 성관계 즉, 피임 성교가 쉽게 "습관"이 된다는 사실을 너무도 잘 알고 있다. 요한 바오로 2세의 고찰에 따르면, "하느님께서 하신 일에 대한 경외심은 부부 행위에 있어서 윤리적이고 인격적인 "내용" 즉, 혼인 생활의 내적 의미를 상실하지 않도록 보장한다. (TOB 132:3 참조). 더욱이, 성령의 선물은 부부의 성생활을 그에 적합한 "신앙적 내용"으로 채운다. 성령과의 일치 안에서 사는 부부에게 성적 일치는 그 자체로 "언위하신 창조주를 경외하고,… 구원자의 혼인적 사랑을 경외하는" 행위가 된다. 이와 같은 경외심은 부부 안에 "생명의 샘의 유일하고 궁극적인 보고(寶庫)"라는 흔들림 없는 확신을 주입한다. (TOB 132:3) 그에 반해 피임을 하는 힘을 자신들의 손 안에 넣는 것은 그들 자신을 "하느님과 같게"(창 3:5 참조) 만들려는 시도임을 깨닫게 된다. '하느님을 닮음'을 받아들이기보다는 붙잡는다는 측면에서 이는 원죄를 다시 저지르는 일이 될 것이다.

결론

『인간 생명(*Humanae Vitae*)』 회칙과 진정한 문명화 과정

1984년 11월 28일 몸의 신학에 대한 마지막 수요교리(TOB 133)에서 교황은 간략한 요약과 더불어 목적, 분석 구조 및 방법에 대한 개괄적 설명을 하였다.

교황은 자신의 교리를 "하느님의 거룩한 계획 안에서 인간의 사랑", 또는 보다 정확히는 "몸의 속량과 혼인의 성사성"이라는 제목으로 요약할 수 있다고 말씀하신다. (TOB 133:1) "몸의 신학"은 포괄적인 근거를 토대로 몸의 구원과 혼인의 성사성을 다루는 "실질적 용어"라고 할 수 있다. 그러나 우리는 즉시 '몸의 신학'이라는 용어가 그 이상을 의미함을 알아야 한다. 본 교리는 몸의 신학에 포함되는 다양한 문제(교황은 고통, 죽음을 최우선적인 예로 든다)를 다루고 있지는 않다.[87] "우리는 이를 명

87 요한 바오로 2세는 『가정 공동체(*Familiaris Consortio*)』 사도적 권고에서 몸의 신학의 점진적 완성과 발전을 향한 방향을 간략하게 소개하고 있다. 교황의 첫 교리 프로젝트에서 찾아 볼 수 있는 "정합적 인간학"을 토대로 요한 바오로 2세의 몸의 신학이 구성되어 있음을 덧붙일 수 있다.

확히 짚고 넘어가야 한다."고 교황은 말한다.

교황은 성경의 관점에서 에로스적 열망과 친교에로의 부르심을 구체화하는 방법을 찾는 것을 최우선 과제로 보았다. 교황에 따르면, 창세기 2장 24절의 '둘이 한 몸이 되다'는 "본래 그리고 주제에 있어서 우리 논의의 기초가 되는 말씀"이다. 창세기의 이 말씀은 다른 어떠한 말씀보다 "계시의 빛이 인간 몸의 실재에 닿는 순간"을 확인하는 것이다. (TOB 133:1)

교황은 본인의 연구분석이 『인간 생명』 회칙이 제기한 문제를 다루기 위한 것임을 다시 한 번 확인한다. 『인간 생명』 회칙에서 제기한 문제들에 대하여 대부분 부정적 반응을 보인다는 사실에서 이미 이 문제를 둘러싼 중요성과 어려움이 잘 드러난다. 교황의 몸의 신학 교리 전체에서 나타나듯이 이 문제들은 생명 또는 의학에 관한 문제가 아니다. 이를 단순히 생명, 의학으로 한정한다면 문제의 본질을 놓치고 피상적인 접근만 하게 될 것이다. 이 문제는 "혼인의 성사성 그리고 그리스도의 주요한 말씀에 집중되어 있는 몸의 신학의 성경적 문제점과 유기적으로 관련된 것"이다. (TOB 133:2) 그러므로 『인간 생명』 회칙에 대한 교황의 고찰을 담고 있는 마지막 사이클은 그의 교리 전체에 "인위적으로 추가한 것"이 아니라 "교리 전체와 유기적, 동질적으로 연관된 것이다." 사실 회칙에 대한 고찰은 "전체 구조 상 말미에 위치하지만 이는 처음부터 계획된 것이다." (TOB 133:4) 요한 바오로 2세가 회칙에 대한 고찰을 마지막에 둔 것은 "구조와 방법적인 측면"에서 볼 때 마지막 사이클이 갖는 중요성을 잘 드러낸다. 깊은 숙고를 계속하여 마지막의 정점에 도달하게 되면 다시금 원천으로 되돌아간다는 사실을 보여주기 때문이다.

교황은 『인간 생명』 회칙에서 제시된 문제에 대한 충분한 답을 찾기 위하여 "몸의 신학이라 부르는 인간학과 신학의 영역"을 고찰하여야 한다고 확신하였다. (TOB 133:2) 다시 말해, 혼인과 출산에 관하여 계속적으로 제기된 문제들 즉, 이 시대의 어려운 문제들에 대하여 충분한 답을 제공하기 위해서는 "성경적, 인격주의적 측면"에 중점을 두어야 한다는 것이 교황 요한 바오로 2세의 입장이다.

성경 그리고 인격주의 측면

교황께서 성경에 집중하는 이유는 교회의 가르침의 근본 토대가 신적 계시임을 보여주기 위함이다. 점차 성경과 동떨어진 방향으로 발전하는 일부 신학의 추세에 대하여, 교황은 계시의 보고(寶庫)를 다시 지속적으로 연구하는 것이 신학 연구의 발전 방향이라고 말한다. (TOB 133:3 참조)[88]

근대적 사고 방식을 도입하고 이를 통합시킨 교황의 방식을 경계하는 사람들의 두려움에 맞서, 교황은 "교회는 사람들이 제기하는 문제를 개방적으로 받아들여야 하며 현대 과학의 발전과 문화에 보다 적합한 도구를 사용해야 한다."고 말한다. (TOB 133:3) 즉, 교회가 현대사회의 복음화를 이룩하고자 한다면, 교회는 복음의 변치 않는 진리를 제시하기 위해 현대를 살아가는 사람들의 사고에 뛰어들어 직접 그들에게 호소하여야 한다. 또한 교회는 교회의 가르침에 제기되는 문제들을 즉각 수용하고 사려 깊게 응답해야 한다. (여기에서 우리는 지난 5년간 129회에 걸친 수요교리야말로 사려 깊은 교회의 응답이라는 사실을 알 수 있다.)[89]

---

88 요한 바오로 2세는 당신의 이 말씀을 몸소 실천한다. 교황의 모든 회칙, 교서, 교의 문서들은 하느님의 말씀에 대한 고찰(숙고)로 시작한다.

89 요한 바오로 2세의 수요교리 원고는 본래 총 135회로 구성되어 있으나 이 중 6회차는 수요교리에서 강연되지 못했다.

교황은 "철학적 인간학의 심오한 발전(특히 윤리학을 기초로하는 인간학)이야말로 『인간 생명』 회칙에서 제기된 문제를 가장 가까이에서 만날 수 있도록 한다."고 한다. (TOB 133:3) 또한, 인격이 아니라 "물질(things)"을 기초로 발전 과정을 측정하는 현대 문명적 경향에 대해, 인격주의적 접근 방법으로 교회의 가르침을 고찰하는 것이야말로 인간의 진정한 발전에 있어서 필수적이다. "교의의 인격주의적 측면에 대한 분석은 '인격'을 기초로 (즉, 인간존엄성에 비추어 인간에게 선한 것을 기초로) 인간의 진보를 측정하도록 한 것이다." 따라서 "『인간 생명』 회칙에 따르면, 현대 인류에게 가장 근본적인 문제는 인간-인격의 진정한 발전을 바라보는 시각이다. 원칙적으로 발전을 측정하는 기준은 '윤리'이어야 한다. '기술'만을 기준으로 삼아서는 안 된다." (TOB 133:3)

기술, 윤리, 그리고 발전 과정

현대 기술은 인류에 헤아릴 수 없이 많은 혜택을 제공하여 왔다. 그러나 기술은 인류의 진정한 선을 위해서 사용될 경우에 한하여 선(善)이다. 다시 말해, 기술은 윤리적 문제에 답을 해야 할 책임이 있다. 현재 우리가 다루고 있는 주제와 관련하여, 예를 들어 가톨릭 교회는 피임 기술을 인간-인격의 참된 선에 일치하지 않는 것으로 보았다. 요한 바오로 2세의 몸의 신학이 '처음부터' 증언하고자 한 것이 바로 이것이다.

교황은 다음과 같이 말한다. "바오로 6세의 『인간 생명』 회칙은 인간-인격과 가장 밀접히고 본질적으로 관련된 분야에 대하여 권위 있는 윤리학자, 과학자, 비신자가 이미 다른 곳에서 확인한 바를 표현한 것이다. 이는 인간 존재를 인격으로, 그리고 자신을 위한 의사결정 주체로 바라보아야 하는 분야이며, 결코 '객체' 및 '비인격화'의 대상으로 보는 수단으로 전락되어서는 안 되는 분야이다." 교황은 이 회칙의 가르침을

"문명화의 발전(진보)의 '인간적' 의미에 대한 질문"이라고 결론 내린다. (TOB 129:2)

바로 이러한 점에서 우리는 인격, 성, 진보의 이념 안에서 서로 조화될 수 없어 상충되는 두 가지 시각을 발견한다. 일부는 경험을 토대로 피임이 인간 문명화 과정을 가로막는 많은 문제를 해결하는 열쇠(유일한 것은 아니라 할지라도)라고 주장한다. 그리고 그들은 피임을 비윤리적으로 보는 교회의 가르침 때문에 빈곤, 기아, 여성착취, AIDS가 창궐했다고 비난한다.

그러나 빈곤, 기아, 여성착취, 성병의 근본 원인은 무엇인가? 하느님께서 인간 몸에 새긴 생명 계획의 "위대한 신비"를 거부하는 것에서 비롯된 것 아닌가? 진정한 인류 발전을 위해, 우리는 하느님의 계획을 선포하고 모든 사람들이 참여하도록 초대하여야 하지 않는가? 물론 메시지 전달만을 의미하는 것이 아니다. 우리는 빈곤, AIDS로 고통받고 죽어가는 사람들과 기꺼이 연대하여야 한다. 우리는 하느님의 모상대로 만들어진 남자와 여자로서 위대한 존엄성이 있기 때문에 그들이 현재 처한 상황에서 그들의 현재의 모습 그대로 그들을 사랑해야 한다. 문제는 진정한 사랑, 인간의 존엄성, 하느님 모상대로 만들어진 남자와 여자의 진정한 의미가 오늘날 위기에 봉착하고 있다는 사실이다.

인류의 존엄성 및 창조 의미에 대한 교회의 제안이 옳다면, 피임은 결코 인류 발전의 장애를 해결할 대안이 될 수 없다. 오히려 퇴보의 원천을 의미할 것이다. 현재 처한 문제가 브라질의 빈민지역에서 아이들을 제대로 먹이지 못해 고통 받는 임산부이든 아프리카 전역에 퍼져 있는 AIDS이든 간에, 교회는 하느님 계획의 "위대한 신비"로 돌아가는 것만이 우리가 당면한 문제를 해결하는 실제적이고 지속적인 유일한 해법이라고 본다.

인간화 및 복음화

교황이 이미 말씀하신 바에 따르면, 남녀 간의 관계는 "실존에 있어서 순수하고도 단순한 기본구조"를 구성한다. 따라서 인간 생명의 존엄성과 균형은 "서로가 상대방에게 어떠한 사람이 되어줄 것인가에 달려 있으며 이는 역사적으로 모든 지역에 공통적인 사실이다." (TOB 43:7) 정욕의 노예가 됨은 이성 간의 관계를 분열시켜 인간 생명의 존엄과 균형을 파괴하는 가장 근본적인 원인이다. 피임약을 나눠줌으로써, 그들을 욕정의 사슬에 가두게 될 것이다. 몸의 신학에서 선포한 대로 하느님께서 생명과 사랑에 대하여 마련하신 계획의 위대한 신비를 사람들에게 준다면, 이는 빈곤한 자들에 복음을 가져다 주는 것이 되고 노예에게 해방을, 맹인에 시력을 찾아 주는 것이 될 것이다. (루카 4:18 참조) 즉, 존재와 실존의 진정한 의미를 완성할 수 있는 길로 안내하는 것이 될 것이다.

이것이 바로 인류 문명화의 발전과 진보의 "인간적" 의미의 토대이다. "예수 그리스도는 인간을 온전히 그 자신에게 드러내신다."는 요한 바오로 2세의 말씀을 기억할 때, 우리는 인간화와 복음화가 왜 동전의 양면성과 같은지를 이해할 수 있을 것이다.[90] 바로 이것이 새로운 복음화이다. 새로운 복음하는 하느님 계획의 "위대한 신비"에 참여하도록 인류 모두에게 선포하고 초대하는 것이다. 이 위대한 신비는 "한 처음부터" 우리의 몸에 새겨져 있다. 남성성, 여성성, 그리고 둘이 "한 몸"을 이루라는 부르심 안에 새겨져 있다. 말씀의 육화, 그리스도와 교회의 육

---

90 Phillip Egan, "Priesthood in the Teaching of John Paul II," in *The Wisdom of John Paul II* (London: CTS Publications, 2001), p. 37.

화된 친교를 통해 명확히 드러나는 것이 바로 이 부르심이다.

이 모든 것을 우리는 교황 요한 바오로 2세의 몸의 신학에서 배운다. 복음의 기쁜 소식이 인간의 몸에 즉, 우리 모두의 몸에 새겨져 있다는 사실을 우리는 몸의 신학에서 배울 수 있다. 결론에서 우리는 몸의 신학이 어떻게 새로운 복음화에 있어 필수적 역할을 하는지에 대하여 고찰한다. 어떤 의미에서 새로운 복음화는 몸의 복음에 대한 선포이며, 또한 몸의 복음에 대한 선포이어야만 한다.

삶의 법을 유산으로 주신 하느님 - 요약

1. 마지막 사이클에서, 요한 바오로 2세는 지금까지 우리가 배운 모든 가르침을 바오로 6세의 『인간 생명』 회칙에 모두 적용하여 고찰한다. 요한 바오로 2세의 몸의 신학 교리 전체에 스며들어 있는 이 회칙으로부터 문제가 제기된다. 따라서, 회칙에 대한 고찰을 하는 마지막 사이클은 앞의 고찰과 동질적으로 결합된 것이다.

2. 『인간 생명』 회칙은 부부 결합(성교)이 가지는 "일치와 출산"의 "분리불가능성"에 대한 가르침을 기초로 하고 있다. 근대 철학은 "주체로의 전환"을 요구한다. 부부는 자기 자신의 존재 의미를 부부 결합 행위에 부여하는 데에 있어서 자유롭지 않다. 부부 결합의 두 의미 즉, 일치와 출산이 이미 그 행위의 근본적인 구조에 그리고 남자와 여자의 실질적인 본성에 객관적으로 새겨져 있기 때문이다.

3. 피임의 비윤리성은 성사적 표징으로서의 혼인이 갖는 진리에서 신학적으로 드러난다. 부부 사랑의 정점인 혼인 성교 안에서 진리에 따라 몸의 언어를 다시 읽

는 것이 특히 중요하다. 피임은 이 진리를 부인하는 것이며, 우리 몸에 새겨진 거룩한 말씀을 거짓으로 바꾼다. 이로써 배우자들을 "거짓 예언자"로 만든다. 생명을 주시는 하느님의 사랑이 보여주는 "위대한 신비"를 선포하는 대신, 몸을 통해 이 신비를 모독하는 것이다.

4. 『인간 생명』 회칙의 윤리 규범은 자연법일 뿐 아니라, 하느님에 의해 계시된 윤리 질서이다. 이는 성경에 근거한 몸의 신학을 토대로 한다. 이는 이론일 뿐만 아니라 구체적이고 복음적이며 그리스도교적인 몸의 교육학이다. 사목적 배려는 인간의 참된 선이 무엇인지를 찾고 인간에 대한 하느님 사랑의 계획을 선포하는 것을 의미한다. 하느님께서는 모든 배우자들이 당신 계획을 이해하고 증거하라고 초대하신다.

5. 『인간 생명』 회칙의 가르침은 영원한 삶을 희망하며 이 세상의 삶을 살기 위한 모델을 제시하기 위하여 구원 메시지의 핵심을 제시한다. 『인간 생명』 회칙은 속량의 실질적인 힘에 대한 신앙으로의 부르심이다. 또한 이는 패러다임의 근본적인 전환에 대한 부르심이다. 하느님께서는 이 새로운 패러다임 안에서 우리 안에 새겨진 하느님의 원초적 계획의 "울림"에 귀를 기울이고 욕정을 일반화하는 것을 경계하라고 가르치신다.

6. 책임 있는 부모됨을 위해 부부는 가족의 규모를 결정하거나 몸의 언어에 따른 존중을 토대로 자녀의 터울을 조정하거나 가족 수를 제한하는 것을 결정할 수 있다. 하느님 앞에서 이 같이 자신들에게 합당한 가족의 수를 식별해야만 하는 당사자는 다른 이가 아닌 혼인한 부부 자신들이다. 이는 책임 있는 부모됨의 윤리적 성격을 결정함에 있어서 매우 중요하다.

7. 부부성교를 통한 결합의 두 가지 의미인 일치와 출산은 분리 불가하다. 따라서, 출산의 의미를 공격하는 피임 성교는 인격 간의 친교라고 볼 수 없으며 사랑의 행위도 아니다. 긴장과 기쁨의 역동성을 통하여, 남편과 아내의 몸은 모든 진리 안에서 하느님의 신비를 전해야 한다. 그러나 피임은 혼인 성교의 내적 질서를

침해한다. 몸의 언어를 거짓 언어로 바꾸는 것, 바로 이것이 바로 피임 행위의 본질적 악을 구성하는 것이다.

8. 피임에 의존하는 부부에게도 임신을 피할 타당한 이유가 있을 수 있다. 그러나 목적이 수단을 정당화하여서는 안 된다. 임신을 초래하는 행위를 자제하는 것만이 몸의 언어를 객관적으로 침해하지 않는 임신을 피하는 방법이다. 부부는 자기 통제를 통해 자신을 내어줌으로써 참된 자유를 실현할 수 있는 능력이 있음을 보여준다.

9. 책임 있는 부모됨의 전제 조건은 생물학과 인격주의의 조화를 받아들이는 것이다. 우리가 출산을 억제할 때, 이는 인간-인격의 몸-영혼의 통합에 대한 침해가 된다. 피임에 대한 교회 가르침의 핵심은 본성의 지배와 자기 지배 사이에서 충분히 조화로운 관계를 유지하는 것이다. 자기 지배는 의사 결정을 하는 주체로서 인간이 갖는 존엄성에 상응하는 행위인 반면, 출산 억제는 인간의 주체성을 침해하는 것으로 인간을 조작의 대상으로 전락시키는 행위이다.

10. 『인간 생명』 회칙에서 제시하는 자연출산조절법의 통합적 전망은 생물학적 법칙을 기계적으로만 적용하는 것이 아니다. 책임 있는 부모됨의 전제조건은 자기 증여에 있어서의 성숙한 자유와 가족 및 출산에 대한 긍정적인 태도이다. 또한, 몸의 언어와 그 내면적 구조를 진리에 따라 다시 읽는 것이 필요하다. 따라서, 책임 있는 부모됨은 결코 자녀 수의 제한하거나 배제하는 것만을 지향할 수는 없다.

11. 자연법은 인간에 대한 창조주 하느님의 계획이다. 따라서 그것은 올바른 이성으로 이해되어야 한다. 자연법에 충실하다는 의미는 윤리를 "비인격적인" 생물학의 법칙으로 환원한다는 의미가 아니다. 이는 우리의 몸-인격에 우리를 위한 당신의 계획을 새겨 넣으신 하느님 즉, 인격적 창조주에 대한 충실함으로 이해해야 한다. 따라서, 자연법은 인격의 참된 존엄성에 일치하는 것이 무엇인가에 대한 질문이다.

12. 『인간 생명』 회칙은 참된 혼인 영성에 대한 개요를 제시한다. 몸의 신학은 혼인 영성의 본질적 핵심을 구성한다. 부부는 "좁은 문"을 통과하여 "험난한 길"을 가야 한다. 그러나 그들은 성령의 힘에 의해 강화되고 "축성"되어 혼인 생활을 통해 그리스도의 참된 증거자가 된다. 기도와 성사, 특히 성체성사와 고백성사는 참된 혼인 영성을 양성하는 "무류적이고 필수불가결한" 수단이다.

13. 사랑의 주관적 측면을 강조하는 교회 가르침은 혼인의 객관적 목적(그리고 혼인 목적의 서열)에 대한 전통적인 가르침을 다시 한 번 확인한다. 이와 더불어 교회는 혼인 생활의 내면적 관점에서 혼인에 대한 가르침을 더욱 심화한다. 따라서 혼인 성교는 혼인의 "목적"일 뿐 아니라 혼인 생활의 내적 양식이다. 혼인 성교는 부부로 하여금 혼인 목적의 완성을 지향하도록 한다.

14. 참된 사랑은 일치와 출산이라는 부부 결합의 두 가지 목적을 하나로 결합한다. 여기에 모순은 없으며 단지 "어려움"이 있을 뿐이다. 왜냐하면, 사랑은 욕정에 찬 마음과 싸워야 하기 때문이다. 욕정의 힘이 몸의 언어를 진리로부터 멀어지게 할 때, 사랑의 힘은 진리에 따라 몸의 언어를 더욱 강화시키며 갱신시킨다. 이와 같은 방식으로 부부는 몸의 속량의 신비에 대한 증거자가 된다.

15. 금욕(절제, 자기 지배)은 음욕에 대하여 확실하게 "아니오!"라고 말하는 것이다. 그러나 단순히 "아니오."를 말하는 능력에만 그쳐서는 안된다. 이는 금욕(절제)의 부정적 역할이다. 금욕(절제)에는 긍정적 역할이 있다. 성숙한 자기 지배는 인간으로 하여금 신실한 자기 증여를 향한 육체적, 감정적 반응이라는 "내용과 특징"을 지향할 수 있도록 한다.

16. 인간은 자기 지배(self-mastery)를 얻기 위해 자신의 의지, 감정, 느낌을 통제할 수 있도록 훈련해야 한다. 먼저 비교적 통제하기 쉬운 가장 단순한 행위부터 시작한다. 금욕(절제)적인 인간은 성(sexuality)의 무한한 가치를 유지하기 위해 "통제"한다. 즉, 음욕으로 떨어지는 것을 막고자 "통제"한다. 성적인 문제에서 금욕(절제)을 얘기할 때 그 "통제"가 성(sexuality)에 대한 두려움이나

폄하를 기초로 한다면, 우리는 금욕(절제)을 덕이라고 말할 수 없을 것이다. 이때의 금욕(절제)는 마니교주의의 반(反)가치적인 것의 수용을 의미하기 때문이다.

17. 혼인 정결에 필수적인 수덕주의는 남녀 관계를 황폐화시키지 않는다. 오히려 부부간의 대화를 풍요롭게 하고, 정화시키고 심화 시키며 단순하게 한다. 애정 표현을 위축시키는 것이 아니라 영적으로 더욱 강렬하게 만든다. 부부결합인 성교가 혼인적 친교의 정점을 이룬다고 할 때, 혼인 정결은 다른 애정 표현들이 가지는 가장 순결하고 단순하며 강렬한 특징을 드러내도록 만든다. 이로써 성숙한 금욕(절제)의 열매인 조화가 혼인 생활을 지배하게 된다.

18. 사람들은 종종 금욕(절제)이 내적 긴장을 야기하므로 인간은 이로부터 자유로워져야 한다고 생각한다. 그러나, 금욕을 올바르게 이해한다면, 금욕(절제)이 내적 긴장으로부터 인간을 해방시킬 수 있는 유일한 방법임을 깨닫게 된다. 금욕(절제)은 성적인 반응을 "억제"할 능력일 뿐만 아니라 인간의 감각과 감정의 전 영역을 통제하고 인도하는 능력이기 때문이다. 성숙한 금욕을 통해 성적 흥분과 감정은 신실한 자기 증여로 향하게 된다.

19. 남자와 여자가 욕정의 노예가 된다면 결코 인격적 친교가 이루어질 수 없다. 사실, 몸의 혼인적 의미는 근원에서부터 욕정에 의해 왜곡되어 왔다. 『인간 생명』 회칙의 가르침은 하느님의 은총으로 욕정의 왜곡을 극복할 수 있는 가능성, 그리고 순수하고 통합된 진리에 따라 혼인적 사랑을 살아 갈 수 있는 가능성을 확인한다. 이것이 바로 가장 육체적이고 가장 감정적인 강렬한 형식의 사랑이다.

20. 정결은 '성령에 따라 사는 삶'으로 증거되는 혼인 영성의 핵심이다. 사실, 혼인 배우자들은 인간의 영을 정화시키고, 살게 하며, 강화시키고 완전하게 하는 성령의 힘을 통하지 않고서는 인격들의 친교(communion personarum)를 경험할 수 없다. 남자와 여자는 성령을 통해 부부 결합의 가치에 대한 경외심으

로 가득 차게 된다.

21. 경외심의 은총은 남자와 여자에게 부부 결합이 갖는 두 의미에 대한 존경심을 불어넣는다. 성적 결합에 대한 하느님의 영광스러운 계획을 내면화한 남자와 여자는 창조와 속량의 신비를 드러내는 표징으로서의 성적 결합을 침해하거나 왜곡시키는 행위에 대하여 "구원적 두려움"을 갖는다. 따라서, 성령에 따라 사는 경우, 피임 성교는 생각조차 할 수 없는 것이다.

22. 남자와 여자가 욕정의 대상이 될 때, 그들은 점차 "자기 자신을 위한" 사랑이 아니라 상대의 이기적 만족을 위한 대상이 되어 감을 인식하게 된다. 여기에 하느님께서 하신 일에 대한 경외심이 왜 중요한지가 여실히 드러난다. 남자와 여자가 경외심으로 살아갈 때, 그들 사이의 애정 표현은 "뿌리 깊은 평화"를 다시 확인하고 보호한다. 이 평화는 정결의 "내적 울림"이다.

23. 사랑과 정결이 결합된 경외심은 부부성교를 통한 결합 행위의 고유한 중요성을 이해하도록 이끈다. 이 행위의 존엄성을 인식하고 보호하는 것이야말로 혼인 영성의 구체적인 목적이다. 부부의 피임 행위와 그 심리는 혼인 성교가 갖는 이 같은 고유한 중요성에 대한 이해가 부족함을 드러낸다. 이 점에서 피임 성교는 혼인 영성에 반대되는 것이다.

24. 거룩한 것에 대한 경외심은 부부 결합이 공허한 "습관"으로 쉽게 전락하지 않도록 하며 윤리적, 인격적, 신앙적으로 충만한 내용이 표현되도록 한다. 부부 결합은 성령의 선물을 통하여 엄위하신 창조주와 구원자의 혼인적 사랑을 경외하는 행위가 된다.

25. 출산 조절은 생물학적인 문제일 뿐만 아니라 몸의 신학 전체와 유기적으로 관련된 문제이다. 따라서, 이 어려운 문제에 대한 답을 찾기 위해 성경과 인격주의적 측면에 집중할 필요가 있다. 성경에서 이미 증거한 바와 같이, 출산 조절에 대한 교회의 가르침은 거룩한 하느님 계시에 그 뿌리를 둔다. 인격주의적 측면에 대한 고찰은 참된 인간의 진보가 기술이 아니라 인격의 본질적 존엄성

을 토대로 측정되어야 함을 보여준다.

26. 욕정의 노예가 되는 것은 인간 삶의 존엄성과 조화에 균열을 가져오는 가장 기본적이고 근본적인 요소이다. 피임은 이 같은 욕정을 부추긴다. 그러나 요한 바오로 2세의 몸의 신학(TOB)이 선포한 바와 같이, 남자와 여자를 위해 하느님께서 마련하신 "위대한 신비"는 인간 존재와 실존의 의미를 완성시키는 길을 제시한다. 그러므로 『인간 생명』 회칙은 문명화의 발전(과정)의 '인간적' 의미에 대한 질문인 것이다.

에필로그

몸의 복음과 새로운 복음화

지금까지 우리는 요한 바오로 2세의 몸의 신학을 처음부터 끝까지 연구하는 방대한 작업을 진행해왔다. 이제 이 역사적인 순간에 교회 안에서 몸의 신학의 중요성을 간단히 살펴봄으로써 대단원의 막을 내리려고 한다. 요한 바오로 2세는 대희년의 폐막을 알리는 사도적 서한(Apostolic letter)에서 다음과 같이 적고 있다. "교회 앞에 열린 새로운 천년기는 우리가 그리스도의 도움에 의지해 헤쳐 나가야 할 거대한 대양과 같습니다."[1] 교황 요한 바오로 2세는 아무리 거친 물결이더라도 두려움 없이 돛을 띄우라고 초대한다. 그리고 "깊은 데로 가서" 고기를 잡으라고 하신다. "그물을 쳐(*Duc in altum*, 루카 5:4)"[2] 고기를 잡으라고 한다. 이천 년 전, 베드로와 그의 동료들은 그리스도의 말씀을 믿고 "선생님께서 말씀하시니 그물을 치겠습니다."(루카 5:5)고 하며 그물을 쳤고 엄청나게 많은 고기를 잡았다.

베드로의 263번째 후계자인 교황 요한 바오로 2세는 그리스도의 말씀에 대한 굳은 믿음으로 몸의 신학을 성찰한다. 그는 주님의 말씀 안에서 현대 사회의 남자와 여자의 가장 절박한 질문에 대하여 심오한 답을 찾았으며 발견하였다. 그것은 바로 남자와 여자의 창조의 의미와 '한 몸' 안에서 둘이 친교를 나누라는 부르심의 의미이다. 이 질문은 언제나 생명 사제의 의미, 사랑의 의미, 인간 실존에 대한 질문이다. 이러한 질문은 우리를 "윤리와 문화의 가장 심오한 기층"으로 이끈다. 이 질문에

---

1 *Novo Millennio Inuente*, 58.

2 Ibid., 1.

대한 우리의 대답은 우리가 생명의 문화 안에서 번성할 것인지 혹은 죽음의 문화 안에서 멸망할 것인지를 결정할 것이다. "새로운 복음화" 안에서 많은 고기를 잡으려면, 교회의 아들과 딸인 우리는 최우선적으로 세상 구원에 가장 필요하고 절박한 메시지가 무엇인지를 분별할 수 있어야 한다. 요한 바오로 2세에 의해 선포된 몸의 복음이 바로 이에 대한 메시지다. 이 얼마나 절박하고 긴급한 메시지인가! 우리는 베드로의 믿음을 본보기로 하여 "깊은 곳으로 나아가" 고기를 잡아야 한다. "그물을 쳐라! (*Duc in altum*)"

본 해설서의 도입부에서 성찰한 바같이, 20세기는 역사적으로 한계를 모르는 성장의 희망으로 시작되어 피로 물든 세기로 끝맺음을 한 시대였다. 현대 사회에서 인간은 자신의 뛰어난 재능인 과학, 기술, 의학 안에 희망을 두었다. 인간이 "위대한 신비"에 대한 전망을 망각하고 이 세상에 시선을 고정할 때, 그는 언제나 실망하거나 절망하기 마련이다. "이 세상은 인간을 행복하게 할 능력이 없다. 질병, 전염병, 홍수, 대재앙과 같은 악(惡)으로부터 인간을 구원할 능력이 없다. 이 세상은 풍요로움과 부족함이 함께 있는 곳으로 속량되고 구원될 필요가 있는 곳이다."[3]

이제 우리는 죽음으로부터 생명으로 건너가는 "과월절"의 절박한 필요성의 한 가운데 서 있다. 2,000년이 지난 이후에도, 그리스도인들은 아직도 십자가의 길에 의해서만 구원이 온다는 사실에 머물러 있다. 시대의 비극적 사건에 좌절하고, 이 모든 것이 무슨 뜻인지 그리고 왜 모든 것이 그토록 힘들게 지나가는지 의아해 하는 우리 모두는 엠마오로 가는 길에 있는 제자들과 많이 비슷하다. 요한 바오로 2세는 몸의 신학

3 *Crossing the Threshold of Hope*, p. 56.

을 통해 우리에게 다가와 성경을 열어젖힌다. 그의 말씀을 들은 사람은 확실하게 말할 수 있다. "그분이 하느님 계획의 '위대한 신비'를 열어 보여주었을 때 우리 안에서 마음이 타오르지 않았던가!" (루카 24:32 참조) 엠마오로 가는 길에서 제자들이 성체 성사에서 그의 몸을 줄 때처럼 "빵을 나누는 모습"에서 그리스도를 알아본 것과 같이, 우리도 요한 바오로 2세의 교리교육에 대한 연구를 통해서 그리스도께서 당신 자신의 몸으로 계시되었음을 알게 된다. 이는 곧 우리 몸이다. 왜냐하면, 우리는 비록 여럿이지만 그분 안에서 "한 몸"이 되기 때문이다.

요한 바오로 2세의 몸의 신학은 현대 위기의 근원적 뿌리로 인도히며, "몸의 속량"의 길로 안내한다. 요한 바오로 2세의 몸의 신학은 현대의 주체 지향적 사고에 호소함으로써 남자와 여자로 하여금 매일의 경험 안에서 복음을 살도록 한다. 따라서, 몸의 신학은 현대 사회와 하느님의 혼인적 사랑인 "위대한 신비"(그리스도의 교회에 대한 사랑)를 다시 연결시키고자 하는 교회의 노력에 있어 필수불가결한 것처럼 보인다. 뿐만 아니라 "새로운 복음화"와 생명의 문화를 건설하는 데 없어서는 안 되는 토대라고 생각된다.

1. 죽음의 문화에 대한 해독제

모든 신학에 미치는 영향

우리는 후대의 그리스도인들이 "반(反)-생명의 이단(anti-life heresy)"이 승리를 거둔 시대라고 평가할 만한 그런 시대를 살아가고 있다. 그들은 "반(反)-생명의 이단"이 죽음의 문화를 유입하여 문명의 뿌리를 파괴하려 위협하였던 시대로 오늘날의 현대사회를 회상할 것이다. 그러나 신학의 발전사를 살펴보면, 언제나 그래왔듯이 후대의 그리스도인들은 몸의 혼인적 의미와 혼인 서약을 구원 경륜의 중심에 놓음으로써 생명을 향한 하느님의 원초적 계획("혼인 계획")에 대한 이단의 공격이 사라지게 되었다는 사실도 알게 될 것이다.[4]

이것이 바로 교회와 세상을 향한 요한 바오로 2세의 몸의 신학의 선물이다. 이것은 죽음의 문화를 향한 해독제이며 생명의 문화의 신학적 기초다. 실로, 인류의 미래가 혼인과 가정을 통하여 발전한다고 할 때, 혼인과 가정의 미래는 요한 바오로 2세의 몸의 신학의 방향으로 나아갈 것이라고 말할 수 있다.[5] 간단히 요약하자면, 혼인과 가정의 쇄신 없이 교회와 세상의 쇄신은 있을 수 없다. 그리고 몸과 성(性)에 대한 하느님의 충만한 진리를 회복하지 않는 한, 혼인과 가정의 쇄신은 없을 것이다. 혼인과 가정의 쇄신은 새로운 신학적 제안 없이는 결코 일어나지 않을 것이다. 그리스도교의 성 윤리가 수용해야만 하는 단순한 금지 목록을 열거한 것이 아니라 (십자가의 고통이라는 요소를 포함하고 있음에도 불구하고) 인간 마음의 고귀한 열망에 완벽하게 일치하는 속량과 해방의 에토스임을 설득력 있게 증거해야 한다. 이것이 바로 정확히 요한 바오로 2세의 몸의 신학이다. 그러나 우리가 앞의 광범위한 연구 안에서 보았듯이 몸의 신학은 그것보다 더 큰 무엇이다.

죠지 웨이겔(George Weigel)에 따르면 "요한 바오로 2세의 몸의 신학은 모든 신학의 분기점이다. 몸의 신학은 성(sexuality)을 인간의 본질을 이해하는 방법으로, 그리고 거룩한 것을 식별하는 방법으로 이해하기를

4 Sean Innerst에 깊은 감사를 표한다.

5 *Familiaris Consortio,* 86.

요청한다." 웨이겔(Weigel)은 계속해서 다음과 같이 말한다. "안젤로 스콜라(Angelo Scola, 베니스 총대주교, 로마 Pontifical Lateran University의 전 총장)는 하느님, 그리스도, 삼위일체, 은총, 교회, 성사 등 신학의 모든 주제들을 요한 바오로 2세의 몸의 신학에서 보여진 풍요롭고 심오한 인격주의 안에서 탐구한다면, 이 주제들을 전혀 새로운 측면에서 바라볼 수 있을 것이라고 말한다."[6]

이것은 놀라운 제안이다. 실로, 교황의 몸의 신학이 다가올 수세기 동안의 교회의 자기 발견을 흔들어 놓을 것이라고 말하는 것은 결코 과장된 표현이 아니다. 아우구스티누스나 토마스 아퀴나스의 사고가 그러하였듯이, 요한 바오로 2세의 총체적 사고, 특히 몸에 대한 교리에서 보여지는 통찰력은 그리스도교적 사고에 새로운 상을 여는 것이며 신학적 탐구의 새로운 표준을 세운 것이다. 그러나 요한 바오로 2세의 풍요로운 가르침에 대한 신학자들의 분석은 이제야 겨우 시작된 것 같다. 웨이겔(Weigel)이 명시했던 바를 다시 상기하자면, "인간의 성적 사랑(sexual love)을 하느님의 내면적 삶의 한 표상(icon)으로 묘사하고 있는 요한 바오로 2세의 신학적 통찰은 이제야 비로소 교회의 신학, 설교 그리고 종교 교육에서 그 모습을 드러내고 있다. 몸의 신학이 그 모습을 완전히 드러낼 때, 신경(Creed)에서 말하는 모든 주요 주제에 대한 사고는 실질적으로 극적인 발전을 이룩하게 될 것이다."[7]

인간 몸을 신학으로 이해하는 것을 단순히 소수의 전문 신학사들에 의한 관심으로 폄하하여서는 안된다. 그것은 인간 실존의 의미를 이해하고자 하는 모든 남자와 여자의 관심 대상이 되어야 한다. 사실, 궁극

6 *Witness to Hope*, p. 343.

7 Ibid., p. 853.

적 실재 자체가 계시되는 것은 인간 몸을 통해서 즉, 말씀이 육이 되심을 통해서 일어난다. 만일 우리가 하느님께서 정해준 그 여정에 머물러 있다면, (그러나 안타깝게도 너무나 자주 음란함으로 간주되어 온) 몸과 성의 의미에 대한 우리의 호기심은 사실상 영원으로부터 감춰져 있는 하느님의 신비 그 한가운데로 우리를 이끌 것이다. 성경의 말씀처럼 "한 몸"의 일치는 "창조와 구원의 거룩한 신비의 표징 자체를 담고 있다." (TOB 131:5) 따라서 우리가 배운 것처럼, 인간 몸 그리고 몸의 속량에 관한 그리스도의 계시를 이해하는 것은 "성경 전체와 관계된다." (TOB 69:8) 몸의 신학은 우선 "복음 전체, 교회 가르침 전체, 특히 그리스도 사명 전체에 대한 전망"(TOB 49:3)에 정향토록 우리를 이끈다.

주류(主流) 신비주의

일부 사람들은 "몸의 신학이 그토록 중요하다면 2천년 동안 몸의 신학은 과연 어디에 있었다는 말인가요?"라고 물을 수 있다. 적절한 질문이다. 그러나 몸의 신학이 제시하는 근본 메시지는 요한 바오로 2세가 발전시켜 제시한 것으로 전혀 새로운 것이 아니라는 것도 인식해야만 한다. 몸의 신학은 다락방 안에 있었던 마리아와 사도들에게 성령 강림 이후 선포되어 온 복음과 같다. 요한 바오로 2세는 어제도 오늘도 언제까지나 변함없이 영원한 복음을 새로운 명료화, 새로운 통찰, 새로운 깊이로 바라보고 있다. 그리고 항상 그래왔던 것처럼 (물론 그것이 항상 잘 이해되어 온 것은 아니지만), 그는 복음 계시의 근원을 성경에 나타난 인간 진리에서 찾는다. 또한 남자와 여자로서 창조된 육화된 인격 계시의 근원을 하느님의 모습과 닮음 안에서 찾는다. 그러나 이 메시지의 본질 역시 전혀 새로운 것이 아니다.

역사 안에서 신비주의자들은 신-인간의 "혼인적 결합(nuptial union)"

이 보여주는 "위대한 신비"의 깊이를 파헤쳤다. 그러나 신비주의가 제시했던 황홀경과 통찰은 정확히 말하면 주류적 사고가 아니었다. 가르멜 영성에 뿌리를 두고 있는 몸의 신학을 통해, 우리는 요한 바오로 2세가 십자가의 성 요한이 제시하는 "혼인적 신비주의(nuptial mysticism)"를 교회에 가져왔으며, 어떤 의미에서는 이와 같은 신비주의를 세상에 대한 그리스도교의 "일반적인 관점"으로 제안하였다고 말할 수 있겠다. 사실, 요한 바오로 2세는 십자가의 성 요한이 묘사한 하느님과의 결합을 모든 이들을 대상으로 하는 "전 인류 복음화의 최종적이고 장엄한 목적"이라고 말한 바 있다.[8]

왜 이와 같은 자유로운 신비주의가 전체 교회를 위한 양식으로 제안되는 데 2천 년이라는 세월이 걸린 것일까? 우리는 교회가 인간-인격의 성숙화 과정과 유사한 방식을 통해 시간이 지남에 따라 성장한다는 것을 인식해야만 한다. 그 유비는 확실히 완전하지는 않다. 그러나, 어른이 자신을 이해하는 것처럼 어린이가 자기 자신을 이해하기를 바랄 수는 없는 것이다. 요한 바오로 2세의 몸의 신학의 견지에서 볼 때 교회를 인간에 비유하자면 사춘기에 도달한 것이라고 말할 수 있다. 즉, 몸의 의미와 배우자 간의 친교에 대해 새로이 "각성"한 인격에 도달한 것이다. 사춘기는 완전히 성숙한 것이 아니라 성인으로 돌입하는 초입이라고 말할 수 있다. 따라서 만일 이러한 비교가 모두 정확하다면, 교회는 아직도 성숙할 부분이 많이 남아 있으며 여전히 많은 "성장통"을 견뎌야 한다는 것을 의미한다.

마지막으로, 교황의 통찰은 하느님 말씀에 대한 "공통적 성찰"[9]의 2

8 요한 바오로 2세, 부에노스 아이레스 설교 (1987, 3, 10), TOB, Introduction, p. 33 참조.

9 *Fides et Ratio*, 101 참조.

천 년의 결실이다. 그 결실은 이 역사적으로 특별한 "순간"의 전례 없는 영광의 승리와 비극에 의하여서도 형성되어온 것이라 할 수 있다. 부활절 전례 안에서 우리는 "복되도다! 아담의 죄로 위대한 구세주가 승리하셨다."고 찬양한다. 마찬가지로 우리는 20세기 성혁명의 "복된 죄" 안에서 이 위대한 몸의 신학이 승리하였다고 찬양할 수도 있다. 왜냐하면, 죄가 많아진 그 곳에 은총이 더욱 충만히 내리기 때문이다. (로마 5:20 참조)

복음 메시지의 육화

요한 바오로 2세는 회칙 『교회의 선교 사명(Redemptoris Missio)』에서 다음과 같이 말씀하신다. "저는 새로운 복음화와 만민 선교에 교회의 모든 역량을 쏟을 시기가 왔다고 느낍니다. 그 어떤 그리스도교 신자도, 그 어떤 교회 기관도 그리스도를 모든 민족들에게 선포할 이 지상 과제에서 벗어날 수 없습니다."[10] 계속해서 다음과 같이 말씀하신다. "현대 세계에는 비관주의로 흐를 수 있는 부정적인 요소들이 너무 많다는 데에 놀라게 됩니다. 그러나 아버지시며 주님이신 하느님과 그분의 선하심과 자비에 대한 믿음을 지닌 우리에게 이러한 느낌은 옳지 않습니다. … 하느님께서는 그리스도교의 새 봄을 준비하고 계시며 우리는 이미 그 첫 징표를 보고 있습니다."[11]

요한 바오로 2세는 1983년 라틴 아메리카에 사도적 방문을 하였을 때 처음으로 "새로운 복음화(nova evangelizatio)"라는 표현을 사용한다. 그때부터 그는 "새로운 복음화가 절실히 필요함"을 계속적으로 강조하

---

10 *Redemptoris Missio*, 3.

11 Ibid., 86.

고 있다.[12] 이 긴박함은 아직 복음이 선포되지 않은 사람들이 많다[13]는 사실에서 비롯된 것일 뿐만 아니라, "세례 받은 신자 집단 전체가 신앙의 산 의미를 잃어버렸거나, 심지어 더 이상 자신을 교회의 구성원으로 생각하지 않고, 그리스도와 그분의 복음에서 멀어진 생활을 하는 경우"[14] 때문이다.

그러므로 새로운 복음화에서 "새로운"은 복음을 듣지 못한 "민족들" 뿐만 아니라 이미 세례 받은 모든 남자와 여자들 즉, 만민에게(*ad gentes*) 필요한 것이라는 의미이다. "세례 받은 비신자(baptized non–believer)" 현상은 그리스도교를 우대하던 사회구조를 벗어 던진 서구에서 여실히 드러난다. 과거에는 남자와 여자가 정도의 차이는 있으나 대체로 그리스도교 윤리를 따르는 모습을 보였다. 그러나 사회적 압력이 줄어들면서 그리스도교의 본질적 에토스는 더 이상 찾아보기 어렵게 되었다. 따라서, 많은 수의 남자와 여자가 문화적으로는 "그리스도인"이었지만 예수 그리스도와 그의 가르침에로의 진정한 마음의 회심을 경험하지 못했다. 제2차 바티칸 공의회의 주요 목표 중 하나가 그리스도교의 진정한 "에토스(ethos)"의 회복이다. 공의회가 이해한 바와 같이, 그리스도교 에토스의 진정한 회복은 오직 예수 그리스도의 참되고, 설득력 있으며, 복음적인 구원 선포를 통해서만 가능하다.

천상의 신비를 지상으로 가져오기

2000년 대희년 폐막에 즈음한 교서에서 밝힌 바와 같이, 새로운 복

12 *Fides et Ratio*, 103.

13 *Redemptoris Missio*, 86 참조.

14 Ibid., no. 33; 바오로 6세 권고, 『현대의 복음선교(*Evangelii Nuntiandi*)』, no. 52; 요한 바오로 2세의 권고 『현대의 교리교육(*Catechesis Tradendae*)』 19, 42 참조.

음화는 "'새로운 계획'의 창출이 아닙니다. 계획은 이미 마련되어 있습니다. 그것은 복음과 살아 있는 성전(聖傳) 안에서 발견되는 계획으로, 언제까지나 변함이 없습니다."[15] 전례 없는 시대적 요청의 실현을 위해서 본질적으로 필요한 것은 "열정, 방법, 표현에 있어서 새로운" 복음의 선포이다.[16]

요한 바오로 2세에 따르면, "새로운 복음화는 신앙의 신비를 깊게 이해하기 위한 노력, 그리고 하느님께서 당신 사랑을 통해 우리를 새로운 생명에로 부르셨음을 동시대인들에게 확신시킬 수 있는 의미 있는 언어를 발견하기 위한 노력이 필수적이다." "남자와 여자에게는 '그리스도의 헤아릴 수 없는 풍요로움'을 나누고 '만물을 창조하신 하느님 안에 감추어진 계획'(에페 3:8–9)을 밝혀야 하는 임무가 있다."[17] 이것이 바로 요한 바오로 2세의 몸의 신학이 제시하는 것이다. 즉, 몸의 신학은 신앙의 신비에 대한 더욱 깊은 이해뿐만 아니라, 신앙의 신비를 동시대 사람들과 함께 나누는 의미 있는 방법을 제시하고 있다.

교황의 가르침을 실질적으로 확실하게 이해하기만 한다면(또는 사람들이 이해할 수 있는 방식으로 제시된다면), 교황의 몸의 신학은 천상의 신비를 지상으로 가져올 놀라운 힘을 갖게 된다. 몸의 신학은 추상적인 신학 개념이 아니다. 그것은 인간 마음에 "진리로서 울려 퍼진다." 왜냐하면 교황의 가르침은 교의에 대한 끊임없는 대면의 경험에서 나온 결실이기 때문이다. 교황이 숙고한 바와 같이, "하느님께서는 우리가 가장 잘 알고 있고 아주 손쉽게 증명할 수 있는 것들, 다시 말해 그것들을 떠

15 *Novo Millennio Inuente,* 29.

16 1983년 3월 9일 중남미 주교회의(CELAM Assembly) 연설.

17 *Springtime of Evangelization*. 1998년 교황 성하께서 사도좌 정기 방문 중인 미국 주교단에게 하신 연설문의 일부. (San Diego: Basilica Press, 1999), pp. 53, 55.

나서는 우리 자신을 이해할 수 없으며, 우리의 일상생활에서 항상 마주치는 일들을 통하여 우리에게 다가오십니다."[18] 우리가 가장 잘 아는 것이 무엇인가? 우리가 손쉽게 증명할 수 있는 것이 무엇인가? 우리에게 가장 일상적인 생활이 무엇인가? 그것은 바로 하느님과 우리가 만나는 곳 즉, 육(flesh) 안에서의 생활이다. 그리고 이것이 교회가 새로운 복음화 안에서 세상을 만나야만 하는 장소이다.

가톨릭 교회 교리서에 따르면, "교회는 그 전존재로 모든 지체들 안에서 지극히 거룩한 성삼위의 친교의 신비를 선포하고 증언하며 실현하고 퍼져 나가게 하려고 파견되었다."[19] 이는 복음화의 본질적인 목표를 잘 요약하고 있다. 이 영원한 친교의 신비는 몸의 신학이라는 렌즈를 통해서 실천적이며, 육화된 실재가 된다. 이 신비는 우리에게 아주 가까운 것이 되며, 우리는 이 신비가 우리의 일부라는 것을 인식하게 된다. 사랑과 친교의 거룩한 신비는 우리의 깊은 영적인 실재인 동시에 육체적인 실재("몸"으로서, 그리고 "남자와 여자"로서 존재하는 인격적 경험)이기도 하다. 남자와 여자로 인간을 창조하셨다는 것은 "인간 실존의 근본적인 사실"이다. (TOB 18:4 참조)

인간의 물음과 하느님의 응답

요한 바오로 2세는 복음화의 기본적인 사명이란 "모든 사람에게 하느님께서 그들을 사랑하시며, 예수 그리스도께서 그들을 위해 당신 자신을 내어 주셨고, 그들을 끝없는 행복 속에 살아가도록 초대하고 있음을 신포하고자 하는 교회의 노력"[20]이라고 정의한다. 이 기본적인 메시

18 *Fides et Ratio*, 12.

19 *CCC*, no. 738.

20 *Springtime of Evangelization*, p. 55.

지 자체가 “기쁜 소식”이다. 그러나 남자와 여자가 복음과 연결되기 위해 복음은 육화될 필요가 있다. 물론 이 메시지는 예수 그리스도 안에서 육화되었고, 또한 현재에도 육화되고 있다. 그러나, 누군가는 여전히 이렇게 반응할 수도 있다. “2천 년 전에 살았던 어떤 남자가 나와 무슨 상관인가?”

언젠가 나의 교수님이 말씀하신 것처럼, 우리는 지쳐서 창백해질 때까지 “예수 그리스도가 답”이라는 사실을 선포할 수 있다. 그러나 먼저 질문하지 않는 이상, 우리는 추상적인 신학 개념의 수준에 머물러 있을 수밖에 없다. 여기에 선물이 놓인다. 복음의 기초를 몸에 두는 것이다. 이는 신학적 추상의 해독제이다. 선물을 통해 우리는 참으로 인간적인 것에 뿌리를 둘 수 있으며, 동시에 참으로 신적인 것을 받을 준비를 할 수 있다. 다시 말해, 그것은 분명 우리로 하여금 인간적 질문을 제기할 수 있도록 할 뿐 아니라, 하느님의 응답에 우리의 마음을 개방시킨다.

인간 실존과 관련하여 우리 자신이 몸으로 되어 있다는 문제 즉, 인간의 체화(體化)만큼 어려운 문제는 없을 것이다. 어떤 면에서 인간이 몸으로 되어 있음은 인간적인 문제이다. 남자가 된다는 것은 어떤 의미가 있는가? 여자가 된다는 것은 어떤 의미인가? 남자와 여자가 묻는 질문에서 이보다 더 중요한 질문은 없다. 그리고 앞서 살펴보았듯이, 이것은 성에 관한 문제이다. 물론, 질문할 능력을 갖거나 놀라움을 표현하는 것은 인간이 가지고 있는 더 심오하고 형이상학적인 측면(육체적인 측면, 몸의 측면을 넘어서는 영역)이다. 그러나 인간의 변칙성이란 바로 이와 같이 형이상학적 인간의 영역이 신체적 영역 안에서 드러나는 데 있다. 몸은 인격을 드러낸다. 몸은 인간의 고독을 드러내며, 이러한 인간의 고독은 가장 인간적인 문제이다.

우리의 연구를 통해서 배운 바와 같이, 인간 존재의 고독은 자신이 인간이 된다는 경험이다. 이 존재적 고독은 인간의 보편적인 경험이다. 그러나 그것은 무슨 의미인가? 어디에서 답을 찾을 수 있을까? 그 질문을 발견했던 장소와 같은 장소 즉, 우리의 구체적인 몸의 경험에서 답을 찾을 수 있다. 고독이 인간이 제기한 질문이라면 친교는 하느님의 응답이다.

어찌 되었든, 고독이라는 질문이 인격인 우리 자신 안에서 일어나며, 친교라는 답은 우리 자신의 밖에서 "타인"의 인격을 향하여, 그리고 "타인"과의 관계 안에서 발견된다. 성적 차이의 신비 안에서 "타인"을 묵상함으로써, 우리는 몸의 혼인적 의미를 인식하게 된다. "자기 자신을 아낌없이 내어 주지 않으면 자신을 완전히 발견할 수 없다."[21]는 것을 깨닫게 된다. 이것이 바로 "남자가 된다는" 것과 "여자가 된다는 것"의 의미다. 우리는 다른 이들을 위한 선물이 되라는 부르심을 받았다. 그리고 그 선물은 우리를 인격들의 진정한 친교로 이끌어 준다.

이것은 결코 추상적인 개념이 아니다. 우리가 비록 원죄로 인하여 원초적 경험의 아름다움과 순수로부터 멀어졌지만, 우리 모두는 고독의 "아픔"을 알고 친교를 갈망한다. 모든 인간은 에로틱한 갈망의 "자석처럼 잡아당기는 이끌림"을 안다. 친교에 대한 인간의 기본적인 갈망은 사실상 "2천 년 전에 살았던 그분, 예수 그리스도"와 함께 모든 인간의 마음 안에 가장 구체적으로 연결되어 있다. 어떻게 그럴 수 있는가? 가장 조화로운 인간의 친교 안에서 조차 고독의 "아픔"을 완전히 만족시킬 수 없다는 것을 우리는 경험을 통해서 안다. 마음과 몸은 "무언가 더" 그리워한다. (모든 인간적 친교의 패러다임으로서) 남자와 여자의 친교

21 *Gaudium et Spes*, 24.

는 인간 실존이라는 난해한 질문에 대한 예비적인 답안이다. 즉, 더 큰 무엇인가를 가리키기 위한 어렴풋한 전조이자 징후이며 성사일 뿐이다. (성경에서 나타나는 바와 같이 "한 몸"의 일치가 지시하는) 하느님의 거룩한 예형만이 사랑과 친교에 대한 인간의 갈망을 궁극적으로 만족시킬 수 있다.

"그러므로… 둘이 한 몸이 됩니다." 무슨 이유 때문일까? 그리스도와 교회의 일치를 드러내고, 선포하고, 기다리는 것이다. (에페 5:31-32 참조) 종말에 그리스도와 모든 성인들의 통공과 함께 영원한 "혼인적" 일치(이 세상의 어떠한 것도 뛰어넘으며 우리가 헤아릴 수 조차 없는 것)를 갈망함, 오직 이것만이 인간 고독의 "아픔"을 만족 시켜줄 것이다. 이는 "자석처럼 끌리는" 에로틱한 갈망이 지향하는 북극점과도 같다. 또한 이는 "예수가 답이다."고 말한 바로 그 이유이다. 만약 복음의 정신이 이와 같이 육화되지 않는다면 인간은 본질적으로 가장 인간적인 본성에서 멀어지게 될 것이다. 그러나 그리스도께서는 몸을 취하셔서 인간 본질과 분리할 수 없는 혼인(결합)을 맺으셨다. 그러므로 만일 복음이 본질적인 인간으로 육화되지 않는다면, 그것은 본질적으로 예수 그리스도의 복음이 아니다.

아래의 『생명의 복음(*Evangelium Vitae*)』 회칙에서, 교황 요한 바오로 2세는 새로운 복음화에 대한 부르심을 요약하고, 그 부르심의 뿌리가 몸과 성의 진리를 기초로 하는 자기 증여를 통한 친교에 있음을 확인한다.

> 우리는 생명의 복음을 모든 남녀의 마음속으로 가져가야 하며, 사회의 모든 부분 속으로 파고들어 가게 하여야 합니다. 여기에서 무엇보다도 이 복음의 핵심을 선포하는 일이 포함되어 있습니다. 그것은 우리와 가까이 계시는 살아계신 하느님에 대한 선포입니다. 그분께서는 우리를 당신과 나누는 심오한 친교로 부르

시고, 우리 안에 영원한 생명에 대한 확실한 희망을 일깨어 주십니다. 그것은 그 인격, 그 생명과 육체성 사이의 뗄 수 없는 관계에 대한 긍정입니다. 그것은 인간 생명을 관계의 생명, 하느님의 선물, 그분 사랑의 열매이며 표징인 생명으로 제시하는 것입니다. 그것은 예수님께서 모든 사람 각자와 특별한 관계를 맺고 계신다는 것과, 그 관계가 우리가 모든 사람의 얼굴에서 그리스도의 얼굴을 볼 수 있게 해 준다는 것을 선포하는 것입니다. 그것은 우리의 인격적 자유를 실현하는 가장 충만한 방법으로서 "자신을 온전히 내어 주라."는 요청입니다….

그렇기 때문에, 생명의 의미는 사랑을 주고받음에서 찾을 수 있으며, 이러한 의미의 빛 속에서 인간의 성(性)과 출산은 그 참되고 충만한 의미에 다다르게 됩니다.[22]

몸의 신학에 대한 연구에서 배운 바에 비추어 볼 때, 위 회칙의 말씀은 육화의 충만한 의미를 전하고 있다. 가장 구체적인 측면에 있어서, "우리와 가까이 계시는 하느님"은 육화 안에서 그리고 육화를 통하여, 인간의 몸 안에서 그리고 인간의 몸을 통하여 우리와 가까이 계신다. "그분과의 친교"를 통하여 영원한 생명에로 부르시는 하느님의 부르심은 한 처음의 창조에서부터 남자와 여자인 우리 인간 내면의 영적 실재와 인간 외면의 육체적 실재 안에 새겨져 있다. 따라서 육화하신 하느님의 "인격, 생명, 몸(bodiliness)은 분리 불가의 관계이다." 몸의 혼인적 의미는 인간의 삶을 "관계적 삶"으로 드러낸다. 원추적 인간이 친교 안에서, 우리는 "하느님 사랑의 결실과 표징"인 시원적 성사를 통해 드러난 "하느님의 선물"을 본다. 우리는 첫 아담의 삶(생명) 안에서, 이미 새로운 아담과 "모든 인격 사이에 존재하는 고유한 관계"의 전조를 본다.

22 *Evangelium Vitae*, 80–81.

인간의 몸이 그리스도의 거대한 신비를 드러내기 때문에, 우리는 "모든 인간의 얼굴에서 그리스도의 얼굴"을 본다. 이 모든 것을 종합하면, "인격적 자유"는 그리스도를 닮은 진정한 자기 증여인 선물의 자유 안에서만 실현될 수 있다. 이것이 "주고 받는 사랑"으로서의 복음의 의미이다. 이 모든 것이 이미 인간의 성과 몸의 의미, 자식을 많이 낳고 번성하라는 부르심 안에 각인되어 있다.

교황은 이렇게 말한다. "교회를 친교의 원천이며 친교의 학교로 만드는 것, 이것이야말로 막 시작된 천년기에 우리가 당면한 큰 과제입니다. 우리가 하느님의 계획에 충실하고 세계의 가장 깊은 열망에 부응하고자 한다면 말입니다."[23] 새로운 복음화는 추상적이고 객관적인 원칙에 대한 호소가 아니다. 새로운 복음화는 친교를 향한 사람들의 마음속 깊은 열망에 대한 호소이며 이 열망을 완성할 수 있는 분은 그리스도뿐이라는 사실에 대한 살아있는 증거가 된다. 새로운 복음화를 통하여 그리스도인들은 그리스도에 대한 자신들의 열망이 몸의 "위대한 신비"와 몸의 혼인적 의미 안에 새겨져 있음을 깨닫도록 도움을 주어야 한다.

그러나 그리스도인들이 복음을 다른 사람에게 전할 수 있기 위하여 우선 스스로 복음으로 충만한 삶을 살아야 한다. 바오로 6세 교황의 복음화에 대한 권고 말씀대로, "교회는 복음 선포자이지만 먼저 교회 자신을 복음화하여야 합니다."[24] 몸의 신학을 듣는 청중들이 곧 교회 자신이다. 영원으로부터 하느님 안에 감추어진 "위대한 신비"가 우리 자신의 몸, 친교에 대한 에로틱한 열망 안에 각인되어 있다는 사실을 깨닫는 그리스도인들은 거의 없다. 많은 가톨릭 신자들은 오늘날 잘못된 인본주의에 사로잡혀 교회의 가르침 대부분에 적대적인 태도를 보인다. 따

23 *Novo Millennio Inuente,* 43.

24 *Evangelii Nuntiandi,* 15.

라서 교회 내의 이와 같은 잘못된 방향을 바로잡지 않는다면(즉, 교회가 먼저 복음화되지 않는다면), 교회는 결코 다른 이들을 복음화시킬 수 없다.

2. 근대 합리주의에 대한 교회의 응답

혼인 유비와 "신앙 유비"

요한 바오로 2세의 몸의 신학(TOB)은 교회 쇄신에 있어 가장 필요한 위대한 희망을 제공한다. 복음메시지의 해석 열쇠를 '육화의 친교에로의 부르심'에서 찾을 때, 복음 메시지뿐만 아니라 논쟁이 되는 대부분의 교회 가르침(성의 의미에 대한 가르침은 거의 전부)을 이해할 수 있게 된다. 배우자 신학(혼인 신학)은 그리스도 신비의 다양한 퍼즐 조각을 서로 아름답게 맞출 수 있는 방법을 제시한다. 바로 몸의 신학을 통해 살펴볼 때 진정한 보편교회가 시작되는 것이다. 다시 말해, 우리는 혼인 유비를 통해 신앙의 유비 즉, "진리들 서로의 일관성과 계시의 전체 계획 안에 있는 신앙 진리의 일관성"에 더욱 귀를 기울이게 되는 것이다.[25] 몸의 신학을 통해 교회의 지혜는 더욱 그 빛을 발하게 될 것이다.

바로 이 점이 몸의 신학을 통해 신앙 고백에 대한 사고가 극적인 발전을 이룰 것이라고 믿는 이유이다. 이 때문에 가톨릭 교회 교리서는 올바른 성생활, 신앙고백에 대한 믿음, 고백에 드러난 신비를 이해함 사이의 관계성이 갖는 중요함을 강조한다. 다시 말해 교회는 마음의 깨끗함, 진리에 따른 사랑(육체의 깨끗함), 그리고 신앙의 순수함이 서로 밀접하

25 CCC, nos. 90, 114, 158.

게 연결되어 있다고 말한다.[26] 반대로 몸을 통한 혼인적 친교가 갖는 위대한 신비를 외면하고 스스로를 이로부터 멀어지게 한다면, 그리스도교는 그 기초부터 흔들려 내적 논리가 무너지게 되어 교회의 모든 가르침은 반대를 맞게 될 것이다.

근대합리주의가 인식주체의 절대화와 접목되면서 이러한 분열이 시작되었다. 몸이 영으로부터 분리되면서 몸을 신학으로 바라볼 수 없게 된 것이다. 요한 바오로 2세는 1994년 『가정교서(*Letter to Families*)』에서 다음과 같이 적고 있다.

> "위대한 신비"에 관한 성 바오로 사도의 훌륭한 종합은, 어떤 의미에서는, 그리스도께서 성취하신 하느님과 인간에 관한 가르침의 요약 또는 개요로 드러납니다. 불행하게도 서구 사상은 근대 합리주의의 발전과 더불어 이러한 가르침에서 점차 멀어져 갔습니다. "나는 생각한다. 고로 나는 존재한다."(Cogito, ergo sum)는 원칙을 수립한 철학자는 또한 인간의 근대개념에 특유의 이원론적 성격을 부여하였습니다. 인간 안에서 영과 육, 신체와 정신을 철저하게 대비시키는 것은 합리주의의 전형입니다. 그러나 인간은 그 육체와 영혼의 단일체 안에서 인간이 되는 것입니다. 육체는 결코 단순한 물질로 격하될 수는 없습니다. 육체는 정신화된 육신입니다. 마치 인간의 정신이 육체와 매우 밀접하게 결합되어 있어서 인간을 육신화된 정신이라고 기술할 수 있는 것과 마찬가지입니다. 육신에 대한 지식의 가장 풍부한 원천은 강생하신 말씀입니다. 그리스도께서는 인간을 바로 인간에게 드러내 보여 주십니다. 어떤 의미에서, 제2차 바티칸 공의회의 이러한 언명은, 교회가 근대 합리주의에 대하여 대답한, 오랫동안 기다려 왔던

26 *CCC*, no. 2518 참조.

답변입니다.[27]

우리는 프롤로그에서 『기쁨과 희망(*Gaudium et Spes*)』 22항을 근대합리주의에 대한 교회의 응답이라고 말한 적이 있다. 이에 대한 연구는 몸의 신학에 대한 고찰 이후에 할 예정이다. 『기쁨과 희망(*Gaudium et Spes*)』 22항 ("그리스도는 인류를 온전히 스스로에 보이신다")은 왜 근대 합리주의에 대한 응답인가? 『기쁨과 희망(*Gaudium et Spes*)』 22항에 대한 광범위한 주석으로서 몸의 신학은 어떻게 이 문제에 대한 해결의 실마리를 제공하는가?

"절대자" 또는 "절대자의 파트너"로서의 인간

근대합리주의가 인간을 절대적인 존재로 만든다면, 인간은 스스로 자기 자신에 대하여 결정한다. 주체적 "실재"로서의 자신 외에는 책임질 어떠한 존재도 없게 된다. 그는 어느 누구에게도 명령을 받지 않으며 친교에로의 부르심도 받지 않는다. 그는 운명이 정해진 섬이 된다. 자기 주장, 이기적 욕심의 만족을 통하여 자기 실현을 한다. 이때, 다른 인간은 자신의 욕심을 위한 수단이거나 목적에 방해되는 제거 대상이 될 뿐이다.

이와 같은 세계관에 따르면, 자유는 외부의 방해 없이 원하는 것은 무엇이든 하는 것을 의미한다. 미국 대법원은 남자와 여자에 낙태의 권리가 있음을 재확인하면서 개인주의적, 합리주의적 이데올로기를 바탕으로 다음과 같이 간결하게 표현한다. "인간 자유의 핵심은 인간 실존, 인간 존재, 경험 세계 및 인간 생명의 신비를 각각의 고유한 개념으로

27 *Letter to Families*, 19.

정의할 권리에 있다."[28] 마치 종교적 선언문 같다. 그러나 이는 기만하는 자들의 종교이다. 미국 대법원의 판결은 단지 위선자의 거짓을 반복하고 있다. 그러한 자유의 핵심은 "하느님과 같게 되려는 권리"(창 3:5 참조)에 있다.

『기쁨과 희망(*Gaudium et Spes*)』 22항을 대입해보면 근대합리주의의 허위를 벗겨낼 수 있다. 제2차 바티칸 공의회 폐막 연설에서 바오로 6세는 "인간이 되셨던 하느님을 믿는 종교"가 "스스로 하느님이 된 인간의 종교"를 대면하게 되었다고 말한다.[29] 인간은 자기 스스로를 정의하지 않는다. 그리스도께서는 인간을 온전히 스스로에게 보이신다. 인간은 절대자가 아니다. 성부의 신비와 그의 사랑은 절대적이다. 그렇다면 이 사실이 어떻게 드러나는가? 그리스도의 몸의 신비와 은총, 그리고 말씀의 육화를 통해 드러난다. 인간은 신적인 존재가 아니다. 그러나 그리스도 안에서 우리는 우리의 인간됨이 신성과 불가분의 관계임을 알 수 있다. 프롤로그에서 이미 언급한 하였으며 몸의 신학에 대한 고찰을 통하여 계속해서 드러난 것과 같이, 우리는 그리스도 안에서 신학과 인간학의 밀접한 불가분의 관계를 깨닫는다.

자유의지를 가진 피조물로서 자기 자신의 존엄성을 주장한다고 하여 절대자의 의지와 충돌하는 것은 아니다. 다만, 하느님이 독단적이라고 생각하거나, 피조물에 허락한 자유를 의심하거나 질투를 느끼는 경우라면 충돌할 것이다. 이와 같은 모습의 하느님은 거짓 위선자들이 선포한 반(反)-말씀이다. 우주(경험 세계)의 근원은 '하느님은 사랑이시다.'는 것이다. 인간은 절대자가 아니라, 절대자가 피조물에게 허락한 가장 큰 은총에 대하여 열린 마음으로 응답하도록 부름 받은 존재이다. 인

28 *Planned Parenthood v. Casey*, 1992.

29 제2차 바티칸 공의회 폐막 연설 (Boston: Pauline Books & Media), p. 10.

간은 "절대자에 대한 협력자(partner of the Absolute)"가 되라는 초대를 받는다. 사실 세속적 인본주의와 그리스도교적 인본주의의 가장 큰 차이가 바로 여기에 있다. 인간의 자유가 인간을 절대자로 결정하느냐 (세속적 인본주의), 또는 절대자와의 "협력관계(partnership)"에 들어오기 위하여 인간에게 자유가 주어지느냐(그리스도교적 인본주의)가 바로 그것이다. 전자의 경우, 인간은 자신 외 다른 어떤 것에 대하여서 어떠한 명령도 받지 않는다. 이때의 자유는 자기애적인 "자기 만족"을 통해 실현된다. 반면, 후자의 경우에는 절대자와의 친교에로 부르심을 받기 때문에 자유는 "타자"에게 자신을 진실한 선물로 내줄 때에 완성된다.

요한 바오로 2세의 몸의 신학에서 우리가 이미 배운 바와 같이, 자신의 몸과 성을 어떻게 이해하였는지에 따라 인간은 자기 자신의 운명을 결정한다. 이때 몸은 자아도취, 자기 만족의 대상이 되거나 다른 한편으로는 혼인적 의미를 갖게 된다. 전자는 자기 자신에로의 몰입에로, 후자는 "타인"과의 관계로 나아간다. 스타니슬라오 그리기엘(Stanislaw Grygiel, 교황 요한 바오로 2세 연구소 교수)은 "만약 우리가 남녀의 차이와 친교의 결합에 있어 성(차이)에 대한 올바른 이해를 하지 않고 살아간다면, 우리는 인간과 하느님의 구별 및 친교의 결합에서 있어서 양자(인간과 하느님) 사이의 차이 역시 올바르게 이해할 수 없을 것이다. 이때, 우리는 타자인 인간 그리고 절대 타자이신 하느님으로부터 분리된 절망스러운 삶에 빠지게 된다."[30]고 말한다.

30 "The Church Must Guide the Sexual Revolution," Zenit International News Agency, 1999, 8, 31 인용.

> 우리는 산아조절에 대한 남녀의 접근방식 또한 세속적 인본주의와 그리스도교적 인본주의에 의해 좌우됨을 알 수 있다. 부부가 피임을 선택할 때 그들은 스스로 생명을 좌지우지하는 힘을 행사하는 것이다. 즉, 그들은 성교를 통해 아이가 생기지 않도록 그들 자신이 결정한다. 그러한 행위 안에서 그들은 스스로를 '절대자'로 만든다. 반면, 부부가 하느님께서 자연 안에 만들어 주신 임신의 자연주기를 고려하며 (중대한 이유로 임신을 할 수 없는 때에) 부부 결합을 자제할 수 있는 자유를 행사함으로써 하느님의 계획에 협조할 때, 이는 그들이 하느님을 절대자로서 존중하고 있음을 보여주는 것이다. 이들에게 있어서 임신을 피할 수 있는 비가임 시기의 부부 결합(성교)을 통한 불임은 얽매이는 종속이 아니라 받아들이는 선물이다.

몸의 혼인적 의미에 대한 이해를 토대로, 우리는 『기쁨과 희망(*Gaudium et Spes*)』 22항과 24항의 연계성을 알 수 있다. 사람은 하느님이 "인간 스스로를 위하여" 마련하신 피조물이므로, "인간은 자기자신을 아낌없이 내어줌으로써 완전히 자신을 발견할 수 있다." 하느님은 선물이시며 하느님께서는 부부가 성실하게 자신을 내어주는 삶을 살도록 힘을 북돋아 주심을 보여 주신다. 이는 인간을 인간 스스로에게 완전히 드러내신 그리스도의 방법이다. 다시 말해, 그리스도는 십자가에 못박히심으로써 자신의 몸을 인간에게 신실한 선물로 내어 주신다. "이는 내가 너희에게 주는 내 몸이다." 그리고 성령 안에 새로운 삶을 살도록 우리의 몸을 채워주심으로써 그리스도는 인간을 스스로에게 드러내신다. 따라서, "성령 안에서의 삶"은 우리 안에 있는 선물의 자유를 회복시킨다.

이와 같은 자유 안에서 살게 될 때, 우리는 타인이 우리 자신의 이기적 만족을 위한 수단이 될 수 없음을 깨닫는다. 그들은 그들 스스로를 위하여 창조되었기 때문에, 오직 사랑만이 그들을 향한 타당한 응답이 된다. 이러한 관점에서, 자유의 핵심은 선을 창조하는 자유가 아니라,

선을 선택하는 자유이다. 진정한 자유는 외적인 "억압"으로부터의 해방일 뿐만 아니라, 선의 선택을 방해하는 내적 "억압"으로부터의 해방이다. 진리가 우리를 자유롭게 한다. 진리는 바로 하느님의 아들이 인간의 몸으로 오셨으며 돌아가시고 부활하시어, 우리가 그의 방식에 따라 사랑할 때 방해가 되는 모든 것으로부터 우리를 자유롭게 하셨음이다.

그리스도를 향하여

이는 그리스도의 몸, 교회의 권위로 선포된 구원의 메시지이다. 교회는 그리스도의 신부로서 그 자체가 구원의 표징이다. 하느님의 사랑과 구원의 메시지는 한 처음부터 인간의 몸에 새겨져 있다. 남자와 여자로 우리를 창조한 위대한 신비로, 그리고 둘이 한 몸이 되라는 부르심으로 쓰여져 있다. 교황은 "남자와 여자로 창조된 인간의 창조 안에 내포된 이 '위대한 신비'를 마음속에 간직하지 않고서는, 그리고 부부 사랑에 대한 남자와 여자의 소명과 부성과 모성에 대한 그들의 소명을 염두에 두지 않고서는, 교회를 그리스도의 신비체로서, 그리스도 안에서 인간이 하느님과 맺은 계약의 상징으로서 또는 구원의 보편적 성사로서 이해할 수는 없다."고 말한다.[31]

그러나 근대합리주의로 인하여 인간은 인간 존재가 가지는 "위대한 신비"를 망각하기에 이른다. 존재이시며 궁극적 신비이신 하느님을 볼 수 없게 된 것이다. 교황 요한 바오로 2세는 다음과 같이 적고 있다:

> 근대의 합리주의는 신비를 용인하지 않습니다. 합리주의는 남자와 여자로 창조된 인간의 신비를 받아들이려 하지 않고, 또 예수 그리스도 안에서 계시된 인간에 관한 완전한 진리를 인정하

31 *Letter to Families*, 19.

려고도 하지 않습니다. 특별히 에페소서에서 천명된 "위대한 신비"를 받아들이지 않고 오히려 이를 철저히 반대합니다. 그 사상은 모호한 이신론(異神論)의 맥락 속에서 최고 존재나 신적 존재의 가능성과 필요성까지도 인정할는지 모르지만, 인간을 구원하기 위하여 사람이 되신 하느님에 관한 관념은 단호하게 거부하고 있습니다. 합리주의에 있어서 하느님이 구원자가 되어야 한다는 사실은 상상할 수 없는 일입니다. 이와 마찬가지로 하느님이 부부 간의 인간 사랑의 원초적이고 유일한 원천인 "신랑"이어야 한다는 것도 상상할 수 없습니다. 합리주의는 창조와 인간 실존의 의미를 바라보는 전혀 다른 방법을 제시하고 있습니다. 그러나 인간을 사랑하시는 하느님, 그리스도를 통하여 당신 안에서 당신과 함께 살아가도록 인간을 부르시는 하느님께 대한 시선을 한 번 잃어버리기 시작하면, 그리고 언젠가 가정이 "위대한 신비" 에 참여할 수 있는 가능성을 더 이상 지니지 못하게 된다면, 순전히 현세적인 삶의 차원 이외에 남는 것이 무엇이겠습니까? 지상 생활이란 생존을 위한 투쟁, 필사적인 이익의 추구, 그 무엇보다도 경제적인 이익 추구의 각본 이외에는 아무것도 아닌 것이 되어 버립니다.[32]

근대합리주의는 신비를 용인하지 않는다. "신비"는 그 정의에서도 드러나듯이 이성의 범주를 뛰어넘기 때문이다. 합리주의를 따르는 자들은 자기 자신의 능력의 한계에 갇히게 된다. 이들은 신비, 역설, 미(美) 즉, 출산, 생명, 고통, 죽음의 초월적 의미를 잃어버린다. 왜냐하면 이성적으로 이해되지 않기 때문이다. 하느님께서 모든 인간 존재에게 주신 인간의 존엄성을 잃어버린다. 사랑도 잃어 버린다. 생물학적, 심리학적 발전에도 불구하고, 현대인들은 "인간의 심오한 형이상학적 차원과 관련

32 *Letter to Families*, 19.

하여, 자기 자신에 대하여 대단히 무지한 채로 머물러 있습니다."[33]

교회는 이러한 인간에게 강한 어조로 이렇게 말한다. 그리스도께서는 인간이 자기 자신을 볼 수 있도록 하심으로써 그리스도의 최우선적 부르심이 무엇인지를 명확히 밝히고 계신다. 인간은 사랑 없이 살 수 없다. 그리스도는 사랑이시다. 인간은 자신을 아낌없이 내어 주지 않고서는 결코 자신을 발견할 수 없다. 오직 그리스도께서 홀로 이 선물을 주실 수 있다. 자기 자신이 실재(reality)를 파악할 수 있는 척도라고 생각하는 이여! 이제, 그 시선을 온 우주와 역사의 중심인 그리스도께로 돌려라. 데카르트처럼 "나는 생각한다. 그러므로 존재한다."라고 말하는 이여, "나는 있는 나다."(요한 8:58 참조)라고 말씀하시는 그분께로 마음을 돌려라. 출산, 생명, 고통, 죽음의 의미를 잃어버린 우리가 아니라 탄생하시고 삶을 사시고 고통 당하시고 죽으시고 그리고 다시 부활하신 그분께로 마음을 향해라. 삶이란 곧 더 많이 쟁취하기 위한 투쟁이라고 생각하는 이여! 가진 것을 모두 팔아 가난한 이에게 나누어 주어라.(마태 19:21 참조) 자유는 진리를 거부하는 것에서 온다고 생각하는 이여! 진리 자체이시며 그대를 자유롭게 하시는 그분께 시선을 돌려라. 사랑을 모르는 이여! 사랑이신 그분께 마음을 돌리고 그분이 주시는 선물(그분 자신의 거룩한 생명)을 받아라. 그분께 너 자신을 온전히 맡겨라. 그러면 너희는 너 자신을 찾을 것이다.

이는 인간 실존 드라마이며 복음이다. 하느님은 처음부터 남성성과 여성성 그리고 친교에로의 부르심이라는 "위대한 신비"를 우리의 몸에 새겨 놓으셨다. 그러나 "'위대한 신비'의 깊숙한 뿌리는 사물을 바라보는 현대적 관점에 의해 사라져가고 있다. '위대한 신비'는 우리 안에서 그리

33 Ibid.

고 우리 주변의 모든 사람으로부터 위협을 받고 있다."[34] 다양한 측면에서 살펴보면, 우리는 "병든 사회에서 살고 있다. 사회가 인간에 관한 완전한 진리 즉, 남자와 여자가 실제로 인격체라는 진리로부터 단절되어 있기 때문이다. 혼인 안에서 인격의 선물(증여)에 대한 진정한 의미, 부성과 모성의 봉사 안에서의 책임 있는 사랑, 출산과 교육의 참된 위대함을 제대로 이해할 수 없다."[35] 그 결과 "우리는 생명에 대한 엄청난 위협에 직면하고 있다. 개인의 생명만이 아니라 문명 그 자체의 생명까지도 위협을 받고 있다."[36] 이러한 이유 때문에 새로운 복음화에서 몸의 신학은 매우 중요하다. 왜냐하면, 몸의 신학을 통해 현대인들과 하느님의 모습을 닮아 창조된 인격인 남자와 여자의 "위대한 신비"를 다시 연결시킬 수 있기 때문이다.

하느님께서 마련하신 성(性)에 대한 계획을 아는 것과 그것을 사는 것은 별개의 문제이다. 실제로 우리의 몸과 마음의 깊은 충동을 영원하며 전적인 변화를 통한 속량에 맡기지 않는다면, 몸과 성(性)에 대한 숭고한 관점에 따라 사는 것은 불가능하다. 그리스도의 죽음과 부활의 진정한 힘은 그러한 속량을 위함이라는 교황의 선포야말로 몸의 신학의 "핵심"이며 몸의 신학이 가장 크게 공헌한 부분이다. 많은 이들이 "겉으로는 신심이 있는 체하여도 신심의 힘은 부정하려는" 유혹에 빠진다. (2티모 3:5) 교황 요한 바오로 2세에 따르면, 이것이야말로 "새로운 복음화에 대한 울부짖음"[37]이며 나는 감히 이것을 교황 요한 바오로 2세의 몸의 신학의 울부짖음이라고 덧붙이고 싶다.

34 Ibid.

35 Ibid., 20.

36 Ibid., 21.

37 *Orientale Lumen,* 3.

3. 마치며 …

교황 요한 바오로 2세는 다음과 같이 단호히 말씀하고 계신다. "제 삼천년기의 문 앞에서 우리가 직면한 도전은 매우 힘든 도전입니다. 생명의 가치를 믿는 모든 사람의 일치된 노력만이 문명화를 향한 예측할 수 없는 결과의 방해를 막을 수 있습니다."[38] 『희망의 문턱을 넘어(Crossing the Threshold of Hope)』의 마지막 결론을 마무리하면서, 교황은 "21세기는 진정한 종교의 시대가 되든지 아니면 전혀 종교가 없는 시대가 될 것이라고 했던 앙드레 말로(Andre Malraux)의 주장이 옳았다."고 말한다.[39]

그리스도교 삼천 년의 시작점에서 교회와 세상은 "희망의 문턱을 넘어" 새로운 도약을 하여야 할 시점에 와 있다. 죽음의 문화에서 생명의 문화로 넘어가야 할 "과월절(Passover)"의 시점이다. "우리 시대의 크나큰 도전들 앞에서, 어떤 마술 같은 해법을 찾으리라는 순진한 기대는 물론 하지 않습니다. 그렇습니다. 다른 어떤 묘안이 아니라, 바로 한 분 예수님께서만, '내가 언제나 너희와 함께 있겠다.' 하신 그분의 확실한 약속만이 우리를 구원할 것입니다."[40]

신랑인 그리스도께서 우리와 함께 계신다! 오늘을 살아가는 우리가 매일 경험하는 선과 악의 정면대결에서 그리스도는 계속해서 당신 자신을 우리에게 선물로 주신다. 성령의 힘 안에서 그의 몸을 선물로 주신다. 성령의 선물에 대한 확고한 믿음과 함께, 교황 요한 바오로 2세는 대희년을 기념하면서 (2000년 전과 마찬가지로) "모든 사람은 하느님의 구

38 *Evangelium Vitae*, 91.

39 *Crossing the Threshold of Hope*, p. 229.

40 *Novo Millennio Inuente*, 29.

원을 보리라."는 말씀의 정점인 "그리스도 재림의 새로운 시대"가 우리 앞에 놓여 있다고 보시는 것 같다. 그 끝을 향한 여정에서 선악의 충돌은 비극적인 자연재해로 드러날 수 있고 때로는 인류에 있어 새로운 실패로 나타날 수도 있다. 그러나 교황은 계속해서 "하느님의 견지에서 바라볼 때, 세상 안에는 성령 안에서 이루어지는 신적 생명의 끊임 없는 자기 증여, 선물의 신비가 있다는 것을 교회는 믿는다."[41]라고 말씀하신다. 생명을 주는 친교에로의 부르심은 선과 악, 생명과 죽음, 사랑과 그에 반하는 모든 것 사이의 충돌에서 가장 핵심적인 문제가 된다.[42] 요한 바오로 2세는 이렇게 질문한다. "결국 누가 승리하겠습니까?" 그리고 즉시 답하신다. "그 선물을 받아들일 줄 아는 사람이 승리자가 될 것입니다."[43]

마리아, 하느님의 어머니…
마리아, 티나 주름 같은 흠결이 없으신 신부…
마리아, 은총을 받으신 분…
우리를 위하여 기도하여 주소서. 이제 뿐 아니라 죽음의 순간에도 이 은총을 받을 수 있도록…
아멘.

---

41 *Dominium et Vivificantem, 55.*

42 *Letter to Families,* 23 참조.

43 *Dominium et Vivificantem, 55.*

에필로그 - 요약

1. 후대의 인류가 혼인과 가정을 이루는 방법을 전수받고자 한다면, 미래의 혼인과 가정은 요한 바오로 2세의 몸의 신학(TOB)을 토대로 한 방법을 선택할 것이다. 교회와 세상의 쇄신은 혼인과 가정의 쇄신 없이 이루어질 수 없다. 혼인과 가정의 쇄신은 새로운 신학적 제언 없이 이루어질 수 없다. 즉, 그리스도교의 성윤리가 (인간 마음의 가장 고귀한 열망과 일치하는) 자유와 속량의 에토스라는 사실을 설득력 있게 증거할 수 있는 신학적 제언이 필요하다.

2. 신학으로써의 몸에 대한 이해를 소수 신학 전문가의 사소한 관심 주제로 치부해서는 안된다. 몸에 대한 이해는 신학 전반에 걸쳐 그리고 인간학 전반에 걸져 복잡하게 서로 영향을 미치고 있기 때문이다. 신학적으로 몸을 이해하는 것은 인간 실존의 참된 의미를 이해하고자 하는 사람이라면 누구나 관심을 기울여야 하는 주제이다.

3. 지난 20세기를 통해 교회는 언제나 신적 진리의 완전함을 향해 발전해왔다. 교황 요한 바오로 2세의 몸의 신학(TOB)은 이러한 발전 과정에 있어서 매우 중요한 단계를 대변한다. 몸의 신학은 하느님 말씀에 대한 2천년의 공통의 성찰의 결실일 뿐만 아니라 이 역사적 순간에 있어서 특별한 압박과 고난을 견뎌내고 형성된 결실이기 때문이다. 부활절 전례 안에서 우리는 "복되도다! 아담의 죄로 위대한 구세주가 승리하셨다."고 찬양한다. 우리는 여기에서 성 혁명의 "복된 죄" 안에서 이 위대한 몸의 신학이 승리하였다고 찬양할 수 있다.

4. "새로운 복음화(New Evangelization)"의 절실함은 아직 수 많은 사람들이 복음을 듣지 못하고 있다는 사실에서 비롯되었을 뿐만 아니라, 이미 세례 받은 사람들 조차도 그리스도와 교회의 관계를 살지 못하고 있다는 현상에서 비롯된 것이다. 새로운 복음화는 새로운 계획(new program)의 창출이 아니다. 계획은 이미 마련되어 있으며 언제까지나 변함이 없다. 지금 필요한 것은 복음 선포의 열정, 방법, 표현에 있어서의 새로움이다.

5. 새로운 복음화를 위해서 필수적인 것은 신앙의 신비를 깊게 이해하기 위한 노력과 이 신비를 동시대인들에게 확신시킬 수 있는 의미 있는 언어를 발견하기 위한 노력이다. 우리는 동시대의 남자, 여자와 함께 "그리스도의 헤아릴 수 없는 풍요로움"을 나눌 의무가 있으며, 그들에게 "만물을 창조하신 하느님 안에 감추어진 계획"을 알려주어야 할 의무가 있다. 이것이 정확히 요한 바오로 2세의 몸의 신학이 제시하는 것이다. 즉, 몸의 신학은 신앙의 신비에 대한 더욱 깊은 이해뿐만 아니라, 신앙의 신비를 동시대 사람들과 함께 나누는 의미 있는 방법을 제시하고 있다.

6. "하느님께서는 우리가 가장 잘 알고 있고 아주 손쉽게 증명할 수 있는 것들, 다시 말해 그것들을 떠나서는 우리 자신을 이해할 수 없는, 우리의 일상생활에서 마주치는 일들을 통하여 우리에게 다가오십니다." 우리가 가장 잘 아는 것이 무엇인가? 우리가 손쉽게 증명할 수 있는 것이 무엇인가? 몸의 구체적인 경험보다 우리에게 더 일상적으로 다가오는 경험은 무엇인가? 이 경험을 통해 우리는 고독과 직접 대면하게 된다. 고독이 인간이 제시한 질문이라면, 친교는 하느님의 응답이다.

7. 복음의 영성이 인간의 기본적인 경험으로 육화되지 못한다면, 즉 고독의 "아픔(ache)"과 친교의 열망으로 육화되지 못한다면, 복음 영성은 본질적으로 인간과 분리된 채로 남아 있게 될 것이다. "우리에게 하느님의 계획에 충실하고 세계의 가장 깊은 열망에 부응하고자 하는 의지가 있다면, 교회를 친교의 원천이며 친교의 학교로 만드는 것이야말로 막 시작된 천년기에 우리가 수행해야 하는 큰 과제가 될 것이다."

8. 복음메시지의 해석 열쇠를 '육화의 친교에로의 부르심'에서 찾을 때, 우리는 복음 메시지뿐만 아니라 논쟁이 되는 대부분의 교회 가르침(성의 의미에 대한 가르침은 거의 전부)을 이해할 수 있게 된다. 우리는 혼인 유비를 통해 신앙의 유비 즉, "진리들 서로의 일관성과 계시의 전체 계획 안에 있는 신앙 진리의 일관

성"에 더욱 귀를 기울이게 된다. 반대로, 몸을 통한 혼인적 친교가 갖는 위대한 신비를 외면하고 스스로가 이로부터 멀어질 때 그리스도교는 그 기초부터 흔들려 내적 논리가 무너짐에 따라 교회의 모든 가르침은 반대를 맞게 될 것이다.

9. "그리스도께서 인간을 자신에게 온전히 드러내시다." 이 말씀은 어떤 면에서는 근대 합리주의에 대한 교회의 응답이라 할 수 있다. 바로 여기에서 인간으로 육화하신 하느님의 종교가 스스로 하느님이 되신 인간의 종교와 만나게 된다. 자유의지를 가진 피조물로서 자기 자신의 존엄성을 주장한다고 해서 절대자의 의지와 충돌하는 것은 아니다. 왜냐하면, 하느님은 피조물에 허락한 자유를 의심하고 질투하는 분이 아니기 때문이다. 그리스도께서는 사랑이신 하느님을 온전히 계시하신다. 또한 그리스도께서는 인간이 "절대자의 협력자(partner of the Absolute)"로 운명 지어져 있음을 온전히 드러내신다.

10. 『기쁨과 희망(*Gaudium et Spes*)』 22항은 근대 합리주의에 대한 교회의 응답이다. 교회는 다음과 같이 말한다. "데카르트와 같이 '나는 생각한다. 고로 존재한다.'라는 자들이여. '나는 있는 나다.'라고 말씀하시는 그분을 향해 고개를 돌려라. 삶을 더 많이 쟁취하기 위한 투쟁으로 생각하는 이여. 가진 것을 모두 팔아 가난한 이에게 나누어 주어라. 자유는 진리를 거부하는 것에서 온다고 생각하는 이여. 우리를 자유롭게 할 진리이신 그분께로 시선을 돌려라. 사랑을 모르는 이여! 사랑이신 그분을 향하고 그분이 주신 선물을 받아라. 그분께 네 자신을 전적으로 포기한다면, 너희는 네 자신을 찾을 것이다.

11. 몸, 성과 출산의 장엄함을 통해 계시되는 '위대한 신비(great mystery)'를 제대로 볼 수 없게 됨에 따라 우리의 문명은 거대한 위협에 처하게 된다. 남자와 여자의 관계 안에서 참된 존엄성을 회복하고 진정한 생명의 문화를 다시 세울 수 있는 방법은 무엇인가? 몸의 속량, 마음 깊은 곳으로부터의 변화를 경험할 수 있다는 가능성에 대한 믿음이 있을 때에만 가능하다.

12. 우리 시대의 크나큰 도전들 앞에서, 어떤 마술 같은 해법을 찾을 수 있으리라

는 순진한 기대는 물론 하지 않는다. 다른 어떤 묘안이 아니라, 바로 오직 한 분이신 예수 그리스도와 십자가만이 우리를 구원할 것이다. 십자가의 힘을 공허하게 만들지 말라! 이것이 바로 새로운 복음화를 위한 외침이며 요한 바오로 2세의 몸의 신학의 외침이다.

13. 매일의 삶 안에서 경험하는 선과 악의 극적인 충돌 한 가운데에서, 그리스도는 계속해서 당신 자신을 우리에게 선물로 내어 주신다. 생명을 주는 친교에로의 부르심은 선과 악, 생명과 죽음, 사랑과 그에 반하는 모든 것 사이의 충돌에 있어서 가장 중요한 핵심이다. 과연 누가 승리하게 될까? 그 선물을 받아들일 줄 아는 사람이 승리자가 될 것이다.

참고 문헌

카롤 보이티야(Karol Wojtyla) 추기경 저서

The Acting Person. Trans. Andrzej Potocki. Ed. A. Tymieniecka, Analecta Husserliana 10. Dordrecht, Holland: Reidel, 1979.

The Collected Plays and Writings on Theater. Trans. Boleslaw Taborski. Berkeley: University of California Press, 1987.

Faith According to St. John of the Cross. San Francisco: Ignatius Press, 1981.

Faithful and Responsible Love. New York: Seabury Press, 1978.

Love and Responsibility. Trans. H.T. Willetts. San Francisco: Ignatius Press, 1993.

Max Scheler y la etica Cristiana. Madrid: Biblioteca de Autores Cristianos, 1982.

Person and Community: Selected Essays. Trans. Theresa Sandok. Ed. A. N. Woznicki. Catholic Thought From Lublin. New York: Peter Lang, 1993.

Sign of Contradiction. New York: Seabury Press, 1979.

Sources of Renewal. San Francisco: Harper & Row, 1979.

The Word Made Flesh: The Meaning of the Christmas Season. New York: HarperCollins, 1994.

교황 요한 바오로 2세 저서

"Address to the Pontifical Biblical Commission." April 11, 1997.

Blessed are the Prue of Heart. Boston, NA: Pauline Books & Media, 1983.

Catechesi Tradendae. Boston, MA: Pauline Books & Media, 1979.

Centesimus Annus. Boston, MA: Pauline Books & Media, 1991.

Christifideles Laici. Boston, MA: Pauline Books & Media, 1988.

Crossing the Threshold of Hope. New York: Knopf, 1994.

Dives in Misericordia. Boston, MA: Pauline Books & Media, 1980.

Dominum et Vivificantem. Boston, MA: Pauline Books & Media, 1986.

Ecclesia in America. Boston. MA: Pauline Books & Media, 1999.

Evangelium Vitae. Boston, MA: Pauline Books & Media, 1995.

Familiaris Consortio. Boston, MA: Pauline Books & Media, 1981.

Fides et Ratio. Boston, MA: Pauline Books & Media, 1998.

"Homily on the Mount of Beatitudes Galielee." March 24, 2000.

"Homily at the Mass Celebrating the Restored Sistine Chapel." April 9, 1994.

Laborem Exercens. Boston, MA: Pauline Books & Media, 1981.

Man and Woman He Created Them: A Theology of the Body. Boston, MA: Pauline Books & Media, 2006.

Memory and Identity: Conversations at the Dawn of a Millennium. New York: Rizzoli, 2005.

Mulieris Dignitatem. Boston, MA: Pauline Books & Media, 1988.

Novo Millennio Ineunte. Boston, MA: Pauline Books & Media, 2001.

Orientale Lumen. Boston, MA: Pauline Books & Media, 1995.

Original Unity of Man and Woman. Boston, MA: Pauline Books & Media, 1981.

Redemptoris Custos. Boston, MA: Pauline Books & Media, 1989.

Redemptor Hominis. Boston, MA: Pauline Books & Media, 1979.

Redemptoris Mater. Boston, MA: Pauline Books & Media, 1987.

Redemptoris Missio. Boston, MA: Pauline Books & Media, 1990.

Reflections on Humanae Vitae. Boston, MA: Pauline Books & Media, 1984.

Rise, Let Us Be on Our Way. New York: Warner Books, 2004.

Sollicitudo Rei Socialis. Boston, MA: Pauline Books & Media, 1987.

Springtime of Evangelization: The Complete Texts of the Holy Father's 1998 ad Limina Addresses to the Bishops of the United States. San Diego/San Francisco: Basilica, Ignatius Press, 1999.

Tertio Millennio Adveniente. Boston, MA: Pauline Books & Media, 1994.

The Theology of the Body: Human Love in the Divine Plan. Boston, MA: Pauline Books & Media, 1997.

The Theology of Marriage and Celibacy. Boston, MA: Pauline Books & Media, 1986.

"Truth Cannot Contradict Truth." Address to the Pontifical Academy of Sciences, October 22, 1996.

Ut Unum Sint. Boston, MA: Pauline Books & Media, 1995.

Veritatis Splendor. Boston, MA: Pauline Books & Media, 1993.

기타 교회 문헌

Benedict XVI. *Deus Caritas Est*. Boston, MA. Pauline Books & Media, 2006.

Catechism of the Catholic Church, 2nd ed. Washington, DC: Libreria Editrice Vaticana, 1997.

Code of Canon Law. Washington, DC: Canon Law Society of America, 1983.

Congregation for the Doctrine of the Faith. *Declaration on Certain Questions Concerning Sexual Ethics*. Boston, MA: Pauline Books & Media, 1975.

________. *Donum Vitae*. Boston, MA: Pauline Books & Media, 1987.

Leo XIII. *Arcanum*, in *The Papal Encyclicals 1878-1903*. Ed. Claudia Carlen. Wilmington, NC: McGrath, 1986, 29-40.

Paul VI. *Evangelii Nuntiandi*. Boston, MA: Pauline Books & Media, 1975.

________. *Humanae Viate*, Boston, MA: Pauline Books & Media, 1968.

Pius XI. *Casti Connubii*. Boston, MA: Pauline Books & Media, 1930.

Pontifical Biblical Commission. *The Interpretation of the Bible in the Church*. Boston, MA: Pauline Books & Media, 1993.

________. *The Jewish People and Their Sacred Scriptures in the Christian Bible*. Boston, MA: Pauline Books & Media, 2002.

Pontifical Council for the Family. *Preparation for the Sacrament of Marriage*. Boston, MA: Pauline Books & Media, 1996.

________. *The Truth and Meaning of Human Sexuality*. Boston, MA: Pauline Books & Media, 1996.

________. *Vademecum for Confessors Concerning Some Aspects of the Morality in Human Love*. Boston, MA: Pauline Books & Media, 1983.

Sacred Congregation for Catholic Education. *Educational Guidance in Human Love*. Boston, MA: Pauline Books & Media, 1983.

Second Vatican Council. *Closing Speeches*. Boston, MA: Pauline Books & Media, 1965.

________. *Dignitatis Humanae*. Boston, MA: Pauline Books & Media, 1965.

________. *Gaudium et Spes*. Boston, MA: Pauline Books & Media, 1965.

________. *Lumen Gentium*. Boston, MA: Pauline Books & Media, 1964.

Vatican Commission for Religious Relations with the Jews. *Notes on the Correct Way to Present the Jews and Judaism in Preaching and Catechesis in the Roman Catholic Church.* June 24, 1985.

기타 참고 문헌

Albacete, Lorenzo. *God at the Ritz: A Priest-Scientist Talks about Science, Sex, Politics, and Religion*. New York: Crossroads, 2002.

Allen, Sr. Prudence. "Integral Sex Complementarity and the Theology of Communion." *Communio* (Winter 1990): 523-44.

_______. *The Concept of Woman: The Aristotelian Revolution 750 B.C. – A.D. 1250*. Grand Rapids, MI: Eerdmans, 1997.

_______. *The Concept of Woman: The Humanist Reformation 1250 – 1500.* Grand Rapids, MI: Eerdmans, 2002.

Aquinas, Thomas. *Summa Theologica, in Basic Writings of St. Thomas Aquinas.* Ed. Anton C. Pegis. New York: Random House, 1945.

Augustine. Sermon LXIX, c. 2, 3, *Patrologia Latina,* 38, 441.

Baput, Jean-Pierre. "The Chastity of Jesus and the Refusal to Grasp." *Communio* (Spring 1997): 5-13.

Beigel, Gerard. *Faith and Social Justice in the Teaching of Pope John Paul II.* New York: Peter Lang, 1997.

Buttiglione, Rocco. *Karol Wojtyla: The Thought of the Man Who Became Pope John Paul II.* Grand Rapids, MI: Eerdmans, 1997.

Catholic Truth Society. *The Wisdom of John Paul II.* London: CTS Publications, 2001.

De Haro, Ramon Garcia. *Marriage and the Family in the Documents of the*

Magisterium. Trans. William E. May. San Francisco: Ignatius Press, 1993.

De la Potterie, Ignace. *Mary in the Mystery of the Covenant*. New York: Alba House, 1992.

De Lubac, Henri. *The Drama of Atheistic Humanism*. San Francisco: Ignatius Press, 1995.

_______. *The Mystery of the Supernatural*. New York: Crossroad Herder, 1998.

De Montfort, Louis. *True Devotion to the Blessed Virgin*. Bay Shore, NY: Montfort Publications, 1993.

_______. *The Secret of Mary*. Bay Shore, NY: Montfort Publications, 1982.

Derrick, Christopher. *Sex and Sacredness*. San Francisco: Ignatius Press, 1982.

Dooley, David. Ed. *The Collected Works of G. K. Chesterton*. Vol. 1. San Francisco: Ignatius Press, 1986.

Elliot, Peter J. *What God Has Joined*. Homebush, Australis: St. Paul/Alba House, 1990.

Fagan, Patrick. "A Culture of Inverted Sexuality." *Catholic World Report* (November 1998): 57.

Freud, Sigmund. *Introductory Lectures in Psychoanalysis*. New York: W. W. Norton & Company, 1966.

Gneuhs, Geoffrey, ed. T*he Legacy of Pope John Paul II: His Contribution to Catholic Thought*. New York: herder & Herder, 2000.

Giussani, Luigi. *The Religious Sense*. Montreal, Quebec: McGill-Queen's University Press, 1997.

Hogan Richard M., and John M. LeVoir. *Covenant of Love: Pope John Paul II on Sexuality, Marriage, and Family in the Modern World*. San Francisco: Ignatius Press, 1992.

Kreeft, Peter. *Everything You Ever Wanted to Know about Heaven*. San Francisco: Ignatius Press, 1992.

Kupczak, Jaroslaw. *Destined for Liberty*. Washington, DC: Catholic University of America Press, 2000.

Lawler, Boyle, and May. *Catholic Sexual Ethics*, 2nd ed. Huntington, IN: Our Sunday Visitor, 1998.

Lawler, Philip. "The Price of Virtue." *Catholic World Report* (July 1997): 58.

Mann, Judy. "A Lesson on Lust for the Vatican." *Washington Post*, October 10, 1980: B1 and B2.

Martin, Ralph and Peter, Williamson, ed. *Pope John Paul II and the New Evangelization: How You Can Bring the Good News to Others*. San Francisco: Ignatius Press, 1995.

May, William E. *Marriage: The Rock on which the Family is Built*. San Francisco: Ignatius Press, 1995.

Newman, Cathy. "The Enigma of Beauty." *National Geographic*, (January 2000), 95-121.

Poupard, Cardinal Paul. "Galileo: Report on Papal Commission Findings." *Origins*, November 12, 1992.

Prokes, Mary Timothy, FSE. *Toward a Theology of the Body*. Grand Rapids, MI: Eerdmans, 1996.

Ratzinger, Joseph. *The Spirit of the Liturgy*. San Francisco. Ignatius Press, 2000.

Rousseau, Mary. "Eucharist and Gender." *Catholic Dossier*, September/October 1996, 12-23.

Schmitz, Kenneth. *At the Center of the Human Drama: The Philosophical Anthropology of Karol Wojtyla/Pope John Paul II*. Washington, DC.

Catholic University of America Press, 1993.

Scola, Angelo. "The Nuptial Mystery at the Heart of the Church." *Communio* (Winter 1998): 631-62.

________. *The Nuptial Mystery*. Grand Rapids, MI: Eerdmans, 2005.

Shivanandan, Mary. *Crossing the Threshold of Love: A New Vision of Marriage in the Light of John Paul II's Anthropology.* Washington, DC: Catholic University of America Press, 1999.

Stein, Edith. *The Collected Works*. Vol. 2. Essays on Woman. Washington, DC: ICS Publications, 1987.

Steinberg, Leo. *The Sexuality of Christ in Renaissance Art and in Modern Oblivion*. Chicago, IL: University of Chicago Press, 1996.

Von Balthasar, Hans Urs. *The Theology of Karl Barth*. San Francisco: Ignatius Press/Communio Books, 1992.

Von Hildebrand, Dietrich. *Marriage: The Mystery of Faithful Love*. Manchester, NH: Sophia Institute Press, 1991.

Waddell, Helen. *The Desert Fathers*. Ann Arbor: University of Michigan Press, 1957.

Weigal, George. *Witness to Hope: The Biography of Pope John Paul II*. New York: Harper Collins, 1999.

Waldstein, Michael. "Pope John Paul II's Personalist Teaching and St. Thomas Aquinas: Disagreement or Development of Doctrine?" Lecture presented at Thomas Aquinas College, January 12, 2001.

________. "John Paull and St. Thomas on Love and Trinity." *Anthropotes* 18 (2002): 113-38, 269-86.

________. Introduction. *Man and Woman He Created Them: A Theology of the Body*. Boston, MA: Pauline Books & Media, 2006.

West, Christopher. *Theology of the Body I: Head and Heart Immersion Course Study Guide*. West Chester, PA: Ascension Press, 2007.

_______. *Good News About Sex and Marriage: Answers to Your Honest Questions About Catholic Teaching*. Rev. ed. Ann Arbor, MI: Servant Publications, 2006.

_______. *The Love That Satisfies: Reflections on Eros and Agape*. West Chester, PA: Ascension Press, 2007.

_______. *Theology of the Body for Beginners: A Basic Introduction to John Paul II's Sexual Revolution*. West Chester, PA: Ascension Press, 2004.

찾아보기

ㄴ

ㅂ

ㅇ

ㅊ

ㅋ

ㅌ

ㅍ

ㅎ

7

S

T